Die Reihe
„Jenaer Beiträge zur Politikwissenschaft"
wird herausgegeben von

Prof. Dr. Carl Deichmann
Prof. Dr. Klaus Dicke
Prof. Dr. Michael Dreyer
Prof. Dr. Manuel Fröhlich
Prof. Dr. Helmut Hubel
Prof. Dr. Karl Schmitt

Band 13

Thomas Nitzsche

Salvador de Madariaga: Liberaler – Spanier – Weltbürger

Der Weg eines politischen Intellektuellen durch das Europa des 20. Jahrhunderts

Die Deutsche Bibliothek verzeichnet diese Publikation in
der Deutschen Nationalbibliografie; detaillierte bibliografische
Daten sind im Internet über http://dnb.ddb.de abrufbar.

Zugl.: Jena, Univ., Diss., 2007

ISBN 978-3-8329-3917-5

1. Auflage 2009
© Nomos Verlagsgesellschaft, Baden-Baden 2009. Printed in Germany. Alle Rechte,
auch die des Nachdrucks von Auszügen, der fotomechanischen Wiedergabe und der
Übersetzung, vorbehalten. Gedruckt auf alterungsbeständigem Papier.

Vorwort

Als eine intellektuelle Biographie will die vorliegende Arbeit einen bedeutenden europäischen Intellektuellen des 20. Jahrhunderts dem unverdienten Vergessen entreißen. Salvador de Madariaga war ein polyglotter und enorm produktiver politischer Publizist, der darüber hinaus auch ein beachtliches politiktheoretisches Werk hinterlassen hat, das hier hermeneutisch als ein möglichst bruchfreies Ganzes erschlossen wird. Zudem über Jahrzehnte hoch aktiv im Vor- und Umfeld der internationalen Politik, ist er zu Lebzeiten international, vor allem als Liberaler und als Europäer (bzw. vor 1936 als Akteur im Völkerbund), ubiquitär bekannt gewesen. Wenige Jahre vor seinem Tod mit dem Karlspreis geehrt, hatte er im Exil während der Francozeit schon lange als *der* Vertreter des liberalen Spanien gegolten. Gleichwohl ist es, zumindest in Deutschland, nach seinem Tod schnell ruhig um ihn geworden.

Da sich der Zuschnitt seines politischen Denkens maßgeblich der nationalen Herkunft und der Zugehörigkeit zu einer für die spanische Intellektualität bedeutenden Alterskohorte verdankt, leistet die Arbeit durch die vielfach kontrastive Verortung Madariagas zugleich einen Beitrag zur deutschen wie europäischen Liberalismusforschung; und sie will auch dazu beitragen, der spanischen Geistesgeschichte in der deutschen politikwissenschaftlichen Forschung insgesamt zu mehr Aufmerksamkeit zu verhelfen.

Die Arbeit wurde im Mai 2007 an der Fakultät für Sozial- und Verhaltenswissenschaften der Friedrich-Schiller-Universität in Jena als Dissertation eingereicht. Mein herzlicher Dank gilt Klaus Dicke für die geduldige und in allen Phasen ihrer Entstehung ebenso umsichtig wie behutsam lenkende Betreuung der Arbeit, sowie Dietrich Briesemeister, der mit den Augen des Romanisten das Zweitgutachten erstellt hat. Darüber hinaus verdanke ich Michael Dreyer und seinem im Fach breit aufgestellten Freundeskreis viele wertvolle Anregungen. Für den unkomplizierten Zugang zum Madariaga-Archiv gilt mein Dank dem Instituto „José Cornide" in La Coruña (Spanien), ganz besonders dessen Leiterin María Jesús Garea Garea. Mein Archivaufenthalt wurde finanziell unterstützt durch die Friedrich-Naumann-Stiftung für die Freiheit, der ich auch für den Erhalt eines Promotionsstipendiums samt ideeller Förderung bleibend zu Dank verpflichtet bin. Markus Lang hat das Layout für den Druck besser bearbeitet als ich es selbst je gekonnt hätte. Und wie vermutlich fast jede Dissertation wäre auch diese ohne das Verständnis und die Unterstützung seitens der Familie so nicht bzw. gar nicht möglich gewesen; daher widme ich diese Arbeit meiner Frau Ulrike und unseren Kindern Hannes und Marika.

Jena, im März 2009

Inhaltsverzeichnis

1	**Wege zu Madariaga**	**9**
1.1	Eine facettenreiche Persönlichkeit	9
1.2	Ziel und Aufbau der Arbeit	13
1.3	Das Werk Madariagas	23
1.4	Stand der Forschung	32
1.5	Methodisches	36
2	**Biographie**	**39**
2.1	Die Familie	39
2.2	Früheste Prägungen	45
2.3	Journalist, Professor und die erste Völkerbundkarriere	54
2.4	Botschafter, Minister und die zweite Völkerbundkarriere	60
2.5	Die großen Kriege	72
2.6	Exil und Antifranquismus	78
3	**Der Spanier – Intuitiver Ästhet gegen Tradition und Methode**	**95**
3.1	Geschichte des spanischen Denkens	95
3.2	Stil des spanischen Denkens	112
4	**Der Intellektuelle – Ein unpolitischer Politikbegriff**	**143**
4.1	Das Ideal einer konfliktfreien Politik	143
4.2	Politischer Journalismus und sein Anspruch auf Wahrheit	154
4.3	Der Entwurf einer machtfreien Politik	166
5	**Der Liberale – Ein Häretiker im eigenen Lager**	**187**
5.1	Die weltanschauliche Herausforderung des Liberalismus	187
5.2	Eigenheiten des spanischen Liberalismus	195
5.3	Zugänge zu Madariagas Liberalismus	207
5.4	Madariagas politische Anthropologie	219
5.5	Aggressiver Antiegalitarismus	238
5.6	Undemokratischer Liberalismus	246

6 Der Europäer – Vom Skeptiker zum Aktivisten   259

    6.1 Europaskepsis und der Versuch ihrer Umwertung 262

    6.2 Frühe Anregungen für Madariagas Europäismus 271

    6.3 Wechselnde Folien für den Wunsch nach Einheit 289

    6.4 Wandlung zum Europäer 303

    6.5 Europa als neuer normativer Maßstab 323

7 Was bleibt von Madariaga?   335

Literaturverzeichnis   341

Kapitel 1:   Wege zu Madariaga

1.1   Eine facettenreiche Persönlichkeit

Salvador de Madariaga war eine jener in jedem Sinne grenzüberschreitenden Figuren, wie sie unsere Zeit eigentlich nur noch aus der Erinnerung kennt und wie sie auch im frühen 20. Jahrhundert nicht mehr häufig auftraten. Er gehörte europa-, wenn nicht weltweit, über mehrere Jahrzehnte seines langen Lebens zu den wenigen, die in Name und Person so ubiquitär bekannt waren und deren Wirken so greifbar zu sein schien, daß sich in ihrer Nennung der Vorname wie selbstverständlich erübrigte.[1] In der Zwischenkriegszeit[2] und erneut nach dem Zweiten Weltkrieg hat er eine Popularität genossen, wie sie sonst kaum einer seiner Landsleute jenseits der Pyrenäen erreichte. Hatte er vor 1936 über viele Jahre hinweg maßgeblich das Auftreten Spaniens im Völkerbund bestimmt, so reihte er sich nach 1945 in die Reihe der großen Figuren der europäischen Integration wie Spaak und Monnet, wie Briand, Adenauer und de Gasperi ein – als reiner Intellektueller, ohne deren staatspolitisches Gewicht, und dennoch ohne im Vergleich mit ihnen zu verblassen.[3]

Zahlreiche prominente Funktionen legen beredtes Zeugnis von seiner Wirkung und seinem international verstandenen liberalen Credo ab. So wirkte er von 1947 bis 1952 als Präsident und ab 1952 als Ehrenpräsident der Liberalen Internationalen; von 1948 bis 1964 als Leiter der Kulturabteilung und Präsident des Spanischen Rats der Europabewegung. Er war Gründungs- und ab 1964 Ehrenpräsident des Europa-Kollegs in Brüssel. Zahlreich sind die hochrangigen Ehrungen und Preise,

---

[1]   Zwei deutsche Beispiele: Thomas Mann hielt in seinen Tagebüchern Madariagas Vornamen für überflüssig; vgl. Thomas Mann, *Tagebücher 1933-1934*, Frankfurt am Main 1977, 576; Ders., *Tagebücher 1935-1936*, Frankfurt am Main 1978, 174, 179, 193, 313f., 317 und 349. Thomas Dehler gratulierte Madariaga im Namen der FDP per Telegramm sowohl zum siebzigsten als auch zum achtzigsten Geburtstag; vgl. MALC 12 – so im folgenden die Zitierweise für die Quellen im Madariaga-Archiv in La Coruña; wobei dem Sigel im Format x:y jeweils erst die Nummer der Box (x) und gegebenenfalls noch die Nummer der Mappe (y) folgt. Nicht immer ist eine Numerierung der Mappen erforderlich, denn diese sind in der Regel innerhalb der Boxen alphabetisch nach Namen (z.B. der Korrespondenzpartner Madariagas) geordnet.

[2]   „His name is familiar on the covers of many leading American and British journals."; R. E. Wolseley, Salvador de Madariaga. Apostle of World Unity, in: World Unity Magazine, 10 1932:6, 375.

[3]   Obgleich einzuräumen ist, daß sich mit den übrigen Namen dieser und ähnlicher Reihen jeweils ein Wirken und Nachwirken ganz anderer politischer bzw. historischer Größenordnung verbindet, hat eine solche Nennung Madariagas doch auch von daher ihre Berechtigung; gerade weil ihm manche Ehre gerade als dem ersten Nicht-Politiker zuteil wurde, etwa die Salzburger Festspiele zu eröffnen (1964) oder den Karlspreis zu empfangen (1973); vgl. Carlos Fernández Santander, *Madariaga. Ciudadano del mundo*, Prólogo por Augusto Assía, Madrid 1991, 187. Vgl. auch Madariaga, Bär und Lamm, oder: Die Entdeckung gemeinsamer Ost-West-Interessen, in: Welt am Sonntag, 8-IV-1973.

die ihm zuteil wurden – darunter etwa das Großkreuz der französischen Ehrenlegion,[4] der Europapreis der Universität Bern,[5] der Hansische Goethe-Preis der Universität Hamburg,[6] der Aachener Karlspreis,[7] der Verdienstorden der spanischen Republik,[8] das Große Bundesverdienstkreuz,[9] und nicht zuletzt, je nach Darstellung variierend, zwischen zwei und vier Nobelpreis-Nominierungen.[10]

Madariagas Werk bietet das Bild eines Universalintellektuellen, dessen Schaffen sich auf nahezu jedes erdenkliche Gebiet erstreckte. Neben seinen politischen Schriften findet sich ein ebenso breites belletristisches Œuvre, das unter anderem ein Dutzend Romane, mehrere Gedichtzyklen, mehr als ein Dutzend Dramen, einige Hörspiele und sogar ein Opernlibretto umfaßt. Hinzu treten einige substantielle

---

4   Das Großkreuz der Ehrenlegion erhielt Madariaga Anfang März 1934 für seine Dienste als Botschafter; vgl. Salvador de Madariaga, *Morgen ohne Mittag. Erinnerungen 1921-1936*, Frankfurt am Main / Berlin 1972, 325 und Fernández Santander, *Madariaga, Ciudadano del mundo* 81.

5   Vgl. Antonio López Prado, *Síntesis biográfica de Salvador de Madariaga*, La Coruña 1993, 15. Dabei handelt es sich offenbar, um eine der vielen Ungenauigkeiten des Buches zu korrigieren, um den Europapreis der schweizerischen Hans-Deutsch-Stiftung. Deutsch hatte, wie Madariaga, im Monotheismus, in der griechischen Kultur, insofern für sie der Mensch das Maß aller Dinge gewesen sei, sowie im römischen Recht die drei Wurzeln jener europäischen Seele ausgemacht, die ihren Niederschlag ebenso in der Magna Charta wie in der Schweizer bzw. in der skandinavischen Demokratie gefunden habe. In diesem Kontext ehrte die Stiftung Madariaga, als den ersten Träger dieses Preises, für seinen Beitrag zur Aufrechterhaltung des humanistischen Geistes; vgl. Auszeichnung von Madariaga in Bern. Überreichung des Hans Deutsch-Preises, in: NZZ, 4-XII-1963.

6   Vgl. Stiftung F.V.S. zu Hamburg, *Verleihung des Hansischen Goethe-Preises 1967 durch die Universität Hamburg an Salvador de Madariaga am 13. Juni 1968*, Hamburg 1968.

7   Vgl. López Prado, *Síntesis biográfica*, 20. Madariaga empfing den Preis am 31-V-1973, die Urkunde wird vom Madariaga-Archiv in La Coruña verwahrt. Die Laudatio hielt Hendrik Brugmans, eine weitere Rede der damalige Außenminister (und ein Jahr darauf zum Bundespräsidenten gewählte) Walter Scheel. Madariaga und Scheel waren einander freundschaftlich verbunden, wohl aufgrund der „langen Jahre unseres gemeinsamen Wirkens in der Liberalen Weltunion", an die sich Madariaga im Brief vom 15-III-1977 erinnerte; in: MALC 36.

8   Vgl. Ebd. 353f. Das 'Gran Cruz de Alfonso X el Sabio' wurde Madariaga am 23-VI-1977 verliehen, überreicht allerdings erst am 23-VII-1978; vgl. Fernández Santander, *Madariaga, Ciudadano del mundo*, 235f.

9   Vgl. Ebd. 234; Norbert Rehrmann, *Geschichte als nationale Erbauung? Entdeckung & Eroberung Lateinamerikas im Werk von Salvador de Madariaga*, Kassel 1990, 32; Revista del Instituto 'José Cornide' de Estudios Coruñeses 13-16 1977-1980, 240f.

10 Erhalten hat Madariaga den Nobelpreis nicht, über seine Nominierungen gehen die Meinungen auseinander. Objektiv überprüfbar sind sie kaum, denn sowohl die schwedische als auch die norwegische Akademie veröffentlichen die Liste der für den Preis Vorgeschlagenen grundsätzlich nicht. Man bleibt daher auf die Angaben der Vorschlagenden angewiesen. Hinsichtlich der Erfolgschancen solcher Vorschläge sind erst recht der Spekulation Tür und Tor geöffnet. Trotz all dem konvergieren verschiedene Quellen auf drei Jahre. Die Maximalbehauptung stammt von Fernández Santander, dem zufolge Madariaga 1936 und 1952 für den Friedensnobelpreis, sowie 1952 und 1975 für den Literaturnobelpreis nominiert war; vgl. Fernández Santander, *Madariaga, Ciudadano del mundo*, 17, 143f. und 265f. Im Madariaga-Archiv sind Bemühungen dokumentiert, die auf den Vorschlag Madariagas sowohl für den Friedens- als auch für den Literaturnobelpreis 1952 abzielten.

Übersetzungsarbeiten, sowie eine Reihe beachtlicher und von der Fachwissenschaft auch beachteter literaturkritischer und historiographischer Arbeiten.[11] Dies alles entstand, nachdem er in Paris eine naturwissenschaftlich-technische Aus- und Hochschulbildung erfahren hatte, sodaß er sich erklärtermaßen ebenfalls nicht scheute, Koryphäen der modernen Physik wie Einstein, Bohr oder Schrödinger in Fachgespräche zu verwickeln. Das Urteil des spanischen Jahrhundert-Cellisten Pablo Casals, er habe hervorragend Klavier gespielt, rundet das Bild passend ab.[12]

Insgesamt ist Madariaga, auch wenn sich der Vergleich freilich ein wenig in der Dimension vertut, als Figur derjenigen Goethes vergleichbar, der völlig zu Recht als ein Universalgenie gilt, wohl aber mit dem qualifizierenden Zusatz, daß der Grat zwischen Universalgenie und Universaldilettantismus in manchem fachlichen Detail schmal ist. Madariagas Werk verlangt daher von jedem Interpreten zuerst eine Entscheidung im Grundsatz. Wie ernst soll man ihn in seinem eigenen Anspruch nehmen? Gerade in seinem politiktheoretischen Werk tut sich über weite Strecken ein kaum aufzulösender Widerspruch auf zwischen der übereilt vorwärts preschenden Vision einerseits und einer bis in den Anachronismus führenden gedanklichen Unbeweglichkeit andererseits, zwischen dem Genie des Polyhistors hier und der Banalität des Dilettanten dort. Gerade weil Madariaga in der Überzeugung lebte und schrieb, unabhängig von jeder Tradition in sich eine Singularität darzustellen, kann die Rekonstruktion seines Schaffens, sofern sie zu werten versucht, mit je gleicher Berechtigung in vollkommen verschiedene Richtungen zielen.

---

11 Auf Madariagas Konto geht unter anderem eine Übersetzung des *Hamlet* ins Spanische, die 1949 in Buenos Aires und 1955 in Mexiko veröffentlicht wurde; vgl. Salvador de Madariaga, Sobre Hamlet, in: A la orilla del río de los sucesos, Barcelona 1975, 58. In umgekehrter Richtung besorgte er 1947 für die BBC eine Prosa-Übertragung von Cervantes' Drama *Numancia* ins Englische (vgl. Fernández Santander, *Madariaga, Ciudadano del mundo*, 135), die schließlich, von ihm selbst zu Versen umgearbeitet, dem französischen Komponisten Henry Barraud (1900-1997) als Libretto für eine in Paris erfolgreich aufgeführte Oper diente; vgl. Salvador de Madariaga, El escritor trilingüe, in: Cuadernos [del Congreso por la Libertad de la Cultura], 1956:21, 47. Hinzu kamen, später abgedruckt in seinen *Obras Poéticas*, kleinere Übertragungen ins Spanische, die er parallel zu seiner beginnenden Karriere als Diplomat anfertigte; vgl. Fernández Santander, *Madariaga, Ciudadano del mundo*, 43-47. So entstanden spanische Fassungen zu den Sonetten Nr. 31, 90 und 104 von Shakespeare und von einigen Kleinformen Shelleys, Miltons, William Blakes, Wordsworths, sowie der Lords Byron und Tennyson, des Schotten Robert Burns, und der englischen Lyrikerin Christina Georgina Rossetti.

12 Es muß hier offen bleiben, ob Madariaga der Musik über den intensiven Konsum hinaus tatsächlich auch als Ausführender so nahe stand wie es Fernández Santander unter Berufung auf Pablo Casals, aber ohne einen Beleg für dessen Aussage, behauptet; vgl. Ebd., 15. Madariaga war jedenfalls mit Casals eng befreundet und stand mit ihm in intensivem Briefkontakt. Casals hatte ihn in den fünfziger Jahren mehrfach um kulturpolitischen Rat sowie darum gebeten, mit seinem Prestige junge Künstler zu unterstützen. Madariaga war an den Vorbereitungen zu einem Cello-Wettbewerb in Paris, der am 29-XII-1956 aus Anlaß des 80. Geburtstages des Cellisten veranstaltet wurde, aktiv beteiligt und steuerte 10.000 Franc aus seinem Privatvermögen bei. Für all dies vgl. die Korrespondenz in: MALC 10.

Überkritisch könnte man ihn in Bausch und Bogen mit dem Vorwurf der Irrelevanz abtun. Als zwar hoch intelligenter und nicht ungeschickter, aber eben doch immer nur oberflächlicher Polygraph hätte er sich dann in allen nur denkbaren Wissensbereichen umgetrieben, sich an alle nur denkbaren Trends angehängt – kommentierend und ohne jemals selbst etwas wirklich Substantielles dazu beizutragen. Seine Biographie würde dann als die einer notwendigen Selbstinszenierung geschrieben werden, weil sich das Modell seiner Vita schon zu seinen Lebzeiten überholt hatte und er spätestens ab der zweiten Lebenshälfte beständig nach einem geeigneten Platz in einer Gesellschaft suchte, die einen Intellektuellen seines Zuschnitts eigentlich nicht mehr brauchte. Kurios müßte es dann allerdings wirken, daß er von seinen Zeitgenossen ganz anders wahrgenommen wurde, und zwar gerade in seiner zweiten Lebenshälfte. War Madariaga demnach ein Blender?

Überaffirmativ würde man ihn als eines der letzten Universalgenies verehren und vor seinem in Anspruch und Umfang gleichermaßen monumentalen (Lebens-)Werk auf die Knie sinken. Madariaga wäre dann der Paradigmen setzende Jahrhundertdenker, dem man ehrfürchtig das Recht zugestünde, sich im weit ausgreifenden Zug der Feder nicht über Gebühr mit den Details zu belasten, deren Bearbeitung nach ihm der Wissenschaft obläge. Seine Biographie würde das ideale Spiegelbild des eigenen quijotischen Anspruches ergeben, als ein über den Dingen schwebender und das ganze Wissen seiner Zeit umfassender Intellektueller in Politik, Literatur und einem Dutzend weiterer Tätigkeitsbereiche gleichermaßen bleibende Akzente gesetzt zu haben. Sein Biograph hätte sich in die enorme Aufgabe zu schicken, ihm so gut als möglich in allen Weiterungen seines tätigen wie kontemplativen Wirkens zu folgen. Kurios wäre dann allerdings, daß dies bis heute nicht geschehen ist, daß Madariaga im Gegenteil recht bald nach seinem Tod weitgehend dem Vergessen anheimgefallen ist. Hat es also bis heute einfach niemand vermocht, sein Genie richtig einzuordnen?

Beide Positionen sind freilich kraß überzeichnet. Dennoch ist die bislang vorliegende Literatur über Madariaga, in verschiedenen Graustufen, dominiert von der zweitgenannten Tendenz. Die hier erfolgende Darstellung setzt demgegenüber nicht in der Mitte zwischen den beiden Extremen an, sondern verfolgt einen genetischen Ansatz, der davon ausgeht, daß Madariagas politisches Denken erst dann angemessen verstanden und gewürdigt werden kann, wenn man es mit seinen eigenen Kategorien zu verstehen versucht und darüber hinaus die immanente Folgerichtigkeit seiner eigenen Entwicklung freilegt. Eine Kritik von außen bleibt diesem Ansatz insofern unbenommen.

1.2 Ziel und Aufbau der Arbeit

Die Arbeit versteht sich als eine *intellektuelle* Biographie, insofern sie eine schillernde Persönlichkeit des europäischen Geisteslebens im 20. Jahrhundert in Leben und Werk darstellt, die sich vielfach den in der europäischen Ideengeschichte bzw. der europäischen politischen Philosophie üblichen Kategorien verweigert, und zwar offenbar im Ergebnis einer bewußt gegen diese Kategorien getroffenen Entscheidung. Ganz gleich, ob man die Ursachen dafür eher in seinem Originalitätsanspruch, eher in einer gewissen intellektuellen Bequemlichkeit, und/oder zuerst in seiner Prägung durch die spanische Herkunft suchen möchte – in jedem Fall hat dies dazu geführt, daß der fast universellen Bekanntheit eines der bedeutendsten Intellektuellen seiner Zeit nach seinem Tod vergleichsweise rasch ein ebenso gründliches Vergessen folgte. Dem will die Arbeit entgegen wirken.

Sie möchte außerdem einen Beitrag dazu leisten, der spanischen Geistesgeschichte in der deutschen politikwissenschaftlichen Forschung zu mehr Aufmerksamkeit zu verhelfen. Nach seinem 'Goldenen Zeitalter' im 16. und frühen 17. Jahrhundert ist Spanien in dieser Hinsicht vom übrigen Europa lange – durchaus nicht zu Unrecht – völlig unbeachtet geblieben. Im 20. Jahrhundert hat sich das spanische Geistesleben grundlegend gewandelt, aber auch heute noch ist die spanische politische Philosophie, mit der Ausnahme José Ortega y Gassets, in Deutschland nur wenig erschlossen. Das neuere politische Denken Spaniens hat dem deutschen konzeptionell aber einiges zu bieten – und zwar gerade weil es, wie im folgenden zu zeigen sein wird, diesem gegenüber in Selbstverständnis und Begrifflichkeiten oft um einige Nuancen verschoben ist. Das gilt auch für Madariaga als Autor eines nicht nur immens umfangreichen, sondern in manchen Aspekten ebenso visionären wie unorthodoxen politiktheoretischen Werkes, das gerade in seiner beherzten Unwissenschaftlichkeit ein liberales Credo hinterlassen hat, das in seinem bleibenden Wert wiederzuentdecken und zu erschließen sich auch jenseits eines hispanistisch interessierten Kontextes lohnt. In diesem Sinne wird im folgenden auch ein Beitrag zur Liberalismusforschung geleistet.

Bei alldem wäre es allerdings übertrieben, an Madariaga den Anspruch einer systematisch ausgearbeiteten politischen Philosophie heranzutragen. Eine solche wird aus seinem Denken kaum zu rekonstruieren sein. Vielmehr läßt seine pronounciert antiakademische Haltung vermuten, daß er sein Werk überhaupt nicht auf eine kohärente Theorie hin angelegt hat. Auch wäre es, über die inhaltlichen Brüche hinaus, bereits in der Publikations*form* zu heterogen für einen solchen Anspruch. Sein politiktheoretisches Werk ähnelt äußerlich, um einen weiteren im Anspruch gewagten Vergleich zu bemühen, dem philosophischen Werk Friedrich Nietzsches, das ebenfalls wesentlich aphoristischen Charakters und in der Form gerade nicht systematisch durchgearbeitet war, dessen Facetten sich inhaltlich aber doch zu einem (wenn auch nicht widerspruchsfreien) Ganzen zusammensetzen lassen. Auch aus dem madariagaschen Denken spricht ein über die Jahrzehnte und über die weltweit verstreuten Publikationsorte hinweg im Kern unveränderter Tenor, dessen sogar über den tiefgreifenden politischen Wandel im 20. Jahrhundert hinweg reichende Kontinuität zumindest zu einem auffordert: ihn als einen politischen Denker ernst zu nehmen.

In diesem Sinne wird Madariagas politisches Denken hier hermeneutisch als ein möglichst bruchfreies Ganzes erschlossen, ohne dabei allerdings ein vollkommen homogenes Ergebnis erreichen zu können. Dies geschieht vor allem anhand seiner politischen Essayistik, die im übrigen schon ihrer ebenso eleganten wie kraftvollen Sprache wegen mit Gewinn lesbar ist. Tagespolitisch oft hochbrisant und zu seiner Zeit weithin wahrgenommen als von einer anerkannten moralischen und intellektuellen Autorität stammend, ist sie heute nicht zuletzt als ein Zeugnis ihrer Zeit von Interesse.

Madariaga war jedoch in seinem politischen Denken ein eklektischer und vor allem methodisch wenig abgesicherter Autodidakt, der die Theorie bewußt mied und statt dessen eher eine Art Liberalismus der Tat propagierte – den er allerdings vor allem, nach dem Zweiten Weltkrieg dann ausschließlich, auf publizistischem Wege und über vorpolitische Kultur- und Interessenverbände auslebte. Zusammen mit seiner gleichwohl ungeheuren Belesenheit in verschiedenen Sprachen und Kulturen führte das zu einem nicht immer widerspruchsfreien Patchwork-Denken, das mit zahlreichen und leider oft versteckten Anspielungen schon allein seines Anspruches wegen durchsetzt war, verschiedenste gedankliche Einflüsse harmonisierend, aber eben nicht unter dem Dach eines konsequent zu einem System verdichteten Denkens zur Deckung zu bringen. So blieb es immer etwas willkürlich, ob und wo er Querverbindungen herstellte und, wenn ja, welche. Sein in diesem Sinne komplexes Denken ist daher im Detail nicht leicht aufzuschlüsseln, denn: „It seems that when Madariaga writes a book he does not treat a theme. Rather he treats all themes." Daher hat die folgende Darstellung stets im Auge zu behalten, daß sich ein jeder Versuch, sein liberales Denken zu systematisieren, über den Autoren Madariaga ein Stück weit hinwegsetzt, der einen Abgleich seines Denkens mit der Ideengeschichte vor ihm prinzipiell abgelehnt hätte. So ist es zunächst kaum vorstellbar, wie so unterschiedliche Aspekte ohne Brüche auch in ihren Weiterungen unter ein und dasselbe theoretische Dach zu zwingen sein sollten, wie sie sich bereits in Madariagas Selbstdefinition als Liberaler bündeln:

> Ich bin ein Liberaler, weil ich glaube, daß die Freiheit an erster Stelle kommt.
> Ich bin ein Sozialist, weil ich glaube, daß man nach den wahren Zielen der

Gesellschaft streben muß. Ich bin ein liberaler Sozialist, weil ich glaube, daß die beiden Prinzipien vereinbar sind und in Übereinstimmung gebracht werden können und sollen. Und obendrein bin ich ein Konservativer, weil ich glaube, daß es ohne Ordnung weder Gerechtigkeit noch Freiheit geben kann.[13]

Trotzdem zeigt der Versuch, sein kaleidoskophaftes Denken in seine Bestandteile aufzulösen, daß man es bei aller scheinbaren Komplexität letztlich doch mit einem recht überschaubaren Satz fundamentaler Theoriebausteine zu tun hat, die allerdings in der Ausgestaltung virtuose Variationen erfahren haben. Abgesehen davon, daß Madariaga keine Etiketten so oft und berechtigt angeheftet wurden wie die des Liberalen und des Europäers, gibt es noch einige weitere Charakteristika, aufgrund derer er, auch gegen seine erklärte Überzeugung, keinerlei Gruppierung, Strömung oder dergleichen anzugehören, im Sinne der ideengeschichtlichen Analyse sehr wohl einem Typus zugeschlagen werden kann – der ihn dann auch ziemlich genau beschreibt. Es wird sich zeigen, daß sich der Zuschnitt seines politischen Denkens ursächlich zum einen aus seiner Intellektualität, zum anderen durch seine nationale Herkunft und drittens durch seine Zugehörigkeit zu einer bestimmten Alterskohorte ergibt.

Diese Arbeit ist nicht in erster Linie eine Biographie. Jedoch ist Madariaga in Deutschland nicht so bekannt, als daß man ganz ohne eine Einordnung seiner Vita auskäme. Kapitel 2 versteht sich daher eher als eine Handreichung und fokussiert, ohne sich jeweils zu lange dabei aufzuhalten, auf deren Eckpunkte. Vollständigkeit wird dabei ebenso wenig angestrebt wie eine strenge Chronologie. Stark gerafft, folgt die Darstellung statt dessen systematischen Überlegungen im Sinn einens strukturierten Vorwärtsverweises auf den Hauptteil der Arbeit. Neben dem Gesamtbild der Person läßt sie zugleich den biographischen Rahmen in jenen Aspekten erkennen, durch die Madariaga im Stil und in den basalen Mustern seines Denkens entscheidend geprägt wurde (also etwa durch die spanische und maritime Heimat, den Kontakt mit dem krausistischen Denken oder die Ausbildung zum Ingenieur), oder in denen sie sich symptomatisch manifestiert haben (also etwa in seiner Tätigkeit als Politiker und Diplomat).

In Kapitel 3 wird dieser Anspruch über Madariaga hinaus auf das spanische politische Denken allgemein projiziert. Daß sich sein Denken gegen eine glatte Interpretation entlang etablierter Begrifflichkeiten sperrt, ist kein Zufall; immerhin wurde er zuerst geprägt in einem Land, das nach seiner geistesgeschichtlichen Blüte über Jahrhunderte hinweg vom übrigen Europa fast völlig isoliert war. Noch vor der detaillierten Analyse im vierten und fünften Teil werden so die herkunftsbe-

---

13 Salvador de Madariaga, Zuerst die Freiheit. Ein Selbstinterview, in: Zuerst die Freiheit. Reden und Beiträge aus den Jahren 1960 bis 1973, Ludwigsburg [o.J.], 17.

dingten Faktoren identifiziert, die für Madariagas Denken konstitutiv waren. Diese reichen vom in Spanien weitgehend fehlenden Einfluß der Reformation und der Französischen Revolution über die immer weiter verblassende Erfahrung des auf den Katholizismus gegründeten eigenen Weltreiches bis hin zu einem Eklektizismus, der für Spanien insofern spezifisch war, als er dazu führte, daß dessen Philosophie bis ins 19. Jahrhundert insgesamt darniederlag und sich auch mit ihrer Wiedererstehung zu Beginn des 20. Jahrhunderts nicht in gefestigten Traditionen oder Schulen, sondern in eher losen und zumeist erst nachträglich identifizierten Generationen organisierte. All dies hat sich, bis hin zu dem nicht anders als schizophren zu beschreibenden Selbstbild, das die intellektuelle Elite im Spanien des frühen 20. Jahrhunderts von sich und dem eigenen Volk entwarf, bei Madariaga sehr direkt widergespiegelt.

Er baute auf seine Überzeugung vom unaufhaltbaren Fortschritt der Menschheit ein klar teleologisches Geschichtsbild, das sich an der Figur der verlorenen und wiederherzustellenden Einheit festmachte. Dabei gab das im christlichen Glauben geeinte spanische Weltreich vor dem von der Reformation herbeigeführten Schisma das Idealbild ab, das es analog in modernen Institutionen wie etwa dem Völkerbund wiederzuerrichten gelte – nun aber politisch statt auf die Religion gegründet. Das autodidaktische und das dezidiert anti-akademische Moment in seinem Denken gaben wie auch sein übersteigerter Intuitionismus und die diesem entsprechende Vernunftskepsis zum Teil bereits die Ergebnisse vor, zu denen er mit Blick auf historische und politiktheoretische Themen zu gelangen pflegte. Von entscheidender Bedeutung sind auch zwei weitere typisch spanische Grundzüge seines Denkens, die sich auf die Schlagwörter Quijotismus und Ästhetizismus bringen lassen. Beide prägten je auf ihre Weise sein Verständnis von dem, was Wahrheit ausmacht; und auf diese drei Faktoren wiederum stützte er viele seiner Begriffe und Konzepte, inklusive der ihnen in der Sphäre des Politischen zugewiesenen (auch normativen) Bedeutung. Manche scheinbar unauflösbare Inkonsistenz in seinem politiktheoretischen Werk ist letztlich darauf zurückzuführen, daß sein Begriff von und sein Zugang zur Politik stark ästhetisch und auf eine für die demokratische Praxis unangemessene Weise voluntativ überfärbt waren.

Die behauptete starke Prägung Madariagas durch sein Herkunftsland könnte überraschen, immerhin hat er Spanien bereits in einem Alter zum ersten Mal für lange Zeit verlassen, in dem politische Überzeugungen in der Regel noch kaum Gelegenheit haben, sich zu formieren – nämlich mit 14 Jahren. Insgesamt hat er deutlich weniger als die Hälfte seines Lebens überhaupt in Spanien verbracht.[14] Dennoch oder gerade

---

14 Allerdings ist auch eine außerhalb Spaniens empfangene spanische Prägung keineswegs unplausibel. Mit der Gründung der *Junta para la ampliación de estudios* im Jahre 1910 begann etwa die Institución Libre de Enseñanza, ihre Elitestipendiaten zum Studieren nach Europa

deshalb hat er sich Zeit seines Lebens stark zu seiner ersten Heimat hingezogen gefühlt und einen starken Patriotismus entwickelt, der eher voluntativ als empathisch zu nennen wäre.[15] Er sah sich selbst als eine Art Synthese alles Spanischen: Der Name Madariaga stamme aus einem Dorf in der Biskaya, so wie auch seine entfernteren Vorfahren baskisch gewesen seien. Geboren im galicischen La Coruña sei er in jungen Jahren als Sohn eines katalanischen Vaters und in einer Familie aufgewachsen, die ursprünglich aus dem andalusischen Cádiz stammte.[16]

Die gewollte Identifizierung mit dem Vaterland sollte auch aus der Ferne des Exils zu keiner Zeit Abnutzungserscheinungen aufweisen. Eine Eloge zu seinem achtzigsten Geburtstag fängt die Gleichzeitigkeit von Madariagas europäischer Weite einerseits und seiner trotz des erzwungenen Exils engen Verbundenheit mit der spanischen Heimat andererseits aus deutscher Sicht ein:

> Madariaga ist in sich selbst eine selbständige Rundfunkstation. Es ist nur die Gegebenheit der Lage, daß seine Antenne nicht auf den Gipfeln der Pyrenäen

---

zu schicken, um dem spanischen Denken von außen neue Impulse zuzuführen. Bevorzugte Zielorte waren Paris, Heidelberg und Marburg; vgl. H. U. Gumbrecht, Art. 'Krausismo', in: Georg Klaus et al. (Hrsg.), Historisches Wörterbuch der Philosophie. Band 4, Basel / Stuttgart 1976, 673. Damit liegt auch diesbezüglich für den Madariaga-Biographen der Verweis auf Ortega y Gasset nahe, der in Marburg vor allem bei dem Neukantianer Hermann Cohen studiert hatte. Aber auch und gerade über die Person Ortegas hinaus finden die mitunter erstaunlichen Parallelen von Vita und Denken Madariagas zur Lehre an der *Institución Libre* ihre Erklärung darin, daß er in Paris intensive Kontakte zu solchen Stipendiaten gehabt haben dürfte. Belegt ist allerdings nur, daß er während seiner vorübergehenden Tätigkeit als Ingenieur der *Compañía de Ferrocarriles del Norte* in Madrid mit Giner de los Ríos, dem Gründer und höchsten Vertreter der *Institución Libre* in Kontakt kam, und daß er jenem gegenüber tiefe Bewunderung empfand; vgl. Pedro Carlos González Cuevas, Salvador de Madariaga. Pensador político, in: Revista de Estudios Políticos (Nueva Epoca), 1989:66, 150. González Cuevas ist nicht der einzige, der den profunden Einfluß der *Institución Libre* im allgemeinen und von Giner im besonderen auf Madariaga und sein Denken herausgestellt hat. Gleiches behauptet auch McInerney, dessen Aussage noch schwerer wiegt, weil er sie trotz Madariagas Widerspruch aufrecht erhält, der eine solche direkte Beeinflussung im Interview mit ihm nicht habe gelten lassen wollen; vgl. Francis W. McInerney, *The Novels of Salvador de Madariaga*, Univ. Diss., University of Nebraska, Lincoln 1970, 5.

15 Selbst im Patriotismus erhält sich Madariaga zufolge das voluntaristische, ja beinahe autosuggestive Element des hyper-individualistischen spanischen Nationalbewußtseins als wie einer seiner wesentlichen Konstituanten: „Der Spanier empfindet den Patriotismus, wie er Liebe empfindet, als eine Passion, durch die er sich den Gegenstand seiner Liebe, sei es das Vaterland, sei es die Geliebte, einverleibt und assimiliert, sich zu eigen macht. Nicht er gehört seinem Land, sondern sein Land gehört ihm.", Salvador de Madariaga, *Spanien. Land, Volk und Geschichte*, München 1979, 20; vgl. auch Ders., *Anarchy or Hierarchy*, London 1935, 81.

16 Vgl. Josep Trueta, Coloquios de domingo. Notas extraídas de un diario inexistente, in: Henri Brugmans und Rafael Martínez Nadal (Hrsg.), Liber Amicorum. Salvador de Madariaga, Recueil d'études et de témoignages édité à l'occasion de son quatre-vingtième anniversaire, Brügge 1966, 123.

aufgebaut ist. Aber auch so strahlt er von überall für das ganze Kultureuropa aus.[17]

Claudio Sánchez Albornoz und Josep Trueta betonen in der Festschrift zum gleichen Geburtstag, die sechzig Jahre im Ausland hätten Madariaga um kein Stück weniger spanisch werden lassen.[18] Gleiches erklärte weitere zehn Jahre später Julián Marías in seiner Erwiderung auf Madariagas Antrittsrede in der *Real Academia Española*: Statt zu einem Staatenlosen sei er durch sein ausgedehntes Exil, ganz im Gegenteil, im Laufe der Zeit immer spanischer geworden. Gerade der herausgehobene Blick von außerhalb habe seine Wahrnehmung der Essenz vor der Trübung durch die alltäglichen Nichtigkeiten bewahrt.[19] Wohl an keiner Stelle in seinem Werk wurde Madariagas enge Verbundenheit mit Spanien deutlicher als in seinem Gedicht *La que huele a tomillo y romero*, das er als eine Liebeserklärung an die Heimat verfaßte.[20] Von vergleichbar symbolischer Kraft als Beleg insbesondere für die ungebrochen maritime Prägung durch seine Heimat(stadt) ist sein testamentarischer Wunsch, man möge ihn nicht beerdigen, sondern seine Asche zusammen mit der seiner Frau über der Bucht von La Coruña verstreuen – ein Wunsch, der ihm nach dem Tod seiner Witwe im Oktober 1991 auch erfüllt wurde.[21] Politisch manifestierte sich seine Verbundenheit mit den Geschicken des Vaterlandes zunächst in dem viele Jahre lang und immer vor allem zur Beförderung spanischer Interessen in der internationalen Politik wahrgenommenen Posten im Völkerbund; danach im Kontext des Bürgerkrieges, während dessen er von außerhalb des Landes eine dezidiert neutrale Position bezog, die sich im Interesse Spaniens als gesamter Nation gegen beide Konfliktparteien gleichermaßen richtete und ihm in beiden Lagern dauerhafte Feindschaften eintrug.[22]

---

17 Viator, Madariaga, 'der Botschafter ohne Auftrag', achtzig Jahre alt, in: Nemzetör, 1966:7, 4.
18 Vgl. Claudio Sánchez Albornoz, El hispanismo de Madariaga, in: Rafael Brugmans, Henri an Martínez Nadal (Hrsg.), Liber Amicorum. Salvador de Madariaga, Recueil d'études et de témoignages édité à l'occasion de son quatre-vingtièmes anniversaire, Brügge 1966, 109; Trueta, Coloquios, 123 und 125; Julián Marías, Las lealtades de Madariaga, in: El País, 15-XII-1978; sowie eine ganze Reihe vergleichbarer Nachrufe, in Auszügen versammelt in: Gualtiero Cangiotti, *Un testimone della 'Libertá rivoluzionaria': Salvador de Madariaga (Tra cronaca e critica)*, Bologna 1980, 61-79.
19 Vgl. Julián Marías, Contestación, in: Salvador de Madariaga (Hrsg.), Madariaga, Salvador de: De la belleza en la ciencia. Discurso leido el día 2 de mayo de 1976, Madrid 1976, 24.
20 Vgl. Fernández Santander, *Madariaga, Ciudadano del mundo*, 19. Für den Text vgl. Salvador de Madariaga, La que huele a tomillo y romero, Buenos Aires 1958.
21 Vgl. López Prado, *Síntesis biográfica*, 31, der dafür vermutlich die ohne Autorenangabe veröffentlichte Chronik der Geschichte des *Instituto 'José Cornide'* zu Rate gezogen hat; vgl. Revista del Instituto 'José Cornide' de Estudios Coruñeses 25 1989-1990, 208-210.
22 Vgl. Paul Preston, *Salvador de Madariaga and the Quest for Liberty in Spain*, Oxford 1987, 15f.

Was bedeutet nun die spanische Prägung seines Denkens? Das typisch Spanische schlug sich nicht zuletzt im Stil Madariagas nieder, der sein Schaffen auch inhaltlich stark überfärbte. Seinem Schrifttum lag, auch wenn es sich vielfach nicht mit gängigen Begrifflichkeiten deckte, ein intuitiv bis zum äußersten geschärftes Sprach- und Begriffsbewußtsein zugrunde. Zwar entwarf er nirgends eine systematisierte oder auch nur im Gebrauch konsistent durchgehaltene Sprachphilosophie – als überaus sprachbewußter Schriftsteller nahm er aber doch immer wieder intuitiv Erkenntnisse vorweg, die auf dem Feld etwa der kognitiven Linguistik und, spezieller, der Metapherntheorie erst sehr viel später gezielt Gegenstand wissenschaftlicher Untersuchung wurden.[23] Generell sind seine Schriften von Vorstellungskraft und Ironie geprägt, er vermittelt eher Erfahrung denn theoretisches oder praktisches Wissen. Bücher galten ihm als in Worte geronnene Gespräche, die erst durch das Schwelgen in Anekdoten die nötige Würze erhalten, und in denen sich deutlich immer auch der aus intellektuellem Kampf gezogene Genuß ausdrückt.[24] Als nicht nur Nicht- sondern erklärtem Anti-Akademiker, für den die persönliche Auszeichnung durch eine Stiftungsprofessur in Oxford (überdies ohne die erforderlichen akademischen Qualifikationen zu besitzen), im nachhinein nur einen wenig erfolgreichen Gehversuch in eine noch dazu als beruflich falsch empfundene Richtung darstellte, verwundert es dabei kaum, daß Madariagas durchgängig autodidaktisch erworbener (auch politischer) Scharfblick jenseits der Dinge, mit denen er selbst praktisch beschäftigt war, weitgehend versagte.

Charakteristisch für das Denken Madariagas ist ein übersteigerter Individualismus, der mitunter bis in einen fast schon a-sozialen Solipsismus changierte – und der so auch von ihm selbst dem spanischen Denken insgesamt diagnostiziert wurde. Dies beinhaltet unter anderem einen typischen Mangel an Bereitschaft, die Freiheit des Anderen als die Grenze der eigenen Freiheit anzuerkennen. Freiheit galt diesem Denken statt dessen als die maximal mögliche Ausdehnung des eigenen Verwirklichungsraumes auf Kosten aller anderen Akteure. Dies führte insgesamt zu einer Variante des liberalen Denkens, die von Egotismus und einer romantischen Vernunftskepsis geprägt war, und die den politischen Liberalismus seine Rolle innerhalb eines als anarchisch verstandenen Kampfes der verschiedenen Weltanschauungen spielen sah, aus dessen Niederungen man ihn doch aufgrund seiner vermeintlich überlegenen Einsicht entscheidend herausgehoben glaubte. In alldem hebt sich die

---

23 Vgl. Salvador de Madariaga, *Von der Angst zur Freiheit. Bekenntnisse eines revolutionären Liberalen*, Bern / Stuttgart / Wien 1959, 122; et passim.
24 Vgl. Vittorio Frosini, Portrait of Salvador de Madariaga, in: Henri Brugmans und Rafael Martínez Nadal (Hrsg.), Liber Amicorum. Salvador de Madariaga, Recueil d'études et de témoignages édité à l'occasion de son quatre-vingtième anniversaire, Brügge 1966 100.

spanische Spielart des Liberalismus von allen anderen nationalen Kontexten ab, mitunter in deren Verständnis fast bis hin zur Illiberalität.

Madariagas Denken über das Verhältnis von Demokratie und Liberalismus läßt sich in der Sache leicht seiner Enttäuschung über das Scheitern der Zweiten Republik und hinsichtlich seines Pathos der Traumatisierung durch den anschließenden Bürgerkrieg zuschreiben. Doch ist ein doppeltes Caveat angebracht. Zum einen waren seine Motive und sein grundsätzliches Verständnis vom Funktionieren der Politik älter; immerhin zählte Madariaga bei Ausbruch des Bürgerkrieges bereits fünfzig Jahre. Zum anderen soll hier versucht werden, *kultur*spezifische Muster seines Politikbegriffs herauszuarbeiten. Er selbst stellte wiederholt zwei Typen politischen Denkens und Handelns gegeneinander, deren einer das Sachliche betone, während der andere vor allem die handelnden Personen in den Blick nehme. Er brachte dies auf die Unterscheidung einer Was- und einer Wer-Perspektive; und auch wenn er dies nicht auf die Politik allein beschränkte und den Graben zwischen beiden Perspektiven nicht allein entlang der Grenzen von Nationen oder Kulturen, sondern mitunter auch mitten durch sie hindurch zog, so spricht doch vieles dafür, ihm einen spezifischen Politikbegriff *als Spanier* zu attestieren. Mit seinem Begriff der Wer-Völker gab er selbst die Perspektive vor, unter der Politik im spanischen Kulturraum tendenziell gesehen werde, auch wenn er selbst diesen Zugang stets geringachtete. Politik gilt in diesem Verständnis vor allem als etwas von Personen Gemachtes. Wichtiger als der Prozeß der Entscheidungsfindung innerhalb des politischen Systems oder als dessen institutionelle Gestalt, wichtiger sogar als die konkret von ihm produzierten Ergebnisse ist in dieser Sicht, daß man sich als ein von Politik Betroffener mit dem Handeln ihrer (individuellen) Akteure ins Verhältnis setzen kann.

Unter etwas anderem Blickwinkel steht der Politikbegriff Madariagas auch im Mittelpunkt von Kapitel 4. Die Frage, wie er sich als Akteur und als Urteilender zur politischen Praxis ins Verhältnis setzte, führt zu der Erkenntnis, daß Madariaga, vollkommen unabhängig von seiner weltanschaulichen Ausrichtung, mit einem streng genommen defizitären Politikbegriff operierte, was sich sowohl auf seine Rolle als Intellektueller als auch auf seine Erfahrungen beim Völkerbund zurückführen läßt. Er hatte offenbar keinen Begriff vom politischen Interesse, zumindest keinen affirmativen. Gleiches gilt für die grundsätzliche Konflikthaftigkeit politischen Handelns, die er zwar rhetorisch wiederholt als ein Positivum und als Chance auf schöpferische Veränderung hervorhob, die er aber zugleich nicht ergebnisoffen und als dem Votum der Mehrheit unterworfen denken konnte und wollte. Sein politisches Urteilen und Handeln war letztlich getrieben durch eine an José Ortega y Gasset erinnernde Furcht vor der Masse. Wie den Begriff des Interesses, lehnte er auch ein vor allem am Machtbegriff orientiertes Politikverständnis ab, hatte aber umgekehrt kein Problem mit der Vorstellung, eine qua Status dazu befähigte Führungselite könne sehr wohl wissen, was politische Wahrheit sei, und müsse entsprechend dazu ermächtigt werden, diese ohne Rückbindung an die Zustimmung der davon Betroffenen umzusetzen. Dieses essentialistische Politikverständnis wird hier als das eines ursprünglich eher zufällig in die Politik gezogenen Intellektuellen dargestellt; und im Rahmen der Vorüberlegungen, was dies für die Färbung von Madariagas Liberalismus und Europäismus konkret bedeutete, fließt als ein zentraler Aspekt auch die bereits erwähnte Tatsache mit ein, daß sich das Gros seines politiktheoretischen Werks in der jeweils ersten Verschriftlichung journalistischer Tätigkeit verdankt.

Aufbauend auf allem, was in den vorangegangenen Teilen zur biographischen, stilistischen und epistemologischen Prägung seines politischen Denkens festgestellt wurde, widmet sich die Arbeit dann der Analyse jener beiden Großbegriffe – Liberalismus und Europa –, unter die sich beinahe sein gesamtes politisches Denken subsumieren läßt. Dabei geht es in Kapitel 5 um die Frage, inwieweit Madariaga mit seinem liberalen Denken zwischen den liberalen Schulen des 19. und denen des 20. Jahrhunderts zu stehen kam, insbesondere wie sich dieses gegenüber dem demokratischen Denken verhielt. Im Zusammenhang damit wird die Frage, ob er als ein typischer Vertreter des spanischen Liberalismus und ob er überhaupt als ein Vertreter liberalen Denkens gelten kann, in beiden Teilen affirmativ beantwortet. Beides läuft hier zunächst in der These zusammen, daß die weltanschauliche Nomenklatur in Spanien zwar ihre Begrifflichkeiten der in Europa gängigen Terminologie entlehnte, daß diese im Zuge ihrer Übernahme aber starken Verschiebungen in ihrem jeweiligen Bedeutungsgehalt ausgesetzt waren. Gerade deswegen ist der Ansatz dieser Arbeit nicht, vermittels eines abgeschlossenen Kriterienkatalogs zur Entscheidung darüber zu kommen, ob Madariaga nun ins liberale Lager zu rechnen sei oder nicht. Vielmehr wird in Anknüpfung an seine faktische und auch von seinen Gegnern praktisch unwidersprochen gebliebene Selbst- und Fremdzuordnung als Liberaler ausgegangen.[25] Daran anknüpfend wird Madariaga als ein liberaler Protagonist behandelt, dessen Denken allerdings eine (mitunter starke) konservative Färbung aufwies.

Dies ist die Basis, auf der dann die Grundlagen des madariagaschen Liberalismus genauer dargestellt werden können. Die Begriffe der Freiheit und der Person stehen dabei im Zentrum eines zwar theoretisch wenig abgesicherten, dafür aber umso stärker normativ und kämpferisch auftretenden Liberalismus, der trotz einiger Adaptationsbemühungen Madariagas im Detail letztlich Zeit seines Lebens ein Liberalismus blieb, wie man ihn in seiner klassischen Ausprägung vom 19. Jahrhundert her kennt. Nachdem der Generalverdacht der Illiberalität einzelner Theoriebausteine

---

25 Die Beiträge, die Madariaga im Tenor einstimmig für liberal erklärten, gehen in die Hunderte; vgl. etwa die Sammlung der Nachrufe in: Cangiotti, *Libertá rivoluzionaria*, 61ff.

gleichsam eingeklammert wurde, können dann auch jene unorthodoxen Theoreme diskutiert werden, die Madariaga zu einem Grenzfall liberalen Denkens machen, etwa seine starke Tendenz ins romantisch Konservative, seine kaum verklausulierte Sympathie für einen autokratischen Antiegalitarismus und seine ebenso offene Demokratie- und Parlamentarismuskritik. Um dies begrifflich zu fassen, wird in Anlehnung an Kahan von 'aristokratischem' Liberalismus gesprochen.[26] Indem seine erklärte Position der Mitte zwischen der politischen Linken und Rechten auf diesen unübersehbar konservativen Bias trifft – bis hin zu einer eigentümlichen Blindheit gegen die Gefahr von der extremen Rechten –, zeigt sich, daß das politische Denken Madariagas selbst mit der Bereitschaft, ihm in seiner eigenen Terminologie weitgehend zu folgen, nicht als ein bruchfreies Ganzes verstehbar ist, daß sich die Brüche aber auflösen lassen, indem man sein Denken kontextualisiert – als genuin spanisch hier, als einer bereits vergangenen Zeit zugehörig dort.

Kapitel 6 widmet sich schließlich jenem Thema, für dessen Forcierung der politische Madariaga heute wohl noch immer am ehesten bekannt ist: Europa. Dieser Teil sticht etwas gegen die vorangegangenen ab, denn die Europafrage ist die einzige, in der er seine Überzeugung grundsätzlich änderte, während sein Werk in praktisch allen anderen Aspekten das eines zwar unsystematischen aber doch (mitunter bis fast zur Sturheit) prinzipientreuen Denkers war, der sich von den Zeitläuften lediglich zu vorsichtig adaptierenden Revisionen seines Denkens gezwungen sah. Selbst den Epochenbruch des Zweiten Weltkrieges haben die meisten seiner Denkfiguren unbeschadet überstanden. Für diesen Teil, und nur für diesen, empfiehlt sich daher auch ein stärker chronologischer Aufbau, in dem sich ungefähr auch die beiden großen Perioden in Madariagas Vita und Werk abbilden: 1916-1936 und 1945-1978.

Als Internationalist hat Madariaga das Konzept Europa lange als zu beschränkt abgelehnt, schlug sich dann im Zuge der Notwendigkeiten des Kalten Krieges allerdings um so entschiedener auf die Seite der Europabefürworter. Hier geht es zunächst darum, exemplarisch jene proeuropäischen Einflüsse aufzuzeigen, denen er bis in die dreißiger Jahre ausgesetzt war, ohne daß sie zu dieser Zeit für ihn von besonderem Interesse gewesen wären, auf die er sich aber später stützte, um sein eigenes europäisches Credo zu entwerfen. Dabei beschränkt sich die Darstellung auf jeweils durch eine Person gut nachvollziehbar repräsentierte Typen. So waren es vor allem Paul Valéry und Richard Graf Coudenhove-Kalergi als die intellektuellen Vordenker eines kulturell bzw. eines politisch verstandenen Europa, auf die Madariaga ab den späten vierziger Jahren rekurrierte – sowie Aristide Briand, der sich als erster Politiker von Rang ausdrücklich für die europäische Sache erklärte. Nach der erfolg-

---

26 Vgl. Alan S. Kahan, *Aristocratic Liberalism. The Social and Political Thought of Jacob Burckhardt, John Stuart Mill, and Alexis de Tocqueville*, New York / Oxford 1992.

ten Wandlung zum Europäer fand Madariaga im Affirmativen rasch zur gleichen Apodiktik zurück, mit der er Europa zuvor abgelehnt hatte. Wie grundsätzlich dieser einzige wirkliche Bruch in seinem politischen Denken wirkte, wird abschließend anhand der Tatsache illustriert, daß in auffallend ähnlicher Weise seine allgemeine Bewertung der politischen Eliten seiner Zeit sehr spezifisch von deren Haltung gegenüber dem Prozeß der europäischen Einigung abhing – und gegebenenfalls von einem Extrem ins andere kippte. Auch hier wird anhand von Typen argumentiert. Berücksichtigung finden Winston Churchill (mit der Rolle, die er im Rahmen der Europäischen Bewegung spielte) und Charles de Gaulle (im Widerstreit zwischen Europäismus und Nationalismus) – denen gegenüber Madariagas Position von Heiligenverehrung über Skepsis bis zu publizistischer Verdammung reichte.

1.3 Das Werk Madariagas

Auch in ihrer Reduzierung auf das direkt politikwissenschaftlich Relevante beinhaltet Madariagas veröffentlichte Hinterlassenschaft jenseits der Monographien noch einen immensen Korpus kleinerer Arbeiten; zu den vielen einzeln veröffentlichten und nur teilweise später edierten Aufsätzen tritt noch ein riesiges Arsenal von spanischen, englischen und deutschen Zeitungsartikeln, das quantitativ die Aufsätze nochmals bei weitem übersteigt. Der schiere Umfang seines Werkes verdankt sich nicht unwesentlich dem Umstand, daß Madariaga bis ins Greisenalter nicht vom Schreiben abgelassen hat. Bis zuletzt ist er als Leitartikler in Erscheinung getreten – als er im Dezember 1978 plötzlich starb, steckte der dann postum veröffentlichte Artikel über die Krise der *Times* noch in der Schreibmaschine[27] –, und gerade in den letzten etwa zwanzig Jahren seines Lebens hat er sich darüber hinaus offenbar mit dem Vorhaben getragen, sein Denken nochmals sammelnd, ordnend und übersetzend aufzuarbeiten.[28] Dafür sprechen zunächst eine ganze Reihe von Publikationen, in denen er schon lange veröffentlichtes Material noch einmal auflegte, seien

---

27 Vgl. Nieves de Madariaga, Sobre Salvador de Madariaga: Paseos con mi padre, in: Cuenta y Razón, 1987:26, 16f. Der genannte Artikel, *La crisis del 'Times'*, erschien in ABC, 7-I-1979 und findet sich wiederabgedruckt bei: Fernández Santander, *Madariaga, Ciudadano del mundo*, 301-303 sowie in Salvador de Madariaga, *El sentido de la diversidad*, o.O. 1970-78, 625-627.

28 Im Vorwort zu seinem wiederaufgelegten Arceval-Band machte Madariaga das Motiv sogar explizit: „Diese Wiederauferstehung meines Jugendwerkes ist eine der vielen Formen, in die sich der Rhythmus meines Lebens findet, das zunächst von höheren Mächten in den Raum hinausgeschleudert wurde, um dann wieder in sich zurückzufallen wie ein Geschoß, dessen ursprünglicher Impuls sich erschöpft hat." Ders., *Arceval y los ingleses*, Madrid 1973, 11. Zu manchen seiner Spätwerke, erklärte Madariaga kokettierend, habe er sich geradezu gedrängt gesehen, so etwa zu *Morning without Noon* („This book is not of the kind I choose of my own free will to write.") und *Españoles de mi tiempo* („Este libro no se ocurrió a mí."); in Klammern jeweils der Eröffnungssatz des Vorwortes. Sowohl die Memoiren als auch die nur

dies weitgehend unveränderte Aufsätze in neuer Zusammenstellung oder bekannte monographische Werke in neuer Übersetzung.[29] Ebenfalls zu erwähnen sind hier die beiden Bände: *Retrato de un hombre de pie* (1965) und *Dios y los españoles* (1975), die beide wie der monographische Versuch einer *summa* seines Denkens wirken; der erste als eine Art Fundamentalphilosophie in Form einer Biographie Gottes; letzterer als eine Exegese der Zehn Gebote und ihrer Bedeutung für sowie ihrer Applikation in Spanien.

Abgesehen von den zwischensprachlichen Doppelungen wird hier der Anspruch erhoben, das politische und politiktheoretische Werk Madariagas in Gänze zur Kenntnis genommen zu haben, und man kann davon ausgehen, daß es unveröffentlichte Manuskripte von Madariaga nicht oder zumindest nicht mehr in großer Zahl gibt. Zum einen bestand aufgrund seines Status als brillant schreibender politischer Intellektueller weltweit ein großes Interesse daran, seine Schriftstücke möglichst auch veröffentlicht zu sehen. Zugleich war ihm selbst zeitlebens sehr an Selbstdarstellung und an der Verbreitung seiner Gedanken gelegen. Madariaga hat sein eigenes Archiv, nicht ohne Instruktionen zum Umgang damit, dem Institut José Cornide überlassen.[30] Zieht man das heute dort versammelte Material heran, so scheint es überhaupt nur einen sehr begrenzten Corpus von grauer Literatur zu geben, der nicht an irgend einer Stelle bereits veröffentlicht vorliegt.

DIE NICHTPOLITISCHEN SCHRIFTEN. – Generell sind es die historiographischen Werke Madariagas, die trotz aller Kritik, die sie im Detail jeweils erfahren haben, in der breiten Wahrnehmung bislang zuvorderst den bleibenden Wert seines immens

---

in spanischer Sprache erhältliche Anthologie mit Psychogrammen ausgewählter Zeitgenossen sind 1974 erschienen.

29 Hier nur eine kleine Aufzählung: *Essays with a Purpose* (1954, Artikel in v.a. englischsprachigen Organen); *Rettet die Freiheit!* (1958, NZZ-Artikel der Jahre 1948-1957); *General márchese Ud.* (1959, Radioansprachen der Jahre 1954-1957); *De Galdós a Lorca* (1960, die spanische Version des 1923 erschienenen 'The Genius of Spain'); *Latin America between the Eagle and the Bear* (1962; eine für ein US-amerikanisches Publikum stark komprimierte Version seines 'Cuadro histórico de las Indias'); *Weltpolitisches Kaleidoskop* (1965, Reden und NZZ-Aufsätze); *Obras escogidas* (1972); *Mujeres españolas* (1972, Portraits berühmter Frauen, manche aus den 1920er und 30er Jahren datierend); *Arceval y los ingleses* (1973, unveränderte Zweitauflage des 1925 erschienenen Werkes); *Españoles de mi tiempo* (1974, biographische Portraits zahlreicher Zeitgenossen); *A la orilla del río de los sucesos* (1975, späte Veröffentlichung einer Reihe von Artikeln aus der Zeitschrift *Destino* und eines 1946 entstandenen Manuskripts).

30 Zum Aufbau des Madariaga-Nachlasses in La Coruña vgl. Carlos Martínez Barbeito, El Archivo Madariaga en La Coruña, in: Revista del Instituto 'José Cornide' de Estudios Coruñeses, 22 1986, 177-193; Ismael Velo Pensado, Fondo de Salvador de Madariaga. Clasificación y catalogación, in: Revista del Instituto 'José Cornide' de Estudios Coruñeses, 23 1987, 253-255; sowie Molina, Curriculums, in: César Antonio Molina (Hrsg.), Salvador de Madariaga (1886-1986). Libro homenaje, La Coruña 1986, 673.

umfangreichen Schaffens auszumachen scheinen. Mit seiner Geschichte Spaniens[31] hat er die Fachwelt und die intellektuelle Öffentlichkeit gleichermaßen erfolgreich angesprochen. Zwar überaus kontrovers diskutiert, ist dieses Buch gerade in seiner Behandlung des spanischen Bürgerkrieges lange als Standardwerk akzeptiert worden und auch heute noch mit Gewinn lesbar. Bis in die späten siebziger Jahre hinein war Madariaga allein Dank dieses Werkes bekannt genug, um in einzelnen seiner Positionen wie selbstverständlich auch ohne Fundstelle zitiert werden zu können.[32] Ähnlich wurden seine beiden Bände über Aufstieg und Fall des spanischen Reiches in Lateinamerika[33] und schließlich auch die Erobererbiographien Kolumbus', Cortés' und – gerade in Lateinamerika umstrittener als die übrigen – Bolívars aufgenommen.[34] Sein Cortés galt noch bis in die neunziger Jahre als Klassiker, der erst durch das Buch des englischen Historikers Hugh Thomas als überholt galt.

Madariaga hat sich dabei nie dem Zwang zur Verwendung empirischer Fakten unterwerfen wollen, durch die eine Erzählung – und als solche haben all seine historiographischen Arbeiten zu gelten – nur zerstört würde. So galt ihm der Historienroman als die ideale Form für die Darstellung von Geschichte.[35] So erklärt sich auch sein eigenwilliges Changieren zwischen Historienbelletristik und genuiner (obgleich bei ihm immer stark biographisch dominierter) Historiographie. Seine Auffassung darüber, was man unter Geschichte zu verstehen habe, hat er, zusammen mit ihrer gewollten Heterodoxie, wohl von Unamuno übernommen – und nur von ihr her erschließt sich auch, welche Gegebenheiten sich vor seiner nach Relevanz selektierenden Wahrnehmung überhaupt *qua talis* als historische Tatsache qualifizieren. So hat er seine Romane der Serie *Esquiveles y Manriques* selbst als nur zur Hälfte fiktiv verstanden; und wenn man so will, ist der Unterschied zwischen diesen und

---

31   Salvador de Madariaga, *España. Ensayo de historia contemporánea*, Madrid 1979 [zuerst 1931, englisch 1929].
32   Vgl. Hugh Thomas, *The Spanish Civil War*, New York u.a. 1977, 933.
33   Ursprünglich geplant als ein Kapitel, dann als ein Teil seines vollständig erst 1951 erschienenen *Bolívar*, ist Madariaga das Thema unter den Händen zu einem eigenständigen Buch angewachsen, zunächst aufgelegt als eine Einführung zu Bolívar (*Cuadro histórico de las Indias: introducción a Bolívar*, 1945), bald aber ausgedehnt zu einem eigenständigen zweibändigen Werk (*El auge del imperio español en América* und *El ocaso del imperio español en América*, beide 1947), die in den spanischen (*El auge y el ocaso del imperio español en América*, 1977) und deutschen Ausgaben (*Die Erben der Konquistadoren*, 1965) allerdings zu einem Band zusammengefaßt wurden. Auch gibt es eine stark komprimierte Version für das englischsprachige Publikum (*Latin America between the Eagle and the Bear*, 1962).
34   Salvador de Madariaga, *Die Erben der Conquistadoren. Das spanische Erbe in Amerika*, Stuttgart 1964; Ders., *Kolumbus. Leben, Taten und Zeit des Mannes, der mit seiner Entdeckung die Welt veränderte*, Bern / München / Wien 1992; Ders., *Cortés. Eroberer Mexikos*, Stuttgart 1956; Ders., *Simon Bolivar. Der Befreier Spanisch-Amerikas. Mit einem einleitenden Essay von Golo Mann*, Zürich 1986.
35   Vgl. Roser Caminals Gost, *Salvador de Madariaga and National Character*, Univ. Diss., Barcelona 1988, 120.

seinen Eroberer-Biographien tatsächlich nur einer des Grades. Stets agieren nämlich die (fiktiven) Protagonisten seiner Romane mit dem eigentlichen Zweck, diesen plastisch zu veranschaulichen, vor einem geschichtlich realen Hintergrund – in dessen Konstruktion er sich nach eigener Aussage erhebliche Recherchearbeiten aufgebürdet hat.[36]

Nur hat Madariaga dies eben in wissenschaftlichem Sinne wenig systematisch getan. Sein Biograph Benítez sieht in ihm denn auch primär den Dichter, der es versteht, die Geschichte lebhaft zu erzählen – nur seien seine historischen Arbeiten oft durchzogen von Polemik und rückwärts-projiziertem politischem Wunschdenken;[37] vor allem seien sie, nicht zuletzt wegen seiner weitgehend unkritischen Verwendung gefärbter Quellen, historisch nicht immer ganz korrekt.[38] Gerade diesbezüglich gehen die Urteile über seine Arbeiten allerdings stark auseinander. Wo die einen den Historiker Madariaga für mitunter obsessiv hispanistisch erklären,[39] da halten andere seine Darstellungen zwar für nicht gerade detachiert, dies aber nur, um sie eben deswegen als „passionately honest" zu loben.[40] An wieder anderer Stelle ordnet ein herausragender spanischer Intellektueller Madariagas Bücher (dabei denkt er an dessen *España*) als intuitiv und polemisch ein, trotzdem und vor allem aber seien sie frei von jeglicher Voreingenommenheit[41] – was Madariaga im übrigen auch selbst immer wieder für sich und seine Werke reklamiert hat. Mitunter ist auch versucht worden, die andernorts als unwissenschaftlich kritisierten Eigenheiten der Arbeiten Madariagas zu einer Frage nur des wissenschaftlichen Geschmacks umzuwerten. Gerade die angelsächsische Leichtigkeit und die in die Arbeit einfließende Überzeugung, daß Politik, Geschichte und Literatur letztlich gar nicht so weit auseinander lägen, seien der Schlüssel zum Erfolg, dessen sich die Arbeiten Madariagas nicht zuletzt in Deutschland erfreuen könnten.[42]

---

36 Besonders intensiv hatte Madariaga für seinen *Bolívar* recherchiert; vgl. dazu Salvador de Madariaga, *Bolívar*, London 1952, xi. Wie stark der historische Hintergrund in seinen Lateinamerika-Romanen präsent ist (bzw. sein soll), zeigt sich etwa daran, daß im ersten Band der Esquiveles-Serie für die Hälfte aller auftretenden Figuren historisch belegt ist; vgl. Ders., *Das Herz von Jade*, Bern / Stuttgart / Wien 1958.
37 Vgl. Rubén Benítez, Madariaga e hispanoamérica, in: Roberta Johnson und Paul C. Smith (Hrsg.), Studies in Honor of José Rubia Barcia, [o.O.] 1982, 28f.
38 Vgl. Ebd., 34f.
39 Vgl. Rehrmann, *Nationale Erbauung*, 13. Ähnlich Areilza: „Verstrickt in wildes Polemisieren, nannte ihn ein gewichtiger Geist unter seinen Zeitgenossen einen 'parteiischen Historiker'." José María de Areilza, Ciudadano del mundo, in: Blanco y Negro, 20-26/XII/1978, 72.
40 Vgl. Caminals Gost, *Madariaga*, 67.
41 Vgl. Ramón Sender, Salvador de Madariaga hallado en los debates del mundo, in: Cuadernos [del Congreso por la Libertad de la Cultura], 1956:21, 37.
42 Vgl. Robert Held, Ein Botschafter ohne Auftrag. Der englische Spanier Salvador de Madariaga, in: FAZ, 21-VII-1961.

Von bleibender Aktualität sind auch eine Reihe unorthodoxer Thesen, die Madariaga in seinen literaturkritischen Arbeiten, etwa in der Interpretation der Figuren des Don Quijote und Hamlets, aufgestellt hat. So entwickelte er eine originelle Interpretation des cervantinischen Werkes, in deren Zentrum die These von der zwiefachen Annäherung beider Charaktere aneinander steht, was er in die Formel von der Sanchifizierung des Quijote *(La sanchificación de Don Quijote)* einerseits und der Quijotisierung Sanchos *(La quijotización de Sancho)* andererseits kleidete.[43] Ebenso wandte er sich prinzipiell gegen alle Interpretationen, die in Hamlet vor allem das Unentschlossene und Vergeistigte erkennen wollen. Gerade im romantischen 19.Jahrhundert sei immer wieder versucht worden, der Figur gewaltsam das Kostüm des *gentleman* überzuziehen, während sie doch in Wahrheit einen borgianisch bzw. nietzscheanisch geprägten Charakter mit übermenschengleichem Habitus darstelle.[44]

Neben der Literaturkritik ist auch das genuin literarische Schaffen Madariagas bekannter als sein politisches.[45] Über dessen genrespezifische Qualität gehen die Meinungen allerdings auseinander. Für seine Poesie hat er überwiegend Lob geerntet. Einer seiner Biographen wies etwa auf die Hochschätzung hin, die der spanische Schriftsteller Camilo José Cela seiner Lyrik entgegen gebracht habe.[46] Die Historienromane Madariagas sind von eher nachgeordnetem Interesse im Rahmen seines Gesamtwerkes; auch was ihren literarischen Wert betrifft, muß man sich eher den kritischen Stimmen anschließen. Er selbst hat ihnen mit ihrer Verortung in einer (von den Essays über die Lyrik und das Theater bis hin eben zu den Romanen) klar absteigenden Rangfolge nur eine vergleichsweise geringe Bedeutung beigemessen.[47]

---

43 Vgl. Salvador de Madariaga, *Guía del lector del 'Quijote'. Ensayo psicológico sobre el 'Quijote'*, Madrid 1987, 137-159. Ganz in diesem Sinne hat Madariaga 1962 eine ausführlich von ihm selbst annotierte Ausgabe des Quijote erscheinen lassen; vgl. Miguel de Cervantes Saavedra, *Don Quijote de la Mancha. Prólogo y notas de Salvador de Madariaga*, Buenos Aires 1962. Für den Erhalt dieses Buches bedankt sich der Historiker Menéndez Pidal per Brief vom 14-IV-1963 ausdrücklich und mit großem Lob für die neue Lesart; vgl. MALC 27.

44 Vgl. Madariaga, Sobre Hamlet, 63-65.

45 Vgl. Preston, *Quest for Liberty*, 1; Frosini, Portrait, 97-99.

46 Vgl. López Prado, *Síntesis biográfica*, 116. In der Tat findet sich im Madariaga-Archiv ein Brief Celas, in dem er Madariaga als seinen 'guten und verehrten Freund' *(Mi querido y admirado amigo)* anspricht und zu seinem Gedicht *La que huele a tomillo y romero* beglückwünscht; vgl. MALC 10. Cela, so sei zusätzlich angemerkt, erhielt im Jahre 1989 den Nobelpreis für Literatur und stammte wie Madariaga gebürtig aus der Provinz La Coruña. Vergleichbares Lob für seine Poesie hat Madariaga auch erfahren in: Dámaso Alonso, Salvador de Madariaga, poeta, in: César Antonio Molina (Hrsg.), Salvador de Madariaga (1886-1986). Libro homenaje, La Coruña 1986, 221-231. Alonso (1898-1990) war selbst Dichter, lehrte spanische Sprache und Literatur und war von 1968 bis 1982 Präsident der *Real Academia Española*.

47 Vgl. McInerney, *Novels of Madariaga*, 215. Ausführlicher zu Madariagas Schaffen als Dramatiker und Historiograph vgl. Arturo Ramoneda, El teatro de Salvador de Madariaga, in: César Antonio Molina (Hrsg.), Salvador de Madariaga (1886-1986). Libro homenaje, La

Wohl sind sie erfolgreich aufgelegt worden, und in der Summe beeindrucken sie auch im schieren Umfang, „aber der literarische Rang dieser Arbeiten ist doch geringer als sein essayistisches Werk".[48] Madariaga ist auch als Romancier vor allem ein Intellektueller geblieben und hat gerade als solcher den Sprung zum Erzähler nicht zu leisten vermocht. Seine Romane wirken daher intellektuell-szientistisch, mithin technisch und kalt.[49]

DIE POLITISCHEN SCHRIFTEN. – Madariagas genuin politisches Denken erschließt sich primär von einem sowohl im Umfang als auch in der zeitlichen wie geographischen Streuung seiner Publikationsorte kaum zu überblickenden Journalismus her. Madariaga verdiente zwischen 1916 und 1921 seinen Lebensunterhalt als Leitartikler der Londoner *Times* und publizierte auch später – obwohl beruflich dann anderweitig etabliert und engagiert – unregelmäßig aber äußerst rege, vom Leitartikel bis zum kurzen Kommentar oder Leserbrief, in zahlreichen bedeutenden Blättern Westeuropas sowie Nord- und Südamerikas. Dabei lassen sich verschiedene Schwerpunkte ausmachen: so unter anderem für die zwanziger Jahre in der Madrider *El Sol*,[50] Mitte der dreißiger Jahre in der ebenfalls spanischen Zeitschrift *Ahora*,[51] kurz vor und

---

Coruña 1986, 251-286; sowie Jean-Pierre Ryckmans, Salvador de Madariaga: El historiador del Imperio, in: César Antonio Molina (Hrsg.), Salvador de Madariaga (1886-1986). Libro homenaje, La Coruña 1986, 177-182.

48 Helmut Salzinger, Schriftsteller und Politiker aus Leidenschaft. Salvador de Madariaga, Anwalt eines liberalen Spanien, wird 80 Jahre alt, in: Südwestdeutsche Allgemeine Zeitung, 23-VII-1966. Für eine umfassendere Einschätzung Madariagas als Romancier vgl. Santos Sanz Villanueva, Madariaga, novelista, in: César Antonio Molina (Hrsg.), Salvador de Madariaga (1886-1986). Libro homenaje, La Coruña 1986, 297-314; vor allem aber McInerney, *Novels of Madariaga*; auf dessen Studie sich die vorliegende Arbeit in diesem (hier eher ausgeklammerten) Zusammenhang maßgeblich stützt.

49 Vgl. Ebd., 224. Darin schließt sich McInerney nicht zuletzt einem Urteil von Guillermo de Torre an, für den die Romane Madariagas in ihrer gleichsam geometrischen Anlage sehr seinen Essays glichen; vgl. Ebd., 164.

50 Die im Dezember 1917 von Ortega mitbegründete Wochen-Zeitschrift *El Sol* ordnete sich im 'liberalen' Lager, damals also bei den Progressiven ein, blieb aber im Grundsatz promonarchisch. Insgesamt trug sie das Erbe der gemäßigten Reformer der *Institución Libre de Enseñanza* weiter, jedoch konnten sich in ihr auch die Neue Rechte und ebenso die Kräfte der verschiedenen Regionalismen wiederfinden. Madariaga begann seine Zusammenarbeit mit *El Sol* im November 1918 mit einer eigenen Rubrik *(Nuestras crónicas de Londres)* und blieb der Zeitung bis 1931 mit gelegentlichen, ab der zweiten Hälfte der zwanziger Jahre weniger häufigen Beiträgen verbunden; vgl. Sara Alonso-Alegre, *El pensamiento político de Salvador de Madariaga*, Univ. Diss., Universidad Complutense, Madrid 2002, 42.

51 *Ahora* erschien ab Dezember 1930 als Hochglanzzeitschrift und war stark durch Werbung, qualitativ aber auch dadurch geprägt, daß sich, wegen der hohen Vergütung des Blattes sowohl für Redakteure als auch für externe Beiträge, auch namhafte Literaten bevorzugt dort äußerten. Schon in den ersten Monaten seines Erscheinens konnte sich das Blatt mit einer hohen Auflage in Madrid wie auch in der Fläche erfolgreich neben der etablierten *ABC* am Markt positionieren. Es war parteipolitisch weitgehend neutral und der reinen Berichterstattung verpflichtet, neigte jedoch in ökonomischen Fragen zu einer eher konservativen Haltung, während es sich in politischen Dingen liberal bis demokratisch gab. *Ahora* hielt noch etwas

nach Ende des Zweiten Weltkrieges im Londoner *Spectator*, kurz darauf im *Manchester Guardian*, ab den frühen fünfziger Jahren bis praktisch an sein Lebensende in der *Neuen Zürcher Zeitung*,[52] Anfang der siebziger zudem in der Madrider *ABC* und in der *Welt am Sonntag* – und dies sind nur die Publikations*schwerpunkte*, zu denen noch eine kaum überschaubare Zahl einzelner Artikel andernorts hinzukam.

Viele der bedeutenderen, aber bei weitem nicht die Mehrzahl seiner Aufsätze, Artikel und Kolumnen sind nachträglich entweder unbearbeitet in Anthologien versammelt oder durch Überarbeitung auf Buchform kondensiert worden. Daher sind bei weitem nicht alle seiner politischen Schriften Monographien in des Wortes eigentlicher Bedeutung. Neben dem natürlichen Eklektizismus des Autodidakten und der als ebenso natürlich verstandenen Ablehnung des Spaniers gegenüber jeder analytischen und faktenzentrierten Vorgehensweise, muß Madariagas politischem Denken daher – zumindest in seiner Verschriftlichung – vor allem auch das methodische Kalkül des politischen Essayisten unterstellt werden. Als solcher legte er in seiner Reaktion auf tagespolitische Themen eine stark selektive Wahrnehmung an den Tag und war überdies gern bereit, der spontanen Pointe die aufwendige Recherche gegebenenfalls zu opfern.[53]

Madariaga war vor allem anderen ein Polyhistor ersten Ranges und galt auch unter den großen *hommes de lettres* seiner Zeit noch als einer der herausragenden. Seine immense Produktivität brachte ihm zudem das Attribut *polígrafo* ein, das im Spanischen, anders als sein deutsches Äquivalent (Vielschreiber), eindeutig positiv besetzt ist. So charakterisiert ihn einer seiner spanischen Biographen bewundernd als „jene Maschine politischen und literarischen Schaffens, die Madariaga ist".[54] Auch er selbst beschrieb sich mit gewissem Stolz als einen Chronisten seiner Zeit, der an „Artikel-Rheuma (also dem Rheuma, das einen zwingt, Artikel zu schreiben)" leidet[55] – und es ist exakt dieses Schreibbedürfnis, das die Auswertung seiner

---

über den Ausbruch des Bürgerkrieges hinaus seine unabhängige Linie durch, bis es schließlich am 26-VII-1936 von der Vereinigten Sozialistischen Jugend *(Juventudes Socialistas Unificadas)* vereinnahmt und gänzlich anderen Zielen untergeordnet wurde. Es bot Madariaga also bis zuletzt rundum perfekte Bedingungen; vgl. Javier Tusell, Madariaga. Político centrista al final de la República, in: César Antonio Molina (Hrsg.), Salvador de Madariaga (1886-1986). Libro homenaje, La Coruña 1986, 67f.

52 Madariaga publizierte in den Jahren 1950 bis 1969 regelmäßig in der *Neuen Zürcher Zeitung*, insgesamt erschienen in dieser Zeit etwa zweihundert politische Leitartikel aus seiner Feder. In den Jahren von 1970 bis 1975 folgten noch etwa fünfundzwanzig Beiträge in der ebenfalls in Zürich erscheinenden *Finanz und Wirtschaft* und von 1971 bis 1974, als er bereits seinen Wohnsitz in die Schweiz verlegt hatte, rund vierzig Beiträge in der *Welt am Sonntag*.

53 Caminals Gost attestiert Madariaga in seiner ausgezeichneten Dissertation einen vor allem linguistischen Humor, der gern für den bloßen Effekt inhaltliche Ungereimtheiten und Redundanzen in Kauf nahm; vgl. Caminals Gost, *Madariaga*, 372-377.

54 Fernández Santander, *Madariaga, Ciudadano del mundo*, 203.

55 Vgl. Salvador de Madariaga, A la orilla del río de los sucesos, in: A la orilla del río de los sucesos, Barcelona 1975, 6.

Publizistik zusätzlich erschwert, denn Madariaga störte sich nicht daran, seine für fundamental gehaltenen Wahrheiten wieder und immer wieder zu äußern.[56] Nicht nur veröffentlichte er ganze Aufsätze mehrfach, teils über verschiedene Sprachen hinweg, sondern er verwendete sogar einzelne Textbausteine immer wieder, mitunter leicht modifiziert, oft aber auch in gedanklich bereits längst fossilierter Form.[57] Er fungierte in exzellenter Weise als seine eigene Marketing- und Verwertungsabteilung, indem er seine Manuskripte oft bei einer ganzen Reihe von Zeitungen zugleich unterbrachte und auch für sich selbst höchst effizient immer wieder – auch monographisch – neu aufbereitete, was er einmal geschrieben hatte. So kann man sein Werk als eine Sammlung von Topoi begreifen, die äußerlich immer neu abgewandelt wurden und doch ihrer Logik nach über ein volles Schriftstellerleben hinweg gleich blieben. Sein Denken hat in den großen und immer wiederkehrenden Themen vom Beginn seiner schriftstellerischen Tätigkeit in London (1916) bis zu seinem Tod in der Schweiz (1978) so wenig Veränderung erfahren, daß sich, vor allem mit Blick auf seinen kompromißlosen Idealismus und Liberalismus, in der Tat feststellen läßt: „Although his political thought is dispersed throughout voluminous writings and evolved over the years, these essential principles remain unshaken."[58]

Dem trägt die vorliegende Arbeit bis in ihre Struktur hinein Rechnung. Indem sie das politische Denken Madariagas aus seinen ursprünglichen Bausteinen, also aus seiner politischen Publizistik heraus rekonstruiert, gründet sie sich auf eben diese Überzeugung: Die basalen Muster dieses Denkens sind im Kern unverändert geblieben, auch wenn sich bei der Betrachtung eines Werkes, das im Verlauf eines mehr als neunzig Jahre langen Lebens entstand, ein gewisser Wandel natürlich nicht vollkom-

---

56 Vgl. Willi Bretscher, Salvador de Madariaga as a Political Journalist, in: Henri Brugmans und Rafael Martínez Nadal (Hrsg.), Liber Amicorum. Salvador de Madariaga, Recueil d'études et de témoignages édité à l'occasion de son quatre-vingtième anniversaire, Brügge 1966, 86.

57 Das Extrembeispiel ist die 1973 im Text unveränderte Wiederauflage seines *Arceval y los ingleses* von 1925, die Madariaga im Vorwort wie folgt kommentierte: „Beim Wiederlesen dessen, was ich damals schrieb, überrascht mich das frühe und treffsichere Verständnis des englischen Charakters in jemandem, der über jenen noch so wenig Erfahrung hatte sammeln können; ich wundere mich über manche Naivitäten; vor allem aber schockiert mich der Gebrauch des Wortes *Rasse*, den ich heute, auf den Menschen bezogen, widerwärtig finde. Trotzdem glaube ich, daß diese meine erste Skizze des englischen Volkes im wesentlichen auch heute noch Bestand hat." – Ähnlich der Aufsatz *La organización espontánea*, der als Manuskript bereits am 25-III-1936 vorlag, aber erst am 7-V-1972 und am 14-V-1972 in der Zeitschrift *ABC* erschien. Im Auftakt wortidentisch und insgesamt weitgehend unverändert, hat der Text doch noch einmal geringfügig aktualisierende Anpassungen erfahren. In der Frühfassung fehlte der affirmative Europa-Bezug noch völlig, andererseits aber auch die Skepsis gegenüber der eigenen stark biologistischen Auffassung von der Nation als Organismus. Solche nachträglich kaschierenden Anpassungen im Detail sind hermeneutische Glücksfälle für die Rekonstruktion eines Denkens, das sich dem Zeitgeist entsprechend an den Rändern immer wieder selbst (um)interpretierte, im Kern jedoch unverändert blieb.

58 Caminals Gost, *Madariaga*, 32. Für die These von der weitgehenden Homogenität des madariagaschen Denkens vgl. Alonso-Alegre, *Pensamiento político*, 26.

men ausblenden läßt. Auch noch so stark gefestigte Überzeugungen konnten über einen solchen Zeitraum hinweg nicht gänzlich unverändert Bestand haben – noch dazu, wenn ihr Autor über die Hälfte seines Lebens im politischen Exil verbracht und von dort aus die beiden Weltkriege, sowie den für ihn noch stärker traumatisierenden Bürgerkrieg bewußt miterlebt hat. Als Musterbeispiel kann der im letzten Teil der Arbeit vorgestellte Übergang Madariagas vom Welteinheitsdenken zum Europäismus gelten. Sowohl analytisch als auch normativ scheinen zum Thema Europa seine ab den späten vierziger Jahren entstandenen visionären Texte den grundskeptischen aus den dreißiger Jahren diametral zu widersprechen. Tatsächlich aber ist sein Europäismus bis ins Detail hinein nichts anderes gewesen als die nach dem Hitler-Schock und durch den Kalten Krieg notwendig gewordene Transponierung seines Welteinheitsgedankens auf die territorial nächstniedrigere Ebene. Der Grundimpuls ist trotz allem derselbe geblieben.

Vor diesem Hintergrund wäre einerseits ein primär chronologischer Zugang zu Madariagas Werk wenig gewinnbringend. Statt dessen wird es als eine holistische Einheit behandelt, hat doch Madariaga selbst sichtlich um Konsistenz späterer mit früheren Überzeugungen gerungen und somit zu erkennen gegeben, daß er sein Denken trotz aller Brüche eher als eine Einheit denn als das Ergebnis einer Entwicklung verstanden wissen wollte. Der Zugang zu seinem Werk muß daher systematischer Natur sein, und so schlägt es sich auch in der ersten Gliederungsebene dieser Arbeit nieder. Andererseits hat die Arbeit freilich den Spagat zu leisten, trotz seiner (in den großen Linien) bewußten Ausblendung das chronologische Moment (im Detail) immer wieder mit einzubeziehen. Veränderungen im Tonfall, Modifizierungen oder die Auf- und Abwertung einzelner Gedanken, ebenso aber auch deren (unkommentiertes) Wiederholen über große Zeiträume hinweg bieten vielfach überhaupt erst die Möglichkeit, ein Werk systematisch zu greifen, dessen Autor selbst keinerlei Systematik zu seiner Interpretation hat erkennen lassen, der oft nur mit assoziativen Andeutungen arbeitete und oft genug widersprüchlich argumentierte.

Um all dies ohne ein alles umgreifendes chronologisches Korsett angemessen einfangen zu können, wird ein notwendig sequentiell verfahrender Text auf Zeitsprünge nicht ganz verzichten können, auch wenn im Interesse der Lesbarkeit versucht wurde, dies auf ein Minimum zu beschränken. Mitunter werden Jahrzehnte auseinanderliegende Quellen aus Madariagas Feder direkt nebeneinander gestellt, weil sie trotz ihres Abstandes Identisches aussagen oder aber weil sich so Nuancierungen oder Brüche in seinem politischen Denken herausarbeiten oder belegen lassen. Auch und gerade zu diesem Zweck stützt sich die Arbeit vor allem auf publizistische Quellen, denn aus ihnen lassen sich einzelne Gedanken in ihrer Entstehung erheblich genauer datieren, als das aus den zumeist nachträglich sammelnden Monographien Madariagas heraus möglich wäre.

1.4 Stand der Forschung

Insgesamt ist Madariagas Werk von der Politikwissenschaft, zumal von der deutschen, bisher noch nicht bearbeitet worden, wohl vor allem wegen seines stark unakademischen Charakters. Für den spanischen Kontext hat der Literaturkritiker Domingo García Sabell dies präzise auf den Punkt gebracht:

> Mir scheint, daß im Falle Salvador de Madariagas der Mensch selbst größere Bedeutung hat als sein Werk. [...] Was Salvador de Madariaga auszeichnet, und um dessentwillen man sich auf seine Schriften bezieht, ist weniger ihre methodische Tiefe und Strenge als eher ihre Kraft und Lebendigkeit.[59]

Die Wirkung Madariagas, und ebenso die seiner Schriften, war eng verknüpft mit seinem persönlichen Charisma. Der vergleichsweise spärlichen Literatur über ihn – bislang vor allem biographische Fragmente, meist als Eloge oder Nachruf – merkt man das in der Regel deutlich an. Vermutlich liegt darin auch einer der Gründe für das rasche Vergessen nach seinem Tod.[60]

Auch außerhalb Deutschlands und sogar in Spanien selbst ist die Literatur, die sich spezifisch Madariaga als einem *politischen* Autoren widmet, noch immer überschaubar. Eine wissenschaftliche Analyse oder Verortung seines genuin politischen Denkens ist bisher, abgesehen von ganz wenigen thematisch fokussierten Beiträgen,

---

59 Zitiert in: Cangiotti, *Libertá rivoluzionaria*, 74f.
60 Zu Lebzeiten hat Madariaga für seine Bekanntheit auch dadurch gesorgt, daß er beständig und quer über ganz Europa hinweg der politischen und intellektuellen Prominenz seine monographischen Werke hat zukommen lassen; sicher ist auch dies Teil der Erklärung für das so rasche Abflauen seiner Prominenz nach seinem Tod. Hier eine kleine Auswahl der so Bedachten, jeweils mit Datierung der Briefe, in denen sie ihm den Erhalt der Bücher dankend bestätigten: Willi Brandt erhielt *The Blowing up of the Parthenon* (5-IX-1960) und *Weltpolitisches Kaleidoskop*; vgl. MALC 8. Heinrich von Brentano schickte er sein Spanienbuch (5-IX-1955), sowie die Romane *Das Herz von Jade* (28-III-1958) und *Krieg im Blut* (20-XII-1958), außerdem die Essaysammlung *Rettet die Freiheit!* (21-V-1958); vgl. MALC 8. Winston Churchill bedankte sich für *Portrait of Europe* (9-IV-1952); vgl. MALC 11; ebenso wie Otto von Habsburg für *Latin America between the Eagle and the Bear* (12-VI-1962), sowie für *Die elysischen Gefilde* (18-III-1970) und *Zuerst die Freiheit* (22-XI-1971); vgl. MALC 19. Theodor Heuss las mit erklärtermaßen großem Interesse *Kolumbus* (13-XI-1951), *Spanien* (12-VIII-1955), *Das Herz von Jade* (3-III-1958) sowie die politischen Werke *Rettet die Freiheit!* (17-IX-1958) und *Heer ohne Banner* (3-III-1961); vgl. MALC 20. Unter den Spaniern sei der Historiker Ramón Menéndez Pidal hervorgehoben, der mit Begeisterung die von Madariaga annotierte Ausgabe des Quijote las (14-IV-1963), ebenso den Roman *Sanco Panco* (2-XI-1964) und die stärker philosophische Schrift *Retrato de un hombre de pie* (4-I-1965); vgl. MALC 27. Paul-Henri Spaak bedankte sich für „votre petit livre", vermutlich *The Blowing up of the Parthenon* (10-II-1961); vgl. MALC 38.

1.4 Stand der Forschung

kaum überhaupt versucht worden. Erwähnt seien hier die Arbeiten von Benítez, Preston, Rehrmann, González Cuevas, sowie die Beiträge seiner Töchter – der wissenschaftliche von Isabel und der sehr persönlich gefärbte von Nieves de Madariaga.[61] Eine wichtige Quelle ist die anläßlich seines achtzigsten Geburtstags herausgegebene Festschrift, in der eine ganze Reihe solcher Beiträge versammelt sind.[62] Ähnlich ertragreich, gerade in den sonst wenig zugänglichen Details seiner Vita, ist der postum erschienene Gedenkband anläßlich des hundertsten Geburtstags Madariagas.[63]

Die beiden großen Ausnahmen sind die Madariaga-Biographie von Gil (1990) und die Dissertation über Madariagas politisches Denken von Alonso-Alegre (2002). Obgleich sich das madariagasche Gesamtwerk wegen seines sprachlichen und inhaltlichen Umfangs, aber auch in seiner schieren Quantität einer angemessenen Bewertung durch eine für sich allein stehende Arbeit eigentlich entzieht, hat Octavio Victoria Gil Anfang der neunziger Jahre mit seinem monumentalen Werk genau das versucht.[64] In zwei Bänden à 600 bzw. 900 Seiten widmete er sich jeweils dem Leben und dem Werk Madariagas. Seither darf die Vita Madariagas als im großen und ganzen erschöpfend dargestellt gelten. Alle Literatur, die seither mit mehr als nur kursorischem Anspruch Madariagas Biographie thematisiert hat, ist gegenüber die-

---

61   Benítez, Madariaga; Rehrmann, *Nationale Erbauung*; Preston, *Quest for Liberty*; Ders., Salvador de Madariaga. Un Quijote en la política, in: Las tres Españas del 36, Barcelona 1998, 177-207; González Cuevas, Madariaga. Pensador político, 145-181; Isabel de Madariaga, Salvador de Madariaga et le Foreign Office. Un episode d'histoire diplomatique, in: Revista de Estudios Internacionales, 4 1983:2, 229-257; Wolseley, Madariaga, 375-380; Sender, Madariaga, 33-44; Angel A. Borrás, The Synthetic Vision of Salvador de Madariaga, in: Revista del Instituto 'José Cornide' de Estudios Coruñeses, 12 1976, 87-95; Juan Rof Carballo, Fisiognomía de La Coruña en las ideas de Don Salvador de Madariaga, in: Revista del Instituto 'José Cornide' de Estudios Coruñeses, 12 1976, 11-38; Gonzalo Anes, Madariaga, historiador, in: La Correspondencia [Revista de la Fundación Salvador de Madariaga], 2 1998:2, 9-16; Madariaga, Paseos. 5-17.

62   Henri Brugmans und Rafael Martínez Nadal (Hrsg.), *Liber amicorum. Salvador de Madariaga, Recueil d'études et de témoignages édité à l'occasion de son quatre-vingtième anniversaire*, Bruges 1966. – Nadal ist einer der bekanntesten spanischen Erforscher des Werks der Dichter der Generation von 1927; vgl. Molina, Curriculums 671.

63   Vgl. César Antonio Molina (Hrsg.), *Salvador de Madariaga (1886-1986). Libro homenaje*, La Coruña 1986; in dem zahlreiche Autoren des *Liber Amicorum* erneut vertreten sind, manche nochmals mit demselben Beitrag. In vielen Beiträgen dieses eklektisch sammelnden Monumentalwerks ist allerdings die Tendenz zur lokalpatriotisch gefärbten Lobhudelei schwer auszublenden.

64   Octavio Victoria Gil, *Vida y obra trilingüe de Salvador de Madariaga*, Madrid 1990. Die hier zitierte Ausgabe ist die für die Veröffentlichung bearbeitete Version seiner Dissertation in Neuerer Philologie an der Universidad Complutense (La vida y obra trilingüe de Salvador de Madariaga, 1988), der an der gleichen Universität seine Abschlußarbeit über den Gebrauch des Passivs im dreisprachigen Werk Madariagas vorausgegangen war (Empleo de la voz pasiva en el obra trilügie de Salvador de Madariaga, 1979). Praktisch als einen *abstract* seiner Dissertation veröffentlichte Gil Ende der neunziger Jahre noch einen Aufsatz in der Zeitschrift der Madariaga-Stiftung; vgl. Ders., Madariaga y Unamuno. Textos seleccionados de la tesis de Octavio Victoria Gil, in: La Correspondencia [Revista de la Fundación Salvador de Madariaga], 3 1999:1.

sem Werk bereits hochgradig repetitiv. In seinem Teilband zu Madariagas Werk blieb Gil hingegen sehr schwach. Zwar deckte er dort in der Tat das madariagasche Werk in seiner Gesamtheit über alle Genres ab, leistete dabei aber nicht mehr als eine im Stile von *abstracts* raffende Wiedergabe ohne einen jeglichen Versuch der gedanklichen Strukturierung des Besprochenen. Ein weiteres großes Verdienst Gils ist die im Umfang nicht weniger als die beiden Bände selbst beeindruckende Bibliographie, die er seinem Werk beigegeben hat, die sichtlich von der zuvor von ihm geleisteten Katalogisierung der Bestände im Madariaga-Archiv in La Coruña profitiert hat, und auf die sich die Madariaga-Forschung seither stützen kann. Obwohl sie im Detail viele Fehler und Ungenauigkeiten aufweist, ist über sie hinaus für die Beschaffung weiteren Materials von (und über) Madariaga nicht mehr viel Neues zu erwarten. Auf fast 150 Seiten hat Gil damit dem Anspruch auf Vollständigkeit soweit Genüge getan, wie dies einer einzelnen Person wohl überhaupt möglich ist – zumindest in den drei berücksichtigten Sprachen Spanisch, Englisch und Französisch, partiell aber auch darüber hinaus.

Die Arbeit von Alonso-Alegre ist unveröffentlicht, nur schwer zugänglich und doch wertvoll.[65] Obwohl insgesamt ebenfalls eher eine affirmative Wiedergabe des politischen Denkens bei Madariaga und nicht so sehr dessen kritische Analyse oder Einordnung, ist dies die bislang einzige substantielle und genuin wissenschaftliche Arbeit im Feld. Jenseits der Biographie beschreibt sie insbesondere Madariagas Liberalismus; insofern sie dabei auf dessen Freiheitsbegriff abstellt, ergeben sich auch punktuelle Überschneidungen zu meiner Arbeit. Weniger trifft das auf die Darstellung der (Selbst-)Abgrenzung Madariagas gegen die linken Weltanschauungen und auf die des organizistischen Hintergrunds seines Liberalismus zu, die von Alonso-Alegre jeweils viel ausführlicher behandelt werden als hier.[66] Im Zusammenhang mit dem auch hier behandelten Nationverständnis Madariagas fokussiert sie vor allem auf das Reizthema des baskischen, katalanischen und galicischen 'Separatismus', wie Madariaga es nannte – ein Thema, das hier weitgehend ausgeklammert bleibt, trotz seiner hohen Brisanz und obwohl die Auseinandersetzung damit Madariaga viel Zeit und Energie gekostet hat.[67] Weitgehend isoliert vom übrigen politischen Denken Madariagas, ist dies für den außerspanischen Leser nicht von vergleichbarem intrinsischen Interesse. Schließlich widmet Alonso-Alegre einen umfangreichen

---

65 Alonso-Alegre, *Pensamiento político*; eingereicht an der juristischen Fakultät.
66 Beides unten eher *en passant*; vgl. jedoch Ebd., 163-184 und 207-315.
67 Madariagas *Memorias de un federalista* [zuerst 1967] sind letztlich nicht mehr, aber auch nicht weniger als der Versuch, seine vor allem über Briefwechsel und Artikel geführten Auseinandersetzungen in dieser Frage nachholend aufzuarbeiten, wobei der autobiographische Rahmen eher aufgesetzt wirkt.

1.4 Stand der Forschung

Teil ihrer Arbeit dem Staatsbegriff Madariagas, der hier auch nur am Rande erwähnt wird.[68]

Dem gegenüber berücksichtigt Alonso-Alegre das hier sehr stark hervorgehobene Thema Europa außer in punktuellen Querbezügen praktisch nicht. Die Färbung des madariagaschen Denkens (und Wirkens), die sich seinem Charakter als Intellektueller verdankt, spielt bei ihr keine Rolle, ebenso wie sie auch sein publizistisches Werk jenseits der Bibliographie nur kursorisch berücksichtigt. Gerade in seiner englisch- und deutschsprachigen Publizistik aber hat er viele wesentliche Gedanken nicht nur überhaupt, sondern oft erstmals entwickelt. Statt dessen stützt sich Alonso-Alegre umfassend auf den Jubiläumsband *Libro homenaje* (1986), obgleich sie selbst die durchschnittliche Qualität von dessen (allerdings hoch informativen) Beiträgen eher skeptisch beurteilt. Ebenfalls als Quelle ein wenig überbelastet ist ihr Interview mit Isabel de Madariaga, das zwar in manchen Details persönlicher Natur einzigartige Einblicke erlaubt, insgesamt aber nicht viel grundsätzlich Neues erbringt. Schließlich erstreckt sich ihr Erkenntnisinteresse nicht auf den Versuch zur Einordnung Madariagas unter außerspanischer Perspektive wie hier. Der Zugriff der vorliegenden Arbeit ist also trotz der Nähe zu der ihren in Titel und Anspruch ein grundsätzlich anderer.

Die daneben einzige gezielt auf einen bestimmten Aspekt des madariagaschen Werkes hin strukturierte Monographie ist die von Carlos Fernández Santander.[69] Reich bebildert, leistet sie auf deutlich knapperem Raum als Gil doch erheblich mehr als jener, nämlich eine Biographie Madariagas *als Politiker*, zudem mit dem Anspruch, aus Biographie und Werk hermeneutisch dessen Selbstverständnis als Weltbürger herauszuarbeiten – explizit im Untertitel: *ciudadano del mundo*. Einen ähnlichen Beitrag wie Gil leistet das Buch von Antonio López Prado, allerdings ganz ohne Werkbesprechung.[70] Anders als der Titel suggeriert, ist die Bedeutung dieser Arbeit nicht in der biographischen Synthese zu suchen. Vielmehr macht sie zahlreiche Quellen von und über Madariaga verfügbar, die im Madariaga-Archiv des *Instituto 'José Cornide' de Estudios Coruñeses* in Madariagas Geburtsort La Coruña bis dahin unerschlossen waren (was heute nur noch für einen kleinen Teil der dort gesammelten Dokumente gilt) und wartet darüber hinaus mit einer umfangreichen Bibliographie auf, die allerdings über jene von Gil nirgends hinausreicht. Die mit etwa hundert Seiten eher knapp gehaltene Arbeit des Italieners Gualtiero Cangiotti[71] hatte bereits zwei Jahre nach Madariagas Tod zwar gute Denkanstöße gegeben, insgesamt aber kaum abstrahierende Distanz zu ihrem Gegenstand gewon-

---

68 Vgl. Alonso-Alegre, *Pensamiento político*, 387-466.
69 Fernández Santander, *Madariaga, Ciudadano del mundo*.
70 López Prado, *Síntesis biográfica*. – López Prado war Direktor des Instituto 'José Cornide', das unter anderem das Madariaga-Archiv mit dem dort gesammelten Nachlaß betreut.
71 Cangiotti, *Libertá rivoluzionaria*.

nen, sehr stark direkt kommentierend auf die Primärtexte rekurriert. Gleichwohl legte Cangiotti bereits eine recht beachtliche Bibliographie vor, zudem eine umfangreiche Sammlung von (allerdings nur sehr unvollständig nachgewiesenen) Exzerpten aus Nachrufen unmittelbar auf Madariagas Tod. Endlich hat sich meine Arbeit wiederholt auf die Dissertation von Roser Caminals Gost gestützt, die in exzellenter Weise die profunde Prägung des madariagaschen Denkens durch Metaphern und insbesondere völkerpsychologische Motive verdeutlicht.[72]

1.5 Methodisches

Madariaga hat sich hinsichtlich seiner Quellen kaum je in die Karten sehen lassen, was eine gewisse Schwierigkeit für den ideengeschichtlichen Ansatz dieser Arbeit mit sich bringt. Obwohl die Namensindizes seiner Monographien stets umfangreich sind – oder wären, wo sie fehlen –, bleiben die von ihm hergestellten Querbezüge doch in der Regel Schmuckwerk. Für den Interpreten seines Denkens sind sie wertlos, weil er sich mit der rein assoziativen Nennung der jeweiligen Namen begnügte, ja, sich sogar erklärtermaßen nicht die Mühe machte, die von ihm frei erinnerten Zitate und gedanklichen Versatzstücke in ihrem originären Sinngehalt und Wortlaut nachzuprüfen. Außer in der Wissenschaft, von der er sich selbst explizit ausnahm, sollte man ihm zufolge Zitate nicht belegen, sondern wahrheitsgetreu den Kern dessen wiedergeben, als was das Zitat im Gedächtnis haften blieb:

> Quotations come always from memory, on the spur of the moment. Of course, you may say that they should always be verified. And I should be ready to compromise on that; but only when you are writing works of, say, history, where the flesh of letters covers and vivifies a skeleton of science. In every other case, when you quote, you are only, you should only be, using that part of the original saying that has remained alive in your memory; and you only refer – you should only refer – to the original author as a matter not of accuracy but of honesty.[73]

Diesem Problem ist hier Rechnung getragen worden, indem das politische Schrifttum Madariagas vor der eigentlich hermeneutischen Analyse gleichsam in seine kleinsten Bestandteile aufgespalten wurde. Es wurde überwiegend auf die publizistische Kleinform als die eigentlich konstitutive Basis seines Denkens zugegriffen, oft sind es sogar einzelne Absätze seiner Aufsätze und Zeitungsartikel, die in ihrer mehr oder weniger abgewandelten Tradierung durch das gesamte Werk hindurch die Entwicklung oder Kontinuität in seinem Denken aufscheinen lassen. Auch seine Mo-

---

72 Vgl. Caminals Gost, *Madariaga*.
73 Salvador de Madariaga, *Essays with a Purpose*, London 1954, vii.

1.5 Methodisches

nographien sind, wie bereits gesagt, unter diesem Blickwinkel zu lesen. Diese oft primär von ihrer aphoristischen Wirkung getragenen Partikel waren insofern als je für sich wirksame Entitäten zu verstehen, letztlich ist hier also auf einen Gedanken zurückgegriffen worden, der sich an die Methode der Dekonstruktion anlehnt, auch wenn deren Anhänger sich eher in Gegnerschaft zur hermeneutischen Wissenschaft sehen.[74]

Madariaga selbst hat wiederholt auf die auktoriale Qualität, ja, auf eine gleichsam personale Wirkung hingewiesen, die veröffentlichte Texte unabhängig von ihrem jeweiligen Autor zu entfalten vermögen. In eben diesem Sinne ist es für die vorliegende Untersuchung vielfach von nur sekundärer Bedeutung, explizite Rezeptionszusammenhänge definitiv nachzuweisen, zumal sich Madariaga als ein Intellektueller seiner Zeit und seines Formats ohnehin in ein Rezeptionsumfeld gestellt sah, in dem das gedanklich Originäre nachträglich nicht immer sauber aus dem herauszulösen ist, was rasch zur *communis opinio* wurde. Es geht daher eher um die Herausstellung von Denkmustern und Typen, sowie um deren Verdeutlichung anhand ihrer besonders prominenten Vertreter.

Erschwert wird die Rekonstruktion von Madariagas politischem Denken außerdem, weil seine politik*theoretischen* Schriften oft als das bereits von ihm selbst vorgenommene erste gedankliche Destillat eigener direkter Stellungnahmen zu tagespolitischen Ereignissen seiner Zeit erschienen. Sogar jene Figuren und Konzepte, die er über Jahrzehnte unverändert beibehalten hat, manifestierten sich zuerst oft inmitten deutlich propagandistischer Motive. Bevor also Madariagas liberales Denken ideengeschichtlich relativ zur europäisch-westlichen Tradition verortet werden kann, muß es in seinen Bausteinen erst behutsam aus diesen gerade nicht zweckfreien Entstehungskontexten herausgeschält werden. In gleicher Weise wurde mit seinen Memoiren umgegangen, die als Primärquelle prononciert mit herangezogen wurden,[75] weil Madariaga sie in gleicher Weise als einen Spiegel seines politischen Denkens verfaßte. Solange sie durch eine historisch relativierende Kritik begleitet

---

74 Für einen raschen Überblick über das Verhältnis beider zueinander vgl. Georg F. Bertram, *Hermeneutik und Dekonstruktion. Konturen einer Auseinandersetzung der Gegenwartsphilosophie*, München 2002; sowie Hugh J. Silverman, *Textualitäten. Zwischen Hermeneutik und Dekonstruktion*, Wien 1997.

75 Es gibt zwei autobiographische Monographien aus Madariagas Feder. *Memorias de un federalista* ist bis heute nur in spanischer Sprache erschienen (zuerst Buenos Aires 1967) und wird in dieser Arbeit aus folgender Doppelausgabe zitiert: Salvador de Madariaga, *De la angustia a la libertad / Memorias de un federalista*, Madrid 1982. Das autobiographische Hauptwerk Madariagas ist jedoch: Ders., *Memorias (1921-1936). Amanecer sin mediodía*, Madrid 1981, das auf Spanisch zuerst 1974 und ein Jahr zuvor bereits in der englischen Ausgabe erschien: Ders., *Morning without Noon. Memoirs*, Farnborough (Hampshire) 1973. Die deutsche Ausgabe, aus dem Englischen übersetzt und etwas weniger umfangreich als die spanische, ist sogar auf noch ein Jahr früher datiert; vgl. Ders., *Morgen ohne Mittag*.

werden, sind sie auch dort von hohem Wert, wo sich Madariaga faktisch irrte oder die Vergangenheit nachträglich umfärbte.

Kapitel 2: Biographie

> Von ihm sagte Maurois, daß er zugleich 'der spanischste aller Franzosen, der spanischste aller Engländer und, das auf jeden Fall, der spanischste aller Spanier' sein konnte.
>
> *(Angel del Río, Estudios sobre literatura contemporánea española, Madrid 1972, 157.)*

2.1 Die Familie

KINDHEIT UND BILDUNGSWEG. – Madariaga hat seine Vorfahren bis ins 17. Jahrhundert zurückverfolgt; wobei allerdings nicht immer klar wird, wo sich dabei das Belegbare von Vermutung und Familienlegende schied. Zumindest erinnerte er sich im autobiographischen Rückblick daran, daß Ignacio Zuloaga in einem seit dem Bürgerkrieg verschollenen Portrait von ihm sowohl die aus der Biskaya herrührenden baskischen Wurzeln als auch die galicische Prägung der Familie exzellent eingefangen habe. Madariaga zufolge ist seine Familie von einem Landmann aus der Biskaya gegründet worden, der um 1670 nach Galicien kam, um sich dort zu verheiraten:

> Väterlicherseits sind die Madariagas in ununterbrochener Linie baskisch, gebürtig im Dorf Madariaga nahe bei Busturia; aber wenn mich die Erinnerung an meine genealogische Lektüre nicht täuscht, dann kratzten sie auf kleinen Äckern herum, bis sich gegen Ende des 17. Jahrhunderts einer von ihnen aufmachte um, nachdem er begriffen hatte, was ein jeder vernünftige Baske tun sollte: eine Galicierin zu heiraten, obgleich auch sie von baskischer Herkunft war.[1]

Salvador war Sohn einer Familie, in der schon seit drei Generationen väterlicherseits alle männlichen Vorfahren Militärs gewesen waren. Urgroßvater Juan de Madariaga wurde am Ende des ersten Karlistenkrieges (1839) zum Oberleutnant der Infanterie befördert und zugleich vom Baskenland nach Galicien versetzt. Auch der Großvater, Juan de Madariaga y Casas, war schließlich beim Militär in La Coruña stationiert, wo er 1870 zum Oberstleutnant und 1876 zum Oberst aufstieg, bevor er sich 1881 zur Ruhe setzte. Vor seiner Versetzung in den äußersten Nordwesten Spaniens war er in Barcelona stationiert gewesen, wo 1861 auch Madariagas Vater

---

[1] Vgl. Salvador de Madariaga, Ignacio Zuloaga, in: Españoles de mi tiempo, Barcelona 1974, 125; sowie (für das Zitat): Ders., *De la angustia*, 221.

José de Madariaga y Castro geboren wurde. Ebenfalls im Dienstgrad eines Oberst, war er Direktor der Akademie an der Intendantur von Ávila und starb im Juni 1918 kurz vor seiner Ernennung zum Vorsteher der Intendantur selbst. Der Familienzweig der Mutter Salvadors, Emilia Rojo, war schon seit der Großelterngeneration in La Coruña ansässig gewesen.[2]

Die enge Bindung seiner Vorfahren sowohl an die galicische Heimat wie auch an das Militär haben Madariaga von Kind an geprägt. Von letzterem hat er sich bewußt abgewandt; sein Wirken als Abrüstungsbefürworter beim Völkerbund, aber auch seine Vita insgesamt, die sich auf den Entwurf des politischen Intellektuellen stützte, lassen sich als Ergebnisse von Entscheidungen werten, die bewußt gegen die eigene Familiengeschichte und speziell gegen den Vater getroffen wurden. Ganz anders wirkte sich die regionale Herkunft aus. Salvador de Madariaga y Rojo wurde am 23. Juli 1886 in La Coruña als zweites von elf Geschwistern geboren, dem Personenstandsregister der Stadt zufolge in Nr. 16 der Calle del Orzán,[3] also jener Straße, die noch heute die Promenade des eindrucksvollen Strandes der Stadt bildet. Dies ist mehr als ein biographisches Detail, weil der maritime Charakter seiner Geburtsstadt einen prägenden und lang anhaltenden Einfluß auf den jungen Salvador entwickelte.[4]

Viel mehr ist über Madariagas Kindheit nicht bekannt, praktisch alle Biographen haben sich auf das wenige gestützt, das aus seinen eigenen autobiographischen Werken, und hier vor allem aus seinem kleinen Aufsatz *Niñez Coruñesa* zu erfahren ist. Darin berichtete er unter anderem, er sei, unterbrochen nur von gelegentlichen Ausflügen nach Guadalajara, bis zum Alter von zwölf Jahren in La Coruña aufgewachsen; und auch nach der Rückkehr des Vaters aus dem Spanisch-Amerikanischen Krieg und dem damit verbundenen Umzug der Familie in die spanische Hauptstadt habe er weiterhin die Sommer in seinem Geburtsort verbracht. Insgesamt habe seine Kindheit dort in ihm eine starke galicische Prägung hinterlassen, auch wenn er das – einer Passage mit leicht mystischer Verklärung zufolge – erst mit 44 Jahren ganz plötzlich bemerkt haben will, als er beim Besuch einer New Yorker Kunstausstellung vor einem der Landschaftsgemälde von Joaquín Sorolla zu stehen kam.[5]

Das Schweigen Madariagas über seine Kindheit läßt, ebenso wie vereinzelte autobiographische Rückbezüge auf die gegen den eigenen Willen erfahrene (vor allem

---

2   Vgl. López Prado, *Síntesis biográfica*, 47-49, sowie Ders., Salvador de Madariaga y su ascendencia militar, in: César Antonio Molina (Hrsg.), Salvador de Madariaga (1886-1986). Libro homenaje, La Coruña 1986, 545-554.
3   Vgl. Fernández Santander, *Madariaga, Ciudadano del mundo*, 21.
4   Vgl. Rof Carballo, Fisiognomía, 11-38.
5   Vgl. Salvador de Madariaga, Relato. Niñez Coruñesa, in: Revista del Instituto 'José Cornide' de Estudios Coruñeses, 11 1966:2, 15f.

berufliche) Prägung durch den Vater, auf ein getrübtes Verhältnis beider schließen, obgleich dies nirgends explizit festgehalten ist. Da Madariaga in Bezug auf die späteren Stationen seines Lebens stets ein ausgeprägtes Bedürfnis zu deren Dokumentation hat erkennen lassen, ist diese autobiographische Lücke ebenso wie jene während des im Exil erlebten Zweiten Weltkrieges zumindest auffällig. Für das Auseinanderklaffen zwischen den eigenen literarischen Interessen und der auf Wunsch des Vaters erfahrenen Ausbildung zum Ingenieur ist man nicht allein auf Madariagas eigene Darstellung angewiesen. In seinem Vorwort zu Madariagas *La Guerra desde Londres* berichtete auch der zu dieser Zeit noch eng mit ihm befreundete Luis Araquistáin ausführlich darüber, um über diesen exemplarischen Fall hinaus ein insgesamt tristes Bild der damaligen spanischen Gesellschaft zu zeichnen. Der kurzsichtige Wunsch der Eltern nach ihrer wie der Kinder materieller Absicherung habe dort nur deshalb vergleichsweise geringen Schaden angerichtet, weil auch die nachrückende Generation selbst nur sehr wenige Köpfe mit starken eigenen Qualitäten und Präferenzen wie Madariaga hervorbringe, die eine solche Beschneidung der eigenen Neigungen überhaupt hätte schmerzen können.[6]

Fest steht jedenfalls, daß sein Bildungsweg Madariaga zunächst an die katholische Grundschule in La Coruña, die bis heute den Namen *Eusebio da Guarda* trägt, ab 1895 dann an das *Instituto Cardenal Cisneros* in Madrid und mit Beginn der Abiturstufe ab Oktober 1900 schließlich auf Wunsch des Vaters nach Paris führte.[7] Dort sollte Salvador am *Collège Chaptal*[8] die Hochschulreife erlangen, denn José de Madariaga hatte als Oberst und Patriot vor Kuba seine eigene These über die Ursachen der Niederlage im Spanisch-Amerikanischen Krieg entwickelt: Er war überzeugt davon, das Fiasko Spaniens sei vor allem der technischen Unterlegenheit gegenüber den USA geschuldet gewesen. Um dies im Kleinen zu korrigieren, schickte er alle seine Söhne zum technischen Studium ins Ausland.[9] Madariaga hat diese Meinung seines Vaters zunächst weitgehend geteilt. Noch über diese Auffassung hinaus mach-

---

6   Vgl. Salvador de Madariaga, *La guerra desde Londres. Selección de artículos publicados en España, El Imparcial y La Publicidad*, Prólogo de Luis Araquistain, Madrid 1918; im Vorwort keine Seitennumerierung. Madariaga berichtet seinerseits in einem seiner kleinen Psychogramme, er habe Araquistáin 1917 in London als einen Mann von enorm scharfem Verstand kennengelernt, der sich, obwohl in dieser Hinsicht völlig unsensibel, mit eisernem Willen auch als Literat versuchte; vgl. Ders., Sobre la realidad de los caracteres nacionales, in: Revista de Occidente, 2 1964:16, 1. Waren beide ursprünglich befreundet, kühlte sich das Verhältnis später bis zur erklärten Feindschaft ab; vgl. Fernández Santander, *Madariaga, Ciudadano del mundo*, 10.
7   Vgl. López Prado, *Síntesis biográfica*, 5; Alonso-Alegre, *Pensamiento político*, 36; Salvador de Madariaga, *Obra poética*, Barcelona 1976, 9; López Prado, Ascendencia militar, 545.
8   Madariaga erinnerte sich später an das Collège Chaptal als ein liberales, von einem Juden geleitetes Laienkloster; vgl. Madariaga, Menschenwürde [I], in: NZZ, 18-IX-1956.
9   Vgl. Frosini, Portrait, 98; sowie López Prado, *Síntesis biográfica*, 6. Mit seiner Einschätzung der Ursachen der spanischen Niederlage von 1898 lag Madariagas Vater recht nahe bei den

te er allerdings die Ursache für diesen Rückstand völkerpsychologisch darin aus, daß die spanische Kultur von der Moderne überholt worden sei, weil sie sich allgemein zu stark diskontinuierlich entwickele und weil ihr insbesondere jene kühle Rationalität fehle, in der er die Vorbedingung für eine nicht skeptische Haltung gegenüber dem technischen Fortschritt sah.[10] Im allgemeinen hat er später in seinem Werk mit gleicher normativer Stoßrichtung die These von der Zweit- bzw. Drittklassigkeit Spaniens auch auf dem Gebiet der Naturwissenschaft entwickelt. Gerade vor dem Hintergrund seines in der autobiographischen Selbstversenkung oft schriftlich festgehaltenen Rebellierens gegen die frühe berufliche Tätigkeit als Ingenieur ist es jedoch vorstellbar, daß dieser gegen die eigenen Neigungen durchgesetzte Wunsch des Vaters zur eigentlichen Ursache für sein späteres Ressentiment gegen die (Natur)-Wissenschaft geworden ist.

EHEN UND KINDER. – Entscheidend für Madariagas enge Verbundenheit mit der anglophonen Kultur scheint ab 1907, also mit seinem Eintritt in die *École Polytechnique*, der Umgang mit einem Kreis englischer, schottischer und amerikanischer Freunde geworden zu sein. Viele Jahre hat er, obwohl in Paris, eher in der englischen denn in der französischen Sprache gelebt, und nicht zuletzt verdankte sich diesem Zirkel auch seine erste Heirat.[11] Die 1912 in Glasgow geschlossene Ehe mit Constanze Helen Margaret Archibald,[12] die sich danach über fast sechs Jahrzehnte bis zum Tod der Gattin erstreckte, hat allerdings schriftlich bei Madariaga erstaun-

---

Überzeugungen der sogenannten 'Generation von 1898', die sich in Reaktion auf den Schock etablierte.

10 Vgl. Salvador de Madariaga, *El ciclo hispánico*, Buenos Aires 1958, 17.
11 Gleichwohl war, gerade später zu Zeiten seiner Völkerbundtätigkeit, seine Erst- und Denksprache *(lengua de reposo)* das Französische; vgl. Ders., El escritor trilingüe, 45-47; sowie Alonso-Alegre, *Pensamiento político*, 37.
12 Madariagas erste Gattin war schottischer Herkunft; er lernte sie in Paris kennen, wo sie mittelalterliche französische Wirtschaftsgeschichte studierte; vgl. López Prado, *Síntesis biográfica*, 6. Aus dieser Ehe stammen beide Töchter Madariagas: Nieves de Madariaga, geboren am 3-XII-1917 in Glasgow, die ihre Ausbildung mit dem Staatsexamen *(licenciatura)* in spanischer Sprache und Literatur abschloß und als technisch-administrative Angestellte bei der FAO arbeitete, und Isabel de Madariaga, geboren am 27-VIII-1919, ebenfalls in Glasgow, die nach der *licenciatura* in russischer Sprache und Literatur als Historikerin promoviert wurde und einen Lehrstuhl für russische Geschichte des 18. Jahrhunderts in London bekleidete; vgl. Ebd., 53 und Alonso-Alegre, *Pensamiento político*, 43f. In der Enkelgeneration Madariagas ist Francisco Javier Solana Madariaga (geb. 1942) besonders erwähnenswert, der von 1992 bis 1995 als spanischer Außenminister, von 1995 bis 1999 als NATO-Generalsekretär und zuletzt als Generalsekretär des Ministerrates und als Hoher Vertreter für die GASP der Europäischen Union wirkte und wirkt, und der wie schon sein Großonkel Salvador de Madariaga (1973) den Karlspreis der Stadt Aachen verliehen bekommen hat (2007); vgl. (now), Solana sieht Europa in der Krise. Träger des Karlspreises 2007 fordert Unterstützung für Merkel, in: FAZ, 18-V-2007. Solana ist ein Enkel von Rogelio de Madariaga, jenes Onkels also, der dem jungen Salvador zum Einstieg in die Tätigkeit beim Völkerbund verhalf; zum Verwandtschaftsverhältnis vgl. Cangiotti, *Libertá rivoluzionaria*, 55.

lich geringen Niederschlag gefunden – auch und gerade in seinen autobiographischen Arbeiten. Madariaga erwähnte Constanze nur äußerst selten und auch dann auf eine eigentümlich nachlässige Weise, etwa in seinen Memoiren, wo er sie durchgängig nur als eine Chiffre auftreten ließ: „In meinen Unterlagen fand ich einen Brief an C. H. M. A. (ein Kürzel, das zugleich Darstellung und Tarnung meiner Frau ist)".[13] Insofern bleibt die Natur der Beziehung beider weitgehend im Dunkeln. Kleine Pinselstriche wie diese Chiffre oder Madariagas Schilderung vom Beginn der durch seine Frau offenbar maßgeblich erleichterten Bekanntschaft mit George Bernard Shaw sollen hier nur andeuten, was sich kaum verläßlich rekonstruieren läßt. So sah Madariaga seine Frau als einen nicht unwesentlichen Schlüssel für seinen Kontakt zu Shaw, da sie für den großen Iren seiner Meinung nach nicht nur in ihrer Eigenschaft als Schottin, sondern auch ob ihrer äußerlichen Reize interessant sein mußte. *Wie* er dies sagte, läßt auch einige Spekulation über sein eigenes Verhältnis zu seiner Frau zu:

> Aber das Vollkommene fand für ihn eine Entsprechung in etwas, das nicht leicht zu definieren ist; vielleicht war es die elementare Tatsache, daß Constanza eine Frau von großer natürlicher Schönheit war, daß sie – wenn man es so ausdrücken will – seinen Intellekt als ein Bauwerk der Weiblichkeit ansprach.[14]

Nach Aussage seiner älteren Tochter war es selbstverständlich, daß Constanze zugunsten der beruflichen Interessen ihres Mannes ihre beiden in Glasgow erworbenen Doktorabschlüsse in Musik und Geschichte (als erste Frau, der das gelungen war) hintanstellte. Bei Madariaga hat dies zu keiner Zeit Erwähnung gefunden. Und so ist es durchaus als Vorwurf an den Vater lesbar, wenn Nieves de Madariaga in direkter Anknüpfung an die beiden erwähnten Doktorgrade über das Verhältnis ihrer Eltern berichtete:

> Dennoch hatten beide mit jenen Schwierigkeiten zu tun, die alle spanisch-englischen Ehepaare heimsuchen, in denen der Mann Spanier ist. Die Kombination Engländer mit Spanierin ist viel einfacher, weil in ihr beide Seiten beständig aufs Neue dadurch überrascht werden, was der jeweils andere für ihn zu tun bereit ist. Die andere Gleichung hat ihre Reibungspunkte [...].[15]

Immerhin war Constanze selbst eine angesehene Wirtschaftshistorikerin und als solche ebenfalls als Übersetzerin tätig und beispielsweise maßgeblich an der 1920 er-

---

13 Madariaga, *Memorias*, 127.
14 Madariaga, George Bernard Shaw. Cuerpo y alma, in: ABC, 3-II-1974.
15 Ebd.

schienenen Übertragung ins Englische der 'Politischen Ökonomie' von Charles Gide beteiligt gewesen.[16]

Noch etwas Farbe gewinnt das Bild, wenn man in Rechnung stellt, daß nach dem Tod Constanzes Ende Mai 1970 nur knapp ein halbes Jahr verging, bis Madariaga Mitte November Emilia Skézely de Rauman (genannt Mimí) zum Altar führte,[17] die ihm – er hatte sie 1934 in Wien kennen gelernt – seit 1938 als Sekretärin zur Seite gestanden hatte.[18] Die Biographen bleiben eher vage, und auch Madariaga selbst erklärte nie explizit, welche seiner Schriften in ihrer Übersetzung auf Mimí zurückgehen. Doch steht zu vermuten, daß zumindest seine deutschen Texte immer auch über ihren Schreibtisch gingen[19] – das würde neben den monographischen Arbeiten nicht zuletzt die weit über zweihundert Leitartikel in den deutschsprachigen Zeitungen einschließen, womit allein Mimís professionelle Bedeutung für sein eigenes Leben nicht anders als fundamental bezeichnet werden kann. So würde auch plausibel, warum sie schon zu Constanzes Lebzeiten erheblich häufigere Nennung aus seiner Feder erfuhr als jene und warum man im Madariaga-Archiv in La Coruña erheblich mehr Photographien Madariagas findet, auf denen er gemeinsam mit Mimí zu sehen ist.

Umso deutlicher wird allerdings, daß Madariaga nicht nur über Constanzes Klavierspiel zu seiner Liebe für die klassische Musik des Okzidents fand, sondern daß er bald auch ihre Begeisterung für Shakespeare zu teilen begann. Madariaga hat beides in seinem Shakespeare-Aufsatz erwähnt.[20] Auch Nieves de Madariaga schildert, wie ihre Mutter darüber noch weit hinaus im Familienalltag auf die Vorlieben des Vaters einwirkte. So läßt sie in einem sehr emotionalen Artikel den Leser teilhaben an

---

16　Vgl. Charles Gide, *Political Economy*, authorized translation from the third edition of the 'cours d'economie politique'. Under the dir. of William Smart by Constance H. M. Archibald, London 1920.

17　Constance starb am 31-V-1970, die Heirat mit Mimí fand am 13-XI-1970 statt; vgl. Fernández Santander, *Madariaga, Ciudadano del mundo*, 201-203 und López Prado, *Síntesis biográfica*, 19.

18　Vgl. Fernández Santander, *Madariaga, Ciudadano del mundo*, 81 und 110.

19　Zunächst legt Madariagas eigene Einschätzung dies nahe. So wurde er in einer Eloge zu seinem achtzigsten Geburtstag mit dem Bonmot zitiert: „Es geht mir mit der deutschen Sprache wie mit meiner Frau: ich kenne sie, ich liebe sie; aber ich beherrsche sie nicht.Martin Franzbach, Passion für die Wahrheit, in: Die Welt, 23-VII-1966. Unter den Übersetzungen, die Mimí nachweislich für ihn angefertigt hat, sind zumindest die folgenden: sein Vortrag *Christoph Columbus* (abgedruckt im Sammelband von Dino Larese (1963)); *Lob Salzburgs*, seine Eröffnungsrede der Salzburger Festspiele 1964; *Das Heer und die Nation* (1966) und *Über die Freiheit* (1970). Auch die auf Deutsch gehaltene Dankesrede Madariagas beim Empfang des Karlspreises 1973 stammte in dieser Übersetzung von Mimí; vgl. Salvador de Madariaga, Premio Carlomagno 1973, in: La Correspondencia [Revista de la Fundación Salvador de Madariaga], 2 1998:2, 96; im Original erschien sie als Madariaga, La unidad europea, in: ABC, 8-VII-1973. Weitere in den Quellen selbst dokumentierte Übersetzungen Mimís sind: *Das Schwert und der Geist*; *Über Don Quijote*; *Das Herz von Jade*

20　Vgl. Ders., The Impact of Shakespeare, in: Shakespeare-Jahrbuch, Heidelberg 1964, 84.

intimen Erinnerungen wie der an den hübschen kleinen Blumengarten mit Sonnenuhr, den die Mutter in Oxford kultivierte, und daran, daß deren Lieblingsblume, die Wohlriechende Wicke *(guisante)*, mit der Zeit auch die seine wurde.[21] Sie schildert, daß das Klavierspiel der Mutter nicht nur häufig beide Töchter begeisterte, sondern auch für den Vater, unter anderem über Chopin, den Einstieg in die und den Beginn seiner Liebe zur Musik auch jenseits der von ihm schon immer geschätzten galicischen Lieder und der spanischen Gitarrenliteratur bedeutete. Ihr gegenüber habe der Vater einmal sogar erklärt, in einem nächsten Leben wäre er Komponist geworden.[22] Schließlich habe ihn Constanze auch in die englische Sprache und Kultur nicht nur eingeführt, sondern er habe sie – und später ebenso die Töchter – häufig auch seine Manuskripte korrekturlesen lassen und Verbesserungsvorschläge in der Regel bereitwillig akzeptiert. Immerhin sei des Vaters Englisch insgesamt um eine Nuance zu blumig für den britischen Geschmack gewesen und habe sich mitunter in der Wahl der Sprachbilder um ein weniges vertan[23] – und damit verfügen wir durch die Tochter über eine Diagnose, die einerseits für den durch die Erstsprache als Spanier Ausgewiesenen kaum überraschen kann, und die andererseits dem vielen Lob, das Madariaga gerade von Nichtspaniern ob der Brillanz seines Formulierens im Englischen wie Französischen zuteil wurde, nicht nur nicht widerspricht, sondern womöglich erst den eigentlichen Grund dafür liefert.

2.2 Früheste Prägungen

MADARIAGAS VORPOLITISCHES DENKEN. – Madariaga ist als Quereinsteiger mit der Entwicklung der Grundzüge seines politischen Denkens erst vergleichsweise spät fertig geworden. Erst im Alter von fast dreißig Jahren kam er in stark wechselnden Kontexten mit politischem Denken in Berührung; sei es als Journalist, als Teil des intellektuellen Establishments seiner Zeit, als Diplomat beim Völkerbund oder für kurze Zeit in der spanischen Politik. All dies mag dazu beigetragen haben, daß er sich nie einer bestimmten Generation oder Gruppierung fest zurechnen wollte.[24] Auch wird so nachvollziehbar, daß er mit seinem politischen Denken in vielem ein-

---

21 Vgl. Nieves de Madariaga, Paseos, 7.
22 Nach Aussage seiner Tochter Isabel ist die Musik praktisch Madariagas einziges, dafür aber um so intensiveres Hobby gewesen. Regelmäßig habe er nach dem Abendessen vor dem Grammophon Entspannung gesucht. Vgl. Ebd., 5f.
23 Vgl. Ebd., 9f.
24 Madariaga legte offenbar Wert darauf, als Denker aus der Tradition Spaniens als singulär herauszustechen: „Der Autor dieser Zeilen hat keiner der sogenannten Generationen, keiner Partei, keiner Schule, keiner Gruppe, Klasse, Kategorie, Tendenz, Region; kurzum: keiner jener Formationen angehört, die im bisherigen Verlauf des Jahrhunderts das Leben Spaniens durchwirkt haben." Salvador de Madariaga, Prólogo, in: Españoles de mi tiempo, Barcelona 1974, 12.

fach um ein weniges zu spät kam, deswegen aber um nichts weniger resolut ins Licht der Öffentlichkeit trat und so oft mit der Brechstange einem Liberalismus huldigte, der selbst auf manch anderen Liberalen gelegentlich etwas befremdlich wirken mußte. Zu bedenken ist auch, gerade mit Blick auf das immer polemischer werdende Spätwerk, daß Madariaga nicht nur im Alter von fünfzig Jahren durch die politischen Umstände in Spanien ins Exil gezwungen, sondern zehn Jahre später durch die grundlegend neue weltpolitische Konstellation nochmals zu einer Generalrevision seines bis dahin entwickelten politischen Denkens genötigt wurde. Dem Exil konnte er sich zu seinem wiederholt geäußerten Bedauern nicht entziehen. Mindestens ebenso aber widerstrebte ihm wohl das Umdenken. Die Friktionen Madariagas mit dem Zeitgeist, auch und vor allem dem liberalen, sind also unvermeidlich gewesen; von Beginn an ist er diesbezüglich einem Rückstand hinterhergelaufen – den er allerdings mit dem Prestige seiner Person ganz entscheidend zu kompensieren vermochte.

Sehr spät und an nur wenigen Stellen reflektierte Madariaga sein allerfrühestes politisches Denken dahingehend, daß ursprünglich nicht die Freiheit der Person, sondern die Gerechtigkeit sein großes Leitmotiv gewesen sei. So erinnerte er sich mit der ihm eigenen Süffisanz, in seiner Schulzeit bei vermeintlichen Ungerechtigkeiten von seinen Mitschülern regelmäßig als Mittler zu den Lehrern auserkoren worden und diesem Wunsch bei Vorliegen 'tatsächlicher' Ungerechtigkeiten auch immer gern nachgekommen zu sein.[25] Gekoppelt ist diese Idee der Gerechtigkeit später an den tiefen Respekt vor der Menschenwürde, die Madariaga vor allem anderen am Beispiel des Individuums definiert, das über Gebühr in die Mühlen der staatlichen Gewalt geraten ist – vor allem gegenüber der Justiz. Es finden sich aber auch reichlich andere Manifestationen für seine beinahe reflexhafte Parteinahme zugunsten des Außenseiters, seien dies im Politischen seine Lobbyarbeit für die Positionen der kleinen Nationen im Völkerbund, seine Entrüstung ob der Überrumpelung Finnlands und Osteuropas durch die Sowjetunion, sein ausdauerndes Festhalten an der lange vor Ausbruch des spanischen Bürgerkrieges bereits verschwindenden Mittelposition zwischen links und rechts – oder aber im Außerpolitischen seine dezidierte Bevorzugung der Homöopathie gegenüber der Schulmedizin, sein ausdauernder Widerstand gegen die reine Lehre Darwins.[26]

---

25 Vgl. Madariaga, Auto-entrevista, in: ABC, 28-XI-1971, zitiert aus dem Wiederabdruck in: Fernández Santander, *Madariaga, Ciudadano del mundo*, 284-288.
26 Für Madariagas Kritik am Sowjetimperialismus vgl. Salvador de Madariaga, *Victors, beware*, London 1946, 197-242; später mit wiederholtem Bezug speziell auf Osteuropa z.B. Madariaga, Der Sinn des Prager Prozesses, in: NZZ, 4-I-1953; Madariaga, Moskaus taktische Neuorientierung, in: NZZ, 3-V-1953; Madariaga, Die Lehren des Budapester Blutgerichts, in: NZZ, 13-VII-1958; Ders., El alzamiento de Budapest, in: General, ¡márchese usted! New York 1959, 222-224; Madariaga, Das tschechoslowakische Barometer, in: NZZ, 1-XII-1968. Für seine Bewertung der Gruppe der 'kleinen acht' als moralische Kraft im Völkerbund vgl.

2.2 Früheste Prägungen

Madariaga läßt in all diesen Fällen eine hohe Empfindlichkeit gegenüber asymmetrischen Situationen als solchen erkennen. Er selbst suggerierte, daß dies ursächlich mit einer von ihm selbst erlebten Schulhof-Episode zusammenhänge, die sich kurz vor seinem Eintritt in die *École Polytechnique*, also wohl 1905 oder 1906 zugetragen habe:

> Im viereckigen Hof des Grand Collège hatten etwa dreißig Schüler einen jüdischen Klassengenossen eingekreist, einen sehr häßlichen Jungen, keineswegs dumm, aber so unsympathisch, daß seine Häßlichkeit als Provokation der ungezügelten Instinkte der andern wirkte. Die Schüler tanzten eine Art Stammestanz um den Verletzer der Gesetze der Aesthetik. Die Szene wirkte auf den fremden Zuschauer, dem bei universalen Neigungen jede Stammesbeschränkung abging, als antisemitische Manifestation: vielleicht zu Unrecht. Aber es war noch nicht diese Ueberlegung, was ihn handeln ließ, sondern das Schauspiel der offenbaren Ungleichheit, das Schauspiel des von der Menge verfolgten Einzelnen. Ich wendete mich empört gegen die Klasse. Die Intelligenz der Tanzenden – es war immerhin eine Elite – erwachte augenblicklich aus dem Schlummer, in den der Instinkt sie versenkt hatte. Man ließ den Juden los. 'Du bist also Dreyfusard?' wurde ich gefragt. 'Ja!' antwortete ich, es erst in diesem Augenblick erfahrend.[27]

Zu Beginn seines 1906 begonnenen Ingenieurstudiums wurde er aus nächster Nähe Zeuge der letzten Tage der Dreyfus-Affäre – zunächst nur als aufmerksamer Beobachter der Presse, schließlich aber nahm er als Zuschauer an der Schlußsitzung des

---

Madariaga, *Morgen ohne Mittag*, 287 und 434. Für eine zusammenhängende Darstellung seiner Ablehnung der Darwinschen Lehre vgl. Madariaga, Herrn Monods Dilemma, in: Die Welt, 18-IX-1971. Madariagas Begeisterung für die Homöopathie spricht aus: Ders., Über die Heilkunde, in: Zeitschrift für Klassische Homöopathie, 10 1966:3.

27 Madariaga, Menschenwürde, in: NZZ, 18-IX-1956. In dem scharf zugespitzten und die französische Gesellschaft insgesamt spaltenden Prozeß ließen sich im Lager der Dreyfus-Sympathisanten verschiedene Typen ausmachen, für deren nicht immer einheitlich verwendete Bezeichnung hier Duclert gefolgt wird. Madariaga war demnach ein 'Dreyfusien', also einer jener 'Dreyfusisten', die sich in der schon lange schwelenden Krise erst positionierten, nachdem Zola mit seinem *J'accuse* (1898) die Schicht der Intellektuellen mobilisiert hatte und der Kampf der beiden Lager die Republik bereits in ihrer Existenz bedrohte. Grundsätzlich unterschieden sich die Dreyfusisten von den 'Dreyfus-Anhängern' vor allem darin, daß sie die Affäre als ein für die Gesellschaft symptomatisches Ereignis begriffen und Konsequenzen für eine bessere Politik forderten, während es jenen um eine rein juristische Verteidigung Dreyfus' in einem Verfahren ging, das von Beginn an ein politisch motivierter Justizskandal war; vgl. Vincent Duclert, *Die Dreyfus-Affäre. Militärwahn, Republikfeindschaft, Judenhaß*, Berlin 1994, 104. Gemeinhin wird die Dreyfus-Affäre als die Geburtsstunde des politischen Intellektuellen als Typus betrachtet, denn in ihrem Ergebnis entstand, über den höchst unterschiedlichen (z.B. sozialistisch, liberal oder jüdisch motivierten) Hintergrund der Dreyfus-Unterstützer hinweg, „ein intellektueller Archetypus als staatsbürgerliches Bindeglied zwischen Wissen und Gesellschaft, der 'intellektuelle Dreyfus-Anhänger', wenn man will – kritisch, wachsam und brüderlich, Vorbild für künftige Intellektuelle." Ebd., 115.

Kassationsgerichts am 12. Juli teil, in der Dreyfus endgültig freigesprochen und rehabilitiert wurde. Fünfzig Jahre später erinnerte er sich daran, daß sein eigenes Urteil zugunsten Dreyfus' seinerzeit ausschließlich auf zwei Indizien basierte, von denen das erste – der offenbare Antisemitismus des Verfahrens – gar nicht einmal den Ausschlag gab. (Eine differenzierte Meinung vom Judentum entwickelte er erst erheblich später, und auch dann blieb diese stark auf die spanische Geschichte rückbezogen.) Seine Sympathie mit Dreyfus gründete sich nicht auf dessen Judentum, sondern darauf, daß dieser in dem gegen ihn angestrengten Verfahren und zu der Zeit und in dem Umfeld, in dem es stattfand, den krassen Außenseiter darstellte.[28]

Ebenso wie später der Fall Ferrer oder aus eigener ministerieller Anschauung der Fall Sanjurjo in Spanien bzw. der Justizskandal um Sacco und Vanzetti in den USA prägte die Dreyfus-Affäre als vom jungen Madariaga selbst hautnah erlebte Geschichte dauerhaft sein überhöhtes Bild von der öffentlichen Meinung, die sich im Interesse der Gerechtigkeit für das einzelne ins Räderwerk der Staatsgewalt gekommene Individuum in die Bresche wirft. „Man entrüstete sich noch im Jahre 1927", so Madariaga 1956 fast resignierend im Kontext der moralischen Abstumpfung, die er mit den totalitären Gepflogenheiten seit Lenin verband.[29] Die jeweils zitierten Fälle von justizieller Rehabilitierung verfolgter Individuen sind für ihn gleichsam Kulminationspunkte der Würde des Menschen gewesen; im Verfahren gegen Dreyfus sah er auch ein halbes Jahrhundert später noch immer „ein Schauspiel von unvergeßlicher Würde, ja Majestät, von ebenso strenger wie strahlender Schönheit"; es sei „einer der größten Siege Frankreichs auf dem Felde des Geistes" gewesen.[30]

Dieser frühe Bezug auf die Gerechtigkeit (und ihre spätere Ablösung) als Zentralkategorie seines Denkens geht im freiheitlichen Gesamtwerk Madariagas beinahe unter. Gedanklich systematisiert findet sich das Sujet überhaupt erst in den sieb-

---

28 Vgl. Madariaga, Menschenwürde, in: NZZ, 18-IX-1956.
29 Ebd., dort auch seine These, der Terror Lenins und Stalins hätten zu der vertrackten psychologischen Situation geführt, daß Entrüstung darüber naiv und Berichterstattung kontraproduktiv (weil abstumpfend) wirke. Hier liest man stark Relativierendes zu Madariagas sonst stets offensiver Forderung nach Publizität, ja sogar eine Apologie ihrer mitunter gezielten Beschränkung. Dabei traf seine Kritik schon früh vor allem den Westen, etwa wenn er angesichts der Moskauer Schauprozesse daran erinnerte: „The same freedom-loving institutions which, in the days of the Dreyfus, Ferrer and other similar cases, moved heaven and earth in favour of the victims of official injustice, now behold the strange methods of Moscow in complete passivity." Salvador de Madariaga, *The World's Design*, London 1938, 212. – Kommentare zum Fall Ferrer finden sich bis ins Spätwerk Madariagas immer wieder, so etwa auch in: Ders., Alfonso XIII, in: Españoles de mi tiempo, Barcelona 1974, 379 und Ders., *Morgen ohne Mittag*, 160.
30 Vgl. Madariaga, Menschenwürde, in: NZZ, 18-IX-1956. Madariaga hat freilich als spät Hinzugetretener eine stark verklärte Sicht auf den Dreyfus-Prozeß. So legt seine Einschätzung die Vermutung nahe, daß er schlicht nicht sah, wie schwer und gegen welche Art von Widerstand dieses Urteil erkämpft worden war, wie tief die Affäre die französische Gesellschaft insgesamt gespalten hatte.

ziger Jahren, erstmals explizit in einem Selbstinterview von 1971. Zu dieser Zeit zählte Madariaga bereits fünfundachtzig Jahre und erläuterte nunmehr lapidar, zu einem nicht weiter konkretisierten Zeitpunkt schlicht das Interesse an der Gerechtigkeit als Leitprinzip bzw. als Zweck an sich *(fin en sí)* verloren zu haben. Er habe irgendwann (wohl in den zwanziger Jahren) begriffen, daß die Gerechtigkeit letztlich einer nur merkantilen Logik folge. Ihr Symbol sei die Waage, ihr Konzept das des Gleichgewichts zwischen toten Massen. Als solche – die Begründung ist typisch für die solipsistische Selbstgewißheit Madariagas – habe die Gerechtigkeit einfach nicht länger seine Leidenschaft zu wecken vermocht. Er habe statt dessen das Leben und das Qualitative als Werte entdeckt; womit Qualität, Wahrheit und Freiheit zu Begriffen innerhalb eines Feldes geworden seien, in dem sie praktisch gegeneinander austauschbar seien. Die Freiheit – als Passion, nicht als Idee – sei für ihn hinfort gleichbedeutend mit der Passion für die Wahrheit gewesen.[31]

Nachdem er es als theoretische Basis für sein politisches Denken aufgegeben hatte, transponierte Madariaga das Thema der Gerechtigkeit in einen Bereich, in dem ihm die Unbeantwortbarkeit bestimmter fundamentaler Fragen wohl weniger unbequem erschien als im Politischen: in die Religion. So ist es sicher kein Zufall, daß er zeitgleich mit der Verarbeitung seines frühen Gerechtigkeitsdenkens damit begann, Gerechtigkeit verstärkt als ein Attribut Gottes zu diskutieren. Hinter dem Schleier der göttlichen Unergründlichkeit entzog er sich der konsequenten Beantwortung auch manch politischer Frage – indem er sie in das Gewand der Theodizee kleidete.

Weder in ihrem religiösen noch in ihrem säkularen Aspekt soll die Gerechtigkeit hier einer ausführlichen Darstellung unterzogen werden, auch wenn sie sich nicht rückstandslos vom politischen Denken Madariagas abscheiden läßt, sondern bis in seine Tätigkeit beim Völkerbund hinein ausstrahlt. Entscheidend ist, daß mit ihrer endgültigen Verdrängung durch die Kategorie der Freiheit das politische Denken Madariagas weitgehend fertig war und dann kaum noch grundsätzliche Veränderungen erfuhr. Bemerkenswerterweise hat Madariaga für diesen fundamentalen Umschwung in seinem Denken abseits des reinen Willensaktes zwar keinerlei stichhaltige Begründung angeführt, den Umstand selbst aber für so wichtig gehalten, daß er ihn noch ein halbes Jahrhundert später zum zentralen Thema eines kunstvoll zurechtgesponnenen Artikels machte. Nichts hätte ihn gehindert, dies niemals zu erwähnen. Sein politisches Denken jedenfalls hätte ohne diese frühe Gerechtigkeitsepoche insgesamt um einiges homogener erscheinen können, und um genau diesen Eindruck war es ihm stets zu tun gewesen. So aber sieht er sich in einem der Form nach zum

---

31   Vgl. Madariaga, Auto-entrevista, in: ABC, 28-XI-1971, zitiert aus dem Wiederabdruck in: Fernández Santander, *Madariaga, Ciudadano del mundo*, 284-288.

Interview gemachten Artikel zur Antwort auf die sich selbst gestellte Frage nach dem Warum verpflichtet:

> Frage: Was hat Sie veranlaßt, von der Gerechtigkeit zur Freiheit überzugehen? – Antwort: Diese Frage erfordert zwei Antworten. Wieso dies geschah. Warum es geschehen mußte. – Frage: Da ich Sie, ich will sagen, mich selbst, so gut kenne wie dies tatsächlich der Fall ist, bin ich sicher, daß die Antworten interessant sein werden. – Antwort: Ich danke Ihnen für die hohe Meinung, die Sie von mir zu haben scheinen, ich meine von sich, oder von uns beiden. – Frage: Recht so. Wie lauten also jene beiden Antworten? – Antwort: Ich war eben dabei sie zu formulieren. Sie wissen ja, daß dies schon etwas Zeit in Anspruch nimmt. – Frage: So? ich dachte, Sie wären immer bereit? – Antwort: Dem ist nicht so. Es hat nur den Anschein. Und was die erste Antwort betrifft, so ist sie ganz einfach. Daß ich von der Gerechtigkeit zur Freiheit überging, ist eine einfache Tatsache. Komplizierter jedoch ist das 'warum'. Ich nehme an, der Wechsel war durch einen allmählichen Verlust an Interesse für die Gerechtigkeit als Selbstzweck bedingt.[32]

Diese Nonchalance Madariagas in der Beantwortung einer indirekt auf den Kern all seines politischen Denkens zielenden Frage findet ihr Gegenstück in der ebenso vollkommen fehlenden Verankerung, die das Prinzip der Freiheit darin erfährt. Schon der Wechsel von der Gerechtigkeit zur Freiheit basierte also auf einem seiner Grundprinzipien: Das Alpha und Omega des politischen Liberalismus Madariagas waren postuliert statt hergeleitet, schwebten ohne die Prätention irgend eines Anschlusses an Übergeordnetes oder vor ihm Gedachtes gleichsam im luftleeren Raum. Möglicherweise ist es – trotz oder gerade wegen des sicher gewollten Pathos dieser Geste – der Mut zum ausschließlich Eigenen im Anfang, zum unbegründeten Axiom, zum schöpferischen Fiat, der Madariagas Liberalismus vor sich selbst und gegen seine direkte Mitwelt so stark gemacht hat.

DIE ENTDECKUNG ALS POLITISCHER INTELLEKTUELLER. – Seinen ersten reflektierten Kontakt mit politischem Denken hatte Madariaga in jener Gruppe, die José Ortega y Gasset 1914 als *Liga de Educación Política* gegründet hatte. In dieser Gruppe konnte er die ideale Fortsetzung jenes Liberalismus finden, dem sich bereits die um ein halbes Jahrhundert früher wirkenden Bildungsreformer um Gi-

---

32 Madariaga, Zuerst die Freiheit. Ein Selbstinterview, 14; zuvor erschienen als Madariaga, Auto-entrevista, in: ABC, 28-XI-1971. Hier erfährt indirekt eine zentrale These dieser Arbeit ihre Bestätigung durch Madariaga selbst, daß er nämlich sein politisches Denken stets für im Prinzip fertig entwickelt und abgeschlossen erachtet hat, daß er zugleich aber enorm, mitunter bis zum Selbstwiderspruch flexibel darin war, es entlang wechselnder tagespolitischer Vorgaben in seine Publizistik einfließen zu lassen.

ner verschrieben hatten und der bereits seine eigene Grundschulausbildung geprägt hatte:

> Das Programm der Liga zielte auf Intellektuelle und die Segmente des Berufsbürgertums, und es hatte sich im wesentlichen die Transformation der spanischen Gesellschaft entlang der ideologischen Vorgaben eines progressiven Liberalismus zum Ziel gesetzt.[33]

Ortega hatte die *Liga* im Jahre 1914 zusammen mit Manuel Azaña, Américo Castro, Madariaga, Ramiro de Maeztu, Ramón Pérez de Ayala und Fernando de los Ríos gegründet und trat ab 1915 publizistisch mit Stellungnahmen dieser Gruppe zu den aktuellen Problemen Spaniens auf.[34] Der Gründung war seine berühmt gewordene Rede *Vieja y nueva política* vorausgegangen, in der man bereits den Nukleus seines Buches *España invertebrada* sehen kann.[35] Die *Liga*, die verschiedentlich auch unter der Bezeichnung *Hombres de 1914* firmierte, war eine eher lose Gruppierung, in der sich dennoch der Kern des vorrepublikanischen Liberalismus in Spanien organisierte. Tuñón de Lara will ihr nicht, wie etwa den 98ern, das Attribut zugestehen, eine Generation darzustellen, sieht er doch die Aktivitäten der Gruppe als in ihrer Homogenität von nur kurzer Dauer und zudem im inneren Zusammenhalt wie in der Außenwirkung auf sehr enge Kreise beschränkt.[36] Doch gilt es andererseits anzuerkennen, daß aus ihren Reihen heraus einige sehr erfolgreiche politische und publizistische Karrieren gelangen, Madariaga war hier keineswegs ein Sonderfall. Als er für kurze Zeit Botschafter der spanischen Republik in Washington wurde, erhielten zeitgleich Ayala den Posten in London und Castro den in Berlin.[37]

Mit der *Liga* hatte sich Ortega das doppelte Ziel gesetzt, erstens eine weitere Generation wie die der 98er aus der Taufe zu heben. Zweitens knüpfte er an das von jenen geleistete normative Denken in Bezug auf Spanien, seine Autodefinition nach der Niederlage im Spanisch-Amerikanischen Krieg und seine künftige Rolle in und gegenüber Europa an, das nach dem Ende der jahrhundertelangen spanischen (Selbst-)Isolation inzwischen in einem völlig neuen Licht wahrgenommen wurde. Zwei Alternativen hatten die 98er seinerzeit ins Auge gefaßt: entweder die Hispanisierung Europas oder die Europäisierung Spaniens – und Ortega, immun gegen die

---

33 González Cuevas, Madariaga. Pensador político, 150; vgl. auch José Ortega y Gasset, Prospecto de la 'Liga de educación política española' [1914], in: Vieja y nueva política, Madrid 1963.
34 Vgl. Werner Krauss, *Spanien 1900-1965. Beitrag zu einer modernen Ideologiegeschichte*, Berlin 1972, 80.
35 Ein Abdruck der am 23-III-1914 im Madrider *Teatro de la Comedia* gehaltenen Rede findet sich in José Ortega y Gasset, Vieja y nueva política, in: Vieja y nueva política, Madrid 1963.
36 Vgl. Manuel Tuñón de Lara, *Medio siglo de cultura española (1885-1936)*, Madrid 1973, 145.
37 Vgl. Preston, *Quest for Liberty*, 9.

trotzige Hybris, der seine Vorgänger noch erlegen waren, bezog klar zugunsten der letzteren Stellung. Er setzte sich das gleichwohl kaum weniger ambitionierte Ziel, am Vorbild des übrigen Europa die Spanier zu verobjektivieren, ihnen also den Hyperindividualismus und die Hyperreligiosität, sowie insgesamt vor allem anderen: den impulsiven Charakter auszutreiben, um sie statt dessen der kühleren Rationalität und, so die hoffnungsvolle Verlängerung der Idee, dem philosophischen Denken zugänglich zu machen. In Madariagas Diktion wollte Ortega also nichts weniger als die Spanier durch die von einer tatkräftigen Minderheit vermittelte Philosophie vom „sinaí del yo" in den „partenón del universo" zu führen.[38] In seiner Rede am 23. März 1914 habe Ortega jenes schlummernde junge Spanien, das beim Wort Nationalismus nicht an Calderón und Lepanto dachte und im Kreuz weniger dessen Siege als den Schmerz sah, dazu aufgerufen, das Joch des siechen offiziösen Spanien abzuschütteln.[39]

> Kurzum, unsere Generation braucht einen energischen Weckruf; und wenn sich niemand mit der zweifelsfreien Berechtigung dazu findet, muß sie irgend jemand rufen, zum Beispiel ich.[40]

Im Rückblick erklärte Madariaga, diesem Vorhaben Ortegas immer doppelt skeptisch gegenüber gestanden zu haben, auch wenn sich seine Ablehnung damals gedanklich noch nicht auf ein fertig durchdachtes Konzept habe stützen können, sondern diesbezüglich noch eher einer diffusen Ahnung des Unbehagens gefolgt sei. So wie er auch in anderen Kontexten Zeit seines Lebens immer wieder die im Kern unveränderbare Natur des Nationalcharakters feststellte, so habe er auch die Diagnose Ortegas, also die Unterscheidung eines 'offiziellen' und eines 'vitalen' Spaniens zu keiner Zeit akzeptieren können. Statt der konfrontativ zugespitzten intellektuellen Trennung wäre sein Rezept eher gewesen, in der politischen Kultur Spaniens das obrigkeitshörige Element in den Hintergrund zu drängen. Um die von Ortega angegriffene Verkrustung aufzubrechen, hätte man den Spanier (im generischen Singular) nur dazu bringen müssen, die Erwartung aufzugeben, alle Veränderung müsse vom Staat, also vom 'offiziellen' Spanien her kommen.[41]

---

38 Vgl. Alfonso García Valdecasas, El carácter español en la obra de Salvador de Madariaga, in: Revista del Instituto 'José Cornide' de Estudios Coruñeses, 12 1976, 131.
39 Vgl. Madariaga, Ortega [I], in: ABC, 23-IX-1973.
40 Ortega y Gasset, Vieja y nueva política, 18f.
41 Madariaga hat schon in den zwanziger Jahren erklärt, daß es für ihn immer nur ein Spanien gegeben habe; vgl. Sancho Quijano [= Madariaga], ¿Dónde está la nación pujante? in: El Sol, 24-III-1923; und er hat diese Überzeugung in seinen Memoiren nicht nur unverändert wiederholt, sondern dort sogar explizit auf diesen frühen Artikel rückverwiesen; vgl. Madariaga, *Memorias*, 96f. Auch der in der Rückschau eher am Rande erwähnte Kritikpunkt an Ortega und seinem engeren Kreis dürfte damals bei ihm im Keim bereits angelegt gewesen

Trotz dieser Differenzen war freilich für Madariaga die Mitwirkung in einem elitären Club von etwa hundert Bürgerlichen, die sich die Europäisierung Spaniens auf die Fahnen geschrieben hatten, über die Maßen reizvoll. Zwar hatten nach seiner Auskunft höchstens sechzig der Mitglieder tatsächlich aktiv teil an der Arbeit der *Liga*; zudem gehörten ihr in seinen Augen, um wahrhaft europäisch zu sein, zu wenige 'Linguisten' an: Außer ihm selbst hätten nur Castro und Morente gutes Französisch gesprochen, mit dem Englischen sei es noch schlechter bestellt gewesen, und auch Deutsch habe außer Ortega kaum jemand beherrscht. Ortega aber war es gleichwohl gelungen, um sich herum praktisch alles zu versammeln, was in Spanien damals Rang und Namen hatte (oder später haben würde). Mit ihm als der überragenden Figur fanden sich in der *Liga* zahlreiche aufstrebende Persönlichkeiten ein, die die heutige Literatur mitunter tatsächlich ebenso zu einer Generation zusammenfaßt wie vor ihnen die 98er. Madariaga nahm viele davon auch später noch als seine engsten Zeitgenossen wahr, während er von ihnen zur damaligen Zeit an Prestige weit überragt wurde. Zunächst vor allem über Ortega als das bündelnde Sprachrohr der Gruppe nach außen, bald aber auch als Intellektuelle von eigenem Rang, äußerten sich die Mitglieder der *Liga* frank und frei zu den aktuellen Problemen aller Couleur, ab 1915 etwa in der reformerischen Zeitschrift *España*, aus der später die liberale Zeitung *El Sol* hervorging – oder in der von Ortega selbst betriebenen *Revista de Occidente*.

Mit all diesen Publikationsorganen hat Madariaga über lange Zeit eng kooperiert, und man kann mit einigem Recht vermuten, daß für ihn, der sich 1914 noch immer primär als Ingenieur verstand, die Liga zur biographischen Initialzündung wurde. Aus ihren Reihen heraus machte er seine ersten publizistischen Schritte; und er selbst hat einmal gesagt, Ortega habe ihn als Politiker wie auch als politischen Intellektuellen überhaupt erst entdeckt, ihn gleichsam der Welt aus dieser Gruppe heraus als politischen Bürger erst vorgestellt. So sei unter den Verehrern Unamunos in Ortegas gerade gegründetem Club rasch die Idee entstanden, eine Eloge auf Unamuno zu verfassen, als diesem 1914 nach Kritik an König Alfonso XIII. das Salamanca-Rektorat entzogen wurde. Ortega habe seinerzeit einen weniger bekannten Autor zum Zuge kommen lassen wollen und daher ihn für die Autorschaft gewonnen. Andererseits habe er (Madariaga) sich innerhalb der *Liga* als einer jener Köpfe profilieren können, die das Ortega-Manifest für intellektualistisch überfrachtet hielten, und sei so bald zu der Gelegenheit gekommen, neben Leopoldo Palacios und Enrique de Mesa als Dritter in einem von Ortega selbst abgesegneten Triumvirat ein neues Manifest

---

sein: Der Königsweg zu jeglicher Veränderung im Denken eines Volkes führe, entgegen deren Überzeugung, gerade nicht über die Wissenschaft oder Philosophie, sondern über den politischen wie publizistischen Kampf; vgl. Madariaga, Ortega [I], in: ABC, 23-IX-1973.

zu schreiben. Allerdings kam es dazu wohl nicht mehr, zumindest ist ein solches Manifest nicht erhalten. Palacios schied bald wegen einer schweren Krankheit seiner Tochter aus, und die Mühen der beiden verbliebenen Redakteure verwehte schon der Erste Weltkrieg.[42] Insgesamt war Madariaga sichtlich darum bemüht, die Episode dieses Manifests rückblickend in ihrer Bedeutung herunterzuspielen. Und doch hatte er in Ortegas *Liga* ganz offenbar Lunte gerochen. Immerhin brachte die Tätigkeit aus dieser Gruppe heraus für ihn nicht nur die ersten publizistischen Erfahrungen mit sich, sondern auch und vor allem den ersten reflektierten Kontakt mit einem die spanischen Grenzen wirklich transzendierenden Denken.

2.3 Journalist, Professor und die erste Völkerbundkarriere

EINSTIEG IN DEN BERUF. – „Ich wurde so weit von Madrid entfernt geboren, wie es überhaupt geht: in La Coruña, also in einer zweisprachigen Gegend."[43] So beginnt Madariaga den kleinen autobiographischen Aufsatz über seine Kindheit, der zugleich als einzige Quelle aus eigener Feder über die Zeit vor dem Eintritt in seine politische Laufbahn berichtet. Auf die frühe Doppelerfahrung regionaler Peripherie und einer Kultur genuiner Bilingualität hat er hingewiesen, wann immer es ihm opportun erschien, sah er doch in beidem die natürlichen Voraussetzungen für seinen Hang zum Übernationalen. Bevor sie nach Galicien übersiedelte, ging seine Familie durch den Großvater väterlicherseits aus San Fernando (später Cádiz) hervor, mithin konnte sich Madariaga als das bereits dritte Glied in einer Linie sehen, die durch ein Leben an der maritimen Peripherie Spaniens geprägt und von daher mit einem unbestimmten Drang in die Ferne ausgestattet war. Zu allen Zeiten Anhänger der These von der individuellen wie kollektiven Vererbbarkeit geistiger Fähigkeiten und charakterlicher Eigenschaften, zeigte er sich daher in der Rückschau überzeugt davon, einen latenten Kosmopolitismus bereits mit in die galicische Wiege gelegt bekommen zu haben.[44] Zudem wurde seine natürliche Mehrsprachigkeit bereits im Alter des Heranwachsens durch den schulischen Wechsel nach Paris weiter gefördert, bevor schließlich die Übersiedelung nach London und später die Niederlassung in Oxford folgte. All diese biographischen Eckpunkte, und Madariaga schloß hierbei die spätere Exilerfahrung ausdrücklich mit ein, liefen seiner Darstellung gemäß auf eine zwar diffuse Gemengelage hinaus, aus der aber doch mit Notwendigkeit ein ganz natürlicher Internationalismus habe resultieren müssen:

---

42   Vgl. Madariaga, Ortega [I], in: ABC, 23-IX-1973.
43   Madariaga, Relato, 9-16.
44   Vgl. Fernández Santander, *Madariaga, Ciudadano del mundo*, 23.

2.3 Journalist, Professor und die erste Völkerbundkarriere 55

> Ich glaube nicht, daß sich all das mit einem bestimmten Datum verbinden läßt. Vielmehr ist es das Ergebnis einer Fortentwicklung, und vielleicht erklärt es sich vor allem daher, daß ich mein Land schon sehr jung verließ, um in Frankreich zu studieren, daß ich mich später in England verheiratete und daß ich insgesamt mein Leben schon immer sehr aufs Internationale ausgerichtet habe. Zwei Diktaturen ist es zu danken, daß ich länger außerhalb meiner Heimat als in Spanien gelebt habe [...], und so sah ich mich denn genötigt, länger als es mir lieb war nördlich der Pyrenäen zu leben. Vielleicht hat dies in mir den Geist des Internationalismus geweckt, aber dieser Geist ist vielen Spaniern eigen.[45]

Gleichwohl sind all dies Interpretationen der eigenen Vita, die Madariaga erst Jahrzehnte später rückblickend anfertigte. Solange er sich in Ausbildung befand, war seine spätere Karriere in keinem ihrer Bestandteile auch nur entfernt abzusehen. Nachdem er 1906 sowohl an der *École Polytechnique* als auch an der Bergbauakademie in Paris die Aufnahmeprüfungen bestanden hatte, beendete Madariaga 1911 sein Ingenieurstudium an beiden gleichermaßen prestigeträchtigen Hochschulen als Jahrgangsbester.[46] Entgegen dem Wunsch des Vaters trat er nicht in den Militärdienst ein – so war er denn auch in keinem der für sein Leben prägenden Kriege in die Kampfhandlungen verwickelt, weder in den Weltkriegen (in denen Spanien neutral blieb), noch im spanischen Bürgerkrieg –, sondern wirkte zunächst als Bergbauingenieur bei der nordspanischen Eisenbahngesellschaft.[47]

Diese von ihm erklärtermaßen für vielversprechend gehaltene Karriere als Ingenieur gab er 1916 auf, um seiner selbstempfundenen Vokation gemäß nach London zu gehen. Neben seiner beinahe zufälligen Entdeckung durch Ortega in der *Liga de Educación Política* ist der Wechsel zur Londoner *Times* der wohl noch wichtigere Schritt Madariagas weg von der Laufbahn als Ingenieur und hinein in die Welt der Politik gewesen.

Nachdem durch Luis Araquistáin der Kontakt zwischen beiden hergestellt war, hatte John Walter, Erbe des *Times*-Gründers und seinerzeit Chef der Zeitung, Madariaga 1916 angeboten, in London ansässig zu werden und als Korrespondent für die hispanischen Länder über den Ersten Weltkrieg zu berichten.[48] Der Respekt, den er als junger Mann angesichts der enormen technischen Leistung empfunden

---

45 Adela Grondona, '¿Por qué escribe usted?'. Contesta Salvador de Madariaga, in: Ficción. Revista-libro bimestral [Buenos Aires], 40 1962:8, 57.
46 Vgl. López Prado, *Síntesis biográfica*, 6.
47 Vgl. Frosini, Portrait, 98; López Prado, *Síntesis biográfica*, 6.
48 Vgl. Madariaga, La crisis del 'Times', in: ABC, 7-I-1979; sowie María Dolores Sáiz, Salvador de Madariaga en la Revista España (1916-1923). Reflexiones sobre la primera guerra mundial, in: César Antonio Molina (Hrsg.), Salvador de Madariaga (1886-1986). Libro homenaje, La Coruña 1986, 371-378.

hatte, täglich eine solch umfangreiche und gut organisierte Zeitung herauszubringen, dominiert in Form retrospektiven Lobes auch noch die spätesten Erinnerungen Madariagas an jene Zeit.[49] Nicht zuletzt darin zeigt sich, daß mit dem Wechsel nach London in der Tat ein Schlüsselmoment in seiner Vita vorliegt, gerade weil er zuvor in seinen Madrider Jahren von 1911 bis 1916 schon für die spanische Presse journalistisch tätig gewesen war.

Neben seinen Leitartikeln in der *Times* schrieb er während des Ersten Weltkriegs von London aus weiterhin auch für verschiedene spanische Blätter.[50] Die 1918 in Madrid erschienene Anthologie *La Guerra desde Londres*, Madariagas erste größere Veröffentlichung, war das Ergebnis seiner publizistischen Tätigkeit für die Blätter *España, El Imparcial* und *La Publicidad*. Auch das früheste schriftliche Zeugnis seiner Beschäftigung mit Europa, der Artikel *La nueva Europa*, fand sich in diesem Band wieder, nachdem er im Dezember 1916 in *España* veröffentlicht worden war.[51] Aber es waren die Eindrücke als Leitartikler bei der *Times*, die den zwar schon dreißigjährigen, in seinem späteren Paradegebiet aber noch einigermaßen unerfahrenen Madariaga bis ans Ende seiner Tage prägen sollten. Zwar ist das Faktum an sich natürlich nicht mehr als eine biographische Koinzidenz, gleichwohl ist es für die Wirkung, die die Arbeit bei diesem stets, und so auch bei dieser Gelegenheit, als objektiv gelobten Blatt in ihm hinterlassen hat, überaus suggestiv und von hohem symbolischem Wert, daß *La Crisis del 'Times'*, sein letzter Artikel, noch in der Schreibmaschine steckte, als Madariaga im Dezember 1978 plötzlich starb.

Mit dem Ende des Ersten Weltkriegs blieb Madariaga zunächst ohne Anstellung.[52] Dabei war seine fortgesetzte Beschäftigung bei der *Times* in der Sache vermutlich weniger direkt, als es seine Darstellung suggeriert, von der Fortdauer des Krieges abhängig. Vielmehr war seine Entlassung wohl dem Umstand geschuldet, daß er seinen Status als Protegé des Herausgebers verloren hatte. Er selbst erinnerte sich in seinem letzten Artikel, daß die Familie Walter gegen Ende des Krieges schließlich dem wachsenden Druck des Kapitals habe nachgeben und die Herrschaft über die Zeitung an Lord Northcliffe abtreten müssen. Vermutlich ist es auch eine doppelte Chiffre für die persönlichen wie ökonomischen Hintergründe seines eigenen damaligen Schicksals, wenn er in seinem Artikel betonte, mit diesem Wechsel habe die

---

49 So etwa in seinem allerletzten Artikel: Madariaga, La crisis del 'Times', in: ABC, 7-I-1979. Jenseits der bloß technischen Würdigung hatte er zwölf Jahre zuvor in den Spalten der *Neuen Zürcher Zeitung*, also der zweiten (vor allem nach dem Zweiten Weltkrieg) von ihm bevorzugten großen Tageszeitung, das Loblied vom „geschriebenen Parlament, das die Briefspalten der 'Times' darstellen" angestimmt; Madariaga, Europa aus britischer und französischer Sicht, in: NZZ, 3-II-1966.
50 Vgl. Fernández Santander, *Madariaga, Ciudadano del mundo*, 39f.
51 Vgl. Madariaga, *Guerra desde Londres*.
52 Vgl. Ders., *Morgen ohne Mittag*, 158.

Zeitung den ersten Direktor bekommen, der nicht durch das Oxbridge-System gegangen sei – und der zudem sofort versucht habe, mit allen Mitteln allein die Auflage zu steigern.[53] Durch den Wegfall seiner Vollzeitanstellung als Kriegsberichterstatter auch für den Informationsdienst des britischen Außenministeriums war Madariaga vorübergehend sogar zur Rückkehr nach Spanien gezwungen, wo er parallel zu seinem zähneknirschend wieder aufgenommenen Ingenieurberuf den Lebensunterhalt für sich und seine in London verbliebene Familie durch Übersetzungsarbeiten und gelegentliche Beiträge für die spanische und englische Presse verdiente.[54] Besonders schmerzhaft muß das für ihn gewesen sein, weil er sich zu jener Zeit eigentlich schon als in England recht gut etabliert gesehen hatte. Neben den von ihm selbst für belastbarer gehaltenen Beziehungen zu den großen Tageszeitungen (er hatte nicht nur für die *Times*, sondern auch für den *Observer* und den *Manchester Guardian* geschrieben) hatte ihm auch sein Buch *Shelley y Calderón*, das die *Royal Society of Literature* bei ihm in Auftrag gegeben hatte, allen Grund zu dieser Einschätzung geben können. Kurz nach dem jähen Ende dieser ersten journalistischen Karriere hatte er zudem schon mit dem Erfolg seiner Bewerbung auf den durch den Tod von James Fitzmaurice-Kelly vakant gewordenen Lehrstuhl für Spanisch am King's College gerechnet, war jedoch auch damit gescheitert. Der Marqués de Merry del Val, sein späterer Intimfeind, habe als Mitglied der Berufungskommission seine Bestallung zu verhindern gewußt und sei auch bei anderen Gelegenheiten immer wieder zur entscheidenden Bremse für seine politische Karriere geworden.[55] Vor dem Hintergrund dieser für ihn beruflich prekären Zeit wurde der Völkerbund zum Wendepunkt in Madariagas Leben – auch in materieller Hinsicht, was nicht übersehen werden sollte.

EINSTIEG IN DIE POLITIK. – Den ersten Zugang zum Völkerbund fand Madariaga durch einen im spanischen Parlament sitzenden Onkel, auf dessen Empfehlung hin er auf der 1921 nach Barcelona einberufenen Verkehrskonferenz des Völkerbunds von der spanischen Delegation als technischer Berater eingesetzt wurde.[56] Nachdem ihm so die ersten Türen geöffnet waren, konnte er offenbar mit einem fulminanten Auftreten seine Position rasch weiter festigen, bald wurde er von Robert

---

53 Vgl. Madariaga, La crisis del 'Times', in: ABC, 7-I-1979.
54 Vgl. Preston, *Quest for Liberty*, 5; Ders., *Quijote*, 182; sowie Fernández Santander, *Madariaga, Ciudadano del mundo*, 43-47.
55 Vgl. Salvador de Madariaga, El marqués de Merry del Val, in: Españoles de mi tiempo, Barcelona 1974, 39f.
56 Vgl. Ders., *Morgen ohne Mittag*, 18f.; Preston, *Quest for Liberty*, 5f.; Fernández Santander, *Madariaga, Ciudadano del mundo*, 49. Dabei handelte es sich um Rogelio, Madariagas Onkel väterlicherseits; vgl. Madariaga, *Memorias*, 17. Dieser war Redakteur bei der antidynastischen Zeitung *La Voz de Galicia* gewesen, die in der Zeit seines Exils zu Madariagas praktisch einziger verläßlicher Quelle für Informationen aus Spanien wurde; vgl. José Antonio Durán, Historia gallega de un universalista trotamundos, in: César Antonio Molina (Hrsg.), Salvador de Madariaga (1886-1986). Libro homenaje, La Coruña 1986, 84.

Haas und Pierre Comert weiter in Richtung Völkerbund-Generalsekretariat empfohlen.[57] Schon in Barcelona wirkte er über seinen eigentlichen Aufgabenbereich hinaus auch als Übersetzer und Sekretär der spanischen Delegation, sowie erneut als Korrespondent der *Times* – und wurde bald als der nach außen sichtbarste Vertreter der spanischen Delegation wahrgenommen. So seien der Generalsekretär und der Präsident der Verkehrskonferenz, die Franzosen Robert Haas und Gabriel Hanotaux, von seinem Auftreten derart begeistert gewesen, daß ihm schon im August 1921 eine Festanstellung in der Presseabteilung des Generalsekretariats in Genf angeboten wurde, ein Umstand, den Madariaga in seinen Erinnerungen als das Ergebnis durchaus zielgerichteter Anstrengungen seinerseits darstellte.[58] Neben seinen sprachlichen Kapazitäten war zu Beginn offenbar auch sein französischer Hintergrund, also seine Pariser Schul- und Hochschulbildung, sehr förderlich für sein Fortkommen in Genf.[59] Für viele französische Völkerbunddelegierte war er als ehemaliger Mitschüler an der *École Politechnique* nach wie vor der selbstverständlich geduzte 'Maga'.[60] So wie er seinen Einstieg in Genf maßgeblich seinem Onkel verdankte, so gründete sich sein Aufstieg dort immer auch auf eine Reihe französischer und englischer Freunde aus seiner Zeit als Student in Paris, von denen er allen voran H. A. L. Fisher nannte.[61] Er selbst konnte darüber zwar nur Mutmaßungen anstellen, ging in seinen Memoiren aber fest davon aus, daß er auch und vor allem infolge des Drängens guter Freunde schon ein Jahr nach seiner Anstellung bei der Presseabteilung für technische Angelegenheiten zum Chef der Abrüstungsabteilung ernannt wurde.[62] Über den Verlauf dieser ersten Karriere Madariagas beim Völkerbund soll hier nicht ausführlich berichtet werden, da diese nur unter dem Gesichtspunkt des Abrüstungsgedankens von Interesse wäre. Für einen Überblick dazu genügt sein Buch *Disarmament*, das neben der inhaltlichen Auseinandersetzung auf typische Weise auch stark (auto)biographische Züge trägt.

Ein nächster biographischer Eckpunkt ist Madariagas Ausscheiden aus dem Völkerbund-Sekretariat zum 1. Januar 1928. In Reminiszenz über seine Motive, Genf zu verlassen, verwies er in seinen Memoiren zum einen auf seine literarische Berufung, der er seit je prinzipiell den Vorrang vor einer genuin politischen Karriere

---

57 Vgl. Durán, Historia gallega, 84.
58 Vgl. Madariaga, *Morgen ohne Mittag*, 18-24.
59 Vgl. Ebd., 18; sowie Ders., *Ciclo hispánico*, 18 und 41f.
60 Vgl. Nieves de Madariaga, Paseos, 8.
61 Vgl. Madariaga, *España*, 594. Fisher und Madariaga waren zuvor Kollegen beim *Guardian* gewesen. Ebenso wie der spanische Außenminister Heredia habe sich nun Fisher, inzwischen Mitglied des Kabinetts Lloyd George und Chef der britischen Delegation im Völkerbundrat, beim Völkerbundsekretariat für die Qualitäten Madariagas verbürgt; vgl. Ders., Merry del Val, 40; sowie Fernando Olivié, *La herencia de un imperio roto. Dos siglos de política exterior española*, Madrid 1999, 264f.
62 Vgl. Madariaga, *Morgen ohne Mittag*, 41f. und 106-108.

beigemessen habe, und er führte seine beiden zu dieser Zeit entstandenen Werke *The Sacred Giraffe* (1925) und *Sir Bob* (1930) als Manifestationen dieser Vokation ins Feld. Außerdem sei er prinzipiell mit der Einstellung Englands und Frankreichs gegenüber dem Völkerbund unzufrieden, sowie über den beständigen Widerstand gegen seine Idee einer Weltregierung verärgert gewesen. Vor allem aber dürfte, drittens, sein Verhältnis zu Eric Drummond, das er als eines von hochachtungsvoller Feindschaft empfand, den Ausschlag dafür gegeben haben, daß er sich schließlich ganz zurückzog. Der Generalsekretär des Völkerbundes habe ihn bewußt in Status wie Besoldung klein gehalten und es bis zu seinem Ausscheiden zu bewerkstelligen vermocht, ihm den nominellen Status eines Direktors vorzuenthalten.[63]

UNIVERSITÄRES INTERMEZZO. – Vor diesem Hintergrund und mit der lebhaften Erinnerung an die berufliche Unsicherheit der Jahre nach 1918 war es ein für Madariaga mehr als willkommener Ausweg, dem Ruf an einen Lehrstuhl am Exeter College der Universität Oxford zu folgen.[64] Nach seiner Darstellung war ihm über seinen Freund Henry Thomas, seinerzeit Chef der spanischen Sektion der Nationalbibliothek im British Museum, mitgeteilt worden, er sei Wunschkandidat der Berufungskommission und könne ab Januar 1928 die gerade in Gründung befindliche Stiftungsprofessur „Alfonso XIII de Estudios Hispánicos" für spanische Literatur antreten. In seiner Sicht der Dinge ist dieser Lehrstuhl praktisch eigens für ihn geschaffen worden, weswegen er wiederholt entsprechenden Vorwürfen spanischer Provenienz mit dem Hinweis entgegengetreten ist, weder der spanische König noch die spanische Regierung seien jemals und in irgendeiner Weise in der Dotierung dieses Lehrstuhles involviert gewesen.[65]

Madariaga hat sich zu keiner Zeit Illusionen hinsichtlich seiner akademischen Qualifikation für die Berufung nach Oxford gestattet, im Gegenteil kokettierte er Zeit seines Lebens mit dem impliziten Dennoch, das sich an das Eingeständnis anschloß, die dafür erforderlichen formalen Qualifikation gerade nicht besessen zu haben. So betonte er stets, er habe den erforderlichen Magistertitel nicht selbst erworben, sondern ihn von der Universitätsleitung per Dekret verliehen bekommen.[66] Wiederholt korrigierte er späterhin auch Korrespondenzpartner oder Editoren, die ihn nach Aufgabe des Lehrstuhls weiterhin als 'Professor' titulierten.[67] Er habe überhaupt den

---

63 Vgl. Madariaga, *Morgen ohne Mittag*, 123-125.
64 Vgl. Ebd., 125f.
65 Vgl. Ders., *Merry del Val*, 40-43.
66 Vgl. Ders., *Morgen ohne Mittag*, 144.
67 Vgl. den Brief vom 20-VIII-1957 an Werner Gysin, den Präsidenten der Europa-Union Basel, in: MALC 159:10; sowie den Brief vom 27-XI-1957 an D. P. Morales, den für Lateinamerika zuständigen Sprecher des Genfer Komitees für Immigration nach Europa, in: MALC 159:14. Neben seiner prinzipiellen Ablehnung der akademischen Denk- und Arbeitsweise hat

Lehrstuhl primär über persönliche Kontakte und wegen des Eindrucks angeboten bekommen, den seine bis dahin veröffentlichten Bücher in England hinterlassen hätten, und wohl auch, weil es dort damals erst wenige Hispanisten gegeben habe.[68]

Auch machte er kein Hehl daraus, daß er sich zunächst gar nicht für Lehre im klassisch akademischen Verständnis hergeben wollte, ja daß er ihr gegenüber tatsächlich rasch eine genuine Abscheu entwickelte, als sie ihn dann doch einholte. Die Universität langweilte ihn. Erklärtermaßen hielt er in den Sommerferien lieber Seminare in Genf über weltpolitische Themen ab, als daß er seinen philologischen Forschungsverpflichtungen in Spanien nachgekommen wäre.[69] Dazu gesellte sich dann offenbar noch der Ärger ebenso über vermeintliche administrative Winkelzüge an der Universität wie über das quantitative Überangebot an Studenten und deren niedriges intellektuelles Niveau. „Für einen schnellen Geist ist Ausschußarbeit eine Qual, und in Oxford wurde mir davon ein Übermaß zuteil," stellte er in seinen Memoiren fest und fuhr fort, er sei bereits in Genf zu der Erkenntnis gelangt: „Der beste Ausschuß besteht aus nur einem Mitglied."[70]

So bot sich mit der für ihn überraschenden Ernennung zum Botschafter Spaniens in den USA eine willkommene Gelegenheit, auch dem akademischen Leben ohne Gesichtsverlust wieder den Rücken kehren zu können, nachdem er nur drei Jahre zuvor (nach seinem vorläufigen Scheitern im Völkerbund) in der Universität nicht nur eine materiell abgesicherte Karriere, sondern zugleich die Gelegenheit zur Verwirklichung seiner Berufung als Schöngeist zu finden glaubte.

2.4 Botschafter, Minister und die zweite Völkerbundkarriere

REPRÄSENTANT SPANIENS IN GENF. – Nun fand Madariaga in den frühen dreißiger Jahren erneut nach Genf zurück. Von 1931 bis 1936 wirkte er beim Völkerbund für Spanien als Chefdelegierter und als Mitglied im Rat, ab 1932 auch als spanischer Delegierter zur Abrüstungskonferenz. Obgleich er während dieser zweiten Genfer Karriere, konkret in den Jahren von 1931 bis 1934, zeitgleich spanischer Botschafter in Paris war, gab er sich beim Völkerbund weit weniger angepaßt an den Akteur Frankreich als sein Vorgänger José Quiñones de León, und er hat darauf auch immer großen Wert gelegt. In seinen Memoiren schilderte er den Status, den er als

---

Madariaga auch für die äußerlichen Insignien akademischer Karrieren nur Geringschätzung übrig gehabt; vgl. Salvador de Madariaga, La Medicina, in: A la orilla del río de los sucesos, Barcelona 1975, 160.
68 Vgl. Ders., *Morgen ohne Mittag*, 125f. und 145.
69 Vgl. Ebd., 146. Einer seiner Biographen erwähnt ein Seminar über Internationale Beziehungen, das Madariaga im Frühjahr 1928 in Genf gehalten habe; vgl. López Prado, *Síntesis biográfica*, 7.
70 Madariaga, *Morgen ohne Mittag*, 166f.

spanischer Chefdelegierter in Genf genoß. Nach einer aufrichtigen Verbeugung in Richtung des Vorgängers, der sich zwar öffentlich wenig hervorgetan, dafür aber intern umso effektiver als Weichensteller gewirkt habe, stellte er fest:

> Paris war gewohnt sich darauf zu verlassen, daß Quiñones de León sich im Rat als zweite französische Stimme benahm, wenn spanische Interessen nicht direkt berührt wurden. Mit der neuen Republik hatte sich auch das geändert. Sicherlich, das neue Regime war Frankreich gegenüber nicht weniger freundlich gesinnt, es war sogar erheblich freundlicher. Aber aufgrund einer Entscheidung, die eigentlich meine eigene war und für mich so natürlich und instinktiv, daß sie mir kaum bewußt wurde, handelte die spanische Delegation jetzt allein, ohne irgend jemanden zu konsultieren oder sich abzustimmen.[71]

Madariaga war überzeugt, daß er, was die in Genf gemachte Politik betraf, dort nicht nur für, sondern in seiner Person *als* Spanien handelte. Seitens der spanischen Regierung jedenfalls, stellte er in seinen Memoiren fest, sei er kaum an Maßgaben gebunden gewesen, sondern habe in Genf völlig unabhängig die spanische Position entwickeln, vertreten und darüber hinaus auch Vertreter anderer Nationalitäten für sie gewinnen können.[72] Gleiches insinuierte er auch in seiner Darstellung, er habe über diplomatische Winkelzüge praktisch allein und gegen den Willen der USA die Aufnahme Mexikos in den Völkerbund durchgesetzt.[73] Ganz explizit erklärte er gar in der Erinnerung an seine Zeit als spanischer Botschafter in Paris, er habe dort mit seinem Einfluß dafür gesorgt, daß der spanische Präsident mit dem Großkreuz der französischen Ehrenlegion ausgezeichnet wurde. Und nicht nur dafür seien seine Kontakte zu Ministerpräsident Herriot entscheidend gewesen. Mit kaum verhohlenem Stolz berichtete er vielmehr auch, jener habe ihn vor der Bildung seines Kabinetts ernsthaft um Vorschläge zur zukünftigen Außenpolitik Frankreichs ersucht.[74] So hielt sich Madariaga rückblickend in seiner doppelten Funktion als Botschafter und Völkerbundgesandter für den Dreh- und Angelpunkt der Politik beider Länder: „denn ich hoffte, die beiden Republiken in eine engere Verbindung zu bringen, um die internationale Lage Spaniens und die europäische Lage Frankreichs zu konsolidieren".[75]

All dies widerspiegelt eine Gewißheit von der direkten Wirkung des eigenen politischen Handelns, die nicht nur für ihn selbst, sondern auch für andere Intellektuelle typisch war, die im frühen 20. Jahrhundert im Um- und Vorfeld des Politischen tätig

---

71 Madariaga, *Morgen ohne Mittag*, 209f.
72 Vgl. Ebd., 216 und 307.
73 Vgl. Ebd., 210 und 178-180.
74 Vgl. Ebd., 285, 290 und 293.
75 Ebd., 286.

waren, also etwa an der Peripherie des Völkerbundes oder später im Kontext der Europabewegungen. Doch leistete sich Madariaga diese Sicht der Dinge keineswegs grundlos, wenngleich man ihm darüber auch ein ordentliches Maß an Eitelkeit nicht absprechen kann. Eine aus spanischer Feder stammende Analyse der frühen Außenpolitik der spanischen Republik bestätigte in den achtziger Jahren indirekt, aber wie selbstverständlich *(como es sabido)* seine Selbsteinschätzung. Er sei neben Alcalá Zamora, und eigentlich noch wirkungsvoller sogar als dieser, die einzige Kraft gewesen, die die internationale Politik Spaniens ernst nahm und prägte. Schon durch sein kontinuierliches Wirken in Genf habe er die ständigen Fluktuationen in der republikanischen Regierung erfolgreich zu kaschieren und abzufedern vermocht, eine Leistung, die nach seinem Ausscheiden Azaña dann fortgesetzt habe.[76] Auch seine Zeitgenossen und Mitarbeiter im Völkerbund haben Madariaga die für ihn sicher schmeichelhafte Weisungsfreiheit bestätigt.[77] Lord Salter etwa hat in der weitgehenden Unabhängigkeit der Völkerbundvertreter von der Politik der entsendenden Staaten, und damit jeweils deren Gelegenheit zu maßgeblicher Mitbestimmung in außenpolitischen Fragen, zwar eine wesentliche Konstante des politischen Klimas in Genf insgesamt gesehen. Vor allem aufgrund seiner sprachlichen Befähigungen habe dies jedoch für Madariaga in höherem Maße als für irgendjemanden sonst gegolten.[78] Im gleichen Tenor wird der italienische Botschafter Guariglia zitiert, der sich über diesen Umstand sogar wiederholt beim spanischen Premierminister beschwert habe.[79]

Daß Madariaga seine durch Weisungen der spanischen Regierung nicht in Frage gestellte Politik der freien Hand von Genfer Seite her weitgehend ungehindert verfolgen konnte, hatte Gründe, die zum Teil noch in seine erste Karriere beim Völkerbund zurückreichten. So stellte er etwa fest, Drummond habe ihm mit seiner persönlichen Animosität indirekt in zweierlei Hinsicht sogar einen Gefallen getan. Um nämlich seine Berufung zum Direktor umgehen zu können, habe er ihn und seine Abrüstungsabteilung Untergeneralsekretär Bernardo Attolico dienstlich unterstellt, dem gegenüber er (Madariaga) nach eigener Aussage nie glaubte, sich wie

---

76 Vgl. Ismael Saz, La política exterior de la segunda república en el primer bienio (1931-1933). Una valoración, in: Revista de Estudios Internacionales, 6 1985:4, 845; ähnlich Olivié, *La herencia*, 264.
77 Vgl. Frank P. Walters, *A History of the League of Nations*, London / New York / Toronto 1952, 510f.
78 Vgl. Lord Arthur Salter, Madariaga in Geneva, in: Henri Brugmans und Rafael Martínez Nadal (Hrsg.), Liber Amicorum. Salvador de Madariaga, Recueil d'études et de témoignages édité à l'occasion de son quatre-vingtième anniversaire, Brügge 1966, 71.
79 Vgl. Preston, *Quest for Liberty*, 11. Raffaele Guariglia (1889-1970), monarchistischer Politiker und Diplomat, war italienischer Botschafter und von Juli 1943 bis Februar 1944 Außenminister der Regierung unter Pietro Badoglio.

gegenüber einem direkten Vorgesetzten verhalten zu müssen.[80] Zweitens schwebte seine Abteilung aufgrund dieser Zuordnung weitgehend frei innerhalb des institutionellen Gefüges des Völkerbunds. In der Tat mag es ein Motiv Drummonds gewesen sein – Madariaga zumindest spekulierte dahingehend –, mit dem zwischen England und Frankreich hoch kontroversen Abrüstungsthema weder sich selbst (zuständig für politische Fragen) noch den Franzosen Monnet (zuständig für wirtschaftliche und technische Fragen) zu belasten, sondern es in geschickter Alleinstellung einem Spanier zu überlassen, von dem man zuverlässig wußte, daß er Franzosen und Briten gleichermaßen nahe stand.[81]

Madariaga selbst deutete als einen weiteren Grund für seine außergewöhnliche Handlungsfreiheit beim Völkerbund ein gewisses Kontrollvakuum an. Einen spanischen Gesandten etwa habe es in Genf offiziell gar nicht geben können, weil ein solcher im Verständnis der republikanischen Führung nur dem Außenminister entgegengearbeitet hätte.[82] Tatsächlich akzeptierten ihn die Genfer Diplomaten in ihrem Kreis als den Schöpfer der spanischen Außenpolitik vor allem, weil Spanien zu dieser Zeit außer der seinen praktisch keine Außenpolitik hatte. Kein geringerer als Alcalá Zamora, Spaniens Staatsoberhaupt von 1931 bis 1936, bestätigte in seinen Memoiren zum Beispiel die Unfähigkeit von Alejandro Lerroux als Außenminister, über die auch Madariaga in den Erinnerungen an seine Zeit als Botschafter und Gesandter in Genf unverhohlen Auskunft gab. Auch die anderen Außenminister, von denen die Republik in fünf Jahren nicht weniger als zwölf verschliß, haben in dieser Position offenbar nichts bewirken können, das sie jeweils später dazu veranlaßt hätte, dem außenpolitischen Intermezzo in ihren Memoiren nennenswerte Bedeutung beizumessen.[83]

Schließlich beruhte Madariagas herausgehobene Position in Genf maßgeblich auf der seinerseits auch stets gepflegten Unterstützung durch die lateinamerikanischen Staaten, die seit dem Fall der Monarchie Spanien deutlich wohler gesonnen waren.[84]

---

80 Madariaga hatte Attolico bereits 1921 auf der Verkehrskonferenz in Barcelona kennengelernt, bei der jener als Chef der italienischen Delegation aufgetreten war, um später zum italienischen Untergeneralsekretär beim Völkerbund aufzusteigen. In seinen Memoiren zeichnet Madariaga ein auf unverhohlener Antipathie fußendes, wenig vorteilhaftes Physiogramm von Attolico, wozu sicher maßgeblich der Umstand beitrug, daß dieser sich später für den Posten als Mussolinis Botschafter bei Hitler hergab; vgl. Madariaga, *Morgen ohne Mittag*, 38.
81 Vgl. Ebd., 43.
82 Vgl. Ebd., 331.
83 Vgl. Saz, La política exterior, 844-846. Für Madariagas Geringschätzung gegenüber Lerroux vgl. Madariaga, *Morgen ohne Mittag*, 184, 195, 205-208, 221-225 et passim.
84 Auch die lateinamerikanischen Hoffnungen auf ein Pendant zum britischen Commonwealth unter spanischer Führung haben Madariaga im Völkerbund zu einem Gesprächs- und Verhandlungspartner werden lassen, dessen Meinung die lateinamerikanischen Delegierten einiges Gewicht beimaßen; vgl. Preston, Quijote, 188; sowie Ders., *Quest for Liberty*, 9f.

Spanien war im Ersten Weltkrieg neutral geblieben, und in dessen Nachahmung ebenso auch viele der lateinamerikanischen Staaten. Obgleich Spanien außerdem der Einladung zum Völkerbundbeitritt schon 1920 formal gefolgt war, legte umgekehrt das Gros der politischen Elite der Zweiten Republik gegenüber dem Völkerbund noch immer eine deutliche Skepsis an den Tag, deren Wurzel wohl ebenso in der spanischen Neutralität selbst wie im darin einmal mehr manifestierten Band der hispanischen Einheit lag, hinter dem andere übernationale Überlegungen klar in die zweite Reihe traten.[85] Madariaga stach dagegen durch seine fundamental andere Sicht der Dinge ab, schon weil er ein Zusammengehen Spaniens mit den lateinamerikanischen Staaten *gerade in Genf* für wichtig erachtete. Er tat nach eigenem Bekunden denn auch alles für den Beitritt Mexikos, nachdem Argentinien, Chile, Kolumbien, Paraguay und Venezuela als Neutrale dem Völkerbund ebenfalls schon 1920 beigetreten waren. Mexiko vollzog diesen Schritt im Jahre 1931 nach, und Madariaga sagte vor diesem Hintergrund über das eigene Wirken zu Beginn seiner zweiten Genfer Epoche rückblickend:

> Die Zeit war gekommen, um die Ernte aus der guten Saat einzubringen, die ich in Mexiko gelegt hatte, als ich Calles besuchte. Ich war fest entschlossen, Mexiko in den Völkerbund zu bringen, und machte deshalb bei den Chefdelegierten der Ständigen Ratsmitglieder die Runde.[86]

Generell um gute Beziehungen Spaniens (und seiner Person) nach Lateinamerika bemüht, nahm er auch gern die Gelegenheit wahr, den Präsidenten Alessandri (Chile), Benavides (Peru) und Justo (Argentinien, 1932-1938) den spanischen Karls-Orden zu verleihen. Er war für den Sommer 1935 zu einer Vortragsreise in Argentinien eingeladen worden, woraufhin die spanische Regierung die Gelegenheit genutzt habe, dieser ursprünglich privaten Reise so auch eine offizielle Note zu verleihen. Nicht zuletzt dieser Episode wegen verstand er sich gern halb scherzhaft als einen fahrenden Botschafter *(embajador ambulante)*;[87] jedoch ist hinter seinem Schmunzeln auch in diesem Beispiel sehr wohl erkennbar, wie ernst und wichtig er solche eigentlich nur am Rande politischen Ämter und Funktionen stets genommen hat. Immerhin deckte sich dies ein Stück weit auch mit der Fremdwahrnehmung seiner Person; nicht umsonst war auch in der deutschsprachigen Zeitungslandschaft einer

---

85 Vgl. Dietrich Briesemeister, Die Iberische Halbinsel und Europa. Ein kulturhistorischer Rückblick, in: APuZ, B 8 1986, 23.
86 Madariaga, *Morgen ohne Mittag*, 210.
87 Vgl. Ebd., 380-389 bzw. Ders., *Memorias*, 471-484. Der Orden 'Carlos III' ist eine der höchsten in Spanien zu vergebenden Dekorationen. Von König Karl III. ursprünglich als eine militärische Auszeichnung initiiert, wird er seit Mitte des 19. Jahrhunderts auch an Zivilpersonen verliehen, die sich besondere Verdienste um die spanische Nation erworben haben.

der vielen ihm im Laufe der Zeit angehängten Beinamen der vom 'Botschafter ohne Auftrag'.⁸⁸
Neben solch eher symbolischer Politik versuchte Madariaga allerdings auch in handfesten Personalfragen auf eine allmähliche Akzentverschiebung im Völkerbund hinzuwirken, was sich in seinen Memoiren in Form zahlreicher kleiner Anekdoten *en passent* niederschlug, allerdings meist ohne daß dabei sein kausaler Anteil am Ergebnis jeweils konkret nachvollziehbar wäre:

> Juan Antonio sollte später einer der Unterstaatssekretäre werden, als ich, wie noch zu berichten sein wird, die Türen zu solch hohen Posten im Sekretariat auch für die Angehörigen derjenigen Staaten öffnete, die nicht zu den Großmächten zählten.⁸⁹

Madariagas Kalkül war dabei, gegen die politischen Schwergewichte im Völkerbund eine sich vor allem moralisch legitimierende und auftretende Allianz der 'aufrechten Kleinen' (und sich selbst als deren Sprachrohr) zu etablieren, deren künftige Politik sich mit derjenigen Skandinaviens, Hollands und der Schweiz bereits auf erste Konturen würde stützen können und innerhalb derer sich auch Spanien zu verorten hätte.⁹⁰ Ganz in diesem Sinne sprach er 1938 davon, was zähle sei nicht eigentlich die Mitgliedschaft im Völkerbund, sondern der Respekt vor seiner ethischen Basis.⁹¹ Noch immer im gleichen Sinne rekapitulierte er vierzig Jahre später, der Austritt Spaniens aus dem Völkerbund (1939) sei ein kapitaler Fehler gewesen. Spanien habe sich seinerzeit zu diesem Schritt unter dem Hinweis entschieden, ihm werde der Status des ständigen Mitgliedes verweigert, während Deutschland kurz nach dem Ersten Weltkrieg nicht nur als einfaches, sondern als ständiges Mitglied aufgenommen werde, faktisch also als Großmacht. Politisch klüger wäre es in seinen Augen seinerzeit gewesen, sich statt des spröden Beharrens auf einer nominellen Aufwertung eher auf den moralischen Status Spaniens zu verlassen und überdies darauf zu vertrauen, daß man mit den lateinamerikanischen Stimmen ohnehin stets wiedergewählt worden wäre, faktisch mithin eine ständige Mittelmacht hätte sein können.⁹²

POLITIKER DER ZWEITEN REPUBLIK. – Das Ende der zweiten Karriere Madariagas beim Völkerbund wurde bereits vom heraufziehenden Bürgerkrieg überschattet. Er hatte 1935 gegenüber einigen Mitgliedern in einem vertraulichen Memorandum,

---
88   Vgl. Robert Held, Ein Botschafter ohne Auftrag. Der englische Spanier Salvador de Madariaga, in: FAZ, 21-VII-1961; und Viator, Botschafter ohne Auftrag, 4.
89   Madariaga, *Morgen ohne Mittag*, 212; korrekt müßte es 'einer der Unter*general*sekretäre' heißen. Mit 'Juan Antonio' meint er J. A. Buero, einen Diplomaten Uruguays.
90   Vgl. Ebd., 287.
91   Vgl. Ders., *World's Design*, 19f.
92   Vgl. Madariaga, La defensa de España, in: ABC, 7-V-1978.

das jedoch zu Beginn des Folgejahres ungewollt an die Öffentlichkeit gelangte, eine grundlegende Reform des Völkerbundes angeregt. Im gleichen Jahr war – zunächst in spanischer Sprache, ein Jahr später dann auch in englischer und französischer Übersetzung – sein Buch *Anarquía o jerarquía* erschienen, in dem er unter anderem auf der Basis seines Konzeptes von der *unanimous organic democracy* eine Art Verfassung für eine künftige III. Republik Spanien entwarf. Für beides ist er in Spanien von der Presse und den Sozialisten förmlich zerrissen worden, weshalb er sich indigniert und über die Vehemenz der Attacken erschrocken gänzlich aus aller Politik zurückzog.[93]

Schon 1934 hatte er innerhalb weniger Wochen seinen Posten als Botschafter in Paris und auch das für ihn von Beginn an unglückliche Amt des Justizministers aufgegeben. Letzteres war ihm zwar auch übertragen worden, weil er die praktisch einzige Person von Format war, die sowohl für das republikanische als auch das monarchische Lager als Nachfolger politisch tragbar war, vor allem aber, um mit dem heiklen Problem andere (seine) Schultern zu belasten, das die Frage der Begnadigung des Generals Sanjurjo darstellte, und das auch in der zwei Jahre später gegen ihn lancierten ressentimentgeladenen Pressekampagne noch immer eine Rolle spielte.[94] Mit diesem doppelten Rücktritt hatte Madariaga schon ab Mai 1934 in der spanischen Politik keine offiziellen Posten mehr bekleidet.[95] Die nationale Politik hatte ihn erklärtermaßen ohnehin nie gereizt, die Darstellung dieser Zeit in seinen Memoiren fiel denn auch überraschend selbstkritisch aus:

> Ich fühlte mich durch europäische und weltpolitische Fragen angezogen, aber von der Politik im nationalen Rahmen abgestoßen. Dieser Gegensatz ging auf ein Bündel von Gründen zurück, von dem der wichtigste vielleicht darin zu sehen ist, daß ich mich in der weiteren politischen Sphäre kompetent, im engeren Kreise dagegen inkompetent fühlte. Meine kurze Erfahrung in einem Ministeramt hatte jegliche von mir vielleicht gehegten Illusionen oder Einbildungen, die äußere politische Sphäre durch die innere nationale Sphäre beeinflussen zu können, weggeblasen.[96]

Andererseits sah er sich klar zu Größerem und Höherem berufen. Bis zum Ausbruch des spanischen Bürgerkrieges war sein politisches Denken geprägt von einem

---

93 Vgl. Madariaga, *Morgen ohne Mittag*, 448-452.
94 José Sanjurjo war Kopf eines gescheiterten Staatsstreiches am 10. August 1932. Madariaga gab im Amt dem Druck der rechtslastigen CEDA recht unbekümmert und sehr zu seinem eigenen Schaden nach und begnadigte den General, ohne sich der emotionalen Tragweite dieser Entscheidung voll bewußt gewesen zu sein. Die späteren Tiraden von linker Seite gegen seine Person waren jedenfalls nicht so unvorhersehbar, wie er sie mitunter dargestellt hat; vgl. Preston, *Quijote*, 190f.
95 Vgl. Madariaga, *Morgen ohne Mittag*, 379 und 425.
96 Ebd., 425.

2.4 Botschafter, Minister und die zweite Völkerbundkarriere 67

glühenden Internationalismus, der die Verärgerung und Hilflosigkeit ob der Anarchie in der internationalen Politik, die er stets den Nationalstaaten als politisches Versagen anrechnete, immer stärker in dem Wunsch nach umfassender Regulierung aller wesentlichen Politik- und Wirtschaftsbereiche kanalisierte.[97] Zugleich ging er davon aus, den Interessen Spaniens, die ihm wie sonst kaum etwas am Herzen lagen, am besten auf dem internationalen Parkett dienen zu können. Schon vergleichsweise früh war bemerkt worden, daß Madariaga bei all der fast erschlagenden Vielfalt in seinem Werk doch über nichts so viel geschrieben habe wie über Spanien; nur sei er unter Spaniern dennoch der am wenigsten spanische Schriftsteller seiner Zeit, weil er eben nicht mit nur lokalem Fokus, sondern als Europäer schreibe.[98] Daß die Rhetorik solcher Elogen auch bei im Kern gleicher Aussage diametral auseinanderlaufen konnte, zeigt im direkten Kontrast zum eben Gesagten das Bonmot von André Maurois, der Madariaga den spanischsten aller Franzosen, den spanischsten aller Engländer und den spanischsten auch aller Spanier nannte – einen großen Europäer und Weltbürger eben.[99] Tatsächlich hat Madariaga, soviel ist festzuhalten, sein politisches Denken und Handeln stets daran ausgerichtet, die Interessen seines Heimatlandes mit denen der jeweils größtmöglichen ihm überzuordnenden suprastaatlichen Organisation zur Synthese zu bringen – und dafür kam in seiner Sicht vor 1939 nur der Völkerbund und nach 1945 nur Europa in Frage. So stellt Luca de Tena fest:

> Europäismus charakterisierte ihn auch als Spanier, so wie umgekehrt sein Spaniertum die Eigenart seines europäischen Wesens darstellte. [...] Der Rechtfertigung Spaniens in der Welt ordnet sich alles weitere in seinem Werk unter.[100]

Primär in Reaktion auf eine aus seiner Sicht unstandesgemäße Behandlung seiner Person durch Außenminister Augusto Barcía, aber noch immer auch in Konsequenz der oben genannten Pressekampagne, entschloß sich Madariaga nach der Aufgabe seiner Minister- und Botschafterposten am 10. Juli 1936 dann auch zum Rücktritt als Chefdelegierter Spaniens beim Völkerbund, als der er zuletzt nach dem Sieg der Frente Popular im Februar 1936 nochmals bestätigt worden war.[101] Die *New York Times* vom Folgetag zitierte Ausschnitte seiner Pressemitteilung, in der er erneut

---

97 Spätestens mit seinem Buch *Disarmament* hatte sich Madariaga einen Namen als glühender Verfechter einer Weltregierung und einer Weltgemeinschaft gemacht, die ihr Zusammenleben von A bis Z auf das regulative Prinzip von der einen Welt gründen würde; vgl. Preston, *Quest for Liberty*, 6.
98 Vgl. Antonio Aita, Un espíritu europeo. Salvador de Madariaga, in: Nosotros [Buenos Aires], 27 1933:80, 65.
99 Vgl. Río, *Estudios sobre literatura*, 157.
100 Vgl. Guillermo Luca de Tena, Salvador de Madariaga en ABC: Un escritor liberal en un diario liberal, in: Fundación Salvador de Madariaga (Hrsg.), Madariaga: el sentido de la diversidad, o.O. [o.J.], 26.
101 Vgl. Alonso-Alegre, *Pensamiento político*, 64.

auf sein Memorandum aus dem Jahr zuvor sowie darauf hinwies, daß ihm dies in der spanischen Presse fälschlicherweise als ein nicht mit der Regierung abgesprochener Alleingang vorgehalten worden sei. Diesbezüglich stellte er nun klar, er habe Premierminister Casares Quiroga vor der Weitergabe an andere Völkerbunddelegierte seinerzeit fünf Kopien des Memorandums geschickt und deren Erhalt auch bestätigt bekommen. Ebenso habe er den Premier über die Hintergründe der Entstehung des Papiers informiert. Demnach sei er von Vertretern einiger der neutralen Völkerbundmitglieder gebeten worden, auch in ihrem Namen einige der Positionen zu verschriftlichen, mit denen er sich bereits zuvor in Genf hervorgetan hatte.[102]

Neben der Richtigstellung in der Sache ist die in der *New York Times* partiell wiedergegebene Mitteilung aber vor allem als eine Quelle von Bedeutung, die deutlich den Moment des persönlichen Bruchs Madariagas mit der (nicht nur spanischen) Politik erkennen läßt.

> I never served the State before the republic came. [...] I am concluding five years of service that I did not solicit. Without consulting me, the provisional republican government made me Ambassador at Washington in April, 1931, while I was Professor of Spanish Literature at Oxford University. Since April, 1934, I have served continuously as Spain's permanent delegate to the League of Nations. I have served without salary, and now I merely renounce the honor of serving Spain. I only wish to add that my faith in the League is firmer than ever because it is the sole form of international association that can save the world from a catastrophe.[103]

Aus dem doppelten Verweis darauf, ausschließlich zu republikanischen Zeiten aktiv in der spanischen Politik involviert und nach Genf von spanischer Seite stets ohne Gehalt abgeordnet gewesen zu sein, sprach vor allem persönliche Indigniertheit. Auch an die Episode von seiner Überrumpelung durch die Ernennung zum Botschafter konnte er sich erst in viel späteren Reminiszenzen mit einem Schmunzeln erinnern; hier liest sie sich noch wie die Essenz des Topos vom politisierten Intellektuellen, der sich vorgeblich widerstrebend, eigentlich aber weil Eitelkeit und die abstrakten Verlockungen der Macht gegenüber den Bedenken die Oberhand gewannen, doch in die Politik ziehen ließ, dann aber in der dortigen Praxis rasch aufgerieben wurde. Auch rückblickend hat er stets daran festgehalten, nicht mit seinen politischen Idealen gescheitert, sondern (gerade im binnenspanischen Kontext) von den Mechanismen der praktischen Politik in die Knie gezwungen worden zu sein. Bedenkt man die enorme Volatilität der spanischen Politik zu Zeiten der Zweiten

---

102 Vgl. Art. 'Madariaga quits his post at Geneva', in: New York Times, 11-VII-1936.
103 Ebd. In Madariagas Memoiren ist die Pressemitteilung, in spanischer Sprache, vollständig abgedruckt; vgl. Madariaga, *Memorias*, 726f.

Republik, dann darf seine Entscheidung, in Genf statt in Madrid zu wirken, als wohl kalkuliert und absolut folgerichtig gelten.

Dabei zeigen sich bei der Betrachtung seines Engagements in der spanischen die gleichen Muster wie in der internationalen Politik. Als Madariaga nach der Proklamation der Republik seinen Lehrstuhl in Oxford aufgab, wurde er gleich in den ersten Tagen der Zweiten Republik auch Abgeordneter in der spanischen Nationalversammlung. Seines intellektuellen Prestiges wegen in Abwesenheit als Abgeordneter der Organización Regional Gallega Autónoma (ORGA) für La Coruña in die Cortes Constituyentes gewählt, machte er sich mit seinem Widerstand gegen das Verfahren gegen Alfonso XIII. bald auf beiden Seiten des Parlaments Feinde. Typisch für ihn, agierte er zudem in vorderster Reihe jener Kräfte, die in der Ausarbeitung der Verfassung darauf drängten, darin den Verzicht Spaniens auf Krieg als ein Mittel der Politik festzuschreiben. Über das Ticket der von Casares Quiroga geführten ORGA, einer linksliberalen, republikanischen und auf autonome Selbstverwaltung zielenden galicischen Partei, wurde er zugleich vierter Vizepräsident der Cortes Constituyentes von 1931, über deren Abgeordnete er sich später ebenso enttäuscht zeigte wie von der Verfassung, die sie schließlich verabschiedeten. Seine Darstellung läßt aber auch erahnen, wie gering er selbst seine Eignung für und sein Interesse an einer parlamentarischen Karriere veranschlagte; weswegen seine Tätigkeit als Parlamentarier auch rein episodisch blieb.[104]

Die genauen Eckdaten zu der eher ungewöhnlichen Überlappung von parlamentarischem Mandat und Botschafterposten finden sich bei Jesús Riosalido: Von der Ausrufung der Republik am 14. April 1931 erfuhr Madariaga in Mexiko. Auf der gleichen Überseereise wurde er am 1. Mai 1931 bei Ankunft in Havanna offiziell über seine Berufung zum Botschafter in den USA informiert. Am 27. Juni 1931 trat er das Amt an; doch obwohl er es nominell bis zum Ende des Jahres innehatte, übte er die Amtsgeschäfte tatsächlich nur acht Wochen lang aus.[105] Die Wiederaufnahme seiner Arbeit in Genf war für ihn allemal die wichtigere Entwicklung jener Zeit; zumindest stellte er in seinen Memoiren die Bundesversammlung des Völkerbunds im September 1931, bei der er Spanien anstelle von Außenminister Alejandro Lerroux vertreten sollte, als eine höchst willkommene Gelegenheit dar, den ungeliebten Posten in Washington wieder aufzugeben.[106]

---

104 Vgl. Preston, *Quest for Liberty*, 12 und González Cuevas, Madariaga. Pensador político, 160f.; sowie Madariaga, *Memorias*, 262 und Ders., *España*, 331f.
105 Vgl. *Riosalido1986*, 91. Analog: Fernández Santander, *Madariaga, Ciudadano del mundo*, 69-72, sowie Madariagas eigene Darstellung: Salvador de Madariaga, Lost: An Ambassador, in: The North American Review (New Series), 1 1964:1, 54.
106 Vgl. Ders., *Morgen ohne Mittag*, 195, 201 und 204f.

Aber wie war er überhaupt Botschafter geworden? Madariaga war durchaus über die aus der Not geborene Praxis der jungen spanischen Republik im Bilde, statt der wegen ihrer monarchistischen Vorbelastung oft als untragbar empfundenen Berufsdiplomaten bevorzugt politische Intellektuelle ohne diesen Makel als ihre Botschafter zu berufen, denn abgesehen von jenen seien die Literaten als Kenner fremder Sprachen und Kulturen weitgehend konkurrenzlos gewesen, ja selbst unter ihnen sei die Auswahl vergleichsweise übersichtlich geblieben.[107] Doch obgleich Madariaga Kenntnis davon hatte, daß nach Ausrufung der Republik auch er gelegentlich als ein möglicher Botschafter ins Spiel gebracht worden war, schenkte er dem zunächst kaum Beachtung, hatte er sich doch trotz seiner Kritik an der Monarchie auch nie als prononciert republikanisch betrachtet.[108]

So darf man denn wohl, trotz des Filters der Selbstdarstellung im Rückblick über mehrere Jahrzehnte, seiner Überraschung darüber Glauben schenken, daß er sich während seiner Amerikareise 1930/31 gänzlich unverhofft mit seiner Ernennung zum spanischen Botschafter in Washington konfrontiert sah. Seiner amerikanischen Leserschaft hat er diese Episode im Rückblick über dreieinhalb Jahrzehnte eigens vermittels eines autobiographischen Artikels nahebringen wollen – noch etwas detaillierter als sie weitere zehn Jahre später dann auch in seinen Memoiren auftauchte. Demnach sei er kurz vor Weihnachten 1930 in New York eingetroffen, wo er, im Austausch mit dem für diese Zeit nach Oxford wechselnden Federico de Onís, der einst zu den Gründungsmitgliedern der *Liga* Ortegas gehört hatte und nun den Lehrstuhl für spanische Literatur an der Columbia University innehatte, drei Monate lang Vorlesungen an der Columbia Universität hielt. Ende März führte ihn seine Vortragsreise weiter nach Mexiko, dort erfuhr er vom Erdrutschsieg der Republikaner in Spanien, von der Ausrufung der Republik und der Flucht des Königs ins Exil. Schon am Folgetag habe der mexikanische Außenminister ihn einen Artikel über die Ereignisse gegenlesen lassen, der einen weiteren Tag später in der mexikanischen Presse erscheinen sollte. Auf der Fortsetzung seiner Reise nach Havanna habe ihn schließlich noch vor Verlassen des Schiffes die Mitteilung von seiner Ernennung erreicht. Madariaga war offenbar nicht wenig verärgert über den Mangel an Stil auf spanischer Seite, die sich zuvor nicht mit ihm ins Benehmen gesetzt habe. Zurück in Madrid, habe er sich demonstrativ nicht zuerst bei Außenminister Lerroux gemeldet – den er bis dato nie

---

107 Vgl. Madariaga, *Morgen ohne Mittag*, 181-184.
108 Preston merkt an, die Zuordnung Madariagas ins republikanische Lager habe auf einem irrigen Ausschlußverfahren beruht. Zum einen hatte Madariaga in der Tat stets wenig Sympathie für den spanischen Monarchen erkennen lassen, zum anderen war er rasch mit der durch die Primo-Diktatur etablierten Zensur in Konflikt geraten. Naheliegend sei der Gedanke mithin schon gewesen; vgl. Preston, *Quijote*, 184.

2.4 Botschafter, Minister und die zweite Völkerbundkarriere

getroffen hatte –, sondern bei seinem alten Vertrauten Fernando de los Ríos, der damals Justizminister war und ihm später als US-Botschafter nachfolgen sollte.[109]

Anders sah es drei Jahre später aus, als er sich, nachdem er dem Kabinett Lerroux schon einige Zeit als Botschafter in Paris gedient hatte, offenbar Chancen auf das Amt des Außenministers ausrechnete.[110] Ministerpräsident Azaña aber hielt ihn, wegen seiner schon in Genf hinreichend manifest gewordenen Neigung, Spanien auf dem internationalen Parkett mit einem Gewicht einzubringen, gegen das die tatsächlichen politischen und vor allem militärischen Kapazitäten des Landes deutlich abfallen mußten, an dieser Stelle für ungeeignet. Umgekehrt sah auch Madariaga selbst rückblickend in der Unfähigkeit der spanischen Regierung, seiner Politik zu folgen (durchaus in diesem Duktus) den eigentlichen Grund dafür, ihm dieses Amt zu verweigern. Azaña bot ihm statt des Außenressorts das der Finanzen an, was er mit Groll und der Begründung ablehnte, sich für dieses Amt nicht qualifiziert zu fühlen.[111]

Schließlich wurde er Erziehungsminister in der Regierung Lerroux – und nutzte damit erst die dritte Gelegenheit, den Botschafterposten in Paris aufzugeben, von dem er zugunsten einer dann unabgelenkten Tätigkeit in Genf schon mehrfach hatte abdanken wollen.[112] Durch sein übertrieben idealistisches Aufbegehren gegen die eingefahrenen Strukturen in den internen Abläufen des Ministeriums, sowie durch eine erhebliche Überschätzung des Einflusses, den er vermittels dieses Amtes unmittelbar auf das Bildungssystem würde ausüben können, eckte er dort allerdings so gründlich an, daß er das Amt schon nach fünf Wochen wieder abgab.[113] Er selbst hielt später die Entscheidung, dieses Amt überhaupt angetreten und dafür Paris und Genf den Rücken gekehrt zu haben, für einen der größten Fehler seines Lebens. Implizit gestand er sich sogar ein, im Amt versagt zu haben.[114] Dieses Urteil wird indirekt unterstützt von Corpus Barga, der in seinem Beitrag zum Madariaga-Gedenkband

---

109 Vgl. Madariaga, Lost.
110 Vgl. Ders., *Morgen ohne Mittag*, 331f.
111 Vgl. Preston, *Quest for Liberty*, 12; sowie Ders., Quijote, 190. Für eine Darstellung aus Madariagas Feder vgl. Madariaga, *Morgen ohne Mittag*, 216-219, 250, 288f. Für die Perspektive Azañas, der gerade für die Genfer Zeit eine Kontrastposition zu derjenigen Madariagas bezog; vgl. Saz, La política exterior. Saz betont zum Beispiel Azañas Skeptizismus ob des tatsächlichen Gewichts Spaniens in der internationalen Politik und, damit eng zusammenhängend, die Sorge wegen Madariagas Quijotismus und Intellektualismus. In Azañas Sicht der Dinge habe Madariaga demnach vergessen, daß er in Genf Spanien und nicht sich selbst repräsentiere.
112 Vgl. Madariaga, *Morgen ohne Mittag*, 324; sowie Alonso-Alegre, *Pensamiento político*, 59.
113 Vgl. Fernández Santander, *Madariaga, Ciudadano del mundo*, 83; sowie Caminals Gost, *Madariaga*, 22.
114 Vgl. Madariaga, *Memorias*, 406.

beiläufig berichtet, sogar Fernando de los Ríos, ein enger Freund Madariagas, habe sich über ihn als Erziehungsminister den Bart gerauft.[115]

2.5 Die großen Kriege

Den Ausbruch des Bürgerkrieges erlebte Madariaga, ganze acht Tage nach seinem Rückzug vom Völkerbund, als Privatmann auf seinem Landhaus in Toledo. Weil er unter diesen Gegebenheiten weder kurz- noch mittelfristig eine Möglichkeit für sich sah, die Katastrophe noch abzuwenden oder auch nur zu lindern, vor allem aber weil er durch seine in den letzten Monaten vor Kriegsausbruch erschienenen Artikel in der Zeitschrift *Ahora* für beide Seiten des Konflikts zur *persona non grata* geworden war, entschloß er sich Ende Juli zur Flucht ins Exil, deren Verlauf er in drastischen Farben schilderte.[116]

Damit brach auch werkgeschichtlich ein neuer Abschnitt seiner Vita an, der allerdings im Gesamtzusammenhang dieser Arbeit bis 1945 nur am Rande Erwähnung zu finden braucht. Immerhin hat er die durch den Nationalsozialismus geprägten Jahre explizit als nicht mehr denn ein weltgeschichtliches Intermezzo wahrgenommen. Trotz seiner kolossalen Ausmaße war der Krieg Hitlers für ihn immer 'nur' ein weltgeschichtlicher Einschub, durch den die in seinen Augen viel grundlegendere bipolare Auseinandersetzung nur vorübergehend in einen tripolaren Konflikt verwandelt worden war:

> And to begin with, the war, at any rate on the political plane, was fought not between two but between three sides. It was a triangular war. Hitler's cynical attack on Russia flattened out the triangle and drew together Russia and the west into a close alliance. But the Russo-Polish and the Russo-Finnish wars of 1939 and 1940 showed that, though later the ally – and a loyal and heroic ally – of the west, Russia pursues her own policy, as indeed, in the absense of something better, she has every right to do.[117]

---

115 Vgl. Corpus Barga, Los tes de Madariaga, in: César Antonio Molina (Hrsg.), Salvador de Madariaga (1886-1986). Libro homenaje, La Coruña 1986, 469.
116 Er habe der Regierung noch telefonisch seine Unterstützung angeboten. Weil diese jedoch nicht in Anspruch genommen worden sei, habe er unter Verweis auf seine Verpflichtungen bei der World Foundation Begleitschutz zum Verlassen des Landes erbeten und auch erhalten. Kurz zuvor sei er in Villaverde nur knapp der Erschießung durch eine kommunistische Patrouille entgangen, die ihn zunächst mit Dimas de Madariaga verwechselte, einem Abgeordneten der rechten CEDA für die Provinz Toledo also, der kurz darauf tatsächlich ermordet wurde; vgl. Fernández Santander, *Madariaga, Ciudadano del mundo*, 103f., ebenso González Cuevas, Madariaga. Pensador político, 170. Beide beziehen sich offensichtlich auf die Darstellung aus Madariagas eigener Feder; vgl. Madariaga, *Morgen ohne Mittag*, 454-457.
117 Ders., *Victors, beware*, 11.

Faschismus und Nationalsozialismus hätten als weitgehend sinnfreie Zusammenstellung verschiedenster Ideologeme zur Weltanschauung gar nicht getaugt, und die sie jeweils propagierenden Akteure sich in unerhörter weltgeschichtlicher Anmaßung um ein Vielfaches überhoben. Der eigentliche Konflikt jedoch, der 1917 seinen Anfang genommen habe, setze sich nun, nach der Unterbrechung von 1939 (bzw. 1936) bis 1945, erneut fort. Diese in weltgeschichtlicher Perspektive auf problematische Weise relativierende Sicht Madariagas auf den Nationalsozialismus trifft man in seinem Werk verschiedentlich an. Es handelt sich dabei ganz offenbar nicht um gegenüber dem übrigen Werk isolierte Meinungsbausteine, und allem Anschein nach hat er das Provokante daran selbst gar nicht wahrgenommen. Im Kontext der deutschen Vergangenheitsbewältigung sprach er etwa davon, im internationalen Vergleich habe Hitler-Deutschland „[e]hrlich gesprochen [...] mehr in der Wahl seiner Mittel als in seinen Grundkonzeptionen gefehlt".[118] Dieses latente Wohlwollen gegenüber dem (rechten) Totalitarismus hat sich über den Weltkrieg hinaus gehalten, nachdem es zuvor in engem Zusammenhang mit Madariagas selbst nicht ganz unproblematischem Konzept von der organischen Demokratie gestanden hatte. In diesem Kontext hatte er Mitte der dreißiger Jahre geschrieben: „The methods which the dictators of our age have applied to set up the totalitarian State prevent many open minds from realizing the positive element contained in the idea itself."[119] Dahinter stand die Auffassung, auf organischem Wege müsse von oben her in der Strukturierung der Gesellschaft das geleistet werden, wozu die vermassende Demokratie von unten her gerade nicht in der Lage sei. Dabei kann man nicht einmal zu der Entschuldigung greifen, Madariaga habe zu diesem Zeitpunkt die Natur des Totalitarismus noch nicht angemessen abzuschätzen vermocht. In der Tat hat er nur zwei Jahre später *en passant* eine sogar ziemlich hellsichtige Beschreibung abgegeben:

> If war, then, has not broken out, the credit is not due to the warlike governments [of Hitler and Mussolini]. It is due to the fact that these governments know what war is and what it means [...] The world may drag along, with intervals of so-called peace; while a mental war, even more devastating than armed war, manifests itself in the financial, economic and propaganda fields, keeping the peoples of the world fretful, uneasy, fearful, incapable of devoting their energies to the quiet pursuits of productive life.[120]

Indem sich Madariaga mit dem Beginn seines Exils auf die kritische Kommentierung des spanischen Bürgerkrieges und des Zweiten Weltkrieges per Radio verlegte,

---

118 Madariaga, Deutschland an einem Scheidewege, in: NZZ, 4-IX-1954.
119 Madariaga, *Anarchy or Hierarchy*, 148.
120 Madariaga, For World Government, in: The Christian Science Monitor, 12-V-1937.

folgte sein politiktheoretisches Schaffen dem Bruch in der Vita und im (propagandistischen) Tagesgeschäft zunächst nicht nach. Minutiös läßt sich beobachten, wie er schon mit dem Heraufziehen des spanischen Bürgerkrieges den Ton seiner politikdidaktisch an beide Konfliktparteien gerichteten Artikel noch solange und in dem Maße immer weiter verschärfte, je gefährlicher sich die Lage zuspitzte – um dann aber im Moment des Kriegsausbruchs erst einmal völlig zu verstummen. Ganz zufällig war das nicht, aber die Wirren des beginnenden Exils genügen nicht zur Erklärung dieses vorübergehenden Schweigens. Immerhin fand er während des Bürgerkrieges ausreichend Zeit, innerhalb einer Gruppe Intellektueller zu wirken, die in Paris die Monatsschrift *La Paix Civile* und das *Comité Español por la Paz Civil* gründeten, dem er zudem als Ehrenpräsident vorsaß.[121] Dieses Komitee richtete sich mit seinem Handeln an die Regierungen Frankreichs und Englands, vor allem aber an die Weltöffentlichkeit – schon hier also versuchte Madariaga, auch vom Ausland her primär durch Publizität in die spanische Politik einzugreifen, und bis fast an sein Lebensende hat er im so geführten Kampf gegen Franco die eigene Bestimmung gesehen. Im übrigen glaubte er sich auch darin, neben allem anderen, dem Charakter seiner Heimat verpflichtet, war er doch überzeugt, daß die typische Volksnähe, die er 'dem Spanier' stets generisch attestierte, auch im Exil erhalten bleibe. Wie niemand sonst, so seine These, suche der Spanier im Exil instinktiv den Kontakt zu einer breiten Öffentlichkeit – und damit war zumindest an dieser Stelle auch für ihn als Intellektuellen einmal die Öffentlichkeit des gemeinen Mannes gemeint.[122]

Der Grund für Madariagas Verstummen scheint also vielmehr darin zu liegen, daß sich sein Begriff von Politik so unbedingt am Frieden orientierte, daß er mit dem Kriegszustand weder analytisch etwas anzufangen, noch unter diesen Bedingungen wie gewohnt normativ zu argumentieren vermochte. Hatte er über den Ersten Weltkrieg als Spanier und Ingenieur noch weitgehend unbeteiligt und mit streng technischem Blick auf die Ereignisse berichtet, war ihm diese (unpolitische) Detachiertheit in den späten dreißiger und frühen vierziger Jahren nicht mehr möglich, erst recht nicht mit Franco und Hitler vor Augen. Im nachhinein gelangte er zu der These, Hitler habe die zuvor praktizierte Weltpolitik aus den Angeln gehoben und den sie eigentlich bestimmenden Konflikt zwischen der kommunistischen und der 'freien' Welt vollkommen suspendiert, wenn auch nur für die begrenzte Dauer, die seinem Agieren beschieden war. Solange der Krieg aber andauerte, war sein politisches Denken erheblich kurzkettiger, apodiktischer, aufgeregter als zuvor. Seine politischen Kom-

---

121 Vgl. Alfredo Mendizábal, Una actuación mal conocida, in: César Antonio Molina (Hrsg.), Salvador de Madariaga (1886-1986). Libro homenaje, La Coruña 1986, 114-116.
122 Vgl. Madariaga, Merry del Val, 39; von dort stammt das Zitat; sowie Ders., Menéndez Pidal, in: Españoles de mi tiempo, Barcelona 1974, 82.

mentare aus dieser Zeit wirken im Detail oft beliebig, weil seine grundsätzlichen Überzeugungen nur noch den rhetorischen Aufhänger für ein je im Zusammenhang mit dem Tagesgeschehen gerade gebrauchtes Argument abgaben und entsprechend auch gegensätzlicher Auslegung fähig waren. Neue Gedanken hat Madariaga in dieser Zeit nicht entwickelt. Vielmehr scheint er sich, jenseits der Hektik seiner tagesunmittelbaren Kommentare über das Radio, im Grundsätzlichen bewußt eine Denkpause verordnet zu haben, die er erst nach Kriegsende wieder beendete. Tatsächlich legte er während der Kriege Francos und Hitlers, mit Ausnahme weniger Artikel und seines noch in die unmittelbare Vorkriegszeit zurückreichenden *The World's Design* (1938), keine politischen Schriften auf. Dafür entstanden in dieser Zeit seine monumentalen historiographischen Werke und die halbfiktiven Esquiveles-Romane. Zugunsten dieser und seiner zahllosen Radioansprachen ist er als politischer Essayist im Krieg vorübergehend fast vollständig verstummt.[123]

Fast möchte man ihm dafür Realitätsflucht unterstellen. Immerhin hat er seinen *Columbus*, ebenso wie den *Cortés*, den *Bolívar* und die zweibändige Geschichte des Kontinents *(The Rise and Fall of the Spanish American Empire)* alle selbst sowohl in der englischen als auch der spanischen Fassung geschrieben statt Übersetzungen anfertigen zu lassen;[124] für Publikationen jenseits seines historiographischen Großprojektes scheint er seinerzeit also keine besondere Eile empfunden zu haben. Die Analyse dieser Schriften ist allerdings nicht Gegenstand dieser Arbeit. Unter der Prämisse engerer Politikrelevanz können sie ausgeblendet bleiben, so wie sich die Epoche ihrer Entstehung insgesamt als eine Art *black box* in Madariagas politischem Denken behandelt werden kann, ohne damit Wesentliches auszublenden. Zwar muß unbedingt festgehalten werden, daß seine Überzeugungen in Bezug auf das Wohl und Wehe in der Weltpolitik bei bzw. kurz nach der Wiederaufnahme seiner publizistischen Tätigkeit nach dem Weltkrieg einen durchgreifenden Wandel erfahren hatten; diesbezüglich sind seine Wertungen relativ zur Zäsur des Zweiten Weltkrieges klar in ein Davor und ein Danach geschieden. Als er mit den Beiträgen zu seiner Anthologie *Victors, Beware!* (1946) dann wieder publizistisch in Erscheinung trat, tat er dies jedoch mit einem Impetus, der scheinbar vergessen machen sollte, daß es diese Schaffenspause je gegeben habe. Schon mit diesem Werk blickte er eher am Schatten des Krieges vorbei als darüber hinaus in die Gefahren der Zukunft, hielt er doch seit jeher den Kommunismus auf lange Sicht für erheblich gefährlicher als den Nationalsozialismus. Neben der selbstverständlichen Verurteilung fand eine eingehende Analyse des Zurückliegenden bei ihm denn auch gar nicht statt. Wie vor

---

[123] Vgl. Eduardo García de Enterría, Madariaga y los derechos humanos, in: La Correspondencia [Revista de la Fundación Salvador de Madariaga], 2 1998:2, 18f.
[124] Vgl. McInerney, *Novels of Madariaga*, 11.

dem großen Krieg erweckte sein schriftliches Œuvre auch jetzt wieder den Eindruck höchster Kontinuität – abgesehen allenfalls von einem jetzt stärker auf tagesaktuelle Entwicklungen der Weltpolitik reagierenden Oszillieren im Detail. Nur hatte sich, auch wenn er fortwährend an der Kaschierung dieses Faktums arbeitete, das Muster seiner basalen weltpolitischen Zielvorstellungen grundlegend verschoben – und die wichtigste dieser Verschiebungen war seine Hinwendung zu Europa. Entscheidend dafür waren aber nicht so sehr die Kriegsjahre selbst, sondern viel eher die veränderten Rahmenbedingungen der internationalen Politik, die der Krieg zwar als historisches Großereignis bewirkt hatte, wofür seine zeitliche Ausdehnung aber letztlich keine besondere Rolle spielte. Es war der für ihn gegenwärtige Kalte Krieg, nicht der vergangene Krieg Hitlers, der Madariaga hier die Feder führte.

Doch hatte Madariaga diese Ohnmacht vor dem Krieg schon Ende der dreißiger Jahre explizit reflektiert, also noch bevor er selbst spürbar von den Auswirkungen des großen Krieges betroffen war. Stellvertretend für die Geltung des Völkerrechts insgesamt hatte er erläutert, die Völkerbundsatzung könne zwar als ein probates Mittel in Friedenszeiten gelten, mit Ausbruch eines Krieges und der sich damit grundlegend ändernden Dynamik aller Politik aber verliere sie jegliche ihr zuvor eignende Qualität als ein Instrument, mit dem sich politische Ordnung stiften lasse. Wenn die Geschichte der internationalen Beziehungen eines gezeigt habe, dann daß sich Kriege nicht durch Verträge oder die Androhung von Gegenmaßnahmen internationaler Organisationen verhindern lassen. Zum einen, so sein Zugeständnis an die Vertreter der realistischen Theorie der internationalen Politik, wäge jede der vertraglich in die Organisation eingebundenen Nationen abseits der Vertragspflichten eben doch zuallererst im nationalen Eigeninteresse und auf Basis ihrer eigenen Perspektive gegenüber der jeweiligen Krise über die eigene aktive Beteiligung an Gegenmaßnahmen ab. Zum anderen sei die Völkerbundsatzung, wie alle vergleichbaren völkerrechtlichen Abkommen, naturgemäß ein präventives Werkzeug. Sie gelte nur vor dem tatsächlichen Ausbruch von Gewalt. Sei es erst einmal zum Krieg gekommen, tauge sie nichts mehr. Madariaga hatte schon, nachdem Italien mit seinem Austritt dem Beispiel Deutschlands und Japans gefolgt war, den Niedergang des Völkerbunds mit dem Argument begleitet, der Versuch, kollektive Sicherheit mit dem Instrument der Sanktion zu sichern, sei logisch inkonsistent: Um tatsächlich wirksam zu sein, müßte dies die Möglichkeit von Krieg als *ultima ratio* mit einschließen. Im Kriegsfall aber herrsche nicht länger die Handlungslogik der Völkerbundakte, sondern die des Krieges; und Krieg sei niemals kooperativ und von daher prinzipiell nicht in der Lage, Frieden herzustellen. Dies hat er kurz vor Ausbruch des Zweiten Weltkrieges so gesehen, als er entlang dieser Überzeugung eine Kooperation mit der kommunistischen Sowjetunion ablehnte, und sei sie nur als ein strategisches Gegengewicht zum Faschismus intendiert;[125] und ein gutes Jahrzehnt nach Kriegsende hat er es ebenso wiederholt:

> For the weakest element in the chain of arguments behind the theory of prevention of war by repelling aggression is that the peace-time international system or constellation lapses when war begins, and a war-time system takes its place. Experience shows that international relations are a network of attractions, repulsions, connections of dependency or domination, public and private interests, bondages, strategic and economic considerations and legal and diplomatic ties forming a kind of kaleidoscope whose pattern changes completely when peace vanishes and war begins. The Pact or Charter is but a part of this network, one of the elements of its legal-diplomatic form. When the general atmosphere veers towards war, the real forces which rule international relations change; the form remains rigid. The forces tear it. If these forces work against war, the aggression remains unpunished (as in the Japanese aggression against China, Mussolini's against Abyssinia, Hitler's against Czechoslovakia). If these forces work for war, the aggression is 'punished' (Hitler in the case of Poland; Korea). But in none of these cases did the Pact or Charter work as it was meant to work by those who had drafted the document and according to the theory of prevention of war now prevailing.[126]

Madariagas Schlußfolgerung war nun aber keineswegs die Abkehr von der idealistischen Lesart der internationalen Politik, sondern vielmehr ihre Verschärfung. Er schlug vor, die Versuche der Kriegsvermeidung endlich vom obsessiv verwendeten Begriff der Aggression abzukoppeln, denn allzu oft sei bereits die Suche nach dem wahren Aggressor zur vergeblichen Jagd nach dem Phantom einer perspektivisch schillernden Wahrheit verkommen, mit all den bekannten lähmenden Effekten. Zum anderen sei die tatsächliche Aggression ohnehin immer nur der letzte Schritt in einer Kette, zu deren Eskalation es eigentlich gar nicht erst kommen dürfe. Wirkliche Prävention beginne daher mit der Einsicht: „The world must be governed." Übersetzt in ein konkretes Szenario sollte das heißen, es gelte eine Welt zu schaffen, die, in kontinentale Gruppen geteilt, subsidiär-föderal engmaschig genug organisiert sein müßte, damit aus Konflikten keine Kriege werden, aus Problemen keine Konflikte, usw. So wäre seinerzeit Trumans Forderung nach einer Internationalisierung aller

---

125 Vgl. Madariaga, *World's Design*, 177f.
126 Madariaga, The World must be governed, in: Thought, 8-IX-1956. Ganz ähnlich in der Formulierung bereits vor Ausbruch des Weltkrieges: „War follows its own laws. On the day war is seen at the horizon, masks fall and words end and deeds begin. Who can say now, in time of peace, whether on that day there will be 'fascist' Powers, in an indiscriminate plural; whether the Berlin-Rome axis will hold or snap; whether Italy will not come back where she belongs? All alignments for war time made in peace time are futile unless they are in implicit agreement with the laws of the particular war which breaks out." Ebd., 212f.

Wasserstraßen noch erheblich leichter umsetzbar gewesen als nun eine entsprechende Politik gegen Nasser.[127]

2.6 Exil und Antifranquismus

Madariaga lernte Franco 1935 flüchtig kennen.[128] Dazu angeregt durch seinen engen Vertrauten und ehemaligen Unterstaatsminister im Erziehungsministerium, Ramón Prieto Bances, bemühte er sich um ein Zusammentreffen mit dem General und beschrieb in seinen Memoiren von 1955 den Eindruck, den er im Gespräch von ihm gewonnen hatte, als den eines ambitionierten und politisch vielversprechenden, vor allem aber als den eines angenehmen und im Vergleich zu den bald darauf sichtbar gewordenen Entwicklungen völlig unauffälligen Mannes:

> Im Oktober trafen wir uns im Hotel Nacional und blieben für zwei oder drei Stunden zusammen. Franco sprach weniger, als es der gewöhnliche Spanier unter ähnlichen Umständen getan hätte, obwohl er keineswegs einen verschlossenen oder hochnäsigen Eindruck machte. Mir fiel sein eher genauer und treffender als verblüffender oder origineller Geist und seine offensichtlich aufrichtige, aber niemals selbstprahlerische politische Gesinnung auf. Ich konnte damals weder jenen grausamen Zug in seinem Charakter noch jene kleinbürgerliche Lust am Eigentum beobachten, die er später entweder deutlich werden ließ oder entwickeln sollte.[129]

Die anfängliche Sympathie ging soweit, daß er Franco sein Buch *Anarquía o herarquía* zukommen ließ, mit dem er sein Konzept der organischen Demokratie gedanklich abgeschlossen und das er zu diesem Zeitpunkt gerade veröffentlicht hatte. Die Grundaussage des Buches ist eine doppelte, und vermutlich hat sich Madariagas Unterhaltung mit Franco genau darum gedreht: Zum einen erklärte er die Freiheit zur Essenz allen (liberalen) politischen Denkens; die Demokratie sei daneben nur ein Kanon praktischer Regeln, der sowohl gemäß der äußeren politischen Rahmenbedingungen als auch orientiert an den durch den Nationalcharakter determinierten psychosozialen Bedürfnissen eines bestimmten Volkes revidiert und angepaßt werden könne und müsse. Vor allem hielt er für die romanischen Völker im Süden Europas

---

127 Vgl. Madariaga, The World must be governed, in: Thought, 8-IX-1956.
128 Vgl. Fernández Santander, *Madariaga, Ciudadano del mundo*, 93. Franco erwähnt im losen Zusammenhang mit seinem Besuch beim Staatsbegräbnis für George V. von England (1936) *en passent* ein weiteres Zusammentreffen mit Madariaga, allerdings ohne es genauer zu datieren. Francos lapidarer Kommentar: „Wir aßen sehr gut auf dem Empfang, den uns Salvador de Madariaga in Paris bereitete"; Manuel Vázquez Montalbán, *Autobiografía del general Franco*, Barcelona 1993, 216f.
129 Madariaga, *Morgen ohne Mittag*, 426f.

2.6 Exil und Antifranquismus

das allgemeine Wahlrecht für ungeeignet, ja für gefährlich. Statt dessen entwickelte er eine organische und stark korporativ anmutende Theorie der Repräsentation.[130] Beides sind gedankliche Bausteine, die verschieden variiert bis an sein Lebensende immer wieder auftauchten, und Madariaga gab sich in der Rückschau stets davon überzeugt, mit diesen Gedanken ungewollt Francos Propagandisten entscheidende Impulse gegeben zu haben.[131] Immerhin war sein Buch in den Wirren am Vorabend des Bürgerkrieges mit dem Anspruch angetreten, eine Art Verfassungsprogramm für ein in politischem wie sozialem Frieden geeintes Spanien abzugeben, in der spanischen Erstauflage war es noch mit dem Untertitel „Ideario para la constitución de la Tercera República española" erschienen.[132] Franco hatte er es, in Verkennung von Natur und späteren Ambitionen des aufstrebenden Generals, ausdrücklich als solches zur praktischen Umsetzung anempfohlen.[133] So zahlreich wie in der Wertung unterschiedlich sind daher in der Literatur die Hinweise auf die vermeintliche Nähe Madariagas zu Franco bzw. umgekehrt auf dessen Versuch, Madariaga der Falange als einen ihrer geistigen Gewährsmänner einzuverleiben.

Zur ersten Frage zitiert Alonso-Alegre unter anderem Ricardo de la Cierva und Gonzalo Fernández de la Mora mit der These, der Begiff der organischen Demokratie sei eine originäre Schöpfung Madariagas; sie selbst allerdings belegt dessen Verwendung bereits bei Unamuno und Fernando de los Ríos. Letzterer habe zudem darauf hingewiesen, daß der Begriff zumindest bis auf den deutschen Idealismus zurückgehe und von dort allgemein auf die Krausisten (und später ähnlich auch auf

---

[130] Alonso-Alegre hat Recht, wenn sie im Konzept der organischen Demokratie einen Kompromiß sieht, mit dem Madariaga seine Gegnerschaft zum allgemeinen Wahlrecht mit seinem Amt als Minister der Republik in Einklang zu bringen versuchte; vgl. Alonso-Alegre, *Pensamiento político*, 232. Gleichwohl ging sein Modell gedanklich auf den frühen Maeztu zurück und war mithin schon älter. Vermutlich war es das, was Madariaga mit dem Fermentationsprozeß meinte, den dieses Konzept in seinem Denken durchgemacht habe; vgl. Madariaga, *Morgen ohne Mittag*, 426f.

[131] Vgl. Ebd., 427. González Cuevas weist darauf hin, daß Eugenio Vegas Latapié und Francisco Morena y Herrera, beides Vertreter der sehr weit rechts stehenden *Acción Española*, explizit ihre geistige Nähe zu Madariaga betont hätten; vgl. González Cuevas, Madariaga. Pensador político, 168. Alonso-Alegre verweist auf einen Neffen Francos, der sich in seinen (veröffentlichten) Gesprächen mit dem Onkel daran erinnert, jener habe ihm gegenüber explizit kritisch über Madariaga gesprochen und in Erwiderung auf die von ihm vorgebrachte Kritik an seiner 'Einmannherrschaft' behauptet, Spanien sei bereits eine *democracia orgánica*, auch wenn seine Feinde sich dies nicht würden eingestehen wollen; vgl. Alonso-Alegre, *Pensamiento político*, 197. Ricardo de la Cierva, der offizielle Biograph Francos, stellt in seiner Geschichte Spaniens fest, Franco habe Madariagas *Anarquía o jerarquía* interessiert gelesen und für sich kommentiert; vgl. Ricardo de la Cierva, *Historia total de España. Del hombre de Altamira al rey Juan Carlos. Lecciones amenas de historia profunda*, Toledo 1999, 912.

[132] Vgl. Bernhard Schmidt, *Spanien im Urteil spanischer Autoren. Kritische Untersuchungen zum sogenannten Spanienproblem (1609-1936)*, Berlin 1975, 272.

[133] Vgl. Madariaga, *Morgen ohne Mittag*, 426f. Analog Preston, *Quest for Liberty*, 14 und 18f.

einige britische Sozialisten) durchgeschlagen habe.[134] Analog arbeitete Elías Díaz, der als Jurist den Lehrstuhl für Rechtsphilosophie an der Universidad Autónoma de Madrid innehatte und sich in den sechziger Jahren im sozialistischen Widerstand gegen Franco engagierte, mit der These einer eher zufälligen Überlappung. So habe sich einerseits das franquistische Regime ausdrücklich selbst als eine *organische Demokratie* apostrophiert, andererseits sei auch die gesamte kraussistische Philosophie stark von organizistischem Denken durchdrungen gewesen. Díaz vermeidet es aber ausdrücklich, aus dieser spezifischen Nähe ein Kausalverhältnis zwischen dem politischen Denken des Krausismus und dem der Falange bzw. des Franquismus abzuleiten. Vielmehr schließt er die Diagnose an, im spanischen Kontext sei organisches keineswegs unvereinbar mit genuin liberalem Denken; und er hebt Madariaga in diesem Zusammenhang (mit seinem *De l'Angoisse à la liberté* und dem dort weiter entwickelten Konzept von der organischen Demokratie) sogar gesondert als einen der liberalen Organizisten heraus, um im nächsten Schritt festzustellen, wie überraschend es sei, daß das Francoregime die partielle Nähe seines Organizismus zum kraussistischen Denken noch nicht einmal zur Eigenlegitimierung reflektiert habe. Kein Wort von der Rezeption, die Madariaga gern suggerierte.[135] Dies wiederholt Díaz sinngemäß auch in seiner Intellektuellen-Studie. Die politische Formel von der 'organischen Demokratie' sei in Spanien bereits in den Jahren 1945 bis 1947 erneut aufgekommen und habe sich in den folgenden Etappen des Regimes konsolidiert – ohne auf das spanische liberale Denken vor 1936 Bezug zu nehmen, in dem die Forderung nach einem organischen Liberalismus bzw. der organischen Demokratie „doch ziemlich häufig" erhoben worden sei.[136]

Wie ist umgekehrt das Francoregime mit dem Denken Madariagas umgegangen? Julian Gorkin berichtet 1961 sowohl in den *Cuadernos* als auch in der (von Madariaga hoch geschätzten) indischen Zeitung *Thought* über einen falangistischen Versuch, Madariagas *España* zu plagiieren.[137] Preston wiederum deutet knapp an, wie leicht sich Madariagas Gedanke von der organischen Demokratie von Franco für seine Zwecke pervertieren ließ; und er weist darauf hin, daß Mussolini seinerseits wesentlich durch die Lektüre von Madariagas Spanienbuch in seiner Überzeugung

---

134 Vgl. Alonso-Alegre, *Pensamiento político*, 232; somit hat Madariaga sowohl während seiner Schulausbildung in Spanien als auch über seine Kontakte zu den Fabiern mit dem Konzept in Berührung kommen können.
135 Vgl. Elías Díaz, *La filosofía social del krausismo español*, Madrid 1973, 237-245.
136 Vgl. Ders., *Intellektuelle unter Franco. Eine Geschichte des spanischen Denkens von 1939-1975*, Frankfurt am Main 1991, 37.
137 Vgl. Julián Gorkin, Salvador de Madariaga y la integración democrática española, in: Cuadernos [del Congreso por la Libertad de la Cultura], 1961:52, 5f.; ders., Madariaga: Tribute on 75th Birthday, in: Thought, 25-XI-1961.

2.6 Exil und Antifranquismus

bestärkt wurde, der spanischen Rechten ab 1934 den Rücken zu stärken.[138] Anders als González Cuevas verweist allerdings keine dieser Quellen explizit auf die in Frage stehende Publikation – *Reflexiones políticas*, eine über hundert Seiten starke Broschüre, die zwar keinerlei bibliographische Angaben erkennen läßt, wohl aber Madariagas Namen im Titel trägt.[139] Darin finden sich jeweils in Facsimile einzelne Seiten als Ausrisse aus *España*, aus *Anarquía o jerarquía* und aus *Democracy versus liberty*, denen jeweils Kommentare vor- oder nachgeordnet sind, ohne daß deren Autorschaft erkennbar würde. Madariaga verwahrte sich natürlich gegen das Machwerk:

> Die Leser von *Ibérica* wissen bereits, daß in Verantwortung der jugospanischen Regierung (in anderen Worten jener Regierung, die Spanien das Joch angelegt hat) ein Pamphlet erschienen ist, das trotz seines Umfangs kaum ein Buch genannt werden kann, weil es wegen seiner boshaft verfälschenden Absicht und seines unsäglichen Niveaus diesen Namen nicht verdient; ein schlecht zusammengeschustertes Pamphlet also, für das aus meinem Buch *Spanien* ganze Seiten herausgerissen und gestohlen wurden.[140]

Trotzdem ist er an der falangistischen Pervertierung seines Denkens, seiner verständlichen Entrüstung zum Trotz, selbst nicht ganz unschuldig gewesen. Ähnlich wie im Falle der Vereinnahmung Nietzsches durch die Nationalsozialisten muß auch in seinem Fall zugestanden werden, daß sich zentrale Versatzstücke seines politiktheoretischen Werkes, wenn auch unter der einschränkenden Bedingung, sie grob aus dem Zusammenhang reißen und alle seiner gegenteiligen Äußerungen gezielt ignorieren zu müssen, durchaus für eine Eingliederung in die falangistische Ideologie eigneten. So schienen in seiner These von der durch die Reformation verlorenen Einheit der Christenheit, in seiner Hochachtung Karls V. und vor allem in seiner Geringschätzung des aufklärerischen 18. Jahrhunderts Gemeinsamkeiten mit einem panhispanischen Gedankengut auf, das sich so auch in den Reihen der Falange

---

138 Vgl. Preston, *Quest for Liberty*, 14.
139 Salvador de Madariaga, *Reflexiones políticas*, o.O. [o.J.] – Alonso-Alegre und González Cuevas weichen geringfügig voneinander ab, wenn erstere behauptet, die Broschüre hätte Ende der fünfziger Jahre zu zirkulieren begonnen, während letzterer sie auf 1960 datiert; vgl. Alonso-Alegre, *Pensamiento político*, 83 und González Cuevas, Madariaga. Pensador político, 177.
140 Salvador de Madariaga, Quien al cielo escupe..., in: Mi respuesta. Artículos publicados en la revista 'Ibérica' (1954-1974), Selección y prólogo por Victoria Kent, Madrid 1982, 131.
– Yugoespaña und seine adjektivischen Ableitungen beruhen auf einem von Madariaga ab etwa Mitte der fünfziger Jahre häufig verwendeten Mehrebenen-Wortspiel (span. 'yugo' = dt. 'Joch'; zugleich der Verweis auf 'yugo y flecha' als Teil des faschistischen Emblems), mit dem er das Spanien Francos mit dem seinerseits ebenfalls heftig kritisierten Jugoslawien Titos (span.: 'Yugo(e)slavia') verglich.

fand.[141] Nicht umsonst bestätigte der Sozialist Indalecio Prieto ebenso wie José Pemartín (von der stark rechtslastigen *Unión Patriótica*, später *Acción Española*) und auch der mit Madariaga persönlich befreundete Rafael Calvo Serer gewisse Parallelen zwischen Madariagas Organizismus und dem Denken der Falange. Überraschend ausgewogen im Urteil ist Madariaga auch von franquistischer Seite durch Gonzalo Fernández de la Mora zumindest ideologische Inkonsequenz vorgeworfen worden.[142]

Gleichwohl fällt der Versuch einer solchen Einordnung Madariagas schon angesichts der konsequenten Kritik, mit der er das Francoregime Zeit seines Bestehens überzogen hat, faktisch in sich zusammen. Da er vor und während des Bürgerkrieges dezidiert und zunächst zum nicht unerheblichen Schaden für seine Person die Position einer gegen *beide* Seiten des Konflikts abgegrenzten Neutralität durchgehalten hatte,[143] war ihm danach glaubhafter als vielen seiner Landsleute in und außerhalb Spaniens jener unermüdliche Widerstand gegen das Francoregime möglich, durch den er bald zu einer *der* Stimmen des liberalen Spanien überhaupt wurde.[144] So war er mit seiner Haltung anfangs auch unter Freunden auf Unverständnis gestoßen. Gorkin etwa, selbst proletarisch-revolutionär und Madariaga später eng verbunden, verstand ursprünglich nicht, wie dieser als ein Intellektueller seines Ranges neutral zwischen beiden Bürgerkriegsparteien bleiben, ja beide gleichermaßen scharf angreifen konnte. Noch 1942 seien die im gleichen Tenor gehaltenen Ergänzungen Madariagas über die Republik und den Bürgerkrieg in der Neuauflage seines Spanienbuches gleichermaßen auf Ablehnung gestoßen wie seine Position kurz vor Ausbruch des Krieges. Ramón Sender, spanischstämmiger Schriftsteller und selbst in höherer militärischer Position am Bürgerkrieg beteiligt, warf ihm noch 1958 anläßlich der erneuten Auflage dieses Buches seinen neutralistischen Utopismus vor, den er für unangemessen und typisch für den Zuschauer aus dem sicheren Exil erklärte – aber mit dem halb anerkennenden Zusatz, dieser sei trotz allem ebenso mutig wie in seinem Lob an König Alfonso XIII. einmalig unter Intellektuellen seines Ranges.[145] Umge-

---

141 Vgl. Norbert Rehrmann, Spanien, Europa und Lateinamerika. Zur Geschichte legendärer Kulturbeziehungen, in: Prokla, 75 1989, 121.
142 Vgl. González Cuevas, Madariaga. Pensador político, 177-180. Alonso-Alegre konstatiert, Madariagas Organizismus habe sich zwar in (unfreiwilliger) gedanklicher Nähe zum Faschismus bewegt, weist den Faschismusverdacht aber klar zurück. Der Organizismus Madariagas sei krausistisch-liberaler Prägung und mit den faschistischen Varianten nicht zu vergleichen; vgl. Alonso-Alegre, *Pensamiento político*, 244.
143 Vgl. Preston, *Quest for Liberty*, 22.
144 Vgl. Walter Haubrich, Der liberale Spanier. Zum Tod des Ersacisten, Historikers und Politikers Salvadore de Madariaga, in: FAZ, 16-XII-1978. Madariaga war einer der ersten Schirmherren, später zusammen mit Pablo Casals Ehrenpräsident der SRA, einer Hilfsorganisation für Spanier im Exil; vgl. Fernández Santander, *Madariaga, Ciudadano del mundo*, 208.
145 Vgl. dazu Julián Gorkin, Nuestro más auténtico Español universal, in: Henri Brugmans und Rafael Martínez Nadal (Hrsg.), Liber Amicorum. Salvador de Madariaga, Recueil d'études et de témoignages édité à l'occasion de son quatre-vingtième anniversaire, Brügge 1966, 90; sowie

kehrt war Madariaga wegen seiner weithin anerkannten Neutralität schon während des Bürgerkrieges durch seinen guten Bekannten Anthony Eden im Völkerbundumfeld als möglicher Kandidat für eine spanische Interimsregierung für den Fall ins Gespräch gebracht worden, daß England und Frankreich einen Waffenstillstand mit Deutschland, Italien, Portugal und Rußland würden aushandeln können.[146] Tatsächlich war er dann 'Außenminister' der im Sommer 1945 gegründeten Exilregierung, die die bereits Jahre zuvor begonnenen Bemühungen zur Installation Don Juans als Nachfolger von Alfonso XIII. fortsetzte, obwohl sie von den Alliierten selbst nicht anerkannt wurde. Seit 1942 hatte eine breit aufgestellte, antifranquistische Allianz mit den Kräften um Franco um die Nachfolge gerungen, sich dabei aber mit ihrer Inhomogenität stets selbst im Weg gestanden. Die innerhalb ihrer rechts stehenden Monarchisten wünschten eine Regierung um Don Juan, ganz gleich ob sie monarchisch oder republikanisch verfaßt wäre. Die gemäßigt linken Kräfte favorisierten statt dessen eine Mischform, der zufolge an der Spitze des Staates eine Trias aus einem Richter, einem Diplomaten und einem General hätte stehen sollen. Als Richter war Sánchez Román vorgesehen, als Diplomat Madariaga, und als ein Kompromiß sollte die Benennung des Generals den Monarchisten zugestanden werden. Aus all dem wurde nichts. Vermutlich hätte die antifranquistische Trias, die sich nach 1945 bildete, Franco sogar ernsthaft gefährlich werden können, wäre sie nicht an den Reibereien zwischen den Lagern hinter den Frontmännern Gil Robles (Monarchisten), Indalecio Prieto (Sozialisten) und Madariaga (Liberale und Anhänger der organischen Demokratie) zerbrochen. So aber verlor die republikanische Exilregierung über die Zeit immer weiter an Bedeutung, und mit dem Tod ihres Präsidenten Juan Negrín im Jahre 1956 brach der Widerstand aus dem Exil, zumindest in institutionalisierter Form, endgültig zusammen.[147]

Daher blieb diese Episode seines Widerstands denn auch, gemessen an dem, was er im weitesten Sinne als Publizist erreichte, von vergleichsweise geringer Bedeutung für die Wirkung des Antifranquisten Madariaga. Seine Rolle ist in mehrfacher Hinsicht eher derjenigen vergleichbar, die Thomas Mann während der Herrschaft der Nationalsozialisten für das deutsche Exil spielte. Beide kannten einander, etwa aus

---

Ramón Sender, 'And the bell still tolls', in: Saturday Review of Literature, 7-VI-1958, 13f. Für Madariagas Position selbst vgl. Madariaga, 'Fascismo y humanismo', in: Ahora, 21-VII-1936; Madariaga, 'Spain's Ordeal', in: Observer, 11-X-1936; (ohne Autor), 'Madariaga Pleads for Peace in Spain. Urges Both Sides to Stop as Second Year of War Opens, and Consider Futility of Sacrifice', in: New York Times, 19-VII-1937. Als einen weiteren Sekundärbeleg vgl. den Beitrag seiner Tochter Isabel de Madariaga, Foreign Office, 229-257.

146 Vgl. Thomas, *Spanish Civil War*, 570.
147 Vgl. Alonso-Alegre, *Pensamiento político*, 93-97.

den Sitzungen der Kommission für Literatur und Künste beim Völkerbund,[148] beide galten der öffentlichen Wahrnehmung gleichsam als Kopf der emigrierten Regimegegner, und beide versuchten intensiv, über das Medium Radio aus dem Ausland auf die Situation in der Heimat einzuwirken. Thomas Mann sendete während des Krieges von Kalifornien aus durch die BBC nach Deutschland,[149] von Madariaga wird behauptet, von all seinen Aktivitäten gegen Franco hätten zu ihrer Zeit die Radioansprachen die größte Wirkung entfaltet.[150] Er selbst berief sich auf 400 solcher Ansprachen bei der BBC und ebenso viele bei Radiodiffusion Française, von denen die Hälfte explizit und ein weiteres Viertel implizit seinen scharfen Antifranquismus deutlich gemacht hätten. Insgesamt habe er seit dem Ausbruch des spanischen Bürgerkrieges fast 1000 spanische Ansprachen gehalten, die per Radio nach Spanien und Lateinamerika übertragen wurden; dazu wäre eine Reihe von Chroniken auf französisch, englisch und deutsch, des weiteren die Vorträge zu rechnen, die er auf seinen größeren Reisen in Stockholm, Dublin und Athen, in Chicago, New York und Buenos Aires, sowie in Delhi, Bombay und Canberra gehalten habe, sowie seine persönlichen Kontakte zur politischen Elite der entsprechenden Länder.[151]

In seiner zeitlichen Entwicklung offenbarte Madariagas Antifranquismus vor allem zwei Qualitäten. Er war einerseits erstaunlich konstant in seiner nahezu ausschließlichen Fixierung auf die Person des *caudillo* selbst; zum anderen spitzten sich die kritischen Stellungnahmen Madariagas über die Jahre im Duktus immer weiter zu.[152]

Gerade weil er Franco ursprünglich neutral bis sogar wohlwollend gegenübergestanden hatte, vermutet Alonso-Alegre in Madariagas späterer Kritik stark persönliche Motive. So habe er sich in seiner Hoffnung übergangen gesehen, von Franco zum Botschafter in London bestellt zu werden.[153] Bei aller Vorsicht gegenüber dieser The-

---

148 Vgl. Mann, *Tagebücher 1935-36*, 529. Ebenso kamen vermutlich beide durch ihre Mitwirkung in der Weltstiftung für Geistige Zusammenarbeit miteinander in Kontakt; vgl. Madariaga, *Morgen ohne Mittag*, 428f. und 445.
149 Vgl. Thomas Mann, *Deutsche Hörer! Radiosendungen nach Deutschland aus den Jahren 1940 bis 1945*, Frankfurt am Main 1987.
150 Vgl. Preston, *Quest for Liberty*, 27.
151 Vgl. Madariaga, República – Monarquía, in: El Tiempo, 13-VII-1958. Sein *General, márchese usted!* (1959) ist eine Auswahl solcher Radioansprachen aus der Zeit von 1954 bis 1957 in Buchform. Im zweiten Weltkrieg war Madariaga bereits intensiv im Radio für die Sache der Alliierten tätig gewesen. Neun Jahre lang strahlte er über die BBC eine wöchentliche Ansprache nach Südamerika aus, zahlreiche weitere wurden vom französischen Radio nach Spanien, Frankreich, in die Schweiz sowie nach Österreich, Deutschland und Italien übertragen.
152 Bevor er, gleichsam als eine Art offenen Brief, seine vernichtende Anthologie *General, márchese Usted!* an den spanischen Diktator richtete, hatte er Franco (via die Londoner *Times*) am 2-VII-1937 von Genf aus einen offenen Brief ganz anderen Inhalts geschrieben: Noch weit ins erste Bürgerkriegsjahr hinein glaubte er offenbar, Franco als einer wichtigen, wenn nicht der dominierenden militärischen Kraft seinen politischen Rat zum Zwecke einer Beendigung des Krieges angedeihen lassen zu sollen; vgl. MALC 15.
153 Vgl. Alonso-Alegre, *Pensamiento político*, 192.

se hat sie doch einiges an Plausibilität für sich. Ein solches Kippen in der Wertung Francos würde sich mit ganz ähnlichen Mustern in Madariagas Wahrnehmung der politischen Figuren Churchill, de Gaulle und Adenauer decken; auch die späterhin malmende Rhetorik Madariagas gegenüber Franco ist durchaus vergleichbar mit seiner Darstellung des Marqués de Merry del Val und überdies auch nur eine graduelle Steigerung gegenüber seiner (immerhin stets auch von Respekt geprägten) Darstellung Drummonds, die ihn beide ebenfalls aktiv in seinem beruflichen Fortkommen behindert hatten. In jedem Fall bleibt festzuhalten, daß Alonso-Alegre ihrerseits sehr kritisch gegen die überbordende und mitunter auch für sachlich falsch erklärte Franco-Kritik Madariagas bleibt:

> Unserer Meinung nach hat sie in gewisser Hinsicht Schmähschrift-Charakter; trotz aller Vorwürfe, die man dem Franquismus machen kann, halten wir Madariagas Attitüde für eines seriösen politischen Denkers unwürdig. Wir bestehen auf der Hypothese, daß sie sich auf eine persönliche Feindschaft gründet oder [...] auf eine völlige Verkennung der Situation.[154]

Die Verschärfung im Ton seiner Francokritik verlief jedoch entlang ähnlicher Muster, wie sie in seinem Anschreiben gegen den Kalten Krieg zu beobachten sind. So begann er, der immer wieder und von Stimmen verschiedenster Couleur zum gefährlichsten Gegner erklärt wurde, den Franco und sein Regime in Spanien habe,[155] seine Kritik bemerkenswerterweise mit der Prämisse, der Sturz des *caudillo* sei nur das Mittel zum höheren Zweck. Sein Primärziel war immer und auch in den späteren Schriften die Einigung Spaniens – ein Ziel allerdings, das mit Franco an der Spitze nicht zu erreichen sei und das deshalb eher zufällig mit dem Ziel koinzidieren müsse, ihn zu stürzen. So wie er in seine Aufzählung der Hindernisse, die der Integration *Europas* entgegenstünden, auch die von ihm prinzipiell abgelehnte Annäherung Franco-Spaniens an die NATO, die UNO und die UNESCO aufnahm, so begleitete er diese Kritik – trotz aller Konsequenz[156] – zu Beginn dennoch mit starker Emphase auf seiner Forderung nach einer gewaltfreien Absetzung Francos: „Franco must fall, but he must not crash."[157] Obgleich er sich als scharfer Franco-Kritiker verstand, blieb er zunächst erstaunlich fair in seiner Kritik, indem er zwar dessen zunehmende

---

154 Alonso-Alegre, *Pensamiento político*, 196.
155 Ricardo de la Cierva erklärte ihn zu dessen bedeutendstem Feind; vgl. Preston, *Quest for Liberty*, 26; und Madariaga hat sich erklärtermaßen auch selbst so gesehen; vgl. Madariaga, República – Monarquía, in: El Tiempo, 13-VII-1958. Nicht zuletzt Franco selbst hat in Madariaga einen seiner 'hartnäckigsten' Gegner gesehen; vgl. Montalbán, *Franco*, 411.
156 Als die UNESCO Franco-Spanien am 19-XI-1952 aufnahm, beendete Madariaga aus Protest darüber seine Zusammenarbeit mit dieser Institution; vgl. Preston, *Quest for Liberty*, 25; ebenso in Salvador de Madariaga, *Mi respuesta. Artículos publicados en la revista 'Ibérica' (1954-1974), Selección y prólogo por Victoria Kent*, Madrid 1982, 8.
157 Vgl. Ders., Toward the United States of Europe, in: Orbis, 6 1962:3, 429-431.

Salonfähigkeit im Westen bedauerte, dabei aber das Francoregime nicht aus parteipolitischen oder ideologischen Überlegungen heraus verurteilte. Vielmehr warf er Franco hauptsächlich vor, nach dem militärischen Sieg keine Politik der Versöhnung betrieben zu haben.[158] Freilich verschärfte sich exakt über dem Vorwurf, Franco und sein Regime nähmen mit der Bevorzugung partikularer Interessen bewußt die subkutane Verlängerung des Bürgerkrieges in Kauf,[159] die zunehmend verbitterte Polemik Madariagas im Laufe der Jahre immer weiter, insbesondere als es sich mehr und mehr abzeichnete, daß er gezwungen sein könnte, sein Leben außerhalb der Heimat zu beschließen.

Schon in ihrem Heraufziehen hatte er die Spaltung seiner Heimat als existentiell tragisch empfunden; nicht zuletzt von daher war seiner Vorkriegspolemik gegen beide Seiten ja ihre Schärfe zugekommen. Sein Exil hatte er ursprünglich vor allem in der Hoffnung angetreten, das ganze Spanien behalten zu können, anstatt sich für eine der Bürgerkriegsparteien entscheiden zu müssen, die er in ihrer jeweiligen Sichtweise für gleichermaßen unvollständig und reaktionär hielt. Welchen persönlichen Verlust für ihn das Verlassen der Heimat bedeutete, läßt sich an seinem nach 38 Jahren im Exil abgegebenen Kommentar über die Ausbürgerung Solschenizyns ersehen, den er als einen ebenso sachlichen wie wirkungsvollen Regimegegner immer bewundert hatte. Es kann dem Leser nicht entgehen, daß er bei dieser Gelegenheit, mit einem starken Hang zum verbittert Pathetischen, in jedem Satz implizit auch die eigene Biographie unterbrachte; obwohl es ihm zu dieser Zeit wegen Francos nahenden Endes vielleicht schon wieder freigestanden hätte, sich gegen das fortgesetzte Exil zu entscheiden.[160] Nicht nur gehe der Exiliant seiner Heimat verloren, so Madariaga über den großen Russen, sondern umgekehrt sterbe in ihm der Geist der Heimat zwar nie, werde aber schwer verstümmelt.[161]

Ein anderes Motiv Madariagas, sich dauerhaft und auch über die Jahre hinaus, in denen seine Rückkehr eine akute Gefahr für ihn bedeutet hätte, *für* das Exil

---

158 Vgl. Herbert Tauber, Salvador de Madariaga, das Gewissen Europas, in: Die Weltwoche, 23-XII-1955.
159 Vgl. Madariaga, República – Monarquía, in: El Tiempo, 13-VII-1958. In mitunter satirischer Übersteigerung machte Madariaga Franco den Vorwurf des 'mando personal', also der Herrschaft, die mit dem einzigen Ziel des Erhalts ihrer selbst antrete; vgl. Salvador de Madariaga, Mando personal, in: Mi respuesta. Artículos publicados en la revista 'Ibérica' (1954-1974), Selección y prólogo por Victoria Kent, Madrid 1982, 137-141; Ders., El mandador, in: Mi respuesta. Artículos publicados en la revista 'Ibérica' (1954-1974), Selección y prólogo por Victoria Kent, Madrid 1982; sowie Madariaga, Franco no tiene más que una idea: Franco, in: Visión, 28-IX-1956.
160 Ein Artikel zu seinem achtzigsten Geburtstag zitiert Madariaga mit den Worten: „Ein Schriftsteller kann seine Nationalität nicht wechseln – meine geistigen Wurzeln sind in Spanien." Hans Hartmann, Historiker und politischer Publizist, Dichter und Kulturphilosoph. Zum achtzigsten Geburtstag von Salvador de Madariaga, in: Basler Nachrichten, 23/24-VII-1966.
161 Vgl. Madariaga, La expatriación de Solsyenitsyn, in: ABC, 5-V-1974.

zu entscheiden, war sein Bedürfnis, für sich jener im Vergleich provinziellen Verengung im Blick vorzubeugen, die aus seiner Sicht seit 1898, also mit der erneuten Koinzidenz der spanischen Grenzen mit den natürlichen Barrieren der Halbinsel, für alle Binnenspanier unvermeidlich sein mußte: Für ihn hingegen war Spanien immer eins mit dem Halbkontinent jenseits des Atlantik.[162] Dies ist innerhalb wie außerhalb Spaniens auch so wahrgenommen worden, doch nicht immer wohlwollend wie in der Eloge von Robert Held, der Madariaga zu dessen 75. Geburtstag explizit wegen seiner Entscheidung für das fortgesetzte Exil als eine „Ein-Mann-Macht" charakterisiert, „die ihre Entscheidungen souverän trifft" wie Picasso in der Malerei und Lorca in der Literatur.[163] Wo die eine Seite Mut und Standhaftigkeit des Kampfes von außen zu loben wußte, ging es der anderen eher um den Vorwurf der Konfliktvermeidung.[164] An das Argument des gewählten Exils ließ sich trefflich mit Spekulationen darüber anschließen, inwieweit für Madariaga bei einer Rückkehr nach Franco-Spanien tatsächlich noch Gefahr für Leib und Leben bestanden hätte. So scheint man es in den späten siebziger Jahren für erforderlich gehalten zu haben, Madariaga gegen Diffamierungen zu verteidigen, die ihn etwa als anglifizierten Spanier oder als eher Genfer denn spanischen Geist hinstellen wollten.[165] Areilza überreizte das eigentliche Argument, indem er den Daheimgebliebenen generalisierend Ressentiment gegenüber den Exilspaniern und Neid auf deren weiteren Blick vorwarf und darin nicht zuletzt auch den Grund dafür ausmachen wollte, daß die spanische Republik Madariaga seinerzeit mit der unabgesprochenen Ernennung zum US-Botschafter vor allem habe brüskieren wollen.[166] Ausgewogener äußerte sich Julián Gorkin, der die Kritik an Blasco Ibáñez oder Valle-Inclán – oder eben auch an Madariaga –, sich durch ihr Exil um das spanische Problem herumdrücken zu wollen, für ebenso unangemessen hielt wie umgekehrt die Vorwürfe an die Rückkehrer Ortega, Baroja oder Marañón, sich mit und in der Diktatur Francos eingerichtet zu

---

162 Vgl. Marías, Contestación, 28f.
163 Vgl. Robert Held, Ein Botschafter ohne Auftrag. Der englische Spanier Salvador de Madariaga, in: FAZ, 21-VII-1961. Ähnlich positiv fällt die Resonanz bei Urs Schwarz aus, wenn er in seiner Besprechung des *Liber Amicorum*, neben dem Kampf um die Freiheit gegen Diktaturen von links und rechts und dem Werben für die (geistige) Einheit Europas, „das Wesen des Exils, aus dem große Kräfte zu schöpfen sind" zu einem der großen Themen Madariagas erklärt; vgl. Urs Schwarz, Mehr als ein Europäer. Eine Festschrift für Salvador de Madariaga, in: NZZ, 23-III-1967. In seinem Nachruf auf den Freund schrieb auch der Schweizerische Liberale und Nationalrat Bretscher über Madariaga: „Das Exil ist zur Figur seines persönlichen Schicksals geworden." Willi Bretscher, Salvador de Madariaga gestorben, in: NZZ, 16-XII-1978.
164 Gorkin verweist denn auch auf die spanischen Intellektuellen, die Madariaga seine Entscheidung für das Exil in diesem Sinne zum Vorwurf gemacht haben; vgl. Gorkin, Español universal, 94.
165 Vgl. José Blanco Amor, Las verdades de un liberal español, in: Arriba, 23-VII-1977, 26.
166 Vgl. José María de Areilza, Ciudadano del mundo, in: Blanco y Negro, 20-26/XII/1978, 71f.

haben. Explizit mit Blick auf Madariaga fügte er hinzu, gerade dessen Auseinandersetzung mit dem Spanienproblem müsse in ihrer Kontinuität, Geradlinigkeit und Unparteilichkeit gegenüber allen anderen – wenn man denn partout auf solchen Vergleichen bestehen wolle – noch als um einiges überlegen herausgehoben werden.[167]

Eine neue Qualität und, wenn man so will, eine bis dahin nicht gegebene Dringlichkeit, gewann Madariagas Opposition gegen Franco Anfang der sechziger Jahre, als die spanische Regierung das Gesuch um Assoziierung mit dem Gemeinsamen Markt stellte.[168] Damit stand Franco plötzlich vor den Toren Europas; und Madariaga profilierte sich hinfort mit nochmalig gesteigerter Schärfe als der unter Spaniern vehementeste Kritiker einer jeglichen Angliederung – nicht Spaniens *per se*, wohl aber Franco-Spaniens – an die EWG oder internationale Organisationen. Die von den Befürwortern einer solchen Annäherung immer wieder neu variierte Formel vom 'Wandel durch Handel' ließ er nicht gelten, denn er war überzeugt, daß die damit verbundenen ökonomischen Impulse nicht zur politischen Liberalisierung des Francoregimes führen würden.[169]

Eine Bühne für seine Kritik an der zu beobachtenden Annäherung fand er – eher zufällig, wie er sagte[170] – auf dem Kongreß der Europabewegung in München, von dem die franquistische Presse im nachhinein nur als 'Contubernio de Múnich'[171] sprach, weil dort nach Jahrzehnten der gegenseitigen Geringschätzung die Aussöhnung der ins Exil gegangenen und der in Spanien verbliebenen Francogegner erreicht wurde. Madariaga hatte das politische Scheitern der spanischen Emigranten stets außerordentlich bedauert. Nachdem vor seiner Flucht ins Ausland die zum Bürgerkrieg führende innere Spaltung Spaniens nicht mehr hatte verhindert werden können, war es sein erklärtes Ziel, die auf absehbare Zeit verlorene Einheit Spaniens zunächst außerhalb im Exil und im nächsten Schritt von außen her auch im Land selbst wieder erstehen zu lassen: „Als Emigrant war es immer mein Bestreben zu erreichen,

---

167 Vgl. Gorkin, Madariaga y la integración democrática, 3. Madariaga selbst hatte für sich reklamiert, daß nur diejenigen Spanier eine objektive Sicht der Dinge haben könnten, die gleich zu Beginn des Bürgerkrieges ins Exil gegangen sind; vgl. Alonso-Alegre, *Pensamiento político*, 70.
168 Vgl. Madariaga, Spanien vor der Pforte eines demokratischen Europa, in: NZZ, 14-VII-1962.
169 Vgl. ebd.
170 Vgl. Madariaga, Spain in Decay, in: Ibérica, 15-XII-1962. Im gleichen Zusammenhang vgl. Salvador de Madariaga, Les Espagnols à Munich, in: Preuves, 1962:139.
171 Der Kongreß war ein schwerer Schlag gegen Franco; vgl. Preston, *Quest for Liberty*, 28f. Der Diktator selbst prägte den Begriff 'contubernio' (außereheliche Geschlechtsverkehr) und sprach von einer Versammlung selbsterklärter Demokraten, die von Madariaga, Gil Robles und dem PSOE-Generalsekretär Rodolfo Llopis angeführt wurden; vgl. Montalbán, *Franco*, 558. Später ist der Begriff zur Bezeichnung des Kongresses auch in der wissenschaftlichen Literatur übernommen worden.

daß sich Exilspanien als eine Einheit der konkreten Tat organisiere und darstelle, anstatt sich darauf zu beschränken, über das bestehende Regime zu schimpfen."[172]

Auf dem Münchner Kongreß von 1962 war Madariaga Mitglied des Exekutivkomitees und führte als einer der Hauptinitiatoren des Kongresses die Delegation der Exilspanier an.[173] Seiner Darstellung zufolge organisierte der Rat des spanischen Zweiges der Europabewegung an den beiden Tagen vor dem eigentlichen Kongreß einen Runden Tisch eigens für die nach München entsandte spanische Delegation. Von deren 118 Mitgliedern waren 80 aus Spanien selbst angereist, angeführt von Gil Robles, einem katholischen Monarchisten, der für Madariaga „vielleicht der kommende De Gasperi oder Adenauer von Spanien" war. Obwohl sich die beiden Flügel dieser spanischen Delegation auch weltanschaulich stark voneinander unterschieden – die Binnenspanier standen fast alle konservativen, die Exilspanier eher linken Überzeugungen nahe –, einigte man sich einstimmig auf eine von Gil Robles entworfene Resolution, die feststellte, Europa könne nicht ohne Spanien aufgebaut werden, die zweitens postulierte, noch vor seiner Integration in oder auch nur Assoziierung mit Europa müsse Spanien zunächst seine Institutionen liberalisieren, und die drittens anmahnte, diese Liberalisierung müsse behutsam und gewaltfrei erfolgen. Diese Einigung „bedeutete nichts weniger als das Ende des Bürgerkrieges", schrieb Madariaga, der die Resolution auf dem Kongreß schließlich einbrachte – und dafür solche Ovationen erntete, daß Maurice Fauré als Versammlungsleiter ohne formelle Abstimmung feststellte, sie sei per Akklamation bestätigt worden.[174] Madariaga gab auch die Schlußerklärung des Kongresses zum Thema ab, die für die interne Verfaßtheit Spaniens repräsentative und demokratische Institutionen und eine Regierung auf Konsensbasis, die effektive Garantie aller Persönlichkeitsrechte, vor allem der Freiheit der Person und des Rechts der freien Meinungsäußerung, sowie die Anerkennung der natürlichen Gemeinschaften *(comunidades naturales)*, der demokratischen Gewerkschaften und schließlich die Zulässigkeit von Lobby-Organisationen und politischen Parteien forderte.[175] Franco verdammte die Resolution als kommunistisch inspiriert und reagierte mit schweren Vorwürfen, sowohl an Madariaga als den Organisator der 'kommunistischen' Verschwörung als auch an die übrigen spanischen Teilnehmer des Kongresses, die er als Landesverräter stigmatisierte. Er hob das Recht auf Freizügigkeit auf, und die Rückkehrer vom Kongreß sahen sich in

---

172 Madariaga, *De la angustia*, 310.
173 Vgl. Ders., *Spanien*, 419; Walther L. Bernecker, *Spaniens Geschichte seit dem Bürgerkrieg*, München 1988, 144f.
174 Der Absatz stützt sich, wo nicht eigens anders gekennzeichnet, auf Madariagas eigene Darstellung; auch das Zitat stammt von dort. Diese findet sich in Madariaga, Spanien vor der Pforte eines demokratischen Europa, in: NZZ, 14-VII-1962; sowie analog nochmals für die englischsprachige Welt in Madariaga, Spain in Decay, in: Ibérica, 15-XII-1962.
175 Vgl. García de Entrería, Madariaga y los derechos humanos, 21.

Spanien schweren Repressalien ausgesetzt, die von Bußgeld über Gefängnis bis zur Verbannung auf die Kanaren reichten.

Damit war der Widerstand gegen das Franco-Regime bis auf weiteres gebrochen. Nur aufgrund seines außergewöhnlichen Alters war es Madariaga vergönnt, noch den beginnenden Erfolg dessen zu sehen, wofür er in der zweiten Hälfte seines Lebens unentwegt gekämpft hatte. Bis zum Tod Francos war er im Exil geblieben, zunächst in England und ab 1972 in der Schweiz,[176] denn solange Franco lebe, so seine resignierende Einsicht, könne in Spanien politisch gar nichts unternommen werden. In einem Interview im September 1966 hatte er erklärt:

> Meine Antwort auf die [..] Frage, was man tun kann, solange Franco noch lebt, ist klar: nichts. Die Erfahrung zeigt, daß seine einzige politische Idee immer der eigene Machterhalt gewesen ist. Er ist damit ein Hindernis für jede Lösung, die politischen Fortschritt bedeutet. Was das Politische belangt, muß Franco sterben, damit die Spanier wieder leben können.[177]

In den wenigen nach dem Tod Francos noch verbleibenden Jahren bis zu seinem eigenen Ableben wurde er als einer der ganz Großen seines Volkes gefeiert. Sein Wiedereinzug in die *Real Academia Española* wurde nicht nur zu einem persönlichen Triumph für ihn, sondern zu einem Triumph des freien Spanien insgesamt. Bald nach seiner vorübergehenden Rückkehr in die spanische Heimat starb er hochbetagt am 14. Dezember 1978 in Muralto bei Locarno. Bis dahin war er in der intellektuellen Welt seiner Zeit ubiquitär präsent, sein Name zu jeder Zeit ein Begriff gewesen. Der Ortega-Schüler Julián Marías faßte dies in seinem Nachruf mit der ganzen Prägnanz des Spanischen zusammen: „Salvador de Madariaga estaba ahí."[178]

Nach Francos Tod war das demokratische Spanien denn auch sichtlich bemüht, den Mangel an Wertschätzung nachträglich zu korrigieren, und so wurden Madariaga in den wenigen ihm verbleibenden Jahren noch verschiedenste Ehrungen und Aufmerksamkeiten zuteil. König Juan Carlos empfing ihn zur Audienz.[179] Die ei-

---

176 Im Dezember 1972 erfolgte der Umzug in den Kanton Tessin, wo sich die Madariagas zunächst in Minusio, ab 1975 dann in Muralto niederließen; vgl. Fernández Santander, *Madariaga, Ciudadano del mundo*, 206; sowie Willi Bretscher, Salvador de Madariaga gestorben, in: NZZ, 16-XII-1978.

177 Salvador de Madariaga, Entrevista, in: Mi respuesta. Artículos publicados en la revista 'Ibérica' (1954-1974), Selección y prólogo por Victoria Kent, Madrid 1982, 213.

178 Julián Marías, Las lealtades de Madariaga, in: El País, 15-XII-1978; zu deutsch etwa: 'Salvador de Madariaga war einfach da.' – Unter den zahlreichen Kondolenzbezeugungen ragt die des Königspaars Juan Carlos und Sofía heraus; vgl. MALC 21. Für das offizielle Deutschland haben Bundespräsident Scheel, Bundeskanzler Schmidt (für beide vgl. MALC 36) und Außenminister Genscher (MALC 17) der Witwe Madariagas schriftlich kondoliert, desgleichen Otto von Habsburg (MALC 19). Für eine umfangreiche Sammlung von Nachrufen vor allem von spanischer Seite vgl. Cangiotti, *Libertá rivoluzionaria*, 61-79.

179 Vgl. Preston, Quijote, 207.

2.6 Exil und Antifranquismus

gentlich schon vierzig Jahre zuvor beschlossene,[180] dann aber durch den Bürgerkrieg verhinderte Aufnahme Madariagas in die *Real Academia Española* wurde nun, kein halbes Jahr nach dem Ableben des Diktators, formell und mit gewolltem Pomp auch als ein Akt symbolischer Politik vollzogen. Gegen den Willen Francos hatte ihm die Akademie über all die Jahre seinen Sitz frei und zur Verfügung gehalten.[181] Die spanische Tageszeitung *ABC* würdigte den Wiederaufgenommenen als *Figura del Mes*,[182] die *Real Academia de Ciencias Morales y Políticas* ehrte ihn im Dezember 1977 als ihr (dienst)ältestes Mitglied – seine Aufnahme in diese Akademie datierte auf 1935 –, und noch im Jahr seines Todes erhielt er unter anderem das spanische Großkreuz *Alfonso X el Sabio* und den Aznar-Preis für Journalismus.[183]

Die Erwiderung auf Madariagas Antrittsrede in der *Real Academia Española* wurde von keinem Geringeren als Julián Marías gehalten, und der stellte denn auch bedauernd fest, was hernach vielfach wiederholt wurde: Madariagas Exil und die spanische Zensur hätten dauerhaft dafür gesorgt, daß zwar der Name, nicht aber Person und Denken Madariagas den Spaniern gegenwärtig geblieben sei: „er ist mehr ein guter Name denn eine vollständige Gestalt".[184] Etwas ausführlicher wiederholte er dies in seinem Nachruf in der Zeitschrift des Madariaga-Archivs:

> Er war, das muß man in der Tat sagen, in seiner Heimat ein großer Unbekannter. Er ließe sich gut auf die Formel bringen: berühmt im Ausland, unbekannt zu Hause. Wann immer während des vergangenen halben Jahrhunderts in Europa oder Amerika von Spanien die Rede war, folgte unmittelbar und als einer der ersten auch der Name Madariagas. Aber in Spanien – wie viele haben ihn dort gelesen? Wie viele haben auch nur annähernd eine Idee von dem, was er getan, gedacht und geschrieben hat?[185]

---

180 Madariaga wurde am 20-V-1936 in die *Real Academia Española* aufgenommen, kam aber in den Wirren des heraufziehenden Bürgerkrieges nicht mehr dazu, seinen Sitz offiziell einzunehmen. Tatsächlich erfolgte sein Einzug in die Akademie fast genau vierzig Jahre später, am 2-V-1976; nur zwei der Mitglieder, die ihn seinerzeit in die Real Academia gewählt hatten, waren zu dieser Zeit noch immer zugegen; vgl. Salvador de Madariaga, *De la belleza en la ciencia. Discurso leído el día 2 de mayo de 1976, en su recepción pública, por el Excmo. Sr. Don Salvador de Madariaga, y contestación del Excmo. Sr. Don Julián Marías*, Madrid 1976, 9-11; sowie Marías, Contestación, 26.
181 Vgl. Ebd., 23 und 32. – Die Standhaftigkeit der Akademie fand ihre Entsprechung nicht zuletzt auch der binnenspanischen Presse. In *ABC* wurde in Madariagas Artikeln ab Ende der 60er Jahre, also lange vor Francos Tod, seinem Namenszug regelmäßig der Zusatz „De la Real Academia Española" angehängt.
182 Vgl. Luca de Tena, Madariaga en ABC, 26f.
183 Vgl. Revista 1977/80, 240f.
184 Vgl. Marías, Contestación, 29f. Auch Gil spricht ein Jahrzehnt nach der Veröffentlichung seiner monumentalen Biographie von Madariaga als dem „famosísimo desconocido" Spaniens; vgl. Victoria Gil, Madariaga y Unamuno, 9.
185 Vgl. Julián Marías, Salvador de Madariaga (1886-1978), in: Revista del Instituto 'José Cornide' de Estudios Coruñeses, 13-16 1977-1980, 41. Für den deutschen Sprachraum ist Madariaga

Demnach habe Madariaga nicht, wie manch anderer Zeitgenosse, vom Exilbonus profitieren können, weil sein Werk in Spanien schwer zu bekommen oder gänzlich verboten gewesen sei.[186] Ganz abgesehen von der Zensur sei allerdings auch der Versuch des Verlages *Editorial Planeta*, Madariagas Werke in Spanien aufzulegen, an dem Exklusivvertrag gescheitert, den dieser mit dem in Buenos Aires ansässigen Verlag *Editorial Sudamericana* abgeschlossen hatte.[187] Offiziöse Diffamierungen hätten zudem bewirkt, daß Madariaga eher noch weniger gelesen als gekauft worden sei. So habe denn auch im demokratischen Spanien nach Franco fast niemand, vor allem kaum ein Jugendlicher, mehr als eine vage Ahnung von Madariaga – was ein großer Verlust für Spanien sei, den es rasch auszugleichen gelte; und zwar nicht zuletzt, weil trotz der räumlichen Ferne kaum jemand wie Madariaga das kulturelle Gedächtnis Spaniens am Leben erhalten habe.[188]

Besonders in Madariagas unmittelbarer Heimat, also in Galicien und vor allem in seiner Geburtsstadt La Coruña, überschlug man sich regelrecht in der Ehrung des großen Sohnes und Heimkehrers; und die zahllosen Würdigungen strahlten, zusammen mit dem immer ein wenig andienernd wirkenden Kolorit der im Lokalen geerdeten Auszeichnung eines Weltmannes, mitunter fast Züge von Heiligenverehrung ab. Nur wenige Wochen nach Francos Tod wurde Madariaga vom Instituto José Cornide in La Coruña für den Literaturnobelpreis vorgeschlagen. Zu dieser Zeit hatte er dem Institut bereits all sein archivalisches Material (Publikationen und Dokumente) für die Erstellung seines Nachlasses überantwortet, und im März 1976 folgte dann seine Ernennung zum Ehrenpräsidenten des Instituts.[189]

Zu einem weiteren Fokalpunkt in der lokalen Madariaga-Apotheose wurde, nochmals einige Jahre später, sein hundertster Geburtstag. Der Stadtrat von La Coruña legte 1986 einen monumentalen Gedenkband auf,[190] der Bürgermeister verlieh ihm postum die Goldene Medaille der Stadt, und bei deren Entgegennahme durch seine

---

     von Friedrich Middelhauve versichert worden: „Ihr Name hat in Deutschland einen guten und breiten Klang und ist vielleicht bekannter als Sie selbst es wissen." Brief vom 12-III-1959, in: MALC 27.
186 Auch nach Madariagas eigener Aussage sind in Franco-Spanien zahlreiche seiner Bücher verboten gewesen; vgl. Salvador de Madariaga, Monarchen kommen und gehen, in: Aktueller denn je. 30 Aufsätze zu weltpolitischen Fragen der Jahre 1971 bis 1974, Zürich 1980. Gleichwohl sollen etwa Madariagas Memoiren *(Amanecer sin Mediodía)* im Jahre 1974, also noch zu Lebzeiten Francos, zu den meistgelesenen Büchern in Spanien gehört haben; vgl. Alonso-Alegre, *Pensamiento político*, 29.
187 Vgl. Ebd., 84. In diesem Licht wäre auch die Welle von Neuauflagen plausibel, die kurz nach Madariagas Tod beim Verlag *Espasa Calpe* erschienen.
188 Vgl. Marías, Madariaga, 41f.
189 So die Chronik in: Revista 1989/90, 198.
190 Molina, *Libro homenaje*.

Witwe nutzte das Institut 'José Cornide' die Gelegenheit, nach Madariaga selbst nun auch sie zum Ehrenmitglied zu ernennen.[191]

---

[191] Der Ernennungsbeschluß datiert auf den 18-IV-1986, der Festakt folgte am 24-VII-1986; vgl. Revista 1989/90, 236f.

Kapitel 3: Der Spanier – Intuitiver Ästhet gegen Tradition und Methode

> Unzugänglichkeit ist das Zeichen dieses Landes. Spanien ist eine Burg.
>
> *(Madariaga, Spanien, 8.)*

3.1 Geschichte des spanischen Denkens

DIE ZÄSUR UND DIE GENERATION VON 1898. – Die Pyrenäenhalbinsel, durch Geographie und Geschichte, in Sozialstruktur und Selbstverständnis vom übrigen Europa getrennt, ging auch in Politik und Philosophie eigene Wege. In diesem Sinne war die Urkatastrophe des 20. Jahrhunderts für Spanien nicht so sehr der Erste Weltkrieg, sondern der zumindest für seine politisch kaum aufgeklärte Bevölkerung völlig unerwartete Verlust der letzten lateinamerikanischen Kolonien im Spanisch-Amerikanischen Krieg von 1898. Diese Jahreszahl markierte in der spanischen Selbstwahrnehmung politisch wie geistesgeschichtlich den endgültigen Abschied von einstiger imperialer Größe und damit bis heute *den* Tiefpunkt der nationalen Geschichte überhaupt. Anders sogar als später das mit dem Tod des Diktators äußerlich rasch überwundene Franco-Regime, wurde jene Niederlage in Spanien als eine totale wahrgenommen. Nach den vorangegangenen Jahrhunderten imperialer Selbstgefälligkeit wirkte das Jahr 1898 aber gleichzeitig auch als ein Fanal, durch das jener Motor der gedanklichen Erneuerung angeworfen wurde, der zahllose intellektuelle und politische Biographien überhaupt erst begründete. Der Schock veranlaßte eine Gruppe von Intellektuellen – die ursprünglich Baroja, Azorín und Maeztu zum Kern hatte, bald jedoch andere spanische Denker gedanklich mit einschloß, vor allem Unamuno, Ganivet und Joaquín Costa –, über die Ursachen jenes Debakels hinaus erstmals nach dem spanischen 'Goldenen Zeitalter' im 16. und frühen 17. Jahrhundert wieder systematisch über Spaniens Wesen, Geschichte und vor allem Zukunft nachzudenken. Diese gemeinhin als *generación del '98* bezeichnete Gruppe war nicht eigentlich eine Schule zu nennen, wurde aber für die bis dahin seit dem Ausgang des *siglo de oro* bestenfalls als erratisch zu beschreibende spanische Ideengeschichte absolut dominierend.[1]

---

1 Vgl. Donald L. Shaw, *The Generation of 1898 in Spain*, London / Tonbridge 1975; Tuñon de Lara, *Medio siglo*, 103-131; Gabriel Jackson, *Annäherung an Spanien (1898-1975)*, Frankfurt am Main 1982, 11-42.

Vor diesem Hintergrund folgte das spanische Denken eigenen Gesetzlichkeiten. Gerade die im frühen 20. Jahrhundert bedeutenderen spanischen Philosophen stimmten weitgehend darin überein, daß man von einer spanischen Ideengeschichte im eigentlichen Sinne nur sehr bedingt sprechen könne – und daß es vor den 98ern in Spanien lange Zeit überhaupt keine Philosophie von nennenswerter Bedeutung mehr gegeben habe. Insgesamt fehlte dem spanischen philosophischen Denken die sonst für den Okzident charakteristische Systematik.[2] In der Tat zieht sich ein für die Spanier gemeinhin als typisch erachteter, radikal verstandener und gelebter Individualismus bis in die spanische Philosophie selbst hinein.[3] Im Ergebnis dessen ist diese wesentlich von jeweils isolierten Denkern betrieben worden, auch nach der Jahrhundertwende hat sie keine Schulenbildung im eigentlichen Sinn gekannt, sondern statt dessen nur lose Gruppierungen hervorgebracht, die oft erst im nachhinein gedanklich mit bestimmten historischen Daten und Ereignissen verbunden wurden.[4]

Kritiker des Konzeptes sehen denn auch in der zuerst von Azorín auf den Begriff gebrachten 'Generation von 1898' ein überbewertetes, gleichsam mythisch aufgeladenes Konstrukt, dessen Relevanz sich bei genauem Hinsehen praktisch ausschließlich auf die bloße Faktizität seiner Wirkung, also letztlich auf einen immer weiter tradierten Irrtum beschränke. Die solcherart zusammengedachten Autoren seien sich sowohl untereinander wie auch in ihrer eigenen Zuordnung zu dieser Gruppe alles andere als einig gewesen.[5] Auch spätere Darstellungen zur (Nicht-)Zugehörigkeit einzelner Autoren zur Gruppe der 98er widersprechen einander teils erheblich. Selbst die eingehende Spanienreflexion, über die zumeist deren intellektuell ebenso eigenes wie mit der Vergangenheit brechendes Gepräge konstruiert wird, ist letztlich kein wirklicher Neubeginn gewesen, sondern hat nur konsequent weitergeführt, was zuvor bereits so disparate Gruppierungen wie die konservativen 'Neokatholiken' auf der einen und die liberalen Krausisten und Regenerationisten auf der anderen Seite begonnen hatten. Schließlich kann noch nicht einmal das glorifizierte Datum selbst als der alleinige Stein des Anstoßes gelten; sind doch der Europa-Minderwertigkeitskomplex und die

---

2 Ganivet sprach, wohlgemerkt anerkennend, von der spanischen „Philosophie, deren größtes Verdienst es möglicherweise ist, daß ihr die Organisation als Doktrin gerade fehlt"; Ángel Ganivet und Miguel de Unamuno, El porvenir de España, in: E. Inman Fox (Hrsg.), Ángel Ganivet. Idearium Español, con El porvenir de España, Madrid 1990, 196. An anderer Stelle bemerkte er: „unsere Natur und Geschichte sind vom Eklektizismus geprägt"; Ebd., 199. Und noch einige Seiten weiter: „die spanische Nation ist eine Absurdität, ein metaphysischer Widerspruch"; Ebd., 204.
3 Vgl. Caminals Gost, *Madariaga*, 178.
4 Vgl. Ebd., 176f. und Madariaga, *Spanien*, 72.
5 Vgl. Hans-Jörg Neuschäfer, Vom Krausismus zur Generation von 98. Die Auseinandersetzung um die Erneuerung Spaniens, in: Richard u. a. Baum (Hrsg.), Lingua et Traditio. Geschichte der Sprachwissenschaft und der neueren Philologien. Festschrift für Hans Helmut Christmann zum 65. Geburtstag, Tübingen 1994, 279f.

Restaurationszeit insgesamt zumindest von gleichwertiger Bedeutung für ein Denken gewesen, das sowohl epistemologisch als auch stilistisch (aber eben gar nicht so sehr ideologisch) vom Verlust der felsenfesten Glaubensgewißheit gezeichnet war. Mit dem Auftrieb, den die liberal-reformerischen Kräfte durch die *Cortes de Cádiz* (1812-1814) erhielten, und andererseits wegen der Restauration durch rebellierende Karlisten im Gefolge der napoleonischen Kriege war das spanische Nationalbewußtsein und ebenso die faktische Einheit der spanischen Nation schon lange vor Beginn des spanisch-amerikanischen Krieges auseinander gebrochen. Unter den 98ern wurde (anders als zuvor bei den Krausisten) nicht mehr agitiert und bewiesen, sondern verunsichert gefragt. Hierin, aber auch nur hierin, hoben sich die 98er in der Tat von ihren vermeintlichen Vorgängern ab.[6]

Auch Madariaga gehörte dieser Generation nicht an, obgleich er ihr mitunter irrtümlich zugeschlagen wurde. Schon durch den Zeitpunkt seiner Geburt hat er keinem vergleichbaren Intellektuellenzirkel assoziiert werden können, was gerade im Spanien seiner Zeit wiederum nicht ohne Konsequenzen für die Wahrnehmung seiner Publizistik bleiben konnte.[7] Vor allem aber hat er selbst in einem seiner frühen publizistischen Beiträge (unter Pseudonym) am Rande durchblicken lassen, daß er die Generation von 1898 für ein Kopfprodukt mit vergleichsweise geringem Realitätsgehalt hielt. Er sprach von ihr als von

> einer Nebelwolke von eher künstlicher Erschaffenheit, die besser in ihren einzelnen Sternen untersucht würde. Gegenüber fast allen dieser Sterne habe ich in einer meiner anderen Inkarnationen [also ohne Pseudonym] die ihnen selbstverständlich geschuldete Dankbarkeit gemäß meiner bescheidenen Mittel auszudrücken getrachtet.[8]

Wollte man Madariaga dennoch unbedingt einer 'Schule' zurechnen, dann böte sich noch am ehesten die oben besprochene *Liga de Educación Política Española* an.[9] Von Marías bekam Madariaga einen Platz exakt zwischen den Rändern der 'Generation' zugewiesen, die er mit Gabriel Miró beginnen und mit Jorge Guillén

---

6 Vgl. Neuschäfer, Krausismus; sowie Klaus und Buhr, Art. 'Krausismus', in: Georg Klaus und Manfred Buhr (Hrsg.), Philosophisches Wörterbuch. Band 1, Leipzig 1976, 669.
7 In der spanischen Literatur war die Wahrnehmung einzelner Autoren lange stark davon abhängig, ob diese einer bestimmten 'Generation' zugeordnet werden konnten; und für das nach 1898 zunächst vor allem von herausragenden Literaten getragene politische Denken Spaniens galt das ebenso. Madariagas erste größere Publikationen – *La guerra desde Londres* (1917, journalistisch), *Shelley and Calderon* (London 1920, literarisch), sowie *Disarmament* (1929, politisch) – erscheinen lange nachdem die in den 1880er Jahren geborenen Autoren, die es in Spanien zu bleibender Bedeutung bringen sollten, bereits fest etabliert waren; vgl. Guillermo de Torre, Rumbo literario de Salvador de Madariaga, in: César Antonio Molina (Hrsg.), Salvador de Madariaga (1886-1986). Libro homenaje, La Coruña 1986, 129-131.
8 Sancho Quijano [= Madariaga], ¿Dónde está la nación pujante?, in: El Sol, 24-III-1923.
9 Vgl. Shaw, *Generation of 1898*, 42.

enden ließ.[10] Genau genommen handelte es sich dabei aber um eine Alterskohorte und nicht um eine der primär geistesgeschichtlich definierten Generationen Spaniens – und so wird Madariaga auch in dieser Arbeit eingeodnet.

DIE NISCHE HINTER DEN PYRENÄEN. – Eine *zweite* Besonderheit Spaniens liegt darin, daß sich seine Philosophie auch im 20. Jahrhundert noch prononciert auf das mystische Denken stützte, typischerweise stark ins subjektivistisch Vergeistigte tendierte und so oftmals eher Kunst als Philosophie war.[11] Ganz zufällig ist dies nicht, denn gerade die seit langer Zeit erste und im Fortgang lange absolut prägende Generation spanischer philosophischer Köpfe beherbergte fast ausschließlich Literaten, die sich allein durch die äußeren Umstände veranlaßt gedanklich der Politik zuwandten. Auch die generelle Tendenz zur Introversion als markantes Kennzeichen der philosophischen Generation der 98er läßt sich mit dem Schock, den der Verlust von 1898 bedeutete, leicht plausibilisieren.[12] Madariaga selbst gab ausführlich Rechenschaft über das Fehlen einer ideengeschichtlichen Unterfütterung des politischen Denkens im spanischen Kontext und eröffnete gerade dem nichtspanischen Leser mit seiner Darstellung einen durchaus beachtenswerten Ansatzpunkt, Philosophie und Ideengeschichte unter einem in der Tat völlig anders gearteten Blickwinkel kennenzulernen.[13]

Das für deren gesamte Philosophie prägende Gefühl der Spanier, vom übrigen Europa isoliert und allgemein fehlverstanden worden zu sein, ist bereits im frühen 17. Jahrhundert bei Quevedo feststellbar.[14] Mit dem Aufkommen von Anthropologie, Völkerpsychologie und ähnlichen neuen Disziplinen konnte diese Sonderrolle zu Beginn des 20. Jahrhunderts vielfach noch weiter plausibilisiert werden. Innerhalb der neuen Paradigmen konnten die Spanier nunmehr ihre Impulsivität und ihren ausgeprägten Hang zum Individualismus als vom warmen Klima und den kargen Böden geprägt erklären, konnten sich selbst als ein Volk wahrnehmen, das durch seine geophysische Umwelt – die bis auf wenige Pässe praktisch kaum zu passierenden Pyrenäen bilden die einzige Grenze der Iberischen Halbinsel zum europäischen Kontinent – im

---

10   Vgl. Julián Marías, Las lealtades de Madariaga, in: El País, 15-XII-1978.
11   In Ganivets Worten gälte es, „die Aufmerksamkeit auf das Spirituelle, Innerliche, Subjektive ja geradezu Künstlerische [der spanischen Philosophie] zu richten"; Ganivet und Unamuno, El porvenir de España, 196.
12   Vgl. Ebd., 14.
13   Vgl. Salvador de Madariaga, The Nordic Myth, in: Americans, Freeport (N.Y.) 1968, 95-105; wo er mit einem Vergleich nord- und südeuropäischer Kulturen in ihrem jeweiligen Verhältnis zu Politik und gesellschaftlicher Organisiertheit eine seiner wohl interessantesten völkerpsychologischen Typologisierungen vornahm und die spanische Mentalität insgesamt als eine zentrale Voraussetzung für die Art des spanischen Philosophierens ausleuchtete.
14   Vgl. Briesemeister, Die Iberische Halbinsel und Europa,13-26, 13; vgl. auch: Schmidt, *Spanien im Urteil spanischer Autoren*, 22-30.

Charakter um nichts weniger insular geprägt sei als etwa das der Briten. Geopsychologische Erklärungen mit diesem Anspruch finden sich in der Gruppe der 98er bei fast allen ihr zuzurechnenden Autoren.[15] Dabei war dieses spanische Gefühl der Isolation durchaus und sogar in doppelter Hinsicht begründet: Nicht nur nahm das übrige Europa diese Isolation ebenso wahr wie die Spanier selbst, sondern sie war auch objektiv gegeben.[16] Dem hätte Madariaga uneingeschränkt zugestimmt; für ihn sind Aufklärung, Klassizismus und Romantik sowie generell der Aufstieg des Bürgertums Entwicklungen, die sich fernab in einem Europa und innerhalb einer Weltgeschichte abspielten, zu der Spanien Zugang weder hatte noch suchte.[17] Die spanischen Traditionalisten wollten aus ihrer Nation ein Bollwerk gegen die Säkularisierung und den 'modernistischen Ungeist' machen; und bis ins 19. Jahrhundert blieb Spanien in der Auseinandersetzung der nationalistisch-konservativen mit den fortschrittlicheren Kräften weitgehend mit sich selbst beschäftigt – und Europa geistesgeschichtlich fern.[18]

Dazu paßt, daß auch in umgekehrter Blickrichtung Spanien für das übrige Europa lange eine *black box* geblieben ist. 1931 stellte eine Besprechung des gerade in deutscher Übersetzung erschienenen Spanienbuchs Madariagas fest, daß mit Ausnahme der Kunst – sowohl im Kunstbetrieb selbst wie auch in der Kunstgeschichte – in Deutschland die Unkenntnis spanischer Gegebenheiten weit verbreitet sei. Madariaga habe sich nun endlich und in würdiger Weise einer Lücke angenommen, wie sie nach den Arbeiten von Curtius, Bergsträsser und Sieburg über Frankreich, sowie von Dibelius über England und Siegfried über die USA bezüglich anderer Kulturkreise schon geschlossen worden war, weil er nämlich „mit einem hervorragenden Grad von Objektivität und mit einem bei einem Konnationalen seltenen Grad von Übersicht und Abstand das öffentliche Leben Spaniens in seinen verschiedenen Äußerungen bis in die neueste Zeit zu verfolgen und zu verstehen vermochte."[19] Das Lob der

---

15   Madariaga teilte die Überzeugung, die geophysische Trennung Spaniens von Europa durch die Pyrenäen sei zumindest mitverantwortlich für dessen auch geistig-politische Isolation und habe überdies zur Ausprägung eines gleichsam insularen Nationalcharakters geführt; vgl. Caminals Gost, *Madariaga*, 199. Wuchtig begann denn auch sein großes Spanienbuch gleich im ersten Satz: „Unzugänglichkeit ist das Zeichen dieses Landes. Spanien ist eine Burg." Madariaga, *Spanien*, 8. Gleichwohl ist Madariaga kein Freund deterministischer Konzepte gewesen; die Geopolitik Rankes oder Ratzels hat er ebenso abgelehnt wie den klimatischen Determinismus Ellsworth Huntingtons; vgl. Juan Piñol Rull, La teoría de las relaciones internacionales de Salvador de Mariaga [sic] (1886-1978), in: Revista de Estudios Internacionales, 3 1982:2, 449f.
16   Vgl. Briesemeister, Die Iberische Halbinsel und Europa, 14-20.
17   Vgl. Salvador de Madariaga, *Das Heer und die Nation. Ein Vortrag vor der Akademie 'Kontakte der Kontinente'*, St. Augustin 1966, 3.
18   Vgl. Briesemeister, Die Iberische Halbinsel und Europa, 14f.
19   Herbert von Beckerath, [Besprechung von] Salvador de Madariaga: Spanien, Stuttgart 1930, in: Schmollers Jahrbuch, 55 1931:1, 365. Beckerath bezog sich wohl auf folgende, damals

Qualitäten des Buches zielt dabei (unter Verweis auf die besondere Vita des Diplomaten, der schon in seinem vorherigen Werk *Engländer – Franzosen – Spanier* seine Befähigung dazu unter Beweis gestellt habe) vor allem auf die völkerpsychologische Analyse, die auch Madariaga selbst daran stets besonders am Herzen gelegen hatte.[20] In der Tat ist der frühe Madariaga als ein Mittler zwischen den Kulturen aufgetreten. Im angelsächsischen Kulturkreis ist er seinerzeit der bekannteste politische Autor Spaniens überhaupt gewesen.[21] Auf solche Anerkennung hatte Madariaga auch selbst explizit spekuliert, denn er war überzeugt davon, etwa mit seinen frühen auf Englisch erschienenen Titeln maßgeblich dazu beigetragen zu haben, britische Vorurteile über die Spanier zu zerstreuen:

> Ich glaube nicht, daß mein Werk in den angelsächsischen Ländern größeren Einfluß hat als anderswo, etwa in Deutschland. Fakt aber ist, daß ich viele meiner Bücher auf Englisch geschrieben habe und daß sie Aufsehen erregten, als ich meine schriftstellerische Karriere in London begann, weil sie die absurde Vorstellung korrigierten, die man damals von uns hatte.[22]

Freilich waren die Spanier an ihrer Isolation selbst nicht ganz unschuldig, in ihrer Kehrseite war sie sogar durchaus so gewollt. Man könnte sie am treffendsten wohl als ein frühes intellektuelles Pendant zur späteren (politischen) *splendid isolation* der Briten beschreiben. Während ihrer Blüte hatte sich die spanische Nation als in sich abgeschlossen und politisch wie geistig autark empfunden, und sie gab diese Überzeugung auch während des kontinuierlichen politischen Niedergangs danach lange nicht auf. Noch Ganivet, einer der prominentesten Vertreter der 98er, verkündete in Abwandlung Augustinus' und mit dem vom *siglo de oro* überkommenen spanischen Stolz: „Noli foras ire; in interiore Hispaniae habitat veritas."[23]

---

allesamt gerade erschienenen Werke: Ernst Robert Curtius, *Die französische Kultur. Eine Einführung*, Stuttgart / Berlin 1930; Arnold Bergsträsser, *Staat und Wirtschaft Frankreichs*, Stuttgart / Berlin 1930; Friedrich Sieburg, *Gott in Frankreich? Ein Versuch*, Frankfurt am Main 1929; Wilhelm Dibelius, *England*, Stuttgart u.a. 1923; André Siegfried, *Die Vereinigten Staaten von Amerika: Volk, Wirtschaft, Politik*, New York: Zürich / Leipzig 1928.

20 Vgl. Beckerath, Madariaga: Spanien, 364f. – Richtete sich die hier ausgedrückte Wertschätzung zunächst noch an ein vor allem akademisches Publikum, so galt Madariaga Mitte der sechziger Jahre bereits als der in Deutschland meistübersetzte Spanier neben Ortega und García Lorca; vgl. Martin Franzbach, Passion für die Wahrheit, in: Die Welt, 23-VII-1966.

21 Vgl. Piñol Rull, Relaciones internacionales, 436f.

22 Sergio Vences, Español del éxodo y del llanto. Conversación con Salvador de Madariaga, in: Papeles de Son Armadans, 14 1969:52, XX. – Gleichsam gegenläufig verbot Madariaga in seiner kurzen Zeit als Erziehungsminister in Spanien bestimmte Lehrbücher, weil sie unhaltbare Vorurteile über England propagierten; vgl. Salvador de Madariaga, Psychological Factors in International Relations, in: Theory and Practice in International Relations, London 1937, 32.

23 Zitiert in: Peter G. Earle, Unamuno and the Theme of History, in: Hispanic Review, 32 1964, 337. Für den Verweis auf Augustinus; vgl. Martin Franzbach, *Geschichte der spanischen Literatur*, Stuttgart 1993, 243f.; im folgenden zitiert als Franzbach, Geschichte. Das *Idearium*

Nach dem Abschluß der *Reconquista*, also nach der endgültigen Vertreibung der Mauren und Juden von der Iberischen Halbinsel, die ins gleiche Jahr fiel wie die Entdeckung Amerikas durch Kolumbus, hatten sich die Katholischen Könige, Isabel von Kastilien und Ferdinand von Aragon, in Fortsetzung dieser historischen Mission dazu berufen gefühlt, die Einheit des katholischen Christentums nunmehr auch über das durch ihre Heirat vereinigte Spanien hinaus auf die gerade erst entdeckten Gebiete jenseits des Atlantik auszudehnen.[24] Die Nachfolger des Königspaares waren außerdem bestrebt, jenen Anspruch auf die Einheit des spanischen Weltreiches im katholischen Glauben auch auf dem alten Kontinent gegen die aufkommenden protestantischen Bestrebungen zu verteidigen, wenn auch schon bald mit immer weniger Erfolg. Karl V. setzte die erfolgreiche Matrimonialunion der Katholischen Könige in Personalunion fort. Die weitblickende spanische Heiratspolitik sowie eine vernichtende portugiesische Niederlage in Afrika bescherten seinem Sohn Philipp II. auf dem Höhepunkt spanischer imperialer Macht ab 1580 sogar den Thron von Portugal. Gleichwohl war dieser Zenit nur von kurzer Dauer und bei genauerem Hinsehen stets eher nominell denn real. Sieht man von Portugal ab, dann war die Außenpolitik Philipps II. von Beginn an primär auf den Erhalt des vom Vater übernommenen Reiches ausgerichtet. Sein bürokratischer Herrschaftsstil und seine überzogene Großmachtpolitik hatten mit ihrem stark gegenreformatorischen Impetus ab Mitte der 1560er Jahre zunehmend zu Widerstand in den spanisch regierten, aber zunehmend calvinistischen Niederlanden geführt, in deren Folge bereits 1581 die spanische Herrschaft auf das Gebiet des heutigen Belgien eingeschränkt wurde. Parallel dazu hatte sich Philipp wiederholt der Türken zu erwehren, ebenso der unter Elisabeth I. sich immer weiter verschärfenden maritimen Rivalität mit England. Zwar förmlich neutral, unterstützte Elisabeth zunächst verdeckt, ab 1585 aber auch offen die protestantischen Gegner Philipps etwa in den Niederlanden. Die Versenkung der spanischen Armada 1588 zu Beginn des auch in der Folge für Spanien ungünstig verlaufenden Seekrieges mit England, Philipps Verzicht von 1598 auf alle Ansprüche nach dem französischen Thronfolgestreit, sowie der bereits nicht mehr von Philipp geschlossene Waffenstillstand von 1609 mit den Niederlanden markierten weitere wichtige

---

Español sollte als ein Buch der Hoffnung gelesen werden, mit dem Ganivet versuchte, dem fatalen „Rückzug der spanischen Geschichte in die spanische Geographie" im nachhinein die Frucht einer nationalen Selbstbesinnung abzutrotzen; vgl. Krauss, *Spanien*, 44f.

24 Vgl. Madariaga, *Anarchy or Hierarchy*, 82f. Dies war nach Madariaga eine aus dem spanischen Charakter heraus ganz natürlich erklärbare Entwicklung, „weil der Spanier, wenn er erst seinen Blick in die Weite schickt, nicht an den Grenzen der Nation haltmacht, sondern die ganze Welt umfassen will." Ders., *Spanien*, 21.

Stationen innerhalb der Entwicklung, die die spanische Vorherrschaft in Europa zunehmend zersetzte und mit dem Westfälischen Frieden endgültig beendete.[25]

DER KATHOLIZISMUS. – Insgesamt darf der überragende Einfluß des Katholizismus auch auf das politische Denken Spaniens nicht übersehen werden. Schon der missionarische Drang nach universaler Einheit, den kein Geringerer als Unamuno für die hauptsächliche kastilische Triebkraft hielt,[26] glaubte ab dem 16. Jahrhundert das Band, das die vermeintlich zentrifugale Natur des Spaniers zu zügeln vermöge, im Katholizismus auszumachen. Das Band der Nation erschien im Lichte der historischen Mission Spanien-Kastiliens als noch zu eng.[27] Wo für das übrige Europa recht eigentlich die Reformation – mit der ethisch wie religiös individualisierenden Wirkung des Protestantismus vor allem Luthers und Calvins – den geistesgeschichtlichen Ursprung der liberalen Epoche bedeutete, da spürte auch Madariaga als Spanier die Wurzel der liberalen Idee eher in der spanisch-katholischen Naturrechtslehre auf. Gleiches gilt für seine Auffassung vom Völkerrecht. So leitete sich sein Verständnis der Menschenrechte im wesentlichen vom Denken der Schule von Salamanca her; die entgegen dieser ursprünglich katholischen Prägung stark protestantisch dominierte Weiterentwicklung des Völkerrechts, wie man sie an Namen wie Grotius und Pufendorf, sowie an Denkschulen in den Niederlanden, England und Schweden festmachen könnte, hat er nahezu vollständig ausgeblendet. Das konnte nicht ohne Konsequenzen bleiben.[28]

Prinzipiell lehnte sich Madariaga mit seinen Politik- und Gesellschaftsentwürfen an das katholische Sozialsystem an, hatte dieses im spanischen Zusammenhang doch eindrucksvoll seine Fähigkeit bewiesen, einen funktionierenden sozialen Organismus zu schaffen. Ob sich sein vehementes Eintreten für Gewissens- und Meinungsfreiheit trotzdem direkt oder indirekt dem protestantischen Impuls verdankte, mag hier dahingestellt bleiben. Fakt jedenfalls ist, daß in seinen Augen der Protestantismus die bis zu seinem Eintritt in die Geschichte funktionierende soziale Ordnung

---

25   Für einen knappen historischen Abriß des bereits unter Philipp II. beginnenden Niedergangs Spaniens vgl. Walther L. Bernecker und Horst Pietschmann, *Geschichte Spaniens. Von der frühen Neuzeit bis zur Gegenwart*, Stuttgart / Berlin / Köln 1993, 97-119; Hartmut Heine, *Geschichte Spaniens in der frühen Neuzeit 1400-1800*, München 1984, 91-129. – Madariaga hatte für Philipp II. nur Geringschätzung übrig, sein Fokus lag eher auf Karl V.; vgl. Salvador de Madariaga, *Carlos V*, Barcelona 1988. So sprach er denn auch vom „tragischen Bemühen Karls V., die Wunde der Reformation zu heilen und die Einheit Europas zu retten". Ders., *Spanien*, 26.
26   Vgl. Ganivet und Unamuno, El porvenir de España, 185.
27   Vgl. Earle, Unamuno and the Theme of History, 334f.
28   Vgl. Salvador de Madariaga, Rechte des Menschen oder menschliche Beziehungen? in: Um die Erklärung der Menschenrechte. Ein Symposion. Mit einer Einführung von Jacques Maritain, Zürich / Wien / Konstanz 1951, 62-70; sowie [B.I.], Der Liberalismus in der Gegenwart. Ein Vortrag von Salvador de Madariaga, in: NZZ, 15-II-1954.

zerstörte.²⁹ So stand Zeit seines Lebens hinter den politischen Wertungen Madariagas implizit ein schon früh entwickeltes, katholisch unterfüttertes Ideal von der erneut zu einenden Menschheit, deren Spaltung er dem Protestantismus immer wieder zum weltgeschichtlichen Vorwurf machte. Zur wahren Einheit in diesem Sinne, so stellte er schon in den zwanziger Jahren mit einem auch später immer wieder spürbaren antiaufklärerischen Impuls fest, ist das im eigenen Egoismus gefangene Interesse ebenso wenig fähig wie die Vernunft, die die Einheit wohl theoretisch entwerfen, nicht aber praktisch vollziehen könne. Die Wiederherstellung der verlorenen Einheit vermöge nur „das religiöse Empfinden für den Ursprung und das Ziel, die allen Menschen gemeinsam sind" zu leisten; und wenn er in diesem Kontext den Vorschlag Maeztus, das sieche Spanien vermittels einer stark an Weber gemahnenden ökonomischen Ethik zu kurieren, als zwar wünschenswert aber nicht ungefährlich zurückwies, dann tat er dies einerseits mit dem Hinweis, eine ans Nationale geknüpfte ökonomische Ethik mache den spanischen Nationalcharakter höchst anfällig für die imperialistische Entgleisung. Vor allem aber wehrte er sich, völlig unabhängig von seinen völkerpsychologischen Einwänden, wohl gegen das implizit Protestantische an Maeztus Vorschlag. So wie er zeitlebens skeptisch gegenüber dem Ökonomischen und stark verunsichert hinsichtlich des unvermeidlich (und von den Protestanten eher unverkrampft) auch mit dieser Sphäre zu pflegenden politischen Umgangs blieb, so erklärte er hier, man vergesse über dem Ökonomismus nur allzu

---

29 Für die Schule von Salamanca und später Grotius, so Madariaga, war die Menschheit gemeinsam dem Gesetz der Heiligen Schrift unterstellt; vgl. Madariaga, Machtpolitik und Neutralität, in: NZZ, 29-I-1955. Das Motiv vom Verlust dieser Einheit der Welt tauchte bei Madariaga schon früh auf, zunächst galt ihm die Nation als der spaltende Keil, besonders wo sie imperialistisch auftrat; vgl. Salvador de Madariaga und Henry Noel Brailsford, *Can the League cope with Imperialism? A stenographic report of the 104th New York Luncheon Discussion, February 4, 1928 of the Foreign Policy Association*, New York 1928, 9. Diese Kritik der Nation blieb auch später erhalten, nur stellte er dieser dann in der Person Luthers explizit noch eine Kritik der Reformation voran. Die Auflösung des organischen Ganzen der Christenheit habe mit Luther von innen und mit Marco Polo und Kolumbus von außen her begonnen, bevor sie durch das imperialistische 19. Jahrhundert endgültig besiegelt worden sei; vgl. Salvador de Madariaga, Half-a-century Survey, in: Essays with a Purpose, London 1954, 10f.; analog noch einmal in: Ders., Schlacht um England, in: Aktueller denn je. 30 Aufsätze zu weltpolitischen Ereignissen der Jahre 1971 bis 1974, Zürich 1980. Schon Luther aber habe „die Religion sozusagen nationalisiert", als Ersatz für das immer weniger integrierend wirkende Christentum sei der Altar der Nation entdeckt worden; vgl. Madariaga, Der Dolch und der Bazillus, in: Finanz und Wirtschaft, 1-III-1972. Wie unbedingt Madariagas Überzeugungen in dieser Frage waren, läßt sich daran erahnen, daß er in der Phase des faschistisch-nationalsozialistischen Aufstiegs zur Macht explizit eine Parallele zwischen dem katholisch-protestantischen Antagonismus des 16. Jahrhunderts und dem (ersatz-religiösen) Widerstreit zwischen Kommunismus und Faschismus herstellte; vgl. Ders., *Anarchy or Hierarchy*, 7-10.

leicht das 'buenos' im christlichen 'buenos y prósperos' – also das Gute gegenüber dem Fruchtbaren.[30]

Als eine Verkörperung beider Seiten der Kontroverse um die 'zwei Spanien', also des Widerstreits eines durch die Aufklärung geprägten und eines anderen Spaniens, das über den Katholizismus zum wahren Sein *(auténtico ser)* zu finden trachtete, kann zur Verdeutlichung Juan Donoso Cortés herangezogen werden. In seiner Jugend hatte er begeistert Machiavelli, Montaigne, Montesquieu, Voltaire, Helvétius, Rousseau, Ferguson und Chateaubriand gelesen und über dieser Lektüre einen festen Glauben an die Vernunft sowie ein liberales Denken ausgebildet, das sich später stark an Constant, Guizot, Cousin und Royer-Collard orientierte. Im Ergebnis der europaweit spürbaren Zäsur von 1848 vollzog er dann allerdings die Wende in einen abgründigen Pessimismus im Stile Kierkegaards (wenngleich mit einer weniger introvertierten Lösung als dieser) und wandelte sich vom liberalen Verfassungsrechtler zum Protagonisten des konservativen spanischen Katholizismus. Für das sterbende Europa sah er nun den Sprung in den Glauben als einzige Rettung; fürderhin propagierte er einen an de Maistre und de Bonald angelehnten autoritären Katholizismus, der als eine Institution mit monopolisiertem Wahrheitsanspruch den Menschen von der Last der Vernunft und der individuellen Entscheidung erlösen sollte. Der Katholizismus sei in seinem Disziplin- und Almosengedanken das einzige Heilmittel für die Probleme der europäischen Staaten. Nur er vermöge die gerechte Verteilung des gesellschaftlichen Reichtums und vor allem politische Ruhe zu garantieren, denn durch den Sündenfall habe sich nach Gottes Wille eine unüberwindliche Barriere zwischen der Wahrheit und der menschlichen Vernunft aufgetan. Unter der Prämisse vom sündhaften und zur Vernunft unfähigen Menschen werde das Vertrauen in das unter göttlicher Fügung historisch Gewordene zur Pflicht. Wenn nun aber im ohnehin nur begrenzt wahrheitsfähigen Menschen auch noch der Glaube absterbe, dann werde, so die Weiterführung seines Gedankens von der Konzentration und Zentralisierung der gesellschaftlichen Kräfte, die Diktatur als ein säkulares Pendant zur Autorität des Katholizismus notwendig.[31] Freilich wäre Madariaga Donoso gerade im letzten Punkt nie bis ans Ende gefolgt; wie die spanischen Traditionalisten wollte er statt dessen ständisch-föderative Strukturen als die Basis politischer Ordnung und Frei-

---

30 Vgl. Sancho Quijano [= Madariaga], A propósito del Padre Suárez, in: El Sol, 23-IV-1926; dort auch das Zitat zum religiösen Empfinden. Für die Position Webers vgl. Max Weber, Die protestantische Ethik und der Geist des Kapitalismus, in: Gesammelte Aufsätze zur Religionssoziologie I, Tübingen 1988. Die Weber-Parallele kann sich allerdings nur indirekt oder zufällig ergeben haben. Immerhin hat Madariagas Tochter Isabel erklärt, ihr Vater habe Max Weber nicht gelesen, ebenso wie er sich generell der deutschen Philosophie eher verweigert habe; vgl. Alonso-Alegre, *Pensamiento político*, 213.

31 Vgl. Hans-Jürgen Puhle et al., Art. 'Konservatismus', in: Iring Fetscher und Herfried Münkler (Hrsg.), Pipers Handbuch der politischen Ideen, Bd. 4, München / Zürich 1986.

heit etabliert wissen. Doch zeigt ein genaueres Hinsehen, daß Donosos Konzept von der Diktatur keinesfalls nur vom Regime Francos und in den lateinamerikanischen Militärdiktaturen dankbar aufgegriffen wurde. Vielmehr hat Madariaga, wie andere eigentlich progressive spanische Intellektuellengruppierungen auch, den Wunsch nach einer gottgleich unanfechtbar über aller Politik thronenden Autorität als ein immer gegenwärtiges Motiv in sein Denken eingegliedert.

Ein Abglanz des vom katholisch inspirierten Einheitsgedanken getriebenen Missions- und Erwähltheitsbewußtseins hat noch lange nach dem welthistorischen Zenit Spaniens überdauert und sich bei einigen Denkern bis weit über die nationale Katastrophe von 1898 hinaus gehalten. Unamuno und Ganivet etwa, die beiden Großen der neuen spanischen Philosophie, haben sich von 1898 die quijotesken Hörner durchaus nicht abstoßen lassen, sondern den Impuls des Eroberers bestenfalls sublimiert. Beide waren sich einig, daß sich Spanien, nach dem ersten Schock, mit dem Verlust der Kolonien auch die einmalige historische Chance böte, jahrhundertealte Fehlentwicklungen nun endlich zu korrigieren, also etwa erneut mit dem lange vernachlässigten Ausbau spanischer Macht über das Mittelmeer und Europa – wahlweise auch wieder über Nordafrika – zu beginnen.[32]

Auch Madariaga hat verschiedentlich und bis ins Spätwerk hinein der Überzeugung Ausdruck verliehen, die Spanier seien als Volk von Gott dazu auserwählt gewesen, die Neue Welt zu entdecken. Nicht immer trat das religiöse Motiv dabei so stark in den Vordergrund, wie in dem Buch, in dem man das am ehesten hat erwarten dürfen;[33] doch hatte er schon früh eine Sicht der Weltgeschichte entwickelt, der man ihren Panhispanismus auch überall dort anmerkte, wo er das religiöse Moment stärker sublimierte.[34] So war er ernsthaft davon überzeugt, die Spanier seien, wenn

---

32 Unamuno machte, wie Maeztu, vor allem die ökonomische Situation des primär agrarisch geprägten Spanien für seine auch geistige Rückständigkeit verantwortlich. Die Physiognomie Spaniens habe eigentlich immer gegen Landwirtschaft gesprochen; dennoch habe mit der Entdeckung Amerikas Kastilien seinerzeit auf einer agrarischen Kolonialherrschaft bestanden. Der Verlust der Kolonien ermögliche und erzwinge nun die lange überfällige Entwicklung der Industrie; vgl. Ganivet und Unamuno, El porvenir de España, 217, 233f. Basierend auf seiner eschatologischen Geschichtssicht, die die Welt am Ende der Geschichte in der Herrschaft einiger weniger Kulturkreise aufgehen sah (und der auch Madariaga nicht abgeneigt war, er sprach von 'las grandes familias humanas'; vgl. Madariaga, *Ciclo hispánico*, 9-11), legte Unamuno insbesondere die Verlagerung spanischer imperialer Interessen zunächst nur [sic!] auf Afrika und die Araber nahe, da er nach dem Rückschlag von 1898 das rein spanische Zeitalter für noch immer nicht gekommen hielt; vgl. Ganivet und Unamuno, El porvenir de España, 205-207.
33 Alonso-Alegre verweist für diese These auf Madariagas Dios y los Españoles; vgl. Alonso-Alegre, *Pensamiento político*, 141.
34 Madariaga reihte sich laut Rehrmann in den panhispanischen Grundkonsens ein, der unbeschadet aller Divergenzen in Einzelfragen Spaniens Liberale und Konservative parteiübergreifend in der Überzeugung von einer gleichsam natürlichen kulturellen Hegemonie Spaniens in Lateinamerika einte; vgl. Rehrmann, *Nationale Erbauung*, 31. Für eine umfas-

nicht die besseren so doch zumindest: andere Europäer, schon weil sie früher als andere Kulturen durch das Zusammentreffen von Christen, Mauren und Juden die für Europa prägende Integration kultureller Vielfalt er- und gelebt hätten.[35] Auch er hielt, mit Blick auf die verlorenen Übersee-Kolonien, die hispanische Welt explizit noch immer für ein *corpus historicum*, einen historischen Gesamtentwurf mit einer partikular ausgezeichneten Sicht auf die gesamte Weltgeschichte also, obwohl auch er das spanische Imperium als *corpus politicum* bereits ab dem ersten Drittel des 19. Jahrhunderts endgültig auf dem Totenbett liegen sah. Trotz aller internen Spannungen, so Madariaga, sei die seelische Substanz Lateinamerikas der spanischen noch immer ähnlich genug, um auch weiterhin zu Recht von einer geschichtlichen Einheit sprechen zu können.[36] Über diese Auffassung erschließen sich auch seine – in Beipflichtung wie Ablehnung – viel beachteten historiographischen Werke zur Geschichte Lateinamerikas und seiner Beziehungen zu Spanien.

DIE SCHIZOPHRENIE DES GENIAL-MISERABLEN VOLKES. – Über die Jahrhunderte des stetigen weltpolitischen Abstiegs Spaniens bis hin in die 1898 so empfundene politische Bedeutungslosigkeit erfuhr der spanische Nationalstolz allerdings eine zunehmend schizophrene Eintrübung.[37] Parallel zu und oft in fast trotzigem Verbund mit dem historisch überkommenen Gefühl der Überlegenheit schwang im Denken der spanischen Intellektuellen des 20. Jahrhunderts immer ein deutlicher Minderwertigkeitskomplex gegenüber dem übrigen Europa mit. Dieser erwuchs, neben der tatsächlichen ökonomischen Rückständigkeit Spaniens, vor allem auf Bsis einer Reihe selbstauferlegter pseudobiologisch und pseudohistorisch begründeter Klischees politischer und kultureller Minderwertigkeit. Neben der Behauptung etwa, Spanien habe im Feld der Naturwissenschaften niemals etwas Nennenswertes zuwege gebracht,[38] gefiel man sich im selbstgeißelnden Stereotyp von der spanischen Unfähigkeit zur Politik bzw. in der Verurteilung der spanischen Neigung zu Gewalt, Separatismus

---

sende historische Darstellung der so verstandenen liberalen und konservativen Interessen Spaniens in Lateinamerika; vgl. Fredrick B. Pike, *Hispanismo, 1898-1936. Spanish Conservatives and Liberals and their Relations with Spanish America*, Notre Dame (Indiana) / London 1971, 128-208.
35 Vgl. Benítez, Madariaga, 33.
36 Vgl. Madariaga, *Die Erben der Conquistadoren*, 11f.
37 Typisch ist der beständige Wechsel der 98er zwischen Dekadenzbewußtsein und Depression einerseits und einer extremen Arroganz und fast manischen Selbstüberschätzung andererseits, beides direkte Folgen einer fundamentalen Ratlosigkeit; vgl. Neuschäfer, Krausismus, 284.
38 So wiedergegeben in Caminals Gost, *Madariaga*, 224f.

und Terrorismus;[39] empfand man sich als ein Volk von Plagiatoren, das sich geistige Entwicklungen lediglich von anderswo eklektisch zusammenborge.[40]

Gleichzeitig, und hier schienen sich in Spanien noch immer stärker als irgendwo sonst scholastische Denkstrukturen erhalten zu haben, verband sich der gegenüber objektiven Wahrheiten überaus skeptische Subjektivismus der Spanier mit ihrer ebenso unbedingten Bereitschaft zu engster geistiger Gefolgschaft derer, die einmal über jeden Zweifel hinweg als Autoritäten ausgewiesen und allgemein anerkannt waren. Auch diese Begeisterungsfähigkeit, mit der ihre Bereitschaft zur selbstaufopfernden Gefolgschaft gegenüber bewunderten Führern erklärt werden kann,[41] führte potentiell zu Problemen. Auch sie war personenzentriert, vollkommen auf die jeweilige Führerfigur ausgerichtet, also gleichsam eine externalisierte Form des spanischen *yoísmo*.[42] Seien nun mehrere Führer untereinander zerstritten, so ein Urteil noch über das Spanien der siebziger Jahre, dann schlage sich das in Zerrissenheit auch der Gefolgschaft nieder; fehlten die anerkannten Führer ganz, dann lasse sich unter Spaniern immer wieder paranoides und konspiratives Verhalten beobachten.[43]

Der autosuggestive Topos von der Unfähigkeit der Spanier zur Politik bedurfte lange Zeit nicht einmal einer ausdrücklichen Begründung. Ganz selbstverständlich etwa schrieb Sender noch in den späten fünfziger Jahren, auf der Suche nach einem möglichen Ausweg aus dem Franco-Regime über den Prätendenten Juan III.:

> Any solution that contributes to the pacification of the country and improves the conditions of the people will be well received. But if a monarchy it must be a liberal monarchy. *Which is a contradiction in Mediterranean countries.*[44]

Mit dieser Inkompatibilität erfaßte er implizit die spanische Tendenz zum Anarchismus, die Madariaga ebenso wahrnahm,[45] und die auch empirisch zu beobachten

---

39 „[C]ivil war, for temperamental reasons, is always latent in Spain.", Salvador de Madariaga, Spain: The Politics, in: The Atlantic Monthly, 159 1937:3, 366; wo Madariaga ein Bild des politischen Spektrums in Spanien vor und bei Ausbruch des Bürgerkrieges zeichnete, in dem mit Bestimmtheit das Eingreifen kommunistischer wie faschistischer Kräfte von außen als zur Erklärung nicht erforderlich, in seiner Bedeutung zumindest als sekundär qualifiziert wird.
40 Vgl. Jackson, *Annäherung an Spanien*, 206-208 und 213.
41 „[I]n Spanien [sind] Freiheit oder Gerechtigkeit oder Freihandel, politische, wirtschaftliche und soziale Ideen weniger wichtig als Hinz oder Kunz, die sie im Moment verkörpern.", Madariaga, *Spanien*, 20.
42 Vgl. Ders., Comentario amistoso, in: Mi respuesta. Artículos publicados en la revista 'Ibérica' (1954-1974), Selección y prólogo por Victoria Kent, Madrid 1982, 323-334. Mit dem Neologismus yoísmo (wörtlich: Ich-ismus) bezeichnete Madariaga die Tendenz der Spanier, als wahr ausschließlich Produkte der eigenen Überzeugung anzuerkennen, auch wenn dem objektive Begründungen entgegenstehen.
43 Vgl. Jackson, *Annäherung an Spanien*, 202f.
44 Ramón Sender, And the bell still tolls, in: Saturday Review of Literature, 7-VI-1958; meine Hervorhebung.
45 „Der instinktive Wille, seine persönliche Freiheit zu bewahren, läßt ihn [den Spanier, TN] alle Formen sozialer Gemeinschaftsarbeit scheuen, weil alles kollektive Arbeiten den Einzelnen

war. So erlangte der Anarch(osyndikal)ismus, nachdem er ursprünglich in Frankreich entwickelt worden war, in Spanien größere Bedeutung als irgendwo sonst auf der Welt,[46] überhaupt haben Sozialismus und Kommunismus in Spanien weniger über Marx als über Bakunin Eingang ins politische Denken gefunden. Madariaga selbst machte immer wieder deutlich, daß er Marx zwar dezidiert kritisch, partiell aber sogar zustimmend gegenüberstand, während er den Marx*ismus* unumschränkt ablehnte.

Anders aber als Sender sah er in der anarchistischen Ader des Spaniers nicht nur ein Problem. Als die These, die Spanier könnten sich nicht selbst regieren, von Fraga Iribarne, Minister für Öffentlichkeit unter Franco, für die Diktatur politisch instrumentalisiert wurde, reagierte er im Januar 1964 mit einem offenen Brief, der sich vehement gegen die in Spanien vorherrschende Meinung von der Unfähigkeit zur Politik stellte.[47] Bereits lange zuvor hatte er eine – wenn man ihre Prämissen teilt – beachtliche psychopolitische Typologie entworfen, innerhalb derer er die topographisch nördlichen von den südlichen politischen Kulturen schied und das anarchische Element im politischen Denken und Handeln letzterer nachgerade zu einer Tugend verklärte. Die politische Psychologie des Nordens entspinne sich entlang ethischer, sozialer und objektiver Kriterien, daher seien nordische Völker eher geeignet für die Republik *(res publica)*, also die öffentliche *Sache*. Demgegenüber sei der Süden wesenhaft ästhetisch, individuell und subjektiv, und somit eher geeignet für die Monarchie, also die Gefolgschaft gegenüber einem Herrscher qua dessen *Person*. Zwar mache die allgegenwärtige Verdinglichung der modernen Welt Republiken – diesen Punkt zuzugestehen ist er immer bereit gewesen – nachweisbar erfolgreicher.[48] Gleichwohl äußerte er die Überzeugung, das für die südlichen Länder charakteristische kreative Chaos entfalte gerade angesichts der modernen Tendenz zur Gleichmacherei in angemessener Dosis seinerseits eine politisch höchst heilsame Wirkung. Den primär am Ordnungsgedanken ausgerichteten westlichen Demokratien hielt er dem entsprechend entgegen: „The ideal of good government is apt to be exaggerated."[49] Umgekehrt gipfelte der gleiche Impuls gegenüber der kommunistischen Sowjetunion zwei Jahre nach dem Amtsantritt Breschnews in der Aussage:

---

zu fesseln und zum Teilstück einer Maschinerie zu machen droht. Sein anti-kooperativer Instinkt verstärkt noch seine Neigung, an den beiden Polen seiner Seele – dem Einzelnen und dem Universum – zu verweilen und das Zwischenland der gesellschaftlichen und politischen Bindungen brach zu lassen." Madariaga, *Spanien*, 20.

46   Vgl. James Joll, *The Anarchists*, New York 1966, 217f.
47   Der Brief findet sich in Wiederabdruck im Anhang der Madariaga-Biographie Fernández Santander, *Madariaga, Ciudadano del mundo*, 271-273.
48   Für diese geopolitische Psychologie vgl. bis hierher: Madariaga, *Victors, beware*, 30-35; und Ders., Nordic Myth, 95-105.
49   Vgl. Ebd., 103f.; Zitat ebd.

„Es ist möglich, daß das Regime eher zugrunde geht, weil es langweilig ist, als weil es hassenswert ist."[50]

Dem Spanier als reinem generischen Individuum ist dem gegenüber selbst im eigenen Land immer wieder ein Quijotismus zugeschrieben worden, der ihn in Erfolg und Versagen gleichermaßen präge. Gemeint ist damit eine Tendenz, die objektive Wahrheit sehenden Auges leugnen bzw. die Realität durch einen schieren Akt des Willens transformieren zu wollen. Die literarische Figur des Quijote, der die Realität umgeht, indem er sie sich in teils bewußtem Wahn selbst zurechtdefiniert, ist auch von Madariaga immer wieder (affirmativ!) als Prototyp zur Beschreibung des spanischen Nationalcharakters herangezogen worden; er sprach von 'unserem Hang, die Realität, so wie sie ist, geringzuachten – ein Charakterzug, den Cervantes in Don Quijote hat lebendig werden lassen'.[51] Auch ihm selbst sind verschiedentlich quijoteske Züge attestiert worden, etwa wegen seines unerschütterlichen Glaubens an eine perfekte Weltordnung auf der Basis allein der Freiheit.[52] Sánchez Albornoz nannte ihn den Don Quijote Europas und des Liberalismus, der mit der intellektuellen Arroganz und der unnachgiebigen Starrköpfigkeit wesentliche charakterliche Merkmale jenes literarischen Prototyps geteilt habe.[53]

Schließlich hat sich Madariaga wiederholt auch selbst mit Don Quijote als dem impulsiven Eroberer von edler Gesinnung identifiziert, zugleich aber auch mit Sancho Panza als einer Allegorie auf das von tradiertem und erdnahem Wissen sowie von weiser Bauernschläue geprägte spanische Volk. Das Pseudonym, hinter dem er von 1923 bis 1926 für eine ganze Reihe von Artikeln gegen die Diktatur Primo de Riveras in der spanischen Zeitung *El Sol* Anonymität ob seiner Loyalitäten als Delegierter im Völkerbund suchte, war nicht zufällig: Sancho Quijano.[54] Damit verband er in einer Figur den Topos Sanchos als das den Wahn seines Herrn wiederholt bremsende, ausschließlich erfahrungs- und ich-bezogene spanische Gegenstück zum angelsächsischen *common sense*,[55] mit jenem des Alonso Quijano el Bueno, also dem wahren Namen Quijotes, zu dem dieser im letzten Kapitel des Buches in dem kurzen Moment von Läuterung und vollkommener geistiger Klarheit auf dem Totenbett wieder zurück findet. Für Madariaga ist dies *die* Schlüsselszene für den ganzen Roman, und der Quijote damit als fahrender Ritter nur die eingebildete und nachgelebte Idealgestalt des (als Figur) realen Quijano. So verstanden taucht der Quijote quer

---

50 Salvador de Madariaga, Fünfzig Jahre Oktober-Revolution, in: Zuerst die Freiheit. Reden und Beiträge aus den Jahren 1960 bis 1973, Ludwigsburg [o.J.], 182.
51 Ders., Comentario amistoso, 331.
52 Vgl. Preston, *Quest for Liberty*, 3.
53 Vgl. Sánchez Albornoz, Hispanismo, 107f.
54 Vgl. Preston, *Quest for Liberty*, 6.
55 Vgl. Madariaga, *Ciclo hispánico*, 14f.

durch das jüngere spanische Denken immer wieder auf, und zwar zumeist im Tenor stolzer Apologie des historischen Handelns der spanischen Nation. Gern wird dabei auch darauf hingewiesen, die Figur sei außerhalb Spaniens durch die Einschränkung auf den Ritter von der traurigen Gestalt unzureichend, wenn nicht gänzlich fehlinterpretiert worden.[56]

Bereits Unamuno hatte den kastilisch-spanischen Geist als dualistisch und polarisierend sowie von impulsivem Voluntarismus beschrieben und ihn außer im Don Quijote als dem „lebenden Symbol der Überlegenheit der kastilischen Seele"[57] ebenso prototypisch auch in den spanischen Konquistadoren und in den Heldenfiguren der *comedias* aus dem spanischen Goldenen Zeitalter verkörpert gesehen.[58] Diese Tendenz zum *yoísmo*, so Madariaga, sei in Spanien derart verbreitet und derart fest im Nationalcharakter verwurzelt, daß sie dort sogar Eingang in den Sprichwort- und Anekdotenschatz gefunden habe.[59] Allerdings sah er den *yoísmo* seiner eigenen Konzeption des immer auch sozial gebundenen Individuums zuwiderlaufen, folgerichtig galt er ihm als eine Veranlagung, die den Spanier in einen politischen Teufelskreis führe: Der spanische Subjektivismus und das durchgehend niedrige Niveau politischer Bildung der Spanier verstärken sich wechselseitig.[60]

Und Madariagas Diagnose geht noch weiter. Selbst im Katholizismus finde der spanische *yoísmo* noch nicht seine Grenze, sondern er beanspruche mitunter seinen Vorrang nicht nur vor Recht und Gesetz, sowie vor der Politik als deren Erzeuger, sondern eben auch vor den Geboten der religiösen Ethik.[61] Dies alles findet in der Diagnose zusammen, Sachlichkeit und Geduld seien der Spanier Stärke nicht. Vielmehr verhindere ihr Dogmatismus prinzipiell ein stabiles Funktionieren gemäßigter politischer Systeme. Der Spanier neige aus Prinzip dazu, weitgehend frei von inhaltlicher Reflexion in politische Extreme zu verfallen; flatterhaft werfe er sich immer gerade jenem politischen Extrem in die Arme, dessen diametraler Widerpart in seinen Augen gerade versagt hat.[62] Der Spanier sei *passioniert passiv*: Er verfüge über eine hohe Leidensschwelle und Indifferenz gegenüber materiellen Dingen; werde die Schwelle aber überschritten, dann beginne ein nahezu unerschöpfliches Motivationsreservoir zu sprudeln, aber eher explosiv als in geordneten Bahnen. Madariaga hat dies in einem gelungenen Bonmot zusammengefaßt („it is easier to make a Spaniard

---

56 So auch Madariaga, der sich selbst intensiv mit der Figur Quijotes auseinandergesetzt (vgl. etwa Madariaga, *Guía*) und dabei abseits orthodoxer literaturwissenschaftlicher Deutungen eine Reihe von weithin beachteten Ideen hinterlassen hat.
57 Zitiert in: Shaw, *Generation of 1898*, 49.
58 Vgl. Ebd., 45.
59 Vgl. Madariaga, Comentario amistoso, 331.
60 Vgl. Caminals Gost, *Madariaga*, 66f.
61 Vgl. Madariaga, Reflexiones sobre la revolución, in: Ahora, 14-VI-1936.
62 Vgl. Ebd., 158-160.

die for his country than live for it"⁶³) und die Leidenschaft beschrieben als „die Empfindung der Einheit mit dem Strom des Lebens, der vorüberzieht bzw. den wir vorüberziehen lassen, eine Leidenschaft, die durch unsere hindurchfließt" – und zwar, als deren passives Pendant, in Abgrenzung zur aus sich heraus spontanen Aktion, wie sie für den Engländer typisch sei. Einmal geweckt, erfasse diese Leidenschaft jedoch den ganzen Mann und verschmelze dann in einem Wunder von Energie völlig mit der Tat.⁶⁴

Nirgends als in einem Volk von solcher Prädisposition habe die politische Linke günstigere Bedingungen für die Ausbildung eines Anarchosyndikalismus bzw. Libertinismus finden können, wie sie für die Arbeiterschaft Spaniens typisch seien. Nirgends sonst auch habe die Politik der Arbeiterführer in Anerkennung der begrenzten eigenen Gestaltungsfähigkeit umfassender als hier begreifen lernen müssen, daß sich die unbändigen Interessen der eigenen politischen Klientel eher selbst Bahn brechen als daß sie sich gezielt steuern ließen:

> Den spanischen Politikern, und besonders denen, die sich die schwere Aufgabe aufgebürdet haben, unsere proletarische Masse zu disziplinieren, ist vollkommen bewußt, daß sich der hispanische Stier nicht bändigen läßt.⁶⁵

In unübersehbar politikdidaktischer Absicht, aber mit bereits resignierendem Unterton angesichts des sich abzeichnenden und für ihn in seiner Unabänderlichkeit tragischen Irrtums der proletarischen Kräfte, erklärte Madariaga seinen Lesern daher auch kurz vor Ausbruch des Bürgerkrieges, daß Spanien nach einem Sieg des Kommunismus ein böses Erwachen erleben würde, sobald das zunächst von dessen Verheißungen geblendete Volk hernach zu verstehen begänne, daß es sich fernab der Erfüllung der populären Hoffnung auf „reichen Lohn bei wenig Arbeit" mit dem Kommunismus viel eher ein in seiner Strenge bislang ungekanntes und sicher ganz und gar nicht ersehntes politisches Regiment eingehandelt haben würde.⁶⁶ Vier Jahrzehnte später, kurz nach Ende seines erzwungenen Exils, hat er diesen Gedanken noch einmal in ganz ähnlicher Nuancierung aufgegriffen, als er feststellte, daß der spanische Katholizismus und der eigentlich atheistische Marxismus auf dem Nährboden eben jener eschatologischen Disposition der Spanier auf kuriose Weise doch zueinander finden könnten. Denn obgleich er das paradiesische Topos streng laizistisch variiere, so sei doch auch der Marxismus auf die allgemeine Erwartung der heiligen Niederkunft auf Erden gegründet; und wie dieser, so glaube umgekehrt – nur eben in jenseitiger Überformung – auch der Katholizismus, „daß es möglich

---
63 Vgl. Caminals Gost, *Madariaga*, 147-158; Zitat 156.
64 García Valdecasas, *Carácter español*, 126f.
65 Madariaga, Reflexiones sobre la revolución, in: Ahora, 14-VI-1936.
66 Vgl. ebd.

ist, in einem magischen Streich alles zu verändern; und daß dieser magische Streich *kommen wird.* Von woher? Das spielt keine Rolle. Er wird kommen, und natürlich von außerhalb."[67]

Dennoch laufen Intuition und *yoísmo* schließlich zusammen in einer umfassend positiv verstandenen Vorstellung vom genuin spanischen Geist, von dem der große spanische Historiker Sánchez Albornoz auch Madariaga vollkommen durchdrungen glaubte.[68] Mit seinem Buch *The Genius of Spain* stellte sich Madariaga selbst bewußt in eine lange Tradition im spanischen Denken, denn auch er greift die von allen spanischen Philosophen latent immer mitgedachte Unterscheidung zwischen *genius* und *talent* wieder auf. Es ist das universale Überwiegen des in der Tendenz anarchischen *genius* gegenüber dem eher mit Systematik und Ordnung assoziierten *talent*, das in der spanischen Kultur ebenso schwer konkret faßbar wie allgegenwärtig ist, und das, zumindest in der Sicht Madariagas, Spaniens Sonderstellung in Wissenschaft, Politik und Philosophie hinreichend begründet. Dieser Gedanke war im übrigen in seinem latent rassistischen Zuschnitt politisch keineswegs ungefährlich. Auch die faschistische Falange berief sich in ihrer Politik geschichtsapologetisch auf die spanische Verteidigung der europäischen Kultur;[69] der Topos vom *Genius of Spain* ist von den spanischen Faschisten ebenso wie von Madariaga gepflegt worden.[70]

3.2 Stil des spanischen Denkens

Für ein volles inhaltliches Verständnis des madariagaschen Denkens ist eine Analyse auch seiner Methodik und seines Denk- wie Schreibstils unerläßlich. Der Hang zur stark bildhaften Metaphorik ist zu Recht als eine Art Code beschrieben, ja sogar als eine weitere der zahlreichen Sprachen verstanden worden, in denen der polyglotte Madariaga seine Werke hinterlassen hat.[71] Dabei würde die Frage im Fokus auf das rein Sprachliche viel zu kurz greifen; denn darüber (und auch über die Person Madariagas) hinaus könnte man durchaus von einem genuin spanischen Stil dahingehend sprechen, wie Wissenschaft betrieben und was darunter verstanden wird.[72]

---

67 Vgl. Salvador de Madariaga, Francisco Largo Caballero, in: Españoles de mi tiempo, Barcelona 1974, 92.
68 Vgl. Sánchez Albornoz, Hispanismo, 109.
69 Vgl. Briesemeister, Die Iberische Halbinsel und Europa, 21.
70 Vgl. Ebd..
71 Vgl. Caminals Gost, *Madariaga*, 393, 399 und 429.
72 Johan Galtung hat im Verweis auf kognitive Muster, die sich bestimmten Kulturkreisen empirisch zuordnen lassen und durch die deren analytisches Denken und deren Umgang mit Wissen entscheidend vorgeprägt sind, vier Wissenschaftsstile ausgemacht, unter denen der spanische zwar nicht vertreten ist, wohl aber analog herausgearbeitet werden könnte; vgl. Johan Galtung, Struktur, Kultur und intellektueller Stil. Ein vergleichender Essay über sach-

Damit ist nicht beabsichtigt, an Madariaga etwa mit dem von ihm selbst verwendeten völkerpsychologischen Instrumentarium heranzutreten. Wohl aber sollen einige der Denkstrukturen aufgedeckt werden, deren prägendem Einfluß er sich zunächst in Spanien und später im Exil durch den engen Kontakt zu spanischen Denkern praktisch nicht entziehen konnte, und die sein gesamtes politisches Denken mitgeprägt haben. Es zeigt sich nämlich, daß dieses noch über die Wirkung der schon an sich sehr stark bildhaften spanischen Sprache hinaus sowohl inhaltlich durch bestimmte Figuren als auch methodisch durch bestimmte Muster dominiert bzw. strukturiert wird, die jeweils von einem genuin spanischen Kontext herrühren. So stellte einer seiner Freunde völlig zutreffend fest:

> La parole qui les exprime va droit au point, claire et ramassée, sans graisse superflue, riche d'antithèses, illuminée parfois par les anciens mots et proverbes de sa terre, mélange de Sancho et de Quijote. Un brin de sénéquisme et de tacitisme convient au style d'un espagnol qui est avant tout un humaniste, tout en ayant débuté comme polytechnicien.[73]

QUIJOTESKER SOLIPSISMUS. – Zu einem über die im Zitat angedeuteten Eckpunkte in Madariagas Vita und Werk noch hinausreichenden spanischen Wissenschaftsstil wäre *erstens* die Vorliebe für ein intuitives und sich bevorzugt in großen Zusammenhängen bewegendes Denken und demgegenüber die Zurückweisung von Letztbegründungsansprüchen einerseits sowie einer jeglichen gestrengen Faktenanalyse oder Datenerhebung andererseits zu zählen. Unamuno, der trotz der inneren Widersprüche seines Werkes in vielem und für viele zum Kristallisationspunkt der modernen spanischen Philosophie wurde, hat das intuitive Denken auf Basis der direkten eigenen Erfahrung dem analytischen Denken unbedingt vorgezogen.[74] Diese Tendenz hat sich bei Madariaga nicht nur ebenso niedergeschlagen, sondern ist von

---

sonische, teutonische, gallische und nipponische Wissenschaft, in: Alois Wierlacher (Hrsg.), Das Fremde und das Eigene. Prolegomena zu einer interkulturellen Germanistik, München 1985.

73 Giovanni Malagodi, Madariaga le Libéral, in: Henri Brugmans und Rafael Martínez Nadal (Hrsg.), Liber Amicorum. Salvador de Madariaga, Recueil d'études et de témoignages édité à l'occasion de son quatre-vingtième anniversaire, Brügge 1966, 80.

74 Vgl. Mario J. Valdés, Esquema de una filosofía, in: Miguel de Unamuno (Hrsg.), San Manuel Bueno, mártir. Edición de Mario J. Valdés, Madrid 1984, 42. – Bei Unamuno (und ebenso bei Madariaga, etwa in seiner Auffassung von Historiographie) finden sich praktisch alle der stilistischen Charakteristika, die analog etwa die deutsche Romantik prägten: etwa die Überzeugung, die Geheimnisse der Welt nur durch die Poesie, nicht aber auf dem Wege steriler Prosa entschleiern zu können; damit zusammenhängend die Vorliebe für bedeutungsschweres Evozieren und die Abneigung gegenüber der stringenten Analyse; schließlich die Skepsis gegenüber allgemeingültigen Gesetzen und statt dessen der Kult um das Exzeptionelle und Einzeln-Einzigartige; vgl. Hans Reiss, *Politisches Denken in der deutschen Romantik*, Bern / München 1966, 12-14.

ihm wiederholt reflektiert und explizit gemacht worden, etwa wenn er im Rückblick unverblümt einräumte, für seine akademische Tätigkeit in Oxford eigentlich nur sehr bedingt geeignet gewesen zu sein: „Ich bin ein intuitiver Erkunder der Dinge, vor allem der menschlichen Natur; ohne jegliche didaktische Begabung; voll universeller Neugier, aber konkretem Wissen abhold."[75] Gleiches attestiert ihm (und sich selbst) einer seiner spanischen Interpreten:

> Im Wesen der Leidenschaft, Spontaneität, Improvisation (einer sehr spanischen Schwäche, derer ich mich auch selbst oft bezichtige) liegt eine angeborene und konstitutive Auflehnung gegen das Methodische, eine Art des Widerstrebens dagegen, den Fluß des Lebens zu manipulieren. Das Denken des Spaniers – sagt Salvador de Madariaga – ist normalerweise intuitiv, konkret und präzise; dieses Denken ist mit dem Risiko unzureichender Improvisation und der Gefahr der Willkür behaftet. Darum ist der Spanier eher Genie als Talent.[76]

Gerade im Versuch der Engführung der Stilfrage auf Unamuno als einen der herausragenden Protagonisten des modernen spanischen Denkens ist es daher von Interesse, daß dieser von Madariaga als ein Liberaler vereinnahmt und bewundert wurde, der den Irrationalismus Kierkegaards hispanisiert habe. Seine Verehrung für Unamuno jedenfalls leitete Madariaga nicht zuletzt von der Überzeugung ab, jener sei ein Denker gewesen, der seinen Existentialismus nicht nur schrieb, sondern auch selbst zu leben imstande war.[77] Dabei wurde, von Unamuno wie von ihm selbst, die erfahrungsabhängige Intuition bis fast in den Solipsismus getrieben. Unamuno glaubte, allein das dem rationalen Zugriff entzogene und sich seiner selbst bewußt gewordene Ich sei zu Wissen befähigt. Er kehrte das berühmte epistemologische Diktum von Descartes bewußt um und behauptete gegen diesen, die Existenz liege dem Essentiellen (Geistigen) voraus; das sich seiner selbst bewußte Ich sei Schöpfer seines eigenen Geschicks und letztlich auch der Urheber von Wissen und Wahrheit: Sum, ergo cogito. Gegen Descartes war für ihn die rationale Vernunft nicht natürlich, sondern ein Produkt, das sich erst in der menschlichen Vergesellschaftung konstituiert.[78]

> Die Welt, der Andere, und sogar das isolierte Ich sind rationale Abstraktionen. Die Seinswirklichkeit kann nur vom Ich und nur innerhalb der durch seine Existenz vorgegebenen Begrifflichkeit erkannt werden, und diese Begriffe sind die jenes Beziehungsgefüges, das wir oben das In-der-Welt-Sein genannt haben.

---

75 Madariaga, *Morgen ohne Mittag*, 145.
76 García Valdecasas, *Carácter español*, 127.
77 Vgl. Madariaga, *Morgen ohne Mittag*, 161-165.
78 Vgl. Valdés, *Esquema*, 42-47.

Die Kraft, die diese Existenz aufrecht erhält, liegt im Zentrum dieses Gefüges: das Sein-Wollen.[79]

Dies ist nichts weniger als eine Entsprechung mit Sartres These, die Existenz liege der Essenz, dem Wesen, voraus. Die von den Existentialisten gleichsam autopoietisch verstandene Existenz ist hier bereits erkennbar – was gegenüber Sartre aber eine Vorwegnahme bedeutet, denn als der seine frühen philosophischen Schriften zu veröffentlichen begann, war Unamuno gerade gestorben. Auch insgesamt würde man von Existenzphilosophie wohl erst ab den zwanziger Jahren des vergangenen Jahrhunderts sprechen; zu dieser Zeit aber hatte Unamuno seine große biographische Krise lange hinter sich, seine wegweisenden Werke waren bereits erschienen, sein Denken erfuhr keine grundlegende Änderung mehr. Wenn also Unamuno als ein Repräsentant spanischer Existenzphilosophie apostrophiert wird, dann wäre wohl besser von einem indirekten Rezeptionszusammenhang zu der etwas älteren Lebensphilosophie zu sprechen, der so im übrigen auch für Madariaga festzustellen ist.[80]

Madariaga kannte beide Nuancen ebenso wie Unamuno. Die im Sinne der Autopoiesis absolute Gestaltungsfreiheit wurde bei ihm zur Forderung uneingeschränkter Statusmobilität, durch die jedem Menschen die Möglichkeit eröffnet würde, innerhalb des ihm entsprechenden Aktionsradius im wahrsten Sinne des Wortes seines eigenen Glückes Schmied zu sein.[81] Auch der subjekt-definierte Charakter von Wissen und Wahrheit findet sich in seinem Denken wieder – in einer ähnlich solipsistischen Ausformulierung wie bei Unamuno und überdies um einen dezidiert ästhetischen Zungenschlag ergänzt, der in dieser Deutlichkeit bei Unamuno sogar fehlt. Nimmt man daher Unamuno tatsächlich für einen spanischen Vertreter der Existenzphilosophie, nimmt man zudem und vor allem seine intensive Kierkegaard-Rezeption zur Kenntnis und knüpft man, drittens, beides mit der unbedingten Verehrung Madariagas für die Person und das Werk Unamunos zusammen, dann gewinnt auch für Madariagas Denken Kierkegaard erhebliche Relevanz.

Zunächst ist daher einem Gedanken Alonso-Alegres zuzustimmen, die im Motiv der Angst bzw. ihrer erforderlichen Überwindung eine Parallele Madariagas zum Existentialismus ausmacht; nicht umsonst habe er eines seiner Hauptwerke *De la angustia a la libertad* genannt. Mit Recht wird ihm damit die These unterstellt, die moderne Freiheit verdanke sich einem Abwehrreflex gegen den Einbruch des Kollektiven in das zuvor isolierte Eigene, der durchaus zu existenzieller Angst habe führen können.[82] In der Tat wollte er zwar ausdrücklich nicht zurück zum rousseauschen

---
79 Zitiert in: Valdés, Esquema, 47.
80 Für die Einordnung Unamunos vgl. Franz Zimmermann, *Einführung in die Existenzphilosophie*, Darmstadt 1992, 3.
81 Vgl. Madariaga, *Victors, beware*, 106.
82 Vgl. Alonso-Alegre, *Pensamiento político*, 154-156.

Idyll vom vormittelalterlichen Bauern und dessen ursprünglicher Freiheit, denn dies hatte für ihn mit Freiheit nichts zu tun. Gleichwohl teilte er in vollem Umfang die in diesem Szenario implizit angelegte Kritik an der Moderne, der Technisierung, der Beschleunigung des Lebens, der Globalisierung, oder auf welches Rubrum man dies auch immer bringen möchte. Es muß also gar nicht auf seine Weltuntergangsängste im Kalten Krieg verwiesen werden, um als den Motor für den ganz persönlichen Kampf Madariagas um die Freiheit existentielle Angst auszumachen.

Allerdings ging es Madariaga dabei nicht um sich selbst. Bei ihm findet sich die Angst im Vergleich zum Original bei Kierkegaard stets in kollektivistischer Verfremdung. Er teilt nicht des Dänen Motiv, es sei der jederzeit ungewiß über dem eigenen Dasein schwebende Tod, der den Menschen endlich und gewissermaßen zufällig mache und mithin auch um die Einsicht in absolute Gewißheiten bringe. Sein Reflektieren über den individuellen (und über den eigenen) Tod war auf glaubwürdige Weise angstfrei. So hat er auch den auf die eigene Unsterblichkeit fixierten Agonismus in der Philosophie Unamunos immer abgelehnt und sich in diesem Punkt für über sie erhaben erklärt. Auch hat er sich, je später umso deutlicher, von der fein nuancierten und ein von ihm sicher schwer wiegendes intellektuelles Opfer fordernden existenzphilosophischen Randbedingung wieder distanziert und sich sehr wohl selbst im Besitz *objektiver* Wahrheiten geglaubt. Trotzdem findet sich auch in seinem Repertoire das von Kierkegaards Einwand gegen die gesamte metaphysische Tradition ausgehende zentrale Denkmuster der Existenzphilosophie, als erfreuliche Kehrseite der autopoietischen Beschränkung auf das bloße Faktum der Existenz winke dem in diesem Sinne existierenden Individuum dann doch der Zugang zu einer verbindlichen Wahrheit. Anders als Unamuno (in seinem Anspruch der Selbstvergöttlichung), und auch eher noch als Kierkegaard selbst (in seinem Ansatz über den Ausgang aus Angst und Verzweiflung), war Madariaga nämlich ohne weiteres in der Lage, dessen Forderung nachzukommen, den Tod bzw. die eigene Sterblichkeit und Endlichkeit ernst zu nehmen, die eigene Existenz also als eine nur abgeleitete anzuerkennen. So scheint sich ihm denn auch intuitiv die Crux aller Existenzphilosophie zu erschließen, daß nämlich dem Anerkenntnis der Unfähigkeit des endlichen Menschen zur Einsicht in objektive Wahrheit, wie sie die Metaphysik als Unveränderliches fordert, die Erkenntnis einer sich im Individuum selbst im Fluß befindenden Wahrheit folgen kann, zu der man aber nur gelangt, indem man sich subjektiv strebend zu ihr ins richtige Verhältnis setzt. Alle Subphilosopheme, aus denen sich dieses Wahrheitsverständnis der Existenzphilosophie speist – der fließende und veränderliche und *qua talis* uneinholbar unendliche Charakter der Wahrheit; der immer nur partielle Zugang zu ihr durch stetige Selbstvervollkommnung, also durch ein Streben, das sich als Leidenschaft im Innern des Menschen abspielt und nie an ein Ende kommen kann; schließlich der zweigesichtige Schlußstein dieser Denkfigur, eine solchermaßen unendliche Wahrheit müsse in ihrem innersten Kern ein Paradox (wie etwa die historische Erscheinung des Mensch gewordenen Gottes) bergen, und der Zugang zu ihr sei nicht via den Intellekt sondern nur im Sprung des Glaubens möglich –, all dies ist bei Madariaga unzweideutig vorzufinden.[83]

So wird etwa Kierkegaards Unterscheidung zwischen subjektiver und objektiver Wahrheit für Madariaga geradewegs zur fixen Idee. Möglicherweise getrieben durch die eigene These, das spanische Denken sei naturgemäß stark subjektivistisch überfärbt und insofern (obgleich höchst originell) großen Teilen der okzidentalen Philosophie unterlegen, entwickelte er eine regelrechte Obsession in Bezug auf die Objektivität als das Gütesiegel seines eigenen und eines jeden qualifizierten Denkens. Dabei wurde allerdings nie ganz deutlich, was genau er darunter verstehen wollte; denn er hat in seinem Werk weder einen klaren, noch einen über die Zeit konstanten Begriff von Objektivität erkennen lassen. Am ehesten steht zu vermuten, daß sich in seinem Objektivitätsbegriff der naive Anspruch des Nichtwissenschaftlers nach außen gekehrt hat, unanfechtbar Wahres behaupten zu können.

Unbestreitbar hat, nicht zuletzt mit diesem Anspruch im Hinterkopf, die Frage nach dem Wesen der Wahrheit für Madariaga eine kaum zu überschätzende Bedeutung gehabt. Seine schriftlich überkommenen Dispute und, mehr noch, seine im gesamten Werk anzutreffende Vorliebe für den monodirektionalen Kommentar lassen in der Apodiktik von Tonfall und Argumentationstechnik erkennen, daß er auf inhaltlichen Widerspruch gegenüber Thesen, die er für originär sein Eigen hielt, höchst dünnhäutig reagierte – offenbar weil er glaubte, dafür mit seiner Person und Ehre bürgen zu müssen (und zu können).[84]

Plausibel wird diese Reizbarkeit insofern, als er sich selbst eher als einen Praktiker und eben nicht als einen Wissenschaftler verstand. In diesem Sinne hat ihm die Wahrheit nicht als an sich objektiv, sondern stets vor allem als ein Werkzeug für einen übergeordneten Zweck gegolten. Während die Wissenschaft dem Zweck diene, den Verlauf von Naturprozessen so zu prognostizieren, daß sie für den Menschen handhabbar(er) werden, zielte Madariaga mit seinem Begriff von Wahrheit auf die (normative) Beeinflussung politischer Prozesse – ganz in dem Sinne übrigens, in dem auch Morgenthau die Theorie der Internationalen Beziehungen eher eine Kunst denn eine Wissenschaft nannte.[85] So stellte denn auch ein Rezensent fest, in Mada-

---

[83] Für den hier als Kontrastfolie dienenden Entwurf der Grundlagen des existenzphilosophischen Denkens vgl. Zimmermann, *Existenzphilosophie*, 10-18.
[84] Hoch illustrativ für seine diesbezüglich leichte Reiz- und Verletzbarkeit ist etwa die kleinliche Replik auf die akademische Kritik an einem seiner Werke durch den katalanischen Historiker Jaime Vicens Vives. Vgl. Madariaga, Españoles: Prólogo, 18-20.
[85] Vgl. Piñol Rull, Relaciones internacionales, 447.

riagas Anthologien sei ein Verständnis von Wissenschaft anzutreffen, das nicht automatisch „in den gesinnungsneutralen Elfenbeinturm" führe, sondern durchaus „in kräftige politische Wirkung umgesetzt werden" könne, solange der Wissenschaftler nur die Vorbedingungen intellektueller Redlichkeit und wacher geistiger Selbstkontrolle erfülle.[86]

Ob Madariaga allerdings Poppers Kriterien für wissenschaftliches Arbeiten bekannt bzw. Grundlage seines Arbeitens waren, darf bezweifelt werden. Statt dessen zieht er eine Reihe ganz anderer Register der Absicherung des von ihm Behaupteten. So war er ein Liebhaber des bewußten Spiels mit eigenwilligen semantischen Nuancen und der Erschaffung von Neologismen; und schon aus Prinzip war seine gewollt unorthodoxe Terminologie niemals vollständig in der Tradition verankert. Dies ließe sich partiell sicher durch Lektürelücken erklären, die er schon allein deswegen in Kauf nahm, weil er sich um ihre Beseitigung nicht ernsthaft hat bemühen wollen. Vor allem aber konnte er sich so, auf der selbstreferentiellen Grundlage, in einem durch äußere Prägungen und Anwürfe praktisch unangreifbaren begrifflichen Universum zu schreiben, gegen die verschiedensten Angriffe auf sein politisches Denken schon allein durch den Verweis auf das eigene Œuvre weitgehend immunisieren. Zumindest glaubte er das. In der Tat kann man vielfach beobachten, wie er sich, wenn überzeugend angegriffen, sehr rasch und mitunter stur wie ein Kind auf die Entkräftung von vollkommen irrelevanten Details des gegen ihn erhobenen Vorwurfs zurückzog.

Oder aber er versuchte, sich des Besitzes der Wahrheit auf anderem Weg zu versichern. Zunächst bemühte er Marx, Freud und Pareto als Gewährsmänner von je unterschiedlicher Perspektive für den letztlich auf Descartes zurückgehenden und scheinbar unwiderlegbaren skeptischen Einwand, das eigene Denken könne durch unbemerkte Prämissen vorgeformt bzw. bedingt sein. Vor allem könnten sich klassenspezifische Vorurteile oder oberflächliche Rationalisierungen von Launen, Wünschen und Leidenschaften einem objektiven Urteil in den Weg stellen. Dies alles glaubte Madariaga postulatorisch hinter sich lassen zu können. Ohne dies in einem genuin religiösen Sinn zu meinen, brach er durch einen „Sprung des Glaubens" den sonst potentiell infiniten Regreß hin auf eine Letztbegründung kurzerhand dezisionistisch ab und räumte ein, ein letzter Schleier des Rätsels werde zwischen der menschlichen Erkenntnis und dem Wesenskern des menschlichen Lebens immer bestehen bleiben. Statt sich also in nachprüfbaren Letztbegründungsversuchen zu ergehen empfahl er, man solle sich generell damit abfinden, daß die Existenz nicht nur ihrem eigenen Begreifen unvorgreiflich voraus liege, sondern wesensmäßig unbeweisbar bleibe und

---

[86] Richard Reich, Rettet die Freiheit! Zu den politischen Aufsätzen von Salvador de Madariaga, in: NZZ, 20-V-1958.

durch ihre Erfahrbarkeit auch nichts gewinnen würde. Trost darüber könne dem Menschen aber durch die bewußte Auflösung der Spannung zwischen dem Ich und der Welt (dem Es) zuteil werden – wenn nämlich das Ich als ein integraler Teil des Es gedacht werde; wenn man, frei von Bedauern, den eigenen Standpunkt verlassen und die individuelle Existenz als eine verschwindend kleine Welle im räumlich-zeitlichen Meer der Existenz der Menschheit, und die Menschheit selbst als ein Leben begreifen könne, das mehr ist als die bloße Summe aller Individuen aller Zeiten, als etwas, das dem Individuum vorgängig ist und realer als dieses. Oder aber er lagerte die Bürde, auch die letzten philosophischen Fragen beantworten zu müssen, kurzerhand aus seinem eigenen Denken aus und überantwortet sie weniger (an)greifbaren Agenten – wie etwa der Liebe oder der Neugier des als Gattung verstandenen Menschen. So galt ihm die Neugier als eine dem Menschen natürliche Eigenschaft, deren Ursache er in der eben schon genannten Spannung zwischen dem Ich und dem Es *(tensión entre* YO *y* ESO*)* ausmachte, die dem Leben eines jeden Individuums eigen sei. Was genau diese Spannung ist und wo sie herrührt, ist ihm dabei ebenso gleichgültig gewesen wie die zuvor umgangenen Fragen, er selbst forderte diesbezüglich auch keinerlei Begründung. Umgekehrt aber akzeptierte er auch Descartes' *Cogito, ergo sum* nicht als Begründung, denn nach dem eröffnenden *cogito*, das mit der grammatisch versteckten ersten Person ja bereits ein Ich-Bewußtsein, also die eigene Existenz voraussetze, bleibe die Fortsetzung eine Redundanz.[87]

Ganz im damit skizzierten Sinne einer Art Autopoiesis von Wahrheit erhob er trotz des Mangels an Begründung gleichwohl den Anspruch, entweder selbst der Wahrheit teilhaftig zu sein oder zumindest den Weg zu ihr aufzeigen zu können; und wo immer er das reflektiert statt nur apodiktisch tat, verwies er offensiv auf die Zirkularität seines Begriffs von Wahrheit:

> Ja. Ich bekenne mich zu meinem Mangel an intellektuellen Manieren. Tatsache ist, daß, wenn ich es versuche, die *Wahrheit* zu definieren, ich das Bedürfnis empfinde, diese Verbindung zwischen der Welt und mir auf eine Weise zu bezeichnen, die in meinem Geist nicht sehr deutlich festgesetzt ist, obschon sie in meiner Überzeugung endgültig und klar besteht; und daß, um diesem Paradoxon – Unklarheit im Gehirn, Sicherheit im Herzen – Ausdruck zu verleihen, jenes Wort *wahr* so zweckdienlich wäre, wenn man mir nur gestatten würde, es anzuwenden. Ich weiß, es handelt sich hier eher um ein Fingerspitzengefühl, eine Mutmaßung, eine Andeutung. Irrational, mag sein. Eine Eingebung, vielleicht. Wenn man mir nicht gestattet, das Wort 'wahr' zu gebrauchen, so werde ich es möglicherweise mit 'entsprechend' ersetzen müssen.

---

[87] Für den gesamten Absatz vgl. Salvador de Madariaga, Primer capítulo de un libro no escrito, in: Agustín Albarracín Teulún (Hrsg.), Homenaje a Xavier Zubiri, Madrid 1970, 267-274.

> Doch wenn man mich ersucht, zu erklären, was 'entsprechend' bedeutet, so
> wird meine Antwort notwendigerweise lauten, daß es 'wahr' besagen will.[88]

Madariaga sah in diesem Zirkel allerdings keine Schwäche, sondern hielt ihn für geradezu unumgänglich, weil im Kern allen (rationalen) Wissens der Keim des Irrationalen liege. Daher lehnte er alle Wahrheit im Sinne einer an mathematischer Stringenz orientierter Beweisführung als wenig überzeugend ab und berief sich statt dessen entweder (mit einem stark an das Konzept des Dionysischen bei Nietzsche erinnernden Duktus) auf „eine Art Ahnung oder Mutmaßung [...], die aus tieferen Schichten in uns emporsteigen als diejenigen, die von der Sonne der Vernunft erhellt werden"[89] – oder aber auf das für alles Wissen vermeintlich zentrale Moment des Glaubens.

Ähnlich unbestimmt blieb seine Begründung im Rekurs auf die Liebe. Wiederum galt ihm dabei Wissen (als ein Synonym für Wahrheit) als das Ergebnis eines Aktes der Vereinigung des Ich mit dem Es, der sich wiederum einer auf Liebe gegründeten Eingebung verdanke. Bereits in der biblischen Bedeutung des (Er-)Kennens *(conocer a una mujer)* sei zutreffend erahnt worden, daß wirkliches Wissen nur auf dem Weg der Liebe zu erlangen sei – eine Vorbedingung, die Madariaga unbekümmert auch auf den Bereich der Wissenschaft ausdehnte:

> Zur wissenschaftlichen Erkenntnis selbst gelangt man in drei Schritten: einen
> Akt intellektueller Liebe, die in der Intuition erblüht; einen Prozeß des Nachdenkens, der, fast immer mathematischer Natur, das bloße Vehikel abgibt;
> und schließlich der fertige Beweis, ein Akt der Liebe und des Glaubens, der
> der Beweisführung nachgeordnet ist und dem die Beweisführung selbst als
> notwendig, nicht aber als hinreichend gilt.[90]

Nicht zufällig, so stellte er fest, bediene sich sogar die moderne Biologie, also die Molekularbiologie, mehr und mehr einer auf die Metaphorik des Erkennens, Auswählens und Sich-Vereinigens gründenden Sprache – ganz so, als ob die belebte Materie selbst nach den Regeln der fleischlichen Liebe funktioniere. Stärker noch als der alttestamentarische Liebesbegriff scheint allerdings das Konzept der (in Spanien generell stark rezipierten) Mystiker von der Gottesliebe, der *unio mystica* der Kreatur mit ihrem Schöpfer, Eingang in Madariagas Begriff von Wissen und Wahrheit gefunden zu haben.[91] Er sprach auch von der „souveränen" Absolutheit der Lie-

---

88 Salvador de Madariaga, Dichtung und Wahrheit / Poetry and Truth / Poésie et Vérité, in: Europäische Hefte / Cahiers Européens / Notes from Europe, 1974:2, 12.
89 Vgl. Ebd..
90 Madariaga, El amor [II], in: ABC, 17-VI-1973.
91 Vgl. ebd.

be, die in ihrer Unbedingtheit dem Alltäglichen enthoben sei – weswegen es auch naheliege, sie mit dem Glauben zu vergleichen, oder gar umgekehrt.[92]

Als *zweites* Merkmal des spanischen Wissenschaftsstils läßt sich spätestens im 20. Jahrhundert ein epistemologischer Voluntarismus ausmachen, der in seinem auf die Spitze getriebenen Individualismus von Madariaga mit dem Begriff Quijotismus durchaus angemessen umschrieben wurde. Generell wird, bei aller gebotenen Vorsicht gegenüber solchen Generalisierungen, den Spaniern ein Hang zur quasidiktatorischen Durchsetzung der eigenen Meinung nachgesagt, der umgekehrt zu einer hohen Resistenz gegenüber externem Wissen führe, auch und gerade wenn damit der eigenen Meinung objektiv überzeugende Argumente entgegen treten.[93] Zugleich bescheinigte Madariaga den Spaniern, sie hätten in ihrem subjektivistischen *yoísmo* auch politisch ein ernstes Problem, weil er den direkten Weg in den Dogmatismus ebne. Aus der typisch spanischen Bezogenheit auf das Ich und die eigene und intersubjektiv nicht nachvollziehbare Erfahrung resultiere eine Diskontinuität, die in der Moderne zu einer hindernden Fußfessel im Vergleich mit der Entwicklung anderer Nationen gerate.[94] In der Tat würde eine Geschichte der spanischen Intellektualität im frühen 20. Jahrhundert dieser, zumindest abseits der akademisch betriebenen Philosophie, wohl einen kulturspezifischen Originalitätswahn zu diagnostizieren haben. Ohne den Versuch einer so breiten Generalisierung bliebe zumindest festzustellen, daß Madariaga von einer gewissen Neigung zur Originalität um ihrer selbst Willen nicht frei war, und daß er sich damit in eine gut nachvollziehbare Linie mit zwei seiner großen Vorbilder stellte: mit Cervantes und Unamuno. Beide bewegten sich, wie er selbst, im Grenzbereich von literarischem und philosophischem Schaffen, beide sind der Versuchung erlegen, nicht nur auf überlieferte Autoritäten offensiv zu verzichten, sondern auch noch die Grenzen der althergebrachten Genres um nahezu jeden Preis sprengen zu wollen.

Cervantes rechnete mit seinem *Quijote* von innen heraus mit der Gattung des Ritterromans ab, wobei er den Leser in vielen Passagen auf erstaunliche Weise im Unklaren darüber ließ, ob sein Text ironisch, doppelt ironisch oder völlig frei von jedem Subtext gemeint sei. Oft ist nicht einmal klar erkennbar, welche Passagen einem der Charaktere als Rede zuzurechnen sind und welche eher der Stimme des Erzählers. So erreichte er, daß es selbst in den scheinbar unleugbar auktorialen Passagen vielfach kaum möglich ist zu entscheiden, wie er als Autor zu den Äußerungen in seinem Buch und zu dem Buch als solchem stand. Selten etwa sind seine Inten-

---

92 Vgl. Madariaga, Primer capítulo, 267-274.
93 „Dieser Individualist [der Spanier, TN] ist ein Ich-Mensch. Seine Person ist der Kanal, durch den der Lebensstrom seinen Lauf nehmen muß, ob er will oder nicht, und so polarisiert sich in ihm alles nach seiner eigenen Richtlinie." Ders., *Spanien*, 20.
94 Vgl. Ders., *Ciclo hispánico*, 17.

tionen so klar erkennbar wie in der Szene, in der er seine Figuren Pero Pérez und Nicolás (also den Pfarrer und den Barbier des Heimatdorfes Quijotes) über einen Klassiker der chivalresken Literatur nach dem anderen richten, sie fast ohne Ausnahme für schädlich erklären und schließlich durch Quijotes Haushälterin dem Feuer überantworten läßt.[95]

Unamuno folgte Cervantes im Anspruch des Überwinders von allem zuvor Dagewesenen nach – soweit, daß er glaubte, mit der 'nivola' eine eigene literarische Gattung erschaffen zu müssen, die dem Roman (span.: *novela*) ähnele und doch nicht gleiche. In seinem literarischen Hauptwerk *Niebla* machte Unamuno die mehrschichtige Parallele sogar explizit, die ihn mit dem Anspruch verband, den schon (der von ihm sogar zitierte) Cervantes in seinem *Quijote* verfolgte. Weil er schon präventiv dem Vorwurf begegnen wollte, gegen die Konventionen des Roman-Genres zu verstoßen, ließ Unamuno in expliziter Anlehnung an die Szene der Bücherverbrennung im *Quijote* kurzerhand eine seiner Figuren in dennoch wohl auktorialer Absicht folgendes erklären:

> Ich habe gehört, wie er Manuel Machado, dem Dichter und Bruder von Antonio erzählte, daß er ihn einmal zu Eduardo Benot mitnahm, um ihm ein Sonett vorzulesen, das in Alexandrinern oder was weiß ich für einem unorthodoxen Versmaß geschrieben war. Er las es ihm vor, und Herr Benot sagte ihm: „Aber das ist doch kein Sonett!" – „Nein, mein Herr," antwortete Machado, „es ist kein Sonett, sondern ein Sonitt." Nun, in eben jenem Sinne wird mein Roman kein Roman, sondern ..., wie nannte ich ihn noch?, [...] Rimon, ja, Rimon! So wird niemand behaupten können, daß er die Gesetze seiner Gattung außer Kraft setze... Ich erfinde seine Gattung, und eine Gattung zu erfinden ist nichts anderes als ihr einen neuen Namen zu geben, und ich gebe ihr Regeln, wie es mir gefällt.[96]

Unamuno strotzte überdies von der gleichen, sich vor der Hand bescheiden gebenden Überheblichkeit wie sein Vorgänger aus dem 16. Jahrhundert; auch er bescheinigte den von ihm erschaffenen Figuren in vollem Ernst und ohne jeden Schleier von Metaphorik ein höheres Maß an Realität als sich selbst. Allerdings ging er noch weiter und grenzte sich bewußt auch noch gegen das Vorbild ab: Cervantes sei dem ewigen Stoff letztlich nicht gewachsen gewesen. Weder der Autor, noch seine Bearbeitung des Sujets könne neben der Figur des Quijote überhaupt bestehen. Es sei für

---

95 Diese Szene spielt sich in Buch I, Kapitel 6 des Quijote ab; vgl. Miguel de Cervantes Saavedra, *Don Quijote*, Hamburg / Berlin 1957, 53-61; oder, in der von Madariaga selbst kommentierten Ausgabe: Ders., *Don Quijote de la Mancha*, 109-119.
96 Miguel de Unamuno, *Niebla, edición de Mario J. Valdés*, Madrid 1998, 200. Das Wortspiel Unamunos ist kaum ohne Verlust übersetzbar; 'Sonitt' und 'Rimon' sind Versuche, es halbwegs einzufangen.

ihn (Unamuno) mithin ein Erfordernis, die Geschichte mit einer eigenen Bearbeitung des Stoffes noch einmal richtig zu erzählen.[97]
Unabhängig davon, dass Madariaga eine ganze Reihe einzelner Konzepte und Denkfiguren von Unamuno übernommen hat, spricht gerade aus diesen Passagen Unamunos auch eine Charaktervorlage für Madariaga, denn seine Überzeugung von der vollkommenen Kritikresistenz des eigenen Werks steht zum Vorbild an vielen Stellen in einem Unterschied allein des Grades. Die Parallelen beginnen bereits im biographischen Detail: Wie Madariaga hatte schon Unamuno die Erinnerung herausgestellt, auf dem Bildungsweg brilliert zu haben, ohne dies allerdings als ein Verdienst der Lehrer zu begreifen. Es findet sich derselbe Hang zur Rechtfertigung eigener Gedanken mit dem Verweis auf andere Stellen des eigenen Werks, derselbe herablassende Hohn gegen die Akademiker und ihre Gründlichkeit, dieselbe Obsession der eigenen Objektivität und dasselbe trotzige Basta, das sich über jeden weiteren Einwand erhaben glaubt.

ÄSTHETISCHER INTUITIONISMUS. – Madariaga unterschied zwei Varianten des Denkens: das erörternde, akademisch-kritische einerseits und das kreativ-schöpferische andererseits. Beim erörternden Denken *(razonar)* sei der Gedanke bereits propositional klar gefaßt und werde als unveränderliches Objekt im Geist umhergeschoben; das denkende Subjekt bewege sich zusammen mit ihm. Dagegen werde beim kreativen Denken *(pensar)* der Gedanke als Objekt selbst noch Verformungen und Verwandlungen ausgesetzt, die durchaus nebulös bleiben können. Das denkende Subjekt dringe dabei in den Gedanken ein, und eventuell zerstöre es ihn gar, um ihn dann wieder neu zusammenzusetzen.
Beides waren für Madariaga zunächst einmal Metaphern, die das Ergebnis des Denkens, die Meinung, als einen lebendigen Zustand *(estado vital)* am jeweils nur vorläufigen Ende eines dunkel-unvorhersehbaren Fermentationsprozesses charakterisieren sollten – wodurch sich in seinen Augen auch hinreichend plausibilisieren ließe, daß die Meinungen ein und derselben Person über die Jahre hinweg graduellen Verwandlungen unterliegen können. Vor allem aber, und hier setzte sein grundsätzliches Argument an, lasse sich dieser Fermentationsprozeß nicht naturwissenschaftlich oder überhaupt rational erklären, mit Kognitionslogik etwa, oder über die chemischen Prozesse im Hirn. Er bleibe in ähnlicher Weise wie der Freiheitsinstinkt vorrational – und damit klingt für beide Bereiche schon hier der von ihm so oft angeschlagene Akkord über die Unergründlichkeit Gottes, die geniale Subtilität der Natur, die wunderbare Rätselhaftigkeit des Lebens an. Die Gabe eines bildenden Künstlers, seinen

---

97 Vgl. Miguel de Unamuno, *Vida de Don Quijote y Sancho*, Madrid 2000, 39-41, also das hier wieder abgedruckte Vorwort zur 3. Auflage des Buches von 1928.

Gegenstand für die verschiedensten Betrachter nachvollziehbar einzufangen, lasse sich nicht psychologisch fassen, sie bleibe „eines der tausend Rätsel des Lebens".[98]

Gleichwohl führte sein Hang zur Extrapolation der naturwissenschaftlichen Epistemologie hinüber bis in gänzlich andere Wissensbereiche Madariaga zu der Annahme, auch das Denken bzw. die menschliche Logik folge zwingenden Gesetzmäßigkeiten. So wie der Stein immer gleich und völlig unabhängig davon falle, ob uns die Gesetze der Schwerkraft vertraut sind oder nicht, so basiere auch unser Denken auf den Gesetzen einer Art Prä-Logik, die um nichts weniger unbedingt binden, nur weil sie selbst unzugänglich bleiben und entsprechend unserer Begriffe möglicherweise a-rational seien. Auch alle regional oder temporal bedingte Varianz menschlicher Logik, so Madariagas Vision, basiert auf den gleichen, ihr noch vorausliegenden und wie Naturgesetze wirkenden Urregeln; und noch bevor er die Frage nach dem Woher dieser das westliche und das indische Denken oder das Denken des Aristoteles und das Freges oder Russells gleichermaßen bindenden Regeln im dritten Teil eines Fortsetzungsaufsatzes andeutungsweise mit Gott beantwortete, spekulierte er im zweiten auf Basis der postulierten Existenz solcher Urregeln über die Möglichkeit von Logiken, die nicht im Intellekt – ergo: in der Sprache –, sondern in anderen diesem noch vorgelagerten Geistesgaben *(facultades)* gründen.[99]

So sei zum Beispiel die Logik in der Musik derjenigen der Sprache gar nicht unähnlich. Für eine Gavotte Bachs, für ein Klavierkonzert oder die fünfte Sinfonie Beethovens, für eine Sonate Schuberts gelte jeweils das gleiche wie für die sprachlich fixierten Propositionen in der Logik: Als gute Musikstücke seien sie jeweils in sich abgeschlossen und stimmig, ja letztlich „nicht mehr als Musterbeispiele der musikalischen Logik". Sie würden dem Komponisten vom künstlerischen Instinkt den Urregeln der Prä-Logik entsprechend diktiert; und noch vor dem je subjektiv wertenden ästhetischen Empfinden des Zuhörers oder Lesers entscheide im guten Komponisten oder Dichter der „logische Zensor" rein technisch über die Verträglichkeit des Geschaffenen mit den Gesetzen der Prä-Logik.[100] Musik sei ihres sequentiellen Charakters wegen letztlich eine Art Geometrie der Zeit auf Basis der Zahlen, die ihrerseits das Skelett der Vernunft abgäben. Wie universell die Prä-Logik in Gestalt der Musik die gesamte Natur durchwirke, glaubte Madariaga anhand des Beispiels der Singvögel verdeutlichen zu können, die gänzlich ohne Kenntnis der Mathematik die Logik der Musik und ihrer Intervalle verstanden und verinnerlicht hätten.

---

98 Vgl. Madariaga, Picasso [I], in: ABC, 24-X-1971.
99 Vgl. Madariaga, Las raices irracionales de la lógica [I], in: Blanco y Negro, 15-XI-1975; 'Urregel' und 'Prä-Logik' sind jeweils meine Versuche, das von Madariaga Gemeinte auf einen Begriff zu bringen.
100 Vgl. Madariaga, Las raices irracionales de la lógica [II], in: Blanco y Negro, 22-XI-1975.

3.2 Stil des spanischen Denkens 125

Auch der Logik der Musik müsse demzufolge, wie der mathematischen, eine beiden gemeinsame Prä-Logik vorausliegen.[101]

Den Ursprung dieser extravaganten Überzeugung legte Madariaga selbst offen, als er ihre Wurzeln explizit bis zu seinem Studium in Paris zurückverfolgte, wo er unter anderem Mathematik gehört habe – bei Henri Poincaré und Henri Becquerel, die er nachträglich beide für in ihrem Fach genial, als Lehrende aber für völlig ungeeignet erklärte, sowie bei Georges Humbert, der in seinen Augen wiederum ein echtes Lehrtalent war. Zwar fand Humbert, anders als übrigens Poincaré und Becquerel, außer an dieser Stelle in Madariagas Schriften kaum einmal wieder Erwähnung; trotzdem ist vermutlich er es gewesen, dem Madariaga allgemein den naturwissenschaftlichen Hauch all seines auch ästhetischen und politischen Denkens, ganz konkret aber auch eines der ganz entscheidenden Motive seines Denkens schuldete: Im Rückblick des Neunzigjährigen, den dieser anläßlich seiner Aufnahme in die spanische Akademie mit seinem Publikum teilte, erschien es Madariaga, als seien für ihn als knapp Zwanzigjährigen, seinerzeit die Entdeckung und der Genuß der europäischen Mathematik (Bernoulli, Euler) und Musik (Bach, Beethoven) weitgehend in denselben Bahnen verlaufen. Obwohl die Mathematiker freilich nicht im eigentlichen Sinne schöpferisch aufträten wie die Komponisten, so die bei ihm erklärtermaßen schon damals gereifte Erkenntnis, wohne auch ihren Entdeckungen etwas zutiefst Ästhetisches inne.[102] Humberts Vorlesungen hätten in ihm ganz ähnliche Empfindungen des Schönen ausgelöst wie die besten Passagen Mozarts; nur habe Humbert die in der Mathematik verborgene Schönheit für den Zuhörer erst noch herausarbeiten müssen, während dem gegenüber der Musik Mozarts das Schöne bereits natürlich inhärent und als solches direkt erkennbar sei.[103]

Zur Wurzel des Schönen in der Wissenschaft hat Madariaga im Rahmen dieser Überlegungen die auch dort wirkende subtile Genialität der Natur erklärt. Im Prozeß der entdeckenden Erkenntnis jener Genialität, der sich etwa Euler oder Gauß verschrieben hätten, erfahre zwar der Wissenschaftler nicht die gleiche schöpferische Freiheit, wie sie dem Künstler in der Bearbeitung seines jeweiligen Materials zu Gebote stehe. Im Ergebnis aber trete in beiden Fällen der Autor, sei er nun Entdecker einer wissenschaftlichen Wahrheit oder Schöpfer eines Kunstwerks, hinter dem Produkt seiner Arbeit als zweitrangig zurück; in beiden Fällen liege in eben diesem Produkt – sofern ihm nur Objektivität bzw. Qualität zukomme – der dem Menschen von Gott gegebene Schlüssel zum Weltgeheimnis, der nur eben in beiden Fällen ent-

---
101 Vgl. Madariaga, Las raíces irracionales de la lógica [III], in: Blanco y Negro, 29-XI-1975.
102 Vgl. Madariaga, *De la belleza en la ciencia*, 12f.
103 Vgl. Ebd., 14-16.

lang einer je anderen Klaviatur funktioniere.[104] Nun ist der Vergleich von Kunst und Wissenschaft anhand ihrer Disziplinen Musik und Mathematik nicht besonders aussagekräftig, wenn das Besondere an Madariagas normativem Ästhetizismus veranschaulicht werden soll. Immerhin greifen Musik und Mathematik, etwa in der Harmonik, auf der gemeinsamen Grundlage ihres im Kern axiomatisch-deduktiven Charakters tatsächlich aufs engste ineinander. Sowohl in der Kunst wie auch in der Wissenschaft lassen sich aber auch Bereiche ausmachen, in denen es selbst nach Madariagas Terminologie stärker intuitiv-kreativ zugeht (das meinte er mit *pensar*); und selbst ein Mathematiker würde sich jenseits des schulisch Vermittelbaren seiner Disziplin nicht auf Madariaga einlassen, wenn er sie als unkreativ und regelverhaftet charakterisiert (das meinte er mit *razonar*). Bezeichnenderweise hatte Madariaga mit Blick auf die Wissenschaft insgesamt einen eigentümlichen blinden Fleck an der Stelle, wo man auf der Grundlage seines Methodenverständnisses eigentlich erwarten dürfte, daß er die Nicht-Naturwissenschaften stark macht.

Sowohl in der Wissenschaft als auch in der Kunst versuchte Madariaga letztlich, über den Standard der Objektivität das Schöne mit dem Wahren zu synonymisieren. Wie bei seiner oben dargestellten Unterscheidung der beiden Varianten des Denkens selbst, so verwendete er auch zur Unterscheidung der Ergebnisse beider Prozesse zwei verschiedene Begriffe. Dem abstrakten und erörternden Denken *(razonar)* entspräche demnach das Wissen im Sinne des Intellekts bzw. der wissenschaftlichen oder auch philosophischen Erkenntnis *(conocimiento)*, während das kreative Denken *(pensar)* umgekehrt bei jener Form intuitiven Wissens *(saber)* angelange, das eher mit dem Attribut der Weisheit angemessen beschrieben wäre. Wissen im Sinne von 'conocimiento' habe mithin immer etwas mit experimentellem Messen zu tun, während man zum Wissen im Sinne von 'saber' gerade nicht über die Annahme von der beliebigen Wiederholbarkeit eines Prozesses unter vergleichbaren Bedingungen gelange, sondern indem man jeden Moment für einzigartig erachte. Madariaga half sich mit einer ästhetischen Analogie, um die grundsätzliche Verschiedenheit beider Begriffe assoziativ zu illustrieren. Demnach lasse sich das Fakten-Wissen mit einer Farbphotographie vergleichen, die in ihrer Verpflichtung auf eine unterschiedslos hohe Auflösung aller Details eher den Intellekt anspreche, von einer gleichsam mathematischen Überprüfbarkeit geprägt sei und eher angeschaut werde als ihr Pendant: das Kunstwerk, bei dem es über das bloße Anschauen *(mirar)* hinaus um mehr gehe, nämlich um das Sehen *(ver)*. Statt wie die Photographie auf das Fakten- sei das Kunstwerk auf das Weisheits-Wissen verpflichtet; statt derjenigen im streng

---

104 Vgl. ebd.

mathematischen Sinne mache es eine Überprüfung am Leben selbst möglich und erforderlich.[105]

Schon hier rückte Madariaga mit vielen suggestiven 'Nur'-Vergleichen von seinem vorgeblichen Bemühen ab, die polare Unterscheidung als eine in sich wertfreie erscheinen zu lassen, obgleich er zunächst scheinbar unparteiisch festhielt, daß jeder der beiden Ansätze dazu neige, den jeweils anderen für minderwertig zu halten.[106] Die Metapher von Kunstwerk und Photographie läuft eben doch wertend auf die von ihm im galicischen Sprichwortfundus aufgefundene Pointe hin, ein zu genaues Hinsehen verstelle den Blick für das Wesentliche.[107] Spätestens wenn er den spanischen Kontext ins Spiel brachte, ließ er keinen Zweifel mehr darüber aufkommen, welche der beiden Formen er für die höherwertige, ja letztlich für die einzig wahre hielt. Die Spanier seien, wie im übrigen auch er selbst, so unverrückbar fest im intuitiven Denken verwurzelt, daß etwa ihre Sprache eine substantivische (und damit als Berufsbezeichnung verwendbare) Entsprechung von 'wissenschaftlich' gar nicht kenne, sondern sich dafür mit der unveränderten Übernahme des Adjektivs behelfen müsse. In ihrer Verehrung für den Weisen *(sabio)*, nicht aber für den Gelehrten *(erudito)*, sei den Spaniern die intuitive Überzeugung eigen, daß es bessere Wege zum wahren Wissen gebe als den über Analyse und Wissenschaft, die jeweils mit unverkennbarer Geringschätzung apostrophiert werden. Ganz anders als der Gelehrte, brauche der Weise nicht viel Wissen im katalogisierbaren Sinne, sondern vor allem (Lebens-)Erfahrung, die sich ganzheitlich und jeweils gleichberechtigt auf das Denken *(pensamiento)*, auf das Fühlen *(pasión)* und auf das Wollen *(acción)* stütze. Die organisch gedachte Synthese dieser drei Komponenten setzte Madariaga ineins mit Weisheit, ja letztlich verwendete er die Begriffe Weisheit und Lebenserfahrung synonym. Wenn er alldem unter Berufung auf das Beispiel Augustinus' noch hinzufügte, damit habe das wahre Wissen gerade nicht die Einsiedelei, sondern reichlich Kontakt mit Menschen zur Voraussetzung, dann ist damit das akademische Vorgehen zur Theorieentwicklung – in seiner wegen der Schriftlichkeit nur indirekten Dialogizität – bereits ausreichend als Negativfolie umrissen.[108]

---

105 Vgl. Madariaga, La sabiduría, in: ABC, 5-I-1975.
106 Betont unparteiisch stellte Madariaga fest: Das synthetische Denken 'flieht die Analyse wie die Pest'. Dies erkläre sowohl die spanische Überheblichkeit in Richtung Europa, insofern das analytische Denken mit der Begründung abgelehnt werde, daß es sich dabei um etwas bestenfalls zweitklassiges handele. Andererseits habe Spanien das Pech, als einziges Land den das übrige Europa prägenden Trend des Analytischen nicht mitzumachen, wodurch sich seine (vermeintliche) Dekadenz erklären lasse, auch wenn er selbst diese keineswegs für eine ausgemachte Tatsache halte; vgl. ebd.
107 Vgl. ebd.; im Original heißt es: „O que mais mira menos ve."
108 Vgl. ebd.

Madariagas konsequente Weigerung, sich für seine Schriften die gängigen akademischen Standards anzubequemen, hat besonders dort Wellen geschlagen, wo er sich als erklärter Hobby-Historiker mit der Geste des Dennoch gegen seine akademisch bestallten Kollegen stellte und nicht selten bis aufs Messer stritt. Seine Bolívar-Biographie etwa war und ist bis heute in Lateinamerika derart umstritten, daß ein ganzer Karton mit Korrespondenz dazu von der Nachlaßverwaltung auf seine Verfügung hin noch immer unter Verschluß gehalten wird.[109] Neben seinen oftmals höchst unorthodoxen Thesen war dabei vor allem Madariagas Methode (oder aus akademischer Sicht: deren Mangel) der Stein des Anstoßes für Kritik. Wenn der spanische Historiker Ricardo de la Cierva von Madariaga als dem Autor seiner historiographischen Arbeiten über die Rolle Spaniens in Lateinamerika sagt, er sei „eher ein Deuter als ein Analytiker" gewesen,[110] dann deckt sich dies mit Madariagas Selbstbeschreibung, sah er sich doch als einen „Geist, der Probleme eher aufwirft, als daß er sich durch sie hindurchwühlt, und der sich mehr auf Eindrücke als auf Statistiken verläßt".[111] Den idealen Historiker hat sich Madariaga immer als eine Art Künstler mit wissenschaftlicher Ausbildung vorgestellt, der zwar mit dem Geist argumentieren dürfe, trotzdem aber mit dem Herzen verstehen müsse.[112] Generell dachte das 20. Jahrhundert nach seinem Geschmack zu stark wissenschaftlich; die moderne Wissenschaft wiederum war ihm zu analytisch. Folgerichtig sprach er als Ästhet den Historikern, den Soziologen, den Philosophen und den Medizinern explizit den Anspruch ab, Wissenschaft zu betreiben; vielmehr seien die guten unter ihnen Künstler, selbst wenn sie sich mitunter wissenschaftlicher Methoden bedienten.[113] Auch in seinen eigenen historischen Arbeiten stützte er sich auf die Überzeugung, daß die Kunst den Königsweg zu gesicherter Erkenntnis abgebe. Geschichte könne nicht analysiert, sondern sie müsse erzählt werden.[114]

Madariaga war ein Mann des als Tat verstandenen Wortes, nicht der Kontemplation. Um dies zu illustrieren, sei auf das von ihm stets im Munde geführte Lob ver-

---

109 So die Auskunft der Leiterin des Madariaga-Archivs in La Coruña, María Jesús Garea y Garea, im Juli 2004. Für offen feindliche Reaktionen auf Madariagas Bolívar vgl. Augusto Mijares, El contubernio y el manantial. El odio de Madariaga a Bolívar, in: Revista de la Sociedad Bolivariana de Venezuela, 16 1956:51; Victor Andrés et al. Belaunde, *Estudios sobre el 'Bolívar' de Madariaga*, Caracas 1967.
110 Zitiert in: Cangiotti, *Libertá rivoluzionaria*, 63.
111 Madariaga, *Morgen ohne Mittag*, 135.
112 Vgl. Ders., *Spain and the Jews [= The Lucien Wolf Memorial Lecture, 1946]*, London 1946, 3.
113 Vgl. Ders., *Medicina*, 160-163 und 178.
114 Vgl. Caminals Gost, *Madariaga*, 119f.; Madariaga spricht erkennbar als Laien-Historiker, der ohne Quellenarbeit und Recherche zum Ziel zu gelangen trachtet. Seine Vorstellung einer Verknüpfung von Kunst und Wissenschaft wird passend auch durch seine Enttäuschung darüber illustriert, daß seine Historienromane nie eine Verfilmung erfahren haben; vgl. McInerney, *Novels of Madariaga*, 223.

wiesen, das er dem britischen Nationalcharakter (in seiner Lesart) gerade deswegen zollte, weil er jenem eine gewisse, bei ihm unzweideutig positiv konnotierte, Denkfaulheit attestieren konnte, also die auf die sprichwörtliche britische Gelassenheit gegründete dezidierte Weigerung, den Dingen analytisch allzu genau auf den Grund zu gehen.[115] Auch Madariaga stand einem Zuviel an abstraktem Denken sein Leben lang skeptisch bis ablehnend gegenüber. Sowohl die großen als auch die weniger bedeutenden Figuren des öffentlichen Lebens seiner Zeit hat er immer auch entlang des dualen und stets mit dem Aroma der dilettierenden Psychoanalyse behafteten Kriterienrasters zwischen der beherzten Tat (gut) und der systematischen Analyse (schlecht) beurteilt. Bereits in einem seiner ganz frühen Schriftsätze offenbarte sich, welch selbstverständliche Rolle der auch später nie abgelegte Anti-Akademismus in seinem Denken spielte, wenn er in einem sachlich hier unerheblichen Kontext schrieb, angesichts der großen irischen Minderheit in den USA könne sich kein US-Präsident eine Haltung „akademischer Unabhängigkeit" gegenüber dem Problem Irland erlauben.[116] Im Duktus noch immer ganz ähnlich urteilte er Ende der dreißiger Jahre auch über die in seinen Augen 'akademische' (also in überzogener Theoretisierung bemäntelnde) Debatte über die Gründe für das Scheitern des Völkerbunds:

> We may be 'for' or 'against' sanctions. We may believe that the League has failed because it tried to apply Article 16, or because it did not try hard enough. These are all academic positions and the lines of policy which they suggest are also academic – good enough for the free activities of an irresponsible opposition, yet of little use for the set tasks of office. The hard fact is that sanctions have not worked. We may not like it. But that should not prevent us from trying to find out why they have failed.[117]

Schließlich trifft man diese Geringschätzung gegenüber der reinen Intellektualität, konkret in der Figur des (nur fleißigen) Akademikers, auch im Spätwerk Madariagas unvermindert an. So wußte er sich nicht zuletzt mit dem von ihm ob dessen spitzer Feder bewunderten G. B. Shaw einig, der mit Blick auf seine Heimat einmal gesagt habe: „Diejenigen, die etwas können, schaffen; jene, die nichts können, lehren." Madariaga baute dieses Zitat ebenso genüßlich wie mit didaktischer Absicht in einen seiner späten Artikel ein, mit dem er einer deutschen Leserschaft die in England unterschwellig weit verbreitete Überzeugung zu erklären versuchte, in der Politik, also im Feld des Handelns par excellence, sei gesunder Menschenverstand unersetzlich, „ein Uebermass an Geistesqualitäten" jedoch eher schädlich. Dies zielte auf die vermeintlich verirrten Vertreter seiner eigenen Zunft, also gegen

---

115 Vgl. Madariaga, Los ingleses y el intelecto, in: La Voz de Galicia 17-VII-1973.
116 Vgl. Madariaga, Inglaterra y los Estados Unidos, in: El Sol, 31-VIII-1919.
117 Madariaga, *World's Design*, 172.

„intellektuelle Idealisten" und ihren „reinen Intellektualismus", insofern sie als deren eloquente Befürworter den (vor allem linken) Ideologien Vorschub leisten. Während man in England einer solchen Intellektualität grundsätzlich mit gesundem Mißtrauen begegne, treibe in Deutschland die gewalttätige Studentenschaft seit 1968 ihr Unwesen im unhinterfragten Schutz der „Gloriole des Respekts, die das Haupt eines deutschen Universitätsprofessors umgibt".[118]

VERTIKALER ANTI-AKADEMISMUS. – „Gerade weil ich von der Natur dafür schlecht ausgestattet und durch meine Studien kaum darauf vorbereitet wurde, verehre ich die Gelehrsamkeit."[119] Reißt man dieses Bekenntnis Madariagas aus dem Kontext, dann wird seine Einordnung in die überwältigende Mehrheit der Quellen, in denen er unverhohlen abschätzig über die akademische Tätigkeit sprach, kaum gelingen. Nun stammt der Satz aber aus einem Artikel, in dem er den von ihm hochverehrten Historiker Ramón Menéndez Pidal portraitierte.[120] Zutreffender müßte man ihn also dahingehend auslegen, daß Madariaga nicht die Gelehrtheit als solche, sondern daß er in den Figuren, die er *per se* verehrte, auch deren Gelehrtheit schätzte. Dieser Unterschied ist entscheidend, denn darin schlägt sich ein Charakterzug nieder, der auf mitunter unangenehme Weise nahezu all seine biographischen Portraits durchherrscht, und den er an anderer Stelle in gewohnt schwungvoller Verallgemeinerung gleich allen Spaniern attestierte: das unbedingte Bedürfnis, zuallererst die eigene Statur, etwa die intellektuelle, gedanklich an der des augenblicklichen Gegenübers zu messen, und zwar noch bevor man in die sachliche Debatte einzutreten bereit ist. Oft scheint es bei Madariaga gerade das Ergebnis dieses einseitig abschätzenden Kräftemessens gewesen zu sein, das die dann folgende sachliche Auseinandersetzung in ihrem Tenor unweigerlich überformte: War das Gegenüber erst einmal als Autorität akzeptiert (wie Menéndez Pidal), dann folgte nahezu blinde Zustimmung, nicht selten gepaart mit andienernder Unterwürfigkeit (wie im Zitat schön zu se-

---

118 Vgl. Madariaga, Das Geheimnis des englischen Gleichgewichts, in: Finanz und Wirtschaft, 30-V-1973.
119 Salvador de Madariaga, Ramón Menéndez Pidal, in: Españoles de mi tiempo, Barcelona 1974, 86.
120 Die Hochachtung war gegenseitig und auch freundschaftlich unterlegt. So bedankte sich Menéndez Pidal bei Madariaga als 'alter Freund' *(suyo afectísimo y más viejo amigo)* herzlich für die Einladung zum Hispanistenkongreß im 1962 in Oxford (Brief vom 4-IV-1962) und war von dessen Aufsatz *El español, colonía lingüística del inglés* so begeistert, daß er ihn direkt an die Grammatiksektion der Real Academia weiterleitete (Brief vom 24-IV-1962). Menéndez Pidal hat Madariaga seinerseits sein Buch über *Las Casas* zukommen lassen und nach dessen Rezension per Brief vom 10-II-1964 dessen von der etablierten Forschung stark abweichende Meinung für sehr wichtig erklärt. Alle Briefe in: MALC 27. Menéndez Pidals Interpretation der Figur Las Casas als quasi paranoid liegt mit derjenigen Madariagas nicht sehr weit auseinander; vgl. Ramón Menéndez Pidal, *El padre Las Casas. Su doble personalidad*, Madrid 1963.

hen). Wähnte er sich aber umgekehrt selbst für überlegen, und das passierte ihm häufiger als das Gegenteil, dann wurde der Gegner im quijotesken Reflex noch in seinen stichhaltigsten Argumenten ignoriert oder hintertrieben.[121]

Das übersteigerte Kriterium, von dem Madariaga seine Anerkennung eines Gelehrten als Autorität maßgeblich abhängig machte, stammt aus dem Umfeld seiner Metapher vom Horizontal-Vertikal-Gegensatz. Obgleich diese in ihrer Motivik zunächst stark an den Gedanken von den Paradigmen und ihrer Abfolge erinnert, wollte Madariaga aber, anders als Kuhn, in der wissenschaftlichen Arbeit *zwischen* den Paradigmenwechseln nicht viel mehr als Traditionspflege erkennen und neigte dazu, die Ergebnisse solcher Arbeit als weitgehend wertlos für den Fortschritt des Weltwissens anzusehen.[122] Vielleicht basierte Madariagas Geringschätzung des vor allem gründlichen Akademikers auf einer verschobenen Wahrnehmung von dessen Arbeitsweise, die das zielgerichtet Systematische gar nicht in den Blick bekam. Zumindest zeichnete er von den „horizontalen" (und man müßte in seinem Sinne wohl sagen: von allen) Wissenschaftlern ein falsches Bild, auch wenn ihm hinsichtlich der Existenz eines solchen Wissenschaftler-Typus an sich, also jenseits seiner unvollständigen Erfassung, hier gar nicht widersprochen sein soll:

> Hier stoßen wir schon wieder auf jene Indifferenz gegenüber der Richtung, wie sie den Vierfüßler auszeichnet. Ohne präzise Zielsetzung betritt der Gelehrte eine Bibliothek – die Bücherweide – oder ein Laboratorium – Weide der Tatsachen – und instinktiv könnte er sich mit einer Kuh vergleichen, die hier und dort einen Grashalm frißt. Die vom Zufall gebotene Erfahrung leitet sich aus unserem horizontalen Vorleben her. Sie entstammt der gleichen Wurzel wie die aufgehäufte Weisheit des Empirismus, die aus Sancho Pansa einen bloßen 'Sammler von Lebenswahrheiten' macht, ohne daß er dabei über ein paar Grundideen verfügte, die dies alles zu einer Einheit verbinden könnten.[123]

Madariaga hat sein eigenes Schaffen unzweifelhaft für vertikal gehalten. Zumindest ist bei ihm auf Schritt und Tritt der unbändige Wunsch nicht nur nach dem gedanklich genuin Neuen, sondern auch nach der genial einfachen Lösung im großen Schwung festzustellen. Zehn Jahre nach seinem Tod ist sehr zutreffend festgestellt worden, er habe es, ausgestattet mit einem exzellenten Gespür für Parallelen und die passenden Metaphern, stets bevorzugt, die konzeptionell ganz großen Fragen

---

121 Vgl. Madariaga, Comentario amistoso, 323-334, sowie Ders., *Spanien*, 20. Zu Madariagas Konzept der Autorität vgl. das folgende Kapitel.
122 Ders., *Bildnis eines aufrecht stehenden Menschen*, Berlin / München / Wien 1966, 75f. Zum Kontrast vgl. Thomas S. Kuhn, *The Structure of Scientific Revolutions*, Chicago 1962; sowie erneut und begrifflich weiter geschärft Ders., *The Essential Tension. Selected Studies in Scientific Tradition and Change*, Chicago 1977.
123 Madariaga, *Bildnis*, 74.

anzugehen: „rather than pursuing his interests separately he integrated them in a characteristically global view of man and the world".[124] Als ein Verfechter intuitiven statt konkreten Wissens habe er dabei seine Bemühungen weniger der Analyse denn dem synthetischen Denken gewidmet – wobei allerdings auch letzterem die Systematik gefehlt habe.[125] Auch unter jenen kritischen Zeitgenossen, die Madariagas begnadeter rhetorischer Gabe nicht bedingungslos erlegen waren, findet sich dahingehend einige Übereinstimmung. Albert Camus etwa sprach in seiner Eloge auf den 75jährigen davon, Madariaga habe zwar ein geschlossenes und in sich ausgewogenes, aber eben kein systematisches Werk hinterlassen. Wahrheit und Freiheit seien die beiden großen Ideale in Leben und Werk Madariagas gewesen; aber in seiner unermüdlichen Suche nach beiden habe er – und Camus erklärt sich in diesem Anti-Akademismus ausdrücklich zum Mitstreiter Madariagas – nicht mit der Schulphilosophie zusammengepaßt oder dies auch nur gewollt.[126]

Aber die Einschätzung der Verdienste Madariagas als im Kuhnschen Sinne paradigmenverschiebend hat sich mit einigem Recht nicht durchsetzen können. Daran haben seine zahlreichen unorthodoxen, oft höchst originellen und gelegentlich sogar von der Fachwelt dauerhaft als Kontrast zum Kanon übernommenen Thesen ebenso wenig etwas zu ändern vermocht wie die Begeisterung, die ihm seine Prosa vielleicht auch deswegen eingetragen hat, weil sie, in Wort und Schrift formvollendet, zumindest den Eindruck von Wissenschaftlichkeit erwecken konnte. Insgesamt ist Madariaga bestenfalls ein halber Wissenschaftler gewesen, dem es in der Suche nach Sinnzusammenhängen zwar nicht an Scharfsinn, wohl aber an der gebotenen Gründlichkeit mangelte – und er hätte es sicher selbst als erster abgelehnt, in seiner Person einen Wissenschaftler erkennen zu wollen. Entsprechend seiner eigenen Terminologie hätte er sich wohl eher als Genie ohne Talent betrachtet – ein At-

---

124 Vgl. Caminals Gost, *Madariaga*, iv.
125 Vgl. Ebd., 11.
126 Vgl. Albert Camus, Homenaje a Salvador de Madariaga, in: Cuadernos [del Congreso por la Libertad de la Cultura], 1961:52, 2. – Camus und Madariaga waren befreundet und haben wiederholt aufeinander Bezug genommen. Neben der eben zitierten gibt es eine weitere Eloge, die Camus ursprünglich auf den siebzigjährigen gehalten hatte und die Camus, nachdem er selbst zwischenzeitlich verstorben war, sowohl in den Festband zu Madariagas achtzigstem als auch in den Gedenkband zu dessen hundertstem Geburtstag aufgenommen wurde; vgl. Ders., Le parti de la Liberté. Hommage à Salvador de Madariaga, in: Henri Brugmans und Rafael Martínez Nadal (Hrsg.), Liber Amicorum. Salvador de Madariaga, Recueil d'études et de témoignages édité à l'occasion de son quatre-vingtième anniversaire, Brügge 1966; sowie Ders., El partido de la libertad, in: César Antonio Molina (Hrsg.), Salvador de Madariaga (1886-1986). Libro homenaje, La Coruña 1986. Madariaga hat sich seinerseits mit Camus und dessen Denken auseinandergesetzt; vgl. Madariaga, *Von der Angst zur Freiheit*, 85-89; sowie Ders., Albert Camus, in: Cosas y gentes, Madrid 1980, 63-71, letzteres ein Artikel, den er gleich mehrfach hat erscheinen lassen; vgl. Madariaga, Un des nôtres, in: Preuves 110 (April 1960), 10-13; sowie textidentisch (spanisch): Camus y España, in: La Nación, 6-VI-1971 und (ebenfalls textidentisch): Albert Camus, in: Destino, 19-VI-1971.

test, das er so auch Unamuno ausgestellt hatte, anders als Ortega, dem er durchaus beides zugestand. In einer enthusiastisch lobenden Passage über Ortega als Journalisten bescheinigte Madariaga diesem, ein großer Beobachter von hoher Objektivität und intellektueller Redlichkeit gewesen zu sein, der dazu noch über die Gabe der ästhetischen Intuition *(don de intuición estética)* verfügt habe. Anders ausgedrückt habe Ortega somit beides besessen: das in Madariagas Metaphorik mit dem Vertikalen bzw. Männlichen assoziierte Genie *und* das horizontal-weibliche Talent; Unamuno hingegen habe letzteres gefehlt.[127]

Dabei ist Madariagas Abscheu gegen jede Art der Überspezialisierung, insbesondere gegen die akademische, durchaus nicht ungewöhnlich für einen Liberalen seines Typs. Hatte er sich doch gedanklich noch weitgehend in einer Epoche eingerichtet, für die eine umfassende (Selbst-)Bildung nicht nur das hehre Ideal, sondern auch ganz praktisch den qualitativen Maßstab abgab, der normativ Form und Kanon des traditionell Goutierten von jenem Neuen und skeptisch Beäugten schied, das im Gefolge von Industrialisierung und soziologischer Ausdifferenzierung mit der Masse auch in Bildungsfragen zunehmend in den Vordergrund drängte. Das hieß auch, daß es etwa dem *gentleman* nicht anstand, im Detail zuviel zu wissen. Madariaga teilte die bereits von Tocqueville geäußerte Befürchtung, die umfassende klassische Bildung drohe im Morast von modernistischem Detailwissen unterzugehen – mit dem gleichen Elitismus, der vor allem legitimatorisch den eigenen intellektuellen Status zementieren sollte:

> The aristocratic liberals felt specialized education to be a terrible menace. In the course of his early legal studies, Tocqueville remarked that he would rather burn his books than become a narrow specialist like his fellow students.[128]

Waren beide fixiert auf das Ideal der erforderlichen aktiven Eigenleistung am Bildungsergebnis, so sträuben sich auch beide gleichermaßen gegen systematisch vermitteltes Fremdwissen, glaubten beide gerade in der Originalität das Kriterium für wahre Bildung ausmachen zu können. Auch in ihren Schlußfolgerungen überschneiden sich Madariaga und die 'aristocratic liberals' auf frappierende Weise:

> If the aristocratic liberals were comfortable with the idea of rule by the 'enlightened classes', they were not friendly to the idea of rule by 'scholars or savants without real originality – as in China, that is to say a pedantocratie.'[129]

---

127 Vgl. Salvador de Madariaga, Nota sobre Ortega, in: Sur. Revista bimestral, 7-8 1956:241.
128 Kahan, *Aristocratic Liberalism*, 52.
129 Ebd.; das Zitat im Zitat stammt aus einem Brief von Mill an Comte. Ebenso wie die Überspezialisierung lehnten die 'aristocratic liberals' aber auch den Dilettantismus ab (vgl. Ebd., 104), den man Madariaga allerdings attestieren müßte.

Insofern ist es auch vollkommen nachvollziehbar, daß sich Madariaga von einem immer filigraner aufgefächerten Wissenschaftsbetrieb in seinen weitreichenden Ambitionen eher eingeschränkt und behindert sah. Seine oft mürrisch wirkende Akademikerschelte wird so zumindest verständlich. Madariaga gehörte zu den vielen Intellektuellen einer Zeit, in der sich neue Wissensdisziplinen nicht nur zahlreich herauszubilden, sondern durch ihre zunehmende Spezialisierung sogleich auch immer weiter voneinander zu entfernen begannen. Diesen gravierenden Wandel in der Wissens- und Wissenschaftslandschaft hat Madariaga nicht mitvollziehen wollen; jegliche fachliche Spezialisierung blieb für ihn, den passionierten Anhänger ganzheitlicher Intuition, bis ans Lebensende, und in zunehmendem Alter mit immer schärfer werdender Polemik, ein Synonym für intellektuelle Verflachung und kleinliche Erbsenzählerei. Gestützt auf seine ebenso umfassende wie gründliche Bildung glaubte er, und zwar durchaus mit einer gewissen Berechtigung, auch in hochspezialisierten Fachdiskussionen bestehen, ja mehr noch: deren Erkenntnisse zudem auch in fachfremde Kontexte übertragen zu können.

So ließ er ein zunächst durchaus ernst zu nehmendes Verständnis quantenphysikalischer Theoreme erkennen. Die von Planck behaupteten diskreten Energiestufen sind ihm ebenso geläufig gewesen wie Einsteins Relativitätsbegriff, Heisenbergs Unschärferelation und der von Schrödinger thematisierte Einfluß des Beobachtens quantenphysikalischer Prozesse auf das Ergebnis der Beobachtung selbst.[130] Nach der – allerdings stark subjektiven – Aussage seiner Tochter sei es nur das sich verschlechternde Augenlicht gewesen, das ihn daran gehindert habe, sich noch angemessen darüber zu belesen, ob in Sachen Relativität Einstein oder der Spanier Julio Palacios Recht habe.[131] Madariaga selbst zitierte Palacios gelegentlich als eine rühmliche Ausnahme zur verkümmerten spanischen Wissenschaft, die es kaum einmal zu Übersetzungen in andere Sprachen bringe.[132]

Gerade auf der Basis der modernen Entwicklungen in Physik und Biologie, die er beide für die Leitdisziplinen seiner Zeit nahm, glaubte Madariaga, mit ganzheitlich-vertikalem Blick für die Naturwissenschaften insgesamt einen Epochenbruch diagnostizieren zu können. Trotz der nahezu beliebig verlängerbaren Reihe von Lichtfiguren wie Galilei, Bruno, Erasmus, Voltaire, Goethe und Humboldt, und trotz deren in immer kürzeren Abständen in ihren Konsequenzen immer weiter ausgreifenden

---

130 Vgl. Madariaga, La ciencia [II], in: ABC, 8-XII-1974.
131 Vgl. Nieves de Madariaga, Paseos, 16.
132 Vgl. Madariaga, El castellano en peligro de muerte [II], in: ABC, 11-I-1970. Palacios wiederum hat zur Festschrift zu Madariagas achtzigstem Geburtstag einen Artikel zum Thema Relativität beigetragen; vgl. Julio Palacios, La axiomática relativista, in: Henri Brugmans und Rafael Martínez Nadal (Hrsg.), Liber Amicorum. Salvador de Madariaga, Recueil d'études et de témoignages édité à l'occasion de son quatre-vingtième anniversaire, Brügge 1966.

Errungenschaften erfahre die Naturwissenschaft mitten in ihrer Blüte plötzlich eine Reihe fundamentaler Rückschläge – die auch jenen Positivismus gründlich zum Erliegen brächten, der auf dem Rücken ihrer Erfolge bis dahin nicht ganz zu Unrecht auf die Möglichkeit eines vollständigen Begreifens der Welt gerechnet habe. Die Physik des 20. Jahrhunderts gebe sich inzwischen bescheidener und akzeptiere grundsätzlich die Existenz einer Welt jenseits des Meß- bzw. durch sie Erfaßbaren.[133] In Madariagas Worten war die exakte Wissenschaft an die Grenzen des ihr Möglichen gelangt; das Abgleiten der modernen Physik in die Statistik etwa lasse eine unüberwindbare Maske vor der Realität vermuten. Jenseits dieser Grenzen falle die Wissenschaft notgedrungen in Argumentationsmuster zurück, die sie an der Religion bislang kritisiert und eigentlich überwunden geglaubt hatte.[134]

Madariaga kehrte diese letztlich normativ gemeinte Lagebeschreibung in ganz ähnlicher Weise gegen die Physik und die moderne Naturwissenschaft insgesamt, wie seinerzeit die Romantik gegenüber dem naturrechtlich-vertraglichen Denken mit dem Vorwurf operierte, es mache sich der rationalistisch-konstruktivistischen Anmaßung schuldig. Gegründet auf eine grundständige kognitive Skepsis, die zuallererst die cartesische Urprämisse über Bord warf, verwies er die Wissenschaft in ihrem Anspruch auf Erklärung der Welt in die Grenzen und forderte statt dessen, die Sinne nicht nur als Quelle, sondern in ihrer natürlichen Begrenztheit zugleich auch als eine Schranke menschlicher Erkenntnis(fähigkeit) anzuerkennen:

> Ich glaube, es war Mach, der erklärte, wie die Menschen einer Stadt, mit einem röntgenstrahlartigen Sehvermögen ausgestattet, einen benachbarten Wald beschreiben würden: nämlich als eine Ebene, in der im Frühling dünne Röhren aus der Erde emporsteigen, eine undurchsichtige Flüssigkeit mit sich führend, und die sich einer Untersuchung entziehen würden, indem alle, die sich allzu sehr nähern würden, einen kräftigen Schlag auf den Kopf bekämen. [...] In diesem Lichte betrachtet entzieht sich die Welt unserem Auffassungsvermögen; sie verschwindet jenseits der Grenzen unserer Vorstellungsmöglichkeit. [...] Wir sagen, daß die Welt so subtil ist, daß wir nicht nur nicht hoffen können, sie je zu kennen, sondern nicht einmal hoffen, sie zu denken. Und doch tun wir es. Diese ist wohl die subtilste aller Schattierungen. Wir fühlen, daß wir in einer Welt leben, die undenkbar ist. Wir stellen Descartes auf den Kopf. Ich lebe, demzufolge denke ich. Ich denke das Undenkbare. Ich denke, daß das Undenkbare undenkbar ist. Aber ebenso wie Descartes sein *ich bin* hineinschmuggelt, wenn er *ich* vor *denke* setzt, schmuggeln wir die Welt in unsere Gedanken, denn wir hatten sie erlebt, bevor wir sie ausdachten.[135]

---

133 Vgl. Madariaga, *Bildnis*, 76-83.
134 Vgl. Ebd., 84-86.
135 Stiftung F.V.S. zu Hamburg, *Verleihung des Hansischen Goethe-Preises*, HGP 25f.

In diesem Zusammenhang muß man allerdings darauf hinweisen, daß schon Aristoteles – in der Folge auch den Romantikern und, so wäre zu ergänzen: eben auch Madariaga – die Vorstellung von der Möglichkeit eines vollständigen Wissens über die Welt nicht fremd gewesen ist. Aristoteles hat den Menschen (in der Figur des Weisen) als jenes Wesen gedacht, das ein Wissen vom Ganzen haben kann. Der Weise erreiche in der aufsteigenden Rangordnung der Wissensstufen am Ende die Einsicht auch in die ersten Gründe; von ihm könne also im Sinne eines Prinzipienstatt eines bloßen Sachverhaltswissens gesagt werden, er wisse potentiell alles.[136] Ob Madariaga Aristoteles hierin direkt rezipiert hat, mag offen bleiben; daß er sich die Welt als ein organisches Ganzes vorstellte, daß er in vergleichbarer Weise eine Rangordnung der Formen des Wissens postulierte und daß er innerhalb dieser Rangfolge einen klar wertenden Unterschied zwischen dem vermeintlich wahren und dem bloßen Sachverhaltswissen machte, ist jedenfalls unbestreitbar. Ganz explizit verwendete er auch die Figur des Weisen, an der sich implizit nicht zuletzt seine Vorstellung vom 'Warum-Gelehrten' orientierte. Wie stark er die Weisheit und die Figur des Weisen gegenüber dem bloßen Wissen absetzte, zeigt sich daran, daß er beide sogar religiös verklärte. So sei der Weise dem Heiligen näher als dem Wissenschaftler, denn „alles scheint darauf hinzudeuten, daß die Weisheit einer Form der göttlichen Gnade entspricht".[137]

OFFENSIVER VERZICHT AUF QUELLEN. – Madariaga hat sich allerdings mit dem philosophischen Denken nie wirklich anfreunden können. Zumindest hat er sich einer systematischen Rezeption der abendländischen Ideen-, Begriffs- und Philosophiegeschichte immer verweigert, obgleich er auch in diesem Feld durchaus als umfassend belesen gelten konnte. Statt dessen schätzte er die intuitive und auf die eigene Erfahrung gestützte Allgemeinbildung. Neben einer gewissen intellektuellen Bequemlichkeit ging es ihm allerdings auch dabei ums Prinzip. Die Philosophie überzeuge ihn nicht, denn „das alles scheint mir weniger mit Allgemeinwissen als mit der bloßen Ertüchtigung, mit einer Art Schachspiel für den Intellekt zu tun zu haben".[138]

Zwar war er einerseits von der Existenz eines überindividuellen Geistes der Menschheit *(la mente humana)* überzeugt, der sich in jede Richtung als Radius mit der Länge der größten Genies des jeweiligen Genres erstrecke und in der organi-

---

136 Vgl. Otfried Höffe, *Ethik und Politik. Grundmodelle und -probleme der praktischen Philosophie*, Frankfurt am Main 1992, 26f.
137 Madariaga, La sabiduría, in: ABC, 5-I-1975.
138 Vgl. Madariaga, Lo que la vida me ha enseñado [I], in: ABC, 4-V-1969. Madariaga sagte von sich, er habe die Philosophen (im generischen Plural) zwar insgesamt selten, wohl aber, soweit ihre Werke gut geschrieben *(bien escritos)* seien, durchaus mit Freude gelesen. Nur sei eben ein 'guter' Stil bei den Philosophen selten anzutreffen; Bergson und Ortega etwa hätten ihm besser gefallen als Balzac oder Galdós; vgl. ebd.

schen Summe das kurze Wissen eines jeden Individuums umgreife und transzendiere. Andere von ihm gewählte Metaphern waren das Meer, das sich in der Summe seiner Wellen konstituiere, oder der aus einzelnen Zellen aufgebaute Körper. Wie die Metapher vom Kreis und seinen Radien stützten sich auch diese beiden auf eine Symbolik, die im Kern ganz ähnliches behauptet wie das, was vor ihm der Soziologe Maurice Halbwachs und in jüngerer Vergangenheit der Kulturanthropologe Jan Assmann über das kollektive bzw. kulturelle Gedächtnis geschrieben haben.[139] Madariaga postulierte also eine beinahe greifbare Einheit des Menschengeschlechts *(unidad del género humano)*, er nannte das auch das groß geschriebene Leben *(La Vida, con V mayúscula)*. Damit glaubte er die Möglichkeit gedanklicher Koinzidenzien erklären zu können, insofern sie sich ohne direkte Rezeptionsbeziehung über Landesgrenzen und Epochen hinweg ergäben, wie etwa zwischen William Blake und Meister Eckhart, oder zwischen Jacob Böhme und San Juan de la Cruz. Zwar gingen innerhalb dieses Kollektivgedächtnisses die Wissensbereiche an ihren Grenzen fließend ineinander über; aber Geschichte galt Madariaga in der Summe immer als eine Rückschau der Menschheit auf sich selbst – einer Menschheit, die er im übrigen als zeitlich stetig begriff und innerhalb derer etwa Generationen nur künstliche Fiktion seien.[140] An anderer Stelle sprach er von 'Spiegelung' (Goya habe sich im Spiegel Rembrandts und Velázquez' selbst erkannt) oder, unter Verweis auf die Ähnlichkeit der holländischen und spanischen Musik, von 'Resonanz', der zufolge die Natur den Menschen und Völkern jeweils ähnliche Saiten aufgezogen habe, weshalb diese mitunter zufällig im Gleichtakt schwängen.[141]

Auf der anderen Seite aber hat Madariaga für sich selbst nicht nur jede gezielte Rezeption anderer Denker abgelehnt, sondern auch jene akzidentiellen Entsprechungen und Kontinuitäten strikt verleugnet, wie sie sich infolge seines eigenen Postulats auch ohne direkte Lehrer-Schüler-Beziehungen zwischen verschiedenen Denkern ergeben können. Ohne jeden Gesichtsverlust hätte er für sich selbst gerade darauf verweisen können, zumal solche Parallelen vor der Folie seines Eklektizismus tatsächlich geradezu konstitutiv für sein Werk zu nennen sind. Statt dessen trug er seinen Anspruch auf Originalität und gedankliche Unabhängigkeit wie eine Monstranz vor sich her, die beide vielfach bezweifelt werden dürfen. Er aber stand dazu. Daher war auch seine Absicht hinter der These vom Geist der Menschheit, ganz gleich in welcher Ausgestaltung, immer vor allem apologetisch. Er wollte jedem möglichen Vorwurf

---

139 Vgl. Maurice Halbwachs, *Das Gedächtnis und seine sozialen Beziehungen*, Berlin / Neuwied 1966; Ders., *Das kollektive Gedächtnis*, Frankfurt am Main 1985; Jan Assmann, Kollektives Gedächtnis und kulturelle Identität, in: Ders. und Tonio Hölscher (Hrsg.), Kultur und Gedächtnis, Frankfurt am Main 1988.
140 Vgl. Madariaga, Primer capítulo, 271-274.
141 Vgl. Madariaga, Goya [I], in: ABC, 27-IX-1970.

des Plagiats schon dadurch präventiv begegnen, daß er durch den Vorbehalt des Zufalls alles andere überblendete.

Schließlich hat er sich, auch das gilt es festzustellen, in der Tat für über die Notwendigkeit der Rezeption fremder Ideen erhaben gehalten. Sein Begriff vom Wissen war geprägt von der Sorge, durch ein Zuviel an oberflächlichem Faktenwissen würde das wahre Strukturwissen nur verwässert. Sobald sich einmal die Weisheit vom Sein *(ser)* ihres Autors gelöst habe, trete sie in einen Prozeß fortgesetzter Degeneration ein: Zunächst werde sie zum Gedanken (Locke, Rousseau und Marx werden als Beispiele zitiert), von dort verkomme sie weiter zu bloßen Worten (hier darf man in seinem Sinne wohl die Akademiker vermuten) und schließlich zum 'Papageientum' *(papagayería).*[142] In diesem Sinne beschrieb er wegen deren Suche nach dem Einfluß, den verschiedene Künstler aufeinander hatten, die Kunstkritik mit unverhohlener Geringschätzung als eine horizontale Tätigkeit und geißelte den in ihr zum Ausdruck kommenden Mangel an eigenem Geist:

> Die Kritiker sehnen sich danach, 'Einflüsse' aufzuspüren. Klar. Sie sind horizontale Geister, die in horizontaler Bewegung von Buch zu Buch, von Gemälde zu Gemälde, von Fassade zu Fassade ziehen und die Imitation der Imitation durch eine andere Imitation suchen.[143]

Insbesondere die Kritiker nicht-mediterraner Provenienz, so Madariaga an anderer Stelle mit noch schärferer Polemik, seien wie die Schmeißfliegen sogar noch über die Gelegenheitswerke Picassos mit ihren von ihm als geistig flach geziehenen Analysen hergezogen. Zur Illustration zitierte er Arthur Koestler, der in einer Anekdote ebenso genüßlich wie jetzt er selbst daran erinnert habe, wie der große Spanier einmal wissentlich ein eigenes Werk für eine Fälschung erklärte. Zwar distanzierte sich Madariaga partiell durch die Feststellung, dies habe weder den Ruhm Picassos noch jenen Koestlers gemehrt,[144] seine schelmische Maliziosität gegen die mit der Anekdote angefeindeten Berufsgruppen (die Wissenschaft ist implizit mitgedacht) und ihre als horizontal gegeißelte Fleißarbeit aber blieb davon unberührt. Dem gegenüber habe sich der Künstler mit der eigenen Intuition selbst zu genügen. Madariaga ging nicht so weit, die Existenz solcher Fremdeinflüsse grundsätzlich zu leugnen. Vom wahren Künstler aber verlangte er (ganz wie von sich selbst), daß er deren Wirkung, seiner Vertikalität gemäß, durch sein Schaffen immer wieder aufs neue durchbreche.

---

142 Vgl. Madariaga, Lo que la vida me ha enseñado [I], in: ABC, 4-V-1969. Eine ausführlichere Entwicklung erfuhr dieser Gedanke in einem halb im Scherz geschriebenen Versdrama Madariagas; vgl. Salvador de Madariaga, *Le mystère de la Mappemonde et du Papemonde*, London 1966.
143 Ders., Ignazio Zuloaga, 122.
144 Vgl. Madariaga, Picasso [II], in: ABC, 31-X-1971.

Auch ihm selbst sei verschiedentlich die Beeinflussung durch bestimmte Denker und Werke nachgesagt worden, woraufhin er nur immer wieder habe erklären können, diese weder gekannt noch gelesen zu haben.[145] Dabei hielt er das Genie in praktisch allen Betätigungsfeldern für letztlich unverstanden. Wenn Einstein berühmt geworden sei, dann obwohl die meisten Wissenschaftler seine Theorie von der Relativität eher bewunderten denn verstünden – ganz wie Picasso, dessen Kunst ebenfalls mehr gelobt als verstanden worden sei.[146]

Hinter Madariagas kategorischer Weigerung, andere Denker systematisch zu rezipieren, darf man partiell wohl auch einen fast trotzigen Stolz über die Leistungen der eigenen Intellektualität vermuten. Immerhin dürfte er sich schon früh in den verschiedensten Klassikern wiedergefunden haben, und man kann sich des Eindrucks nicht erwehren, dies habe ihm weniger Freude als eher ein spezifisches Bedauern darüber beschert, einen jeweils eigenen und über die Zeit als originell lieb gewonnenen Gedanken, noch bevor er ihn selbst zu Papier und an die Öffentlichkeit bringen konnte, in der Lektüre unerwartet doch schon irgendwo ins Repertoire des Weltdenkens eingegliedert vorzufinden. So würden sich zumindest all jene in scharfem Ton verfaßten Kritiken erklären, die er auch und gerade gegenüber den von ihm eigentlich verehrten Denkern mitunter mit der Geste des 'darüber-noch-hinaus' in Anschlag brachte – etwa gegen Valéry. Mit seinem unbedingten Anspruch auf Originalität verstellte er sich allerdings den Weg zu der Einsicht, daß neben dem im Blitz der Intuition entstandenen Wissen, wie er es stets angestrebt und gepriesen hat, auch und gerade der mühsame Erkenntnisgewinn im Ergebnis des wissenschaftlichen Zusammentragens von Informationen eine in sich selbst zu würdigende Leistung bedeutet.[147]

Stattdessen läßt er eines seiner politiktheoretischen Hauptwerke gleich im ersten Satz des Vorwortes damit anheben, er werde darin auf eine ideengeschichtliche Fundierung seiner Thesen im Interesse begrifflicher Klarheit *[sic!]* verzichten.[148] Noch deutlicher zu seinem Standpunkt gegenüber dem akademischen Wissenserwerb wurde er in seinen Memoiren:

> Bei meiner Untersuchung mied ich Bücher und entwickelte meine Gedanken aus Erfahrungen und Reflexion. [...] Ich verachte keineswegs – wie könnte ich auch – was ein guter Kopf [...] durch Bücher aus anderen Köpfen gewinnen kann; aber das ist und war niemals meine Methode, denn nach einer bildhaften

---

145 Vgl. Madariaga, Goya [I], in: ABC, 27-IX-1970.
146 Vgl. ebd.
147 Was Madariaga, jenseits des nur zusammengetragenen Faktenwissens *(conocimiento)*, als wirkliches Wissen *(saber)* bezeichnete, ging seiner Meinung nach auf die Intuition zurück, nicht auf den Intellekt. Der intuitive Geistesblitz könne auch dem auf der Suche nach Faktenwissen befindlichen Wissenschaftler oft Jahre der Arbeit ersparen; vgl. Madariaga, La sabiduría, in: ABC, 5-I-1975.
148 Vgl. Madariaga, *Von der Angst zur Freiheit*, 7.

Formulierung Ortegas sind Spanier 'adamisch', das heißt sie schauen die Welt unmittelbar an, genau wie es Adam tat, bevor jegliches Lernen und Wissen einsetzte. Man mag das für richtig halten oder nicht. Es bringt beträchtliche Vorteile. Der adamische Gedanke ist frisch, spontan, neu, nicht verengt durch vorgegebene Begriffe. Seine praktische Anwendung ist jedoch auch gefährlich. Sie mag dazu verleiten, und tut es auch ab und zu, wie wir im Spanischen sagen, 'das Mittelmeer zu entdecken'. Andererseits verführt die Methode des Gelehrten ab und zu auch einen wissensreichen Geist dazu, das Mittelmeer in die Nordsee zu verlegen. Wenn ich schon irren muß, dann ziehe ich doch meine Irrtümer denen anderer Leute vor.[149]

Indem er sich und sein Denken für adamisch erklärte, griff Madariaga auf ein (bei Ortega) wesentlich vom lebensphilosophischen Denken abgeleitetes Konzept zurück,[150] insofern es seinen Ausgang von der theoretisch unbefangenen (naiven) Lebenserfahrung her nahm. Der Adamismus ging über die lebensphilosophischen Ansätze sogar noch hinaus, indem er deren Einschränkung, solche Unbefangenheit müsse keinesfalls mit Theorieflucht einhergehen, gleich mit über Bord warf. Auch Madariaga feierte im Vorwort zu seinem Portraitband über eine Reihe spanischer Zeitgenossen die vertikale Erhabenheit des Intuitiven und des fühlenden Denkers *(pensador-sentidor)*, wie sie sich in Ortegas Begriff des Adamismus ausdrückte. Eine durch Lektüre akademischer Kommentare erworbene Gelehrsamkeit lehnte er demnach ebenso kategorisch ab wie die Auseinandersetzung mit den philosophischen Klassikern selbst: 'Ich arbeite nie mit Sekundärquellen, weil mir schon die Primärquellen genug Verdruß bereiten.'[151] Unamuno legte er das Bild von der Ideengeschichte als einer langen Straße imposanter Gebäude, die doch kein lebender Mensch bewohnen könne, in den Mund.[152] Das gerade in der so barsch zurückgewiesenen Arbeit am Begriff schlummernde Potential für Erkenntnisgewinn hat er offenbar ebenso übersehen wie die Tatsache, daß auch er sich, trotz aller Anstrengungen, von den durch fortgesetzte Tradierung etablierten Begriffen nie ganz freimachen konnte. Daß er der hermeneutischen Arbeit so wenig abzugewinnen vermochte, verwundert dabei umso mehr, als sich seine eigenen semantischen Analysen oft durch einen außergewöhnlichen Scharfsinn auszeichneten.

Unterstellt man diesen letzten Schritt der Theorieflucht nicht, dann kommt man vor Bergson zu stehen, der – wie Madariaga – von der Intuition als einer intellek-

---

149 Madariaga, *Morgen ohne Mittag*, 260f.
150 Einer jüngeren Darstellung gilt Ortega als *der* Lebensphilosoph unter den spanischen Philosophen; vgl. Robert Josef Kozljanič, *Lebensphilosophie. Eine Einführung*, Stuttgart 2004, 17.
151 Madariaga, Españoles: Prólogo, 17f.
152 Vgl. Madariaga, 'Yo'. Beim Wiederlesen Unamunos, in: NZZ, 7-II-1965.

tuellen Leistung sprach, die das Wesentliche der Dinge schlagartig auf eine Weise zu erfassen vermöge, wie es für die diskursive, analytisch-beweisende Rationalität unausdrückbar bleibe. Die Auffassung, in der Wissenschaft die Erkenntnismethode allein gegenüber der unbelebten Materie zu sehen, konnte Madariaga in Bergson vorfinden; ebenso den Gedanken, die Intuition stoße direkt und tief in das Zentrum ihres Erkenntnisgegenstandes vor, wo die Wissenschaft den ihren nur, gleichsam aus der Not geboren: perspektivistisch von außen her abzuschreiten imstande sei. Madariaga polarisierte hier erheblich schärfer und gegenüber der Wissenschaft noch stärker abwertend als Bergson; aber der Griff zur Visualisierung der Idee, zur eher suggestiven als erklärenden Metapher ist prinzipiell beiden gemeinsam. Ganz besonders muß dem polyglotten und in den beherrschten Sprachen auch überaus stil- und übersetzungssensiblen Madariaga Bergsons Plausibilisierung der intuitiven Erkenntnis eingeleuchtet haben, man könne einen der griechischen Sprache Unkundigen auch mit einer noch so guten Übersetzung und mit noch so ausführlichen Erläuterungen nicht einmal in die Nähe jenes intuitiven Verständnisses der Verse Homers bringen, wie es sich über das sichere Beherrschen seiner Sprache augenblicklich und profund einstelle. Madariaga hat sich, unter anderem als Hamlet-Übersetzer, selbst mehrfach Gedanken zur prinzipiellen Übersetzbarkeit zwischen den Sprachen gemacht, überdies dürfte ihn auch die im genannten Beispiel implizit zum Ausdruck gebrachte Affinität der Intuition zum ästhetischen Empfinden angesprochen haben. Bergsons Konzept der Sympathie zwischen dem schaffenden Künstler und dem Inneren seines Gegenstandes, zumindest, lebte in Madariagas Definition des Kunstwerkes gut nachvollziehbar weiter.[153]

---

153 Madariaga hat im Ansatz eine eigene, hoch unorthodoxe Philosophie der Kunst entwickelt, von der hier allerdings nur von Interesse sein muss, daß dort über die Dichotomie von Genie und Talent, sowie über das Verhältnis von Auktorialität und Wahrheit ein Begriffs- und Werteraster entwickelt wird, das Madariaga trotz seines eigentlich ästhetischen Charakters sehr direkt und normativiert auch in sein politisches Urteilen übernimmt. Die Spitze dieser Kunstphilosophie wird erkennbar in Madariaga, Goya, in: ABC, 27-IX-1970 und 4-X-1970, sowie in Madariaga, Picasso, in: ABC, 24-X-1971 und 31-X-1971. Für die Parallele zu Bergson; vgl. Kozljanič, Lebensphilosophie, 107-109.

Kapitel 4: Der Intellektuelle – Ein unpolitischer Politikbegriff

> Ich war vielleicht der einzige in der ganzen Versammlung, der kein Politiker, sondern fast ein reiner Intellektueller war. Ich gebrauche dieses qualifizierende 'fast', um noch jene Anziehungskraft zu retten, die von der Verwirklichung meiner Ideen ausgehen mochte und mich mit zäher Glaubenskraft an diesen festhalten ließ.
>
> *(So Madariaga über eine Sitzung des Völkerbundrates; Madariaga, Morgen ohne Mittag, 214.)*

4.1 Das Ideal einer konfliktfreien Politik

INTELLEKTUELLER QUEREINSTEIGER. – Madariagas politische Karriere begann unmittelbar nach Ende des Ersten Weltkrieges, als in seinen Augen die im 19. Jahrhundert begonnene Epoche bereits wieder zu Ende ging, in der der Figur des Intellektuellen eine herausgehobene Bedeutung im Politikbetrieb zugekommen sei. Ihm zufolge hatten die Jahre ab 1870 als jene Zeit zu gelten, in der die Intellektuellen mehr als jemals sonst in Europa das öffentliche Leben mitgestalteten.[1] Nicht zuletzt in der Erinnerung an seine Tätigkeit beim Völkerbund hat er sein Bedauern darüber zum Ausdruck gebracht, dort schon gleichsam als ein Relikt aus vergangenen (besseren) Tagen gewirkt zu haben. Gleichwohl hat er das zu Beginn seiner Karriere ausgeprägte Verständnis politischen Wirkens nie wieder aufgegeben, auch im Gefolge des erneuten Stilwechsels nach 1945 nicht. Einmal als politischer Kopf etabliert, hat er bis ans Ende seiner Tage die Rolle des Intellektuellen gegeben, dessen politisches Denken über den Niederungen der verschiedenen Parteien und Lager steht, und das sich jenseits auch der verschiedenen nationalen Egoismen abspielt.

Er verkörperte damit in zeitversetzter Entsprechung recht genau jenen Typus, der von Karl Mannheim im Zusammenhang mit der politischen Romantik als 'freischwebender Intellektueller' apostrophiert worden ist. Nie richtig verbeamtet, sondern immer im Dienste der Beeinflussung der öffentlichen Meinung, hätten diese Intellektuellen jenen typisch halbkonkreten Zug im Denken zwischen Schwärmerei

---

[1] Vgl. Alonso-Alegre, *Pensamiento político*, 104.

und Pragmatismus ausgebildet, der sie zu den geborenen Geschichtsphilosophen gemacht habe. Ohne einen eigenen sozialen Standpunkt bzw. ohne feste Bindung an einen solchen, seien sie in der Lage gewesen, seinsmäßig durch soziale Standorte fixierte „kollektive Wollungen" aufzuspüren und apologetisch zu rechtfertigen.[2]

> So wird denn auch die Eigenart dieses Denkstils durch die Sensibilität charakterisiert. Nicht Gründlichkeit ist die Tugend, sondern der 'gute Blick' für die Geschehnisse im geistig-seelischen Lebensraume. Ihre Konstruktionen sind deshalb immer falsch oder auch gefälscht; aber irgend etwas ist immer 'gut gesehen'. Darin lag das Befruchtende der Romantik für die Geisteswissenschaften: sie warf Probleme in die Diskussion, sie entdeckte ganze Gebiete; es mußte aber einer späteren Forschungsarbeit überlassen werden, das Tatsächliche von der bloßen Konstruktion abzusondern.[3]

Dabei gilt diese Charakterisierung durchaus auch außerhalb des konkret für Mannheim relevanten Zusammenhangs. Ganz allgemein wurde die erste Hälfte des 19. Jahrhunderts zum Ausgangspunkt für den Vormarsch, zu dem sich der Intellektuelle *als Typus* innerhalb der Gesellschaft aufmachte, der von Beginn an vom Wunsch nach beruflicher Autonomie oder, negativ gewendet: von der Sorge um die Sicherung des eigenen materiellen Auskommens geprägt war. Soziologisch läßt sich insbesondere der *politische* Intellektuelle als Typus (zu dem dann unter anderem die Gruppen der Wissenschaftler, Literaten, Künstler und Journalisten zu zählen wären) bis zu der als 'Manifest der Intellektuellen' bekannt gewordenen Petition in der Dreyfus-Affäre zurückverfolgen; über das Französische hat der Begriff in der Folge auch Einzug in die anderen Sprachen gehalten.[4]

Nun kann man in der Zeit Madariagas weder das Motiv des Sich-Verdingens noch das des sozialrevolutionären Sprengstoffes so stark machen, wie es Charle und Mannheim für das beginnende 19. Jahrhundert tun. Abgesehen davon aber zeichnen beide ein auch für Madariaga noch sehr stimmiges Bild von der Lage des Intellektuellen zwischen dem Wunsch nach beruflicher (und damit materieller) Autonomie und dem Bestreben, politische und andere Abhängigkeiten möglichst zu meiden. Obwohl die Sorge um die materielle Sicherung seines Lebensunterhalts gerade in der ersten Hälfte seines Lebens immer wieder eine zentrale Rolle für ihn spielte und er selbst mehrfach nachweislich versucht hat, sich etwa im Umfeld des Völkerbundes

---

2   Vgl. Karl Mannheim, *Konservatismus. Ein Beitrag zur Soziologie des Wissens*, Frankfurt am Main 1984, 145-150.
3   Ebd., 146f.
4   Vgl. Christophe Charle, *Vordenker der Moderne. Die Intellektuellen im 19. Jahrhundert*, Frankfurt am Main 1997, 13.

über (vor-)politische Versorgungsposten abzusichern,⁵ hat sich Madariaga mit beruflichen Festanstellungen doch immer sehr schwer getan – wohl wegen der damit notwendig einhergehenden Rolle als Weisungsempfänger. In keiner hat er es lange ausgehalten, weder als Ingenieur in der nordspanischen Eisenbahngesellschaft, noch als Professor in Oxford. Sein Lebensentwurf scheint schon früh der eines Schriftstellers gewesen zu sein, der allein von den Früchten seiner freiberuflichen Arbeit würde leben können. Dabei trafen ihn zunächst die gleichen materiellen Schwierigkeiten, die Charle für die Intellektuellen des frühen 19. Jahrhunderts beschreibt.⁶

Charle arbeitet unter starkem Rückgriff auf statistisches Material, aus dem länderübergreifend und mit nur geringen Verzögerungen in den weniger weit entwickelten Ländern etwa ab dem letzten Quartal des 19. Jahrhunderts die Bereitschaft erkennbar wird, den Intellektuellen (also den Journalisten, Publizisten, Autoren oder Gelehrten) als einen eigenen Beruf wahrzunehmen; zumindest warten die Berufszählungen ab dieser Zeit überall mit einer eigenen Rubrik für diese Berufe auf. Gerade in den weniger fortgeschrittenen Ländern fehlte ihnen allerdings das Publikum, und so gerieten die Intellektuellen dort in einen existentiellen Widerspruch mit dem Versuch, es Vorbildern wie Dickens, Hugo, Ibsen oder Zola gleichzutun.⁷

Sowohl in der praktischen Politik als auch in der Auseinandersetzung mit ihr als einem Gegenstand theoretischer Analyse war Madariaga die klassische Verkörperung des intellektuellen Quereinsteigers. Er selbst reflektierte in diesem Sinne den Zufall, durch den er überhaupt erst in die Politik gezogen wurde:

> Heute ist mir klar, daß er es war, der mich ins Sekretariat hineinzog, indem er in seiner Abteilung einen Posten für einen Mann erfand, der wie ich eine wissenschaftliche Ausbildung, eine rasche Feder und die Fähigkeit, sich in drei Sprachen zu verständigen, besaß. Da die technischen im Unterschied zu den 'politischen' Aktivitäten des Völkerbundes mehr von Jean Monnet, dem Stellvertretenden Generalsekretär, geleitet werden sollten, hatten die Franzosen, für die ich aufgrund meiner Erziehung in Paris einer von ihnen war, mir den Weg geöffnet. So wurde ich durch einen Zauberakt in eine Art 'technischer' Journalist verwandelt.⁸

Insofern relativiert sich auch seine zunächst beeindruckende politische Vita etwas, wenn man berücksichtigt, daß er – mit der Ausnahme seiner Tätigkeit als

---

5 Vgl. Madariaga, *Morgen ohne Mittag*, 379f., sowie die Darstellung zu Madariagas Biographie oben.
6 Vgl. Charle, *Vordenker der Moderne*, 43-55.
7 Vgl. Ebd., 108-116.
8 Vgl. Madariaga, *Morgen ohne Mittag*, 18; mit 'er' meint Madariaga seinen Vorgesetzten Pierre Comert, den Leiter der Informationsabteilung im Sekretariat. Auch mit Monnet war Madariaga freundschaftlich verbunden; beide eröffneten ihre Briefe jeweils mit 'Mon cher ami' (Monnet) bzw. 'Cher ami' (Madariaga); vgl. MALC 28.

Völkerbundgesandter und als Botschafter Spaniens in Paris – seine offiziellen politischen Ämter nie richtig auszufüllen vermochte. Gleichwohl schwingt in seinen tiefstapelnden Unwohlseinsbekundungen darüber, nur durch externe Kräfte und recht eigentlich gegen seinen Willen zur Politik gekommen zu sein, immer ein gehöriges Maß an koketter Eitelkeit mit. So sah er sich gewissermaßen im Gegensatz zu seinem Freund Joseph Paul-Boncour, dem er sehr wohl die gleiche Prinzipientreue zugestand wie sich selbst, der aber

> seine Verhaltensweisen doch einem bestimmten Rahmen nationaler Formen und Kräfte anpassen [mußte], eine Notwendigkeit, die für mich nicht bestand. Denn mir war niemals der Gedanke gekommen, in Spanien politische Karriere zu machen. Es stimmt zwar, daß ich in der Politik stand, aber das hatte ich nicht verursacht. Es geschah halt mit mir.[9]

Madariaga sah sich eigentlich als den geborenen Dichter, der durch des Vaters Wunsch, er möge etwas Technisches in Frankreich studieren, bereits früh in die Rolle des Weltbürgers gepreßt wurde.[10] Schnell aber hat er sich nicht nur daran gewöhnt, auch eine politische Figur abgeben zu können, sondern er genoß auch die für seine Person daraus resultierende Prominenz und Anerkennung. Als etwa 1934 Spanien erneut als eines der sogenannten 'halbständigen' Ratsmitglieder beim Völkerbund bestätigt wurde und ihm Barthou daraufhin versicherte, seiner Delegation sei es in der Abstimmung mindestens ebenso um den spanischen Chefdelegierten wie um das Land selbst gegangen, dann kommentiert er diese Erinnerung wie folgt:

> Ich murmelte zwar einige Floskeln der Bescheidenheit, war aber doch sehr erfreut, da ich nämlich nicht weniger eitel bin als andere und in der Tat eitel genug, um der Meinung zu sein, daß Barthou recht hatte.[11]

DER STAATSMANN ALS DETAILFERNER ÄSTHET UND OPTIMIST. – Symptomatisch für den Stil, der seine politische Tätigkeit prägte, sind seine Erinnerungen an die ersten Tage am Genfer See. Obwohl er seine Memoiren über die Zwischenkriegszeit erst wenige Jahre vor seinem Tod veröffentlichte, nahm er doch in der Eröffnungspassage auch Jahrzehnte später nichts von dem naiv-idealistischen Pathos zurück, mit dem er seinerzeit dem Beginn seiner Völkerbundtätigkeit entgegen geblickt hatte:

---

9   Madariaga, *Morgen ohne Mittag*, 214f. Im spanischen Original wird diese Passage noch etwas deutlicher. Demnach waren für Madariaga in Spanien die Optionen auf eine Karriere in der Politik verbaut, weshalb er sich in den Dienst der Sache gestellt sah, Spaniens Fortkommen auf dem internationalen Parkett zu sichern, vgl. Ders., *Memorias*, 284f.
10 Vgl. Ders., *Morgen ohne Mittag*, 459f.
11 Ebd., 353.

> Ich befand mich nun an einem Ort, [...] wo mein Büro von Licht durchflutet war und durch das Kommen und Gehen intelligenter junger Männer und Frauen belebt wurde, die alle – so schien es mir – von einem neuen Geist und einer neuen Hoffnung beseelt wurden. Nie mehr Krieg! Wir würden die Dinge schon so organisieren, daß alle Konflikte am grünen Tisch gelöst werden könnten.[12]

Trotz der bald darauf erfolgten Ernüchterung in Genf sind Madariagas viel später geschriebene Memoiren noch immer durchweht von der Überzeugung, es hätte seinerzeit ebenso gut auch funktionieren können. Bemerkenswert aber ist an der zitierten Passage vor allem der in seinen politiktheoretischen Schriften immer wieder anzutreffende Fokus, dem es gar nicht so sehr auf die Analyse des eigentlich Politischen ankam. Vielmehr heftete er sein Augenmerk eher auf den Aspekt des äußerlichen Stils, sowie psychologisierend auf das Persönliche seines direkten Umfeldes – nicht untypisch für einen Intellektuellen, den es eher versehentlich in die Politik verschlagen hat. Unerschütterlich hielt er an einem auf die Kultur der (welt)politischen Diplomatie des frühen 20. Jahrhunderts gegründeten Politikverständnis fest. Für ihn blieb Politik bis an sein Lebensende vor allem anderen eines: eine Frage des persönlichen Stils ihrer Protagonisten. Nicht nur für sich selbst, auch in seiner Einschätzung der ihn umgebenden Persönlichkeiten wertete er die Gabe zu humoriger Konversation höher als genuin politischen Sachverstand, den er zwar ebenfalls schätzte, den er allerdings in übersteigerter Präsenz in einer einzelnen Person rasch als unangenehm trocken empfand. Prinzipiell veranschlagte er, ebenso sich selbst wie anderen gegenüber, die Bedeutung einer gleichsam aristokratisch-höfischen und ganz in diesem Sinne idealiter naturgegebenen Geschmeidigkeit und den zur Anekdote tauglichen rhetorischen Sieg durch eine passend gesetzte Pointe konsequent höher als die Fähigkeit und Bereitschaft zu bodenständiger politischer Sacharbeit. Nach seinem Urteil war persönlicher Stil für den Politiker eine Qualifizierungsbedingung sine qua non – „Nicht von ungefähr sagte Buffon, daß der Stil den Menschen macht."[13]

Dieser oft stark verkürzend wirkende Ästhetizismus prägte auch insgesamt seinen Begriff von Politik. Stellvertretend für viele weitere seiner Kurzpsychogramme, galt ihm A. J. Cummings, ein britischer Mitarbeiter der Informationsabteilung im Sekretariat des Völkerbundes, als „ein fähiger Mann, der gut aussah und darüber hinaus Sinn für Humor hatte – eine Fähigkeit, ohne die man in Genf kaum überleben konnte".[14] Hier unverkennbar lobend auch auf die eigenen Qualitäten abhebend, wußte Madariaga dasselbe hoch subjektive Kriterienraster auch in der Kritik ihm mißlie-

---

12 Madariaga, *Morgen ohne Mittag*, 17.
13 Ders., Alejandro Lerroux, in: Españoles de mi tiempo, Barcelona 1974, 49.
14 Vgl. Ders., *Morgen ohne Mittag*, 32.

biger Zeitgenossen einzusetzen. Gemünzt auf den ihm in vermeintlich persönlicher Feindschaft verbundenen Marqués de Merry del Val stellte er beispielsweise fest, eine perfekte Aussprache und ein guter Schneider seien offenbar hinreichend gewesen, ihn zum Botschafter zu machen; vor allem habe, so die mit unverkennbarem Ressentiment hinzugefügte Spitze, Intelligenz als Qualifizierungsbedingung dafür offenbar nicht überbewertet werden sollen.[15]

Auch hat Madariaga immer dann besondere Wirkung entfaltet, wenn er eher als Ästhet denn genuin politisch auftreten konnte – wobei er einerseits wenig Rücksicht bei der meist im Geschmack geerdeten Beurteilung seiner Zeitgenossen übte und doch als konfliktscheuer und eher durchsetzungsschwacher Intellektueller dem schroffen Interessenkonflikt lieber aus dem Weg ging. Er ist damit ein Vertreter des gleichen Typus, der etwa durch die Zuordnung der Figur Harry Graf Kesslers weiter an Schärfe gewinnt. Bis ins Detail der Formulierung hinein ist die Charakterisierung auf Madariaga übertragbar, die Henning Ritter kurz nach der Veröffentlichung der frühen Kessler-Tagebücher von ihrem Autor zeichnete:

> Das Universum dieses jungen Mannes ist beherrscht von der Idee eines alles zum Ausgleich bringenden umfassenden neuen Geschmacks, alles wird auf seine Tauglichkeit für eine endlich geschmackvolle Welt hin angesehen. [...] Wie ein Filter legt sich das Geschmackspostulat vor die wirklichen Eindrücke, und nicht alles darf sie passieren. Wirklichkeit ist Geschmack. Deswegen unterliegt die Wahrnehmung dieses vielgerühmten Beobachters einer Zensur: der Diktatur des Geschmacks. [...] Der Leser dieses Tagebuchs sieht ihn nicht nur Nietzsche, sondern die *symbolische Ästhetik* und auch den neuen Stil der Kunstkommentare mühelos in geläufige Formulierungen gießen, als sei das alles nur gedacht oder gemalt, um sich miteinander zu vertragen und eine Welt integren Geschmacks heraufzuführen.[16]

Helmut Salzinger verfolgte mit seiner Eloge auf Madariagas achtzigsten Geburtstag wohl die gleiche typologische Absicht, indem er ihm explizit den Franzosen André Malraux an die Seite stellte,[17] der zwar weltanschaulich anders aufgestellt war als Madariaga, gleichwohl aber wie dieser als ein enorm facettenreicher Intellektueller wirkte. Auch Malraux verstand sich als Schriftsteller *und* als Politiker. Auch er entwickelte wie nebenbei eine eigenwillige Kunstphilosophie, war im Laufe seines Lebens

---

15 Vgl. Madariaga, Merry del Val, 37f. – Alfonso Merry del Val war von 1913 bis 1931 spanischer Botschafter in London.
16 Vgl. Henning Ritter, Der Allerweltsmann. Harry Graf Kessler in seinen frühen Tagebüchern, in: FAZ, 12-VI-2004.
17 Vgl. Helmut Salzinger, Schriftsteller und Politiker aus Leidenschaft. Salvador de Madariaga, Anwalt eines liberalen Spanien, wird 80 Jahre alt, in: Südwestdeutsche Allgemeine Zeitung, 23-VII-1966.

mehrfach Minister, trat zuerst als ein betont kritischer Journalist in das Licht der Öffentlichkeit. Es ist daher nicht nur richtig, sondern auch in typologischer Hinsicht gewinnbringend, beiden jeweils aufgrund ihrer intellektuellen Biographie ähnliche Vorstellungen vom Funktionieren der Politik sowohl als individuelles Handlungsfeld wie auch als gesellschaftliche Sphäre zu unterstellen.

Selbst dort, wo er genuin politisch zu denken oder zu handeln meinte, spiegelte sich in Madariagas Herangehen ein für ihn und andere Intellektuelle ähnlicher Vita charakteristischer Ästhetizismus. So glaubte er unerschütterlich daran, die politische Spaltung des Landes durch eine Zusammenführung der zerstrittenen Parteien und Regionen Spaniens in kulturellen Großveranstaltungen und durch das Pathos der davon jeweils ausgehenden ästhetischen Katharsis überwinden zu können. Noch in seinen Memoiren schrieb er: „Ich bin noch immer überzeugt, daß dies der Weg war, ein freies, demokratisches Spanien aufzubauen; aber es sollte nicht sein..." So organisierte er in seiner Funktion als spanischer Erziehungsminister zum Tag des Gedenkens an die Ausrufung der Republik am 14. April eine Festveranstaltung in einem großen Madrider Theater, auf der die Rede von Präsident Zamora nur den Auftakt zu einem unverkennbar politikdidaktischen Kulturprogramm gab. Nach Liedern „in jeder Sprache der Halbinsel" und der Rezitation einer millionenfach aufgelegten kleinen Broschüre, in der er „die sechs schönsten Stücke spanischer Dichtung und Prosa vom Mittelalter bis zur Neuzeit" zusammengestellt hatte, kulminierte diese Veranstaltung im Schlußsatz der von ihm, neben dem hier offensichtlichen Motiv, zeitlebens auch als der Gipfel aller menschlichen Kultur gepriesenen neunten Sinfonie Beethovens. Am gleichen Tag erlebte Madrid unter seiner Regie ein „Fest mit spanischen Volkstänzen, zu dem wir Tanzgruppen aus allen Provinzen eingeladen hatten", sowie eine Aufführung von *El alcalde de Zalamea* in der Stierkampfarena, also eines Stückes von Calderón (den er wiederholt zum spanischen Shakespeare erklärt hat), das mit der Kritik am Mißbrauch militärischer Macht seine politikdidaktischen Motive als Minister ebenfalls unschwer erkennen ließ.[18]

Typisch für Madariaga ist allerdings auch, daß er, bei aller Kritik, die er an anderer Stelle für den Typus des (vor allem linken) politischen Intellektuellen übrig hatte, seine eigene Rolle als Intellektueller in der Politik nie als Mangel empfunden, sondern stets offensiv vertreten hat. Im Zuge der Erinnerung an das Etikett vom 'Gewissen des Völkerbunds', das ihm seinerzeit und zu seiner lang anhaltenden Freude von den Genfer Kollegen angehängt worden war, erklärte er in seinen Memoiren, in einer Passage über den Völkerbundrat:

---

18   Vgl. Madariaga, *Morgen ohne Mittag*, 335f.

> Ich war vielleicht der einzige in der ganzen Versammlung, der kein Politiker, sondern fast ein reiner Intellektueller war. Ich gebrauche dieses qualifizierende 'fast', um noch jene Anziehungskraft zu retten, die von der Verwirklichung meiner Ideen ausgehen mochte und mich mit zäher Glaubenskraft an diesen festhalten ließ.[19]

Deutlicher als in der mitunter etwas ungenauen deutschen Übersetzung erschließt sich in der spanischen Ausgabe das hier zwischen den Zeilen verloren gegangene Motiv: „Ich sage *fast*, um jener Anziehungskraft Rechnung zu tragen, die die Macht auf mich als ein Mittel ausübte, mit dem ich meine Ideen in die Tat umsetzen konnte."[20] Trotz aller Zufälligkeiten war er ursprünglich sehr wohl in die Politik gegangen, weil er sich von der Macht angezogen fühlte, genauer: von der Möglichkeit, etwas zu bewirken, die eigenen Ideen in die Tat umzusetzen. Doch indem er in bzw. an der Politik bald scheiterte, teilte er mit zahllosen Intellektuellen seiner Zeit und ihrer jüngeren Vorvergangenheit nicht nur die Vita, sondern auch die Einsicht, für eine Karriere als politisch Handelnder aus den verschiedensten Gründen letztlich doch nicht geeignet zu sein. Dieses hart erarbeitete Zugeständnis an den eigenen Stolz kompensierte er aber ebenso wie jene sogleich durch Selbstüberhebung: Man sei schlicht für Größeres bestimmt, als sich in den Niederungen der (Innen-)Politik aufreiben zu lassen. Die Engführung des Begriffes Politik mit dem binnenstaatlichen Kontext ist entscheidend. Grandios gescheitert ist Madariaga als Minister; seine Karriere beim Völkerbund hingegen war nicht nur vergleichsweise lang, sondern auch erfolgreich – nur hat er dies selbst nie für Politik im eigentlichen Sinne gehalten. Sein Auftreten in Genf galt ihm als das eines Diplomaten und Staatsmannes, nicht als das eines Politikers, inklusive aller Wertungen, die diese Begrifflichkeiten in seiner Terminologie mit sich brachten. Sowohl der kokettierend entrückte Narzißmus als auch die patriotisch-kosmopolitische Geste, mit denen das oben begonnene Zitat fortfährt, lesen sich denn auch wie eine an die Nachwelt gerichtete Apologie in eigener Sache:

---

19   Madariaga, *Morgen ohne Mittag*, 214; ähnlich auch Ebd., 216 und 236. Als das Gewissen des Völkerbundes war Madariaga ursprünglich wegen seines Einsatzes für eine internationale Aktion gegen den Aggressor Japan bezeichnet worden; vgl. Preston, *Quest for Liberty*, 10. Dieses von Madariaga für bares Lob genommene Attribut wird nicht immer frei von Ironie gebraucht worden sein, was schon die quijoteske Hartnäckigkeit vermuten läßt, wie sie aus seiner eigenen Darstellung erkennbar wird und die ihm nach eigener Aussage ebenfalls den sinnigen Beinamen 'Don Quijote de la Manchuria' eingetragen hat; vgl. Madariaga, *Morgen ohne Mittag*, 214-245, für das Zitat Ebd., 237; sowie, aus fremder Feder: Olivié, *La herencia*, 265. Nicht zu Unrecht behauptete Madariaga wohl auch, im Völkerbund den Ruf eines Heißsporns gehabt zu haben; vgl. Madariaga, *Morgen ohne Mittag*, 421. Gut paßt zu diesem Bild auch die von Ayala überkommene Aussage, Madariaga habe stets ein Exemplar des Völkerbund-Paktes in der Tasche gehabt, um daraus bei jeder passenden wie unpassenden Gelegenheit einen Artikel zu zitieren; vgl. Alonso-Alegre, *Pensamiento político*, 48.

20   Madariaga, *Memorias*, 284.

> Aber bald gelangte ich zu der Überzeugung, zur Politik nicht berufen zu sein, da ich nämlich merkte, daß ich kaum jemals die Presse las, nicht einmal dann, wenn ich erwarten konnte, in den Nachrichten genannt zu werden.[21]

Vor allem ließ er wiederholt durchscheinen, daß er nicht die Bereitschaft mitbringe, sich als Akteur gegebenenfalls den in der Politik obwaltenden Sachzwängen zu unterwerfen. Schon Sieyès hatte in seiner Schrift über den Dritten Stand davon gesprochen, daß dem Philosophen in der Politik der Administrator nachfolgen müsse. Wo ersterer nur gegen Irrtümer ankämpfe und sich dabei um die praktischen Dinge nicht zu sorgen brauche, da stoße letzterer im Versuch der Umsetzung auf die politischen Interessen und brauche von daher ein ganz anders geartetes Wissen und Können.[22] Madariagas Attitüde kann in diesem Sinne als die Ablehnung des Intellektuellen gegenüber der profan handwerklichen Tätigkeit verstanden werden, die in seinen Augen das Leben des Politikers kennzeichnete. Nicht umsonst grenzte er den Politiker als Typus mit einem herabstufenden 'nur' gegen jenen des Staatsmanns ab.[23] Wo sich dieser durch die Fähigkeit auszeichne, seinen Willen gestalterisch nach außen zu kehren, da bleibe jener ein Sklave äußerer Notwendigkeiten. Auch dies ist ein Motiv, das gerade im Kreis der intellektuellen Europabefürworter der unmittelbaren Nachkriegszeit gängige Münze war.

HONORIGES VERSÖHNEN STATT INTERESSENAUSGLEICH. – Wenn er den Politikern seiner Zeit in dieser Weise generalisierend Opportunismus oder Abhängigkeit, in jedem Fall aber das Fehlen einer festen Gesinnung vorwarf, dann entsprang diese Kritik grundsätzlich einem sehr spezifischen Politikverständnis, in dem analytisch wie normativ für das zunächst eigentlich wertneutrale Konzept des politischen Interesses bzw. für das Wechselspiel des Interessenausgleichs kein Platz war. Tatsächlich hat er den Begriff des Interesses im binnenstaatlichen Kontext nicht und im internationalen fast ohne Ausnahme despektierlich verwendet. Als er etwa im Februar 1953 einen in der Presse wahrgenommenen Vortrag George Kennans mit einer polemischen Replik kommentierte und versuchte, in der Debatte, in die sich der zitierte Vortrag einordnete, die idealistische Position zu verteidigen, zeigte er mit seiner Reaktion letztlich nur, daß er vom politischen Interesse selbst gar keinen angemessenen Begriff hatte.

---

21   Madariaga, *Morgen ohne Mittag*, 214f.; ähnlich auch Ebd., 208.
22   Vgl. Emmanuel Joseph Sieyès, *Was ist der Dritte Stand?* hrsg. von Rolf Hellmut Foerster, Frankfurt am Main 1968, 139-142.
23   Vgl. Madariaga, *Morgen ohne Mittag*, 345; dort heißt es: „Staatsmänner oder zumindest Politiker". Noch abschätziger über den Politiker als Typus, vgl. Madariaga, Bevanism, in: Thought, 5-IV-1952.

> Das *nationale Interesse* als Grundlage der auswärtigen Politik? Aber was ist
> nationales Interesse? Sollen wir es als das großgeschriebene Privatinteresse be-
> zeichnen? Was ist dann aber das Privatinteresse eines Grundbesitzers, eines
> Fabrikdirektors, eines Arbeiters oder eines Bauern? Kann es getrennt wer-
> den von den Interessen der Gemeinschaft, in der sie leben? Kann das na-
> tionale Interesse der Vereinigten Staaten richtig begriffen werden, ohne daß
> man den höheren Interessen der Gemeinschaft von Nationen, in der sie leben,
> Rechnung trägt? Ist dieses Interesse ohne den Frieden vorstellbar? Kann man
> sich den Frieden vorstellen ohne Gerechtigkeit? Kann die Gerechtigkeit ohne
> Erwägungen ethischer Art begriffen werden?[24]

Madariagas Artikel erweckt insgesamt den Eindruck, als habe er sich hier mit einem völlig neuen Begriff auseinanderzusetzen, der ihm von Kennan als einer unwiderlegbar anerkannten Autorität gleichsam aufgezwungen wurde. Es ist bemerkenswert, daß er die eigentliche Crux des Begriffs vom (hier: nationalen) Interesse gar nicht in den Blick bekam, sondern statt dessen etwas weiter oben im hier zitierten Artikel versuchte, dem Begriff ausweichend auf dem Weg der Auseinandersetzung mit dem beizukommen, was man – in der Abgrenzung sowohl nach innen als auch nach außen – denn unter einer Nation zu verstehen habe. Er scheint Kennan spätestens dort einfach nicht mehr verstanden zu haben, wo dessen Verständnis von Politik darauf hinausläuft, daß ein bestimmter (hier: nationaler) Wille allein aufgrund seiner Faktizität politische Berechtigung erlangt. Man mag ihm nun zugute halten, die idealistische Gegenposition, für die moralische Erwägungen aus der Politik weder ausgeklammert werden können noch dürfen, zeitlebens konsequent vertreten zu haben; aber die grundsätzliche Denkmöglichkeit einer allein vom politischen Interesse her argumentierenden Position, an der aller idealistischer Widerspruch in der Sache nichts zu ändern vermag, hat er nie wirklich anerkannt. Charakteristisch für seinen Politikbegriff ist nämlich, daß er den unauflösbar antagonistischen Charakter des Politischen ignorierte – und je nachdem, ob er diesen Aspekt ausblendete oder zu umgehen versuchte, gelangte er entweder zu Szenarien, in denen sich das Politische irgendwie von selbst regelt und stabilisiert, oder aber zu solchen, in denen zurechenbares politisches Entscheiden zwar eine Rolle spielt, dafür aber dem Zugriff 'geringerer' Geister entzogen und statt dessen an eine weise und unanfechtbar über allem politischen Handeln thronende Autorität delegiert wird.[25]

---

24 Madariaga, 'Nichteinmischung' oder Gemeinschaftsgeist?, in: NZZ, 1-II-1953.
25 Er setzt sich damit in diametralen Widerspruch zu einem intrinsisch vom Konflikt her denkenden Politikverständnis, wie es in unübertroffener Zuspitzung Carl Schmitt entworfen hatte, indem er die Unterscheidung zwischen Freund und Feind für im Politischen unauflösbar erklärte, den Krieg als eine mögliche Manifestation von Feindschaft behandelte und die Vorstellung von der Einen Welt im Verweis auf ihren Charakter als 'politisches Pluriversum'

Die Erfahrungen als Abrüstungsexperte beim Völkerbund prägten, in den Grundzügen bis an sein Lebensende unverändert, das gesamte politische Denken und Handeln Madariagas. Sein Hauptaugenmerk hat dort stets der präventiven Versöhnung potentiell gewaltträchtiger Konflikte gegolten, und sein Politikstil auf dem Weg zur Umsetzung dieses Zieles läßt sich, kurz umrissen, an einem Hang zur Expertokratie und Honoratiorenpolitik festmachen. Die beiden wichtigsten Initiativen aus seiner ministeriellen Zeit sprachen, obgleich oder gerade indem sie beide scheiterten, unverkennbar die Sprache des noch maßgeblich durch den Geist von Genf geprägten Geistesaristokraten. Die dort erworbene Fixierung auf die Tätigkeit in Kommissionen als dem bevorzugten Ort politischer Arbeit schlug sich etwa in seinem Vorschlag zur Bildung eines die Regierung in außenpolitischen Fragen beratenden Staatsrates nieder, dem alle noch lebenden ehemaligen Außenminister und Ministerpräsidenten angehören sollten. Den ebenfalls von Genf herrührenden Hang zu einer starken Akzentuierung symbolischer Politik spiegelte seine Anregung zu einer jährlich am Tag der Ausrufung der Republik zu verleihenden Ehrenbürgerschaft wider, die seinen Vorstellungen gemäß in den ersten beiden Jahren an Miguel de Unamuno und Bartolomé Cossío hätte gehen sollen.[26] Insgesamt erinnern seine Versuche, als Erziehungsminister aus einer Position über dem bzw. jenseits des eskalierenden Antagonismus der spanischen Politik der Zeit heraus zwischen den späteren Bürgerkriegsparteien von links und rechts zu vermitteln, in ihren Motiven sämtlich an die Rolle, die er vor dessen Abstieg in die politische Bedeutungslosigkeit auch dem Völkerbund zugedacht hatte.

Dabei äußerte sich sowohl in seinen harmonistischen als auch in seinen latent autoritären Politikentwürfen ein stark konfliktaverser Grundzug, der ihn als politische Figur grundsätzlich kennzeichnete. Zwar kannte er als intellektueller Kritiker im Schreiben und Sprechen über die Politik und ihre Akteure keinerlei Beißhemmung. Andererseits aber hat er sich, wo immer er selbst zum Akteur im Wechselspiel der Interessen wurde, als wenig durchsetzungsfähig erwiesen. Vor allem von daher rührte wohl sein Scheitern in der praktischen Politik. Konnte er sich in Genf, trotz der freilich auch dort ausgetragenen Auseinandersetzungen um nationale Interessen, noch erfolgreich mit seinem sicheren Gefühl für brillante Formelkompromisse in der Rolle des Problemlösers behaupten und so tatsächlich ein Stück weit abseits der harten Realpolitik agieren, so ist ihm dies etwa im spanischen Kontext weit weniger gelungen. Als intellektualistischer Idealist ist er dort rasch zum eigenen Nachteil mit genuinen Machtpolitikern aneinandergeraten.

---

gerade zurückgewiesen hat; vgl. Carl Schmitt, *Der Begriff des Politischen*, Text von 1932 mit einem Vorwort und drei Corollarien, Berlin 1987, 20-78.

26 Vgl. Madariaga, *Morgen ohne Mittag*, 334-337; sowie Ders., *Alejandro Lerroux*, 58.

Zwischen Madariagas politiktheoretischem Anspruch und seiner eigenen politischen Vita tut sich demnach eine erhebliche Diskrepanz auf. Trotz seines Scheiterns als Politiker muß man ihn, schon wegen seines prononcierten Antirationalismus und seines kontinuierlichen Werbens für eine Politik, die massiv auf die Figur des weise aber mit schonungsloser Verbindlichkeit agierenden Richters abstellt, in jene romantische Tradition stellen, die sich, mit Karl Mannheim und gegen die antiromantische Polemik Schmitts gesprochen, näher an die Aporien des Handelns herangewagt hat als es der Rationalismus je vermochte. Während letzterer „das rein denkende, theoretische, zuschauende, nicht handelnde, nicht entscheidende, nur bejahende bzw. verneinende (was nicht gleich mit Entscheidung ist) Subjekt" implizit zur Voraussetzung hat, „so ist das Vorbild des lebendigen Denkers der entscheidende, richtende, vermittelnde Mensch", die Figur des Richters eben. Bereits der romantische Begriff der dynamischen Synthese, also der Vermittlung des Gegensätzlichen, beinhalte eine Durchbrechung der rein kontemplativen Verhaltungsweise.[27] In der Theorie zumindest lag Madariaga exakt auf dieser Linie. Kraftvoll normativ stellte er etwa fest: „The politician does not woo public opinion with ideas and words but with actions. His public must have deeds."[28] Der Versuch, seinen immer auch agitatorisch intendierten Liberalismus der Tat konsistent mit seiner eben dargestellten Konfliktaversion zusammenzudenken, wird daher nur gelingen, wenn man die distanzierende Wirkung des Wortes berücksichtigt, das, egal ob geschrieben oder gesprochen, immer dem Denken Madariagas einerseits und dessen politischem Niederschlag andererseits zwischengeschaltet war. Auch darin zeigt sich das politische Tun Madariagas als das eines Intellektuellen.

4.2 Politischer Journalismus und sein Anspruch auf Wahrheit

POLITISCHES WIRKEN DURCH DAS WORT. – Gleich zu Beginn eines zum Teil autobiographischen Aufsatzes von 1956 betrachtete sich Madariaga rückblickend seit 1900 als zwei- und seit etwa sechs Jahren später als dreisprachig. Zuerst dürfte mit seinem Umzug nach Paris zum Spanischen wohl das Französische hinzugetreten sein, zunächst natürlich im Zuge seiner Bildung an der *École Polytechnique* und der *École Supérieure des Mines*. Aber auch die englische Sprache hat er dort nach eigener Auskunft von Beginn an gelernt.[29] Gorkin berichtete, er habe Madariaga über diese drei gleichsam natürlich erworbenen Sprachen hinaus auch auf Deutsch und Italienisch fließend vortragen gehört.[30] Gerade im Englischen und

---

27 Vgl. Mannheim, *Konservatismus*, 176f.
28 Madariaga, Silent Allies, in: Time and Tide, 25-IV-1959.
29 Vgl. Madariaga, El escritor trilingüe, 45-47.
30 Vgl. Julian Gorkin, Madariaga: Tribute on 75th Birthday, in: Thought, 25-XI-1961.

Französischen aber erreichte er nach übereinstimmendem Urteil seiner Zeitgenossen eine Sprachbeherrschung, die in Sicherheit und Nuancenreichtum selbst für einen Muttersprachler außergewöhnlich gewesen wäre. Er selbst berichtet in einem eigens über seine Dreisprachigkeit verfaßten Artikel, nach dem Studium in Frankreich sei seine Erst- und Denksprache *(lengua de reposo)* auch während seiner Tätigkeit beim Völkerbund noch immer – vor dem Spanischen – das Französische gewesen.[31] Federico de Onís, Professor an der Columbia University und gebürtiger Landsmann Madariagas, drückte sich in seiner Anthologie spanischsprachiger Poesie wie folgt aus: „Aus Galizien stammend, studierte er in Frankreich und sprach das Französische schließlich wie seine Muttersprache. Später war er Professor in Oxford und brachte sowohl sein gesprochenes wie auch sein geschriebenes Englisch zu seltener Perfektion."[32] James Bone, Chefredakteur des Manchester Guardian, erklärte ihn für einen der stilistisch besten Autoren im Englischen überhaupt.[33] Ähnlich fiel das Urteil Lord Salters aus, mit dem Madariaga im Völkerbund zusammenarbeitete:

> He spoke English and French as well as those to whom these languages were their native tongues – and with a wit and elegance his English and French colleagues could not approach. I remember that on one occasion when the Secretariat needed to draft a message requiring special skill in its phrasing, I suggested to the Secretary General that he should ask Salvador to draft it as he could write better English than any Englishman we had.[34]

Madariaga war sich seiner sprachlichen Gewandtheit vollkommen bewußt. Wiederholt hat er sich darüber hinaus, und doch damit zusammenhängend, auch ein ausgeprägtes Geschick in kommunikativen und in Verhandlungsfragen attestiert und beispielsweise seinen Status in Genf immer auch wesentlich darauf zurückgeführt.[35] Prinzipiell hat er seine Leistung auf dem Feld der internationalen Politik immer primär an seiner Wirkung durch das Wort festgemacht – offenbar in der Überzeugung, ein jeder politischer Konflikt lasse sich dadurch aus der Welt schaffen, daß das erlösende Wort abgegeben, die eine im Kontext perfekte Formulierung zu Papier gebracht wird. Über der Arbeit am Entwurf für die spätere Resolution XIV des Völkerbunds zu Abrüstung und Sicherheit, so erinnerte er sich in seinen Memoiren, habe er erstmals seine besondere Befähigung wahrgenommen:

> Ich begann zu merken, daß meine besondere Nützlichkeit für den Völkerbund vielleicht in meiner Begabung liegen konnte, den Gedanken und Absichten an-

---
31 Vgl. Madariaga, El escritor trilingüe, 46.
32 Federico de Onís, *Antología de la poesía española e hispanoamericana (1882-1932)*, Madrid 1934, 730.
33 Vgl. Cangiotti, *Libertá rivoluzionaria*, 66.
34 Salter, Madariaga in Geneva, 71f.
35 Vgl. Madariaga, *Morgen ohne Mittag*, 78 und 129.

derer Leute einen angemessenen sprachlichen Ausdruck sowohl auf Französisch als auch auf Englisch zu verleihen, wozu ich durch meine natürlichen literarischen Neigungen und durch eine gewisse Neutralität oder ein Desinteresse gegenüber umstrittenen Fragen befähigt war, was allerdings manchmal nur dadurch zu erreichen war, daß ich meine eigenen Präferenzen drosselte.[36]

In der Tat zeugt das essayistische Werk Madariagas von einer außergewöhnlichen Kraft der Formulierung – und zwar noch über die Tatsache hinaus, daß ihm neben dem Spanischen auch das Englische und Französische praktisch wie eine Muttersprache zugänglich waren. Gleiches bezeugen Zeitgenossen von seiner Wirkung durch das gesprochene Wort:

> De Madariaga has, of all world citizens, one of the most brilliant minds at work today. An acquaintance of his says: 'If you know the celebrated dinner talk in one of the earlier chapters, perhaps the first, of Meredith's *Diana at the Crossways*, and if I say that Madariaga's conversation was more scintillating than that, you may get some faint intimation of his brilliance. ... His mind is excessively brilliant, with an enormous facility at fantastic imagery, yet soberly and profoundly based.'[37]

Ein Biograph sagte von Madariaga, seine außergewöhnliche Intelligenz, sein enzyklopädisches Wissen und vor allem die Fähigkeit zur Improvisation hätten ihn in jeder seiner drei Primärsprachen zu einem der besten Redner aller Zeiten gemacht;[38] ein Urteil, das zusätzlich durch eine ähnliche Aussage Aristide Briands gestützt worden sei, der Madariaga zu einem der zehn besten Redner Europas erklärt hatte.[39]

Gerade die in ihrer Berechnung auf die eigene Außenwirkung mitunter fast übertriebene sprachliche Brillanz Madariagas hat auch dessen Tochter Nieves diagnostiziert.[40] Dabei scheint es, als habe er sich damit keineswegs nur Freunde gemacht – zumal ihn der Stolz über fremdes Lob diesbezüglich offenbar arglos gegen jedwede Ironie machte. So gab er, obwohl er ihm andererseits vielfach vorgeworfen hat, durch ihn in seinem eigenen Vorankommen aktiv behindert worden zu sein, noch in seinen Memoiren höchst befriedigt Drummond wieder, der in Genf einmal nach einer kleinen Ansprache mit Blick zu ihm gesagt habe: „Und nun will ich mich setzen, denn jetzt spricht Shakespeare." Ja, er glaubte in der Tat, auf diese Erinnerung noch mit einer Pointe draufsatteln zu müssen: „Ich sprach Französisch."[41]

---

36 Madariaga, *Morgen ohne Mittag*, 78.
37 Wolseley, Madariaga, 380.
38 Vgl. Victoria Gil, Madariaga y Unamuno, 12.
39 Vgl. Preston, Quijote, 179.
40 Vgl. Nieves de Madariaga, Paseos, 10.
41 Vgl. Madariaga, *Morgen ohne Mittag*, 102.

Noch entscheidender als seine Flucht in die Rhetorik ist jedoch, daß Madariaga offenbar auch im Nachdenken über Politik ein grundsätzliches Problem mit dem Element des Zwangs hatte, das allem politischen Entscheiden wegen der ihm notwendig eignenden Verbindlichkeit anhaftet. Dies gilt sowohl für den Umgang der politischen Akteure miteinander als auch und vor allem für die Durchsetzung politischer Entscheidungen 'nach unten'. In beiden Fällen liegt die Ursache für viele Schwächen seiner Theorie von der Politik wohl vor allem darin, daß er das Problem der in letzter Konsequenz immer voluntativen politischen Entscheidung nicht aus seiner moralisierenden Verkleidung herauszulösen vermochte. Konfrontiert mit der Entscheidung in Reinform, also ohne die Krücke einer wo auch immer hergeholten – und daher mitunter abstrus konstruiert wirkenden – Legitimierung, konnte er einfach nicht über seinen Schatten springen. Im Kern all seines politischen Denkens scheint der für ihn unbedingte und ebenso auch von allen übrigen politischen Akteuren als moralisch handlungsleitender Maßstab eingeforderte Reflex zu stehen, der eigenen Überlegenheit immer dann Zügel anzulegen, wenn sie sich auf die nackte Macht als entscheidenden Faktor gründet. Daß er dies diametral anders zu sehen vermochte, sobald er glaubte, die relative Überlegenheit von Geschmacks- oder Erkenntnisfragen herleiten zu können, daß er etwa keine Probleme damit hatte, die verschiedensten Traditionen des Kolonialismus offen apologetisch zu behandeln, steht dabei auf einem ganz anderen Blatt.

SELBSTBILD EINES JOURNALISTEN. – Stil und Charakter seines Werkes, insbesondere die hohe Repetitivität und die nur langsam und übervorsichtig zugelassenen Anpassungen seiner Überzeugungen, verdanken sich maßgeblich wohl auch der Tatsache, daß Madariaga erklärtermaßen schnell schrieb und langsam dachte:

> Das Schreiben ist für einen Schriftsteller das am wenigsten Wichtige. Ich selbst bin ein sehr schneller Schreiber, aber ein sehr langsamer Denker. Ich bin sehr schnell darin, das aufzuschreiben, was ich zuvor sehr langsam gedanklich entwickelt habe.[42]

Einmal mehr bestätigt auch dies die These, er sei zuvorderst ein politischer Journalist gewesen, der sich nur in zweiter Linie auch zum überzeitlichen Anspruch eines Theoretikers der Politik aufschwang. So zumindest sah es aus journalitischer Sicht sein Freund Willi Bretscher,[43] als er in seinem Geleitwort für *Rettet die Freiheit!*,

---
42 Vgl. Grondona, ¿Por qué escribe usted?, 58f.
43 Als freisinniger Nationalrat der Schweiz (1951-1967) und Vizepräsident der Liberalen Weltunion, sowie als Chefredakteur der Neuen Zürcher Zeitung (1933-1967) stand Bretscher Madariaga nicht nur als Freund, sondern auch politisch und journalistisch sehr nahe. Umgekehrt hat auch Madariaga dem „hervorragenden Leiter [der NZZ], meinem Freund Bretscher" öffentlich seine Reverenz erwiesen; vgl. [B.I.], Ein Lebensbekenntnis, in: NZZ, 27-VI-1956.

eine Anthologie ausgewählter Artikel in der *Neuen Zürcher Zeitung*, über Madariaga schrieb:

> Seit einer Reihe von Jahren schreibt er regelmäßig für die 'NZZ' und oft auch für andere Blätter Kommentare zur internationalen Politik, die an Ereignisse und Fragen des Tages anknüpfen, aber durch die Fundierung des Urteils im Grundsätzlichen und durch die Formulierung des Gedankens in der schlagkräftigen Sentenz über den Tag hinaus gültig bleiben. [...] Es ist wirklich ein Journalismus sui generis, der sich in Madariagas Artikeln entfaltet: weil der Verfasser bei der Würdigung der Ereignisse des Tages stets vom Besonderen zum Allgemeinen, vom Zufälligen zum Wesentlichen fortschreitet, können seine Betrachtungen den Blütenstaub der Aktualität verlieren, ohne zu veralten.[44]

Zwei Tage vor seinem fünfundsiebzigstem Geburtstag erschien ein Artikel, der neben den Glückwunsch eine weitere kongeniale Einschätzung des Journalisten Madariaga stellte. Ohne dies im geringsten abschätzig zu meinen, stellte Robert Held Madariaga hinsichtlich seiner Essayistik klar in die zweite Reihe unter seinen spanischen Zeit- und Zunftgenossen. Er reiche weder ganz an den glanzvollen Stil Ortegas heran, noch habe er fundierte Wissenschaft von der Größe eines Menéndez Pidal oder eines Américo Castro betrieben, schließlich gehe ihm im Vergleich mit Unamuno auch die spanische Urwüchsigkeit ab.[45] Hinsichtlich seines Stils kann man zwar geteilter Meinung sein. In der Tat ist Madariaga ja gerade für seine brillante Rhetorik in Wort und Schrift wiederholt und teils überschwänglich mit Lob bedacht worden, und man könnte, wie er selbst es tat, mit guten Gründen auch seine gesamte Karriere als politischer Intellektueller auf seine perfekte Beherrschung des Instruments Sprache zurückführen. Held hat aber insofern Recht, als die Brillanz Madariagas oft etwas vordergründig konstruiert und sehr auf den kurzfristigen Effekt berechnet wirkte, wenngleich gerade dieser Personalstil dem geneigteren Kritiker eher als ein Positivum erscheinen mochte. So war in einer fünf Jahre zuvor erschienenen Eloge der auch dichterisch ambitionierte Historiograph und Biograph in Madariaga hervorgehoben worden, der es nicht nur verstehe, den „Stil der geschichtlichen und aktuellen Epochen" einzufangen, sondern der auch selbst als sprachlicher Virtuose gewirkt habe:

---

44 Willi Bretscher, Geleitwort, in: Madariaga, Salvador de: Rettet die Freiheit! Bern 1958, 10 und 12. Im gleichen lobenden Tenor vgl. als eine sehr frühe Quelle: Luis Araquistáin, Prólogo, in: Salvador de Madariaga (Hrsg.), La guerra desde Londres, Madrid 1918 [keine Seitennumerierung]; sowie als eine sehr späte Quelle: Fernando Chueca Goitia, Madariaga y el sentido de la diversidad, in: Fundación Salvador de Madariaga (Hrsg.), Madariaga: el sentido de la diversidad, o.O. [o.J.], 18.

45 Vgl. Robert Held, Ein Botschafter ohne Auftrag. Der englische Spanier Salvador de Madariaga, in: FAZ, 21-VII-1961.

'Es ist leichter, einen Spanier für sein Vaterland sterben als ihn dafür leben zu lassen.' Dieser Satz von gefühlsbetonter Klangwirkung und funkelndem Schliff ist nur eine Probe der zahlreichen geistsprühenden Formulierungen des von Madariaga geschaffenen Stils.[46]

Zugleich gelingt es Held mit dem (systematisch allerdings nicht ganz fairen) Vergleich des Generalisten mit den genannten Spezialisten, Madariaga in knapper und plastischer Synthese als einen Autodidakten erkennbar zu machen. Wie er richtig feststellt, hat Madariaga nicht wie Ortega – in Marburg bei Cohen und Natorp – Philosophie studiert, hat nicht wie andere Spanier systematisch die klassische deutsche Soziologie oder Dilthey eingesogen, entstammte nicht dem Umkreis einer philologisch-historischen Schule, wie etwa der von Menéndez Pidal. Völlig zutreffend wird auch auf seine Geringschätzung gegenüber Details und etablierten Begrifflichkeiten hingewiesen. Ebenfalls klar erkennbar wird das typische Schweben Madariagas zwischen mehreren Kulturen, das ihn mit Leichtigkeit von der spanischen auf die englische Essayistik habe umschwenken lassen, allerdings auch dazu geführt habe, daß es gelegentlich kaum mehr nachvollziehbar war, welche seiner Eigenarten welchem Kulturkreis zuzurechnen sind. Einen treffenden Versuch wagte Held etwa mit dem Verweis auf Madariagas

> englische Akklimatisierung: aus dem spanischen Sarkasmus wird mildere Ironie, aus den oft recht intoleranten Toleranzvorstellungen des spanischen Liberalismus wird weise Mäßigung. Madariaga haut nicht auf die Geschichte ein, er versucht zu verstehen.[47]

Schließlich ist es nicht zuletzt Madariaga selbst gewesen, der wie so oft in einem eigentlich als Fremdwertung verfaßten Beitrag auch tief in sein eigenes Selbstverständnis blicken und dabei seine offene Sympathie für die Profession des Journalisten erkennen ließ. So schloß er sich in den fünfziger Jahren Bergson an, der Ortega nicht für einen Philosophen, sondern für einen genialen Journalisten hielt. Man braucht von Madariagas Verehrung für Ortega nicht einmal zu wissen, um beides aus seinem Munde als hohes Kompliment einzuordnen. Für Madariaga ist der Journalist – wie eben Ortega – zu wahrhaft Großem fähig, solange er nicht bloßen Nachrichten, sondern der lebendigen Realität nachjage, solange er sich also als Philosoph und Historiker zugleich, vor allem aber auch als Künstler definiere.[48] Auch zwanzig Jahre später war er noch immer voll des Lobes für „jene moderne, wache,

---

46 Arnald Steiger, Salvador de Madariaga. Zum siebzigsten Geburtstag, in: NZZ, 21-VII-1956.
47 Robert Held, Ein Botschafter ohne Auftrag. Der englische Spanier Salvador de Madariaga, in: FAZ, 21-VII-1961. Korrigiernd ist allerdings darauf hinzuweisen, daß Madariagas Rhetorik im Spätwerk wieder eine drastische Verhärtung durchmachte.
48 Vgl. Madariaga, Nota sobre Ortega, in: Sur 7-8/1956, 13.

geistvolle und mitunter gar poetische Form der Philosophie, die der Journalismus darstellt" und für die Anpassung des philosophischen Intellekts Ortegas an diese neue Form der Philosophie, aufgrund derer er gerade kein philosophisches System hinterlassen habe.[49] Prinzipiell habe der facettenhafte Perspektivismus des Journalisten gegenüber dem philosophischen System allenfalls Bestand, sei der Journalist dem Philosophen zumindest gleichgestellt: „der große Journalist, wie er einer war, hat einen Beruf, der ihm keinen Grund gibt, in kulturgeschichtlicher Hinsicht hinter dem Philosophen zurückstehen zu müssen". Denn wo der Philosoph das Leben erkläre *(explicarla)*, der Historiker es hingegen erzähle *(relatarla)*, da sei einzig der Künstler in der Lage, es wahrhaft auszudrücken *(la expresa)*[50] – und als Künstler sah Madariaga sich und alle ernst zu nehmenden Journalisten. Hier schlug sich unverkennbar seine Auffassung vom letztlich ästhetischen Charakter der Wahrheit nieder, die zugleich mit autobiographischem Impetus sein Selbstverständnis als Journalist und die Qualitätskriterien widerspiegelte, an denen sich journalistische Arbeit seiner Meinung nach prinzipiell zu messen hatte.

Eine ähnliche Wertung dürfte Madariaga an anderer Stelle zu seiner idealtypischen und polemisch überspitzten Unterscheidung zwischen politischem Schriftsteller *(escritor político)* und publizierendem Politiker *(político escritor)* motiviert haben. Der Schriftsteller, so Madariaga, verstehe den Politiker, jedoch treffe die Umkehrung nicht immer zu. Dieses auch ohne die Verabsolutierung fragwürdige Argument führte er mit doppelschneidiger Klinge. So wie kein Politiker ohne die zusätzliche Gabe der Poesie je ein echter Staatsmann im Sinne des 'Volksformers' *(escultor de pueblos)* werden könne, so sollten sich umgekehrt Intellektuelle nicht bemüßigt fühlen, sich allein aufgrund ihres Prestiges auch zur Politik zu äußern, wenn sie nicht bereit seien, sich auf deren Niveau einzulassen.

> Natürlich soll das nicht heißen, daß sich Dichter generell nicht mit Politik beschäftigen sollten. [...] Es geht vielmehr um etwas Konkreteres. Darum nämlich, ob ein Dichter von so starker und unversöhnlicher Intellektualität wie Valéry überhaupt jemals Einsicht in jenes unübersichtliche Geflecht des kollektiven Lebens hat gewinnen können, wo sich die Gleichgewichte zwischen den Individuen, Institutionen, Interessen und Leidenschaften einstellen und verfeinern; oder ob er sich nicht, ganz im Gegenteil, getrieben durch seine Abscheu gegenüber den Geringfügigen in ihrer Vielzahl, durch einen kräftigen Flügelschlag in jene Phantasien einer transparenten und perfekten Architektur erhebt, an denen er Gefallen findet. Meist hat Valéry die zweite Reaktion gewählt, die im Grunde einem Ausweichen des Intellekts gleichkommt, wel-

---

49 Vgl. Madariaga, Ortega [II], in: ABC, 30-IX-1973.
50 Vgl. Madariaga, Nota sobre Ortega, 13.

cher, indem er zum Flug ansetzt, das Thema fallen läßt, auf daß sich andere von bescheidenerer Statur seiner annehmen mögen.[51]

So verstehe etwa der Schriftsteller (und unübersehbar brachte Madariaga an dieser Stelle eine seiner politischen Überzeugungen gleich mit ein), daß sich die Konnotationen der Pole des politischen Links-Rechts-Spektrums gegenüber dem ursprünglichen Sinngehalt der Metapher kraß verändert haben und weiter verändern, während sich der Politiker in das diesbezüglich festgefahrene Denken ergebe und weiterhin die erklärtermaßen linke Sowjetunion für das fortschrittlichste Land der Welt halte. Auch sage der Schriftsteller klar die Wahrheit, während der Politiker vage bleibe und die Wahrheit gegebenenfalls der Mehrheitsmeinung anpasse; mitunter verfolge er gar den Schriftsteller wegen der klar ausgesprochenen Wahrheit bis hin zum Ostrazismus. Auch hier tragen die Beispiele, die Madariaga zur Erläuterung anführte, ihre ganz persönliche Wertung – und Selbstverortung – kaum übersehbar am Revers: Wenn er Montesquieu als einen politischen Schriftsteller darstellte, der im Streben nach Wissen und Wahrheit notfalls die eigene Karriere zu opfern bereit gewesen sei, dann sprach er damit die in seinem gesamten Werk anzutreffende Wertschätzung für ihn aus; umgekehrt hat er, indem er Disraeli einen schreibenden Politiker nannte, auch prinzipielle Kritik an ihm durchschimmern lassen.[52]

DER APPELLATIVE TEXT ALS WEG ZUR WAHRHEIT. – Vor die Wahl zwischen einer gelungenen Plausibilisierung und einem ganzen Korb nachweisbarer Fakten gestellt, hätte Madariaga wohl jederzeit und ohne zu zögern ersterer den Zuschlag gegeben – und zwar ganz abgesehen von seiner starken Vorliebe für gut plazierte Pointen, die man ihm auch aus wissenschaftlicher Sicht noch als läßliches Stilmittel durchgehen lassen könnte. Die Zitate, mit denen man diese Einstellung illustrieren könnte, sind Legion und laufen stets auf dasselbe hinaus: Ein jegliches Wissen, das sich primär auf Recherche statt auf die eigene Erfahrung und ihre gedankliche Aufarbeitung gründet, ist, wenn schon nicht gänzlich wertlos, so doch zumindest in deutlicher Kategorisierung zweitrangig und, vielleicht noch wichtiger: zweitklassig. Wie weit sein Werk insgesamt von den Kriterien wissenschaftlichen Arbeitens entfernt ist, wird exemplarisch daran erkennbar, daß er in seinem *Españoles de mi*

---

51 Vgl. Salvador de Madariaga, Paul Valéry (El pensamiento desnudo / Entre orgullo y vanidad), in: Cosas y gentes, Madrid 1980, 355-370; Zitat 369f.
52 Vgl. Madariaga, La derecha, el escritor y la izquierda. Política de tuertos, in: ABC, 11-III-1973; wo Madariaga erneut ein unvorteilhaftes Bild des typischen Politikers zeichnete, was durchaus Rückschlüsse auf seinen Begriff von Politik zuläßt: „Der Schriftsteller neigt zur Exaktheit, der Politiker zu dem, was sich zurückhalten läßt. Die Sprache der Politik lehnt die Exaktheit ab. Was ihr am wenigsten behagt, sind die klaren Dinge; denn sie legt sich nicht gern fest, nur für alle Fälle. Man muß sich daher nicht darüber wundern, daß die Sprache der Politik fast immer in die Verwirrung führt." Ebd.

tiempo mit entwaffnender Offenheit einräumte, sich in seinem Urteil über die darin Portraitierten mitunter stark auf Intuition statt auf Konversation gestützt zu haben.[53] So wie er hier einen Teil seiner Darstellung selbst als nicht nachgeprüfte Vermutungen desavouierte, so wäre dies auch an einigen anderen Stellen in seinem Werk nachzuweisen. Prinzipiell kam es ihm auf eine wissenschaftliche oder auch nur faktengestützte Untermauerung seiner beherzt generalisierenden Thesen oft gar nicht an. Vielmehr ist er dem Vorwurf der Unwissenschaftlichkeit mit der Verteidigung seines empirisch-intuitiven Denkens sogar offensiv zuvorgekommen. So heißt es im Vorwort seines *Engländer – Franzosen – Spanier*:

> Es ist klar, daß eine solche Studie sich auf unmittelbare Kenntnis und auf Intuition gründen muß. Diese ist keine 'wissenschaftliche' Arbeit, die sich auf Statistiken, Quellenstudium und 'Tatsachen' gründet. Sie ist vielmehr ein Versuch, sich der Methode des *lebenden Zeugen* zum Zwecke der Erkenntnis zu bedienen.[54]

Überraschend ist dabei weniger, daß Madariaga gänzlich unbeschwert bloße Plausibilitätsvermutungen als faktisch wahr behauptete und die Möglichkeit des Irrtums entweder ausschloß oder völlig sorglos in Kauf nahm – genau das macht diese Stelle gerade so typisch –, sondern daß sich die meisten dieser Vermutungen mit vergleichsweise geringem Rechercheaufwand hätten bestätigen oder verwerfen lassen. Aber darauf kam es Madariaga offenbar gar nicht an, und zwar prinzipiell nicht. Die notorische Schwierigkeit etwa, während des Kalten Krieges verläßliche Nachrichten von östlich des Eisernen Vorhangs zu erhalten, hat ihn zu keiner Zeit davon abgehalten, das wenige Greifbare und ihm glaubhaft Erscheinende mit Spekulationen so anzufüllen, daß er im Ergebnis eine in sich stimmige bzw. in seine Sicht der Dinge passende Darstellung daraus fertigen konnte: „Solange einem zuverlässige, durch Beweise erhärtete Kenntnisse fehlen, mag es nicht ganz nutzlos sein, einige Vermutungen anzustellen."[55]

Jenseits solcher inhaltlichen Freiheiten, hat Madariaga viele seiner Texte auch der *Form* nach primär daraufhin angelegt, offen des Lesers Widerspruch herauszufordern. Scheinbar hat er sich prinzipiell vor allem diskursiv rechtfertigen wollen, obwohl das in monodirektionaler Kommunikation durch das geschriebene Wort eigentlich kaum möglich ist. Nicht zufällig gehörte die Beantwortung rhetorischer Fragen zu den bevorzugten Stilmitteln seiner essayistischen Prosa, ebenso die Entkräftung von zuvor durch ihn selbst getätigten kontrafaktischen Einräumungen, die

---

53 gl. Madariaga, Ignazio Zuloaga, 120.
54 Ders., *Engländer – Franzosen – Spanier. Ein Vergleich*, Stuttgart 1966, 16.
55 Madariaga, Unzeitgemäßer Verständigungseifer, in: NZZ, 7-IX-1958; die Quellen, die dieser Einstellung im Geiste entsprechen, ließen sich beliebig vermehren.

nicht mehr als scheinbare Gegenargumente waren – „einige Leute werden jetzt sagen" oder „was dies nun mit [...] zu tun haben soll"[56] – und sich dann entsprechend leicht umwerfen ließen. Nicht selten legte er anderen Denkern unbelegte Zitate und mitunter ganze fiktive Dialoge in den Mund. Mitunter führte er gar schriftliche Selbstgespräche.[57] Vor allem aber hat er unzählige Portraits verfaßt, die im Stile positiv wie negativ abrechnender Psychogramme offensiv die Auseinandersetzung mit ausgewählten Zeitgenossen suchten. Oft finden sich diese nahtlos als Absätze in umfangreichere Werke eingebettet, seine Memoiren etwa bieten in einem relativ zum Gesamtumfang großzügig bemessenen Anteil Beschreibungen der Physiognomie und der (nicht zuletzt davon abgeleiteten) Charaktere seiner Freunde und Widersacher.

Dabei war es immer wieder das Motiv einer gleichsam auf die exogene Falsifizierung hoffenden Veräußerung seines Denkens in schriftlicher Form, die Madariaga antrieb. Gerade in seinen Kurztexten entsteht immer wieder der Eindruck, er sei davon ausgegangen, für die Gültigkeit eines Gedankens – die ihm allerdings wichtig war – genüge es, diesen zu Papier und an die Öffentlichkeit gebracht zu haben; manchmal dachte er vielleicht auch nur bis zum ersten Schritt. Es ist, als habe er im Prozeß des Schreibens einen ihm gleichsam in Echtzeit über die Schulter schauenden Leser imaginiert und diesen immer weiter reizen und zum Widerspruch herausfordern wollen, wobei er, mit eigentümlicher Freude am Formulieren selbst, nach und nach immer unvorsichtiger in der Formulierung wurde. In einem Kapitel, das er 1970 zu einer Festschrift für den spanischen Philosophen Xavier Zubiri beisteuerte, nachdem er sein ursprüngliches Vorhaben, daraus ein Buch entstehen zu lassen, nicht umzusetzen vermochte, hat er dieses Vorgehen sogar explizit beschrieben. Es gehe ihm als Autor immer darum, seine Ideen durch ihre Veräußerung mit der Realität abzugleichen; was zu einem gewissen Teil bereits dadurch geschehe, daß sie sich an der Möglichkeit von Kritik durch andere zu messen hätten.[58] Wüßte man nicht, daß es ihm damit nie besonders ernst gewesen ist, so sähe man sich hier wohl einer

---

56 Madariaga, Warum sollen wir Europäer jetzt den Kreml-Führern trauen?, in: Welt am Sonntag, 19-XI-1977; auch dies als eine Quelle unter vielen ähnlichen.
57 Aus dem Frühwerk vgl. die Gespräche der fiktiven Figuren Lucinio, Raniero und Salicio: Madariaga, Diálogo de la intolerancia, in: La Nación, 13-XII-1925 und Madariaga, Diálogo de lo moral y lo vital, in: El Sol, 1-IX-1926. Später erscheint Salvador de Madariaga, *Die elysischen Gefilde*, Zürich / Stuttgart 1969, ein vergleichsweise umfangreiches fiktives Gespräch zwischen Goethe, Maria Stuart, Voltaire, Napoleon, Marx und Washington mit kaum verklausuliert politischer Wertung in der Darstellung der Figuren. Nach dem Krieg schließlich Madariaga, Ein Dialog über den Liberalismus, in: NZZ, 20-V-1951, in dem der Typus des gewöhnlichen Bürgers im Gespräch gegen den des Intellektuellen geworfen wird, unter Beteiligung eines 'Dritten', der (wie oben Salicio) stärker auktorial wirkt als die beiden anderen und zwischen ihnen die Rolle des Schiedsrichters übernimmt. Für verschriftlichte Selbstgespräche ganz ähnlichen Charakters vgl. Madariaga, Auto-entrevista, in: ABC, 28-XI-1971 und Madariaga, Entrevista conmigo mismo, in: Blanco y Negro, 4-X-1975.
58 Vgl. Ders., Primer capítulo, 267-274.

eigenwilligen Abwandlung der Popperschen Wissenschaftslogik gegenüber, bei der gleichsam versucht würde, an der unaufhebbaren Offenheit bei Popper vorbei, die entäußerten Thesen über die Endlichkeit des eigenen Erlebenshorizonts doch in das Korsett der Wahrheit zu zwingen, sie also insofern für wahr zu erachten, wie sie zu Lebzeiten unwidersprochen bleiben.

Wegen dieses stark kommunikativen Charakters seiner Texte ist auch der sprachkritische Aspekt in Madariagas Werk nicht zu unterschätzen. So darf man seine Erklärung, daß er quasi schreibend denke, ruhig beim Wort nehmen. Es scheint, als habe er sich mitunter vor sich selbst erst durch den Prozeß des (Auf-)Schreibens letzte Klarheit verschaffen können, als habe er stets prüfen wollen oder müssen, ob er das Niedergeschriebene beim erneuten Durchlesen noch immer akzeptieren könne, oder ob er damit bereits zu weit gegangen sei.

> Indem ich mich anschicke, meine Ideen zu Papier zu bringen, nehme ich mir zwei Dinge vor: erstens sie zu reinigen. Unausgesprochen lassen sich die Ideen gehen, als ob sie zu Hause nur im Hauskleid umherspazierten, in einem nachlässigen Durcheinander, einem verworrenen Mischmasch, wie sie jeder Art von Widersprüchen zuträglich sind. Werden sie aber ausgesprochen, müssen sie sich herausputzen, als wollten sie ausgehen. Im hellen Tageslicht müssen sie sich selbst (Reflexion) und die anderen betrachten (Analogie) und sogar versuchen, sinnvoll zueinander zu finden (Synthese). Meine zweite Absicht ist, mich zu versichern, daß meine Ideen den Unbilden der Witterung zu widerstehen vermögen. Immerhin könnten sie sich eingesperrt sehr behaglich und eigenmächtig einrichten, ohne sich mit der Rücksicht auf die Realität zu belasten; rebellisch oder gar indifferent gegenüber den Gesetzen des menschlichen Geistes könnten sie am Rande dieser Gesetze in freier Phantasie – oder, wie man heute sagt: paranoid – umherschweifen, mithin innerhalb einer durch sie selbst erschaffenen Welt leben; während sie nach ihrer Übersetzung in eine allen gemeinsame Sprache und diszipliniert durch Grammatik und Logik entweder von anderen Menschen aufgegriffen oder als nutzlos verworfen werden.[59]

Insofern kann man davon ausgehen, daß das verschriftlichte Selbstgespräch Madariaga in der Tat mitunter den externen Gesprächspartner ersetzen sollte. Das ist insgesamt weniger unplausibel als es auf den ersten Blick erscheinen mag. Immerhin hat sich die von ihm intensiv wahrgenommene Literatur Spaniens schon sehr früh mit der Idee einer Verquickung der Konzepte von Autor und Text, bis hin zum Gedanken selbständig auktorial wirkender Texte und Figuren auseinandergesetzt – womit letztlich nur der in seiner Theorie des Kunstwerks entwickelte Gedanke von der sekundären Bedeutung des Künstlers im Vergleich zu seinem Werk konsequent zu Ende

---

59   Madariaga, Primer capítulo, 267f.

geführt wird. Der *Quijote* und einige andere Werke von Cervantes sind ebenso frühe Belege dafür wie Calderóns *La vida es sueño*. In der weniger weit zurückliegenden Vergangenheit wäre praktisch das gesamte Werk Unamunos anzuführen. Wie selbstverständlich auch Madariaga von einer solchen Realität fiktionaler Figuren ausging, zeigt sich schon darin, daß er in seiner Anthologie *Cosas y gentes* den Quijote ohne jeden weiteren Kommentar in die alphabetisch geordnete Reihe der Portraitierten zwischen Raymond Poincaré und Bertrand Russell einordnete.[60] In dieselbe Linie stellte er sich mit seiner völlig ernst gemeinten Behauptung, er wisse selbst nicht, ob in seiner stark perspektivisch ausgeformten Detektivgeschichte *Ramo de errores* der Herzog seinen Sohn erschossen habe oder nicht: „ich habe schließlich nur die Geschichte erzählt".[61] Er behauptet dies mit dem bei Unamuno ganz ähnlich kokettierend bescheidenen Gestus, der davon ausgeht, einer (gut) erzählten Geschichte komme mitunter ein höheres Maß an Realität zu als dem Erzähler selbst. In diesem Sinne ist es denn wohl auch zu verstehen, daß Madariaga behauptete, er bringe seine Ideen nicht nur für andere zu Papier, sondern auch, um sie für sich selbst zu ordnen. Es ist mehr als bloße Koketterie, wenn sich Madariaga dabei selbst, wie es auch seine Vorbilder Cervantes und Unamuno taten, als Autor gegenüber dem Text ganz bewußt zurücknimmt.[62]

Auf Basis der Vorstellung einer solcherart diskursiven Kontrollbeziehung zu seinem Leser scheint es Madariaga – der auch hierin vor allem anderen Journalist war – genügt zu haben, nach bestem Wissen und Gewissen ergebnisoffen zu argumentieren und ein nachvollziehbares neutrales Desinteresse erkennen zu lassen:

> Dieser Ausgangszustand meines Denkens – nicht nur nichts auf dem Tisch (tabula rasa), sondern auch nichts darunter Verstecktes – ist sogar noch wichtiger, um dem schwersten Vorwurf entgegnen zu können, den mein Landsmann Unamuno gegen eine jegliche philosophische Untersuchung gerichtet hat.[63]

Der angesprochene Vorwurf war Unamunos grundsätzlicher Befangenheitseinwand gegen alle Philosophie, insofern jeder Philosoph als sterblicher Mensch zumindest daran interessiert sei, sich mit seiner Philosophie ein Weiterleben in der Geschichte

---

60 Vgl. Salvador de Madariaga, Don Quijote, europeo, in: Cosas y gentes, Madrid 1980.
61 Pat Garian, *Europas zorniger alter Mann. Gespräch mit Salvador de Madariaga*, Braunschweig [o.J.], 18f. Diese gelungene Detektivgeschichte liegt auch in deutscher Übersetzung vor: Salvador de Madariaga, *Ein Strauß von Irrtümern. Roman*, Frankfurt am Main / Hamburg 1960. Auch über ihre im engeren Sinne literarische Qualität hinaus ist sie für bemerkenswert gehalten worden, weil sie als ein markantes Beispiel für den (wie Nora es nennt) relativistischen Skeptizismus bzw. für einen an Ortega angelehnten Perspektivismus gelten kann; vgl. Eugenio García de Nora, *La novela española contemporánea*, Band II: 1927-1939, Madrid 1968, 90.
62 Vgl. Madariaga, Primer capítulo, 267f.
63 Ebd., 268.

zu sichern. Madariaga hat sogar dies für sich persönlich ausschließen wollen. Auch in der Frage nach der Existenz Gottes oder nach einem jenseitigen Leben sei er im erforderlichen Sinne desinteressiert:

> Ich verfolge die Debatte über die Existenz oder Nichtexistenz eines jenseitigen Lebens mit der größtmöglichen Indifferenz, ja insgesamt vielleicht sogar mit einem gewissen Bias zugunsten letzterer. Somit fehlt mir, vom unamunianischen Standpunkt aus gesehen, das ursprünglichste aller Motive für den Glauben an Gott. Ob ich an Ihn glaube, weiß ich noch immer nicht mit Bestimmtheit. Fest steht nur, daß ich das Thema vollkommen desinteressiert angehe.[64]

Abgesehen von der mit dieser Selbstauskunft natürlich nicht behobenen methodischen Unzulänglichkeit im streng wissenschaftlichen Sinne kann man Madariaga dennoch zumindest den Anspruch intellektueller Redlichkeit kaum absprechen. Er meinte, was er sagte. Gerade weil sie hier völlig deplaziert und zudem in eigener Sache legitimatorisch gegen den unsterblichkeitsbesessenen Unamuno ins Feld geführt wurde, könnte die behauptete Indifferenz gegenüber der Möglichkeit eines jenseitigen Lebens leicht wie ein durchsichtiges argumentatives Manöver wirken. Madariaga hat diese Behauptung allerdings auch in anderen Zusammenhängen ganz ähnlich getroffen.[65]

4.3 Der Entwurf einer machtfreien Politik

STEUERUNG DURCH AUTORITÄT. – Als ein sehr früh unternommener, in seinen Weiterungen allerdings stets durchgehaltener Versuch Madariagas, den konkreten Konsequenzen zu entgehen, die sich aus den zunächst abstrakten Konzepten von Macht bzw. Herrschaft ergeben können, darf wohl seine Anlehnung an den Funktionalismus des in seinen frühen Londoner Jahren begeistert von ihm rezipierten Maeztu gelten. Für diesen stellte sich der Erste Weltkrieg als eine Folge des Konflikts zwischen Autorität und Freiheit dar, hinter denen er jeweils die Prinzipien von Gewalt einerseits und Glück andererseits ausmachte. Sein entscheidendes Argument, daß nicht nur deren ersteres schädlich sei, sondern daß auch das Glück nicht als ein Prinzip der Vergesellschaftung tauge, mündete in die Überzeugung, man müsse statt dessen zu einem dritten Prinzip finden, das zwar den Einzelnen zu verpflichten vermöge, ohne deswegen aber autoritär zu sein. Dieses Prinzip glaubte Maeztu in der Funktion gefunden zu haben, und dies ist exakt auch das Prinzip, das sich bei

---

64 Madariaga, Primer capítulo, 268.
65 Vgl. Madariaga, El valor y el miedo, in: ABC, 21-I-1973. Insbesondere zur Frage des eigenen Todes vgl. Madariaga, La vida vuelta de espaldas, in: ABC, 5-XI-1972.

Madariaga später in seinem Konzept der Aristokratie verdichten sollte. Maeztu ging dabei von einem ganz ähnlich gelagerten Automatismus aus wie nach ihm Madariaga. Dem wechselseitig aufeinander bezogenen Duo von Funktion und Recht – „ohne Funktion gibt es kein Recht" – wohne ein gleichsam selbstperformativer Charakter inne, durch den das Funktionieren der Gesellschaft vollkommen ohne Rekurs auf die Mechanismen von Herrschaft, aber (anders als bei Madariaga) eben auch ohne das Desiderat der Freiheit garantiert werde.[66]

Dieser völlig unabhängig auch von institutionellen Hierarchien denkende Funktionalismus schlug sich schon in Madariagas erster monographischer Veröffentlichung nieder. Zwar ging es ihm dabei vor allem darum, die in seinen Augen überlegene Organisation des britischen Heeres im Ersten Weltkrieg zu erklären; doch wird darin bereits sein Konzept des Wechselspiels von *ambition* und *necessity* erkennbar, und zwar durchaus schon mit der Denkmöglichkeit, es nicht nur auf die militärische Sphäre, sondern auch und gerade auf das Funktionieren der Zivilgesellschaft anzuwenden.[67] Konform ging Madariaga vor allem mit Maeztus Kritik am Prinzip der Autorität, wie sie sich ihm in ihrer Ausformung als 'deutsche Häresie' *(herejía alemana)* in der Nachfolge von Kant, Fichte und Hegel darstellte. Allerdings klang auch hier schon jenes apodiktische Pathos an, in das er seinen Begriff der Freiheit zeitlebens hüllen würde. Maeztus Kritik der Freiheit erschien ihm im Vergleich zu der der Autorität weit weniger gelungen, ja Maeztus eigenen Freiheitsbegriff hielt er für geradezu armselig, während doch die Freiheit von gleicher Unbedingtheit geprägt sei wie der physiologische Hunger und die geistige Neugier – eines der Leitmotive in Madariagas gesamtem politischen Leben, das er hier auf die Formel von den primären bzw. instinktiven Bedürfnissen brachte.[68] Als eine frühe Ahnung deutete sich also bereits hier die später schroffe Divergenz beider an: auf der einen Seite Maeztu, der bald das politische Spektrum bis ganz nach rechts durchwandern würde; auf der anderen Madariaga, dessen funktional gedachte Aristokratie, ganz wie der Funktionalismus Maeztus, letztlich auch nicht viel mehr als eine Verklausulierung autoritativer Herrschaft unter Umgehung des Zwangs ihrer Legitimierung bedeutete, die im Gegensatz zu Maeztu aber immer – unter Inkaufnahme mancher Inkonsistenz – mit der Freiheit als Absolutum enggeführt wurde.

Mit dieser Anlehnung an Maeztus Funktionalismus befand sich Madariaga zunächst einmal in Fundamentalopposition zum 'realistischen' Verständnis der internationalen Politik, wie es ihm auf spanischem Boden etwa von Ángel Ganivet vorgelebt wurde, der in seinem für die Generation von 1898 äußerst einflußreichen *Idearium*

---

66 Vgl. Madariaga, Un libro de Maeztu, in: España, 28-XII-1916.
67 Vgl. Madariaga, *Guerra desde Londres*, 312-318.
68 Vgl. Madariaga, Un libro de Maeztu, in: España, 28-XII-1916.

Español, neben anderen von Madariaga widersprochenen Punkten, konstatiert hatte, auch der verstiegenste Idealismus sei letztlich in einer auf Gewalt gegründeten Realität geerdet.[69] Gewalt aber bzw. die Macht als deren erste Ableitung lehnte Madariaga als Fundamentalkategorie zur Beschreibung des Politischen und erst recht des politisch Gesollten grundsätzlich ab. Er wollte, beginnend mit seiner Tätigkeit beim Völkerbund, einen Schlußstrich unter die Epoche der Macht- und Interessenpolitik ziehen. Sein Verständnis von der wünschenswerten Beschaffenheit der internationalen Politik – und von daher leitete sich auch sein allgemeiner Politikbegriff wesentlich ab – ruhte auf seiner in den Weltmaßstab übertragenen Überzeugung, alle materiell-physischen Kräfte seien eigentlich geistig-moralischen Ursprungs. Darin allerdings äußert sich ein Idealismus, der einiger Erläuterung bedarf.

Grundlegend für diesen Ansatz ist eine höchst eigenwillige Terminologie des Moralischen. Madariaga betrieb grundsätzlich nicht im eigentlichen Sinne Begriffsanalyse; viel eher kann man ihn als einen wachsamen Jäger phono- und morphologischer Koinzidenzen über die Grenzen verschiedener Sprachen hinweg verstehen, der intuitiv statt systematisch eher am Wort statt am Begriff anknüpfte. So war es vermutlich auch die auf sprachintuitivem Wege hergestellte Konnotation mit dem Militärischen, die Madariaga zu seinem ebenso zentralen wie unorthodoxen Versuch einer semantischen Aufspaltung des Moral-Begriffs veranlaßte. Unter Verweis auf die morphologische Überlappung zwischen dem Wort Moral und dem militärischen Konzept der *morale* unterschied er drei Bedeutungen von 'moralisch', die er erstens im Reich der Ethik, zweitens im Reich des Gewohnten und drittens im Reich des Nichtphysischen ansiedelte. Im Gegensatz aber zur etablierten Begriffsgeschichte verfolgte er statt der beiden ersten Punkte vor allem den dritten vertiefend weiter; den Zusammenhang zwischen Gewohnheit und Ethik hat er nur sehr oberflächlich reflektiert:

> There lurks [...] a confusion due to the three meanings of the word moral. This word may mean ethical; it may mean customary; it may mean non-physical; and, what is worse, the first two meanings overlap, for many customs are ethical; and, over and above that, most of us are inclined to consider as an ethical duty to conform with every custom of the community in which we live.[70]

Der Kern seiner These, alle physischen Kräfte seien letztlich moralischen Ursprungs, liegt also an der Grenze zwischen dem verborgenen Funktionieren des Willens und den beobachtbaren Manifestationen des Handelns als dessen Konsequenz. Entlang der Unterscheidung des Physischen vom Nichtphysischen ließ er sei-

---

69 Vgl. Ganivet und Unamuno, El porvenir de España, 200.
70 Salvador de Madariaga, Nations and the Moral Law, in: The North American Review (New Series), 1 1964:1, 57f.

4.3 Der Entwurf einer machtfreien Politik

nen Begriff des Moralischen synonym mit dem des Nichtphysischen, Psychischen, Geistigen ineinsfallen. In Anlehnung an Bergsons Konzept der *idée-force* wies er dem Kraft-Begriff eine doppelte Signifikanz zu; er analogisierte jene Kraft im Reich der unbelebten Materie, unter der die Physiker die Ursache aller mechanischen Bewegung verstehen, mit jener lebendigen Kraft des Willens, die im Menschen zur Ursache des Handelns werde. In der belebten Materie könne sich die Kraft in beiden Geprägen manifestieren, daher erklärte er den Menschen zum „Zentrum eines Kräftefeldes [...], gleichzeitig physisch und nichtphysisch", wobei für ihn gerade nicht die physikalischer Erklärung zugänglichen Prozesse – Gewichte heben, Bäume fällen, Körperwärme erzeugen – sondern jene des Geistes von primärem Interesse waren. Er plausibilisierte die Allgegenwart jener nichtphysischen Prozesse, indem er die ständige Umwandlung von Physischem in Nichtphysisches gleichsam als ein Definiens menschlichen Lebens auswies:

> Ein Mensch empfängt mittels Schwingungen seines Trommelfells bestimmte Luftwellen, aus denen er – mit Hilfe eines fast völlig unbekannten Verfahrens – folgert, dass ihm ein Unglück zugestoßen sei. Plötzlich überläuft es ihn eisig kalt, bis in die Knochen. Diese physische Wirkung eines nichtphysischen Ereignisses ist eines der vielen Beispiele für die augenblickliche Umwandlung von physischen Kräften in psychische oder vice versa im menschlichen Geschöpf.[71]

Anhand von Beispielen, die die Freude am scheinbaren Paradox erkennen lassen, erklärte er, man müsse physische Gewalt immer von ihrem inneren Antrieb unterscheiden; genau genommen sei unter Menschen physische Gewalt *(physical force)* im reinen Sinne gar nicht möglich, weil vor dem (physischen) Schlag immer erst der (nichtphysische) Wille dazu stehen müsse. Mit sichtlichem Genuß am auf die Spitze getriebenen Wortspiel glaubte er die Komplexität des Moralbegriffs nun dadurch zu demonstrieren, daß nach seiner gerade entworfenen Terminologie dieser Wille, weil er nichtphysisch sei, eigentlich moralisch zu nennen wäre; und daß man somit dazu gezwungen sei, den Willen zum Schlag immoralisch-moralisch zu nennen: „most blows exchanged between men are the outcome of moral forces which are immoral, i.e. of non-physical forces which are non-ethical". Analog folge sogar der gemeinhin als der Inbegriff der Manifestation physischer Gewalt mißverstandene Soldat, primär moralisch-geistigen Kräften:

> Here is a cavalry regiment, dragooning a city into obedience. Is this physical force? Yes, in so far as there are horses trampling men, women and children. [...] But that is all. The men are soldiers. And a soldier is always a unit of

---

71 Alle Zitate in: Salvador de Madariaga, *Über die Freiheit*, Bern 1970, 5f.

> moral force. [...] A soldier is a member of an army; an army is an institution; an institution is a body of men united by a moral law in the service of some cause. In the case of an army this cause is the fatherland.[72]

Mit diesem Versuch, politische Herrschaft ohne Rekurs auf das Konzept politischer Macht generieren und begründen zu wollen, steuerte Madariaga direkt in die Aporie. Anstatt dies aber anzuerkennen, versuchte er den unauflösbaren Widerspruch durch eine mitunter bis ins gewollt Abstruse mäandernde Argumentation hinwegzuschreiben. Im Kern ist seine Definition der Autorität zunächst vor allem abgrenzend. Immer analog unterlegt mit der Begriffslogik seiner Unterscheidung zwischen Macht und Moral, wurde sie zum uneingeschränkt positiv besetzten Gegenbegriff der Gewalt, und zwar durchaus im quantitativen Sinne eines kausal auf den in beiden Fällen erstrebten Gehorsam ausgerichteten Nullsummenspiels: „je mehr Autorität [...] umso weniger Gewalt". Autorität und Moralität wurden dabei zu stark wertbehafteten und nahezu synonym verwendeten Begriffen, mit dem einzigen Unterschied, daß sie je einer Person oder aber ihrem Handeln affiziert wurden. Allerdings führte Madariaga in diesem Zusammenhang aus, es sei ein weit verbreiteter Irrtum, die Moralität einer Handlung untrennbar mit ihrem Autor verknüpfen oder von diesem her legitimieren zu wollen. So scheine es beispielsweise „zahlreiche Leute zu geben, die glauben, daß physische Macht in dem Moment zu moralischer Kraft wird, in dem sie unter die Fahne der Vereinigten *[sic]* Nationen gestellt wird". Abgesehen davon, daß sie mit ihrer Praxis der „Kuhhändel zur Herstellung von Mehrheiten entweder durch Versprechungen in den Korridoren oder durch Wortakrobatik in den Texten" in der öffentlichen Meinung jegliche Autorität verspielt habe, könne die UNO auch ganz prinzipiell nicht als Institution Moralität verbürgen. Denn nicht ihr Autor mache die Macht moralisch, sondern „das einzige Kriterium für eine moralische Macht, wirklich moralisch zu sein, liegt darin, daß sie moralisch ist". Diese hingeworfene Tautologie läßt den Leser weitgehend ratlos zurück, auch die illustrierenden Beispiele helfen da kaum weiter. Die Intention Madariagas ist wohl erkennbar, aber definitorisch läßt sich seinem Autoritäts-Begriff mehr als sein geistig-nichtphysischer Charakter und seine Ansiedelung fernab der Mechanismen von Macht und Gewalt nicht abringen. Am klarsten ist da noch die folgende Passage:

> Autorität ist die natürliche Ausstrahlung der moralischen Macht. Gewalt ist die Fähigkeit, Furcht zu erzeugen. Autorität führt zu spontanem Gehorsam, selbst dort, wo sie nicht darauf abzielt. Gewalt erreicht Gehorsam, selbst gegen den Willen der Betroffenen. Man kann daraus ableiten, daß die Macht um so

---

72 Alle Zitate in: Madariaga, Nations and the Moral Law, 57f.

4.3 Der Entwurf einer machtfreien Politik

weniger physischer Mittel bedarf, je mehr sie moralisch genannt zu werden verdient.[73]

Entscheidend für seinen Autoritätsbegriff ist dabei auch – das wird hier durch den Bezug auf die Moral etwas verwischt –, daß Madariaga ihn völlig austauschbar in politischen und epistemologischen Kontexten gebrauchte:

> Die Macht einer Regierung kann auf einem von zwei Fundamenten ruhen: Autorität oder Gewalt. Autorität ist jene Macht, der sich eine Person oder Institution auf der Grundlage der freien Zustimmung jener erfreut, über die sie ausgeübt wird. So sagen wir, Menéndez Pidal sei eine Autorität auf dem Gebiet der spanischen Linguistik und Einstein eine in Relativität, obwohl doch keiner der beiden auf die Polizei oder die Zensur zurückgegriffen hat, um uns ihre Meinung aufzudrücken.[74]

Zur je konkreten Genese von Autorität erfährt man ebenfalls so gut wie nichts, auch wenn einiges darauf hindeutet, daß Madariaga hinter diesem Begriff mit einem deterministischen Konzept von Charisma bzw. allgemein anerkannter Unfehlbarkeit operierte, und daß er diese Eigenschaft unabhängig von der Frage nach ihrem Woher einfach als in manchen Menschen präsent postuliert hat, womit ihm – typisch spanisch und entgegen seiner eigenen Behauptung – doch die Person (Autorität) als wichtiger denn die einzelne Handlung galt (Moralität). Festzustellen bleibt in diesem Zusammenhang außerdem, daß seine Kritik stets nur der konkreten Ausgestaltung von Herrschaft, nie aber ihrer faktischen Notwendigkeit als solcher galt. Auf der Suche nach einem scheinbar machtfreien Mittel zu diesem Zweck geriet ihm die Autorität zu einer Größe, die zunächst die befehlen-wollende Seite mit unbedingten Qualifizierungsbedingungen konfrontierte, die im Qualifizierungsfall allerdings einen sich ebenso unbedingt zu deren Gunsten auswirkenden Gehorsams-Automatismus postulierte, in dessen Rahmen sich die Frage nach dem freien Willen auf der gehorchen-sollenden Seite gar nicht mehr wirklich stellte. Mit verblüffender Nonchalance hat er das etwa für Kant so sperrige Motivationsproblem einfach mit der These übergangen, aus Einsicht in das von überlegener Position her geäußerte Wollen der Autorität (und dessen 'Richtigkeit') werde der Einzelne nicht nur faktisch gehorchen, sondern auch *foro interno* gehorchen wollen. Wo Hobbes noch die Figur des Unterwerfungsvertrages und Rousseau die von der *volonté générale* brauchte, um argumentativ zu erreichen, daß die Untertanen die Akte des Herrschers als letztlich

---

73   Vgl. Madariaga, Moral und Macht, in: NZZ, 3-III-1957. Hier fühlt sich der deutsche Leser sicher an Max Webers Typus des charismatischen Herrschers erinnert, Madariaga aber hatte Weber nicht zur Kenntnis genommen; vgl. Alonso-Alegre, *Pensamiento político*, 213.
74   Salvador de Madariaga, Dictaduras y eficacia política, in: Mi respuesta. Artículos publicados en la revista 'Ibérica' (1954-1974), Selección y prólogo por Victoria Kent, Madrid 1982, 84.

ihre eigenen anerkennen – da ging Madariaga im ersten Fall noch einen ganzen Schritt weiter und im zweiten einen Schritt zu wenig:

> Die Selbstverwaltung als solche ist weder demokratisch noch aristokratisch, sondern spontan und organisch. Ihrer Geschichte nach neigt sie dazu, eine glücklichen Harmonie zwischen der Zustimmung der Mehrheit, der Mitarbeit einiger weniger und der Initiative eines Führers herzustellen. Entgegen dem ersten Eindruck ist die Selbstverwaltung im Kern zwar demokratisch, insofern ihr Impuls von unten nach oben fortschreitet; aber sie ist auch aristokratisch, oder zumindest hierarchisch, weil sie einen steuernden Kopf und einen Körper von fähigen Ausführenden verlangt. [...] Eben haben wir gesehen, daß sich [Selbstverwaltung] als solche mit Hierarchie sehr gut verträgt, die, wäre sie in Madrid stärker gewesen, aus sich heraus Ortschaftsräte hätte erstehen lassen, in denen die gewöhnlichen Bürger ihren Schrittmachern wie einfache Soldaten in den Kampf für das Wohl Madrids gefolgt wären, *mit jenem spontanen Gehorsam, den man der Autorität gern erweist*. Der echten Autorität, also jener, die aus der intellektuellen und moralischen Größe dessen erwächst, der sie ausübt.[75]

Warum aber all diese Mühe, Politik ohne Macht oder Herrschaft erklären zu wollen? Was Madariaga mit seinem Autoritätsbegriff erreichen wollte, liegt auf der Hand: Die politischen Akteure sollten präemptiv der Pflicht zur Legitimierung jedes einzelnen ihrer politischen Akte dadurch enthoben werden, daß sie moralisch einklagbar zum Verzicht auf das eigene Wohl zugunsten des Wohls der Allgemeinheit verpflichtet seien (Ehre) bzw. daß sie aufgrund von Qualitäten, die ihnen jeweils als Person zuzuschreiben wären, *a priori* als in all ihrem politischen Handeln legitimiert gälten (Autorität). Madariaga gründete seinen Politikbegriff damit auf einen Personalismus, der insofern überrascht, als er selbst sowohl analytisch als auch wertend zwischen den Wer- und den Was-Völkern unterschied und ersteren gerade die zu enge Verknüpfung politischer Fragen mit einzelnen Personen statt mit der Sache zum Vorwurf machte.[76] Gleiches ist auch überall dort zu beobachten, wo Madariaga über die Staaten als gleichsam personale Akteure der internationalen Politik geschrieben

---

75   Madariaga, La organización espontánea (I), in: ABC, 7-V-1972; meine Hervorhebung.
76   Hier richtet er den Vorwurf, sie ließen in ihrer Fixierung allein auf die Führungsfigur ihre öffentlichen Angelegenheiten verkommen und wendeten sich schließlich, gleich welcher formalen Art es sei, gegen das nicht mehr funktionierende Regime, an die tendenziell im Süden Europas beheimateten, vermeintlich subjektiven und (unabhängig von der formalen Verfaßtheit ihres Staates) „eigentlich" monarchischen „Wer-Völker"; vgl. Madariaga, Sache und Person in der Politik, in: NZZ, 5-XI-1965. Reichlich zehn Jahre früher hatte er vom „naturgemäß" *(by nature)* republikanischen Norden gesprochen, der zur harmonischen Integration der Individuen zur Gemeinschaft und zur prinzipiellen Unterstützung der aktuellen Regierungsform neige, und umgekehrt vom „naturgemäß" monarchischen Süden, der zu aggressivem Individualismus und Sündenbockdenken, sowie zur Bekämpfung der aktuellen Regierungsform

hat. Auch dann zielte er offenbar primär auf die Entwicklung von Kriterien ab, die sich jenseits der Kategorie Macht einordnen und anhand derer sich die Akteure der Politik dennoch grundsätzlich in ihrem Handeln legitimieren oder kritisieren lassen würden. So machte er am Beispiel der USA 'moralische Autorität' – über die selbst an der eigenen Terminologie gemessene begriffliche Unschärfe Madariagas sei auch an dieser Stelle hinweggesehen – an den beiden Bedingungen der 'technischen Leistung' und der 'politischen Sauberkeit' fest. Moralische Autorität hätten die USA demnach erworben, indem sie, erstens, durch das „Gleichgewicht des Schreckens" den dritten Weltkrieg verhinderten. Zweitens seien der Marshall-Plan, die Verteidigung Europas gegen den Kommunismus, der Mut Trumans in der Koreakrise, Kennedys Entschlußkraft in der Kubakrise und auch (für ihn selbstverständlich Teil der gleichen Aufzählung): das Engagement in Vietnam Zeichen für eine politische Redlichkeit gewesen, wegen derer er den USA eine für einen weltpolitischen Neuling durchaus ordentliche Bilanz ausstellte.[77]

Hinter all dem steht außerdem, daß Madariaga zeitlebens übertrieben skeptisch gegenüber dem fundamentalen Wandel geblieben ist, den die Moderne und das aufklärerische Denken auch in den Legitimationsmustern für Herrschaft und politisches Handeln allgemein mit sich brachten. Die rationale und ohne jeglichen Rekurs auf Transzendentes auskommende Logik, wie sie etwa der Figur des (Gesellschafts-)Vertrages eignet, ist ihm immer suspekt gewesen. Gerade im Frühwerk, wo noch nichts von seiner später malmend gegen alles vermeintlich Horizontale auftretenden Rhetorik zu spüren ist, findet man noch nuanciert und sachlich jene quasi-theologischen Denkmuster vor, die von der aufklärerisch-weltimmanenten Rationalität eigentlich schon lange verdrängt worden waren. Er konnte und wollte sich mit der vor allem prozessualen Legitimation, auf die sich etwa der demokratische Verfassungsstaat wesentlich gründet, nicht abfinden. Die numerische Mehrheit lehnte er als Willensbildungs- und Legitimationsprinzip ab, weil dem ein verkürzt statistisch statt ein ganzheitlich organisch und in den Kategorien von moralischer Autorität und politischer Tugend denkendes Politikverständnis zugrunde liege. Mit starkem Zug ins romantisch Konservative behauptete er, seit Rousseau und der Französischen Revolution sei Freiheit immer wieder mit Demokratie verwechselt, und in einem ähnlichen Irrtum die Demokratie mit dem allgemeinen Wahlrecht gleichgesetzt worden. Daher sei die Demokratie inzwischen fast nur noch in ihrer, wie er es nannte: statistischen Form anzutreffen, als „government by numbers" also.[78] Demgegenüber sei Demokra-

---

tendiere, gleich welcher Form sie sei; vgl. Madariaga, The English Monarchy, in: Thought, 8-III-1952.
[77] Vgl. Madariaga, Vietnam und Santo Domingo, in: NZZ, 8-VII-1965.
[78] Vgl. Madariaga, *Victors, beware*, 49.

tie aber in der für ihn besten Kurzdefinition „government by public opinion", und zwar unabhängig von der Mechanik des jeweiligen Wahlrechts.[79] Etwas ausführlicher wurde er in der Aufzählung jener drei Kriterien, durch die sich für ihn die „liberale Demokratie" auszeichne: das Regieren unter Zustimmung der Regierten, eine freie Presse und ein von der Exekutive unabhängiges Gerichtswesen. Das allgemeine direkte Wahlrecht klammerte er auch aus diesem Katalog bewußt aus; es sei „nur ein Instrument der Demokratie", das „eingeführt oder abgeschafft werden könne[], ohne daß ihre Prinzipien davon berührt werden".[80] Für ihn muß daher das Schlagwort von der freiheitlichen Demokratie oder das vom freiheitlich-demokratischen Rechtsstaat ein Widerspruch in sich gewesen sein. Er hätte wohl eher – mit bestenfalls adjektivischem Zusatz – von demokratischer Politik der Freiheit gesprochen. Noch im Alter von 90 Jahren warnte er in tocquevilleschem Impetus die von ihm als weltpolitische Hoffnungsträger wahrgenommenen USA und Großbritannien eindringlich davor, die Demokratie der Freiheit vorzuziehen.[81]

Seine normative Alternative wurde nicht zuletzt in Auseinandersetzung mit Paul Valéry deutlich. Lebhaft illustriert am Beispiel Hitler-Deutschlands, erklärte Madariaga, er könne ein Politikverständnis wie das Valérys nicht akzeptieren, demzufolge die Politik ihre Legitimation aus einem rein prozessualen Prinzip beziehen solle. Im Zentrum aller Politik schien er selbst vielmehr das sich durch den Besitz einer überlegenen Wahrheit selbst legitimierende Wollen zu sehen. Statt auf die wertblinde Durchsetzung abstrakter Prinzipien setzte er auf eine klar normative Ethik – ja, ohne eine solche, behauptete er, könne prinzipiell niemand ernsthaft über Politik auch nur nachdenken. Zunächst gegen Valéry entwickelte er somit seine These, Freiheit habe nichts mit der Mehrheitsregel oder der Rückbindung von Herrschaft an das Volk zu tun, sondern mit Führung auf der Basis weiser und gerechter Gesetze:

> Im wesentlichen wird ein Land nicht dadurch frei, daß sich die Regierung auf das Votum des Volkes stützt, sondern dadurch, daß sich die Regierung, welchen Ursprungs sie auch sei, nach weisen und gerechten Gesetzen richtet. Anders gesagt, die Institutionen sind genau soviel wert wie die Menschen, durch die sie zum Leben erweckt werden.[82]

---

79 Vgl. Madariaga, *Victors, beware*, 53. Die Definition der Demokratie als Herrschaft der öffentlichen Meinung verfolgte Madariaga zu Senator Louis de Brouckère zurück; vgl. Madariaga, Reiseeindrücke aus Südamerika, in: NZZ, 31-VII-1957. Auch im hohen Alter hielt er noch daran fest; vgl. Madariaga, Politik, Militär, Gewalt und Putsch – Wenn Arznei so schlimm ist wie das Leiden, in: Welt am Sonntag, 22-IX-1974.
80 Madariaga, Liberalismus und Demokratie, in: NZZ, 8-VI-1958.
81 Vgl. Fernández Santander, *Madariaga, Ciudadano del mundo*, 233.
82 Madariaga, Paul Valéry, 367.

Dabei wird deutlich, daß der von ihm stark gemachte Anspruch eines politischen Ethos letztlich voluntaristisch gemeint und in diesem Sinne austauschbar war gegen den eines festen politischen Glaubens. In diesem Sinne sei bei Valéry „der schwache Punkt seines politischen Denkens: ihm fehlt die Grundlage des Glaubens, den alles politische Denken nötig hat", deshalb sei er übertrieben skeptisch und herablassend gegenüber dem gemeinen Mann geblieben. Deshalb sei er auch als ein *zu* scharfer und gegenüber den menschlichen Schwächen *zu* indifferenter Beobachter aufgetreten, der – und das ist die eigentliche Pointe Madariagas, wo er sich in seinen eigenen Überzeugungen eigentlich direkt hinter Valéry stellen müßte – sogar noch gegen das eigene Wollen *(anhelos)* indifferent bleibe. Eben deshalb sei er letztlich nicht in der Lage, mit glaubhafter Überzeugung über Politisches zu schreiben.[83]

Auch der ebenfalls an Paul Valéry gemahnende subjektive Empirismus Madariagas dürfte ihn ganz grundsätzlich daran gehindert haben, eine Legitimationslogik anzuerkennen, die sich wesentlich auf Prozesse stützt, die eher abstrakt-ephemeren Charakters und schlecht zu visualisieren sind. Wiederholt monierte er, gar nicht einmal ganz zu Unrecht, das Verschwimmen klarer politischer Verantwortlichkeiten in der nicht zuletzt deswegen scharf von ihm geziehenen 'statistischen Demokratie'. Statt dessen hätte er greifbarere Formen bevorzugt, hielt er in Legitimierungsfragen auf ein voraufklärerisch-theologisches Denken, dem auch das Element des Gottesgnadentums nicht ganz fremd gewesen zu sein scheint. So wie er glaubte, seinen Begriff von und das Postulat unbedingter Freiheit nicht eigens begründen zu müssen, weil sie gleichsam aus Gott emaniere, so hat er auch den von ihm postulierten Herrschaftsanspruch der Aristokratie nie zwingend begründet. Zwar leitete er seinen Aristokratiebegriff wesentlich von der Annahme der freiwillig für das Ganze übernommenen politischen Verantwortung her. Doch konnte er den damit suggerierten Alleinstellungsanspruch gegenüber anderen sozio-intellektuellen Milieus oder Schichten nicht schlüssig gegen Widerspruch verteidigen, und auch das je individuelle Motiv für ein solches Handeln aristokratischer Akteure blieb offen.

MÄSSIGUNG DURCH EHRE. – Madariagas Politikverständnis variierte insgesamt je abhängig vom Blickwinkel, unter dem er ein politisches System analysierte oder, anders ausgedrückt: je nach der Position, an die er sich selbst oder die soziointellektuelle Klientel, die er verkörperte, innerhalb des Verfahrens der politischen Entscheidungsfindung theoretisch gestellt sah. So findet sich in seinen Schriften einerseits eine ausgeprägte Affinität zur Figur des umfassend autorisierten politischen Führers, von dem er letztlich erwartete, daß er politisch durchsetze, was er (Madariaga) für richtig hielt. Andererseits aber läßt sein Werk auch das Bedürfnis nach

---

83 Vgl. Madariaga, Paul Valéry, 367.

einer gleichsam vetobewährten, unmittelbaren Kontrolle der Regierenden durch die Regierten erkennen, und zwar durch jeden einzelnen dieser Regierten, einschließlich seiner selbst. Darin äußerte sich auch bei ihm jener egotistische Bias zugunsten des eigenen Standpunktes, den er *yoísmo* getauft und 'dem Spanier' stets als einen seiner wesentlichen Charakterzüge attestiert hat.

Hier allerdings wird der *yoísmo* über den Begriff der Ehre zunächst einer theologischen Begründung zugeführt, die dann auch als ein hoch plausibles Erklärungsmuster für politische Zusammenhänge taugt. Demnach ist – wenn man denn prinzipiell bereit ist, sich auf derart völkerpsychologische Verallgemeinerungen einzulassen – für den radikal individualistischen Spanier das Ehrgefühl *(el sentimiento del honor)* nicht nur die eine, seinen Charakter in allem weiteren entscheidend überformende Eigenschaft, sondern gleichsam das direkte Band zu Gott, von dem her sich eine moralische Verpflichtungswirkung ergebe, die im Rahmen der deutschen Mentalität ihr Pendant in der unbedingten Pflicht Kants finde.[84]

Über diesen Ehrbegriff, der auf spezifische Weise im Menschen vor allem das Geschöpf Gottes sieht, erfährt nicht zuletzt die Freiheit im spanischen Denken eine im Kern religiöse Färbung und Begründung. Ohne ein angemessenes Verständnis dieses zutiefst spanischen Denkmusters würde es schwer fallen, Madariagas Freiheitspathos auf der einen Seite so bruchfrei mit seinen Politikentwürfen auf der anderen in Einklang zu bringen, wie es für ihn offenbar ganz selbstverständlich war. Wenn er nämlich den Engländer (den Franzosen / den Spanier) vor allem als einen Mann der Tat (des Gedankens / der Leidenschaft) beschrieb, der sich in dieser allem anderen übergeordneten Sphäre seiner Existenz vor allem dem Prinzip des Fairplay (des Rechts / der Ehre) unterwerfe,[85] dann waren damit zugleich drei grundverschiedene Zugänge zu einer trotzdem jeweils mit gleicher Unbedingtheit bindenden Ethik umrissen.

Madariaga entsprach dem für die Spanier insgesamt typischen Zugang zur Religiosität, insofern auch für ihn der Glaube eine ausschließlich über die Leidenschaft des Individuums vermittelte Angelegenheit allein zwischen Gott und diesem selbst sei. In letzter Konsequenz sei daher in Spanien die Kirche als Institution immer zweitrangig geblieben, denn der einzelne Spanier habe immer ebenso in Jesus sich selbst wie in der Heiligen Familie die metaphysische Verlängerung der eigenen Familie gesehen, um durch diese Anvergleichung die ersehnte Transzendenz bzw. Unsterblichkeit zu erreichen. Auch daher sei für Spanier der Fleisch gewordene und

---

84 Vgl. Caminals Gost, *Madariaga*, 168, sowie García Valdecasas, Carácter español, 128.
85 Es gibt praktisch keine Stelle im Werk Madariagas, an der sich dieser völkerpsychologische Dreiklang nicht niedergeschlagen hätte. Für die einschlägigsten Passagen vgl. Madariaga, *Engländer – Franzosen – Spanier*, 21-152 (assoziativ mäandernd) und 280-287 (etwas konziser auf das Religionsverständnis der drei Kulturen ausgerichtet).

gekreuzigte Gott des Neuen Testaments 'effektiver' als der Gott des Alten. Nur ein menschlicher Gott könne ihm jene wahre Identifizierung ermöglichen und in ihm jene unendliche Leidenschaft entfachen, die der ohne alle Grenzen gedachte Anspruch zur Vervollkommnung des eigenen Selbst erfordert.[86]

Nach diesem Verständnis hat eine jede Person für sich Teil an der Ehre *(honor)*, die zum einen als ein Abbild der göttlichen Gnade im einzelnen Menschen gedacht wird und damit ungefähr dem entspricht, was im deutschen Sprachraum unter den Begriff der Menschen*würde* gebracht wird:

> Das Konzept der Ehre beinhaltet nicht einfach ein Abhängigkeitsverhältnis, sondern eine Kommunikationsbeziehung zu Gott; was wir Ehre nennen, ist die Gnade Gottes, die sich ausdehnt und ausbreitet, die in die Seelen der erschaffenen Wesen reicht und sich in ihnen mit dem Schimmern eines neuen Lichtes widerspiegelt.[87]

Zum anderen wird die Ehre, in Anknüpfung an den Brief Paulus' an die Epheser und das entsprechende Denken bei Fray Luis de Granada, zur eigentlichen Basis der menschlichen Vergesellschaftung erklärt:

> Aber die kulturelle Form, die diese Idee angenommen und die zweifellos beachtlichen Einfluß auf den Ehrbegriff in Spanien und auf die spanische Geschichte insgesamt ausgeübt hat, ist die Vorstellung, Ehre sei gleichsam der Lebenssaft des Sozialkörpers, durch den wir an der Gemeinschaft teilhaben und durch dessen Allgegenwart wir in unserer unabweisbaren und unveräußerlichen Eigenschaft als des Ganzen teilhaftige Wesen angenommen werden, wenn wir jeder für sich nur unser Leben leben, und der uns dabei das Gefühl gibt, an dem Guten und an der Ehre teilzuhaben, die in der Gemeinschaft liegen.[88]

Mit der *cortesía* machte Madariaga außerdem einen Begriff stark, der schon im 18. Jahrhundert geprägt wurde und Konjunktur hatte. Richtigerweise zunächst gar nicht

---

86 Vgl. Borrás, Synthetic Vision, 87-90; dort ist in der Tat wörtlich von „a more efficacious God" die Rede. – Auch und gerade in seinem Verhältnis zur eigenen Seele sei der Spanier ein radikaler und allein jenseitig orientierter Individualist, der zwischen dem Ich und dem Ganzen (Gott) keine intermediären Stufen dulde; vgl. Caminals Gost, *Madariaga*, 170. Madariaga selbst entwickelt die These von der Pflicht des Menschen, nach Selbsterkenntnis im Sinne einer Angleichung an bzw. einer Nachahmung von Gott zu streben, ausführlich in einer Novelle; vgl. Salvador de Madariaga, *Yo-yo y yo-él*, Buenos Aires 1967; kurz gestreift wird sie auch in Ders., *Von der Angst zur Freiheit*, 123f.
87 García Valdecasas, Carácter español, 129. Die behauptete Verwandtschaft des spanischen Ehrbegriffs mit dem deutschen Konzept der Würde, und zwar durchaus einschließlich der Vorstellung ihrer Unantastbarkeit wie in Artikel 1 des Grundgesetzes, wird in einem deutschen Artikel Madariagas sogar ausdrücklich erkennbar, und zwar in Titel wie Text des Artikels Madariaga, Menschenwürde, in: NZZ, 18-IX-1956.
88 Ebd., 129.

im Umfeld der internationalen Politik entwickelt, müßte man dafür im Deutschen wohl ebenfalls am ehesten den Begriff der Ehre bzw. des Ehrgefühls verwenden. In der Tat griff Madariaga in der Ausstaffierung auch dieses Begriffs stark auf den spanischen *honor* und die damit verknüpften Konnotationen zum spanischen Charakter zurück. Unter Berücksichtigung der für all seine Begriffe typischen Unschärfe hätte man diesen Ehrbegriff ungefähr in dem Umfeld anzusiedeln, in dem ihm politische Ethik und Ästhetik ineinander flossen – und von dem her sich letztlich sein gesamtes politisches Vokabular den ihm eignenden Charakter borgt. Im so verstandenen Begriff der Ehre fänden demnach zunächst einmal Qualitäten wie Höflichkeit, gute Erziehung und gute Gesittung zueinander. Insgesamt und in enger Anlehnung an seinen Aristokratiegedanken steht der Begriff mithin für eine Art Kompendium der Umgangsformen eben jener politischen Kaste, für deren Angehörige die (internationale) Politik vor allem anderen Diplomatie bedeutete – ein Verständnis politischer Praxis allerdings, mit dem sich schon der frühe Madariaga sowohl von den Prozessen der Demokratisierung und der Professionalisierung der Politik untergraben, sowie andererseits von den links- und rechtstotalitären Regimen völlig an den Rand gedrängt sehen mußte.[89] Er liebte das familiäre und in seiner Selbstverständlichkeit ebenso unprätentiöse wie elitistische Unter-sich-und-seines-Gleichen des Völkerbunds; und er bedauerte es sehr, als sich durch das Einbrechen sozialistischer Kräfte in die internationale Politik der Umgang miteinander vor allem im Stil drastisch änderte:

> Obwohl im Rat das aristokratische Element vorherrschte, waren die Sitzungen einfach, wenn auch würdevoll. [...] An einem Ende [des Sitzungsraumes] befand sich der lange Tisch für die Mitglieder des Rates und den Generalsekretär, dahinter einige Stühle für nationale und internationale Beamte und nur einige Meter davon die Stuhlreihen für die Öffentlichkeit. Fast wie eine private Versammlung. Aber siehe da, Europa wurde plötzlich linksgerichtet und von überall her kamen Sozialisten [...]: Und bald trennte eine seidene Kordel die Großen von der Menge, der Tisch kam auf eine Plattform mindestens zwei Fuß über dem Boden, über den das Volk trampelte, und alles war vornehm und beredt.[90]

Und so ist es auch kein Zufall, sondern gerade dem hier einmal mehr sinnfällig werdenden latent konservativen Ästhetizismus Madariagas geschuldet, daß der Begriff der Ehre seine Illustration bei ihm vornehmlich durch geschmackliche Äußerlichkeiten erfuhr – etwa durch eine Erörterung der binnengesellschaftlichen Bedeutung von standesgemäßer Sprache und Kleidung. Ebenso umfänglich wie grundsätzlich

---

89 Vgl. Piñol Rull, Relaciones internacionales, 459f.
90 citemadMadariaga1972e, 49f.

erging er sich in direktem Zusammenhang mit dem Ehrbegriff in der Verurteilung des von ihm für eine unsägliche Unsitte gehaltenen Duzens, wie sie von den Franzosen nach Spanien herübergeschwappt sei, die Briten aber schon deswegen nicht flächendeckend zu infizieren vermöge, weil jene in der Gewöhnung an ihr multivalentes *you* für mehr Varianz bei den Pronomina schlicht zu bequem seien. Madariaga hielt mit der Intention dieser Kritik kaum hinter dem Berg. So habe, um ihm soziolinguistisch noch ein wenig weiter zu folgen, das um sich greifende Duzen nicht nur den Verlust sprachlicher Subtilitäten bewirkt, sondern auch die Distanz zwischen den Kommunizierenden verringert. Damit aber drohe neben dem der Höflichkeit zwischen Gleichgestellten auch der Verlust der sozialen Hierarchie selbst; denn während einerseits unangemessenes Duzen von oben nach unten Machtmißbrauch bedeute, laufe es in umgekehrter Richtung auf Insolenz hinaus.[91] Madariagas Wunsch sowohl nach greifbarer Distinktion des Ranges als auch nach deren klarer Erkennbarkeit an ästhetischen Äußerlichkeiten sprach gleichermaßen aus seinem Bedauern über das Verschwinden des Hutes als Kleidungsstück – in seinen Augen „die grobschlächtigste, egalitärste und am stärksten proletisierende Revolution, die Europa je erlitten hat". Gegenüber der gleichmachenden Glatze sei damit ein lange bewährtes Merkmal der Individualisierung und Distinktion verloren gegangen.[92]

Als *politischer* Begriff wurde die Ehre von Madariaga zwar nicht vergleichbar extensiv wie die Autorität behandelt, wohl aber rekurrierte er auf sie in nämlicher Weise substitutiv dort, wo eigentlich Macht und Herrschaft gemeint waren, von beiden aber nicht gesprochen werden sollte. In diesem Sinne apostrophierte er das Ehrgefühl als einen der größten Triumphe menschlicher Intelligenz, da es, in Form der moralischen Selbstbeschränkung des Überlegenen, jene Barbarei verhindere, zu der umgekehrt der Verfall der äußerlichen Sitten führe. Die Politisierung dieses Arguments folgte auf dem Fuß: Im klassischen Krieg – „als noch Mann gegen Mann gekämpft wurde" – habe das Ehrgefühl stets mäßigend gewirkt. Wenn Madariaga daher, explizit an Cervantes' Quijote anknüpfend, Fernwaffen als ehrlos ablehnte, dann findet sich darin mehr als nur der Jahrhunderte alte Wunsch nach einer erfolgreichen Hegung des Krieges. Vielmehr liegt damit die Vision einer vollständig auf Ehre und friedlicher Reziprozität beruhenden internationalen Politik vor, die das Mittel der Gewalt nicht länger nötig hat. Ganz in dem Sinne, in dem er Politik schon immer vor allem als Diplomatie verstanden hatte, stellte sich Madariaga hier ein utopisches Szenario vor, das die *cortesía* als unersetzlich für alle menschlichen

---

91 Vgl. Madariaga, La cortesía, in: ABC, 11-IV-1971.
92 Vgl. Madariaga, El sombrero: copla popular y comentario, in: ABC, 17-XII-1978.

Beziehungen und als Gewähr für dauerhaften Frieden denkt und davon ausgeht, daß ihr Fehlen allein mitunter große historische Fehler bewirkt habe.[93]

> [I]m Grunde ist die Courtoisie moralischer Natur. [...] Sie besteht im Respekt gegen den Nächsten. [...] Sie ist die feinfühligste und menschlichste Form der Brüderlichkeit, die tiefste und spontanste Anerkennung der Gleichheit, das respektvollste Verhalten gegenüber der Freiheit. Daß die Courtoisie Reziprozität verlangt, ist offenkundig.[94]

Für ein solches Szenario mit der *cortesía* als Schlüsselkategorie mußte Madariaga allerdings den Menschen als ein reines Vernunftwesen unterstellen, ja, er ging sogar so weit, das gleiche auch für die Nationen zu postulieren.[95] Dabei zeigt sein Changieren zwischen Utopie und Kritik, daß er keine der beiden Positionen wirklich durchzuhalten imstande war. Wo Kant auf dem Weg einer konsequent zu Ende gedachten Vernunft versucht hatte, eine Lösung für das Problem von Freiheit und Frieden zu finden, die das kontrafaktische Bild von der Welt der Engel nicht mehr nötig hat, dort umging Madariaga das Problem, indem er implizit eben dieses Bild zum utopischen Postulat machte. „Daß die Courtoisie Reziprozität verlangt, ist offenkundig" – Punkt. Aus der Einsicht in die Richtigkeit dieser These hatte sich automatisch ihre Umsetzung zu ergeben. Ganz in diesem Tenor stellte sich, dies zur Illustrierung, auch sein Verständnis der Menschenrechte dar, deren Kodifizierung er als erklärter Pragmatiker nur bedingt guthieß. Zwar fand er herzliches Lob für die europäische Menschenrechtskonvention, setzte dem aber sogleich hinzu, unter den Gegebenheiten einer Demokratie mit einer funktionierenden Öffentlichkeit und einer freien Presse als deren Kontrollinstanz könne und solle die Kodifizierung der Menschenrechte auf ein Minimum beschränkt bleiben.[96]

Gleichwohl war er nicht blind gegen die Realität; nur hat er, wo er seine utopische Forderung kritisch wendete, selbst keine konstruktive Lösung anbieten können. Er blieb in der Utopie des perfekten Menschen gefangen. Deren Diskrepanz zur Wirklichkeit veranlaßte ihn weder dazu, sie zu verwerfen, noch dazu, sie zu modifizieren. Immerhin hätte er statt auf das des perfekten auch auf das Konzept des perfektiblen Menschen zurückgreifen können, um zumindest einen gangbaren Weg auf sein utopisches Szenario hin aufzuzeigen. Statt dessen verlagerte er den Wunschzustand einfach in eine nicht näher bestimmte Zukunft, um für die Gegenwart sogleich in

---

93 Vgl. Madariaga, La cortesía, in: ABC, 11-IV-1971.
94 Ebd.
95 Vgl. Madariaga, *World's Design*, 134.
96 Vgl. [B.I.], Madariagas 'Gedanken über Europa', in: NZZ, 6-V-1963. Ähnlich aus seiner eigenen Feder vgl. Ders., *The Blowing up of the Parthenon, or How to Lose the Cold War*, London 1960, 68.

die Positur der Kritik zurückzufallen – und darin zu resignieren. Der Idealzustand lasse sich eben leider erst dann erreichen, wenn die Welt zu einem einheitlichen Bewußtsein gefunden habe.[97]

FRIEDEN DURCH RECHT? – Madariagas Politikverständnis war insofern im Kern utopisch als es von einem gleichsam elysischen Zustand der harmonischen Einheit her dachte, in dem Interessen*konflikte* entweder nicht (mehr) existierten oder samt und sonders gütlich zum Ausgleich gebracht würden. Dafür spricht sein zur gegebenen Zeit vehementes Eintreten für ein viel früheres Eingreifen des Völkerbundes in die Eskalationskette zwischenstaatlicher Konflikte. Verdeutlichen läßt sich dies aber ebenso an seinem (wohl dem klassischen Naturrecht entlehnten) Rechtsbegriff, mit dem er in drei Stufen zwischen Gewohnheitsrecht, imperativem Recht und idealem Recht unterschied. Dem entspreche in der Gemeinschaft jeweils das, was man tut, was man tun muß bzw. was man tun sollte. Obwohl nun keine Gemeinschaft und kein Gesetzgeber das ideale Recht voll zu erkennen imstande sei, habe sich doch das imperative Recht – und hierunter schien Madariaga binnenstaatlich das Zivilrecht ebenso wie zwischenstaatlich das Völkerrecht fassen zu wollen – immer weiter an dieses Ideal anzunähern. In dem Maße, wie dies gelänge, würde sich physischer Zwang als Mittel der Politik nach und nach vollkommen erübrigen.[98] In einer noch immer nur rudimentär organisierten Weltgemeinschaft allerdings, so sein Urteil über die Zeit nach dem Ersten Weltkrieg und über das sich als zahnlos erweisende Völkerrecht, müsse verständlicherweise auch dieses imperative Recht rudimentär bleiben.

> Command law is but one of the forms which civil law is bound to take in the course of history when the awareness of the community is still in its infancy and has to be incarnated in a king or tyrant.[99]

In einem der wenigen existierenden Aufsätze, die sich streng fokussiert seinem politiktheoretischen Werk widmen, findet sich Madariaga von Piñol Rull an die Seite Woodrow Wilsons oder Jacob Burckhardts gestellt, weil er wie jene zwar alles andere als ein Gegner der Idee eines weltumspannenden Völkerrechts gewesen, hinsichtlich seiner Genese und Durchsetzung aber doch skeptisch geblieben sei. Demnach hielt er das Völkerrecht in beidem für unfertig *(imperfecto)*.[100] Seine Haltung zum Völkerbund und seiner Satzung machte vor allem eines deutlich: Dem Recht

---

97 Vgl. Madariaga, *World's Design*, 103.
98 Zu alldem vgl. Piñol Rull, Relaciones internacionales, 460f.
99 Madariaga, *World's Design*, 105.
100 Vgl. Piñol Rull, Relaciones internacionales, 459f.; Zitat Ebd., 460.

allein traute er eine effektive Hegung der Macht nicht zu. Explizit gegen den deutschen Rechtspositivismus gerichtet, ließ er diesbezüglich weder das Argument staatlicher Selbstbeschränkung noch den Ansatz gelten, nationalstaatliche Souveränität durch bi- oder multilaterale Verträge zu veräußern oder in internationalen Organisationen aufgehen zu lassen. Schon in seinem Abrüstungsbuch von 1929 hatte er vor dem Hintergrund der Auseinandersetzungen um eine durch Sanktionsdrohungen bewährte Rüstungskontrolle behauptet, die bindende Kraft der Verträge und des Vertragsgedankens insgesamt habe nachgelassen:

> Our age lives quicker than the ages gone by, and the Treaties are old and decrepit. We want a Europe based on common consent.[101]

Mit dem Nachsatz war zugleich der utopische Wunsch geäußert, künftig auf Verträge gar nicht mehr angewiesen zu sein, denn diese seien *per se* Ausdruck eines unhintergehbaren Mißtrauens, das es zuallererst und bei Strafe des Scheiterns aller internationalen Politik durch die Bereitschaft zu echter Kooperation zu ersetzen gelte. Solange kein zwangsbewährter Durchsetzer (also eine Weltregierung) existiere, erlange auch das Völkerrecht seine Geltung nur außerrechtlich durch das faktische Vorliegen von Kooperation seitens der Staaten – einer Kooperation, so wäre hinzuzufügen, die jeweils trotz und mitunter entgegen der nationalen Interessenlage freiwillig zu erbringen wäre. Aber auch die Doktrin eines freien kollektiven Wollens und Handelns der Staaten untereinander lehnte Madariaga bald als nicht zielführend ab, weil sich zu oft gezeigt habe, daß auch gegen eine solche kollektive Rechts- oder Willensordnung machtpolitische Verstöße möglich sind, ohne daß ihnen die zu erwartenden Sanktionen folgen.

So hatte sich Mitte der dreißiger Jahre der politisch zauderhafte Völkerbund für Madariaga praktisch erledigt, als er feststellte, daß noch immer Nationalismus und Macht die Achsen des Koordinatensystems aller Politik seien. Von Seiten des Völkerbundes hätten Aggressoren wie Japan oder Italien nicht mehr als die Gegnerschaft nur schwach motivierter Koalitionen (oder gar nichts) zu befürchten; während der Bund sehr wohl konsequent einzugreifen imstande sei, solange nur eine Strafexpedition ausreichend durch eigene nationale Interessen gedeckt werde. Viele der ursprünglich in der Völkerbundsatzung verankerten Intentionen seien durch die machtpolitische Praxis geradezu pervertiert worden – so sei *de facto* Artikel 8 (Abrüstung) für fortgesetzte Aufrüstung, Artikel 16 (Sicherheit) zur Vermeidung von Verschiebungen im Status quo und Artikel 22 (Mandate) für Zwecke eines verdeckten Imperialismus instrumentalisiert worden. Ohne den Mitgliedsstaaten dieser 'Wilsonian world' damit schon hier politischen Unwillen unterstellen zu wollen (später tat er

---

101 Salvador de Madariaga, *Disarmament*, Port Washington (N.Y.) 1929, 328.

das dann), stellte er doch ihr Versagen vor den weltpolitischen Neulingen Japan, Deutschland und Italien fest. Diese hätten trotz jugendlicher Ungeduld ihr Handeln überaus erfolgreich auf einen aggressiv über Nietzsche und Sorel weitergeführten Machiavellismus gegründet. Dem gegenüber habe sich die neue internationale Politik des Völkerbundes in ihrer Komplexität als zu unbeweglich und schwach erwiesen.[102]

Gerade die Idee eines sanktionsbewährten (strafenden) Rechts – so die Position, zu der er endgültig allerdings erst nach 1945 gelangte – beruhe zum einen auf einer irrigen Analogie vom zwischenmenschlichen zum zwischenstaatlichen Handeln. Vor allem aber stieß sich Madariaga an der nur nachgelagerten Wirkung des Rechts. Im Rahmen der internationalen Politik dürfe es wegen der immensen Auswirkungen etwaiger Rechtsverstöße zur Untat gar nicht erst kommen.[103] Doch läßt sich auch schon vor Ausbruch des Zweiten Weltkrieges am Beispiel der Sanktionen demonstrieren, wo für ihn Anspruch und Realität der Weltpolitik auseinanderklafften. Seien die Sanktionen als ein Instrument des (ebenfalls völlig neuen) Völkerrechts mit dem Ziel eingeführt worden, den Krieg nicht mehr nur wie zu Zeiten des Westphälischen Systems möglichst effektiv zu hegen, sondern ihn gänzlich zu verhindern; so seien sie doch, wie auch das insgesamt auf kollektive Sicherheit angelegte System, das sie stützten, prinzipiell dysfunktional gewesen: Ein solches System könne nicht funktionieren, solange die USA abseits stünden, solange selbst die im Völkerbund vertretenen Großmächte einander nicht trauten und solange die ökonomisch-politischen Gewohnheiten und Reflexe aus der Zeit des kolonialen Imperialismus noch nachwirkten. Vor allem aber widersprachen in Madariagas organischem Politikverständnis Sanktionen geradezu den Naturgesetzen, denn man könne nicht einen Teil des Organismus strafen, ohne dem Ganzen und damit indirekt auch sich selbst Schaden zuzufügen.[104]

Trotzdem hat auch Madariaga das Völkerrecht normativ fortbilden wollen; nur stellte er sich das auf dem Weg einer graduellen Überführung des vorerst noch unumschränkt herrschenden machtpolitischen Fiat in ein idealiter autark legitimiertes Völkergewohnheitsrecht vor. Statt eines inter-nationalen Rechts, das die Beziehungen zwischen souveränen Nationen regelt, wollte er die Verdrängung oder zumindest die vollständige Unterordnung des Prinzips staatlicher Souveränität unter eine Art Welt-Innenrecht *(ius gentium)*. Dieses Weltrecht müsse sich – hier ist die moralisch-

---

[102] Vgl. Madariaga, Wilson or Machiavelli - which?, in: The New York Times Magazine, 12-VII-1936.
[103] Vgl. Madariaga, *Victors, beware*, 129f. Dabei stand Madariagas emphatisches Eintreten für eine schon lange vor der Eskalation sich abzeichnender Konflikte ansetzende Intervention auch hier noch immer in unvermitteltem Widerspruch mit seiner Einräumung, es könne in der Zuordnung der Parteien eines Konfliktes in die Lager von Aggression und Verteidigung prinzipiell keine Objektivität geben.
[104] Vgl. Ders., *World's Design*, 172-185. Erst mit der Herausbildung des föderalen Europa nach 1945 ist Madariaga von dieser Überzeugung sukzessive abgerückt.

normative Argumentation Madariagas klar naturrechtsanalog – sukzessive seinem 'idealen Recht' annähern; und auch das Telos dieser Entwicklung war klar: Die Zukunft des Völkerrechts begann für Madariaga erst jenseits der Wiederherstellung der mit der Reformation verlorenen christlichen Einheit.[105]

Wie stark Madariagas politisches Utopia durch das Motiv der geeinten Christenheit vorgezeichnet war – der genuin religiöse Aspekt ist hier ebenso relevant wie der durchaus auch in anderen Kontexten mögliche Wunsch nach einer weltumspannenden Einheit –, wurde in einem Kommentar deutlich, zu dem er sich durch Präsident Eisenhowers Weihnachtsbotschaft von 1954, also dessen Versuch herausgefordert fand, die Blockfreien zu einer pro-westlichen Position im Kalten Krieg zu bewegen. In gewohnter Manier zog er den tagespolitischen Auslöser ins Grundsätzliche, wollte also die von Eisenhower aufgeworfene „Frage von Neutralität und Krieg [...] im Hinblick auf den gegenwärtigen Weltkonflikt [...] ganz allgemein behandelt und gewertet" wissen, was seinen kursorischen Exkurs über die politische Neutralität sogleich zur Nennung der Schule von Salamanca führte. Ausgehend von der Prämisse, die Christenheit – also die gesamte Menschheit als Völkergemeinschaft – sei dem gemeinsamen Gesetz der Heiligen Schrift unterstellt, hätten die spanischen Theologen in ihrer Begründung des Völkerrechts die Möglichkeit behaupten können, Kriege als gerecht oder ungerecht einzustufen; hernach hätte eine jede Nation vor dem Angesicht Gottes nicht nur das Recht, sondern auch die Pflicht gehabt, sich der gerechten Seite anzuschließen. Neutralität sei in diesem Entwurf unzulässig gewesen, auch wenn Probleme mit der Kasuistik des gerechten Krieges Neutralität dann doch zur verbreiteten Option hätten werden lassen. Der Zeit Eisenhowers fehle nun aber das damalige Element des Gemeinsamen; und es ist mehr als ein nur semantisches Detail, daß Madariaga seinen Einwand gegen den Versuch des Präsidenten, „die alte völkerrechtliche Doktrin in einem modernen und weiteren Rahmen wieder zur Geltung zu bringen", darauf gründete, die UNO-Charta sei nichts als ein multilateraler Vertrag und als solcher „Menschenwerk". Daher sei sie „ein Fetzen Papier", dem „keinerlei Autorität" zukomme, und dem niemand „im Ernste den Charakter eines Glaubensbekenntnisses zubilligen" könne. Es ist der selbstverständliche Rekurs auf den Glauben, der im gewählten Beispiel hinreichend Madariagas grundsätzliche Überzeugung verdeutlicht: Das Völkerrecht bleibe (vorerst) stumpf, weil es (noch) nicht den Status, also die universelle und unbedingte Verbindlichkeit erreicht habe, die einst der christlichen Religion eignete. Für ihn war der christliche Glaube eine historisch singuläre Errungenschaft. Durch ihn sei der Menschheit als einem Ganzen erstmals jenes Subjekt-Bewußtsein eingehaucht worden, das er zum *sine qua non* einer jeden funktionierenden Weltpolitik erhob – und seit der Spaltung der Kirche

---

105 Vgl. Piñol Rull, Relaciones internacionales, 460-463.

habe sich in der Geschichte für den Glauben kein geeignetes funktionales Surrogat gefunden.[106]

Ungeachtet aller Defizite des Völkerrechts hielt Madariaga dennoch daran fest und wollte es – aus Sicht Spaniens als einer eher kleinen Macht im Völkerbund mehr als verständlich – als Legitimationsinstrument gleichermaßen *ex post* wie *ex ante* etabliert sehen. Es sollte die nackte Macht bzw. Gewalt hegen, indem es jenen Nationen normativ eine politisch-ethische Grenze im Handeln gesetzt hätte, die militärisch handeln konnten, ohne es moralisch zu dürfen. Umgekehrt sollte es der Moral zu ihrem Recht verhelfen, indem es die Gegenwehr jener Nationen auf machtpolitische Übergriffe gerechtfertigt (bzw. überhaupt erst ermöglicht) hätte, die moralisch durften, was sie militärisch können nur sollten. Obwohl er an anderer Stelle selbst feststellte, wie schwierig es gegebenenfalls sei, zwischen Aggression und Verteidigung legalistisch wie legitimistisch zu unterscheiden, verlangte er, daß das Völkerrecht auch dafür den Standard an die Hand gebe, der nicht nur überhaupt eine Entscheidung garantiert hätte, sondern auch, daß diese faktisch verbindlich und vor allem 'richtig' sei.[107] Dabei dachte er offenbar von der friedlichen Welteinheit unter Herrschaft des Völkerbunds als dem gleichsam gottgewollten teleologischen Ideal her. In einem solchen Szenario würde sich freilich das Problem der Perspektivik in der völkerrechtlichen Beurteilung weltpolitischer Konflikte erübrigen, denn dann wäre man imstande, vermittels eines für alle in gleicher Weise verbindlichen Weltinnenrechts zu urteilen. In der Tat hat Madariaga mit seinem Neologismus von der 'Mitwelt' *(comundo)* dem spanischen und lateinamerikanischen Publikum das britische Commonwealth just in dieser Absicht als Konzept und Vorbild näher bringen wollen.[108]

---

106 Vgl. Madariaga, Machtpolitik und Neutralität, in: NZZ, 29-I-1955.
107 Ihrer Natur nach habe zum Beispiel die Suezkrise weder mit dem Völkerbundvertrag noch mit der UN-Charta eindeutig beurteilt werden können, denn die Frage nach der Kausalkette, ob also England und Frankreich eine Aggression begangen oder abgewehrt hätten, wäre je nach Lager unterschiedlich beantwortet worden; vgl. Madariaga, The World must be governed, in: Thought, 8-IX-1956. Als Lösung bietet Madariaga eine Variante der These vom tendenziell friedlichen Charakter demokratischer Systeme an, die in ihrer umgekehrten Kausalität allerdings nicht überzeugt: „The final principle therefore would be: the use of force in politics is not legitimate except when it aims at countering an attempt at the use of force by another party. It follows that the use of force is never licit against a liberal democratic regime, i.e. a regime based on public opinion." Madariaga, Cuba, Algeria and Leftist Snobbism, in: Thought, 6-V-1961.
108 Vgl. Alonso-Alegre, *Pensamiento político*, 438-446.

Kapitel 5: Der Liberale – Ein Häretiker im eigenen Lager

> Er war durch und durch ein Liberaler, aber ein Liberaler alten Schlages, der wenig Sympathien für die neuen Erkenntnisse in den Sozialwissenschaften hegte.
>
> (Raymond Carr in seinem Nachruf auf Madariaga; in: Cangiotti, Libertá rivoluzionaria, 73f.)

5.1 Die weltanschauliche Herausforderung des Liberalismus

VERLUST DER PROGRESSIVITÄT ALS ALLEINSTELLUNGSMERKMAL. – Man kann hinsichtlich seiner grundsätzlichen Stoßrichtung drei entscheidende Phasen des politischen Liberalismus unterscheiden. Seinen Ausgang nahm er im Kampf des Bürgertums um Rechtssicherheit und ein parlamentarisch verfaßtes Gemeinwesen, das die geistige, religiöse und ökonomische Bevormundung durch feudale Restriktionen und den absolutistischen Staat beenden sollte. Im nächsten Schritt vollzog die politisch bereits etablierte liberale Bewegung einen Wechsel in Anspruch und Perspektive; statt des bloßen Widerstands gegen eine überkommene Obrigkeit war nun das Ziel die Schaffung und aktive Ausgestaltung einer konkreten verfassungsmäßigen Ordnung auf freiheitlicher Basis. In sein drittes Stadium trat das liberale Programm dann in der Auseinandersetzung mit der sozialen Frage. Zwar kaum sofort und auch auf lange Sicht keineswegs von allen Liberalen überhaupt als ernst zu nehmendes Problem anerkannt, waren doch fortan die Orientierung am Ideal der Chancengleichheit und damit verknüpft ein nochmals drastisch verändertes Verständnis vom Staat dauerhaft in das breite Repertoire liberalen Denkens aufgenommen.[1]

Gerade die letztgenannten einschneidenden Erneuerungen waren jeweils der Versuch des liberalen Denkens, möglichst flexibel darauf zu reagieren, daß man im eigenen progressiven Anspruch nicht nur kein Alleinstellungsmerkmal mehr hatte, sondern daß man darin immer sichtbarer von den linken Weltanschauungen überholt wurde. Da half es wenig, daß Liberale wie Madariaga immer wieder entschieden auf die Unangemessenheit der Metapher hinwiesen, die eine progressive Gesinnung mit dem Begriff der politischen Linken und dem Konzept vom moralisch Guten verband,

---

[1] Vgl. Gerhard Göhler, Konservatismus im 19. Jahrhundert – eine Einführung, in: Bernd Heidenreich (Hrsg.), Politische Theorien des 19. Jahrhunderts. Konservatismus, Liberalismus, Sozialismus, Berlin 2002, 212-214.

zunächst nur nominell, bald aber auch komparativ.² Faktisch sah sich der politische Liberalismus im Fahrwasser dieser Metapher immer stärker der Fremdverortung in eher konservative Zusammenhänge ausgesetzt. Zugleich erzeugte der Sog von links Spannungen, die auch innerhalb des liberalen Lagers eine Spaltung mit sich brachten.

Mit dem Aufstieg gewerkschaftlicher und wirtschaftlicher Interessen im letzten Viertel des 19. Jahrhunderts gewannen verbands- und staatspolitische Interventionen derart an Bedeutung, daß sie maßgeblich auch von den liberalen Parteien mitgetragen werden mußten, obwohl sie deren ursprünglichen Prinzipien diametral entgegen standen. Hatten sich die Liberalen seit ihrem Bestehen als politisch organisierte Kraft stets als einen Motor der allgemein für notwendig gehaltenen Reformen verstanden und angeboten (soweit das ihre eigenen Interessen nicht zugunsten noch weiter reichender Veränderungen gefährdete), so wurde ihnen nun das Ruder zunehmend aus der Hand genommen. War ihre Weltanschauung zunächst mangels Alternativen von radikaler Seite her lange gar nicht in kritischer Absicht thematisiert worden, so sahen sie sich inzwischen von der Zeit und vor allem von links zunehmend überholt, ohne daß darauf allerdings im eigenen Lager angemessen reagiert worden wäre.³ So hat sich der Liberalismus zwar sozial*technisch* weiterentwickelt, dafür aber in der Sozial-, Staats- und Kultur*kritik* die Entwicklungen weitgehend verschlafen; insbesondere hat er als Ideologie gerade auch methodisch die Gelegenheit verpaßt, sich in der Generierung seiner Weltbilder an die Wissenschaft anzuhängen, wie es etwa der Kathedersozialismus tat.⁴

Damit sind als ein europaweit und mit Einschränkungen auch in Spanien gültiger Rahmen die Entwicklungen angesprochen, denen sich Madariaga gerade im hohen Alter mit der Kraft wachsender Verzweiflung entgegenzustemmen suchte. So wie

---

2   Madariaga setzte sich explizit mit einem von André Siegfried übernommenen Bild auseinander, von dem er das westliche Denken durchherrscht sah. Das Bild gehe von drei gedanklichen Voraussetzungen aus: Es gibt geschichtlichen Fortschritt. Der Fortschritt steht politisch links. Der Kommunismus steht weiter links als der Sozialismus und ist mithin noch fortschrittlicher als dieser. Vor allem letzteres hat er stets und besonders vehement nach 1945 zurückgewiesen; vgl. hier Madariaga, Die Linke und der Fortschritt, in: Welt am Sonntag, 20-VI-1971.
3   Vgl. Karl Dietrich Bracher, *Wendezeiten der Geschichte. Historisch-politische Essays 1987-1992*, Stuttgart 1992, 133f.
4   Vgl. Gangolf Hübinger, Hochindustrialisierung und die Kulturwerte des deutschen Liberalismus, in: Dieter Langewiesche (Hrsg.), Liberalismus im 19. Jahrhundert. Deutschland im europäischen Vergleich, Göttingen 1988, 200; der in Bezug auf den Kathedersozialismus die bereits 1889 geäußerte These des Historikers Ignaz Jastrow zitiert. Madariaga war diesbezüglich grundsätzlich gegenteiliger Auffassung. Zu einem guten Teil bezog etwa seine Kritik am Marxismus ihre Schärfe gerade aus dem Vorwurf, dieser geriere sich wie eine Wissenschaft; und wo immer er als eine Wissenschaft mißverstanden werde, versuche der Sozialismus, das Leben ins „Prokrustesbett" der Gesetzmäßigkeiten der unbelebten Natur zu zwängen; vgl. Vgl. Madariaga, 50 Jahre Revolution gegen Marx, in: NZZ, 2-XI-1967. Letztlich träfe also auch ihn Jastrows hellsichtige Kritik mit vollem Recht.

er sich durch das Scheitern des Völkerbundes, durch den Ausbruch des spanischen Bürgerkrieges bzw. durch die im Anschluß an den Zweiten Weltkrieg noch verschärfte Fortschreibung des Ost-West-Schismas sowohl von der nationalen wie internationalen Politik enttäuscht sah, so mußte er sich auch hinsichtlich der sozioökonomischen Realitäten gegen Ende seines Lebens darüber im Klaren sein, daß sich die Welt an ihm und seinen Idealen vorbei entwickelt hatte – auch wenn er bis zum Schluß den Beigeschmack des Unumkehrbaren darin entweder tatsächlich nicht wahrgenommen oder bewußt ignoriert hat. Selbst wenn er in Anerkennung des faktisch Unleugbaren vom sozialistisch durchsetzten Kapitalismus sprach,[5] haftete dem zwischen den Zeilen immer die Überzeugung an, hier habe sich zwischen die Gegenwart und eine mit Notwendigkeit zu erwartende Rektifizierung der Dinge lediglich eine historische Fehlentwicklung geschoben, die über kurz oder lang wieder beseitigt würde, auch wenn es ihm selbst nicht mehr vergönnt sein sollte, dies mitzuerleben.

Dabei hat Madariaga mitunter beides gesehen. Zum einen ist es ihm nicht entgangen, daß der Niedergang (die Krise) des politisch organisierten Liberalismus außer den wiederholten internen Querelen nicht zuletzt dem Verlust der traditionell liberalen Wählerschaft an sozialistische Parteien geschuldet war – so etwa, wenn er konstatierte, eine Ursache für den Niedergang des Liberalismus sei die unzureichende finanzielle Verankerung seiner Interessen in der Bevölkerung gewesen.[6] Ganz in diesem Sinne zeichnete er etwa nach den für die Liberalen verlorenen Unterhauswahlen von 1951 die politische Geschichte Englands vor dem Ersten Weltkrieg resümierend als eine Geschichte des kontinuierlichen Niedergangs der Liberalen nach, der mit der Spaltung der Partei durch den mit radikalsozialistischem Einschlag gerade noch liberalen Lloyd George nur seinen Anfang genommen habe.[7]

Zum anderen ist ihm, obgleich er sie eher soziologisch denn politisch formulierte, auch die These nicht fremd gewesen, der Liberalismus sei dabei, sich durch die fortwährende, wenn auch nicht immer allein aus eigener Kraft erreichte Umsetzung immer weiterer seiner zentralen Forderungen im Rahmen der Parteienlandschaft sukzessive selbst überflüssig zu machen – oder habe dies schon erreicht. Er bemühte dieses Argument, um 1960 die Krise zu erklären, in der sich zu dieser Zeit die bri-

---

5   Der klassische Kapitalismus sei abgelöst worden von einem „system of mixed economy", das letztlich auf eine Art Restkapitalismus mit sozialistischen Versatzstücken hinauslaufe. Entscheidend ist, daß Madariaga mit dieser Entwicklung, also mit einem nicht-dogmatischen Sozialismus, auch im Ökonomischen durchaus einverstanden war, da er Reformen zulasse und ernsthaft nach Verbesserungen für alle strebe; vgl. Madariaga, Socialism yes, Marxism not, in: Thought, 4-V-1974.
6   Vgl. Salvador de Madariaga, Die Krise des Liberalismus, in: Zuerst die Freiheit. Reden und Beiträge aus den Jahren 1960 bis 1973, Ludwigsburg [o.J.], 254f.
7   Vgl. Madariaga, Die Tragödie der englischen Liberalen, in: NZZ, 7-XI-1951.

tische Labour-Partei wiederfand;[8] und auch insgesamt gehört die These vom Erfolg des politischen Liberalismus als einer indirekten Ursache für seine Krise zu den am häufigsten wiederholten Gemeinplätzen in seinem Werk. Konsequent auf den Punkt gebracht stellte Madariaga dies wie folgt dar:

> Zumindest teilweise ist dieser Popularitätsverlust des Liberalismus seinem Erfolg geschuldet, so paradox das auch scheinen mag. Dieser Erfolg ist ein doppelter: in den Ideen und in den Tatsachen. Was die Ideen betrifft, gibt es heute kaum noch jemanden, der nicht liberal wäre. Ganz wie Sie es hier lesen. Denn selbst jene, von denen man stets wußte, daß sie für die am stärksten antiliberalen Ideen eintreten, unterstützen diese Ideen heute auf eine Weise und in einem Stil, die ihrem Wesen nach liberal sind – sogar die Kommunisten geben sich heute, wenn es ihnen gerade paßt, als Liberale. [...] Was die Tatsachen betrifft, kann man nicht abstreiten, daß die Leitlinien der Gesetzgebung, die nach und nach in der ganzen Welt den Lebensstandard gehoben haben, ihre Inspiration dem Liberalismus verdanken. [...] Dieser nahezu universelle Erfolg des Liberalismus hat dazu geführt, daß die Völker mit herdenhaftem Charakter den liberalen Ideen den Rücken kehrten.[9]

Vier Jahre später griff er das Thema, erneut mit Englandbezug, nochmals auf, indem er die These vom 'Ende des Zeitalters der Ideologien' für zwar etwas verfrüht, in der Sache aber für richtig erklärte. Mit der Durchsetzung der Redefreiheit oder des Rechts zu gewerkschaftlicher Organisation und auf Basis einer inzwischen weitgehend gerechten Verteilung des Sozialprodukts dürften die existentiellen politischen Konflikte der Vergangenheit praktisch als gelöst gelten. Damit aber blieben für den politischen Streit nur noch Fragen praktischer Umsetzung, was automatisch zur gegenseitigen Annäherung der beiden großen Parteien auf die Mitte hin führe – zu Lasten der Liberalen, die damit ihren politischen Ort zu verlieren drohten:

> Und beide Parteien haben mit ihrer Atemluft so viel Liberalismus in sich aufgesogen, daß es der Liberalen Partei schwer fällt, für sich noch ein Gärtlein zu finden, das groß genug wäre, ein paar Ideen zu ziehen, die von denjenigen ihrer Nachbarn genügend verschieden wären.[10]

Offensiv kehrte Madariaga daher die Verteidigung von Gedankenfreiheit und Achtung der Person als das Alleinstellungsmerkmal liberaler Parteien und als die norma-

---

8   Vgl. Madariaga, Die Krise der Labourpartei, in: NZZ, 6-XI-1960.
9   Salvador de Madariaga, El liberalismo de hoy, in: Cosas y gentes, Madrid 1980, 331. Die deutsche Politikwissenschaft hat dieses Phänomen ebenfalls aufgegriffen; vgl. Hans Vorländer, Hat sich der Liberalismus totgesiegt? Deutungen seines historischen Niedergangs, in: Ders. (Hrsg.), Verfall oder Renaissance des Liberalismus? Beiträge zum deutschen und internationalen Liberalismus, München 1987.
10 Madariaga, Die Briten und ihr Wahlkampf, in: NZZ, 6-X-1964.

tive Nische heraus, die dem parteipolitisch organisierten Liberalismus auch weiterhin sein legitimes Auskommen sichern könne. Die Voraussetzung dafür sei allerdings, daß sich die Liberalen in ihrer Politik durch Prinzipientreue wohltuend vom machtpolitischen Opportunismus der größeren Parteien abhöben. „Ueberlassen wir das Rennen nach mehr Macht durch mehr Ferien mit mehr Pensionen den Parteien der Rechten oder der Linken." Daß der Liberalismus als eine politische Kraft weiterhin gebraucht werde und sich eben noch lange nicht durch die vollständige Umsetzung seines Programms erledigt habe, hätten zuletzt die beiden Weltkriege gezeigt.[11]

VERDACHT DES KONSERVATIVEN BIAS. – Die soziale Frage, der ausgreifende Imperialismus und der schließlich in den Ersten Weltkrieg mündende Nationalismus waren Entwicklungen, von denen sich europaweit die individualistischen und rationalistischen Grundaxiome des Liberalismus schlicht überfordert sahen. Auch Madariaga versuchte dem eigentlich schon lange unausweichlich Gewordenen erst einigermaßen verspätet durch verschiedene Adaptationsprozesse so bruchfrei wie möglich Rechnung zu tragen. So kritisierte er etwa, wenn auch lange nachträglich, den spanischen Liberalismus der 1930er Jahre dafür, in seiner ausschließlich gegen die katholische Kirche gerichteten politischen Opposition im Denken des 19. Jahrhunderts stecken geblieben zu sein und die soziale Frage weitgehend übersehen zu haben.[12] Letzteres allerdings, müßte man hinzufügen, ist ihm selbst ebenso vorzuwerfen, ganz unabhängig davon, daß die soziale Frage als Politikum in ihrer an Industrialisierungseffekte gekoppelten Variante gegenüber dem übrigen Europa in Spanien in der Tat erst sehr spät virulent wurde. Ähnlich zögerlich war sein Umdenken in der Wertung imperialistischer Politik. Lange führte er offensiv die für das 19. Jahrhundert typische Zivilisierungs- und Commonwealth-Rhetorik kiplingscher Prägung im Repertoire;[13] und ebenso lange hatte er latent für einen 'sanften' Kolonialismus geworben,[14] bevor er getrieben durch den immer deutlicheren Anachronismus, vor allem aber durch die Notwendigkeiten der Blockpolitik im Kalten Krieg, beide Argumente zugunsten der

---

11 Vgl. Madariaga, Prioritäten eines Liberalen, in: NZZ, 7-V-1966.
12 Vgl. Madariaga, Alejandro Lerroux, 55.
13 So hat er den britischen Kolonialismus weniger als Problem denn als eine naturgesetzliche Entwicklung in den Blick genommen und den pragmatischen Voluntarismus der Briten im Aufbau und Erhalt ihres überseeischen Reiches mit der Begründung bewundert, man könne ihn brutal nur in dem Sinne nennen, wie es auch der Baum sei, wenn er mit seinen Wurzeln Mauern umwerfe und Felsen aushebe; vgl. Ders., Arceval, 114f.
14 So hat er etwa die Kritik an den Aggressionen Deutschlands (1914) und Japans (1931) mit dem Argument einer deutlichen Relativierung unterzogen, beide hätten ihre Interessen besser auf dem Wege eines ruhig verschlingenden ökonomischen Imperialismus erreichen können (und impliziert: sollen); vgl. Ders., Morgen ohne Mittag, 221. Analog rechtfertigte er auch, teils in Verkennung der Tatsachen, die Hispanisierung Lateinamerikas ob ihres 'sanften' Charakters; vgl. Ders., Las relaciones culturales entre Europa y América, in: Cuadernos [del Congreso por la Libertad de la Cultura], 1 1953.

Forderung nach einer (vorsichtigen) Dekolonisierung und Integration der Blockfreien in die internationale Politik aufgab.

Analog hegte Madariaga den Wunsch nach einer straffen und keineswegs demokratisch legitimierten Regulierung aller wichtigen politischen Dinge. Er forderte staatliche Regulierung im Lichte einer vermeintlich höheren Einsicht und knüpfte das Recht dazu legitimatorisch an die vermeintlich höhere Bereitschaft und Fähigkeit einer dazu ausersehenen Aristokratie, im Interesse der Volksgesamtheit zu regieren – genau so, wie er auch keinerlei Probleme damit hatte, überstaatliche Regulierung mit der geschichtsphilosophischen Einsicht in die einer erneuten Einigung der Welt zuträglichen Maßnahmen zu begründen. In diesem elitistischen und latent autoritären Regulierungsdenken manifestierte sich ein mit unhinterfragbarer Unbedingtheit auf die Erhaltung des Eigenen gerichteter Reflex, den nur wenige Liberale wirklich zu beherrschen vermochten, sobald die liberale Theorie auf das reale Hier und Jetzt prallte. Praktisch von seinem Ursprung an, jedenfalls noch lange bevor der sozialistische Vorwurf gegen ihn überhaupt in den Raum trat, hatte sich der Liberalismus – nicht immer zu Unrecht – des Vorwurfes einer spezifischen Janusköpfigkeit zu erwehren gehabt. Seine sich vor der Hand abstrakt und desinteressiert gebende Radikalität werde bei genauerem Hinsehen doch durch ein am wohlverstandenen Eigeninteresse orientiertes und der Natur nach konservatives Motiv konterkariert, das schon von Sieyès – zu einer Zeit also, als das Liberale durchaus noch ohne größere innere Fissuren gegen den gemeinsamen politischen Gegner auftrat – pointiert auf den Punkt gebracht worden war:

> Die Menschen neigen im allgemeinen dazu, alles, was über ihnen steht, zur Gleichheit zurückzuführen, sie erweisen sich dann als *Philosophen*. Dieses Wort wird ihnen erst in dem Augenblick verhaßt, da sie die gleichen Prinzipien bei den unter ihnen Stehenden bemerken.[15]

Die Liberalen haben mit ihrem politischen Denken und Handeln immer in diesem Nexus gestanden. Zumindest aber haben sie sich nie ganz von dem Vorwurf freiarbeiten können, daß sie die einem erstarrten System abgetrotzten politischen Umwälzungen just in dem Moment ihrerseits einzufrieren versuchten, in dem die von unterhalb ihrer selbst nachdrängenden sozialen Schichten eben jene Teilhabe gleichermaßen einforderten. Auch Madariaga ist diesem Reflex erlegen. Auch er bestritt die Wünschbarkeit eines gleichen Wahlrechts für alle; auch er wollte statt dessen meritokratische Hürden ins Wahlrecht eingezogen sehen, die dem im 19. Jahrhundert noch praktizierten besitz- und bildungsbürgerlichen Zensus in nichts nachgestanden hätten; auch er wollte die vehement geforderte Pressefreiheit zugleich doch an

---

15 Sieyès, *Was ist der Dritte Stand?*, 97; Hervorhebung im Original.

5.1 Die weltanschauliche Herausforderung des Liberalismus

Qualitätsstandards geknüpft wissen, die genau betrachtet nichts anderes bedeutet hätten als die kalte Schulter für die vermeintlich jenseits der politischen Zurechnungsfähigkeit lebende Masse.

Schließlich hat man selbst mit der Bereitschaft, die These von der Uneigennützigkeit des liberalen Kampfes für die gute Sache uneingeschränkt zu unterzeichnen,[16] die über die Zeit hinweg erfolgte Entradikalisierung des politisch-weltanschaulichen Programms zumindest der Liberalen alter Schule nicht übersehen können; auch Madariaga hat dies durchaus reflektiert. Er dürfte schon recht früh geahnt haben, daß dem klassisch liberalen Denken, dem er sich offenbar auch selbst zurechnete, ein gewisser Zug zu konservativen Werten eignete. Zwar mit der etwas einengenden Bezugnahme auf dessen Sicht der *internationalen* Politik, trifft daher Piñol Rulls grundsätzliche Verortung Madariagas auch darüber hinaus ins Schwarze:

> Madariaga ist ein klassischer Liberaler vom Zuschnitt Benthams oder James Mills. Er ist rationalistisch und säkular veranlagt, das heißt er ist zunächst von der grundsätzlichen Lernfähigkeit des Menschen sowie im Anschluß daran davon überzeugt, daß sich alle Fragen vermittels der Vernunft klären lassen. Philosophisch ist er klar dem Materialismus und Empirismus zuzurechnen, ordnet er sich in jene angelsächsische Tradition ein, die ihren Ausgang in Bacon nimmt und ihre perfekte Galionsfigur in der Physik Newtons findet.[17]

Zumindest zeigte sich Madariaga bereits in *The World's Design* (1938) übertrieben bemüht, nicht nur im aktuellen spanischen Kontext dem Vorwurf zu begegnen, die Liberalen stünden wegen ihrer noch größeren Distanz zu den Kommunisten potentiell dem Faschismus nahe. Vielmehr wollte er auch ganz allgemein und zeitenthoben den Eindruck zerstreuen, der Liberalismus könne überhaupt eine Schieflage nach rechts, geschweige denn einen Bias entlang der eigenen politischen Interessen aufweisen.[18] Kahan hat in seiner Analyse des von ihm so genannten 'aristokratischen' Liberalismus die latente Doppelgesichtigkeit des liberalen Idealismus auf den Punkt gebracht, in den sich Madariaga als ein stark verspäteter Epigone recht gut würde einpassen lassen:

---

16 So argumentiert etwa Vierhaus, die Liberalen hätten sich im 19. Jahrhundert auch deswegen so lange gegen die Parteibildung gewehrt, weil sie zwar im Interesse eines über Besitz und Bildung definierten Bürgertums agierten, ihr Gedankengut aber eben auch für dem Interesse aller Menschen zuträglich und insofern für unparteiisch hielten; vgl. Rudolf Vierhaus, Art. 'Liberalismus', in: Otto Brunner, Werner Conze und Reinhart Koselleck (Hrsg.), Geschichtliche Grundbegriffe. Bd. 3, Stuttgart 1982, 742. Gleichwohl waren es liberale Parteien, die sich früher als alle anderen im modernen Verständnis des Begriffs herausbildeten; vgl. Göhler, Konservatismus, 211.
17 Piñol Rull, Relaciones internacionales, 439.
18 Madariaga, *World's Design*, 210.

> But the priority many liberals put on preserving private property did not make them conservatives or reactionaries, at least not by choice, although when sufficiently frightened by the specter of socialism they tended to run for shelter of authoritarian government, as Tocqueville lamented.[19]

Jedoch würde man unzulässig verkürzen, wenn man sich in der Erklärung für Madariagas Neigung zu verbindlich regulierender Politik mit der verständlichen Angst vor dem Gespenst des Sozialismus zufrieden gäbe. Natürlich finden sich auch dafür zahlreiche Anhaltspunkte. Sein Regulierungsdenken aber ist zum einen innerhalb seines Werkes älter als die von ihm immer wieder äußerst plastisch heraufbeschworene Bedrohung der westlichen Zivilisation mit ihrer Auslöschung durch die Kräfte jenseits des Eisernen Vorhangs.[20] Zum anderen hielt es sich auch dann noch, als der Kalte Krieg seinen Zenit bereits lange überschritten hatte – gleichgültig, ob man diesen eher mit dem Ende des Koreakrieges 1953 oder mit der glücklich überstandenen Kubakrise 1962 identifizieren möchte.

Piñol Rull stellte in gelungener Zusammenfassung ein weltpolitisches Szenario Madariagas aus den frühen dreißiger Jahren gegen eines, das er kurz nach Ende des Zweiten Weltkrieges entwickelt hatte. Abgesehen von den zu erwartenden Unterschieden – einmal der Völkerbund als Forum der institutionalisierten internationalen Kooperation mit dem Ziel einer Weltregierung, zum anderen ein in der natürlichen Region gründender und von Europa ausgehender Weltföderalismus unter vollkommener Isolierung der kommunistischen Welt – ist daran vor allem eines interessant: Der Regulierungsgedanke bestand als Grundmuster unverändert fort; nur suchte Madariaga für dessen Umsetzung jeweils ein anderes Subjekt. Im frühen Entwurf hätte dies der Völkerbund leisten sollen, den er normativ als eine Art Weltstaat dachte und dem er ähnliche hoheitliche Attribute zuerkennen wollte wie dem Nationalstaat. Die Kontrastfolie gaben hier die Interparlamentarische Union als eines der semioffiziellen bzw. die Wirtschaft, die Religion etc. als gänzlich private Foren ab. Der spätere Entwurf dachte, nach dem Wegfall der *einen* übergeordneten Instanz als ordnender Klammer, wieder stärker korporativ, aber noch immer entlang der gleichen Linien: Die Regulierung wäre nun in den verschiedenen Sphären jeweils zentralisiert durch eine Kommission zu leisten; dies beträfe die Wirtschaft ebenso wie die staatlichen Institutionen, die kontinuierlich hinsichtlich ihres demokratischen Charakters überwacht würden. Und natürlich würde es für das Kreditwesen, den Bergbau, die

---

19 Kahan, *Aristocratic Liberalism*, 141.
20 Vgl. Madariaga, Socialistas no obstante, in: El Sol, 17-VI-1928; wo er bereits jene Forderung nach einer weltweiten Regulierung aller Güter mit Infrastrukturcharakter erhob, die er in der zweiten Jahrhunderthälfte praktisch unverändert aufrecht erhielt; vgl. Madariaga, Der Suezkanal, der Assuandamm und das Erdöl, in: NZZ, 7-VIII-1956.

Luftfahrt, das Kapital, die Arbeit etc. jeweils eigene Regulierungsbehörden geben.[21] Zwar später ohne den Zug zur Welteinheit, erhielt sich dieses korporative Motiv der Regulierung doch bis ins Alterswerk Madariagas, etwa als er die verbindliche Organisation gesamter nationaler Ökonomien in je ungefähr fünfzig Gremien vorschlug, die jedes für sich durch eine Versammlung dreier Orden – je einer für Unternehmer-, Arbeiter- und technisch-administrative Belange – regiert würden und die alle unter dem Dach einer nationalen Kammer *(Cámara de Corporaciones)* angesiedelt wären.[22] Zeitlich noch vor den beiden von Piñol Rull zitierten Entwürfen ordnet sich ein Artikel Madariagas ein, der all diese Szenarien noch transzendierte und sie insofern bereits als den Rückzug auf eine Notlösung erkennen läßt. Ursprünglich war er sogar davon ausgegangen, Regulierung gänzlich ohne Subjekt denken zu können; statt auf dem Wege ihrer legalistischen Verregelung von oben her hätten sich die Schiff- und Luftfahrt, die Herstellung und der Vertrieb von Büchern, Zeitschriften und Zeitungen, die journalistischen Agenturen, das Kreditwesen etc. idealiter auf spontaner und freiwilliger Basis von unten her – Madariaga sprach vom 'föderativen Gefühl' *(sentimiento federativo)* – selbst zu organisieren und regulieren.[23]

5.2 Eigenheiten des spanischen Liberalismus

VERSCHOBENE BEGRIFFLICHKEITEN. – In der spanischen Literatur wird gern darauf hingewiesen, daß der Begriff 'liberal' parteipolitisch untersetzt zuerst im eigenen Land auftauchte, als sich 1812 in den zum Entwurf einer neuen Verfassung zusammengetretenen alten Reichsständen, den Cortes von Cádiz, eine der Gruppen explizit als *liberales* bezeichnete;[24] auch Madariaga wußte darum.[25] Der Begriff ging schon vor seiner Karriere als Definiens in ideologischen oder parteipolitischen Zusammenhängen auf unterschiedliche Quellen zurück. Zum einen kann etymologisch ein Durchschlag von Napoleons *idées libérales* behauptet werden.[26] Zum anderen soll die Gruppe von 1812 das Wort liberal mit dem politischen Anspruch dem Eng-

---

21 Vgl. Piñol Rull, Relaciones internacionales, 457-459. Gleichwohl hat Madariaga auch späterhin die institutionelle Seite des Prozesses der europäischen Integration Europas gegenüber der eher kulturellen Selbstbewußtwerdung des Kontinents für sekundär gehalten und entsprechend entweder ausgeblendet oder als zu langsam und thematisch zu stark eingeengt kritisiert; vgl. Madariaga, Eine Pflanzstätte europäischen Geistes, in: NZZ, 7-III-1953; Madariaga, Europe – Unity to save Individual, in: The Statesman, 1-VIII-1964.
22 Vgl. Madariaga, Guía para el viajero que ha perdido el camino real. La libertad de opinión, in: ABC, 2-III-1975.
23 Vgl. Sancho Quijano [= Madariaga], El mundo hispano-americano, in: El Sol, 11-XII-1924.
24 Vgl. Lothar Gall, Art. 'Liberalismus', in: Staatslexikon. Recht – Wirtschaft – Gesellschaft, hrsg. von der Görres-Gesellschaft, Bd. 3, Freiburg / Basel / Wien 1995.
25 Vgl. Madariaga, La derecha, el escritor y la izquierda. Política de tuertos, in: ABC, 11-III-1973.
26 Vgl. Vierhaus, Art. 'Liberalismus', 749-751.

lischen entlehnt haben, damit dezidiert ihre Anlehnung an die Gedanken von John Locke ausdrücken zu wollen.[27] Schon bald nach der Rückübernahme des mittlerweile in Spanien politisierten Begriffs nach England und Frankreich wurde er zum Opfer einer immensen Aufsplitterung, in deren Konsequenz er binnen kürzester Zeit ebenso breit gefächert wie unscharf dastand. Die Briten übernahmen ihn in seiner politischen Bedeutung etwa ab 1815, nicht zuletzt aus der prinzipiellen Sympathie heraus, die sie, wie allen um ihre Freiheit kämpfenden Völkern, auch den Spaniern entgegenbrachten.[28]

Bald jedoch etablierte sich auch, vor allem im Lager der Tories, eine gegenteilige Lesart, die den Begriff – zunächst noch als *liberales* statt anglifiziert als *liberals* – pejorativ im Sinne von 'unenglisch' verwendete und ihn als rhetorische Waffe gegen ihre Kontrahenten kehrte.[29] In Frankreich, wo der Begriff schon seit Napoleon geläufig war, machte er zu Beginn der 1820er Jahre bereits den Übergang vom politischen Richtungs- zum ideologischen Bewegungsbegriff durch.[30] Mit Blick auf einen zeitlich etwas weiter ausgreifenden Bogen zeigt sich, daß der postrevolutionäre französische Politikdiskurs insgesamt mit den raschen Regimewechseln begrifflich nicht Schritt zu halten vermochte. Krasser noch als in England, kam es so auch in Frankreich um den Begriff liberal und seine gewollte oder ihm beigelegte Bedeutung zu einer solchen Verwirrung, daß eine weitgehende Entkoppelung der traditionellen Verbindung zwischen Begriffen und den sie bedingenden Intentionen die Folge war, die vor dem Hintergrund der Parteibildungen bis zur semantischen Desintegration des gesamten Wortfeldes führte.[31]

Der französische Liberalismus war zunächst vor allem negativ, aus der Opposition heraus wirksam gewesen. Spätestens mit dem Erfolg der Juli-Revolution verlor dann aber *libéral* als Begriff wie als politische Kraft seine bis dahin aus der Aufstellung gegen *royaliste*, *monarchiste* und *ultra* abgeleitete Kohäsionswirkung; schon in den 1840er Jahren war mit *libéralisme* keine verbindliche Richtungsbestimmung mehr zu verbinden. Diese unübersichtliche Gemengelage gibt den Hintergrund ab, vor dem schließlich die konservative Einfärbung des Begriffes möglich wurde. Guizot hat als einer der systemstützenden Denker *(doctrinaires)* die Entwicklung in

---

27 Vgl. Maurice Cranston, Art. 'Liberalism', in: Paul Edwards (Hrsg.), The Encyclopedia of Philosophy. Vol. 3, New York 1996, 458; John Zvesper, Art. 'Liberalism', in: David Miller (Hrsg.), The Blackwell Encyclopaedia of Political Thought, Oxford 1987.
28 Vgl. Alan Bullock und Maurice Shock, Englands liberale Tradition, in: Lothar Gall (Hrsg.), Liberalismus, Königstein (Ts.) 1980, 261.
29 Vgl. Cranston, Art. 'Liberalism', 458.
30 Vgl. Jörn Leonhard, '1789 fait la ligne de démarcation' – Von den napoleonischen *idées libérales* zum ideologischen Richtungsbegriff *libéralisme* in Frankreich bis 1850, in: Birgit Bublies-Godau (Hrsg.), Jahrbuch zur Liberalismusforschung 11/1999, Baden-Baden 1999, 89f.
31 Vgl. Ebd., 93-96.

prototypischer Deutlichkeit mitgemacht, die schlußendlich dazu führte, daß der Liberalismus in Frankreich semantisch fast ununterscheidbar von *conservateur* wurde und auch parteipolitisch Hand in Hand mit dem genuinen Konservatismus ging.[32]

Ein gutes Jahrhundert später hatten sich aus der Binnensicht einzelner politischer Kulturen diese Turbulenzen zwar gelegt, zwischen ihnen aber hatte der Begriff liberal Sedimentierungen erfahren, die in ihrer Verschiedenheit selbst einer systematischen Analyse wert wären. Auch Madariaga reflektierte – mit typisch verkürzender und doch intuitiv treffsicherer Verdichtung – die erstaunliche Bandbreite dieses politischen Begriffes: Bedeute dem Franzosen liberal etwas Konservatives, ja fast Reaktionäres, so höre der US-Amerikaner aus dem gleichen Begriff einen fast schon kommunistischen Unterton heraus. Bei den Briten sei der Begriff inzwischen leer, nachdem er in einer Linie von Gladstone bis Lloyd George nacheinander neokapitalistisch, nationalistisch und sozialistoid konnotiert worden war. Den Deutschen attestierte er, den Begriff auf das gefährliche Geleise eines bellizistischen Nationalliberalismus gesetzt zu haben, und bis in die siebziger Jahre hinein glaubte er, in der FDP Walter Scheels noch immer fluktuierend die zweifelhaften Anfänge der Partei in den ersten Nachgründungsjahren nachwirken zu sehen. In Spanien, schließlich, sei der Liberalismus von Espartero mit Kolbenhieben durchgesetzt worden.[33]

Auch für Madariaga selbst wird eine klare Verortung im liberalen Lager durch die oft auf Schlagworte, Labels und kontextfreie Begriffe reduzierten Selbst- und Fremdidentifizierungen zusätzlich erschwert, die je nach nationalem Kontext zudem auch semantisch stark variieren konnten. Er selbst war sich dieses Problems, wenn auch nicht auf sich bezogen, durchaus bewußt; und zwar im gleichen Maße wie er auch bei anderen Gelegenheiten ein äußerst waches Gespür für die semantischen Nuancen – wohl gemerkt: nicht ebenso für die ideengeschichtlichen Schattierungen – politischer Begriffe hat erkennen lassen. Daß er den Variantenreichtum des semantischen Feldes um das Adjektiv liberal reflektiert zur Kenntnis genommen hat, zeigt sich schon in dem, was er in Erinnerung an sein Treffen mit dem US-Landwirtschaftsminister schrieb, den er auf seiner USA-Reise im Februar 1936 getroffen hatte:

> Damals stand der Ruhm von Henry Wallace in seinem Zenit. Er wurde als der Führer der amerikanischen Liberalen bewundert. Es gibt vielleicht kein anderes Wort im Wörterbuch der Politik, das am stärksten die Eigenschaften des Gummis nachäfft, als das Wort 'liberal'. Seine Bedeutungsskala reicht von 'rot' und 'revolutionär' in den USA bis zum in der Wolle gefärbten 'Reaktionär' in Frankreich, und es ist jeglicher Interpretation gegenüber offen. Henry

---

32   Vgl. Leonhard, Libéralisme, 98-102.
33   Vgl. Madariaga, La derecha, el escritor y la izquierda. Política de tuertos, in: ABC, 11-III-1973.

Wallace, der links von der Mitte begann, endete so nahe am Kommunismus, wie das damals in seinem Lande überhaupt möglich war.[34]

Madariagas ambivalente Positur als Liberaler mag auch vom Kontrast des sich primär über das eigene politische Handeln definierenden Liberalen gegenüber einem stärker akademisch argumentierenden Liberalismus herrühren, wie er zum Beispiel in seinem Briefwechsel mit Ludwig von Mises virulent geworden ist.[35] Zumindest darin ist Madariaga typisch für sein Land gewesen, denn auch insgesamt kann in der durch das Jahr 1812 markierten Verknüpfung Spaniens mit dem Begriff 'liberal' nicht mehr als eine kurze Episode gesehen werden. In ideengeschichtlicher Hinsicht jedenfalls blieb der spanische Liberalismus seinem Wesen nach fragmentarisch und eklektisch. Er trat weder als eine geschlossene Denkschule in Erscheinung, noch stützten sich die ihm zugerechneten Vertreter jeweils auf eine durchgearbeitete liberale Philosophie. Dies muß als ein Wesenszug des spanischen Liberalismus akzeptiert werden, selbst wenn dadurch eine Klassifizierung erheblich erschwert wird.

Nimmt man Madariaga insofern als Beispiel, dann wird dessen Aussagekraft für das Ganze Spaniens noch dadurch erhöht, daß sich kaum einer seiner Landsmänner und Zeitgenossen mit vergleichbarer Verve und ausdrücklich in den Dienst der liberalen Sache gestellt hat. Auch verfügte kaum ein anderer Spanier über einen vergleichbar umfangreichen Zugang zu außerspanischer Kultur und Philosophie wie er. Nicht umsonst galt Madariaga im Ausland als der Vorzeigeliberale des (Exil-)Spaniens seiner Zeit. Und doch hat auch bei ihm der Begriff 'liberal' einer stringenten ideengeschichtlichen Unterfütterung schlicht ermangelt; er verwendete ihn, jeweils mit konkretem Bezug auf partei- oder weltpolitische Fragen, eher als einen über die Zeit veränderlichen, immer aber weltanschaulich normativen Kampf- und Identifikationsbegriff. So galten ihm im Gang durch die spanische Geschichte sukzessive zunächst die Progressiven der Jahre ab 1812 als liberal, dann die gemäßigte Position zwischen den beiden Bürgerkriegsextremen, schließlich der spanische Widerstand gegen das Francoregime (das 'liberale Spanien') und der Kampf gegen die Sowjetunion (der 'freie Westen'). Für sich genommen hatte all dies seine volle Berechtigung, nur reflektierte er kaum je die sich dazwischen eröffnenden begrifflichen Abgründe.[36]

---

34   Madariaga, *Morgen ohne Mittag*, 431.
35   Insgesamt haben beide elf Briefe ausgetauscht: Madariaga 11-VIII-1952 – Mises 9-IX-1952 – Madariaga 17-IX-1952 – Mises 5-XII-1952 – Madariaga 27-XII-1952 – Mises 18-II-1953 – Madariaga 11-III-1953 – Mises 1-IV-1953 – Madariaga 10-IV-1953 – Mises 14-VI-1953 – Madariaga 4-VII-1953; alle in: MALC 28.
36   Für die Progressiven der Cortes von 1812 vgl. Madariaga, La derecha, el escritor y la izquierda. Política de tuertos, in: ABC, 11-III-1973. Für die Position der Mitte vor Ausbruch des spanischen Bürgerkriegs vgl. Madariaga, Nave sin proa, in: Ahora, 27-III-1935. Für den Widerstand gegen Franco vgl. Ders., 'Ibérica' a los veintiún años, in: Mi respuesta. Artículos publicados en la revista 'Ibérica' (1954-1974), Selección y prólogo por Victoria Kent, Madrid

VERWANDTSCHAFT MIT DEM KONSERVATISMUS. – Der politische Liberalismus Spaniens hebt sich vom klassischen Muster im übrigen Europa ab, denn in Spanien ist die Industrialisierung und die damit einhergehende Verbürgerlichung sowohl in politischer als auch in sozioökonomischer Hinsicht lange unvollendet geblieben. Somit fehlte dort eine wesentliche Vorbedingung, und folgerichtig ist der genuin politische Liberalismus in Spanien weitgehend ohnmächtig geblieben. Obgleich die Kette der politischen Niederlagen von Spaniens Liberalen trotzig in die Potentialität geistiger Triumphe umgewertet wurde, hat sich die ideengeschichtlich eigentlich weit weniger gut aufgestellte Reaktion dort dennoch immer wieder aufs neue politisch auf den Plan gerufen und ermächtigt fühlen können.[37] In einem Seitenhieb nicht zuletzt gegen den Marxismus, der die früher viel stärker positive Konnotation des Wortes Bourgeoisie inzwischen fast in Vergessenheit gebracht habe, konstatierte auch Madariaga dieses Manko in der spanischen Geschichte:

> Die schöpferischen, kultivierenden und konservierenden Fähigkeiten des europäischen Bürgertums jener fünf bis sechs Jahrhunderte, in denen Europa der Weltgeschichte seinen Stempel aufdrückte, sind einfach erstaunlich gewesen. Jene Völker, in denen – wie in unserem – diese historische Funktion der höheren Mittelklasse keine so fruchtbare Anlage hatte, konnten sich davon bei ihren Besuchen in den Ländern Europas ein Bild machen, in denen die bürgerliche Energie stärker ausgeprägt war.[38]

In Spanien stritt das Bürgertum also nicht als solches geeint gegen die Kräfte des *Ançien Regime*, sondern es war und blieb als Schicht in sich gespalten in eine Agrar-, eine Industrie- und eine Finanzbourgeoisie. Dabei kamen ersterer ihre handfesten Verbindungen in die alteingesessene Nobilität zustatten, weshalb sie auch mit einer im übrigen Europa kaum gekannten Dominanz gerade gegenüber der zweiten aufzutreten vermochte. Als dann die Arbeiterfrage, vor diesem Hintergrund überhaupt erst vergleichsweise spät, immer drängendere Züge annahm, konnte es auch den spanischen Philosophen, etwa Ortega oder dem frühen Maeztu, zunächst nur um eine behutsame Evolution der sozialen Schichtung gehen – wobei die Frage der anzustrebenden Regierungsform zunächst von nachrangiger Bedeutung blieb. Als die Kräfte der Restauration versagten, rang man sich eben zur Zustimmung zur Republik durch. Insgesamt aber wandte sich das spanische Bürgertum zunehmend von

---

1982, 343-347. Für den Kampf gegen die Sowjetunion; vgl. Salvador de Madariaga, Die Parteien des Kalten Krieges, in: Die freie Welt im Kalten Krieg, Geleitwort von Albert Hunold, Erlenbach-Zürich / Stuttgart 1955, 111-140.
37 Vgl. Krauss, *Spanien*, 41.
38 Salvador de Madariaga, Raymond Poincaré (1860-1934), in: Cosas y gentes, Madrid 1980, 247.

den Werten der liberalen Demokratie ab und trieb eher hin auf ein in sich widersprüchliches konservatives Denken, dem letztlich auch Madariaga als ein Vertreter seiner Zeit und Stellung zuzurechnen war. Die in ihrer Absicht konservative Ausblendung des Ökonomischen zugunsten eines nur unscharf umrissenen 'Humanen' oder 'Natürlichen' bzw. die Rechtfertigung sozialer Ungleichheit durch letztere fand sich nicht nur bei Madariaga selbst, sondern war als Motiv auch für die gesamte Intellektuellen-Generation um ihn herum typisch.[39] Das konservative Moment ist dabei vor allem an seinem organizistischen Aristokratismus festzumachen. Dieser

> mündet in einen stark elitistischen, antiutilitaristischen und kontemplativen Humanismus, dem die sozioökonomische Wirklichkeit gleichgültig bleibt. Madariaga sieht nicht den Sozialausgleich oder wirtschaftlichen Wohlstand als ethische und politische Herausforderung, sondern 'die Erkenntnis des Ich, der Welt und Gottes, sowie die Nachahmung Gottes'.[40]

Wohl vor diesem Hintergrund ist auch die spanische Literatur über den Liberalismus, etwa im Vergleich zur im deutschsprachigen Raum üblichen Nomenklatur, stets sehr weit auszugreifen bereit gewesen, wenn es um die Rubrizierung politischer Denker als 'liberal' ging. Die Köpfe der Generation von 1898, zweifelsohne progressiv im Vergleich zum Spanien ihrer Zeit, würden doch entlang deutscher Begrifflichkeiten nicht so selbstverständlich dem liberalen Denken zugeschlagen werden wie in Spanien. Mehrfach sind inzwischen ja auch schon Aspekte in Madariagas Werk angesprochen gewesen, die sich nicht bruchfrei in eine stringent als liberal zu bezeichnende Theorie einpassen lassen. In vielem dachte er praktisch wie ein Konservativer, auch die ihm unterstellte Nähe zum falangistischen Denken war ja oben zwar zurückgewiesen, nicht aber als vollkommen unbegründet dargestellt worden. Man wird insgesamt nicht umhinkommen, der spanischen Geistesgeschichte das Zugeständnis zu machen, daß dort die Begriffe selbst ein wenig anders liegen. Der spanische Liberalismus erstand vor dem Hintergrund eines sowohl grundkonservativ als auch stark extremistisch veranlagten Volkes, in dem es nicht erst im Vorfeld des Bürgerkrieges, sondern generell keine politische Mitte, keine starken gemäßigten Kräfte gab. Madariagas Kampf gegen die immer weiter zugespitzte Polarisierung der spanischen Gesellschaft vor dem Bürgerkrieg war nicht grundlos. Die Herrschaft Francos tat das ihre, um sie danach subkutan weiter zu tradieren, wie er ebenfalls immer wieder laut feststellte.

Von daher hatte Madariaga, auf den spanischen Kontext bezogen, mit einer Einschätzung vollkommen Recht, die ihm zumindest in der letzten Pointe überall sonst in Europa mit Recht als eine krasse Übersimplifizierung vorgeworfen worden wäre:

---

39 Vgl. González Cuevas, Madariaga. Pensador político, 148-154.
40 Ebd., 152f.

5.2 Eigenheiten des spanischen Liberalismus

> In der Vorkriegszeit war die Palette der politischen Parteien verwirrend reich an Schattierungen. Doch selbst damals war es schon möglich, sie durch eine entsprechende Analyse ihrer Komponenten auf eine geringe Anzahl von Farben zu reduzieren. In unseren Tagen ist diese Aufgabe leichter geworden: ähnlich dem Spektrum von sieben Farben, das aus Rot blaue und gelbe Farbe hervorbringen kann, so lassen sich heute die politischen Parteien auf Kombinationen von Kommunismus, Liberalismus und Katholizismus reduzieren. Sozialisten zum Beispiel könnten als liberale Kommunisten und christliche Demokraten als liberale Katholiken beschrieben werden.[41]

Madariagas Kritik der linken Weltanschauungen krankte aber daran, daß ihm, je später umso stärker, die Begriffe verwischten und ineinander rutschten; einmal im Schwung schrieb seine kritische Feder oft unterschiedslos gegen den Sozialismus-Marxismus-Kommunismus als ein Konglomerat verderblicher Kräfte und Ideen jenseits der Mitte. Vor allem hatte er einen merkwürdigen blinden Fleck dort, wo im politischen wie geistesgeschichtlichen Spektrum die Sozialdemokratie anzusiedeln wäre. In Spanien aber war die stark über den ideologischen Kamm scherende Auffassung, alle Kräfte links der (real kaum vorhandenen) Mitte seien per se sozialistisch in verschiedenen Graden, über Jahrzehnte hinweg in der politischen Wirklichkeit begründet. In Spanien gab es bis 1979, als Ministerpräsident Felipe González gegen enormen innerparteilichen Widerstand die Abkehr des PSOE vom Marxismus durchsetzte, keine sozialdemokratische Partei von Gewicht; und natürlich bildete die Zusammensetzung des Parlaments in der Phase der spanischen Tradition nicht weniger ab als die Spuren, die eine in der Tat dichotom gespaltene Gesellschaft bereits lange zuvor auch in der spanischen Ideengeschichte hinterlassen hatte.

Übernommen von einem Europa, zu dem der Kontakt lange abgerissen war, haben in Spanien auch die politisch-ideologischen Primärattribute mitunter Bedeutungen angenommen, die in beide Richtungen erst mühsam rückübersetzt werden mußten und müssen. So sind im spanischen Kontext gedankliche Parallelen zum Konservatismus keineswegs *qua talis* ein Kriterium, die einen Denker für die Zuordnung ins liberale Lager disqualifizieren. Gerade im 19. Jahrhundert war ein organisch-korporatives Verständnis von Staat und Gesellschaft sogar selbstverständlicher Baustein eines Denkens, in dem Krausismus und Traditionalismus, also die erklärtermaßen liberale und die konservative Seite der 'beiden Spanien' weitgehend übereinstimmten, auch wenn die spanischen Krausisten dafür eher auf deutsche und die hispanischen Traditionalisten eher auf französische Wurzeln zurückgriffen. Beide Seiten lehnten den Gesellschaftsvertrag als Denkfigur ab. Beide bestritten die Existenz des Menschen

---

41 Salvador de Madariaga, Die Krise des Liberalismus, in: Weltpolitisches Kaleidoskop. Reden und Aufsätze, Zürich / Stuttgart 1965, 198.

als isoliertes Individuum und gestanden ihm die vollgültige Verwirklichung seiner Bestimmung ausdrücklich nur innerhalb der ihm ontologisch vorrangigen Gesellschaft zu. Und beide Seiten waren sich einig, daß sich die natürliche Eingebundenheit des Menschen in zahlreiche soziale Körperschaften zwischen der Familie und der Menschheit als ganzer in einem pluralen und diese korporativen Interessen angemessen repräsentierenden Wahlrecht niederschlagen müsse, daß ein direktes, allgemeines und gleiches Wahlrecht also abzulehnen sei.[42]

All dies findet im Konzept der sogenannten organischen Demokratie zueinander, die letztlich nichts anderes als eine Fortschreibung des mittelalterlichen spanischen Gemeinwesens darstellt, dessen mittelalterlicher Organizismus in Spanien nicht wie im Rest Europas durch die Reformation und die französische Revolution beseitigt worden war. Analog den strikt pyramidal aufgebauten Großstrukturen Kirche und Staat konstituiert sich demnach auch die Gesellschaft über einerseits räumlich stufenweise ineinander aufgehende Sphären *(familia, parroquia, municipio, feudo, reino, imperio)* und andererseits über funktional abgestufte Sphären *(gremios, estamentos, confesiones, culturas, estados)*, die jedes Individuum für sich umgreifen, es in Stellung und Funktion einzigartig machen und als hierarchisch-korporative Zwischengewalten mit dem Zentrum der Macht verbinden. Entscheidend ist, daß dieses Konzept einer progressiven Auslegung ebenso zugänglich war wie einer restaurativen.[43] Nicht zuletzt deswegen gab es auch so krasse Wanderungsbewegungen quer durch das ideologische Spektrum wie die von Maeztu oder Gorkin. Madariaga paßt sich nahtlos in dieses ambivalente Denken ein, auch er hat sich den daraus resultierenden Begrifflichkeiten nicht zu entziehen vermocht.

DER UMWEG ÜBER DIE PÄDAGOGIK. – Das Fehlen einer klassisch liberalen Bürgerlichkeit führte schließlich indirekt zu einem weiteren Charakteristikum des spanischen Liberalismus. So versuchten liberale Politiker im vorrestaurativen Spanien eine Wiederbelebung des allgemein sich gewordenen Geisteslebens. Allerdings waren sie der Auffassung, daß der erhoffte gesellschaftliche Fortschritt aus dem Ausland importiert werden müsse, und zwar von der eher als das Bürgertum dazu bereiten spanischen Intelligenz. So kam es zu dem eigentümlichen, aber auf seine Weise überaus wirkmächtigen Experiment, in dessen Ergebnis nicht nur die Entwicklung, sondern auch die politische Umsetzung einer genuin liberalen Philosophie einer Schicht anheimfallen sollte, die allein aufgrund ihrer Intellektualität als eine

---

42 Vgl. G. Fernández de la Mora, El organicismo krausista, in: Revista de Estudios Políticos (Nueva época), 22 1981, 162f. und 176-183, wo sogar eine grundsätzliche Ähnlichkeit zwischen dem krausistischen Denken und dem fascistischen Handeln Mussolinis und Salazars festgestellt wird.
43 Vgl. Ebd., 103-108.

Art moderner Nobilität definiert und anerkannt wurde. Auch Madariaga war noch immer ein vehementer Verfechter der These, in die durch das Fehlen einer industriellen Bourgeoisie aufgerissene Lücke hätte in Spanien mit Notwendigkeit ein als solcher legitimierter Funktionsadel treten müssen.[44]

Mit genau diesem Kalkül war Julián Sanz del Río von der spanischen Regierung beauftragt worden, im Ausland gezielt nach einer (Geschichts-)Philosophie zu suchen, die einen spanischen Liberalismus wissenschaftlich legitimieren und begründen sollte, woraufhin er in seinem *Ideal de la Humanidad para la vida* die Philosophie Karl Christian Friedrich Krauses adaptierte.[45] Krause paßte mit seinem optimistischen Versprechen einer in naher Zukunft möglichen Verbesserung der gesellschaftlichen Verfassung und mit dem 'ethischen Elan' seines harmonischen Rationalismus gut nach Spanien.[46] Auch das handlungsorientierende und -legitimierende Moment seiner Philosophie kam den spanischen Intellektuellen entgegen, waren sie doch mangels ökonomischer Deckung im Kampf gegen die tradierte politische Macht auf lange Sicht auf Ersatzstrategien (wie etwa die pädagogisch induzierte Reform) statt auf die direkte Auseinandersetzung angewiesen.[47] Gegen die restaurativen Tendenzen der damaligen Zeit ließ sich zudem mit der Bedeutung, die Krause in seiner Fortschrittsspekulation den 'Grundgesellschaften' (Familie und Nation) beimaß, die nationale Erneuerung außerhalb der 'Zweckgesellschaften' (Staat und Kirche) rechtfertigen.[48]

In Spanien erreichte Krause eine Wirkung, die ihm so in Deutschland nicht annähernd zuteil wurde. Als eine eigene Denkschule führte der Krausismus spanienweit zur Ablösung traditioneller Bildungsmuster. Praktisch die gesamte progressive In-

---

44 Darauf lief die lebenslang durchgehaltene Forderung Madariagas nach einer aus eigenem Antrieb auf das Wohl der Öffentlichkeit verpflichteten Aristokratie hinaus; vgl. Madariaga, *Die Erben der Conquistadores*, 303f., Ders., ¿Toca Europa a su fin? in: Cuadernos [del Congreso por la Libertad de la Cultura], 9 1954, 6; analog noch in seinen Memoiren: Ders., *Morgen ohne Mittag*, 59. Schon früh hatte er die Auffassung vertreten, der Fortschritt der Menschheit verdanke sich primär dem Wirken von Eliten; vgl. Ders., *The Price of Peace. Given under the auspices of the Dunford House (Cobden Memorial) Association in London, on 8th May, 1935*, London 1935, 6. Ebenso früh hat er davon gesprochen, eine jede soziale Gruppe müsse sich, um ihr Funktionieren zu sichern, um einen Nukleus herum bilden, dem ein (intuitiver) Aristokrat als Impuls- und Richtungsgeber, sowie eine Reihe (intelligenter) Bourgeoiser als Ausführende seiner Ideen zugehören sollten; vgl. Madariaga, La desintegración de España, in: Ahora, 16-V-1936.

45 Vgl. Neuschäfer, Krausismus, 280; Gumbrecht, Art. 'Krausismo', 1191; Hans Flasche, Studie zu K. Chr. F. Krauses Philosophie in Spanien, in: Deutsche Vierteljahrsschrift für Literaturwissenschaft und Geistesgeschichte, 14 1936, 383-385. – Zum Krausismus vgl. Pike, *Hispanismo*, 109-118; José López-Morillas, *El krausismo español: perfil de una aventura intelectual*, México 1956; sowie vor allem: Klaus-M. Kodalle (Hrsg.), *Karl Christian Friedrich Krause (1781-1832). Studien zu seiner Philosophie und zum Krausismo*, Hamburg 1985.

46 Vgl. Klaus und Buhr, Art. 'Krausismus', 669f.

47 Vgl. Krauss, *Spanien*, 13.

48 Vgl. Gumbrecht, Art. 'Krausismo', 1193.

telligenz im Spanien der zweiten Hälfte des 19. Jahrhunderts ist von ihm entscheidend beeinflußt worden; in seinen Ausläufern war er bei den Kräften der liberalen Mitte noch in ihrem allmählichen Niedergang zu spüren, der mit dem Ausbruch des Bürgerkrieges 1936 dann endgültig besiegelt war.[49] Mit der 1876 von Francisco Giner de los Ríos, einem Schüler Sanz del Ríos, gegründeten *Institución Libre de Enseñanza* hat er auch eine dauerhafte institutionelle Verankerung in der spanischen Gesellschaft gefunden. Dieses private Bildungsinstitut betrieb überaus erfolgreich die Verbreitung progressiven Denkens und konnte das von der katholischen Kirche dominierte und völlig verkrustete Bildungssystems nachhaltig aufbrechen.[50] Lange blieb es neben und in erklärter Konkurrenz zum staatlich-kirchlichen Bildungssystem die einzige Alternative von wägbarem Einfluß in Spaniens Pädagogik. Zahlreiche ob ihrer Progressivität mißliebig gewordene und aus ihren offiziellen Ämtern entfernte Professoren fanden hier ihr Auskommen und eine neue Wirkmöglichkeit. Als zunächst stark elitäre 'Gegenuniversität' huldigte die *Institución Libre* dem Ideal des sokratischen Dialogs, in dem sich die Studenten selbst geistig entdecken und frei entfalten können sollten.[51] Die dort maßgebliche krausistische Lehre wollte im Schüler das Streben nach Universalität ermutigen und betrachtete dem gegenüber ausgesprochenes Spezialistentum als unverzeihliche Selbsteingrenzung. Die meisten ihrer Schüler betätigten sich denn auch in der Folge auf mehreren Gebieten zugleich.[52]

Allerdings folgte dieser pädagogischen Revolution die mit dem Import der krauseschen Philosophie eigentlich gewünschte politische Umwälzung nicht nach. Bestenfalls indirekt und mit großer zeitlicher Verzögerung bewährte sich die pädagogische Mission der *Institución Libre* im Vorfeld der Diktatur von Miguel Primo de Rivera greifbar darin, daß es trotz bzw. gerade wegen der Vertreibung ihrer Professoren von den Kathedern für die Besetzung politischer Ämter kompetenten Nachwuchs praktisch nur aus ihren Reihen gab.[53] Die Wirkung der *Institución Libre* hat von Beginn an vor allem in ihrer elitenbildenden Wirkung gelegen. In ihrem Umfeld und durch

---

49 Vgl. Ramón Valls Plana, Der Krausismo als sittliche Lebensform, in: Klaus-M. Kodalle (Hrsg.), Karl Christian Friedrich Krause (1781-1832). Studien zu seiner Philosophie und zum Krausismo, Hamburg 1985, 218; Jaime Ferreiro Alemparte, Aufnahme der deutschen Kultur in Spanien. Der Krausismo als Höhepunkt und sein Weiterwirken durch die Institución Libre de Enseñanza, in: Klaus-M. Kodalle (Hrsg.), Karl Christian Friedrich Krause (1781-1832). Studien zu seiner Philosophie und zum Krausismo, Hamburg 1985, 141.
50 Vgl. Jackson, *Annäherung an Spanien*, 16 und Franzbach, *Geschichte der spanischen Literatur*, 242.
51 Vgl. Klaus und Buhr, Art. 'Krausismus', 672; Krauss, *Spanien*, 19f.; Neuschäfer, Krausismus, 281f.
52 Vgl. Klaus und Buhr, Art. 'Krausismus', 672.
53 Vgl. Krauss, *Spanien*, 21. Das Gleiche galt für die Zweite Republik, aber noch stärker als in der Ersten überschätzten sich die Krausisten wegen dieses Erfolges. Primo hat sich „nach wenigen mysteriösen Kulissengesprächen" pragmatisch mit den Krausisten arrangiert; Franco

die an ihre Tätigkeit anknüpfende progressive Pädagogik kam es immer wieder zu Überlappungen, die nicht ohne Wirkung auf die verschiedenen durch sie beeinflußten Alterskohorten bleiben konnten. Über deren jeweilige Zusammensetzung gehen die Meinungen im Detail auseinander. So wird von teilweise ineinander geschobenen Krausisten-Generationen berichtet, die sich unter der Prämisse eines von Ehre und Gentleman-Ideal geprägten Umgangs begegneten und stark wechselseitig beeinflußten; unter die älteren werden aber gemeinhin Unamuno, Machado, Azorín und Maeztu gezählt, zu den jüngeren Ortega, Onís, Lorca, Alberti, Salinas, Guillén, Dalí, Buñuel, Américo Castro, Sánchez Albornoz, Madariaga selbst, Marañón, Ayala und andere.[54]

Das Wirken der Vertreter der *Institución Libre* ist nachträglich sogar zu einer eigenen ideengeschichtlichen Strömung, dem *institucionalismo*, zusammengefaßt worden, die als eine zweite, direkt aus der ersten hervorgegangene und doch gedanklich schon von ihr abgesetzte Krausisten-Generation ihrerseits für das gesamte spanische Denken des 20. Jahrhunderts prägend werden sollte.[55] Nach Giner, Salmerón, Azcárate und Costa als den eigentlichen Gründern der *Institución Libre* gehörten unter anderen Cossío, Castillejo, Besteiro, Fernando de los Ríos und Morente zu dieser zweiten Generation der Institutionalisten.[56] Die Gemeinsamkeit beider habe in einem evolutiv-progressiven und gegen den monolithischen Staat und dessen Dogmatismus in Stellung gebrachten Liberalismus gelegen. Grundlegend unterschieden hätten sie sich jedoch darin, daß die jüngeren darauf setzten, dem Volk unter allen Umständen, und zwar bevorzugt auf dem Wege der Bildung, die Demokratie zu injizieren, während ihre Vorgänger noch gegenüber den vermeintlichen Schwächen der eigenen Rasse resigniert hatten.[57]

Das Ausbleiben einer direkten politischen Wirkung des Krausismus begann schon bei dessen Urheber. Sanz del Río hatte hinsichtlich der Verbreitung der krauseschen Lehre selbst zurückhaltend bis bremsend gewirkt, indem er sie zunächst in elitisti-

---

      hingegen hat 1939 als eine seiner ersten Amtshandlungen die *Institución Libre* ganz geschlossen; vgl. Klaus und Buhr, Art. 'Krausismus', 674.
54 Vgl. Alonso-Alegre, *Pensamiento político*, 104.
55 Dem korrespondiert, daß die *Institución Libre de Enseñanza* innerhalb Spaniens mit 'La Institución' in aller Regel schon als unmißverständlich bezeichnet galt; vgl. González Cuevas, Madariaga. Pensador político, 150.
56 Vgl. Alonso-Alegre, *Pensamiento político*, 107. Nach dieser Zählung wäre Madariaga am ehesten der darauf folgenden (dritten) Generation zuzuschlagen; Gumbrecht wiederum gilt bereits diese als die dritte Generation der Krausisten; vgl. Gumbrecht, Art. 'Krausismo', 1191f.
57 Auch Vincents Zusammensetzung der behaupteten Generationen ist nicht unwidersprochen geblieben; und es findet sich auch hier neben der namentlichen Zuordnung noch grundsätzlichere Kritik, etwa bei Elías Díaz, der Vicent und dessen Generationenthese per se Übersimplifizierung vorwirft. Für eine Wiedergabe beider Positionen vgl. Alonso-Alegre, *Pensamiento político*, 107.

schem Sektierertum auf kleine Kreise Eingeweihter begrenzt wissen wollte und diesen explizit die politische Abstinenz anempfahl. In der Tat ist der Krausismus, der schon bald nach seiner Einführung praktisch gleichbedeutend mit dem spanischen Liberalismus insgesamt war, lange in auffälliger Weise unpolitisch geblieben. Zumeist sind die Krausisten überhaupt erst von den scharfen Attacken seitens der Reaktion und des Klerus in die Politik getrieben worden.[58] Einmal dort angekommen, schlug sich die liberale Toleranz und das auf Vorsicht geeichte reformerische Denken der Generation um Präsident Pi y Margall jedoch als eine Unentschlossenheit nieder, an der die spanische Republik letztlich zugrunde ging.[59] Mit der ab 1874 einsetzenden Restauration flüchtete sich die nachfolgende dritte Generation dann noch stärker als ihre Vorgänger in die Wissenschaft, die Kunst und vor allem in die Pädagogik – nicht zuletzt mit dem Ergebnis, daß sie im Rahmen ihres 'Kulturkampfes' einen boomenden Journalismus, vor allem in Gestalt zahlreicher satirischer Blätter begründeten.[60]

Auch Benito Pérez Galdós, dann ebenso die Generation der 98er um Miguel de Unamuno und noch stärker schließlich die Nach-98er verstanden ihren Liberalismus weiterhin als eine vor allem geistig-kulturelle Bewegung. Diese wollten sie in einen ethischen Dynamismus übersetzen und sich gerade nicht dem Pragmatismus und Utilitarismus ergeben. Damit aber stellten sie sich, wie schon ihre Vorgänger in der Restaurationszeit, erst einmal abseits der politisch gestaltenden Kräfte auf. Dem intellektuellen Spanien ist daher nicht zu Unrecht ein zunehmend von der Realität überholtes „Eigenleben der Ideologie" attestiert worden, auf dessen Rücken sich ein im 19. Jahrhundert geprägtes Wunschbild von der bürgerlich liberalen Demokratie bis weit in das 20. Jahrhundert hinein halten konnte.[61] Die politikscheuen Intellektuellen der *Institución Libre* konnten jedenfalls auch der straff organisier-

---

58 Zur Selbstbezeichnung dieses an Krause anknüpfenden Denkens ist der Begriff 'krausismo' erst geworden (und auch die Strömung hat sich erst als solche etabliert), nachdem die reformfeindliche neokatholische Presse versucht hatte, ihn der bis dahin an sich stark heterogenen Bewegung in den 1860er Jahren als einen feindlichen Kollektivbegriff überzustülpen; vgl. Claus Dierksmeier, *Der absolute Grund des Rechts*, Stuttgart-Bad Cannstatt 2003, 33f.
59 Zu Präsident Salmeróns (gescheiterter) Applikation kantischer Ethik und Toleranz auch gegen die Feinde, sowie zu den Hegel-Verballhornungen seines Nachfolgers Castelar; vgl. Krauss, *Spanien*, 14.
60 Vgl. Klaus und Buhr, Art. 'Krausismus', 670-673. Somit wäre Madariagas Bevorzugung der journalistischen Form kein Zufall, auch seine das Frühwerk prägende Vorliebe für Pseudonyme ließe sich so partiell erklären. Sogar Madariagas Nähe zur Volkskunst und sein Hang zum Ästhetizismus könnten – über Federico García Lorca – ursächlich von dort her rühren. Lorca war die Zentralfigur der vollkommen in Ästhetik und Literatur zurückgezogenen Intellektuellengeneration von 1927; vgl. Alonso-Alegre, *Pensamiento político*, 114. Madariaga hat Lorcas Poesie sehr geschätzt; vgl. Salvador de Madariaga, Elegía en la muerte de Federico García Lorca, in: Españoles de mi tiempo, Barcelona 1974. Eine besondere Affinität hatte er dabei, auch in eigenen Dichtungen, zur Kleinform der copla, als deren unangefochtener Meister Lorca galt.
61 Vgl. Klaus und Buhr, Art. 'Krausismus', 673f.; ähnlich Krauss, *Spanien*, 40-71.

ten falangistischen Restauration nie ernsthaften Widerstand entgegensetzen, hatten sich aber bis zum Ausbruch des Bürgerkrieges der Illusion ihrer unzertrennlichen Verbindung mit dem spanischen Volk hingegeben.[62] Daher wurde der liberale Giner am Vorabend des Bürgerkrieges zwischen den beiden politischen Extremen – Franco auf der rechten und Largo Caballero auf der linken Seite – förmlich zerrieben.[63] Aus bitterer Enttäuschung über das Scheitern der mit Erwartungen völlig überfrachteten Republik und über die nur noch mühsam verdeckte politische Bedeutungslosigkeit der von den Ereignissen überholten intellektuellen Elite hatte sich schon Ortega (in Reaktion auf den gescheiterten Putsch General Sanjurjos) zu dem berühmten Ausruf hinreißen lassen: „Hierzulande bringt man auch gar nichts zustande!"[64]

5.3 Zugänge zu Madariagas Liberalismus

Madariagas Verortung innerhalb des liberalen Denkens fällt also auch deswegen nicht leicht, weil er selbst keine Notwendigkeit sah, seinen Standpunkt mit bestehenden Theorien abzugleichen. Aufgrund konträrer Auslegungen in verschiedenen politischen Kulturen hat er den Liberalismus jedenfalls kritisch als einen Begriff bar jeglicher Trennschärfe wahrgenommen.[65] Gleiches läßt sich feststellen, wenn man dies nicht, wie an der hier zitierten Stelle, topographisch sondern parteipolitisch auflädt. Zwar verschwamm ihm gelegentlich selbst die Grenze zwischen Liberalismus als einer politischen Idee einerseits und als einem politischen Programm andererseits. Insgesamt aber blieb er doch immer reflektiert genug, um zu sehen, daß das Liberale als Idee von den politischen Liberalen kaum mehr zu monopolisieren war, sondern sich vielmehr parteiübergreifend für die verschiedensten Zwecke instrumentalisieren ließ – hatten sich doch inzwischen zahlreiche liberale Positionen erfolgreich und als politisch selbstverständlich durchgesetzt.[66]

In erster Näherung kann man sich auf die ebenso knappe wie treffende Zusammenfassung Frosinis stützen, der zufolge Madariagas Liberalismus in seinen Eigenarten wesentlich von der durch die Industrialisierung und Verstädterung hervorgerufenen Angst seiner Zeit geprägt war; zweitens vom Bekenntnis zum geistigen Prinzip in der Natur und im Menschen, das sich (eher philosophisch denn religiös) in letz-

---

62 Vgl. Krauss, *Spanien*, 32f.
63 Madariaga, *Spanien*, 315.
64 Ministerpräsident Azaña hat diesen Ausbruch Ortegas in seinem intimen Tagebuch gelassen zur Kenntnis genommen; vgl. Krauss, *Spanien*, 81.
65 Vgl. Madariaga, *Morgen ohne Mittag*, 431.
66 Vgl. Ders., El liberalismo de hoy, 75. Für den gleichen Befund, sowie für den Gedanken, der Liberalismus sei von vielen seiner Kritiker fälschlich auf die Weltanschauung der bürgerlichen Mittelschicht reduziert und als solcher abgelehnt worden; vgl. auch: Vierhaus, Art. 'Liberalismus', 741.

ter Konsequenz im Heiligen Geist auflöse; und drittens durch das ursprünglich der Physik entlehnte Prinzip der Entropie, das sich in Madariagas janusköpfiger Ausgestaltung ebenso für die soziale wie für die biologisch-physische Interpretation von Evolution heranziehen lasse. In der Summe, so Frosini, geriet ihm der Liberalismus als Idee zu einem Triumph des Individuellen über das Physische, den die reale, flächenstaatsgebundene Massendemokratie in ihrer amorphen Anonymität gerade nicht zu stützen vermöge. Von daher könne bei Madariaga von einer Integration liberaler Ideen in die Demokratie nicht die Rede sein, vielmehr habe er Liberalismus und Demokratie als ein begriffliches Gegensatzpaar verstanden.[67] Vor allem dieser letzte Punkt verdient ausführlichere Beachtung.

LIBERALISMUS IN DER TRADITION DES 19. JAHRHUNDERTS. – Insgesamt kann nicht übersehen werden, daß Madariaga sehr wohl ein Bewußtsein davon entwickelt hat, nicht bruchlos dem Liberalismus als Denkrichtung anzugehören. Gern kokettierte er mit dem selbstverordneten Etikett des liberalen Häretikers, explizit etwa mit dem Untertitel *The Faith of a Liberal Heretic* zu seinem Buch *Democracy versus Liberty*, aber bei weitem nicht nur an dieser Stelle. Das Buch ist die Übersetzung seines *De l'Angoisse a la Liberté* ins Englische. Zu dem Untertitel, der auch in der (vollständigen) deutschen Ausgabe übernommen wurde, sah er sich aufgrund der Entscheidung von Pall Mall Press veranlaßt, in England nur einen der beiden Teile des Buches zu veröffentlichen. Damit blieb nur der utopisch anmutende Entwurf seiner organisch verstandenen Demokratie erhalten, nicht aber die nach seiner Erklärung liberalen Prinzipien, auf die er sie gegründet sehen wollte.

Diese Meinungsverschiedenheit ist symptomatisch für Madariagas mitunter exzentrisches Liberalismusverständnis, dem in seinem vehementen Eintreten für die Freiheit demokratische Prozesse und Legitimationsmechanismen zu bloßen Formalitäten verkamen, auf die man unter Umständen auch zu verzichten bereit sein müsse. Hier wird der Standpunkt vertreten, daß er trotz dieser zunächst vielleicht illiberal anmutenden Züge seines Denkens den liberalen Rahmen insgesamt nicht sprengte, sondern daß diese ihn zu einer nicht primär bürgerlichen Spielart am Rande des liberalen Spektrums führten, der man am treffendsten wohl wie oben bereits vorgeschlagen, das Etikett eines 'aristokratischen' Liberalismus anzuhängen hätte. Gegen Giovanni Malagodi, seinerzeit Präsident des Partito Liberale Italiano und ein intimer Freund Madariagas, der in dessen Verortung den Kontrast zwischen aristokratischem und demokratischem Liberalismus ausdrücklich ablehnte,[68] wird hier an diesem Begriff festgehalten, da er in knappster Zusammenfassung und dennoch an-

---

67 Vgl. Frosini, Portrait, 103f.
68 Vgl. Cangiotti, *Libertá rivoluzionaria*, 77f.; sowie: Malagodi, Madariaga le Libéral, 77-83.

gemessen die Färbung von Madariagas Liberalismus wiedergibt. Es sei nochmals auf Kahan verwiesen, der nicht nur den Begriff als solchen entwickelt, sondern überdies auch zeigt, daß viele der zunächst problematisch anmutenden Positionen der 'aristocratic liberals' zwar im 20. Jahrhundert obsolet wurden, als ein Produkt ihrer Zeit aber keineswegs illiberal waren. So hat er überzeugend dargestellt, wie in der Zeit von etwa 1830 bis 1870 die Begriffe Demokratie und Liberalismus in offenen Widerspruch zueinander geraten konnten.[69] In diesem Sinne würde auch Madariaga durch solche Überzeugungen nicht per se illiberal, wohl aber hing er damit einem Liberalismusverständnis an, das zu seiner Zeit eigentlich längst abgelöst war.

Im *zweiten* Zugriff ist denn auch festzustellen, daß Madariaga mit stoischer Konsequenz an einem in seinen ideologischen Fundamentalprämissen gemischten Liberalismusverständnis festhielt, das in seinen dominierenden Bestandteilen im Verlauf des 20. Jahrhunderts immer stärker anachronistisch wurde. Wenn man etwa mit Alan Ryan zwischen einer klassischen und einer genuin modernen Ausprägung des liberalen Denkens unterscheiden möchte,[70] dann hat Madariaga eher ersterer als letzterer zugehört, auch wenn seine paßgenaue Zuordnung in eine der beiden zu keiner Zeit möglich war. Ihm ging es nicht um die freie Entwicklung und Emanzipation des Individuums von Hunger, Arbeitslosigkeit, Krankheit und Alterselend, wie es der von J. St. Mill, Hobhouse oder Wilhelm von Humboldt geprägte 'moderne' Liberalismus verlangte. Zumindest waren dies nicht seine primären Forderungen, auch wenn er sie aufgrund einer starken Affinität zur Idee der Solidarität nicht explizit ablehnte, wie er es mit dem Sozialstaat als abstrakter Idee allerdings tat. Stattdessen gab er sich zeitlebens als ein klassischer Liberaler im Stile Lockes, Smiths, Tocquevilles und Hayeks. Zum Vergleich die Gegenüberstellung Ryans:

> Classical liberalism [...] focuses on the idea of limited government, the maintenance of the rule of law, the avoidance of arbitrary and discretionary power, the sanctity of private property and freely made contracts, and the responsibility of individuals for their own fates. It is not necessarily a democratic doctrine [...]; it is not always a progressive doctrine [...]. It is hostile to the welfare state [...]. Classical liberals [...] do not display any particular attachment to the ideal of moral and cultural progress. [...] Contemporary defenders of 'classical' liberalism think it threatened by 'modern' liberalism. [...] Modern liberalism is exemplified by John Stuart Mill's *On Liberty*, with its appeal

---

69   Vgl. Kahan, *Aristocratic Liberalism*.
70   Für diese Unterscheidung vgl. Alan Ryan, Art. 'Liberalism', in: Robert E. Goodin und Philip Pettit (Hrsg.), A Companion to Contemporary Political Philosophy, Oxford / Cambridge (Mass.) 1993, 293-295.

> to 'man as a progressive being' and its romantic appeal to an individuality which should be allowed to develop itself in all its 'manifold diversity'.⁷¹

Die hier in der Wiedergabe nochmals stark verkürzte Essenz klassisch liberalen Denkens bildete Madariaga in seinem politiktheoretischen Programm nahezu eins zu eins ab. Streng genommen ist nur die Einschränkung erforderlich, daß er sehr wohl und sogar in einer stark deterministischen Variante von der Tatsache kultureller Fortschritts überzeugt war, und daß er, trotz seiner übersteigerten Ablehnung des Utilitarismus, für Mills Konzept der ungehinderten Entwicklung des Individuums in all seinen Facetten mehr als nur Sympathie empfand.

Insofern mit dem Gegensatz von klassischem und modernem Liberalismus zugleich eine zeitliche Abfolge impliziert ist, hat Madariaga in seiner Charakterisierung des churchillschen Liberalismus indirekt selbst das Motiv für eine grob epochenorientierte Einordnung seines eigenen Denkens geliefert:

> Churchill wurzelt halb in der Weltgeschichte des 20. Jahrhunderts, halb im nationalistischen Torytum des 18. Jahrhunderts. Er ist ein freiheitlicher, menschlicher, fortschrittlicher Mann unserer Tage und zugleich ein skeptischer und beinahe zynischer englischer Aristokrat des 18. Jahrhunderts.⁷²

So wie er in Churchill zwei Tendenzen verkörpert sah, die eigentlich wechselseitig einen Anachronismus zum Ergebnis haben müßten, so ist auch er selbst gedanklich in zwei Jahrhunderten zugleich zu Hause gewesen – oder eben in beiden nicht. Viele Aspekte seines Denkens spiegeln zwar die Absicht wider, den Liberalismus als eine politische und politisch handlungsleitende Weltanschauung so zu aktualisieren, daß er in dieser Funktion auch für das 20. Jahrhundert brauchbar bliebe – konsequent umgesetzt hat er diesen Anspruch jedoch nie. So wird der These Alonso-Alegres, Madariaga habe den Liberalismus des 19. Jahrhunderts modernisiert bzw. an das demokratische Denken sowie an die durch die Industrialisierung veränderten sozioökonomischen Rahmenbedingungen anpassen und damit eine völlig neue politische Philosophie begründen wollen,⁷³ hier ausdrücklich widersprochen. Ganz im Gegenteil hat Madariaga eine Reihe konservativer und mitunter offen demokratiefeindlicher Denkmuster gerade nicht abgelegt, die im Verlauf des 20. Jahrhunderts klar aus dem Kanon liberaler Theorie herausgefallen und nur mit einer Spielart liberalen Denkens zur Deckung zu bringen sind, die spezifisch in das 19. Jahrhundert gehört. So entwarf er einen Liberalismus mit sozialharmonischer Deckfarbe, der darunter ein Freiheitsverständnis barg, das dem im Grundsatz diametral widersprach.

---

71   Ryan, Art. 'Liberalism', 293f.
72   Salvador de Madariaga, Winston Churchill als Staatsmann und als Engländer, in: Rettet die Freiheit! Bern 1958, 199.
73   Vgl. Alonso-Alegre, *Pensamiento político*, 27, 136 und 235.

Enggeführt an Kernfragen wie dem Verhältnis seines Liberalismus zur Sozialen Frage, zum Umgang mit den ehemaligen Kolonien, zur Rolle der Frau – und die Liste ist noch um einiges länger – fällt sein generischer Vorwurf an die marxistischen Intellektuellen, sie seien gedanklich noch immer im 19. Jahrhundert stecken geblieben, in vielem auch auf sein eigenes Denken zurück.

So wie Madariaga sind sein Demokratieverständnis und seine Entwürfe eines ständischen Systems sozialer Stratifikation bis zuletzt konservativ geblieben, haben sich ordnungspolitisch schon früh vom klassisch liberalen Verständnis distanziert und statt dessen von Vorstellungen inspirieren lassen, die ihn zum Verfechter eines starken Dirigismus (allerdings jenseits staatlicher Institutionen) machten. Seine zu allen Zeiten nachweisbare Affinität gegenüber bestimmten sozialistischen Spielarten oder Konzepten ist, obgleich von ihm selbst nur sehr selten offensiv geäußert, auch insofern entscheidend für die Nuancierung seines Liberalismus an den Rändern, weil man hier die Wurzel jener ebenfalls über sein gesamtes politisches Wirken hinweg beobachtbaren, fast manischen Fixierung auf den Gedanken politischer Steuerung bzw. Regulierung ausmachen kann, die seinem übrigen liberalen Denken auf den ersten Blick schroff zu widersprechen scheint. Anders als jener klassische Liberalismus, der zu allen Zeiten einen zwar starken, aber zugleich in seinem Zugriffsbereich immer auch stark eingeschränkten Staat gefordert hatte, damit dieser nicht weniger, vor allem aber auch nicht mehr zu leisten imstande sei, als die unabdingbaren Rahmenbedingungen für politischen Wettbewerb und gesellschaftlichen Fortschritt zu garantieren, forderte Madariaga auf nationaler ebenso wie auf kontinentaler oder internationaler Ebene, gerade die konfliktträchtigsten Politikbereiche konsequent einer zentralen Kontrollinstanz zu unterstellen. Diese stellte er sich als eine wirtschaftlich wie politisch neutrale Instanz vor, die, mit dem erforderlichen Quantum an 'moralischer Autorität' ausgestattet, dem politischen und ökonomischen Wettbewerb sowie den entsprechenden Interessen enthoben sein und dennoch für beide Sphären verbindlich Entscheidungen treffen können sollte. Konkret scheint er dabei jeweils, wohl in Anlehnung an seine in den Abrüstungsbemühungen des Völkerbundes gesammelte Erfahrung, das Bild einer Expertenkommission vor Augen gehabt zu haben.

Das Motiv für diesen Gedanken hat er nicht verschwiegen: Es ging ihm um die Erhaltung des Friedens bzw. um die präventive Vermeidung eskalierender Konflikte. Im Rückblick stellte er mehr als einmal fest, daß es genau diese Funktion gewesen sei, in der er seinerzeit die eigentliche Existenzberechtigung des Völkerbundes gesehen habe, auch wenn es zur konsequenten Ausübung dieser Funktion leider kaum einmal gekommen sei. Nun könnte man darüber spekulieren, ob es zu Lebzeiten Madariagas überhaupt jemals realistisch gewesen sei, eine solche Institution zu konzipieren, die bei ihrer tatsächlichen Einrichtung dann auch wirklich mit streng nichtstaatlichem

Charakter zu haben gewesen wäre. Wichtiger scheint an dieser Stelle allerdings die Frage, ob hier bei Madariaga nicht eine ebenso unausräumbare wie uneingestandene Skepsis gegenüber einem völlig ungehinderten politischen Wettbewerb durchbrach, die ihn konsequent zu Ende gedacht genauso gut direkt in einen zentralistischen Planungsstaat hätte führen können.

Die Liberale Internationale, der Madariaga viele Jahre lang vorgesessen hat (von 1947 bis 1952 als Gründungs-, dann als Ehrenpräsident) hat in den späten sechziger Jahren erkennen lassen, daß sie im wesentlichen zwei Spielarten liberaler Theorie unterschied, deren Vertreter sie entsprechend als Altliberale oder Neuliberale bezeichnete. Altliberales Denken wurde in diesem Verständnis begrifflich auf die klassisch libertäre Auffassung zugespitzt, ein Maximum an Freiheit sei gewollt und setze ein Minimum an Staatsgewalt voraus. Dagegen habe sich zunehmend eine neuliberale Doktrin profiliert, der zufolge nur ein starker und über den Partikularinteressen stehender Staat Freiheit gewährleisten könne. Die Marktwirtschaft bedürfe als die eine freie Gesellschaft verbürgende Wirtschaftsordnung zwingend eines staatlichen Regelwerkes, das aber keine Prozeßplanung betreiben dürfe, sondern sich auf die Rahmenplanung zu beschränken habe.[74] Dabei finden sich mit dem Wunsch nach einem starken und bei Bedarf die Wirtschaft regulierenden Staat, aber auch im zumindest semantisch erhobenen Anspruch, den eigenen Liberalismus an neue Rahmenbedingungen anzupassen, ganz konkret madariagasche Vorstellungen wieder. Ganz in seinem Sinne erstrebte die Organisation auch eine Flankierung der geforderten Grundrechts- und Eigentumsgarantien durch eine sozial orientierte Gesetzgebung; und ebenso gut paßte die leicht anachronistische Abgrenzung gegenüber dem ohnehin überholten altliberalen Vergleichsmodell zu seinem Denken.

AGITATORISCHER FREIHEITSKÄMPFER STATT LIBERALER PHILOSOPH. – Ein *dritter* Zugang hätte schließlich zu berücksichtigen, daß Madariaga seinen Begriff des Liberalismus nicht primär in der Theoriegeschichte, sondern von der praktischen Politik her, wenngleich ebenfalls nicht parteipolitisch festmachte. Er war überzeugt, „daß der Liberalismus eher eine Geisteshaltung und eine Temperamentsfrage ist als eine Doktrin oder eine Philosophie"[75] . Die von ihm selbst diagnostizierte 'Krise des Liberalismus' sah er auch daher mit Besorgnis nicht so sehr, weil sie sich als eine Krise der liberalen Parteien äußerte. Als weitaus folgenreicher beurteilte er vielmehr das Wegbrechen genuin liberalen Denkens überhaupt, das sich für ihn symptomatisch in der Bekehrung zahlreicher brillanter Naturwissenschaftler zur Doktrin des Kommunismus, und damit zu einer Position am diametral gegenüberliegenden Ende

---

74 Vgl. [C.M.], Staat und Wirtschaft in einer freien Gesellschaft. Der Standpunkt der Liberalen Weltunion, in: NZZ, 10-IX-1966.
75 Madariaga, *Von der Angst zur Freiheit*, 17.

des ideologischen Spektrums, manifestierte. Diese Erosion galt es in seinen Augen primär aufzuhalten; unter den ideologischen und politischen Gegebenheiten des Kalten Krieges, so seine unermüdlich wiederholte These, werde der Sieg des liberalen Denkens in den Köpfen der Menschen für den in abendländischer Tradition geprägten westlichen Kulturkreis nachgerade zur Überlebensbedingung. Der Königsweg hin auf die Wiedererstarkung des liberalen Denkens lag für ihn jedoch, trotz aller auch explizit geäußerten Sorge über das Abrutschen der genuin liberalen Parteien in der Wählergunst, nicht im politischen Wettbewerb der Parteien und der so zu erzielenden rechtsetzenden und meinungsbildenden Wirkung – ein großer Freund der Parteiendemokratie ist er ja generell und in beiden Wortbestandteilen nie gewesen. Lange nach seinem Rückzug aus der aktiven Politik glaubte er vielmehr, sich als weiterhin genuin politisch denkender und doch politischer Verantwortung weitgehend lediger Intellektueller die staatsphilosophisch zurückgelehnte Geste leisten zu können, mit der er erklärte, der Niedergang des Liberalismus als Idee sei bei weitem nicht so dramatisch, wie es die Auflösung der liberalen Parteien vielleicht vermuten lasse.[76] Was ihm statt dessen zur Durchsetzung liberalen Denkens vorschwebte, war die Vision einer im Gewand liberaler Wahrheit autoritativ auftretenden Vernunft.

Noch bevor man in ihm den Liberalen hervorkehrt, müßte man ihn daher eigentlich einen die Feder führenden Freiheitskämpfer nennen. Trugen seine publizistischen Werke, einschließlich der aus den ursprünglichen Artikeln edierten Anthologien, oft schon im Titel den Begriff und das Pathos der Freiheit offensiv vor sich her, so hat er dem gegenüber seinen Liberalismus vergleichsweise selten begrifflich explizit gemacht, wiewohl er das ihm allseits angetragene Etikett des Liberalen stets gern akzeptierte und kultivierte. Nur in den fünfziger Jahren ist der Begriff 'liberal' (und seine Derivate) in seinen Schriften verstärkt titelgebend geworden, und auch dies nur vorübergehend und keineswegs textgestaltend. Diese Häufung ist mithin vor allem als Ergebnis seiner gedanklichen Umstellung auf die neuen weltpolitischen Rahmenbedingungen im einsetzenden Kalten Krieg zu werten, und in der Tat hat er mit deren Abschluß publizistisch schärfer und ausdauernder als je zuvor wieder zur offenen Agitation zurück gefunden. Dafür lag freilich der Begriff der Freiheit näher als ein inzwischen unterkühlter Gattungsbegriff, der immer sogleich auch nach Systematisierung und analytischer Durchdringung verlangt hätte.

Auch spielt es in diesem Zusammenhang eine Rolle, daß in Madariagas Primärsprachen die Freiheit *(libert-ad/-y/-é)* und die Derivate des Wortes 'liberal' morphologisch enger beieinander liegen als im Deutschen – gerade bei einem sprachverliebten Schriftsteller mit starkem Hang zur mehr als nur beiläufigen Pointe kann dieser Aspekt gar nicht hoch genug bewertet werden. Madariaga war sich des sprachästhe-

---

76 Vgl. Madariaga, Die Krise des Liberalismus (Weltpolitisches Kaleidoskop), 198f.

tisch überformten Charakters seines Denkens und Schreibens auch selbst durchaus bewußt, nicht zuletzt wenn er sich als „[v]ery much alive from my earliest days to the value of words and to the beauty of neatly shaped sentences" bezeichnete.[77] Mitunter führte ihn aber diese etwas zu eng am Klang oder am einzelnen Wort klebende Herangehensweise an Fragen auch konzeptioneller Natur in die Irre.

Eine besonders anschauliche und zugleich für sein gesamtes Denken prägende Fehlverwendung, die sich aber leicht um weitere Beispiele ergänzen ließe, ist die Verwischung der Begriffe von Kraft und Gewalt in seinen auf Deutsch verfaßten Beiträgen. Wo er im Spanischen von *fuerza* bzw. im englischen oder französischen von *force* sprach, glaubte er, im Deutschen mit physikalischem Zungenschlag *Kraft* sagen zu müssen, konnte damit aber nicht, wie in den drei anderen Sprachen, zugleich auch auf die sehr wohl mit gemeinte Konnotation zurückgreifen, für die man im Deutschen das Wort *Gewalt* braucht. Umgekehrt fließen im deutschen *Gewalt* zwei Konzepte (*Macht* und *Gewalt* im engeren Sinne) in einem Homonym zusammen, die andere Sprachen klarer voneinander scheiden – also etwa *power* und *violence* im Englischen, *poder* und *violencia* im Spanischen. So waren es wohl solche über die Sprachgrenzen hinweg verschieden weit reichenden Überlappungen entsprechender semantischer Felder, die auch den in englischer wie deutscher Sprache gleichermaßen skurrilen Exhortationen Madariagas zum Thema Moral zugrunde lagen.

Im obigen Beispiel läßt sich die kognitive Wurzel des Irrtums sogar noch weiter zurückverfolgen. Im Spanischen steht *fuerza viva* für kinetische Energie, kann aber zugleich, in ganz wörtlicher Übersetzung, auch 'lebendige Kraft' bedeuten. Obwohl er explizit über die Gleichsetzung des Lebens und der Bewegung auch unbelebter Materie reflektierte, blieb Madariaga doch gedanklich in dieser Homonymie der spanischen Sprache gefangen.[78] Für ihn war der Begriff der kinetischen Energie, den Physiker im Reich der unbelebten Materie quantitativ auf die Formel $F = \frac{1}{2}mv^2$ bringen (er selbst gab die Formel verbal wieder), letztlich das gleiche wie das, was in der belebten Welt jenen Einfluß bezeichne, den der Einzelne vermittels seines Wesens oder Seins in Qualität wie Quantität auf die Gesamtgesellschaft als Ganzes ausüben könne. Auch dies nannte er *fuerza viva*. Hier liegt die Wurzel für all seine Versuche, das Funktionieren der Gesellschaft eher kinematisch denn politisch oder soziologisch zu erklären.[79]

---

77 Madariaga, Shakespeare, 83.
78 Die Homonymie zwischen 'kinetische Energie' und 'lebendige Kraft' funktioniert auch im Französischen. Sie findet sich, verbal mit Gleichheitszeichen versehen, auch im Werk Poincarés, dessen Mathematik-Vorlesungen Madariaga als Student in Paris gehört hatte; vgl. Jules Henri Poincaré, *Wissenschaft und Hypothese*, autorisierte deutsche Ausgabe mit erläuternden Anmerkungen von F. und L. Lindemann, Leipzig 1906, 218. Es ist wahrscheinlich, daß er den Gedanken von dort übernahm.
79 Vgl. Salvador de Madariaga, La cantidad de ser, in: ABC, 22-IX-1978.

5.3 Zugänge zu Madariagas Liberalismus 215

Will man noch einen Schritt weiter gehen, dann kann man Madariagas spanische Herkunft auch zur Erklärung einer allgemeinen Prädisposition für solcherlei Verwechslungen heranziehen. Keine andere der großen europäischen Sprachen paßt so stark wie die spanische ihr Schrift- dem Lautbild an; was etwa dazu führt, daß aus anderen Sprachen entlehnte Wörter im Spanischen oft eine durch das fremde Lautbild bestimmte Anpassung an das Schriftbild der eigenen Sprache erfahren, das dann für spanische wie nicht-spanische Augen gleichermaßen skurril wirkt – besonders kraß etwa 'güisqui' für 'whisky'. Das berechtigt zu der Vermutung, womit sich auch der Kreis zu der oben erwähnten Einräumung Madariagas für die eigene Person schließt, daß in Spanien das Denken insgesamt stärker lautlich geprägt ist als anderswo. Auf der Basis eines solchen Hangs zur Sprachästhetik ließe sich, solange dieser ungenügend reflektiert bliebe, durchaus eine der unkritischen Übernahme von Homonymen auch in andere semantische Felder zuträgliche Tendenz behaupten.

Madariaga war aber des Deutschen Herr genug, um diesbezüglich Zufall oder eine verzerrende Wirkung fremder Übersetzung ausschließen zu können. Seine Entscheidung, auch und gerade in der deutschen und schweizerischen Presse zugunsten des semantischen Feldes um das Wort 'Freiheit' auf jenes um das Wort 'liberal' nahezu ganz zu verzichten, kann daher nicht anders als eine bewußte Entscheidung gedeutet werden. Jenseits weniger systematisierender oder selbstverortender Beiträge Madariagas, und unter Ausklammerung derjenigen, in die eine liberale Begrifflichkeit vor allem deswegen Eingang fand, weil er Bezug auf Parteien und Vereinigungen nahm, deren Namensgebung nun einmal davon geprägt war, ist praktisch nie von liberalen sondern immer von freiheitlichen Werten die Rede gewesen – ein Resultat, das im übrigen auch jenseits der nur zählenden Titelsichtung seine Gültigkeit behält. Wenn er sich doch einmal analytisch mit seinem liberalen Denken auseinandersetzte, dann blieb seine Definition dessen, was Liberalismus ausmacht, ähnlich flach wie die des von ihm hoch verehrten Gregorio Marañón, teilte dafür allerdings in gleicher Weise dessen normativ umso stärkeren Impuls. Alonso-Alegre zitiert Marañón zur Verdeutlichung einerseits mit der Binsenweisheit, Liberalismus bedeute Kern lediglich Toleranz plus eine ausgewogene Relation zwischen Mitteln und Zwecken, andererseits aber auch mit der an biblische Konsequenz gemahnenden Forderung, man müsse liberal sein, ohne es selbst zu merken.[80] Madariagas Liberalismus war aus ganz ähnlichem Holz geschnitzt. Schon früh hat er den Pragmatismus *(sentido práctico)* der britischen Liberalen geschätzt, insofern diese verstanden hätten, daß sie als Partei zwar Ideale – er sagte: eine Seele – bräuchten, damit allein aber auch nicht zu politischem Handeln in der Lage seien, wenn sie sich nicht zugleich auf eine Organisation, eine Bürokratie, einen Haushalt, also auf einen Körper der Partei

---

80 Vgl. Alonso-Alegre, *Pensamiento político*, 127.

stützen könnten. Gegen die stilisierte Polarität von Körper und Seele machte er den Gedanken der *Ein*-heit *(una sola entidad)* stark: Die Partei und ihre Ideale müßten eins werden, isoliert sei keiner der beiden Teile etwas wert.[81]

Beim bloßen Entwurf seines politischen Liberalismus blieb Madariaga indes nicht stehen. Vielmehr spitzte er ihn wieder und wieder zu einem konkret handlungsleitenden Kampfbegriff zu, der sich in normativer Tugendrhetorik unmißverständlich um politische Mobilisierung hin auf die kontinuierlich notwendige Verteidigung des liberalen Grundkonsenses bemühte.[82] Gerade wegen seiner Herkunft aus der praktischen Politik und seiner eher lockeren konzeptionellen Stützung zeichnete Madariagas Liberalismus von Beginn an ein stark voluntaristisches, fast möchte man sagen: autosuggestives Element aus, worin er seinem ebenso empfundenen Patriotismus, ja sogar seinem emphatisch teleologischen Einheitsgedanken ähnelte. Auch die Tendenz Madariagas, seinen Liberalismus mitunter zum eigenen Schaden kompromißlos zu denken und auszuleben, leitete sich klar von daher ab.

Madariaga verstand seine liberalen Ideen kämpferisch in explizit konservativer Absicht und machte sich mit seiner Version eines wehrhaften Liberalismus zum Advokaten dezidierter Intoleranz gegenüber allen politischen Tendenzen, die das liberaldemokratische System von innen her zu sprengen versuchten. Auch hier schlug sich das vermutlich diffus von ihm rezipierte angelsächsische liberale Denken nieder.[83] Ein indifferenter Liberalismus, dessen Verfechtern er das Etikett „Schönwetter-Liberale"[84] anhängte, mißverstehe den Wert der Toleranz gründlich. Wahre Toleranz bewege sich eben nicht im „Nebel des Unbestimmten", sie laufe gerade nicht auf „unbedenkliche geistige Gastfreundschaft" und Neutralität gegenüber anderen Meinungen, nicht auf das gleichgültige Hinnehmen politischer Irrtümer hinaus.[85] Anstatt sich also von einem falsch verstandenen schlechten Gewissen politisch etwa in Richtung links abdrängen zu lassen, forderte er von den Liberalen, firm die politische Mitte zu behaupten.[86] Insbesondere nach der Erfahrung des Zweiten Weltkrieges

---

81 Vgl. Sancho Quijano [= Madariaga], Orden y organización, in: El Sol, 7-XII-1924.
82 Mit dieser Normativität steht Madariagas Liberalismus in einer Linie mit dem ihn als Spanier stark prägenden Krausismus, dessen Anhänger ihn ebenfalls als eine Art 'geistigen Kampfstil' verstanden; vgl. Krauss, *Spanien*, 10.
83 Madariagas Toleranzbegriff etwa deckte sich weitgehend mit dem von John Locke; vgl. Walter Euchner, John Locke, in: Hans Rausch Heinz Denzer Horst Maier (Hrsg.), Klassiker des politischen Denkens, Bd. 2: Von Locke bis Max Weber, München 1987, 21f. In geistesgeschichtlicher Parallele steht der kämpferische Liberalismus Madariagas auch mit Leonard T. Hobhouse, der in der festen Überzeugung vom Irrtum aller anderen Weltanschauungen diesen zwar mit Toleranz begegnete, sie aber beständig zu einer Art deliberativem Kräftemessen herausforderte; vgl. Leonard T. Hobhouse, *Liberalism and Other Writings*, ed. by James Meadowcroft, Cambridge 1994, 24-36.
84 Madariaga, *Von der Angst zur Freiheit*, 250f.
85 Vgl. Ebd., 19f.
86 Vgl. Ders., *World's Design*, 210-212.

bedeute das für die praktische Politik die Pflicht zur Bereitschaft, die politische Toleranz gegebenenfalls dem wohlverstandenen Interesse an politischer Stabilität nachzuordnen:

> Ich finde, daß der Liberalismus zu weit geht, wenn er gestattet, daß die Töter des Liberalismus sich in Freiheit organisieren können und ihre Ansichten als Prinzipien verbreiten. [... E]s [ist] meine Überzeugung, daß ein liberaler Staat die Verbreitung totalitärer Ideen nicht verbieten darf, aber es besteht keine Notwendigkeit, die Ausübung totalitärer Tätigkeit zu gestatten, und infolgedessen kann er die faschistische und kommunistische Partei verbieten.[87]

Bezeichnend für die generelle Stoßrichtung seines Liberalismus ist dabei, daß Madariaga die für die westliche Zivilisation gefährlichere Kraft nicht im Faschismus, sondern auch noch und gewissermaßen erst recht nach dem Zweiten Weltkrieg vielmehr im Kommunismus ausmachte – und zwar keineswegs vor allem deshalb, weil sich der Faschismus mit seiner vollkommenen Niederlage 1945 auf absehbare Zeit historisch erledigt hatte. Vor 1939 hatte er die These vertreten, der Faschismus würde sich schon von seiner völlig inhaltsleeren Anlage her aus eigener Kraft nicht durchsetzen können, sondern benötige dafür die gewollte oder ungewollte Unterstützung durch den Kommunismus. Entweder der Antagonismus, den sich die – zerstrittene und somit politisch schwache – Linke vom Kommunismus aufzwingen lasse, oder aber der Kommunismus selbst könne in der Tendenz als Wegbereiter des Faschismus wirken.[88]

> Left alone, fascism dies a somewhat ridiculous death in all democratic countries. It is only in those in which communism threatens liberty at one end, that a counterbalancing threat to liberty appears on the other.[89]

---

87 Salvador de Madariaga, *Das Banner des Westens ist die Freiheit. Vortrag vor dem Verband der Pfälzischen Industrie und der Vereinigung der Pfälzischen Arbeitgeberverbände am 11. April 1962 in Bad Dürkheim*, Bad Dürkheim 1962, 2.
88 Vgl. Ders., *World's Design*, 231. Diese Überzeugung Madariagas rührte von den Erfahrungen im spanischen Bürgerkrieg her. Hugh Thomas etwa zitiert Madariagas „famous passage", nach der der Flügelkampf der spanischen Sozialisten den Bürgerkrieg unvermeidbar machte; vgl. Thomas, *Spanish Civil War*, 164 und 933; womit er sich auf Madariagas Spanienbuch bezieht; vgl. Madariaga, *Spanien*, 317.
89 Ders., *World's Design*, 211. Analog: „Der Faschismus ist das Abbild des Kommunismus im Spiegel der Angst. [...] Die Angst vor dem Kommunismus erzeugt erst den Faschismus, der deswegen auch als Ideologie keine Originalität für sich beanspruchen kann, sondern lediglich in Ableitung bzw. als Abglanz existiert." Ders., *El comunismo y los intelectuales*, in: A la orilla del río de los sucesos, Barcelona 1975, 126f. – Schließlich: „The political philosophy of fascism is worthless. This indeed is the point where fascism differs most from communism. We may agree or disagree with communism; but it is a respectable doctrine. [...] Fascism is a farce. Its political ideas are an incoherent mixture of Nietzsche, Machiavelli, Sorel and every possible scrap of anti-democratic nonsense", Ders., *Victors, beware*, 60. – Schon 1937 hatte

Auch nach 1945 betrachtete er die Katastrophe, mit der Hitler-Deutschland die Welt überzogen hatte, als eine nur vorübergehende Aberration in einem wesentlich umfassenderen zweipoligen Konflikt zwischen Liberalismus und Kommunismus. So gesehen sei der Untergang Hitlers nur folgerichtig gewesen, die eigentliche Gefahr habe vielmehr schon immer durch die Nachfolger Lenins gedroht.[90]

Im Lichte dessen sollte auch nicht der Versuchung nachgegeben werden, in der Interpretation der politischen Intoleranz Madariagas zu stark auf pluralismustheoretische Überlegungen abzuheben. Madariaga lagen derartige Begründungsmuster fern; seine Intoleranz war vor allem anderen eines: antikommunistisch. Nicht nur hat er mit der allgemeinen und gleichen Wahl eine wesentliche institutionelle Voraussetzung für Pluralismus rundheraus abgelehnt, sondern er stand insgesamt dem System der offenen Demokratie, in dem sich Pluralismus überhaupt nur entfalten kann, skeptisch gegenüber. Von Poppers offener Gesellschaft etwa hätte er sich kaum weiter entfernen können. Die pluralistische Lehre Harold Laskis hat er sogar explizit verworfen, und die Beispiele ließen sich beliebig vermehren.[91]

Statt dessen hat er, trotz all seiner gegenteiligen Äußerungen, seine Variante des Liberalismus selbst dogmatisch gedacht, verstand er doch, insbesondere nach dem Zweiten Weltkrieg, die Weltpolitik durchgängig als einen Kampf auf Leben und Tod der beiden großen ideologischen Lager. Seine Antwort auf die Erfahrung des Totalitarismus war daher nicht Pluralismus sondern eine Art Leistungs-Aristokratie. In normativer Zuspitzung wurde sein Einheitsgedanke sogar dezidiert antipluralistisch; antagonistische politische Interessen akzeptierte er in paternalistischem Gestus bestenfalls als eine Aberration, die es regulativ zu beseitigen gelte.[92]

Madariaga geurteilt, der Faschismus sei „an old school that fancies itself new. It probably deceived itself before it tried to deceive others into the belief that it represents the future. In its core it is the same thing all over again."; vgl. Madariaga, The 'Errors of the Left' in the Right-Left War, in: The New York Times Magazine, 25-VII-1937, 11.

90 Vgl. Madariaga, Späte Erleuchtung, in: NZZ, 1-IX-1950 und Salvador de Madariaga, Blindheit des Westens gegenüber der Sowjetunion, in: Rettet die Freiheit! Bern 1958.

91 Madariaga kannte Laski, der als ein weiterer bedeutender Vordenker des Pluralismus zu gelten hat und seine pluralistische Theorie im Großbritannien der ersten Jahrzehnte des 20. Jahrhunderts entwickelte, aber er schätzte ihn ausdrücklich nicht. So schrieb er in seinen Memoiren über die Seminare, die er neben seiner Oxforder Lehrtätigkeit den Sommer über in Genf abhielt, alle jene Schüler, die von der *London School of Economics* kamen, „trugen den Stempel jener brillianten Plaudertasche Harold Laski. Er war ein Mini-Philosoph, ein Mikro-Nationalökonom [...] voller geistreichem Überschwall"; vgl. Ders., *Morgen ohne Mittag*, 146-148, Zitat 147.

92 Vgl. Ders., National Sovereignty, in: Viscount Samuel (Hrsg.), Spires of Liberty, London 1948.

5.4 Madariagas politische Anthropologie

BEGRIFF DER PERSON. – Wie jedes Gedankengebäude, das ernsthaft das Etikett liberal für sich beansprucht, nahm auch Madariagas Liberalismus seinen Ursprung vom Primat des autonomen Individuums und der unbedingten Wertschätzung seiner Freiheit her, kannte er den Respekt vor individuellen Grundrechten. Er sah sich damit direkt an die beiden Theoriestücke anknüpfen, die zusammen für ihn das Fundament aller abendländischen Tradition ausmachten. Die Kultur des modernen Westens, also wesentlich die Europas und der USA, gründete sich für ihn einerseits auf die Freiheit des Geistes, für die Sokrates den Schierlingsbecher geleert hatte, und die durch das Christentum schließlich noch um die Freiheit des Willens ergänzt wurde. Ebenso wäre der Westen für ihn gänzlich undenkbar gewesen ohne den unbedingten Respekt vor dem Menschen als einer je individuellen Person, der umgekehrt zunächst durch die jüdisch-christliche Religion als Glaube an den göttlichen Funken im Menschen in der Welt verankert, später dann aber (nicht zuletzt über die Rückvermittlung der erneut rezipierten griechischen Antike) auch philosophisch-säkularer Erklärung zugänglich geworden sei. Dieser durchaus nicht neue Gedanke gewann bei Madariaga vor allem während des Kalten Krieges an Prominenz, in dem er wiederholt die maßgeblich europäisch geprägte Kultur des freien Westens als dem kommunistischen Gegenentwurf überlegen darstellte.[93]

Die Wirkung dieser beiden Traditionslinien entfaltete sich dabei keineswegs als ein bloßes Nebeneinander. Vielmehr sah Madariaga schon historisch zwischen ihnen ein immer wieder befruchtend-restriktives Wechselverhältnis, beispielhaft etwa in der Beziehung zwischen Religion und Wissenschaft. Durch das Christentum sei „der sonst unmenschlichen Neutralität der sokratischen Forschung" eine Grenze gesetzt worden; Madariaga fand hier, wie so oft, das Ideal in einem ausgewogenen Gleichgewicht verkörpert. Er begrüßte denn auch das Aufscheinen der Grenzen der modernen Naturwissenschaft als das glückliche Ende einer Periode, in der diese über Gebühr in die Sphäre der Religion interveniert, während zuvor in der Inquisition die Religion umgekehrt das nämliche getan habe. Seine eigene Zeit nahm er als erstmals wieder im glücklichen Einklang beider Überlieferungen befindlich wahr.[94] Er selbst, ganz in

---

[93] Mit explizitem Hinweis auf Thomas von Aquin als dessen Ursprung findet sich dieser Gedanke erstmals umfänglich ausgearbeitet in Salvador de Madariaga, *Europa. Eine kulturelle Einheit*, Brüssel 1952, 9-18. Thomas habe dem Christentum gleichsam architektonisch ein klares, sokratisch beeinflußtes Gedankengebäude verliehen – und so eine ursprünglich kleinasiatische Religion europäisiert, die nunmehr Herz *und* Verstand anspreche; vgl. Ebd., 15. Auch in späteren Schriften tauchte dieser Gedanke immer wieder auf; vgl. Ders., Was ist Europa? in: Weltpolitisches Kaleidoskop. Reden und Aufsätze, Zürich / Stuttgart 1965, 129; sowie Ders., Streit im Rettungsboot, in: Rettet die Freiheit! Bern 1958, 91 und Ders., Schwächezeichen im Westen, in: Rettet die Freiheit! Bern 1958, 117.

[94] Vgl. Ders., *Europa*, 12-15.

der solcherart dual verstandenen Tradition zu Hause, changierte in seinem Denken stets zwischen jenen beiden Linien.

Vom christlichen Pol der so umrissenen abendländischen Tradition her, aber eben nicht notwendig im engeren Sinne in religiöser Begründung, postulierte Madariaga das Individuum politisch als den nicht nur letzten, sondern überdies einzigen wirklichen Zweck. Alle politischen Institutionen, und unter diesen insbesondere der Staat, seien zuallererst von Menschen geschaffen und ihnen schon insofern nachgeordnet. In Anerkennung der empirischen Tatsache aber, daß Institutionen nach ihrer Erschaffung dennoch unausweichlich ein Eigenleben zu entwickeln beginnen, fixierte er diese Feststellung auch normativ: Institutionen, und wiederum insbesondere der Staat, sollen den Bedürfnissen der Menschen angepaßt sein und nicht umgekehrt.[95] Er folgte hierin erklärtermaßen auch Kant, für den der Mensch der einzig mögliche Zweck an sich, Werte und Institutionen (zum Beispiel der Staat) aber seine Schöpfungen, also gerade keine Zwecke an sich seien:

> The principle laid down by Kant remains unchallenged, if it is fairly, i.e. adequately, interpreted. Man *is* an end in himself, for the simple reason that there is nothing else that can be an end. It is sometimes argued that the ends in themselves are the values: Truth, Beauty, Goodness. But these values are but forms of thought: of whose thought? Of the only being we know who can think: man. There is nothing outside of man. It is only through him and in him that Truth, Beauty, and Goodness have any sense; only by him that they can be served or betrayed. It is only in man that the spirit manifests itself. [...] The individual has therefore this title to finality, that he is the only claimant to finality there is. Other claims have been made – the values, the State – but they are the creations of man, and their claims are creations of man also.[96]

Das Zitat ist einer der neuralgischen Punkte innerhalb eines Kapitels, in dem Madariaga die Grundprinzipien seines Gesellschaftsentwurfes ausbreitet.[97] Es entstammt einer längeren Passage, die stark vermuten läßt, daß Madariagas Denken auch über diesen direkten Verweis hinaus Anstöße durch Kant erfahren hat. Person etwa ist für Kant, wer mit praktischer Vernunft und dem Bewußtsein der Freiheit seiner Willkür ausgestattet ist, wobei freies Handeln ausdrücklich auch die Möglichkeit von Verstrickung in Schuld mit einschließt.[98] Madariaga ging mit dieser Auffassung vollkommen konform, jedes der drei Kriterien läßt sich in unmittelbarer Nähe zum

---

95 Madariaga, *Anarchy or Hierarchy*, 77f. und 128f.
96 Ebd., 79; Hervorhebung im Original.
97 Das Kapitel trägt den Titel 'The Principles of Unanimous Organic Democracy'; vgl. Ebd., 77-153.
98 Vgl. Walter Kern und Hasso Hofmann, Art. 'Person', in: Staatslexikon. Recht – Wirtschaft – Gesellschaft, hrsg. von der Görres-Gesellschaft, Bd. 4, Freiburg / Basel / Wien 1995, 330.

obigen Zitat bei ihm ebenso nachweisen. Gleichwohl zeigt sich bei vergleichender Lektüre auch anderer Stellen in seinem Werk, daß sein Begriff vom Individuum mit dem Personbegriff Kants nicht zur Deckung zu bringen ist, daß er im großen Schwung seine gedankliche Nähe zu Kant etwas überschätzt hat. Es kann nicht übersehen werden, daß Kant in seiner Begründung der unbedingten Würde des Menschen transzendental, er hingegen nur politisch-instrumentell und zudem beinahe solipsistisch argumentierte.

Zumindest als Abglanz findet sich jedoch auch bei ihm die kantische Figur von der Autonomie des vernunftbegabten Menschen, denn erst das Eigenbewußtsein konstituierte für ihn die Person als solche: Zwar sei das Individuum das Maß aller Dinge, ohne das entsprechende Eigenbewußtsein allerdings sei es nichts. Ohne diese Prämisse wäre eine konsistente Interpretation der politischen Anthropologie Madariagas, ja seines politischen Denkens insgesamt unmöglich. Allerdings drang er nicht bis zur eigentlichen Crux, also der ausschließlich vernunftgeschuldeten Anerkennung des jeweils Anderen als Basis der unbedingten Würde des Individuums bei Kant vor. Das Anerkennungsproblem stellte sich ihm als solches gar nicht, weil er es in seinem Argumentationsgang bereits als gelöst betrachtete, bevor es überhaupt in vergleichbarer Schärfe wie bei Kant virulent werden konnte. Insgesamt näherte sich sein Theoriestück vom Eigenbewußtsein bei Licht besehen nicht so sehr Kant, als in seiner stark teleologischen Ausformung vielmehr Hegel an.[99]

Insgesamt ist Madariagas Kantbezug in der Begründung der Würde der Person wohl am besten dahingehend zu verstehen, und zumindest insofern auch durchaus gerechtfertigt, daß er hier emphatisch die im Argumentationsgang Kants aufscheinende Möglichkeit aufgegriffen hat, den unbedingten Respekt vor der menschlichen Person zwar aus der christlichen Tradition heraus, letztlich aber doch ohne jeden Rekurs auf Gott begründen zu können. In seinem Duktus spiegelt sich in der Würde der Person denn auch eine bestenfalls sublimierte Religiosität, viel stärker jedoch ein säkular-kantisches Verständnis wider:

> The humblest citizen of the humblest nation has finality; the proudest empire on earth has not. A man in whatever station he lives has in him that before which all other men must stand with respect: an unmovable destiny, a destiny the background of which, for all the most cocksure of us know, may go far beyond the limits of this life and rise far above the giddiest heights our mortal eyes can behold. [...] Of all the products which human humbug has elabora-

---

99 Allerdings bezog er seine These, das eigene Selbst müsse zu seinem Bewußtsein finden, gerade dort, wo sie hegelianisch anmutet, eher auf die Nation als auf das Individuum. Eine noch engere Entsprechung fand seine Überzeugung, die Person definiere sich als solche primär über das eigene Bewußtsein, eine Person zu sein, vor allem in Unamunos anticartesischem Diktum *(sum, ergo cogito)*; vgl. dazu Valdés, Esquema, 44.

> ted, none more solemn, dangerous, and empty than the 'historical missions' which have at one time or another been attributed to certain nations by those who write history as the Lord's private secretaries.[100]

Der Begriff vom Individuum-in-Gesellschaft, den Madariaga zur Beschreibung des Mischwesens Mensch prägte, steht eigentümlich zwischen Aufklärung und jüdisch-christlicher Tradition. Wo das Individuum der Aufklärung um seine Autonomie erst noch vermittels seiner Vernunft zu ringen hatte, tritt auf der anderen Seite die Person als mit einer säkular unhinterfragbaren Würde ausgestattet auf, die ihr schon in ihrer Kreatürlichkeit, also in ihrer jeweils einzigartigen Erschaffenheit nach dem Ebenbild Gottes zukomme.[101] Dabei geht es gerade nicht um einen an Rechte geknüpften und im Reich der Vernunft sich konstituierenden Personbegriff wie etwa bei Kant oder Hegel. Der primär entlang theologischer Muster hergeleitete Personbegriff ist gerade frei von qualifizierenden Vernunftbedingungen. Freilich ist auch die so verstandene Person nicht aller mit ihrer Freiheit verknüpften Verpflichtungen ledig; wie die Vernunftsperson, so sieht auch sie sich mit Abrechenbarkeit konfrontiert – allerdings verjenseitigt statt unmittelbar. Ein so verstandener Personbegriff läßt sich hervorragend als ideologische Offensivwaffe einsetzen. Wem sein personales Sein von Gott gegeben ist, der hat nicht nötig, sich (außer vor Gott) für seine Existenz zu rechtfertigen. So konnte Madariaga die Begründung von Freiheit, die allem allein an die Bedingung der Vernunft rückgekoppelten Denken so schwer fällt, einfach mit dem Postulat übergehen, Freiheit sei ein angeborenes oder instinktives Charakteristikum des Individuums-in-Gesellschaft. Das Warum der Freiheit wurde von ihm dann höchstens noch im Rahmen des Theodizeeproblems oder anhand der Frage nach der Möglichkeit einer Selbstbindung Gottes reflektiert – ohne daß er dadurch auch nur einen Bruchteil vom normativen Impetus des aus seinem Postulat entwickelten freiheitlichen Denkens eingebüßt hätte.[102]

Für Unamuno war ein jedes Ich, dem die Verschmelzung mit Gott, dem Schöpfer und Umfasser aller Dinge, mithin das Erreichen des *estado auténtico del yo* gelingt, unverwechselbar und einzigartig, ja seinerseits heilig gewesen.[103] Bei Madariaga lebte ein Abglanz dieses Gedankens fort, und zwar weit weniger pessimistisch als bei Unamuno, für den das authentische Ich immer, auf existentiell als tragisch empfundene Weise, auch gleichbedeutend mit der Erkenntnis seiner irdischen Endlichkeit blieb.[104] Die von Unamuno implizit doch noch vor die unbedingte Würde des Men-

---

100 Madariaga, *Anarchy or Hierarchy*, 82.
101 Vgl. Madariaga, España – Nación universal (Manuskript, 16-I-1935), in: MALC 292.
102 Vgl. Madariaga, La envidia, in: ABC, 5-X-1969; Madariaga, Que sí creo en Dios, in: ABC, 9-II-1969; Madariaga, Gracia y justicia, in: ABC, 14-XI-1978.
103 Vgl. Valdés, Esquema, 51.
104 Vgl. Ebd., 45.

schen gesetzte Prüfung entfiel bei Madariaga ebenso wie die kantische Qualifizierungsbedingung der Vernunft. Für Madariaga leitete sich die Würde des Menschen allein ontisch von seiner Kreatürlichkeit und nicht von der erst zu erreichenden Verschmelzung mit dem Bewußtsein des Schöpfers her. Leicht ist darin die liberale Abgrenzung des Individuums-in-Gesellschaft gegen die Ansprüche des Kollektivinteresses im totalitären Denken erkennbar. Just nach dem gerade niedergeschlagenen Versuch der Errichtung eines tausendjährigen irdischen Reiches war es erneut das christliche Element – der göttliche Funke im Menschen, vor allem aber die Idee des ewigen Lebens nach dem Tod – mit dem Madariaga die Würde des Individuums und seinen Charakter als Zweck an sich einforderte:

> [...] we need not believe in life after death [...] with a sure faith. Doubt is enough. That mere doubt, that mere chance of a life beyond or within this, a life of which this might be but the surface or the shell, is enough to kill totalitarianism. For, high as we may put the claims of the community, what are they next to those of eternal individual life? Where is the Roman Empire now and where is Babylon? But all men that have been are still if there is a life eternal – and the mere chance of it must make us pause. So that in the meanest man that breathes there is that which must command respect from the mightiest State.[105]

Völlig unzweideutig entwickelte er in seinem ersten großen Nachkriegswerk die Polarität von Individuum und Gesellschaft als einen Reflex auf den gerade beendeten totalitären Exzeß: „The first task of modern liberalism is to re-state the right of the individual to be considered as an end in himself on the same footing as the community."[106]

Im zweiten Schritt allerdings machte er die „Annäherung an Gott" dann doch zu einer Verpflichtung, die den Menschen – obgleich irdisch von keiner Instanz einklagbar – nicht nur religiös sondern auch moralisch binde. Zusammen mit der dem Individuum ebenso aufgegebenen Selbsterkenntnis machte sie für ihn den doppelten Zweck des Menschen aus.[107] Fern von jeglichem religiösen Bekehrungseifer aber, und auch in der eigenen Religiosität keineswegs frei von Zweifeln, kritisierte er an der atheistischen Position lediglich, daß mit dem Verzicht auf Gott eben jener Anker wegfalle, an dem das Individuum auf dem Wege der Autopoiesis (s)einen Sinn des Lebens festmachen kann:

---

105 Madariaga, *Victors, beware*, 78.
106 Ebd., 77.
107 Vgl. Ders., *Von der Angst zur Freiheit*, 137.

Atheism, which Madariaga sees as being a result, in part, of religion's being replaced by science, has condemned man to solitude. Without God, there are no norms, no rules, no regulations, no liberty.[108]

Von dieser ursprünglich theologischen Folie haben sich auch agnostische oder atheistische Varianten des Personbegriffs nie ganz freimachen können. Selbst nichtgläubige Personalisten haben im Konsens mit ihren religiösen Bundesgenossen, gleich welcher der christlichen Konfessionen diese angehörten, immer die Überzeugung geteilt, im Personbegriff sei dem christlichen Element der praktisch bedingungsfreien kreatürlichen Menschenwürde gegenüber dem von Sokrates herrührenden und schließlich in die kühle Rationalität der Aufklärung mündenden Stolz einer vergeistigten Todesverachtung der Vorrang einzuräumen.[109] Anders als das Rechtssubjekt der Aufklärung, und dies ist das entscheidende Motiv des Personbegriffs, den auch Madariaga zugrunde legte, verliert sich die „Person aus Fleisch und Blut", die „in die Geschichte verwickelt und von unabschließbaren Konflikten gekennzeichnet"[110] ist, nicht in einer amorphen Masse zwischen Abertausenden Individuen, die allesamt ebenso isoliert wie gleichberechtigt sind. Ausgehend von Schleiermacher, der als erster von Personalismus sprach und damit eine Person meinte, die sich begrifflich mit den Attributen Besonderheit und Geselligkeit gegen das von der Aufklärung und dem Gleichheitspathos der französischen Revolution herrührende vereinzelte Individuum stellte,[111] wurde auch und vor allem in Deutschland dem im modernen Individuum immer inhärenten Universalismus ein differenzierendes Moment zur Seite gestellt, das nicht notwendig antiaufklärerisch gemeint sein mußte, wohl aber romantisch-organizistische Denkformen begünstigte. Wenn hier gegen den Mechanismus der austauschbaren Teile mit dem Begriff der Person ein Denken in Ausdifferenzierung, Kooperation und Gemeinschaft Raum griff, dann blieb es für seine weitere – progressive oder konservative – Ausgestaltung zunächst offen. Aufklärung

---

108 Borrás, Synthetic Vision, 94; wo zudem Madariagas Spätwerk *Dios y los Españoles* mit der Aussage zitiert wird, der Atheismus habe das Potential, die menschliche Person vollkommen zu zerstören. Selbst den Menschenrechten fehle das Fundament, solange der Mensch nicht als ein Kind Gottes gedacht werde.

109 Vgl. Thomas Keller, *Deutsch-französische Dritte-Weg-Diskurse. Personalistische Intellektuellendebatten der Zwischenkriegszeit*, München 2001, 72f. Madariaga machte die gleiche Überzeugung explizit, wenn er davon sprach, in der abendländischen Tradition habe die von Sokrates herrührende streng wissenschaftliche Kälte eine Abmilderung durch die Wärme der christlichen Nächstenliebe erfahren; vgl. Madariaga, *Europa*, 9-18.

110 Keller, *Deutsch-französische Dritte-Weg-Diskurse*, 74.

111 Schleiermacher bezeichnet mit Personalismus zunächst nur die Vorstellung von einem persönlichen Gott; und zwar in Abgrenzung gegen den Pantheismus. Der Personalismus mit seiner Idee der persönlichen Gottheit lege dem Universum ein eigentümliches Bewußtsein bei, die pantheistische Vorstellungsart hingegen nicht; vgl. M. Theunissen, Art. 'Personalismus', in: Joachim Ritter und Karlfried Gründer (Hrsg.), Historisches Wörterbuch der Philosophie. Band 7, Basel 1989, 338.

5.4 Madariagas politische Anthropologie

und Moderne mußten nicht rundheraus geleugnet werden wollen, wohl aber trachtete das personale Denken zum einen, deren 'Kälte' durch variabel hinzudosierbare 'Wärme', und zum anderen, deren für tendenziös gehaltenen Egalitarismus durch die Einräumung der Möglichkeit zu Besonderheit und Exzellenz zu konterkarieren.[112]

Dies galt identisch für Madariaga. Seine Anthropologie postulierte, und sein Gesellschaftsentwurf zielte normativ auf das vollkommen symbiotische Aufgehen des Individuums in einer organisch strukturierten Gemeinschaft, in der die individuelle Freiheit und das Gesamtinteresse synthetisch ineinander zu greifen hätten.[113] Die Festlegung auf eine individualistische oder auf eine kollektivistische Generalprämisse erfolgte bei ihm nicht, weil er das Wesen des Menschen als in diesem Sinne genuin komplementär begriff. Gegen den radikal-individualistischen Frühliberalismus beschrieb er den Menschen als ein Wesen, dessen gesamtes Leben und Handeln sich im Kontinuum zwischen jenen beiden Polen Individuum und Gesellschaft, niemals jedoch an einem der Pole selbst abspiele. Der Mensch als Mischwesen trete in keiner der beiden immerhin denkbaren Reinformen tatsächlich auf – weder vollständig individualisiert noch vollständig vergesellschaftet.[114]

Jenseits ihrer trivialen Auslegung verbirgt sich hinter dieser These eine der Grundannahmen des stark von organischem Denken geprägten madariagaschen Politikentwurfs. Es wäre dabei ebenso einfach wie zu kurz gegriffen, seine These vom Mischwesen Mensch durch den Hinweis als tautologisch abzutun, Idealtypen wie der vollständig individuierte oder der vollständig vergesellschaftete Mensch seien schon prinzipiell nicht realisierbar. Hier ging er allerdings tiefer, indem er ausdrücklich betonte, daß mit dem Individuum und der Gesellschaft zwei Abstraktionen miteinander konfrontiert würden.[115] Der wahre Charakter des Menschen war für ihn genuin dialektisch. Gleichzeitig scheint sich Madariaga in seiner Definition des Menschen, wie mit anderen Konzepten auch, sehr eng an die Lebensphilosophie Bergsons angelehnt zu haben. Der wahre Mensch sei eben zu verstehen als ein Individuum-in-Gesellschaft:

> We find then that it is impossible to separate the individual from the community, and that [...] they are indissolubly connected by a relation which may be described as polar. What Nature gives us is a synthetical fact: the individual-in-society. We call *individual* one of the poles of this living fact; we call *society* the other.[116]

---

112 Zu diesem Absatz insgesamt vgl. Keller, *Deutsch-französische Dritte-Weg-Diskurse*, 74-76.
113 Vgl. Madariaga, *Von der Angst zur Freiheit*, 58.
114 Vgl. Ebd., 23f.
115 Vgl. Ebd., 57f.
116 Ders., *Anarchy or Hierarchy*, 87. Sehr ähnlich: Ders., *Von der Angst zur Freiheit*, 99, sowie Ders., The Author as Citizen, in: *Essays with a Purpose*, London 1954, 33f.

Ein entscheidender Bestandteil des Menschen liege in dessen „Dispersion des Wesens *extra muros*",[117] auch wenn ein angemessenes Bewußtsein dieser Tatsache erst noch erreicht werden müsse. Diese Auffassung Madariagas ist ein schwacher aber doch deutlich erkennbarer Abglanz des Strebens hin auf die authentische Selbsterkenntnis des Ich *(el estado auténtico del yo)*, die bei Unamuno die vollkommene Verschmelzung des Ich mit der Welt – das heißt mit dem Universum, mit allem, mit Gott – bedeutete, welche selbst wiederum als ein bewußtes Wesen aufgefaßt wurde.[118]

BEGRIFF DER FREIHEIT. – Als einem erklärten Liberalen war für Madariaga die Überzeugung selbstverständlich, daß ein geordnetes Zusammenleben der Menschen auf dem Prinzip der Freiheit beruhen, daß die Freiheit eine wesentliche Konstituante einer jeglichen akzeptablen Politik sein müsse. Neben dem Frieden, mit dem er sie in einem unauflöslichen wechselseitigen Verweisungszusammenhang stehend verstand, ist Freiheit Zeit seines Lebens *die* für sein politisches Werk zentrale Kategorie gewesen. Nicht unerheblich, wenn auch aufgrund der Zielsetzung seines politischen Journalismus wenig überraschend ist es daher, daß Madariaga seinen Begriff von Freiheit verglichen mit dem, was sie als erklärende Variable in seinem Gesellschaftsentwurf leisten mußte, methodisch eher unzureichend abgesichert hat. Trotz seines sonst so ausgeprägten Dranges, die eigenen Einsichten als 'objektiv' auszuweisen, findet man zu seinem Begriff, seinem Verständnis und seiner Begründung von Freiheit nirgends auch nur einen Versuch der Verobjektivierung. Ihr Wesen und Ursprung blieben für ihn stets rein postulatorischen Charakters. Er griff, zweitens, in der näheren Bestimmung des überaus heteromorphen Begriffes auf keine der zur Klärung immerhin möglichen Referenzkonzepte zurück, etwa auf das Recht, den Staat oder die Religion. Untergliederungen des im Ganzen eigentlich kaum faßbaren Freiheitsbegriffes oder auch nur eine methodische Reflexion seines Gebrauches in politischen gegenüber sozialen Kontexten fehlen weitgehend. Obgleich sie sich in seiner Darstellung sehr wohl kontextabhängig veränderte, wollte Madariaga vielmehr Freiheit, ebenso wie Gerechtigkeit, Wahrheit und Liebe, als etwas Ausschließliches und Unteilbares verstanden wissen: Es gebe nur die eine Freiheit, als ausschließlicher Wesensbegriff dulde sie kein näher bestimmendes Adjektiv.[119] Sie wurde für ihn damit, wie für Bodin die Souveränität oder für Rousseau die *volonté générale*, zum Zentralbegriff,

---

117 Madariaga, *Bildnis*, 140; Hervorhebung im Original.
118 Vgl. Valdés, Esquema, 47f. Fast gleichlautend Madariaga: „Bewußt oder unbewußt sieht der Spanier die Welt unter dem Gesichtspunkt der Ewigkeit, und seine Orientierung im Leben ist mehr religiös als philosophisch. Daher sind die beiden Pole seiner Psychologie das Individuum und das Universum. Leben bedeutet für ihn die Einverleibung des Universums in das Individuum, die Assimilation des Alls durch den Einzelnen." Madariaga, *Spanien*, 19f.
119 Vgl. Ders., *Von der Angst zur Freiheit*, 14.

5.4 Madariagas politische Anthropologie

der nicht nur für sein gesamtes politisches Denken konstitutiv, sondern auch selbst nicht weiter ableitbar war. Es läßt sich begründet vermuten, daß es auch nie zu Madariagas Ambitionen zählte, den eigenen liberalen Standpunkt in den diesbezüglich letzten Fragen über partikulare, und damit vom Ideologieverdacht nie ganz freie, axiomatische Grundannahmen hinaus zu heben.

Mit dem Anspruch auf Unhinterfragbarkeit hat er vielmehr die Freiheit als einen direkt in die politische Anthropologie eingelassenen Begriff verstanden. Friktionen in dessen Exegese lassen sich daher nur vermeiden, wenn man akzeptiert, daß ihm Freiheit als ein dem Menschen eingeborenes und gleichsam instinktives Bestreben galt, das in seiner Selbstverständlichkeit dem physiologischen Hunger vergleichbar sei.[120] Beschrieben hat er sie jedenfalls als eine ursprüngliche und naturgegebene Notwendigkeit des menschlichen Geistes, die allen anderen menschlichen Bedürfnissen vorausgehe und sie bedinge, die dem Menschen ein existentielles Vorbedürfnis *(pre-need)* sei.[121] Als ein axiomatisches *sine qua non* ist sie für ihn nie ein abstrakter Begriff sondern immer etwas Existentielles gewesen: „Die Freiheit ist [...] das Wesen des Lebens selbst."[122] Auf kontemplativem Wege lasse sie sich weder verstehen noch objektiv begründen: „personal liberty [...] eludes definition".[123] Als solche bedürfe sie noch nicht einmal der eigenen Erfahrung, sondern sei auch von jenen immer schon verinnerlicht, denen sie zeitlebens vorenthalten wurde. Die Jugendlichen etwa, die 1956 in Budapest und 1968 in Prag vor die sowjetischen Panzer traten, hätten sehr gut gewußt, was Freiheit bedeutet, ohne sie je aus eigener Erfahrung gekannt zu haben.[124] Unbedingt sei das Bedürfnis nach Freiheit im übrigen nicht nur, weil es angeboren sei. Insofern dieses Bedürfnis überhaupt Gegenstand reflektierter Entscheidung sein könne, erfolge vielmehr auch die Entscheidung für die Freiheit unbedingt und „ohne Rücksicht auf die Folgen, die unsere Entscheidung für die andern haben wird". Die Entscheidung für die Freiheit sei immer die eines diesbezüglich unhinterfragbar souveränen Individuums.[125]

---

120 Vgl. Madariaga, *Von der Angst zur Freiheit*, 18 und 141.
121 Vgl. Ders., Über die Freiheit, in: Zuerst die Freiheit. Reden und Beiträge aus den Jahren 1960 bis 1973, Ludwigsburg [o.J.], 25; Ders., *Über die Freiheit (1970)*, 8; Ders., *Democracy versus Liberty? The Faith of a Liberal Heretic*, London 1958, 2.
122 Ders., *Von der Angst zur Freiheit*, 124.
123 Ders., National Sovereignty, 47.
124 Vgl. Ders., *Über die Freiheit (1970)*, 3 und 11f. – Analog: „Ein Arbeiter, der keine Minute seines Lebens einem abstrakten Gedanken gewidmet hat, *weiß*, daß ihm die Freiheit notwendig ist, daß sie es auch den Menschen seiner Umgebung ist, ohne daß er jemals die Begriffe 'Freiheit', 'Mensch' analysiert oder auch nur die Existenz dieser Begriffe wahrgenommen hätte." Ders., *Von der Angst zur Freiheit*, 18.
125 Vgl. Ebd., 12f.

Madariaga begriff, vermutlich in Anlehnung an Bergson, die Freiheit als eine *idée-force*, und damit erklärtermaßen als dynamisch in allem, was sie betrifft.[126] In ihrer begrifflichen Konstituierung entsprach sie für ihn der Möglichkeit zur Verwirklichung der dem eigenen Willen entsprechenden, vollkommen ungehinderten Bewegung – wobei sich durch die Sublimierung des Willens in der metaphorischen Denkfigur vom angeborenen Aktionsradius auf eigentümliche Weise deterministische mit voluntaristischen Elementen verbanden.

> Es hat den Anschein, dass eine jede Lebenseinheit einen gewissen *Lebensraum* beansprucht [...] Vögel beispielsweise werden eine Sphäre für ihren Wirkungsbereich benötigen, während andere Tiere sich mit einer Oberfläche begnügen. [...] Und so gelangen wir zu der Auffassung, die Freiheit als unmittelbar verbunden mit dem Lebensraum der betreffenden Lebenseinheit zu betrachten, solchermaßen, dass der eine das Gefäß für die andere ist, ihr Negativ, im photographischen Sinne des Wortes. Nur dann ist eine Lebenseinheit frei, wenn ihre Freiheit es ihr gestattet, den Lebensraum, der von Natur aus ihr eigener ist, zu bewohnen, in ihm zu wirken, ihn zu gebrauchen, mit einem Wort, ihn zu 'leben'.[127]

In diesem Zusammenhang ist der Hinweis Isaiah Berlins entscheidend: Auch wenn Freiheit als jenes Gebiet *(area)* verstanden werde, in dem das Individuum ungehindert handeln könne, liege Freiheitsbeschränkung nur dann vor, wenn Zwang *(coercion)* durch andere ausgeübt werde. Es wäre unzutreffend, in jedem Fall von unvollkommener Freiheit zu sprechen, in dem das Individuum durch Unfähigkeit *(inability)* im Handeln gehindert wird. Diese Überzeugung entspricht exakt dem Argument Madariagas, soziale Ungleichheit stehe für sich genommen der Rechtfertigung von Freiheit in keiner Weise im Wege; auch das von Berlin zur Verdeutlichung angeführte Beispiel, Freiheit bedeute nicht die Freiheit, zehn Fuß hoch in die Luft springen zu können, hätte er sich durchaus analog zueigen machen können.[128]

Auch die generell höhere und individuell stärker abgestufte *Qualität* seines Aktionsradius, so wieder Madariaga, hebe den Menschen aus dem Tierreich heraus.[129] Jenseits des bloß Instinktiven werde bei ihm der Freiheitstrieb zu einer Frage der Treue zu sich selbst.[130] Jedoch definiere sich der individuelle Aktionsradius nicht nur durch die generischen Merkmale der Spezies, sondern auch durch deren jeweili-

---

126 Vgl. Madariaga, *Über die Freiheit (1970)*, 5.
127 Ebd., 7-9; vgl. auch, schon etwas früher: Ders., *Bildnis*, 9.
128 Vgl. Isaiah Berlin, Two Concepts of Liberty, in: Ders. (Hrsg.), Four Essays on Liberty, Oxford / New York 1997, 122.
129 Vgl. Salvador de Madariaga, Gedanken zum Kolonialismus, in: Weltpolitisches Kaleidoskop. Reden und Aufsätze, Zürich / Stuttgart 1965, 163.
130 Vgl. Ders., *Von der Angst zur Freiheit*, 12.

ge – ebenfalls qualitativ verstandene – Ausprägung in den Individuen selbst. Bereits dabei könnten erhebliche Unterschiede auftreten:

> Wie sein Aussehen, ist dem Menschen ein Aktionsradius angeboren. Dabei dürfen wir nicht nur von dessen Größe sprechen, es geht auch um seine Qualität. Der dem Dorfschuster angeborene Radius ist kleiner als jener Winston Churchills. Der eine liegt innerhalb des Dorfes, der andere ist weltweit. Wenn wir nun Churchill mit Picasso vergleichen, sehen wir, daß beide einen Radius gleicher Größe, nämlich einen weltweiten, haben, daß aber in der Art ein großer Unterschied liegt.[131]

Sah nun Madariaga auch jene qualitativen Differenzen innerhalb ein und derselben Spezies, also die zwischen Churchill und Picasso, noch als durch Geburt determiniert, so änderte sich dies spätestens dann, wenn er in seiner theoretischen Begründung der Vermittlung individueller Freiheit mit jener der anderen Individuen der Gesellschaft auf die *quantitativen* Differenzen, also auf die zwischen Churchill und dem Dorfschuster, und damit auf die Freiheit als einen wesentlich relationalen Begriff abhob.[132]

Viele der widersprüchlichen und ihm nicht ganz zu Unrecht zum Vorwurf gemachten Thesen Madariagas verdanken sich letztlich dem Umstand, daß er die Freiheit gern auch quantitativ und als etwas Räumliches veranschaulichte. Ebenso spielten ästhetizistische Motive in seinen Freiheitsbegriff hinein, wenn er davon ausging, die Freiheit lasse sich auch auf dem Wege einer Ausdehnung der bekannten Welt steigern. Wäre Madariaga bei dem zu Recht im Reich der Ästhetik diskutierten Beispiel geblieben, wäre das wenig problematisch. So ist erst einmal nichts gegen die These einzuwenden, der Gitarrist Andrés Segovia habe mit seiner Erschließung des Bachschen Lautenwerkes völlig neue Räume geöffnet und somit nicht nur der spanischen Musikszene oder seinem Instrument, sondern der Welt insgesamt einen unschätzbaren Dienst erwiesen. Was hier jedoch, ästhetizistisch überformt, als geistiger Raum vorgestellt wurde, ist letztlich nichts anderes als der Anknüpfungspunkt für eine Analogie gewesen, die am anderen Ende die spanischen Conquistadoren in ihrem Handeln auch ethisch mit dem Argument legitimieren sollte, sie hätten – allerdings territorial – für eine immense Ausdehnung der bekannten Welt gesorgt. Ganz wie sich Segovia der ihm durch göttliche Berufung verordneten Gitarre hingegeben habe, so die gewollt pathetische Analogie weiter, so sei auch Sklaverei nicht inkom-

---

131 Madariaga, Gedanken zum Kolonialismus, 163.
132 Vgl. Ders., *Anarchy or Hierarchy*, 89.

patibel mit Freiheit, solange man sie nur als die Obhut eines großen Herren *(amo grande)* verstehen könne.[133]

Damit steht erneut der eben schon erwähnte Widerspruch im Raum: All die Apodiktik Madariagas kann nicht vergessen machen, daß er das Problem der Freiheit nicht bis in seine begründungstheoretischen Tiefen ausgemessen hat. Einmal als solche akzeptiert, genügen drei Theoriestücke, um die politische Anthropologie der Freiheit, auf der sein politisches Denken insgesamt aufruht, in ihren wesentlichen Punkten zu umreißen: die Denkfigur vom Individuum-in-Gesellschaft, die Vorstellung von Freiheit als einem eingeborenen Urtrieb, sowie die Beschränkung von Freiheit durch das Konzept eines der Mechanik entlehnten dynamischen Gleichgewichts. Madariaga überging die von ihren ersten Ansätzen bei Augustinus über die Nominalisten bis hin etwa zu Kant (und später Rawls) führende Tradition, nach der die Freiheit unmöglich in reinem Voluntarismus gründen könne, sondern noch und gerade als autonomer Wille an Recht und Ordnung rückverwiesen bleibe. Daß unumschränkter Voluntarismus als Bestimmungsgrund die Freiheit direkt in die Aporie führt, hatte schon Ockham gesehen und – für den göttlichen Willen – das Freiheitsproblem dadurch einer Lösung zuzuführen gesucht, daß er den Willen Gottes zwar als vollkommen frei, gleichzeitig aber durch sein Handeln auch als schöpferische Quelle einer Ordnung verstanden wissen wollte, durch die ihm dann doch in seinem eigenen Wirken Schranken gesetzt würden, wenngleich dadurch seine zuvor postulierte Freiheit unberührt bliebe. Freiheit vollziehe sich demnach unausweichlich innerhalb einer Ordnung, deren Ursprung sie selbst ist, „Akt und Ordnung [sind] simultan". Analog war später bei Kant „der Bestimmungsgrund der Willkür nicht empirisch, sondern das Gesetz".[134] Zwar entfiel bei Kant der Verweis auf Gott, auch seine Lösung des Freiheitsproblems war damit eine grundsätzlich andere als bei Ockham. Beiden ge-

---

133 Vgl. Madariaga, Andrés Segovia, in: ABC, 29-I-1978. – Dies ist eine Sicht des spanischen Engagements in Lateinamerika, nämlich die der Ablehnung der sogenannte *leyenda negra*, mit der Madariaga in Spanien nicht allein stand; nur fällt es zunächst nicht leicht, dies mit einem Denken in Einklang zu bringen, dem vor allem anderen das Etikett 'liberal' anhaftete. Dieser Missionarismus war jedoch für weite Kreise der (politischen wie intellektuellen) liberalen Elite im Spanien seiner Zeit so selbstverständlich – und umgekehrt korrelierte die kolonialismuskritische Sicht der spanischen Geschichte keineswegs mit einer liberal(er)en Weltanschauung –, daß er in die Darstellung einer spanischen Spielart des Liberalismus zwingend mit eingerechnet werden muß. Wann immer Madariaga apologetisch das Argument von der zivilisatorischen Erhöhung der indigenen Bevölkerung ins Feld führte, stand dabei – auch bei ihm als Atheisten – suggestiv der Wille Gottes mit im Raum, und zwar dergestalt, daß sich im Rekurs auf ihn implizit der Missionsbefehl der Evangelien nach Matthäus, Markus und Lukas mit einem im übrigen alttestamentlichen Verständnis von Religion verband. Anders ließen sich diese und vergleichbare Passagen in Madariagas Werk kaum stimmig mit dem Pathos zusammendenken, mit dem er auf die Idee der Freiheit und die Würde des Menschen abhob.

134 Hermann Krings, Art. 'Freiheit', in: Staatslexikon. Recht – Wirtschaft – Gesellschaft, hrsg. von der Görres-Gesellschaft, Bd. 2, Freiburg / Basel / Wien 1995, für beide Zitate.

meinsam ist aber der Versuch zur transzendentalen Lösung eines Problems, das nur im Transzendentalen überhaupt aufzulösen ist, und dem sich daher Madariaga unter Ausblendung alles Nichtfaktischen recht unbekümmert näherte, so er es denn überhaupt in den Blick bekam.

In der Bedeutungstrias von transzendentaler, sittlicher und politischer Freiheit, in die Hermann Krings den Freiheitsbegriff aufspaltet,[135] fehlte Madariaga eine adäquate Begründung der transzendentalen Freiheit (die für die weiteren Bedeutungen grundlegend ist) vollkommen. Zwar betonte auch er wiederholt die Anerkennung anderer als Person als einen genuinen Grundwert europäischer Zivilisation, brachte dies aber nirgends explizit mit der Begründung von Freiheit in Verbindung. Da er somit nicht auf ein metaphysisches Konzept reflektierte, das ihm eine tragfähige Begründung für Freiheitsbeschränkung liefern könnte, blieb ihm die oben genannte Aporie einer nur voluntaristisch verstandenen Freiheit erhalten. Daß es sich dabei nicht um eine versehentliche Unterlassung handelt, verdeutlichte er selbst in *Anarchy or Hierarchy*, also jenem seiner Bücher, das am ehesten mit dem Anspruch einer durchgearbeiteten Monographie auftrat:

> Bearing in mind, then, the polar relation between the individual and society, we may now venture on an examination of the idea of liberty. We know that this idea is not for us an abstract quality which we might perhaps describe as a theological or metaphysical attribute of man. No. We mean to discuss, under the term of liberty, the ambit of unfettered movements of the individual in society. It is therefore in its essence a relative idea.[136]

Nicht zufällig standen sich in seinem Freiheitsverständnis denn auch relativ unvermittelt zwei konträre Positionen gegenüber. So hat er die Freiheit des Individuums zwar, wie oben gesehen, einerseits für sakrosankt, für weder rechtfertigungspflichtig noch ohne weiteres legitim beschränkbar erklärt. Dessen ungeachtet räumte er gleichwohl ein, die Einschränkung der Freiheit des Einzelnen könne im Interesse der Freiheit anderer Individuen oder der Nation oder auch der Weltgemeinschaft sehr wohl notwendig werden.[137] Die Grundlage einer jeden Vermittlung dieser beiden Positionen wäre aber jener objektive und verallgemeinerungsfähige Bewertungsmaßstab, den er stets schuldig geblieben ist.

Madariaga hat die Notwendigkeit der Regulierung eines sonst völlig freien Spiels der individuellen Freiheiten sehr wohl gesehen, unterlief aber einerseits mit sei-

---

135 Vgl. Krings, Art. 'Freiheit', 701f.
136 Madariaga, *Anarchy or Hierarchy*, 89.
137 Vgl. Ders., Rechte des Menschen, 66-70. Vier Jahre später ließ Madariaga als die einzig legitimen Gründe für die Einengung der individuellen Freiheit „die Freiheit der anderen und die Notwendigkeit der kollektiven Ordnung" gelten; vgl. Ders., *Von der Angst zur Freiheit*, 141.

nem mechanistischen Modell vom sich automatisch austarierenden soziodynamischen Gleichgewicht seine Pflicht zu deren Begründung. Oder er delegierte sie lediglich an das Wirken nicht weiter ausdefinierter Institutionen wie etwa einer freien Presse oder einer unabhängigen Justiz.[138] Zwar postulierte er, wie schon die als Oberbegriff verstandene Freiheit, so auch ihre politischen Manifestationen wie etwa die Freiheit des Denkens, der Versammlung und der Diskussion als unbedingt notwendig für das Funktionieren einer liberalen Demokratie.[139] Eine frei gewählte Regierung, Meinungsfreiheit und Minderheitenschutz, Pressefreiheit sowie das Recht auf Kriegsdienstverweigerung gehörten für ihn selbstverständlich zur Minimalbedingung legitimer staatlicher Macht.[140] Dabei aber begründete er nur jeweils pragmatisch die Bedingungen der Möglichkeit von Freiheit, nicht jedoch Freiheit selbst.

Dabei soll keineswegs übersehen werden, daß Madariaga auch diesen liberal verstandenen Pragmatismus in jeder Hinsicht äußerst energisch vertrat. Aus seiner Position heraus schien er als dezidierter Verfechter der Pressefreiheit – vor allem, wenn sein kritischer Blick im Osten hinter dem Eisernen Vorhang zu ruhen kam – Kants Forderung nach Publizität im Staats- wie im Völkerrecht sogar noch radikalisieren zu wollen.[141] Zeit seines Lebens erinnerte er sich dabei gern an eine Episode aus den zwanziger Jahren. Sympathisierend mit der sich zu Beginn durchaus noch aufgeklärt gerierenden Herrschaft Primo de Riveras, setzte er dessen Vize, dem Marqués de Magaz, mit dem er persönlich gut befreundet war, in einem Bild auseinander, daß die Pressefreiheit eben nicht nur einen geringen Bruchteil der Bevölkerung interessiere: „Wenn Sie einen Menschen mit dem Kopf unter Wasser drücken, wird zwar nur ein geringer Bruchteil seines Körpers naß, trotzdem aber stirbt er."[142]

Jedoch wird gerade am Beispiel der Pressefreiheit auch ein eigenartiger Widerspruch deutlich, der sich in vergleichbarer Form generisch durch Madariagas gesamtes Freiheitsargument zog, und auf dessen Basis er letztlich sich selbst als den ober-

---

138 Vgl. Madariaga, *Von der Angst zur Freiheit*, 141f.
139 Vgl. Ebd., 139.
140 Vgl. Ders., *Rechte des Menschen*, 67f.
141 Vgl. Immanuel Kant, *Zum ewigen Frieden. Ein philosophischer Entwurf*, Stuttgart 1995, 49-56. Madariaga argumentierte zwar *ex post facto* und nicht wie Kant *a priori*, traf aber dessen Gedanken von der Publizität als Gerechtigkeitsbedingung recht gut: „Die beste Vorbeugung dagegen [gegen Korruption, TN] ist die Freiheit. Denn sobald Freiheit herrscht, kann die Öffentlichkeit über das, was geschieht, unterrichtet werden (tatsächlich wird sie es auch binnen kurzem), und die Schuldigen müssen heraus mit der Sprache. Die Pressefreiheit ist also eine der wichtigsten Formen der Freiheit." Madariaga, *Von der Angst zur Freiheit*, 140.
142 Ders., La libertad de prensa, in: A la orilla del río de los sucesos, Barcelona 1975, 135; als eine frühe Quelle für den Gedanken hinter diesem Bild vgl. Madariaga, La libertad, in: El Sol, 6-III-1928. An anderer Stelle schrieb er: „Die Pressefreiheit ist die Seele jedes liberalen Regimes. Ist sie nicht ausreichend, so sind die verfassungsmäßigen Freiheitsgarantien nicht das Papier wert, auf dem sie geschrieben stehen. Von der Pressefreiheit hängt praktisch jede andere Freiheit ab." Ders., *Von der Angst zur Freiheit*, 260.

sten Richter in allen Abgrenzungs- und Konfliktfragen installierte. Die Forderung nach Pressefreiheit blieb aus seiner Feder steril, er selbst nahm erklärtermaßen (und nicht ohne einen gewissen Stolz darüber) die Presse kaum zur Kenntnis.[143] Daher fiel es ihm leicht, die vermeintliche Universalität der Pressefreiheit im Nachgang sofort in ästhetisch verbrämtem Elitismus wieder einzuschränken. Selbstverständlich müsse auch die Presse kontrolliert und reguliert werden, schon um ihrem starken Hang zu (gerade auch finanziell bestimmter) Subjektivität sowie generell dem Bedarf der Masse nach minderwertiger Regenbogenpresse entgegenzuwirken. Wie für so viele andere Politikfelder schlug er auch hier als Allheilmittel eine überstaatliche Organisation vor, die sich vor allem als eine moralische Instanz zu verstehen hätte: Er wünschte sich ein föderiertes *Instituto Internacional de la Prensa*.[144]

Das zweite Argument – in seinem Gesamtwerk früher als das erste und in direkter Analogie zu einem Bankwesen entwickelt, das er durch dessen Aufstieg zu einem mehr als gleichwertigen Partner der Politik avancieren sah – ähnelte stark dem von der (Angst vor einer zu starken) vierten Gewalt im Staat.[145] Die von ihm als solche für unbedingt wünschenswert erklärte Verdrängung physischer Gewalt durch die Herrschaft der öffentlichen Meinung hielt er gleichwohl im Kontext des Kalten Krieges nicht für unproblematisch. Zum einen verhalte sich die öffentliche Meinung „like an iceberg, a huge hidden mass peaked by a small visible point, usually adorned with a cultural flag", zum anderen sei die Presse als die politische Macht hinter der öffentlichen Meinung selbst manipulierbar durch das politische System, in dem sie angesiedelt ist.[146] Damit zielte er gar nicht einmal nur auf die Zustände jenseits des Eisernen Vorhangs. Vielmehr bildete sich darin, als Reaktion auf einen gefühlten Kontrollverlust, auch gegenüber der Presse sein Bedürfnis nach stringenter Regulierung ab. Wenn er in diesem Zusammenhang halb bedauernd über die Unergründlichkeit der individuellen Beweggründe nachdachte, durch die die Möglichkeit des Urteilens über politisches Handeln stark konterkariert werde, dann entwertete er damit nicht nur seine Forderung nach Pressefreiheit, sondern bewegte sich auch insgesamt gefährlich nah am Rande liberalen Denkens.[147]

---

143 Vgl. Madariaga, *Morgen ohne Mittag*, 208 und 214f.
144 Vgl. Ders., Libertad de prensa, 137f. und 141f. Nach seinem Föderalismusmodell wäre eine solche Institution denkbar etwa als ein Dachverband, unter dem subsidiäre Institutionen von Betriebs- über Gemeinde-, Bezirks- und Landes- bis hinauf zur nationalen und supranationalen Ebene zusammengefaßt würden; vgl. dazu: Ders., *Von der Angst zur Freiheit*, 260. Umfänglicher zu Madariagas Vorstellungen von der Organisation einer freien Presse; vgl. Ders., *Anarchy or Hierarchy*, 231-236.
145 Vgl. Ders., *Victors, beware*, 115f. und Ders., *Von der Angst zur Freiheit*, 260.
146 Vgl. Madariaga, Beyond Idealism and Nationalism, in: Thought, 9-IX-1967.
147 Vgl. dazu Ders., *Anarchy or Hierarchy*, 97.

Madariaga setzte also bei Licht besehen wesentlich niedriger an als Ockham oder Kant. Seine Begründung von Freiheit (und insbesondere die ihrer notwendigen Einschränkung) mit dem Konzept vom individuell angeborenen Aktionsradius erinnert zunächst stark an den Antagonismus, den es für die anthropologisch vollständig isolierten Individuen im Hobbesschen Naturzustand zu überwinden galt.[148] Allerdings erfuhr dieser Zustand bei ihm mit der sozio-physikalischen Metapher vom dynamischen Gleichgewicht eine wesentlich optimistischere Auflösung als bei Hobbes, und in seiner Überzeugung von ihrer gleichsam naturgesetzlich gegebenen Selbstperformanz stellte er sogar dessen Vorgehen *more geometrico* noch in den Schatten.[149] Zur Freiheitsbegründung ging er nicht den Weg über die ethisch begründete Anerkennung des Anderen als gleichwertige Person, obgleich dieser sich wegen seiner Verwurzelung in der christlichen Tradition auch und gerade jenseits der Prämissen des philosophischen Kontraktualismus für ihn durchaus angeboten hätte. Das Theoriestück vom Gesellschaftsvertrag lehnte er jedoch explizit ab: „[Liberty] is not the theoretical stronghold from which man, absolute king of his volitions, gives away of his own accord to society such pieces of his self-government as he thinks fit."[150]

Statt dessen erfolgte für ihn – in seinen optimistischeren Szenarien – das wechselseitige Ausloten der individuellen Freiheit bzw. ihre jeweilige relative Beschränkung in der Suche nach dem dynamischen Gleichgewicht zwischen den verschieden starken und verschieden gearteten Ambitionen der miteinander in Kontakt und Konkurrenz tretenden Individuen, indem alle Beteiligten gleichsam durch 'schöpferische Pression' die Außengrenzen ihrer Aktionsradien reibend aneinander anpassen.[151] Wann immer er über die Freiheit nicht als von etwas Existentiellem oder Anthropologischem, sondern eher in einem technischen Sinne sprach, kehrte sie über das Problem ihrer Abgrenzung bzw. Einschränkung gegenüber dem Nächsten als politische Kategorie sowie, in seinem Konzept natürlichen Aufsteigens und Absinkens, als normativ ordnende Kraft innerhalb der sozialen Hierarchie der Gesellschaft wieder. Die Theoriestücke, vermittels derer Madariaga sein Konzept von Freiheit aus der Anthropologie heraus auf die Situation vergesellschafteter Individuen übertrug, waren zum

---

148 Vgl. Thomas Hobbes, *Leviathan oder Stoff, Form und Gewalt eines kirchlichen und bürgerlichen Staates*, hrsg. und eingel. von Iring Fetscher, Frankfurt am Main 1996, 94-98.
149 In seinem *De Homine* macht Hobbes dieses Vorgehen explizit; vgl. Ders., *Vom Menschen. Vom Bürger, Elemente der Philosophie II / III*, eingel. und hrsg. von Günter Gawlick, Hamburg 1994, 19f. und 60-63.
150 Madariaga, *Anarchy or Hierarchy*, 89; analog später vgl. Ders., *Über die Freiheit (Zuerst die Freiheit)*, 33. Daß Madariaga das Theoriestück vom Gesellschaftsvertrag, trotz aller Skepsis, bewußt zur Kenntnis genommen und sowohl hinsichtlich seiner Motivation wie auch seiner Konsequenzen verstanden hat, wird unzweifelhaft in der Einleitung desselben Bandes deutlich; vgl. Ders., *Anarchy or Hierarchy*, 16f.
151 Vgl. Ders., (ohne Titel), in: Die Kraft zu leben. Bekenntnisse unserer Zeit, Gütersloh 1963, 123.

5.4 Madariagas politische Anthropologie

einen das vom angeborenen Aktionsradius, zum anderen das der komplementären Kräfte *ambition* und *necessity*. Beide verwiesen wechselseitig aufeinander, werden hier aber dennoch analytisch voneinander getrennt, weil ersteres den interindividuellen und genuin politischen Aspekt von Madariagas Freiheitskonzept betonte, letzteres hingegen seine soziodynamische Komponente herausstellte. Grundlage dieses Ansatzes war die unverhüllte Forderung nach einer Anerkennung der gegebenen sozialen Ungleichheiten, die er mit dem auf die Möglichkeit des Ausgleichs zielenden Postulat einer vollkommenen Permeabilität der sozialen Schichten legitimieren zu können glaubte.[152] Dieses Ungleichheitsdenken mündete in seinen Entwurf einer 'organischen Demokratie', mit der er bei Licht besehen weniger ein demokratisches System denn eine Art ständischer Meritokratie mit dem Mut zur strengen Hierarchie vorschlug.[153] Nicht nur redete er erklärtermaßen einer als fair und billig verstandenen sozialen Ungleichheit das Wort, sondern er postulierte auch die Notwendigkeit von Führerfiguren für das soziale Gleichgewicht einer solchen Gesellschaft.[154]

Das Kräftepaar *ambition* und *necessity*, deren Wirken sich in Madariagas Ausformulierung auffallend eng an dem durch Machiavellis Begriffe *virtù* und *necessità* aufgespannten Raster zu orientieren schien, führte ihn zu einem überindividuellen, gleichsam soziodynamischen Begriff von Freiheit, der am ehesten als eine Art Freiheit zu ungehinderter sozialer Mobilität aufzufassen wäre – wohlgemerkt: Mobilität in beide Richtungen. In Kurzfassung hieße das: *ambition* ist der natürliche Drang bzw. das Streben des Individuums nach Aufstieg, Anerkennung und der vollkommenen Verwirklichung seiner Möglichkeiten, also danach, den ihm angeborenen natürlichen Aktionsradius in direkter Konkurrenz mit potentiell allen anderen Menschen bis an die ihm durch die eigenen Befähigungen gesteckten Grenzen auszufüllen. Diesem Drang allerdings wirkt, ähnlich der Gravitation in der physikalisch-materiellen Welt, das 'soziologische Gesetz der Schwerkraft', also die ubiquitäre Kraft der *necessity* hindernd entgegen.[155] Im Zustand des dynamischen Gleichgewichts dieser

---

152 Vgl. Madariaga, *Anarchy or Hierarchy*, 99f.
153 Vgl. Ders., *Victors, beware*, 99-106.
154 Vgl. Ebd., 95-109; oder: Ders., *Von der Angst zur Freiheit*, 125f. und 140.
155 „Necessity is to society and to the individual what gravity is to the physical world. [...] [W]ater, of its own, always seeks the lowest level. Similarly, the fact that man, unless he holds himself up with all his energy, will fall as low as he can go down to the line of want, is one of the most potent springs of collective life"; Ders., *Anarchy or Hierarchy*, 101f. Explizit vom 'soziologischen Gesetz der Schwerkraft' sprach Madariaga in Ders., Wer rettet die Freie Welt? in: Weltpolitisches Kaleidoskop. Reden und Aufsätze, Zürich / Stuttgart 1965, 68f.; auch das Konzept vom Aktionsradius hat er in direkter Analogie mit der Erdanziehung verwendet; vgl. Ders., Confusión de confusiones, in: A la orilla del río de los sucesos, Barcelona 1975, 86.

beiden Kräfte, und nur in diesem, findet das Individuum den ihm angemessenen Platz innerhalb der Gesellschaft.[156]

Freiheit bedeutete hier rein negativ: *laissez faire*, die Freiheit der Gesellschaft von jeglicher regulierenden Einmischung des Staates in die Prozesse sozialen Aufstiegs und Absinkens. Selbst die von ihm gewünschten politischen Führerfiguren würden in dieser Sicht der Dinge als Ergebnis eines Prozesses natürlicher (und gerade nicht: politischer) Selektion hervortreten. Vielmehr kam in diesem erst einmal vollkommen unpolitischen Szenario dem dynamischen Gleichgewicht zwischen *ambition* und *necessity* die Funktion zu, jenes überindividuell stabilisierende Moment beizusteuern, das den Fortbestand der soziopolitischen Ordnung sichert. Diese üblicherweise der Politik überantwortete Aufgabe sah Madariaga, mit der für ihn als jungen Mann typischen (und später kaum mehr reflektierten) physikalischen Konnotierung, im über alle Individuen der Gesellschaft hinweg integrierten Wechselspiel von Kraft und Gegenkraft als gelöst an. Zur Verdeutlichung wählte er das rollende Automobil als Metapher:

> Was ist überhaupt 'Glück'? Es ist eine Art Satisfaktion, das heißt, wenn man den lateinischen Ausdruck wörtlich übersetzt, ein Genuß, der gerade eben genügt, um den Geist zu befriedigen. Um besser zu erfassen, was der Begriff besagt, nehmen wir zunächst einen anderen, einfacheren: den des dynamischen Gleichgewichts. Stellen wir uns ein Automobil vor. Es nimmt die Kraft auf, die der Fahrer ihm verleiht, indem er Gas gibt; es muß gegen den Widerstand der Schwerkraft, der Straßenreibung und des Windes ankämpfen. Haben sich Kräfte und Widerstände in ein festes Verhältnis eingespielt, so haben wir das dynamische Gleichgewicht. Der Wagen fährt genau in der gewünschten Geschwindigkeit, und der Motor ist 'glücklich'. Wird das dynamische Gleichgewicht gestört, so bleibt der Wagen stehen oder der Motor läuft sich heiß und schmilzt das Weißblech, je nachdem ob Widerstand oder Motorenstärke das Übergewicht erlangt haben. Das menschliche Glück ist demnach das Wohlbefinden, das durch ein vollkommenes dynamisches Gleichgewicht zwischen allen menschlichen Bedürfnissen und Befriedigungen erzeugt wird.[157]

---

156 Die soziodynamische Metapher vom Sinken und Steigen der Individuen an den je angemessenen Platz innerhalb der Gesellschaft läßt sich bereits früh nachweisen; vgl. Salvador de Madariaga, *Aims & Methods of a Chair of Spanish Studies. An inaugural lecture, delivered before the University of Oxford on 15 May 1928 by Salvador de Madariaga, King Alfonso XIII Professor of Spanish Studies*, Oxford 1928, 7f. Erst in den späten fünfziger Jahren aber schien Madariaga zusätzlich sein Konzept vom freien Gebrauch des angeborenen Aktionsradius' entwickelt zu haben, um es dann in den sechziger Jahren immer wieder vorzustellen; vgl. Ders., *Von der Angst zur Freiheit*, 18; Ders., Über die Freiheit (Zuerst die Freiheit), 21f.; Ders., Europa entre el oso y el toro, in: Cosas y gentes, Madrid 1980, 100f.; Ders., Die Kraft zu leben, 123.

157 Ders., *Von der Angst zur Freiheit*, 118.

Diese Lösung sowohl des Problems vom Antagonismus der eigenen Freiheit mit der des jeweils anderen als auch des Problems der individuellen Freiheit gegenüber staatlichen Interessen und Befugnissen ist allerdings ebenso anfechtbar wie simpel und originell. Insofern sie voluntaristisch in einem strikt technischen Sinn argumentierte, lief sie letztlich auf nichts anderes hinaus als auf ein bestenfalls sublimiertes Faustrecht. Es ist bemerkenswert, daß Madariaga an der Basis seines insgesamt stark normativen Gesellschaftsentwurfs mit einem derart mechanischen Modell vom Prozeß der Vergesellschaftung und ohne jede Unterfütterung durch eine normative Ethik, die normative Kraft der Vernunft oder die legitimierende Wirkung des Rechts auszukommen glaubte. Politische Ordnung wurde für ihn nicht etwa durch politisch oder ethisch legitimierte Herrschaft erreicht, sondern dann und nur dann, wenn ausreichend viele Individuen einer Gesellschaft jeweils eine organisch gesunde Balance zwischen Freiheit und Autorität im Geiste erreicht hätten.[158]

Dem gegenüber postulierte er in pessimistischeren Szenarien drei fundamentale Widersprüche im menschlichen Zusammenleben als Hypothek einer jeden Vergesellschaftung, allerdings ohne sich der Mühe zu unterziehen, wie etwa die Kontraktualisten für deren Lösung nach den universell gültigen Präferenzmustern des Menschen zu suchen und diese in für alle verbindliche und vom Willen des Einzelnen gerade absehende Normen der Vergesellschaftung zu überführen. Erstens sei der Mensch im je eigenen Willen und Schicksal vollkommen unabhängig, müsse sich im Widerspruch dazu aber im Zusammenleben mit anderen in eine ebenso absolute Abhängigkeit begeben. Diese Selbstaufgabe blieb für ihn ein unbedingter und unvermittelbarer Widerspruch, dessen kontraktualistische Lösung via eines partiellen Verzichts auf die vorpolitischen Rechte zugunsten der dann politisch verbürgten er ablehnte. Zweitens sei die ungleiche Verteilung der natürlichen Gaben unter den Menschen göttlichen Ursprungs und führe daher die nur begrenzte menschliche Vernunft zu einem unlösbaren Neidproblem: Vermögen sich die auf Ausgleich drängenden Benachteiligten nicht durchzusetzen, wäre deren Ressentiment die unausbleibliche Folge; umgekehrten Falles aber drohe das Ressentiment der zur Mediokrität gezwungenen Begabteren. In beiden Fällen liefe ein irreparabler Riß durch die Gesellschaft. Drittens müßten sich Freiheit und Gerechtigkeit, die er denn doch als normative Universalien gelten ließ, auf eine stabile Ordnung stützen können. Dafür aber brauche es Macht (angemessener wäre hier der Begriff von Herrschaft), und die wiederum verleite zu Mißbrauch, der seinerseits Freiheit und Gerechtigkeit gefährde. Hier habe also gleichsam das Böse Pate zu stehen für das Gute. Während er nun die beiden ersten Widersprüche völlig verdrängte, hat Madariaga zur Lösung des dritten immerhin einen auf die Hegung der Macht zielenden Minimalkanon metapolitischer

---
158 Vgl. Madariaga, *Anarchy or Hierarchy*, 90f.

Forderungen angeboten: individuelle Freiheit und Demokratie, letztere definiert als Herrschaft der öffentlichen Meinung, in der die Meinungs- und Pressefreiheit gelte, eine unabhängige Justiz, sowie eine gesicherte Erziehung zu freiheitlichen und demokratischen Werten. Im übrigen aber beschränkte er sich darauf, der Politik als ein wolkig liberales Rezept gradualistisch tastende Bescheidenheit zu empfehlen. Die Lösung sei immer in der vorsichtigen Reform zu suchen, nicht in der Revolution. Statt das Unabänderbare ändern zu wollen, solle die Politik lernen, sich mit den genannten Paradoxien abzufinden und möglichst geschmeidig auf ihre Wirkungen zu reagieren: „Das Regieren besteht darin, für dieses Rätsel vernünftige und menschliche Lösungen zu finden, die sich der Zeit und dem Ort anpassen."[159]

5.5 Aggressiver Antiegalitarismus

„Man, born in the midst of plenty, groans everywhere in dire want."[160] Warum Madariaga die Einleitung zu seinem *The World's Design*, das den Grundstein für seinen eigenen Gesellschaftsentwurf legen sollte, ausgerechnet mit einer so plakativen Anspielung auf Rousseau[161] beginnen ließ, bleibt zunächst rätselhaft – hat er doch andernorts Rousseau nicht nur einen gedanklichen Chaoten genannt, der in Lateinamerika durch seinen *Émile* zur pädagogischen Bezugsfigur des sezessionistischen Denkens wurde, sondern ihn auch als den Apostel von sowohl Anarchie als auch Totalitarismus aufs Schärfste kritisiert.[162] Vor allem wandte er sich gegen dessen Figur des edlen Wilden, die er für ein idyllisches Zerrbild hielt. Kolumbus, Peter Martyr und Luis Vives, sowie Thomas Morus, Bacon und Erasmus als Freunde des letzteren, vor allem aber Las Casas und Montaigne seien gemeinschaftlich dessen Urheber gewesen, und Rousseau schließlich sei darüber zu der irrigen Überzeugung gelangt, der Mensch sei von Natur gut. Tatsächlich jedoch sei festzustellen, daß das Geistige und Höhere im Menschen bestenfalls darum kämpfe, sich angemessen gegen das Körperliche und Niedere zu behaupten. Der Erhalt der Zivilisiertheit im Einzelnen jedenfalls könne entweder durch Unterdrückung der körperlichen Triebe oder dadurch erreicht werden, die Triebhaftigkeit des Menschen als naturgegeben in das

---

159 Madariaga, La derecha, el escritor y la izquierda. Lo que hay, in: ABC, 18-III-1973.
160 Madariaga, *World's Design*, xiii.
161 Vgl. den einleitenden Satz im ersten Kapitel von Rousseaus Schrift über den Gesellschaftsvertrag: „Der Mensch ist frei geboren, und überall liegt er in Ketten." Jean-Jacques Rousseau, *Vom Gesellschaftsvertrag oder Grundsätze des Staatsrechts*, Stuttgart 1994, 5.
162 Vgl. Salvador de Madariaga, Hindernisse der Integration, in: Rettet die Freiheit! Bern 1958, 167; speziell für die Behauptung, Rousseau sei ein Vordenker des Anarchismus gewesen; vgl. Ders., *Die Erben der Conquistadoren*, 306. Madariaga erklärte das aufklärerische 18. Jahrhundert für töricht und überzog es mit der Kritik, es habe seine Vorstellungen über Erziehung von dem Chaoten Rousseau bezogen und weder die Einheit von Denken und Handeln noch die Einheit von Idee und Realität zu begreifen vermocht; vgl. Ebd., 309.

politisch-sittliche Leben einzuarbeiten. In letzter Konsequenz habe aber Rousseau, dem Madariaga im Rekurs auf seine Biographie Feigheit, Schwäche und an deren Wurzel einen überstarken Hang zum Körperlichen vorwarf, beides nicht vermocht und sei deshalb auf die Figur des Edlen Wilden verfallen, die ihm zur metaphysischen Selbsterlaubnis geworden sei. So wird verständlich, warum Madariaga in Rousseau einen Apostel der Anarchie sehen und seinem Denken vorwerfen konnte, in Südamerika nur wegen seines 'chaotischen' Charakters so erfolgreich gewesen zu sein. Indem er letzteres gerade an dessen Denkfigur von der *volonté générale* festmachte und diese für baren Unsinn erklärte, zeigte er aber, daß er das zentrale Argument Rousseaus seinerseits nicht wirklich ernst genommen oder verstanden hat.[163]

Insgesamt drängt sich der Eindruck auf, Madariaga habe seinen Rousseau bereits durch die Brille der Demokratieskepsis gelesen und somit nur ausschnitthaft wahrgenommen. Obwohl er ihn (und Bourgeois) explizit als die Väter des Gedankens vom unterstellten Vertrag zitierte, den er selbst gerade ablehnte,[164] hätte er aus seiner Sicht Rousseau in dessen Kritik an der Sozialphilosophie in der Tradition von Hobbes und Locke eigentlich zustimmen müssen. Den Vertragstheoretikern hatte Rousseau ja vorgehalten, sie verwechselten den noch isolierten Menschen mit dem schon vergesellschafteten Bürger. Individualrechte wie Freiheit und Eigentum kämen bei genauer Betrachtung dem Bürger zu, so wie auch ihre naturrechtliche Begründung eigentlich auf den Bürger und nicht auf den noch vorpolitischen Menschen ziele. Auch *gleich* seien nicht, wie in der extremen Zuspitzung bei Hobbes, die Menschen qua physischer Stärke, sondern die Bürger qua Konvention und positivem Recht. Die von seinen kontraktualistischen Vorgängern erhobene anthropologische Prämisse des Egoismus beschreibe den bereits durch Sozialisierung verdorbenen Bürger, nicht den natürlich guten Menschen, dessen Urmotiv statt dessen die auf Mitleid, genauer: die auf die Abscheu gegenüber dem Leiden anderer gegründete Solidarität sei. Mit diesem am Begriff vom Menschen ansetzenden Generalvorwurf ist Rousseau zum Vater all jenen Denkens geworden, das sich nach ihm wiederholt in anderen Konstellationen neu gebündelt hat, etwa in der deutschen Romantik oder im kommunitaristischen Lager innerhalb der an Rawls anknüpfenden Debatte – und dem sich auch Madariaga mit seinem Denken vom Individuum-in-Gesellschaft her in allen hier genannten Aspekten zuordnen läßt, ohne daß er darin allerdings jemals Rousseau als direkten Vorläufer (an)erkannt hätte.

Fest steht zwar, daß Madariagas Liberalismus einzelnen Zielsetzungen einer progressiven Sozialpolitik gegenüber durchaus aufgeschlossen war und das Rousseau-

---

163 Vgl. zu alldem Madariaga, *Die Erben der Conquistadoren*, 304-312.
164 Vgl. Ders., *World's Design*, 106.

Zitat somit partiell mit seinem eigenen Denken hätte zur Deckung gebracht werden können.[165] Fest steht jedoch ebenso, daß seine flammende Kritik am rousseauschen Gleichheitsgedanken, in direkter Verlängerung bis zu seiner Kommunismuskritik, den eigentlichen Ausgangspunkt für seinen eigenen Gesellschaftsentwurf bildete. Zieht man mit Madariaga die Linie von Rousseau her weiter aus, dann gelangt man über seine konservativ und vermutlich stark von Burke her inspirierte Ablehnung der Französischen (wie jeder) Revolution, zur Zurückweisung auch des Denkens der Jakobiner. Im Fahrwasser deren rousseauistischer Tendenz zu Nivellierung statt Abstufung, zu Quantität statt Qualität und zu Determinismus statt Freiheit sah er den ideologischen Ursprung der Doktrinen des Sozialismus und des Kommunismus.[166]

Madariaga trat demgegenüber zeitlebens als ein Verfechter der hierarchisch organisierten Gesellschaft auf, sein politiktheoretisches Werk erscheint als der kontinuierliche Versuch, die Exzellenz gegen das Mittelmaß zu verteidigen.[167] Sein alles weitere strukturierender Grundgedanke war der einer Hierarchie, in der die naturgegebenen Ungleichheiten der Menschen anerkannt und in einem organischen Politikverständnis für alle nutzbringend aufgehen würden. Seine Beispiele für derartige Ungleichheiten entlehnte er teils dem Denken der griechischen Antike; so sei etwa das Verhältnis zwischen Mann und Frau ein ebenso hierarchisches wie das zwischen Erwachsenem und Jugendlichem.[168] Daneben seien auch Talente im jeweiligen Grad ihrer Ausprägung angeboren, ihre Ungleichverteilung also reine Glückssache.[169] Insbesondere das Genie, mutmaßte Madariaga weiter, sei in seiner Erklärung wesentlich ein Gegenstand der Genetik.[170] Soziale Faktoren wie Geld und Bildung spielten demnach in der Ausprägung des jeweiligen Charakters nur die Rolle von Koeffizienten, die lediglich die ohnehin angelegten Tendenzen zu verstärken oder abzuschwächen vermögen.[171] Unter dieser elitistisch-deterministischen Prämisse stellte er bereits früh in seiner politischen Karriere fest: „the diplomat is not made but born,"[172] und konnte im Alter von siebzig Jahren rückblickend über die Entwicklung seines eigenen liberalen Standpunktes sagen:

> Als Liberaler geboren (man wird liberal geboren, so wie man blond oder mit schwarzen Haaren zur Welt kommt), bin ich doch erst später offiziell zum

---

165 Vgl. Walter Haubrich, Der liberale Spanier. Zum Tod des Ersacisten, Historikers und Politikers Salvadore de Madariaga, in: FAZ, 16-XII-1978.
166 Vgl. Madariaga, *Von der Angst zur Freiheit*, 270.
167 Vgl. Cangiotti, *Libertá rivoluzionaria*, 71.
168 Vgl. Madariaga, *Anarchy or Hierarchy*, 33-36.
169 Vgl. Ders., *Morgen ohne Mittag*, 204.
170 Vgl. Ders., *Bildnis*, 133-135.
171 Vgl. Ders., *Victors, beware*, 105.
172 Ders., *Disarmament*, 151.

Liberalen geworden: 1947, bei Gelegenheit der Hundertjahrfeier der belgischen Liberalen Partei.[173]

Madariaga lehnte folgerichtig den von Rousseau herstammenden Gleichheitsgedanken als illiberal ab. Vielmehr verlangte er, überlegene Befähigungen und Qualitäten müßten sich auch institutionell in entsprechenden Privilegien und Distinktionen von der Masse niederschlagen. Die Anpassung des demokratischen Rechts der Mehrheit an das Recht des Individuums auf Exzellenz galt ihm als etwas Selbstverständliches.[174] In diesem Sinne hatte er ja 'Ehrgeiz und Notwendigkeit' zu den beiden Triebkräften aller menschlichen Gesellschaft erklärt, deren Lähmung durch egalitär beeinflußte Gesetzgebung den von ihm wiederholt diagnostizierten Niedergang der westlichen Zivilisation ursächlich eingeläutet habe.[175] Er rechnete statt dessen fest mit beiden und machte überdies die Forderung nach ungehinderter sozialer Mobilität auf, wodurch sein im Kern ständischer Gesellschaftsentwurf eine Dynamik gewann, durch die der Sozialdeterminismus, auf den er sonst hinausgelaufen wäre, etwas konterkariert wurde.

Da er damit keine grundsätzliche Lösung für das Problem der Gerechtigkeit oder das der sozialen Frage anzubieten wußte, hat seine Position zumindest im 20. Jahrhundert den Vorwurf der Illiberalität auf sich ziehen können. Dem ließe sich allerdings entgegenhalten, daß sich der Gedanke des freien Auf- und Abstiegs zwischen den sozialen Klassen analog auch bei Lorenz von Stein fand, der nicht zuletzt auf dessen Grundlage den Sozialstaat zuerst theoretisch begründete. Dabei deckte sich das Denken Madariagas mit dem von Steins nicht nur in der konkreten Forderung nach sozialer Mobilität, sondern auch in der dahinter stehenden Absicht. Hier wie dort sollte angesichts des eingestandenermaßen unaufhebbaren Klassengegensatzes auf diesem Wege die soziale Revolution (wie sie sich bei Marx postuliert fand) zugunsten der sozialen Reform vermieden werden.[176]

Ein gesundes Verständnis von Gleichheit hat sich in Madariagas Augen letztmalig [sic!] in den Evangelien niedergeschlagen. Dem neuen und von ihm für ungesund erklärten Egalitarismus im Sinne Rousseaus aber liege ein aus einem tiefen Minderwertigkeitskomplex geborenes, grundlegendes Mißverständnis zugrunde. Anders als die ursprüngliche christliche Tradition verfolge der neue Egalitarismus ein Gleichheitsideal, das gegen die Vorstellung eines materiellen 'besser' sturmlaufe, das es nach Madariagas Auffassung so gar nicht gebe:

---

173 Madariaga, *Von der Angst zur Freiheit*, 17.
174 Vgl. Caminals Gost, *Madariaga*, 140.
175 Vgl. Madariaga, Zwang und Freiheit, in: NZZ, 31-VII-1966.
176 Zu Lorenz von Stein vgl. Michael Löbig, *Persönlichkeit, Gesellschaft und Staat. Idealistische Voraussetzungen der Theorie Lorenz von Steins*, Würzburg 2004, 141.

> The sense of equality is both old and new in our societies. The old comes from the Gospels; the new comes from Rousseau. Broadly speeking, it may be said that sound and healthy equality has its roots in the Gospels; while the unsound and unhealthy equality can be traced back to Rousseau. [...] The equality of the Gospels flowed from a pure source, free from self-seeking. Rousseau was a poor mortal, well-meaning enough, but with so heavy a load of moral defects and maladjustments in his proud, lustful and weak soul, that his doctrines were bound to conceal much dross of personal resentment. [...] The Rousselian equalitarian [...] is sarcastic and jeers at those who claim to be his betters, because deep down there still lingers in him a trace of a feeling that they *are* his betters, or at any rate, that there is such a thing as 'betters', which the Christian equalitarian simply ignores.[177]

Über diesem falschen Egalitarismus sei die Vorstellung von qualitativer Exzellenz, wie sie sich als Ergebnis ambitionierten Strebens einstelle, völlig vergessen worden – woran auch und gerade die Kirche Schuld trage, habe sie doch mit ihrer Ethik die Ambition erfolgreich ins Reich des Satans verwiesen.[178] Madariaga diagnostizierte denn auch dem 20. Jahrhundert insgesamt eine fast wahnhafte Tendenz zu hypokritischer Gleichmacherei, die wesentlich aus Sozialneid heraus jegliche Form der Hierarchie einschließlich jener sozialen Wechselbeziehungen, die schon naturgemäß hierarchischen Charakter aufweisen, einzuebnen trachte:

> Our century is equality-mad. Much of it is just snobbery upside down, a kind of resentment against those placed higher up the social ladder, which of course betrays too much respect for that very social ladder one wants to knock down.[179]

Jedwede Nivellierung aber, in deren Ergebnis soziale Zusammenhänge durch statistische Gesetze erfaßbar würden, war seinem Liberalismus zutiefst zuwider. Gegen den ökonomistischen Marxismus etwa machte er das Primat der individuell bestimmbaren menschlichen Person geltend und warf dem mechanistischen Denken der Ökonomie mit deren Vernachlässigung eine auch moralische Verfehlung ersten Ranges vor.[180] Gegen den 'doktrinären Gleichheitsgedanken'[181] brach er vielmehr

---

177 Madariaga, *Victors, beware*, 95-97; Hervorhebung im Original; vgl. auch: Ebd., 109.
178 Vgl. Madariaga, La ambición, in: ABC, 13-VI-1971.
179 Ebd., 95. Den gleichen Gedanken wiederholte er anderthalb Jahrzehnte später als Kritik an der „Tendenz, die nötige und heilsame Erneuerung der momentan herrschenden Klasse zu verwechseln mit jener völligen Beseitigung jeder herrschenden Klasse, die das Ideal der primitiven Gleichmacherei ist"; Ders., *Von der Angst zur Freiheit*, 54.
180 Vgl. Ebd., 108-114.
181 Vgl. Ders., Europa und die liberalen Grundsätze, in: Rettet die Freiheit! Bern 1958, 235.

eine Lanze für die Ungleichheit und bedauerte, daß sie im Gang der Zeit von der ursprünglichen Frage auf ein soziales Problem nur noch der Klasse reduziert worden sei und zudem die Klasse inzwischen fast ausschließlich vom Einkommen her definiert werde.[182] Einmal mehr ist es Ortega, der für die Spanier schon vor Madariaga in eindringlicher Zuspitzung darauf hingewiesen hatte, seine Trennung zwischen Masse und Elite müsse keineswegs mit den Grenzen der sozialen Klassen zusammenfallen, sondern verlaufe auch und gerade innerhalb ihrer.[183]

Durch die egalitäre Tendenz, so Madariaga, werde der Mensch stolz für austauschbar erklärt, das Irrationale und die Imponderabilia im Sozialen würden ignoriert oder bewußt ausgeblendet.[184] Damit aber sei der ursprünglich durchaus wertvolle Gleichheitsgedanke weitgehend mißverstanden und entweiht. Bereits das 18. Jahrhundert habe in seiner Vernachlässigung des gesellschaftlichen Pols des Menschen den qualitativen und organisch-geistigen durch einen nur noch quantitativen, materiell-inorganischen Begriff von Gleichheit ersetzt,[185] der nun in den Händen der Masse zum einen übermäßig emotionalisiert und zum anderen katastrophal simplifiziert worden sei.[186] Zumindest mitschuldig an dieser Entwicklung war für Madariaga der marxsche Begriff des Klassenkampfes: „Einer der schlimmsten Fehler von Marx bestand darin, die Beziehungen zwischen den Klassen mechanisch statt organisch zu interpretieren. Klassenkampf gibt es nicht, nur Klassen*spannungen*; und Spannungen sind für das Leben unerläßlich."[187] Durch die unzulässige Reduktion des Begriffes Arbeit auf das Manuelle sah er die politische Ökonomie insgesamt erheblich deformiert, was im Verbund mit einem falschen Verständnis der marxschen Theorie des Mehrwerts zu völlig ungerechtfertigtem, aber sozial hochgefährlichem Neid geführt habe. In diesem Lichte erschien ihm die antagonistische Verbitterung im Klassenkampf vollkommen fehl am Platze, der Arbeiter lehne ja nicht den bourgeoisen Lebensstil als solchen ab, sondern nur die Tatsache, daß er ihn nicht selbst pflegen könne.[188] Madariaga ließ denn auch keinen Zweifel an seiner Geringschätzung gegenüber dem vermeintlichen Ideal des *common man* an der Basis dieses neuen Gleichheitsdenkens:

> [K]einer gesellschaftlichen Gruppe, wie immer sie auch geartet sein mag, kann man ein kläglicheres Vorbild anbieten als den gewöhnlichen Mann. [...] Die zahllosen Deutschen, die von Karl dem Großen bis zu Hitler Ströme von Bier

---

182 Vgl. Madariaga, *Anarchy or Hierarchy*, 108.
183 Vgl. José Ortega y Gasset, *Der Aufstand der Massen*, Stuttgart 1949, 13 und 117.
184 Vgl. Madariaga, *Anarchy or Hierarchy*, 33-36.
185 Vgl. Ders., Half-a-century Survey, 11.
186 Vgl. Schmidt, *Spanien im Urteil spanischer Autoren*, 272.
187 Salvador de Madariaga, Studenten von vorgestern, in: Zuerst die Freiheit. Reden und Beiträge aus den Jahren 1960 bis 1973, Ludwigsburg [o.J.], 292.
188 Vgl. Ders., *Anarchy or Hierarchy*, 43-47.

durch ihre Kehlen haben rinnen lassen – was bedeuten sie in der Geschichte neben Bach, Leibniz, Goethe, Gauß und Beethoven?[189]

Dezidiert gegen jede Vorstellung vom gemeinen Mann trug er das Banner eines offensiv gleichheitsfeindlichen Aristokratismus, mit dem er den ungeduldigen und vom vermeintlichen Versagen des eigenen Volkes enttäuschten spanischen Intellektuellen wie Ortega und Baroja nahestand.[190] Sein eigener intellektueller Elitismus und seine Bevorzugung des familiär Organischen vor der als sinnentleert verabscheuten Masse deckten sich inhaltlich exakt mit dem Denken Ortegas und fielen um nichts weniger scharf aus als bei diesem, für den es völlig außer Frage stand, daß spezielle Aufgaben wie etwa die Politik spezielle Begabungen erfordern. Wo Ortega von der Unverfrorenheit der gewöhnlichen Seele sprach, die sich anmaße, das Recht der Gewöhnlichkeit einzufordern – „Die Masse vernichtet alles, was anders, was ausgezeichnet, persönlich, eigenbegabt und erlesen ist." –, da erklärte auch Madariaga, in dem Duktus, der für die von der Mentalität des *fin de siècle* geprägten Intellektuellen charakteristisch war, das ungesunde Wachstum der Masse zu einem der politischen Kernprobleme seiner Zeit. Sein Ideal, nach dem der (Geistes-)Aristokrat unter seiner Freiheit zuvorderst die Selbstverpflichtung auf den Dienst an der Gesellschaft verstehe, liest sich fast wie aus dem *Aufstand der Massen* ausgeschnitten; schrieb doch Ortega, der auserwählte Mensch sei jener, der mehr von sich fordere als die anderen.[191] Ein jeglicher Adel verpflichte zum Dienst an etwas höherem, so wie überhaupt das Leben einen Sinn erst aus seiner konsequenten Ausrichtung auf eine Sache hin erlange. Der Sohn, der nur erbe und nichts leiste, verleugne sich selbst und degeneriere.[192] Gerade den Gedanken von der Degeneration, die einsetze, sobald die Freiheit selbst oder ihre Bindung an die Verantwortlichkeit aus dem Blick gerate, braucht man bei Madariaga nicht lange zu suchen; und man muß nur die Kritik evozieren, die er im Kalten Krieg mit der gleichen Schärfe ans eigene Lager richtete, wie er sie im Vorfeld und zur Zeit des spanischen Bürgerkrieges in beide Lager geworfen hatte, um sich seinen Beifall über Ortegas Vorwurf vorzustellen, ein bloßes Sichtreibenlassen im unkritischen Glauben an den Determinismus des Fortschritts sei „die Fahnenflucht der Eliten, die immer die Kehrseite zum Aufstand der Massen darstellt".[193]

---

189 Madariaga, *Von der Angst zur Freiheit*, 54; vergleichbare Stellen sind Legion. Madariaga zitierte Henry Wallace als den Urheber der Vorstellung vom gewöhnlichen Mann als dem Protagonisten des 20. Jahrhunderts; vgl. dazu auch Ders., Half-a-century Survey, 15.
190 Vgl. Schmidt, *Spanien im Urteil spanischer Autoren*, 266 und 276f. Für Ortegas Analyse des 'gewöhnlichen' bzw. des Durchschnitts- oder Massen-Menschen; vgl. Ortega y Gasset, *Aufstand der Massen*, 56-63.
191 Für die Positionen Ortegas vgl. Ebd., 12f.; sowie für das Zitat Ebd., 15.
192 Vgl. Ebd., 66-69 und 105-108.
193 Ebd., 47.

Gegen die reine Blut- und Privilegien-Aristokratie einerseits und gegen die Demokratie andererseits zeichnete Madariaga das Idealbild der gesunden Nation, in der sich, jeweils unter Verantwortung und Selbstentsagung, die Bourgeoisie um das Funktionieren der Institutionen und die Aristokratie um den Staat und die Zukunft kümmert.[194] In dieser funktionalen Trennung schlug sich die von Madariaga immer stark gemachte Unterscheidung zwischen dem bloßen Intellekt und der qualitativ höherwertigen Intuition nieder. Vor allem aber klang damit die Unterscheidung zwischen dem *bourgeois* und dem *citoyen* an, auch wenn Madariaga den zweiten Begriff nicht explizit verwendete. Immerhin traf er recht gut das Konzept, wenn er davon sprach, daß die Aristokratie durch „den Nachweis von Vision und Selbstlosigkeit, das heißt: durch leadership" aus der Bourgeoisie hervorgehe. Umgekehrt drohe die Degeneration eines Gemeinwesens zur Plutokratie, sollte es der politischen Elite an dieser Qualifikation mangeln.[195] Die Selektion der Elite in diesem Sinne galt Madariaga als ein wesentlicher Faktor für den politischen Erfolg eines jeden Gemeinwesens; ihre Vernachlässigung habe die Erbaristokratie zunächst in die Dekadenz geführt, die sie dann mit ihrer Ausradierung durch die demokratische Welle des 19. Jahrhunderts bezahlt habe. Einzig die englische Oberschicht habe sich weiterhin auch als eine Funktions- und Führungsaristokratie, also als eine 'echte' Aristokratie verstanden.[196] Dabei ist es mehr als nur eine Randbemerkung wert, daß Madariaga neben ihrer Selektion an dieser Stelle auch die Attitüde der Aristokratie normativ thematisierte. Ganz beiläufig erklärte er, diese müsse konservativ auftreten; überhaupt sei der Konservativismus seiner Meinung nach vielfach zu Unrecht geschmäht worden.[197] Letztlich ging es ihm damit um politische Tugend (oder um

---

194 Vgl. Madariaga, Selección y decadencia (Manuskript, 15-IV-1936), in: MALC 292.
195 Vgl. ebd., „leadership" auch im spanischen Original. Ganz selbstverständlich ging Madariaga davon aus, daß der Fortschritt der Menschheit einzig durch das Wirken von Eliten zustande komme; vgl. Madariaga, *Price of Peace*, 6.
196 Mit seiner Fixierung auf England stand Madariaga unter den liberalen Spaniern nicht allein. Krauss attestiert außer ihm auch anderen spanischen Liberalen und Krausisten wie Álvarez del Vayo und Pérez de Ayala, sie hätten ihre Wahrnehmung der Gegenwart übermäßig an diesem Vorbild ausgerichtet. Das zeitgenössische England sei für sie der Kulminationspunkt jener prinzipiellen Voreingenommenheit im eigenen Weltbild gewesen, die er dem Liberalismus auch ganz allgemein unterstellt: „Die Gegenwart wird auf das Piedestal der Geschichte gehoben, und diese ist dann, genau besehen, nur noch die *Vorgeschichte*, die auf ein unverrückbares Selbstbewußtsein zuläuft."; vgl. Krauss, *Spanien*, 54. Die prinzipielle Wertschätzung Englands durch Madariaga wird nicht zuletzt deutlich in einer Vorkriegsquelle: „The centre of the picture is Great Britain. [...] [T]he British people are, in our twentieth century, the norm of the world. Everything that is going on in our dramatic days can be traced back to them. The chief forces that work in our epoch in travail are, at any rate in their modern shape, English born: nationalism, imperialism, capitalism and socialism. England is a model nation, in fact the model nation"; Madariaga, *World's Design*, 219. In genau dieser Rolle haben ihn nach dem Zweiten Weltkrieg die USA enttäuscht.
197 Vgl. Madariaga, Selección y decadencia (Manuskript, 15-IV-1936), in: MALC 292.

einen Mangel derselben), der im Übergang von der individualistischen zur gesamtgesellschaftlichen Perspektive die Solidarität entspräche. Einer der Gründe für das Problem, das er als die Krise der 'statistischen' Demokratie beschrieb und das sich seiner Meinung nach in einem auf Solidarität gegründeten organischen Gemeinwesen von selbst lösen würde, war das bourgeoise Eigeninteresse – so Alonso-Alegre, die hinter dieser Auffassung zu Recht Montesquieu vermutete.[198] In der Tat übernahm Madariaga von Montesquieu nicht nur den Vorrang der Freiheit vor der Gleichheit, sondern auch die Wertschätzung für das Konzept einer der Öffentlichkeit bzw. dem Gemeinwohl verpflichteten Aristokratie.[199] Dies und seine in der Tendenz konservative Haltung als Liberaler führten ihn wohl auch zu seinem als liberales Axiom formulierten Credo: „Durch Freiheit zum Dienen – durch Dienen zur Ordnung – durch Ordnung zur Freiheit".[200]

5.6 Undemokratischer Liberalismus

PARLAMENTARISMUSKRITIK. – Madariaga äußerte sowohl prinzipiell Kritik am demokratischen Imperativ der allgemeinen Wahl als auch von der praktischen Politik her motivierte Kritik am repräsentativen Parlamentarismus. Die allgemeine Wahl sei angemessen nur in Gemeinschaften von so überschaubarer Größe, daß in ihnen eine Öffentlichkeit des *vis-à-vis* möglich ist. Nur dort gelte das diskursive Ideal der griechischen Agora oder des mittelalterlichen spanischen *cabildo*, wo „Vorschläge, Gegenargumente, Einstellungen bis auf den Grund eingeschätzt werden [konnten], denn ein jeder kannte einen jeden."[201] Unter den Bedingungen der Moderne funktioniere dieses Instrument direkter Demokratie nicht länger, in bevölkerungsreichen Flächenstaaten müsse daher, beginnend mit einer Neudefinition des *demos*, notwendig auf andere Mechanismen als die allgemeine Wahl abgestellt werden:

> Demokratie. Schon das Wort klingt wie eine Warnung. [...] Direkte Demokratie war gut und richtig in Athen, wo sie auf einem Marktplatz versammelt werden konnte; aber in unseren Nationen von mehreren zehn und sogar hundert Millionen, werden Demokratie und Chaos Synonime *[sic]* sein, wenn wir

---

198 Vgl. Alonso-Alegre, *Pensamiento político*, 233.
199 Vgl. Madariaga, *Die Erben der Conquistadoren*, 303f.
200 In dieser Formulierung findet sich das Credo etwa in: Ders., *Von der Angst zur Freiheit*, 146 und 243.
201 Ders., *Heer und Nation*, 8. Dabei übersah Madariaga offenbar, daß spätestens durch die *Federalist Papers*, insbesondere die Artikel 9 und 10, diese Position überzeugend widerlegt und vielmehr schlüssig der Nachweis der Möglichkeit republikanischer Herrschaft (was sich ziemlich genau mit der 'Demokratie' seiner Terminologie deckt) gerade auch über ausgedehnte Flächenstaaten stringent erbracht worden war; vgl. Alexander Hamilton, James Madison und John Jay, *Die Federalist-Artikel. Politische Theorie und Verfassungskommentar der amerikanischen Gründerväter*, Paderborn u.a. 1994, 44-58.

nicht genau definieren, was wir unter *demos* verstehen. Denn Regierung durch das Volk kann nie Regierung durch den Pöbel bedeuten haben.[202]

Die zur Vermassung ausartende Mehrheitsregel jedenfalls, so Madariaga, bringe eine weitgehend verzerrte Vorstellung vom Volk und vom Volkswillen mit sich. Gerade unter dem Einfluß marxistischen Denkens habe der Begriff 'Volk' eine semantisch oft gar nicht mehr reflektierte Wandlung erfahren und bezeichne nunmehr sogar außerhalb genuin marxistischer Kreise vielfach nur noch alle Menschen unter Ausschluß von Oberschicht und Mittelklasse.[203] In der streng subsidiär-föderalen Lösung Madariagas[204] schwang auch der Versuch mit, gegen solche Tendenzen das antike Thema der Agora in die moderne Tonart des Flächenstaates zu transponieren. Der Aufstieg der Mehrheitsregel als ein auch unter einander Fremden funktionierendes Entscheidungsprinzip[205] und in seiner Folge der radikale Umschwung vom früher zumeist abschätzig beurteilten Populären hin zur neuen Vorstellung vom Volk als Souverän[206] erschienen Madariaga als eine Pervertierung des ursprünglichen Gedankens von der Demokratie, das allgemeine Wahlrecht lediglich als die Folge einer Verwechslung von Volk und Nation.[207] Das Volk sollte ihm zufolge weder auf den Thron gehoben noch mit der Nation gleichgesetzt werden. Lincolns Diktum vom *government of the people, by the people and for the people* wollte er zum Beispiel primär nicht auf das Volk, sondern auf die Nation gemünzt verstanden wissen.[208]

Durch das fortschreitende Verschwimmen des vormals strukturierten Volkes zur unterschiedslosen Masse werde auch das parlamentarische System insgesamt unmöglich gemacht: „Die heutigen Parlamente vertreten nur unorganische Massen von Millionen Menschenwesen [...] Das System ist also nicht, was es zu sein vorgibt: repräsentativ."[209] Zum einen funktioniere bereits das Prinzip 'one man, one vote' nicht im eigentlichen Sinn demokratisch, unter anderem weil die Wiederwahl der Repräsentanten beträchtlich von momentanen und lokalen Interessen abhänge.[210] Damit werde Politik wesentlich zu einem Wettbewerb nach unten, der sich den Passionen und niederen Interessen eines amorphen Elektorats an den Hals werfe. Hungrig nach Macht und ihren Folgefreuden einerseits und abhängig von der öffentlichen

---

202 Madariaga, *Heer und Nation*, 8.
203 Vgl. Ebd., 8f.
204 Vgl. Ders., Comentario amistoso, 323-334.
205 Vgl. Ders., *Von der Angst zur Freiheit*, 227.
206 Vgl. Ders., *Victors, beware*, 50.
207 Vgl. Ders., Half-a-century Survey, 12.
208 Vgl. Ders., *Victors, beware*, 52. Für das Lincoln-Zitat; vgl. Abraham Lincoln, Gettysburg Address (1863), in: Melvin I. Urofsky (Hrsg.), Basic Readings in U.S. Democracy, Washington D.C. 1994.
209 Madariaga, *Von der Angst zur Freiheit*, 59.
210 Vgl. Ebd., 222-235.

Meinung andererseits, hätten die demokratischen Führer somit im Ansehen des jeweiligen Eigeninteresses das Repräsentieren und staatsmännische Führen verlernt.[211] Der abstrakte Repräsentationsgedanke hing für ihn ohnehin einem Mythos nach, den er auf tönernen Füßen stehen sah. So führten die je verschieden sich auswirkenden Mechanismen verschiedener Wahlsysteme oder auch der willkürliche Zuschnitt von Wahlkreisen zu Zufälligkeiten, die auf Seiten der Regierenden die Möglichkeit zu gezielt steuernder Einflußnahme eröffneten und so durchaus geeignet seien, faktische Minderheiten zu herrschenden Mehrheiten zu machen.[212] Eines der Motive für seine Kritik am Parlamentarismus, an der Demokratie und am allgemeinen Wahlrecht ist zudem jenes gewesen, das seit jeher die Befürworter einer Stärkung direktdemokratischer Elemente bewegt hat. Der Wähler habe keinen Einfluß auf die Zusammenstellung der Kandidatenlisten der Parteien, die Abgeordneten seien durch den Turnus der Wahl zu einem beständigen Schielen auf ihre Wiederwahl und somit zu Kompromißpolitik gezwungen, die politischen Entscheidungsträger seien zu weit vom Wähler und seinen Problemen entfernt.[213]

Bei all dem ist einmal mehr der doppelte Hinweis angebracht, daß es sich hier um seinen Politikentwurf aus der Sicht des Regierten handelt und daß er in umgekehrter Blickrichtung durchaus in der Lage war, die politische Kaste als jeglicher Verpflichtung zu Transparenz und Rechtfertigung gegenüber dem Volk enthoben zu betrachten. Entgegen dem eben zitierten Politikentwurf einer direkten Demokratie in mehreren Stufen hätte sich in seinen Augen dann allein durch einen stärker meritokratischen Einschuß die zeitgenössische Demokratie bereits erheblich verbessern lassen.[214] Charakteristisch für das späte politische Denken Madariagas ist dann sogar eine unleugbare Sympathie für implizit autoritäre Lösungen. Der Politikbetrieb wäre demnach eine hermetisch abgeschlossene Sphäre, die wie eine *black box* zwar darauf verpflichtet wäre, unter Wahrung derer Interessen für die Gesellschaft politische Steuerung zu leisten. Hinsichtlich des Zustandekommens und, wichtiger noch: was die Begründung der einzelnen Akte dieser politischen Steuerung anginge, wäre die Politik den Empfängern ihrer Leistungen allerdings nicht rechenschaftspflichtig.[215] Daran zeigt sich, daß Madariaga trotz seiner Versuche, sie zu umgehen, sehr wohl ein waches Verständnis für die Notwendigkeit von Herrschaft hatte, sich aber bei aller Freiheitsrhetorik in Fragen der konkreten herrschaftlichen Ausgestaltung von einem fundamentalen Zweifel an der Effizienz pluralistischer und auf Interessen*ausgleich* zielender Lösungen niemals gänzlich freizumachen vermochte.

---

211 Vgl. Madariaga, *Anarchy or Hierarchy*, 49-53.
212 Vgl. Ders., *Von der Angst zur Freiheit*, 227.
213 Vgl. Ders., *Anarchy or Hierarchy*, 53f.
214 Vgl. Ders., *Victors, beware*, 99-106.
215 Vgl. Madariaga, La organización espontánea, in: ABC, 7-V-1972 und 14-V-1972.

5.6 Undemokratischer Liberalismus

Er arbeitete also mit einem Politikbegriff, der seinem eigenen liberalen Anspruch eigentlich nicht zu genügen scheint.

Offenbar hat er Politik nicht losgelöst von der Frage nach Wahrheit zu denken vermocht – mit der Konsequenz, daß er auch die Frage legitimer Herrschaft stets an den Besitz dieser Wahrheit hat knüpfen wollen. Seine späten Schriften tragen deshalb sämtlich den Stempel des Apodiktischen, während er die substantialistische Prämisse in den früheren Werken sogar noch offen diskutierte. Bereits in einem seiner ganz frühen Aufsätze verlieh er der Überzeugung Ausdruck, daß es *objektiv erkennbare* Wahrheit gebe und daß sie sich im freien Wettstreit der Meinungen immer durchsetzen werde – sein eigentliches Problem war aber schon hier der Schritt von der Philosophie und Epistemologie zur Politik, der bei ihm zur Frage wurde, auf welchem Wege man zu *verbindlicher* Wahrheit in dem Sinne gelangen könne, daß gegen sie legitimer Widerspruch oder gar Widerstand nicht mehr möglich sei. Schon hier wählte er die Form des fiktiven Dialogs und die Figur des Schiedsrichters, um diese Frage zu entscheiden: Salicio tritt als Schiedsrichter zwischen Lucinio und Raniero auf und führt schließlich beider Positionen zur Synthese. Dabei steht Lucinio für einen Parlamentarismus, der sich zur Entscheidungsfindung nicht auf die Mehrheitsregel stützt, sondern der die freie Diskussion bis zum Ziel allgemeinen Konsenses und einstimmiger Entscheidungen treiben möchte. Dahinter verbirgt sich letztlich das Konzept einer indirekten Expertokratie: Man müsse die Wahrheit nicht bis ins letzte technische Detail selbst durchdacht haben und sei dennoch in der Lage, sie instinktiv zu erkennen – spätestens, nachdem die politische Gesamtheit angemessen durch geeignete Experten unterrichtet würde. Als Gegenkonzept wird in der Figur Ranieros lediglich eine induktiv-vitalistisch-korporativistische Lösung als das direkte Pendant der Expertokratie Lucinios angeboten. Demnach gebe es für jedes Spezialgebiet allgemein anerkannte Experten, die verbindlich für alle zu entscheiden haben. Der allgemeine Konsens entstünde hier ohne Beteiligung der politischen Gesamtheit allein im Austausch der Experten miteinander, zwischen denen sich, so die Nebenthese, etwaige Konflikte im Lichte der einen Wahrheit ganz natürlich auflösen würden. Auch hier also erahnt Madariaga zwar die grundsätzliche Konflikthaftigkeit des Politischen, bekommt aber das Problem des Interesses nicht zu fassen, denn indem er seine dritte Figur zwischen diesen beiden jeweils schon für sich genommen problematischen Positionen schlichten läßt, biegt er unnötig ins Weltanschaulich-Metaphysische ab. Salicio stellt zunächst fest, es gehe beiden nicht um die absolute Wahrheit (die dem Menschen prinzipiell entzogen sei), sondern um die Frage der Universalität einer Meinung. Indem er aber fortfährt, jede menschliche Gruppe habe eine Weltanschauung und sei intolerant gegenüber der Infragestellung derer Grundannahmen, sind die mitunter ebenso antagonistischen Konflikte genuin politischen Charakters bereits übergangen worden.[216]

Ein weiteres Argument gegen den Repräsentationsgedanken hat Madariaga wohl aus eigener praktischer Erfahrung abgeleitet und ließ es – aus ungewöhnlicher Richtung – in eine Kritik der Bürokratie münden. Nach ihrer Plebejisierung durch Marx, also nach der Ausweitung des Kreises der an ihr beteiligten Akteure, erlebe die Politik nun in einem weiteren Schritt die Ausdehnung ihres Einflusses auf praktisch alle Sphären des Lebens. Durch das damit verbundene Übermaß an geforderter Gesetzgebung aber würden die gewählten Politiker im Amt zerrieben. Das Zusammenspiel von Repräsentationsprinzip und Zentralisationstendenzen konfrontiere sie mit einem nicht länger zu bewältigenden Arbeitspensum, was zu Gesundheitsschäden und zum schleichenden Verlust ihrer Entscheidungsautonomie an die Verwaltung und externe Berater führe.[217] Der von ihm schon Jahrzehnte früher behaupteten Notwendigkeit, sich hin und wieder bewußt vom Tagesgeschäft zurückzulehnen, um jenseits tagesaktueller Hektik einmal auch mit dem Blick aufs Ganze und grundsätzlich über die ihn beschäftigenden Probleme nachzudenken,[218] könne der Politiker inzwischen nicht mehr nachkommen – die häufigen Regierungswechsel seien ein Indiz dafür, daß, im Bild gesprochen, der Steuermann das Boot nicht mehr im Griff habe. Die Apotheose jener Entwicklung glaubte Madariaga 1974 in der Häufung unfreiwillig beendeter politischer Karrieren zu sehen. Die Abwahl Edward Heaths, Nixons Watergate, das Ende Pompidous, die Abdankung Brandts und der Verzicht von Bundespräsident Heinemann auf eine zweite Amtszeit (Madariaga sprach von dessen Rücktritt), der Tod Juan Peróns, der Abtritt Golda Meirs von der politischen Bühne Israels, der Tod des österreichischen Präsidenten Franz Josef Jonas, der Zusammenbruch der portugiesischen Diktatur – all diese politischen Enden bewiesen für ihn eines: „Das Amt des Regierens ist zu einer biologischen Unmöglichkeit geworden."[219] Madariaga gab hier ein klares Votum für eine Honoratiorenpolitik ab, wie sie einem liberalen Denken entspringt, das schon zu seiner Zeit eigentlich Geschichte geworden war. Dem entspricht auch seine ablehnende Haltung gegenüber dem neuen Professionalismus in politischer Beratung und Verwaltung, beides Folgen einer von ihm stets bedauerten Notwendigkeit zur Spezialisierung. Madariaga trauerte sichtlich der Zeit der Generalisten in der Politik nach, *seiner* großen Zeit, in der er als Intellektueller und Freizeit-Politiker im Völkerbund und sonst ohne wirkliches Mandat wirken

---

216 Für den gesamten Absatz vgl. Madariaga, Diálogo de la intolerancia, in: La Nación, 13-XII-1925.
217 Vgl. Madariaga, Götterdämmerung, in: Finanz und Wirtschaft, 7-VIII-1974.
218 Vgl. Salvador de Madariaga, Prämissen der Abrüstung, in: Weltpolitisches Kaleidoskop. Reden und Aufsätze, Zürich / Stuttgart 1965, 194.
219 Madariaga, Götterdämmerung, in: Finanz und Wirtschaft, 7-VIII-1974.

5.6 Undemokratischer Liberalismus

konnte. In der Tat kann die besorgte Auffassung vom Verschleiß des Politikers im Amt wohl auch als eines unter den Motiven für seine ureigene Entscheidung gegen eine fortgesetzte Karriere in der praktischen Politik gelten.

Hinter Madariagas Ablehnung der allgemeinen und direkten Wahl, und das bedeutet vor allem: hinter seiner Opposition gegen das Prinzip gleichwertiger Stimmengewichtung, stand seine unbedingte Weigerung, den Willen einer arithmetisch ermittelten faktischen Mehrheit als normativ auch für überstimmte Minderheiten bindend anzusehen. Kaum einmal wurde das deutlicher als in seinem Kommentar zur Wahl, aus der Salvador Allende 1970 als chilenischer Präsident hervorging. Geschrieben hat er diesen Kommentar drei Jahre später, kurz nachdem Allende beim Putsch Pinochets ums Leben gekommen war – und zwar mit der Grundaussage, aufgrund der begangenen Fehler sei dieser Fortgang der Dinge praktisch unvermeidlich gewesen: „und so war es sein [Allendes, TN] Schicksal, das Opfer der beiden Extreme, der Linken und der Rechten zu werden. Es war vorauszusehen, dass das Militär die Geduld verlieren würde." Die Wahl 1970 hatte nach Madariagas Darstellung für den extrem linken Salvador Allende, den extrem rechten Jorge Alessandri und den gemäßigten Radomiro Tomic ein Stimmenverhältnis von – in dieser Reihenfolge – ungefähr $3\frac{1}{2} : 2\frac{1}{2} : 1\frac{1}{2}$ ergeben, womit keiner der Kandidaten die absolute Mehrheit erreicht hatte und somit das Parlament qua chilenischer Verfassung zwischen dem nach Stimmergebnis Erst- und Zweitplatzierten zu wählen hatte. Nicht trotz, sondern gerade wegen dieses Ergebnisses hätte nun aber Madariaga zufolge Allende nicht Präsident werden dürfen, sondern Tomic Präsident werden müssen. Zur Begründung schwang er sich kurzerhand nachträglich und in deutlicher Kritik an einer in diesem Punkt explizit für unvernünftig erklärten Verfassung zum Interpreten der öffentlichen Meinung Chiles auf: Tomic wäre nicht nur die „richtige" sondern auch „die wirklich demokratische" Wahl gewesen, „eine Wahl, an der die grösste Zahl der Menschen den geringsten Anstoss genommen hätte". Immerhin sei er unter den drei Kandidaten der öffentlichen Meinung insgesamt am nächsten gekommen, denn die Extremwähler hätten ihn dem jeweils anderen Extremkandidaten vorgezogen, Tomic wäre also gleichsam zweimal Zweitplatzierter gewesen. Voll des Bedauerns nahm Madariaga prophylaktisch den Einwand vorweg, diese Überzeugung könne freilich für undemokratisch gehalten werden, ging dann aber statt einer Verteidigung gleich in die Offensive. Ein solcher Einwand würde sich überhaupt erübrigen, wäre nicht „die allgemeine politische Meinung so gründlich vom Quantitativen beherrscht". Deswegen forderte er, es müsse endlich einmal „mit dem Zahlenaberglauben aufgeräumt" werden – was ihn allerdings mitnichten daran hinderte, Allende nur zwei Absätze später selbst vorzuwerfen, er habe rechnerisch keine Mehrheit gehabt.[220]

LATENTER AUTORITARISMUS. – Immer wieder hat Madariaga der (von ihm selbst ebenso unermüdlich wiederholten) These von der Unausweichlichkeit der Probleme, die der spanische Charakter im Reich der Politik mit sich bringe, entkommen wollen. Eine der Versuchungen, denen er deswegen erlegen ist, war die aus dem *regeneracionismo* stammende Figur des eisernen Chirurgen *(cirujano de hierro)*, die bereits unter den 98ern sowie generell unter den spanischen Intellektuellen des frühen 20. Jahrhunderts einige Anhänger hatte. Getragen von kleinbürgerlichen Intellektuellen, die sich in ihrer Existenz vom kapitalistischen System zunehmend bedroht sahen und fürchteten, von dessen weiteren Entwicklungen früher oder später überrollt zu werden, die allerdings auch immun gegen den sozialistischen Reflex waren und in ihrem Selbstbild zu keiner Zeit zum Proletarismus tendierten, liebäugelte der *regeneracionismo* mit dem Bild vom chirurgisch gezielt in Politik und Gesellschaft eingreifenden starken Mann, der „mit diktatorischen Vollmachten den Volkskörper von der Fäulnis heilt und – dann wieder zurücktritt". Frei von der für die 98er typischen Verbitterung, aber mit einer vergleichbaren geistesaristokratischen Skepsis gegenüber der Problemlösefähigkeit des parlamentarisch-demokratischen Systems (oder seiner Angemessenheit für die spanische Volksseele), trat diese Variante der Spanienkritik mit dem festen Glauben an die Machbarkeit einer grundsätzlichen Regenerierung der politischen Kultur Spaniens an. Dabei stand allerdings, mit unverkennbar monarchistischer Nostalgie, ein oligarchisches Ideal im Vordergrund, auf dessen Basis auch die politisch ambitionierten Militärs Primo und Franco unter den Intellektuellen zunächst so lange einen beträchtlichen Vertrauensvorschuß genossen, bis sie offen diktatorisch auftraten.[221]

Unter diese Intellektuellen ist in beiden Fällen auch Madariaga zu zählen. Sein Vater war mit dem späteren Diktator Primo de Rivera persönlich, ja sogar sehr eng bekannt. Er selbst kannte ihn zwar nicht, wohl aber von seiner Völkerbundtätigkeit her dessen Stellvertreter, über den er erklärtermaßen versucht hat, zunächst wohlwollend auf Primo einzuwirken, später dann zumindest noch über die Entwicklung der Diktatur auf dem laufenden zu bleiben.[222] Ganz zu Beginn hatte Madariaga gegenüber dem Primo-Regime eine Haltung eingenommen, die als ergebnisoffen neu-

---

220 Vgl. Madariaga, Allende – und nachher, in: Finanz und Wirtschaft, 3-X-1973. In zwei Punkten ist Madariagas Darstellung zu korrigieren. So ist Alessandri von einem Mitte-Rechts-Bündnis als Kandidat unterstützt worden und war eigentlich sogar parteilos. Auch das Wahlergebnis war etwas anders als von Madariaga dargestellt; so entfielen auf Allende 36.6%, auf Alessandri 34.9% und auf Tomic 27.8% der Stimmen.
221 Vgl. Neuschäfer, Krausismus, 283.
222 Vgl. Madariaga, *Morgen ohne Mittag*, 155f.

tral, aber doch auch als erwartungsvoll zu beschreiben wäre. 1923 war er noch keineswegs prinzipiell ein Gegner der per Staatsstreich begonnenen Diktatur, etwa aus republikanischen Idealen heraus. Vielmehr war er gerade zu jener Zeit in den Spalten von *El Sol* mit Artikeln hervorgetreten, die erkennbar positiv über die Monarchie als eine Ein-Herrschaft räsonniert hatten. Zudem war Primo nach dem Muster des *pronunciamiento* vorgegangen, das in Spanien, wo die Rolle des putschenden Militärs keineswegs nur negativ bewertet wurde, schon mit einiger Tradition behaftet war. Somit konnte Madariaga, der wie Ortega dem spanischen Volk ein massives Defizit an politischer Tugend attestierte und darüber hinaus wie jener auch davon überzeugt war, daß die 'alte Politik' (Ortegas Ausdruck) abgelöst werden mußte, immerhin hoffen, daß sich unter dem straffen Regiment eines Militärs einiges zum Besseren wenden würde.[223] Hinsichtlich Franco war ihm nach eigener Aussage kurz vor Ausbruch des Bürgerkrieges der oben erwähnte Fauxpas unterlaufen, sich in dem jungen General zunächst gründlich getäuscht zu haben.

Aus seiner zunächst stark korporativistisch geprägten Perspektive heraus hielt er analog auch den Faschismus Mussolinis zu Beginn durchaus für ernst zu nehmen und plausibel – ganz anders als später den Nationalsozialismus. Man sollte dies nicht überbewerten, immerhin ist der frühe Mussolini mit dem späteren Faschisten kaum zu vergleichen. So ist der Versuch von González Cuevas reichlich überzogen, das politische Denken Madariagas mit kritischer Intention als nicht nur konservativ, sondern gar als faschistisch infiziert *(fascistizado)* vorzuführen.[224] Zweitens befand sich Madariaga mit seiner Einschätzung des frühen Mussolini in bester intellektueller Gesellschaft. Auch Graf Coudenhove-Kalergi hatte sich 1922, also noch bevor er seine zunächst eigentümlich zwischen sozialistischen und elitistischen Versatzstücken schwankenden Gedanken in seinem Paneuropa-Buch zu ordnen versuchte, in einem offenen Brief an Mussolini gewandt und ihn (zu dieser Zeit noch vergeblich) bestürmt, seinem Paneuropagedanken eine staatspolitische Grundlage zu geben.[225]

Trotzdem gestattete sich Madariaga in einem seiner sehr frühen Beiträge einen Blick auf den italienischen Faschismus, vor dem als Hintergrund die späteren Ver-

---

223 Vgl. Genoveva García Queipo de Llano, Madariaga y Primo de Rivera: Los temas de un intelectual durante la dictadura, in: César Antonio Molina (Hrsg.), Salvador de Madariaga (1886-1986). Libro homenaje, La Coruña 1986, 75-79; ausführlicher Ders., *Los intelectuales y la dictadura de Primo de Rivera*, Madrid 1988.
224 So ist die Darstellung der Begeisterung Madariagas für den frühen Mussolini und den frühen Franco zwar in der Sache zutreffend, in der Wertung aber sehr einseitig und durch einige auf fragwürdige Weise aus dem Kontext gerissene Zitate Madariagas zusätzlich überhöht; vgl. González Cuevas, Madariaga. Pensador político, 160-174.
225 Vgl. Reinhard Frommelt, *Paneuropa oder Mitteleuropa. Einigungsbestrebungen im Kalkül deutscher Wirtschaft und Politik 1925-1933*, Stuttgart 1977, 12f.

suche, ihn selbst als protofaschistisch hinzustellen bzw. als einen Gewährsmann für eine politische Theorie der Falange zu bemühen, zumindest eine gewisse Plausibilität gewinnen. In seinem Frühwerk unterschied er generell anhand der Art und Weise, wie in ihnen die neue Regierung bestellt wird, die politischen Systeme hinsichtlich ihrer Regierungsformen – nur daß er statt des Begriffes der Regierung den der Oligarchie verwendete. Die verschiedenen Regierungsformen galten ihm als verschiedene „Methoden, den Wechsel der Oligarchen zu organisieren".[226] Während in der absoluten Monarchie die neue Regierung durch den neuen Monarchen bestellt werde und dabei in der Regel mit ihm in eins falle, seien konstitutionelle Monarchien und Republiken dadurch ausgezeichnet, daß sie diesen Akt ihren Bürgern überlassen. Das Regieren selbst bedeutete für Madariaga in beiden Fällen ganz wörtlich die Durchführung des Willens der Nation; und an eben dieser Stelle trat in seinen Augen der Defekt des Parlamentarismus kraß zutage. Dessen primäres Werkzeug, die allgemeine Wahl, lasse nämlich nur eine Entscheidung zwischen unterschiedlichen Meinungen zu, nicht aber eine zwischen widerstreitenden Willen[227] – ein eminenter Unterschied für Madariaga, in dessen Augen politische Normativität eigentlich nur voluntaristisch, zumindest aber gerade nicht deliberativ zu erreichen war.

Zwar etwas überraschend vor dem Hintergrund seines eigenen Mangels an politischer Durchsetzungskraft, erinnert Madariagas Parlamentarismuskritik darin doch stark an die theoretischen Auseinandersetzungen Carl Schmitts mit der mangelnden Entschlußkraft parlamentarischer Systeme.[228] Im spanischen Kontext wäre diesbezüglich vor allem auf Maeztu zu verweisen, der sich – wie Schmitt auch – stark an Donoso Cortés orientierte, und den Madariaga als junger Mann äußerst interessiert zur Kenntnis genommen hatte.

> Maeztu kannte ich sehr gut. Er war [neben Unamuno und Baroja, TN] der am wenigsten bedeutende der drei und trotzdem als Mensch wie als Autor originell. [...] Wir waren in allem verschiedener Meinung, und deshalb sahen wir uns so oft, vor allem in London, wo er 1917 sein Werk *Authority, Liberty, and Function* vorbereitete, in dem er nach meinem Verständnis den Faschismus erfindet. Er schrieb kraftvoll, und seine schönste literarische Qualität war vielleicht eine Gabe, gewichtige Dinge auf ebenso einfache wie unvergeßliche Weise auszudrücken. Darin erinnerte er mich an Lincoln und Rousseau.[229]

---

226 Sancho Quijano [= Madariaga], Paradoja del fascismo (Manuskript, 14-I-1923), in: MALC 292.
227 Vgl. ebd.
228 Vgl. Carl Schmitt, *Die geistesgeschichtliche Lage des heutigen Parlamentarismus*, unveränd. Nachdruck der 2. Aufl. von 1926, Berlin 1991.
229 Salvador de Madariaga, Baroja, Unamuno y Maeztu, in: Obras escogidas. Ensayos, Buenos Aires 1972, 986.

Madariaga teilte mit Maeztu vor allem die Anglophilie und den Wunsch, Spanien möge sich der englischen Kultur annähern. Beide lehnten die Schwarze Legende *(leyenda negra)* ab und schätzten alles Hierarchische. Und auch wenn Madariaga den späteren Werdegang Maeztus verurteilte, der jenen über Nietzsche schließlich dazu führte, zum philosophischen Wegbereiter des Faschismus in Spanien zu werden, so ist doch die scheinbar überlegen ablehnende Einordnung Maeztus als Vordenker der Falange eine Einschätzung, zu der er erst nachträglich gelangte; ganz wie auch die später von ihm behauptete Distanz zu Maeztus Denken (gerade zu dessen funktionalistischem Ansatz) seinerzeit so groß nicht gewesen ist.[230]

So ist mit den Namen Schmitt, Donoso und Maeztu ein Umfeld umrissen, aus dem heraus es durchaus folgerichtig erscheint, daß auch für Madariaga in die durch den Wankelmut des Parlamentarismus geöffnete Bresche nun der italienische Faschismus trat, indem er als eine Art gewaltbewährtes Rätesystem aus den Wahlkreisen im freien Kampf der Willen einen als den herrschenden hervorgehen lasse – und zwar gleichgültig, mit welchen Mitteln. Die diesen Willen konstituierende Person oder Gruppe sei eines jener lokalen Organe, deren nationale Vereinigung auf einer gemeinsamen Versammlung Ausdruck des Volkswillens wäre. In der nationalen Versammlung wiederum würde sich, wie zuvor auf den niedrigeren Stufen, ein natürlicher Führer durch seine Mannhaftigkeit *(hombría)* gegen alle seine Konkurrenten durchsetzen. Dieser Führer wäre dann der höchste Repräsentant des Volkswillens, sein Wille mit dem des Landes identisch – weswegen ihm ganz natürlich auch die Bestellung der Regierung zufalle.[231]

Zugrunde liegt dieser Darstellung ein früher Text Madariagas, dem mit einiger Vorsicht zu begegnen ist, denn seine hier latent anerkennende Inkaufnahme der Gewalt als ein probates Mittel der Selektion innerhalb der politischen Sphäre verlor sich rasch wieder. Die übrigen Grundmotive dieser Apologie des italienischen Faschismus blieben seinem Denken jedoch dauerhaft erhalten – die von der lokalen Kleinsteinheit der Gesellschaft bis hinauf zum verbindlich für das Ganze entscheidenden Einen an der Spitze scharf umrissene und in ihrer Intention klar gegen die Notwendigkeit politischer Kompromisse angelegte Stufenfolge ebenso wie der klar gegen die deliberativen Gepflogenheiten der parlamentarischen Demokratie gerichtete Voluntarismus. Seine beiläufig eingeflochtene Einlassung, dieses faschistische

---

[230] Madariaga hat dessen Studie (Ramiro de Maeztu, *Authority, Liberty and Function in the Light of the War. A critique of authority and liberty as the foundations of the modern state and an attempt to base societies on the principle of function*, London / New York 1916) eine hymnische Besprechung gewidmet; vgl. Madariaga, Un libro de Maeztu, in: España, 28-XII-1916.

[231] Sancho Quijano [= Madariaga], Paradoja del fascismo (Manuskript, 14-I-1923), in: MALC 292.

System sei nur in den Ländern und Epochen praktikabel, in denen die öffentliche Meinung einer Nation und ihr Wille nicht zur Deckung kommen, ist im Lichte des direkt zuvor Gesagten nichts anderes als eine Aufforderung, letzterem gegebenenfalls das Primat über erstere einzuräumen.

Diesem Argument Madariagas vom Willen der Nation liegt einmal mehr im wesentlichen sein Konzept einer positiv verstandenen Freiheit zugrunde. Gerade im Kontext des Faschismusvorwurfs gegen ihn ist diese Randbemerkung zum Verständnis seines Arguments entscheidend. Madariaga hat vor allem in seinem Wirken als politischer Journalist die Freiheit häufig entlang der Logik eines Nullsummenspiels beschrieben, das in extremer Pervertierung prinzipiell auch auf einen einzigen Freien reduziert werden könne, der auf Kosten der Freiheit aller anderen seine eigene Freiheit maximiere. Diesen Gedanken hat er erstmals schon in den späten zwanziger Jahren entwickelt,[232] in der Folge stets beibehalten und lediglich für den je aktuellen Kontext passend adaptiert. So konnte er ihn im Kalten Krieg leicht gegen die Sowjetführung richten, ganz wie er ihn mit einer nur geringfügig anderen Nuancierung, zwanzig Jahre später ebenso gut auf Franco zu münzen vermochte:

> Die Summe der Freiheiten eines Volkes ist immer gleich. In einem freien Land hat jeder seine eigenen, in einem totalitären Staat hat der Staatschef alle Freiheiten für sich allein und läßt den anderen keine. Es ist falsch, anzunehmen, daß die Diktatoren die Freiheit hassen.[233]

> Der auf äußerste Autorität Bedachte, ist auch der größte Anarchist. Es gibt keine Freiheit ... außer für den, der sie verbietet und dessen Freiheit so groß ist, daß er die aller anderen unter seiner Herrschaft absorbieren kann.[234]

Es ist daher in diesem Zusammenhang auch mehr als nur eine Randbemerkung wert, daß Madariaga mit seiner Flucht in die positiv steuernde Regulierung, die sich implizit immer auf das Postulat eines vermeintlich höheren Wissens um die wahren Interessen des Ganzen gründete, sehr wohl gedankliche Anknüpfungspunkte bot, die eine Parallelisierung mit dem Anspruch totalitärer Systeme auf die ausschließliche Erkenntnis des Richtigen und Wahren einerseits und auf ein effizientes Durchregieren auf dem Rücken dieser Wahrheit andererseits möglich machten. Ihn auf dieser Grundlage in die totalitäre Ecke zu stellen ist zwar ein noch größerer Irrtum als der häufig unternommene Versuch, Nietzsche den Nationalsozialisten als einen ihrer ideengeschichtlichen Vorläufer zuzuschlagen.[235] Nicht zuletzt hat Madariaga – anders

---

232 Vgl. Madariaga, La libertad, in: El Sol, 6-III-1928.
233 Madariaga, Ein Dialog über den Liberalismus, in: NZZ, 20-V-1951.
234 Madariaga, Spanien contra Spanien, in: Bild der Zeit 11/1971, 164.
235 Für den nationalsozialistischen Mißbrauch des nietzscheschen Denkens vgl. Thomas Nitzsche, Nietzsche-Stadt Weimar? in: Klaus Dicke und Michael Dreyer (Hrsg.), Weimar als politische

5.6 Undemokratischer Liberalismus

als der dafür um einiges zu früh verstorbene Nietzsche – noch reichlich Gelegenheit gehabt, die totalitären Verirrungen beider Couleur selbst entschieden zu verurteilen und insbesondere den Versuch der Instrumentalisierung seines Denkens durch das Regime Francos entschieden zurückzuweisen. Trotzdem gibt es nicht von der Hand zu weisende Gründe dafür, daß sein Denken wie eine geeignete Vorlage wirken *konnte*. Der oben beschriebene Politikbegriff Madariagas weist immerhin einige Nuancen auf, die ihn bis scharf an den Rand des Liberalismus und mitunter auch darüber hinaus führten – nur eben nicht ins totalitäre Denken.

Wohl aber war Madariaga ein Anhänger autoritärer Politik. Das definierende Moment von Autokratie, der nur sich selbst verantwortliche Herrscher oder, negativ ausgedrückt, ein charakteristischer Mangel an herrschaftlicher Rechenschaftspflicht, waren zweifelsohne auch Madariagas normativem politischem Denken eigen – gerade damit hat er sich ja ganz bewußt in Opposition zu einem egalitären Verständnis von Demokratie gestellt. Zugleich ließe sich aber auch zeigen, daß er die Bindung von Herrschaft an kodifiziertes allgemeingültiges Recht selbstverständlich nicht abgelehnt hat. Im Gegenteil ist sein autoritärer Reflex gerade der ins gegenteilige Extrem ausschlagende Versuch einer Antwort auf die totalitäre Gefahr: Wo im einen Extrem die totalitäre Pervertierung der Demokratie möglich ist, weil das unumschränkt herrschende *demos* nur noch sich selbst (und damit niemandem mehr) Rechenschaft schuldet, da wollte Madariaga im anderen Extrem dem *demos* zugunsten eines benevolenten und als Philosophenkönig konzipierten Autokraten – oder einer so gearteten Aristokratie – jeglichen gestaltenden Einfluß auf die Politik entziehen.

Gerade hier trieb aber Madariagas Skepsis gegenüber der Demokratie und ihren Prozessen des Ausgleichs der offen widerstreitenden Interessen eine hoch problematische Blüte. In der Demokratie sah er zunächst ein Modell, in dem (zwischen den Klassen) beständig der politische Kampf um das Überleben des Stärkeren im darwinschen Sinne ausgetragen werden muß. Nichts schien ihm schlimmer als dies, daher erklärte er, unter expliziter Verwendung des Begriffes, der Totalitarismus habe dem gegenüber zumindest ein Gutes: Er schaffe Einstimmigkeit, wenn auch bedauerlicherweise unter Zwang. Daß er prinzipiell die Einstimmigkeit bzw. die Abwesenheit offener Konflikte höher veranschlagte als die Freiheit (und sei es die Freiheit, sich zu irren), zeugt von einem Politikverständnis, das die Überzeugung, selbst im Besitz der objektiven Wahrheit zu sein, ähnlich verabsolutiert wie die verschiedenen Totalitarismen. Ähnlich wie die totalitären Bewegungen ging auch Madariagas Entwurf (den er unter das Rubrum der *organic unanimous democracy* stellte) davon aus, daß

Kulturstadt. Ein historisch-politischer Stadtführer, Jena 2006; sowie Steven E. Aschheim, *Nietzsche und die Deutschen. Karriere eines Kults*, Stuttgart / Weimar 2000, 251-328 und 336-352.

die führende Klasse die zu politischem Leben erwachenden Massen zu absorbieren und zu formen habe.[236]

---

[236] Vgl. Madariaga, *Anarchy or Hierarchy*, 148-152.

Kapitel 6: Der Europäer – Vom Skeptiker zum Aktivisten

> Erst wenn die Spanier von 'unserem Chartres', die Briten von 'unserem Krakau', die Italiener von 'unserem Kopenhagen' und die Deutschen von 'unserem Brügge' zu sprechen beginnen, hat der Geist, der unser Tun lenkt, das schöpferische Wort gesprochen: Fiat Europa!
>
> *(Madariaga auf dem Europakongreß in Den Haag; zitiert in: Georg Heimbüchner, Europa darf keine Irrenanstalt sein. Salvador de Madariaga, ein konservativer Liberaler, in: Rheinischer Merkur, 13-VII-1956.)*

Auch wenn er an der Fortentwicklung Europas fast nie im eigentlichen Sinne politisch, sondern immer nur als begleitender Kommentator teilhatte, so hat sich Madariaga mit seinem Einsatz für die europäische Sache doch die allerhöchsten Meriten erworben. Stellvertretend für die ihm weithin gezollte Anerkennung braucht man nur auf die Verleihung des Karlspreises zu verweisen, die ihm 1973 als erstem Spanier zuteil wurde.[1] Seinem Biographen Octavio Victoria Gil gilt er als der einzige Spanier, der sich in gleichem Maße wie Ortega um die Herbeiführung der geistigen Einheit Europas verdient gemacht hat.[2] Auch Madariaga selbst hat mehrfach Europa zum politischen Leitmotiv seines Lebens erklärt.[3] Und doch sollte die Wucht, die er mit seiner ebenso pointierten wie unermüdlichen Rhetorik für das Anliegen eines geeinten Europa zu entfalten vermochte, über zwei Dinge nicht hinwegtäuschen.

Erstens ist Europa als eine zentrale Kategorie erst sehr spät überhaupt in die intellektuelle Biographie Madariagas getreten. Hatte er der Europaidee in ihren politischen Implikationen zunächst lange ablehnend gegenüber gestanden, so erhielt sie in

---

1 Auch war Madariaga der erste, der den Karlspreis nicht als amtierender Politiker erhielt; vgl. Madariaga, Bär und Lamm, oder: Die Entdeckung gemeinsamer Ost-West-Interessen, in: Welt am Sonntag, 8-IV-1973. Javier Solana nahm ausdrücklich auf seinen Großonkel Madariaga Bezug, bevor er, wie dieser 34 Jahre vor ihm, den Karlspreis der Stadt Aachen verliehen bekam; vgl. Art. 'Persönliche Beziehungen sind mir wichtig'. Vor der Verleihung des Internationalen Karlspreises spricht der EU-Außenbeauftragte Javier Solana über die Schwierigkeiten des Amtes und seinen diplomatischen Stil [Interview mit Horst Bacia], in: FAZ, 16-V-2007.
2 Vgl. Victoria Gil, Madariaga y Unamuno, 15f.
3 Vgl. Garian, *Europas zorniger alter Mann*, 15.

seinem Denken nach der einmal begonnenen Auseinandersetzung ihr endgültiges Gepräge erst in einem Alter, in dem er unter anderen historischen Umständen über seine baldige Pensionierung hätte nachdenken können. Man übertreibt kaum, wenn man es wesentlich seinem außergewöhnlich langen Leben zuschreibt, daß er überhaupt noch als Europäer Wirkung entfalten konnte. Ebenso hat neben seiner rhetorischen Brillanz wohl auch die Bereitschaft seiner Umwelt zur Reverenz gegen die Autorität des fortgeschrittenen Alters ihren Beitrag zur überwältigenden Akzeptanz beigetragen, die ihm als dem großen Europäer schließlich entgegengebracht wurde. Ein zweiter Blick in die Liste der Karlspreisträger unterstreicht die These vom späten Europäismus Madariagas denn auch mit Blick auf seine Außenwirkung. Wohl hätte man ihn demnach erst in der zweiten oder gar dritten Generation der großen Europäer zu verorten. Zwar erfolgte seine Ehrung, insofern sie ihm als Spanier galt, geradezu symbolisch früh (Franco starb erst zwei Jahre später), im europäischen Rahmen aber wurde er für den Preis erst vergleichsweise spät berücksichtigt. So reihte er sich in die Liste der Preisträger erst zu einem Zeitpunkt ein, als die Auszeichnungen derer, die er selbst immer als seine Mitstreiter in europäischen Dingen wahrgenommen hatte, schon mehr als ein Jahrzehnt zurücklagen.[4]

Madariaga ist, zweitens, zu keiner Zeit ein großer analytischer Vordenker Europas gewesen. Die theoretisch weichenstellenden Debatten sind zu der Zeit, als er sich mit Leib und Seele dem europäischen Denken verschrieb, bereits weitgehend abgeschlossen gewesen. Auch folgte er dem Gegenstand trotz seiner immensen Belesenheit als polyglotter Bildungsbürger und Polyhistor weder bis in alle Verästelungen noch bis in alle Grundsatzfragen hinein – und signifikant weiterentwickelt hat er den Europagedanken auch nicht. Freilich hat er auch im Falle seiner Europaidee den für sein gesamtes Denken charakteristischen Mangel an theoretischer Unterfütterung durch normative Übersteigerung mehr als wettgemacht, und Impulse hat er ebenfalls reichlich gegeben. Aber wie für seinen politischen Liberalismus im allgemeinen, so läßt sich auch für seinen Europäismus im besonderen festhalten, daß er ihn gleich-

---

4   Edward Heath und Walter Scheel waren die einzigen Preisträger der sechziger bzw. siebziger Jahre, die im persönlichen Kontakt oder in ihrer Rolle als Politiker auf Madariaga genügend Eindruck machten, um bis in sein publizistisches Werk durchzuschlagen. In krassem Gegensatz dazu haben die fünfziger Jahre ohne Ausnahme Karlspreisträger gesehen, die bei Madariaga mit beinahe stereotyper Häufigkeit Erwähnung fanden. Es waren dies (in Klammern jeweils das Jahr der Auszeichnung und das Geburtsjahr): Richard Coudenhove-Kalergi (1950, 1894), Hendrik Brugmans (1951, 1906), Alcide de Gasperi (1952, 1881), Jean Monnet (1953, 1888), Konrad Adenauer (1954, 1876), Sir Winston S. Churchill (1955, 1874), Paul Henri Spaak (1957, 1899), Robert Schuman (1958, 1886) und George C. Marshall (1959, 1880). Die Genannten finden sich fast alle in Madariagas Alterskohorte wieder, und doch folgte er ihnen mit der Aachener Dekoration, bei der Verleihung im Mai 1973 bereits 86-jährig, erst um je reichlich ein bis zwei Jahrzehnte später nach. Freilich gilt es dabei zu berücksichtigen, daß er, anders als die meisten der Genannten, den Preis nicht als amtierender oder ehemaliger Mandatsträger entgegennahm.

sam frei von den hemmenden Notwendigkeiten einer systematischen Rezeption zu entwickeln trachtete. Das von daher notwendig Erratische, Unsortierte, Fragmentarische der von ihm aufgesogenen Einflüsse dürfte mit dazu beigetragen haben, daß seine Europaidee wesentlich abgeleiteter Natur blieb. Dies allerdings ist nicht von allen Beobachtern seines Denkens als ein Makel verstanden worden. Die Anhänger eines eher intuitiven Ansatzes werden einem systematisch-wissenschaftlichen Zugang generell nur wenig abgewinnen können und Kritik aus dieser Richtung als Pedanterie abtun. Madariaga ist hier selbst das beste Beispiel in eigener Sache gewesen, hat darob aber auch reichlich Lob erfahren. So ist ihm in der Festschrift zu seinem achtzigsten Geburtstag mit anerkennendem Bezug auf seine intuitiv vergleichenden Studien zum Nationalcharakter bescheinigt worden, er sei ein ebenso herausragender wie eigenwilliger Europäer gewesen:

> [T]his unique spiritual infrastructure has made of him an outstanding European, but a European with a difference, his Europeanism being, so to speak, spontaneous and immediate, whereas so many latterday Europeans have reached their haven by sheer process of cerebration.[5]

Die großen konzeptionellen Schübe in Madariagas Europadenken sind ohne Ausnahme von außen motiviert. Auch wenn er sein politisches Denken insgesamt wiederholt als eine unabhängig von anderen Denkern, Doktrinen oder Schulen entwickelte Eigenleistung dargestellt hat, so ist es doch bei eingehender Untersuchung in den meisten Aspekten vor allem reaktiv. Obwohl er für die tatsächliche Integration Europas durchaus einige Wirkung entfaltete, hat er auch den Gedanken eines *geeinten* Europa konzeptionell kaum vorangetrieben. In dieser Frage war er eher ein Nachvollziehender, der bestenfalls und teils mit erheblichen zeitlichen Verzögerungen das bereits vor ihn Hingebreitete neu zusammensetzte. Seine unbestrittene Wirkung – die zahlreichen auf sein europabezogenes Handeln zielenden Preise sind ihm ja keineswegs zu Unrecht verliehen worden – hat er vor allem durch die unermüdliche Wiederholung seiner einmal fertig ausgebildeten Überzeugung erreicht.

Gerade weil er die meiste Zeit seines Lebens als Intellektueller gewirkt hat, ohne zugleich in konkreter politischer Verantwortung gestanden zu haben – auf den Europäer traf dies noch viel stärker zu als auf den Völkerbündler Madariaga – konnte er, fern jeglicher Rücksicht auf die Sachzwänge und Interessenkonflikte, die den genuin politischen Akteuren gegebenenfalls Kompromisse abnötigten, sein Europadenken durchweg an Maximalforderungen ausrichten. Dabei ist es völlig unerheblich, ob er

---

5   W. Horsfall Carter, Don Salvador: A European with a Difference, in: Henri Brugmans und Rafael Martínez Nadal (Hrsg.), Liber Amicorum. Salvador de Madariaga, Recueil d'études et de témoignages édité à l'occasion de son quatre-vingtième anniversaire, Brügge 1966, 51.

Europa als einen ästhetisch-kulturellen Begriff faßte, um die ganze abendländische Geschichte vorwärtsverlängernd im normativen Ideal seiner umfassenden Einheit gipfeln zu lassen, oder ob er mit äußerster realpolitischer Härte darauf drang, Europa im Kalten Krieg zu einem den Supermächten ebenbürtigen Akteur zusammenzuschweißen. Beide Argumentationslinien standen einander in seinem Unbedingtheitsanspruch um nichts nach. Zudem war er imstande, je nach Publikum zwischen der idealistischen und der realistischen Schiene zu wechseln, ja mitunter ließ er gar beide nebeneinander laufen bzw. ineinander changieren.

Auch überrascht es unter diesen Vorbedingungen kaum, daß sein Europa-Begriff zunächst ein vor allem kulturelles Gepräge erhielt. Spätestens mit dem beruflichen Wechsel nach Genf Anfang der zwanziger Jahre fand sich Madariaga immerhin in einem intellektuellen Umfeld wieder, das in ihm den primär kulturgeschichtlichen sowie eher ästhetischen denn politischen Zugang zu Europa fast über die gesamte Zwischenkriegszeit hinweg befeuerte. Auch der Kontakt mit intellektuellen Größen wie Valéry oder Coudenhove-Kalergi und mit politischen Autoritäten wie Briand hatte ihn bald und nachhaltig (wenn auch erst einmal nur latent) zu jenem abendländischen, von der christlich-sokratischen Tradition getragenen Europaverständnis geführt, mit dem er nach 1945 so erfolgreich in Erscheinung trat – nur eben mit der Einschränkung, daß ihm in den dreißiger Jahren Europa noch zu provinziell, zu klein gedacht und gegenüber dem Anspruch einer geeinten Welt deutlich unterambitioniert erschien, während er zu diesem Zeitpunkt andererseits eine wirkliche Vereinigung seiner äußerst heterogenen Bestandteile für so gut wie unmöglich hielt.

6.1 *Europaskepsis und der Versuch ihrer Umwertung*

Die frühen Europabeiträge, die er als Leitartikler bei der *Times* und bei *El Sol* noch vor Beginn seiner im eigentlichen Sinn politischen Karriere verfaßte, bündelten noch vor allem das Gedankengut der in den Generationen von 1898 und 1914 versammelten Intellektuellen Spaniens, das Madariaga über die Zwischenstation Paris nun auch mit nach London brachte. Getragen von der durch jene wiederbelebten spanischen Historiographie fanden die Gedanken vom Weltreich und der katholischen Glaubenseinheit in seiner Idee von Europa zueinander. Seit den späten 1910er Jahren griff er massiv auf jenen spanischen Kosmopolitismus zurück, der Spanien nach den Jahrhunderten des Verfalls und der (Selbst-)Isolierung zu einer sich anähnelnden Verknüpfung mit Europa bringen wollte. Hier setzte auch seine zeitlebens durchgehaltene Verwendung des Europabegriffs als nahezu synonym mit dem des abendländischen Westens ein. Unterfüttert wurde er in diesen frühen Beiträgen mit dem eurozentrischen Konzept vom Kernland entweder des vergangenen spanischen Weltreiches oder des zur Nachkriegsweltführerschaft berufenen *British Empire*, und zwar unter Ausblendung sowohl der spanischen Vizekönigreiche wie auch der britischen *dominions*.[6]

Zum anderen aber begann Madariaga, kaum in London angekommen, auch schon spürbar den englischen Blickwinkel zu übernehmen. In England werde die Realität Europas bereits klarer als anderswo wahrgenommen und die Öffentlichkeit schon behutsam gedanklich darauf vorbereitet, welche Gestalt das künftige Europa nach Beendigung des Krieges annehmen könnte, erklärte er in einem seiner frühesten überhaupt nachweisbaren Artikel.[7] Ein über das abendländische Ideal hinaus auch institutionell greifbares Bild von Europa hatte er hier allerdings noch nicht. Bezeichnend dafür ist die Zurückhaltung, die er sich ausgerechnet bei seinen Publikationen in der Londoner Zeitschrift *The New Europe* auferlegte, für die er in den Jahren von 1916 bis 1920 schrieb, sich dabei aber auf Darstellungen zum politischen System Spaniens und seiner Rolle im internationalen Kontext, zum spanischen Militarismus, sowie auf Literaturkritik beschränkte.[8] Auch in seinen Londoner Beiträgen zum Ersten Weltkrieg hatte er mit Blick auf Europa noch primär geostrategische Überlegungen im Kopf; seine zu dieser Zeit erstmals entwickelten eigenen Gedanken über ein künftiges Europa blieben zunächst streng daran rückgebunden.[9]

Europa als eine zentrale Denkfigur Madariagas stand hier noch ganz am Anfang eines langen Weges bis zu ihrer endgültigen Ausformung. Zu diesem frühen Zeitpunkt war, jedenfalls publizistisch festgehalten, bei ihm noch nichts zu spüren von der kraftstrotzenden und mitunter pathetischen Normativität, deren politische Forderungen sich bald vor allem vom Anspruch auf eine angemessene Widerspiegelung des kulturellen Zuschnitts Europas und seiner abendländischen Geschichte herleiten würden. Noch war er nicht der in öffentlicher Rede glänzende Intellektuelle,

---

6 Den Begriff der Kolonie hat Madariaga im spanischen Kontext abgelehnt, „da die spanisch-amerikanischen Länder niemals Kolonien im französischen oder englischen Sinne des Wortes waren, sondern 'Königreiche' wie Kastilien, Aragon oder sogar Neapel, und diese Unterscheidung ist nicht nur verbal, sondern auch verfassungsrechtlich"; Madariaga, *Morgen ohne Mittag*, 392. Sein Bild der lateinamerikanischen Geschichte ist maßgeblich durch die These überformt, die lateinamerikanischen Befreiungskriege seien letztlich Bürgerkriege gewesen; vgl. Torre, Rumbo literario de Salvador de Madariaga, 136f. Die Entdeckung Lateinamerikas (auch von Eroberung wollte er nicht sprechen) war in seinen Augen von gleicher Natur wie zuvor die Integration der iberischen Teilreiche unter die kastilische Krone; ganz in diesem Sinne könne auch in Lateinamerika nicht von 'spanischer Vorherrschaft' *(dominio español)* die Rede sein; vgl. Anes, Madariaga, 14f.

7 Vgl. Madariaga, La nueva Europa, in: España, 21-XII-1916.

8 So Fernández Santander, *Madariaga, Ciudadano del mundo*, 40, in starker Verkürzung der Originalquelle: Victor Morales Lezcano, Salvador de Madariaga y "'The New Europe'" (Le journaliste comme historien du présent), in: César Antonio Molina (Hrsg.), Salvador de Madariaga (1886-1986). Libro homenaje, La Coruña 1986.

9 Vgl. Madariaga, La nueva Europa, in: España, 21-XII-1916.

der sich selbstbewußt und weitgehend ungehindert in jener Genfer Sphäre bewegte, in der die beginnende weltpolitische Institutionalisierung und eine freischwebende Intellektualität vielfach schillernd ineinander changierten. Noch fehlte ihm der (kosmo-)politische Drang nach vorn, den er erst ab 1921 mit seiner Tätigkeit beim Völkerbund, dann aber schnell und mit ungeheurer Verve ausbildete. Auch ist Europa zu dieser Zeit analytisch einfach noch nicht seine Zielgröße gewesen. Wenn er hier Europa sagte, dann bedeutete das noch nicht viel mehr als die damit bezeichneten Umrisse in der Weltkarte. Erst der Kalte Krieg, sowie zuvor das Absinken des Völkerbundes in die weltpolitische Bedeutungslosigkeit und der Zweite Weltkrieg würden ihn in Sachen Europa nach neuen Orientierungsmustern suchen lassen.

Sicher geht man auch nicht fehl, wenn man den Ursprung von Madariagas Europäismus recht eigentlich in der Erfahrung des Exils ausmacht.[10] So wie die Bürgerkriegserfahrung zu einem spürbaren Bruch in seinem literarischen Schaffen wurde, so ist sie für ihn auch zu dem Impuls geworden, der sein Nachdenken über Spanien – im Kontrast mit England und Frankreich einerseits, sowie mit Hitlerdeutschland andererseits – nochmals qualitativ vertiefte; und erst auf dieser Grundlage hat sich der (vom Völkerbund her im Keim allerdings bereits angelegte) Europäismus Madariagas vollends ausgebildet.[11] In der Tat darf der binnenspanische Krieg, neben dem Zusammenbruch des Völkerbundes, als die zweite Urkatastrophe in Madariagas politischer Wahrnehmung gelten. Für ihn kulminierte 1936 auch jene weltweit beobachtbare Entwicklung in radikal übersteigerter Deutlichkeit, die er mit dem graduellen Verlustiggehen der Nation als politisch sinnvolle Integrationseinheit einhergehen sah; wobei sich allerdings einmal mehr eher die kraftvolle Kunst seines Formulierens als die seiner Analyse zeigt:

> Die Welt hat das Jahrhundert mit dem Eintritt in eine der gefährlichsten Übergangszeiten ihrer Geschichte begonnen. Im Verlauf jenes gerade anhebenden 20. Jahrhunderts würden die Nationen ihre vormalige Bedeutung als unabhängige und souveräne politische Einheiten verlieren; während die weltweite Gemeinschaft der Menschen noch viele Jahre brauchen würde, bevor sie so gewachsen und gefestigt wäre, um sie in ihrem Schoß aufnehmen zu können. Über die weite Steppe der Vernunft hinweg wurden die Wegmarken ausgetilgt. Fallen gelassen und orientierungslos würden die Menschen des 20. Jahrhunderts ihre nationalen Leitbilder aus den Augen verlieren, noch bevor sich das weltweite Leitbild herausgebildet hätte, das ihr Handeln und Verhalten innerhalb eines rationalen Plans verortete.[12]

---

10 Vgl. Martin Franzbach, Passion für die Wahrheit, in: Die Welt, 23-VII-1966.
11 Vgl. García de Entería, Madariaga y los derechos humanos, 18f.
12 Madariaga, La llama, in: ABC, 14-V-1972.

Der Krieg Hitlers ist von Madariaga später immer als 'nur' ein weiterer Bürgerkrieg von lediglich territorial größeren Ausmaßen, als Bürgerkrieg der Europäer eben beschrieben worden; und wie ihm im spanischen Szenario an nichts mehr gelegen war als daran, die antagonistisch verfeindeten Lager wieder in Harmonie zusammenzuführen, so galt ihm später auch die europäische Integration als einzige Lösung für dauerhaften Frieden auf dem in sich zerrissenen Kontinent. Trotzdem hat er erst nach Ende des Zweiten Weltkrieges tatsächlich zu Europa als neuer Bezugsgröße seines politischen Denkens gefunden – obgleich er im Rückblick mitunter anderes behauptete. So erinnerte er sich etwa im 1972 nachgereichten Epilog zu seinen Memoiren, mit deutlichem Crescendo in Richtung der letzten Zeilen des Buches, nicht nur an Spaniens Versinken im Bürgerkrieg, sondern auch und vor allem an das Scheitern Europas in Gestalt des Völkerbundes, das ihn seinerzeit politisch vernichtet habe:

> Europa selbst, jenes liberal-demokratische Europa, auf dessen Existenz sich meine ganze *raison d'être* als politischer Mensch gründete, konnte sich nicht lange davor bewahren, auch im Meer des Chaos zu versinken.[13]

Mit dem Gang ins Exil, der sich grundlegend verändernden Großwetterlage und, damit eng zusammenhängend, dem sich bereits abzeichnenden Stilwechsel in der internationalen Politik gab es in einem ganz materiell zu verstehenden Sinne tatsächlich keine Bühne mehr, auf der er wie zuvor als weltläufiger Diplomat hätte auftreten können. Zugleich attestierte sich Madariaga hier allerdings in der Rückschau einen Gesinnungseuropäismus, der sich so aus seinem damaligen Schrifttum noch nicht rekonstruieren läßt. Selbst nach seiner Konversion zum Europäer erkennt man in der wunschhaften Verquickung, mit der er auch sein neues Ideal bis ins Spätwerk hinein immer wieder auf die stereotype Eloge an das Europa der Zeit vor 1939, ja sogar vor 1914 zurückbog, noch immer den Traum des politisierten Intellektuellen alter Schule von der möglichen Rückkehr zu einem Goldenen Zeitalter, wie er sich seinerzeit im Wunsch nach der Wiederherstellung der Glaubenseinheit innerhalb einer nach dem Vorbild des spanischen Großreiches gestalteten Welt ausgedrückt hatte. Bedauerlich sei es, daß es dem Europa von damals, dem noch der Stempel des Nationalismus eingedrückt war, an Eigenbewußtsein *(conciencia de ser)*, also seinen Nationen an der Einsicht in ihre objektive gegenseitige Abhängigkeit gemangelt habe.[14] Seine *raison d'être* jedenfalls ist Europa bei Ausbruch der großen Kriege sicher nicht gewesen. Daß er sich der nachträglichen Umfärbung selbst nicht einmal

---

13 Madariaga, *Morgen ohne Mittag*, 462.
14 Vgl. Ders., ¿Toca Europa a su fin?, 3.

vollkommen bewußt gewesen sein muß, zeigt in fast nahtloser Fortsetzung des obigen Zitats seine Überzeugung,

> daß meine eigene Vernichtung inmitten dieses politischen Erdbebens, in dem wir alle immer noch leben und sterben, in einem gewissen Sinne symbolisch ist. Ich war durch Natur und Bildung ein Bürger jenes Kontinents von Nationen, der nicht sein sollte. Noch nicht. Eine meiner Tätigkeiten unmittelbar zu der Zeit, als mein Exil begann, zielte darauf ab, eine Weltstiftung zu schaffen, deren Motto gelautet hätte *Patria Patriarum*. Ich dachte nicht nur daran, ich empfand es auch. Die Kräfte, die Europa, die Spanische Republik und mich zerstörten, waren viel zu groß, zu stark und in Geschichte und Psychologie verwurzelt, um ihrem Ansturm widerstehen zu können. Die Zukunft liegt im Auge Gottes. Aber eins ist sicher. Wenn der Friede und der Geist Europas lebendig bleiben sollen, dann brauchen wir mehr Weltbürger und mehr Europäer, wie ich einer zu sein versuche.[15]

Madariagas Projekt einer 'Weltstiftung für Geistige Zusammenarbeit' war Ergebnis seiner Überzeugung, dem Frieden und der politischen Vernunft in der Welt stünden hauptsächlich die Staaten im Wege. Das Konzept des Staates erfuhr in seinem gesamten Denken eigentlich recht wenig Aufmerksamkeit im Vergleich zu dem der Nation. Begrifflich eher unterbelichtet, stand der Staat bei ihm zumeist – als überindividuelle Person angedeutet, ohne aber weiter konturiert zu werden – für das reflektierte Eigenbewußtsein der Nation, die sich bereits als solche empfinde. Hier allerdings erschien ihm der Staat, mit einem Unterton, der gerade wegen der geringen analytischen Auflösung hinsichtlich seiner Institutionen seltsam verschwörerisch anmutet, als die „Maschinerie [...], mit der das nationale Leben gestaltet und geführt wird". Entscheidend ist an dieser Sichtweise der mehr als nur unterschwellige Vorwurf, obgleich Nationalismus für sich genommen eine „'neutrale' Tatsache" sei, so lasse er sich doch leicht mißbrauchen – und das suggerierte Subjekt solchen Mißbrauchs wäre eben der Staat.[16] Die einzige Medizin gegen dessen Omnipotenz, so Madariagas oft und auch hier wiederholte These, sei die öffentliche Meinung. Da er aber zum hier erinnerten Zeitpunkt wegen einer Hetzkampagne, die im Zusammenhang mit dem heraufdämmernden Bürgerkrieg in der spanischen Presse gegen ihn lanciert worden war, auf die Journalisten nicht gerade gut zu sprechen war, verwundert es kaum, daß er statt dessen auf den Gedanken einer intellektualistisch-elitären Weltstiftung verfiel. Nicht nur, daß sich die Idee in Gestalt einer *Stiftung* ausformte, führt dabei einmal mehr typisch seinen Politikstil vor Augen – über Öffentlichkeit

---

15   Madariaga, *Morgen ohne Mittag*, 463. Schon zur Zeit seiner USA-Reise im Februar 1936 hatte Madariaga an diesem Projekt gearbeitet; vgl. Ebd., 429.
16   Vgl. Ebd., 428; dort auch die Zitate.

Wirkung in der Gesellschaft induzieren statt in den genuin politischen Kampf einzugreifen –, sondern auch der Anspruch dieser *World Foundation*, die sich zum politischen Erzieher sowie dazu berufen sähe, in der Weltöffentlichkeit ein Bewußtsein dafür zu schaffen, daß es keine Außenpolitik mehr, sondern nur noch Weltpolitik gebe.[17]

Allerdings hatte Madariaga all dies in den dreißiger Jahren eben noch nicht auf Europa bezogen, den Blick hatte er vielmehr zu dieser Zeit noch immer fest auf die Welt als Ganzes geheftet. Erst ein gutes Jahrzehnt später löste er sich langsam und eher widerstrebend von der Vision einer globalen Einigung, gegenüber der ihm das Streben nach einem geeinten Europa zunächst durchaus provinzialistisch erscheinen konnte. Schon die Denomination des Projekts als *Welt*stiftung weist dem Zweifel an einer bereits damals vorhandenen europäischen Gesinnung Madariagas den Weg, und die in der oben zitierten Passage der Memoiren völlig unvermittelte Umwidmung des Projektes für die spanische bzw. europäische Sache kann ihn auch nicht zerstreuen. Ganz im Gegenteil gipfelte der für sein Europadenken der dreißiger Jahre zentrale Artikel Madariagas in der Kritik, die Paneuropa-Idee habe tendenziell sogar einen isolationistischen Einschlag, indem sie, ähnlich wie der bis 1917 in den USA zu beobachtende Isolationismus, das Ziel verfolge, zum Beispiel Kanada und Lateinamerika aus dem zu gründenden Club draußen zu halten.[18]

Gleichermaßen als ein Abfallprodukt seines völkerpsychologischen Denkens über Europas Kulturlandschaft betrachtete Madariaga – neben der Nation als dem prominenteren – auch den Kontinent als ein elementares geopolitisches Raumordnungskonzept. Seine frühesten Äußerungen zum Konzept des Kontinents in dieser Bedeutung fielen noch in jene Phase, in der in seinem Denken der im Weltmaßstab zu organisierende, idealiter von einer Weltregierung herbeizuführende Frieden oberste Priorität genoß. Entsprechend abweisend fielen sie aus. Zunächst erklärte er am konkreten und auch später immer wieder gern zitierten Beispiel, die Monroe-Doktrin sei einem fest in der US-amerikanischen Psyche verwurzelten Provinzialismus geschuldet, der angesichts der Schrumpfung und Beschleunigung der Welt, sowie der Genfer Bemühungen um eine echte Weltpolitik, direkt in den Anachronismus gelaufen sei.

---

17 Vgl. Madariaga, For World Government, in: The Christian Science Monitor, 12-V-1937, wo er auch die übrigen Mitglieder dieser Stiftung aufzählte, darunter etwa: Allen of Hurtwood, Norman Angell, W. E. Hocking, Stephen King-Hall, Thomas Mann, Gilbert Murray, E. J. Phelan, Jules Romains, Arthur Salter, Arnold Toynbee und Ray Lyman Wilbur. Die Genannten bildeten das *Advisory Council* des *World Foundation Organizing Committee*, dem Madariaga als *Chairman* vorsaß. Offenbar hoffte dieses Gremium, dem politisch wirkungslos gewordenen Völkerbund in einer Funktion nachfolgen zu können, die dieser selbst nie auszuüben vermochte, als Weltregierung, oder doch zumindest als deren Beraterstab; vgl. die Broschüre (Allen of Hurtwood et al., *The World Foundation*, New York / London 1937.

18 Vgl. Salvador de Madariaga, Our muddling world. The United States of Europe, in: The Forum [New York], 82 1930:1, 23.

So wie jener sich im Sinne der Monroe-Doktrin selbst definiere, sprach er dem amerikanischen Kontinent faktisch die Existenz ab und fügte appellativ hinzu, auf Dauer werde er sich der Internationalisierung der Politik nicht entziehen können.

> Der amerikanische Kontinent *existiert nicht*. Es handelt sich dabei um ein noch aus der Zeit der Segelschiffahrt überkommenes gedankliches Fossil. Man schaue nur auf eine Karte, am besten eine, die auch Daten über Überseekabel und Schiffahrtswege enthält. Das Format der Welt sollte nicht nach der kindlichen Methode des bloßen Auszählens ihrer Meter vermessen werden. Es bemißt sich vielmehr durch die Stunden, die eine Reise von A nach B dauert, und durch die Sekunden, die in der Fortbewegung unseres Denkens vergehen. Legt man dieses Kriterium zugrunde, dann liegt New York in Europa, und Buenos Aires ebenso.[19]

Als ein durch die Homogenität von Territorium und kollektivem Willen definierter und so der Nation vergleichbarer Akteur habe und werde sich Amerika als Kontinent nicht etablieren können. So seien etwa der Norden und Süden Amerikas jeweils dem Norden und Süden Europas geographisch und, vermittelt über das koloniale Band, auch kulturell näher als dem Gegenstück auf dem eigenen Kontinent.[20] Diese These von der kulturellen Überkreuzverwandtschaft Europas und Amerikas erschien in variierter und noch weiter verallgemeinerter Form ein Jahr später erneut. Madariaga behauptete dann ganz allgemein die Irrelevanz kontinentaler Grenzen. Im Artikel *Our Muddling World*, den er noch im Erscheinungsjahr auch in eine speziell für die US-amerikanische Leserschaft zugeschnittene Anthologie aufnahm, erklärte er, es sei noch nie und nirgends auf der Welt aufgrund kontinentaler Verwandtschaft zu politischen oder kulturellen Beziehungen gekommen; immer sei statt dessen in den beteiligten Nationen selbst die erklärende Variable zu finden gewesen.[21] Das Fehlen eines solchen kontinentalen Zugehörigkeitsgefühls, das nationale Grenzen und die darin jeweils eingeschlossenen charakterlichen Eigenheiten übersteige, machte er an dieser Stelle auch und gerade gegen das Projekt Paneuropa als eine Prohibitivbedingung geltend. Ganz prinzipiell lehnte er den Kontinent als Einheit politischer Organisation und Identität ab:

> [T]he continental entity in international life is an artificial creation. [...] The continent is a dead and material concept, resulting from the contemplation of maps but not from living experience. [...] Continents, in fact, by the immense resistance which they oppose to transit, are knots of dispersion rather than

---

19 Madariaga, Lo ecuménico y lo hispánico, in: El Sol, 3-III-1929; Hervorhebung im Original.
20 Vgl. ebd.
21 Vgl. Madariaga, Our muddling world, 23; erneut in Ders., *Americans*, Freeport (N.Y.) 1968, 115-126.

centers of concentration for human life and culture. The idea of a continental frontier is suggested by the coast line on the maps. It is bookish. It is not real.²²

Erst einige Jahre später wurde dann auch ein weiterer Gedanke klarer, der hier nur erst in Andeutung erkennbar, wohl aber schon um einiges älter war. Wiederum ging es dabei implizit um das sich zu jener Zeit gerade erst nach und nach politisch entflechtende koloniale Vermächtnis. In seinem dritten eigentlich monographischen Werk – nach *Disarmament* (1929) und *Anarchy or Hierarchy* (1935) nun *The World's Design* (1938) – griff Madariaga einen Gedanken auf, den er wohl schon anderthalb Jahrzehnte zuvor bei Valéry vorgefunden hatte: Im kontinentalen Maßstab sei Territorium weder ein hinreichendes noch ein notwendiges Kriterium zur Stiftung kultureller Identität oder politischer Beziehungen. Soweit das bereits Bekannte. Neu war nun die These, es sei vielmehr die Anrainerschaft an ein gemeinsames Meer, die in dieser Hinsicht die historisch überzeugendere Wirkung gezeitigt habe.²³

Es läßt sich nicht exakt belegen, von woher Madariaga den Anstoß zu seiner These von der Bedeutung des Mittelmeers erhalten hat; sicher aber darf auf der Basis der Freundschaft beider darauf spekuliert werden, daß zum einen Camus' mittelmeerisches Denken eine Rolle gespielt haben könnte. Des weiteren legt der explizite Bezug auf die afrikanischen Gestade den Einfluß der spanischen 98er nahe, denen die über mehrere Jahrhunderte sich erstreckende maurische Tradition in der spanischen Vorgeschichte ebenso wichtig war wie die nach der Niederlage gegen die USA neuerlich aufflammenden Expansionsideen in Richtung Afrika. Auch Madariaga hat ja wiederholt die Entdeckungen Kolumbus' in ihren langfristig von der für Spanien in seinen Augen historisch gebotenen Invasion Afrikas ablenkenden Folgen als einen der tragischen Fehler in der Weltgeschichte bezeichnet.²⁴

Sehr wahrscheinlich aber hat Madariaga auch den mittelmeerischen Gedanken vor allem von Valéry übernommen, der ihn in seinem Vortrag *Europäischer Geist* (1924) entwickelte. Dafür spricht zum einen die zeitliche Nähe von Madariagas *Our Muddling World* (1930) zu diesem Vortrag, zum anderen die Tatsache, daß sich das Theorem von der Prävalenz maritimer vor kontinentaler Kulturverwandtschaft bei Madariaga nicht lange gehalten hat – so wie sich seine Faszination für das politische Schrifttum des Intellektuellen und Dichters Valéry auch insgesamt bald wieder verlor. Zu jener Zeit aber war die Parallele im Denken überdeutlich: „Alle Pläne

---

22   Madariaga, Our muddling world, 22f.
23   Ders., *World's Design*, 193.
24   Vgl. Ders., *Morgen ohne Mittag*, 461; Madariaga, España – nación universal (Manuskript, 16-I-1935), in: MALC 292.

einer materiellen oder geistigen Eroberung und Beherrschung der Welt", so Valéry, „[a]lles was wir Zivilisation, Fortschritt, Wissen, Kunst, Kultur nennen" sei in der Vergangenheit von Europa – genau genommen aber eben zunächst vom Mittelmeer ausgegangen.[25] Valéry führte die Phönizier und Griechen an; und wie Madariaga später immer wieder auf das lange und friedliche Miteinander der Spanier mit Juden und Mauren hingewiesen hat, so verwies auch Valéry auf die frühe und gründliche Völkermischung an den Gestaden des Mittelmeers:

> Alle Völker, die an seine Küsten kamen, haben sich durchdrungen; sie haben Waren und Hiebe getauscht, haben Häfen und Kolonien gegründet, in denen nicht nur Handelsgüter, sondern auch Religionen, Sprachen, Sitten, technische Errungenschaften ausgetauscht wurden.[26]

Beflügelt durch „die besondere Kraft des Lebens unter der Sonne", so Valéry, sei Europa überhaupt erst vom Mittelmeer her zum weltgeschichtlichen Motor von Zivilisation, Fortschritt, Wissen, Kunst und Kultur geworden; dort liege ursprünglich die Wurzel jener Entwicklung, durch die sich der kleine Kontinent in seiner Entwicklung zunehmend vom Rest der eher stagnierenden Welt getrennt und diesen schließlich erobert habe.[27] Madariaga hat 1930 die kulturelle und politische Bindekraft von Kontinenten ebenfalls für eher schwach erklärt, schwächer jedenfalls als die gemeinsamer Meere. Das Kontinentale galt ihm zu dieser Zeit nur als eine Zwischenstufe für spätere Entwicklungen.[28]

Zur letzten und erheblich verschärfenden Veränderung der äußeren Realitäten ist dann nach 1936 und 1939 der Kalte Krieg geworden. Erst dieser zwang Madariaga, sich endgültig intensiv mit den bis dahin auf Armeslänge gehaltenen Ideen eines auch in der *politischen* Föderierung geeinten Europa auseinanderzusetzen, das er in den Ansätzen von Coudenhove bis Briand schon kennengelernt, aber lange skeptisch abgelehnt hatte. Gerade weil sich ein gewisser Europäismus in Madariagas Denken schon immer allein dadurch ergeben hatte, daß er in praktisch allen Lebensbereichen von der weitgehenden Reduzierbarkeit der übrigen Welt auf den *Kultur*kontinent Europa überzeugt gewesen war, ist er auf das genuin politische Europa erst so spät und nur nachholend gegenüber dem Denken etwa der Europabewegung oder der

---

25 Vgl. Paul Valéry, *Die Politik des Geistes*, Vortrag gehalten am 16. November 1932, Wien 1937, 28.
26 Ebd., 30.
27 Vgl. Ebd., 31-33; Zitat Ebd., 30.
28 Vgl. Salvador de Madariaga, The United States of Europe, in: Americans, Freeport (N.Y.) 1968, 123f. – Als Braudel seine berühmte Studie über die Geschichte des Mittelmeers im Goldenen Zeitalter Spaniens vorlegte (Fernand Braudel, *La Méditerranée et le monde méditerranéen à l'époque de Philippe II*, Paris 1982), hatte Madariaga bereits zu seinem definitiven Europaverständnis gefunden und sich von seinem mittelmeerischen Konzept des europäischen Kontinents wieder verabschiedet.

Europa-Föderalisten aufmerksam geworden. Zunächst hatte er noch lange im frühen Globalisierungsdenken verharrt; und auch als er sich schließlich Europa zuwandte, versuchte er zunächst, seinen kulturellen mit dem zunehmend vorherrschenden politischen Europabegriff zu fusionieren, konnte dabei aber den ästhetizistischen Einschlag nie ganz ablegen. Sein Idealbild von Europa verblieb bis zuletzt ein Stück weit jenseits der politischen Realität.

Von 1946 bis 1948 überschlugen sich dann aber in der Frage um die Zukunft Europas die Ereignisse; für Madariaga waren unter den zahllosen, hier nicht im einzelnen darstellbaren Aktivitäten vor allem das Treffen der UEF in Montreux (1947) und der Europakongreß in Den Haag (1948) von Bedeutung.[29] Hier erfuhr sein Europakonzept die größte Veränderung, ja man könnte sagen, Madariaga hat sich in dieser Phase, basierend auf der Einsicht in die vorübergehend unabänderliche Spaltung der Welt, zu einer diametralen Umstellung der wichtigsten Punkte in seiner weltpolitischen Prioritätenliste durchgerungen.

6.2 Frühe Anregungen für Madariagas Europäismus

Die Motive, aus denen sich das von Madariaga schließlich nach außen getragene Bild von Europa zusammensetzte, hatten reichlich Gelegenheit zur Sedimentation. Lange bevor er selbst öffentlich als Europäer auftrat, hatte er proeuropäische Impulse aufgenommen, wenn auch zunächst, ohne sie affirmativ weiterzuführen. Um sein Europaverständnis nachzuzeichnen, ist es daher sinnvoll, diese frühen Impulse zu rekonstruieren. Eine Darstellung des sich nach 1945 in aller politischen Konkretheit ergehenden Europadenkens über das gesamte Spektrum hinweg kann hier schon deswegen unterbleiben, weil es nicht seinen Rezeptionsgewohnheiten entsprochen hätte, sich *en detail* mit ihnen auseinanderzusetzen, und weil sein Europabegriff im institutionellen Sinn wesentlich unpolitisch war und blieb.[30] Statt also umfassend Rezeptionszusammenhänge zwischen ihm und allen relevanten Europabefürwortern seiner Zeit herzustellen, werden hier mit dem Europadenken Paul Valérys, Richard Coudenhove-Kalergis und Aristide Briands drei Typen herangezogen, in deren Zusammenschau

---

29 Zu beidem unten mehr. Für einen raschen Überblick darüber hinaus vgl. Wilfried Loth, *Der Weg nach Europa: Geschichte der europäischen Integration 1939-1957*, Göttingen 1991, 52-60. Detaillierter zu den einzelnen Europaverbänden und -bewegungen vgl. die Beiträge in: Ders. (Hrsg.), *Die Anfänge der europäischen Integration 1939-1957*, Göttingen 1991.

30 Für einen sehr substantiellen Überblick vgl. gleichwohl Walter Lipgens, *Europa-Föderationspläne der Widerstandsbewegungen 1940-1945. Eine Dokumentation*, München 1968; noch weiter ausgreifend Ders., *45 Jahre Ringen um die Europäische Verfassung: Dokumente 1939-1984. Von den Schriften der Widerstandsbewegung bis zum Vertragsentwurf des Europäischen Parlaments*, Bonn 1986; Ders., *Die Anfänge der europäischen Einigungspolitik 1945-1950. Erster Teil: 1945-1947*, Stuttgart 1977; Ders., *Die europäische Integration*, Stuttgart 1972. Vgl. auch die breit streuenden Beiträge in Loth, *Die Anfänge der europäischen Integration*.

sich ein gut konturiertes Bild auch von Madariagas Wunsch-Europa ergibt. So läßt sich mit dieser Trias Europa als ein ästhetisch-kultureller Begriff (Valéry), als ein intellektuell-politisches Bild (Coudenhove) und im staatsmännischen Zugriff auf das Thema (Briand) nachzeichnen; und nicht nur hatte jeder der drei für sich genommen erheblichen Einfluß auf die Europadebatte der Zwischenkriegszeit, sondern alle drei standen Madariaga in dieser Zeit nachweislich auch als Person und in ihrem Denken sehr nahe.

EUROPA ALS KULTURRAUM (PAUL VALÉRY). – Das nach seinem proeuropäischen Einschwenken durchgängig zu findende kulturelle Gepräge erhielt der Europagedanke bei Madariaga kurz nach Ende des Ersten Weltkrieges, als Paul Valéry mit seinem *Die Krise des Geistes*[31] eine Debatte auslöste, in deren Rahmen sich bald Intellektuelle wie José Ortega y Gasset, Benedetto Croce, André Gide oder Thomas Mann über die Zukunft Europas und der europäischen Zivilisation austauschten. Madariaga hatte Umgang mit allen Genannten. Obwohl gleich zu Beginn relativierend hinzugefügt werden muß, daß praktisch alle Elemente der Europavision Madariagas, schon bald nachdem sie von Valéry erstmals verschriftlicht wurden, im Kern unter Intellektuellen vergleichbaren Schlages weitgehend *communis opinio* waren – der mit Vermassungsangst gepaarte geistesaristokratische Elitismus und der paternalistische Eurozentrismus mit offensiv normativem Rekurs auf die abendländische Kultur und Geistesgeschichte als das Definiens Europas ließen sich analog auch am Beispiel vieler weiterer Zeitgenossen demonstrieren[32] –, so war doch keiner der intellektuellen Vorreiter Europas von vergleichbarem Einfluß auf Madariagas Europadenken wie Valéry. Neben ihm und der überschaubaren Garde der von Madariaga im Europakontext stets zitierten Staatsmänner der Nachkriegszeit (Spaak, Schuman, de Gasperi, Adenauer, Churchill und de Gaulle) ist es überhaupt nur noch Coudenhove-Kalergi gewesen, der von ihm vergleichbar anerkennend in der

---

31 *Die Krise des Geistes* erschien als vollständige Einheit zuerst 1924 in Paris als *La crise de l'esprit*, eine Broschüre mit drei Essays. Die beiden ersten waren Anfang 1919 als zwei *Letters from France* in der Londoner Zeitschrift *The Athenaeum* erschienen (die deutsche Ausgabe führt sie als *Erster Brief* und *Zweiter Brief*); beim dritten *(Europäischer Geist)* handelt es sich um eine Ansprache Valérys in Zürich im November 1922; vgl. Valéry, *Die Politik des Geistes*, 49; und Volker Steinkamp, Ein Vorgebirge Asiens. Paul Valéry über Europa und den Prozeß der Globalisierung, in: FAZ, 29-I-2003.

32 Gemeint sind hier jene Intellektuellen, deren Denken zwischen den Kriegen noch immer maßgeblich durch die Zeit des *fin de siècle* und dessen Skeptizismus überformt war, deren Geistesaristokratismus mithin dem einer eigentlich bereits abgetretenen Generation europäischer Intellektueller entsprach (etwa Renan, Flaubert, Taine, Burckhardt), die wie Nietzsche nach den Erfahrungen der Pariser Commune radikal jedem Versuch einer Ausweitung der Kultur auf breite Volksschichten widersprachen; vgl. Guiliano Campioni, Art. 'Aristokratie', in: Nietzsche-Handbuch. Leben – Werk – Wirkung, Stuttgart / Weimar 2000.

Sache, wenn auch in der Regel unter deutlichem Hinweis auf seine charakterlichen Schwächen, explizit als Gewährsmann des europäischen Denkens bemüht wurde.

Paul Valéry war Cartesianer, elitärer Europäer, überzeugter Eurozentriker[33] – und in all dem Madariaga nicht unähnlich. Er wirkte als publizierender Intellektueller vor allem zwischen den Kriegen, zu jener Zeit also, in der sich weite Bereiche des politischen Denkens Madariagas so gravierend änderten wie danach nur noch einmal durch die Verschärfung des Ost-West-Schismas nach 1945. Zugleich war Valéry, Jahrgang 1871, um eine Halbgeneration älter. Somit gehörte er zu jenen Intellektuellen, die bei sonst gleichen Parametern schon durch das Datum ihrer Geburt einen besonderen Einfluß auf Madariaga auszuüben imstande waren, denn generell hat sich Madariaga auffallend stark vor allem an jenen Zeitgenossen gemessen, die ihm gegenüber einen gewissen, aber doch auch nicht zu großen Vorsprung an Jahren hatten – sei es in Verbeugung vor deren intellektueller Autorität oder umgekehrt, um sich intellektuell an ihnen zu reiben.

Obgleich beide einander nicht in engster Freundschaft verbunden waren, so kannte doch Madariaga Valéry von der Zusammenarbeit im Völkerbundausschuß für Kultur her[34] auch persönlich so gut, daß er sich im Lauf der Jahre gehalten fühlte, gleich mehrere seiner psychologisierenden werkbiographischen Skizzen über ihn anzufertigen. In diesen Portraits wird zumindest zwischen den Zeilen deutlich, daß Madariaga durchaus auch an einer engeren Freundschaft gelegen gewesen wäre; nur habe das zu seinem Bedauern schon dessen auf den kalten Intellekt fixierter Charakter nicht zugelassen: „Mein Umgang mit Valéry war immer gut und höflich, wenngleich nie intim. Auch seine Freundschaften waren gewöhnlich eine Sache reinen Intellekts."[35] Beim Völkerbund hatte er Valéry noch vor allem als den überzeugten Europäer kennengelernt, dem, wie er im Rückblick feststellte, von seiner sich in anderen Dingen selbst auferlegten Beschränkung auf den reinen Intellekt zu jener Zeit noch nichts anzumerken gewesen sei.[36] Seine Verehrung war dem Franzosen damit zunächst sicher; und sein sichtlicher Stolz darüber, als eine seiner ersten Amtshandlungen als Botschafter in Paris Maurois, Ravel und eben Valéry 1932 für hohe spanische Orden vorgeschlagen zu haben,[37] verdankte sich wohl ebenso der mit seiner neuen politischen Rolle gewonnenen Ebenbürtigkeit mit den so Geehrten wie dem Erhalt

---

33   Vgl. Volker Steinkamp, Ein Vorgebirge Asiens. Paul Valéry über Europa und den Prozeß der Globalisierung, in: FAZ, 29-I-2003.
34   Vgl. Madariaga, Paul Valéry, 355. Solange er in Genf der Abrüstungsabteilung als Chef vorsaß, konnte Madariaga Beziehungen zu den Intellektuellen im Kulturkomitee nur in Gesprächen am Rande offizieller Veranstaltungen herstellen; mit seinem Ausscheiden wegen der Professur in Oxford trat er dem Komitee dann selbst bei; vgl. Ebd., 363.
35   Ebd., 364.
36   Vgl. Ebd., 368f.
37   Vgl. Ebd., 363f.

des Botschafterpostens selbst. Schließlich wird noch in Madariagas Ablehnung gegenüber dessen übertriebenem Kognitivismus die große Reverenz erkennbar, die er dem Denken des französischen Literaten trotz der vermeintlichen Makel einstmals gezollt haben muß: Noch im Jahr seines Todes erinnerte er sich, wie er in den frühen zwanziger Jahren, also selbst noch ganz in den Anfängen seiner Karriere, Valéry einmal bei sich zu Gast gehabt und dieser ihm gesagt habe: „Für mich existiert nichts außer dem, was ich über die fünf Sinne aufnehme." An diesem Ausspruch hat sich Madariaga sein gesamtes publizistisches Leben lang immer wieder intensiv abgearbeitet, vor allem kritisch.[38] Auch er selbst war im Grunde seiner von Metaphern durchwirkten Sprache Kognitivist, bei genauerem Hinsehen erinnert sein eigener Zugang zur Sprache, zum Verstehen, zu Glaube und Wahrheit sehr stark an Valéry – stärker vermutlich, als es ihm selbst bewußt gewesen ist. Zwar hat er Valéry wiederholt mit dem Hinweis auf die Beschränktheit der fünf Sinne relativiert,[39] ebenso oft hat er ihm auch dessen prononcierten politischen Immoralismus als eine, wenn auch konsequente, Ableitung aus der vermeintlich falschen kognitiven Prämisse vorgeworfen – und doch hat er im Grundsatz den Kognitivismus Valérys Zeit seines Lebens geteilt. Daß er überhaupt diesem Gedanken Valérys nach über einem halben Jahrhundert noch solche Bedeutung zubilligte, spricht allein schon für sich.

Stellvertretend für eine ganze Generation hatte nun Valéry mit seinen beiden *Letters from France* (1919) erstmals eine Grundstimmung in Worte gekleidet, die auffällig jener ähnelte, in der sich seinerzeit die Generation der spanischen 98er nach der Niederlage im Spanisch-Amerikanischen Krieg wiedergefunden hatte. Madariaga hat davon zunächst vor allem das von echtem Weltuntergangsentsetzen ausgelöste Pathos Valérys übernommen. Auch teilte er dessen missionarisches Motiv; denn analog zum nachträglichen Schreck Valérys über den Ersten Weltkrieg und zum darüber grundsätzlich infrage gestellten Glauben an die europäische Zivilisation, sah Madariaga später im Szenario des eher schleichenden Kalten Krieges die gleiche Gefahr bereits in Wiederholung angelegt. Valéry hatte seinerzeit die Debatte um das künftige Europa eröffnet, indem er den Schock über die jüngst erlebte historische Katastrophe in ein offensives Selbst- und Sendungsbewußtsein umkehrte und seine berühmt gewordene Frage stellte:

> Nun stellt der heutige Tag uns vor eine Frage von höchster Wichtigkeit: Wird Europa seinen Vorrang auf allen Gebieten behaupten? Wird Europa das wer-

---

38 Vgl. Madariaga, El poeta sordo y el ciego vidente, in: ABC, 28-X-1978; im Zitat textidentisch auch schon in: Madariaga, Picasso [II], in: ABC, 31-X-1971. Zu Madariagas Kritik dieser Aussage vgl. außerdem Madariaga, La vida vuelta de espaldas, in: ABC, 5-XI-1972 oder Madariaga, La ciencia (y II), in: ABC, 8-XII-1974.

39 Vgl. Stiftung F.V.S. zu Hamburg, *Verleihung des Hansischen Goethe-Preises*, 25f.; sowie Madariaga, Lo que la vida me ha enseñado [I], in: ABC, 4-V-1969.

6.2 Frühe Anregungen für Madariagas Europäismus 275

den, was es in Wirklichkeit ist: ein kleines Vorgebirge des asiatischen Festlands? Oder aber wird Europa das bleiben, was es scheinbar ist: der kostbarste Teil unserer Erde, die Krone unseres Planeten, das Gehirn einer Welt?[40]

Ganz analog hatten es die 98er für Spanien nach dem Trauma in Amerika getan; und ganz analog hat auch Madariaga im Verlauf des Kalten Krieges mit einer Normativität, die sich – je später umso krasser – nur auf dem doppelten Geleise ihrer apodiktischen Schärfe und unermüdlichen Repetitivität über den Abgrund der Resignation rettete, die westliche Zivilisation immer wieder bei Strafe ihres Untergangs zur Einigung Europas aufgerufen. Hier liegt sowohl die Wurzel des auf Einigung drängenden Impulses, der fast dreißig Jahre nach Valéry in Madariagas „Fiat Europa!" mündete, als auch der Ursprung der damit verknüpften Denkfigur, die erstrebte Einigung Europas sei letztlich nicht mehr (aber auch nicht weniger) als die historisch gebotene Wiederherstellung einer früher schon einmal existenten und nur zwischenzeitlich verloren gegangenen Einheit bzw. Sonderstellung dieses historisch dichtesten aller Kontinente. Auch Valérys Ausgestaltung des Gedankens darüber, daß und warum Europa trotz seiner im Vergleich verschwindenden Größe seit Jahrhunderten ein überproportionales Gewicht in der Welt gehabt habe,[41] kann eins zu eins bei Madariaga nachgelesen werden – allerdings noch nicht, als die mit *Die Krise des Geistes* entzündete Debatte stattfand, sondern erst erheblich später.[42]

In ziemlich direkter Anlehnung an das berühmt gewordene Diktum Valérys sprach auch Madariaga von Europa als einem vergleichsweise kleinen Kontinent.[43] Der Mangel an Größe aber sei über die Jahrhunderte hinweg immer durch den relativen Vorteil einer hohen kulturellen Vielfalt und Veredelung ausgeglichen worden. Immer seien die natürlichen und die politischen Grenzen Europas gleichsam semipermeabel gewesen – zwar klar trennend, nicht aber unüberwindlich. Zusammengenommen mit seinem gemäßigten Klima habe dies im Resultat zu einer kleinteiligen, aber nicht vollständig isolierenden Parzellierung des Kontinents geführt, die wiederum im kulturgeschichtlichen Rückblick ideale Bedingungen für die Entstehung hoch differenzierter Völker und – was Madariaga als die darauf folgende Entwicklungsstufe galt – ebenso stark individueller Nationen ergeben habe. War demnach die räumliche Trennung der Völker Europas stark genug, um je für sich klar definiert zu bleiben statt sich in fortgesetzter Vermischung zu nivellieren, so war sie doch auch nie so unbedingt, als daß sie gegenseitigen Kontakt gänzlich ausgeschlossen hätte. Vor allem

---

40 Valéry, *Die Politik des Geistes*, 16; sowie, leicht variiert, noch einmal: „ein Kap der alten Welt, ein westlicher Ausläufer Asiens"; Ebd., 30.
41 Vgl. Ebd., 17f.
42 Vgl. Madariaga, La unidad europea, in: ABC, 8-VII-1973.
43 Madariaga sprach von Europa als „little plot of land, this tiny peninsula of the Asiatic continent"; Madariaga, United States of Europe, 119.

anderen dieser von der räumlichen Nähe beförderte Dialog, aber auch die so entstehende Reibung zwischen seinen Völkern sei ursächlich dafür gewesen, daß sich der in der Welt ohne Pendant gebliebene Intellekt und Charakter Europas herausgebildet habe.[44]

In Valérys frühem Manifest findet sich bereits in weiten Teilen der Katalog von Thesen, auf den später auch Madariaga sein Bild von Europas Charakter und Geschichte aufgebaut hat; sei es jene von der ebenso typisch wie ausschließlich europäischen Affinität zu Kultur, Intelligenz und dem Konzept des Meisterwerks, sei es jene von der glücklichen Mischung in der europäischen Psyche – bei Valéry heißt es: „unersättlicher Tätigkeitsdrang, glühende und rein sachliche Neugier, die glückliche Verbindung von Phantasie und logischer Strenge, Skepsis ohne Pessimismus, Mystik ohne Resignation" –, aus der heraus zunächst bei den Griechen die Geometrie geboren worden sei, deren exakte Methodik dann die paradigmatische Basis für die Entstehung der genuin europäischen (Natur-)Wissenschaft in den Spuren da Vincis abgegeben habe.[45] Valérys Theorem, diese ein Weltzeitalter lang für Europa zum alleinstellenden Machtmittel gewordene Wissenschaft kehre sich in der Moderne durch die Möglichkeit ihrer Nachahmung in anderen Weltkreisen schließlich gegen ihren Schöpfer, stand Madariaga in allen Teilaspekten ebenfalls im Geiste nahe. Er teilte Valérys Sorge, nunmehr seien es äußere Größe und Masse statt Finesse und Exzellenz, die über das relative Gewicht in der Welt entschieden, die also das bislang überproportionale Gewicht Europas infragezustellen und die „Einteilung in Weltzonen" drastisch zu verändern drohten. Auch reagierte er auf diese Entwicklung später mit dem gleichen Reflex wie Valéry, für den die europäische Besonderheit ursprünglich im Geist bzw. im Genie lag; weswegen man von einer geistesaristokratischen Minderheit erwarten dürfe, daß sie Europa gegen die gefährliche Tendenz zur verdünnenden Gleichmacherei zurück an die politische Spitze der zivilisierten Welt zu führen imstande sei.[46]

---

44 Vgl. Madariaga, Puertos y puertas, in: ABC, 16-IX-1978. In diesem Sinne hatte sich Madariaga schon fünf Jahre zuvor in seiner Dankesrede zur Verleihung des Karlspreises geäußert; vgl. Madariaga, La unidad europea, in: ABC, 8-VII-1973. Zu den Haupteigenschaften Europas, so an wieder anderer Stelle, zähle die zwischen seinen Völkern herrschende Gleichzeitigkeit der Trennung von- und Kommunikation miteinander, durch die sie im Wunsch nach Einheit, nicht jedoch nach Einheitlichkeit *(el deseo de unión – no precisamente de unidad)* vorwärts getrieben würden; vgl. Madariaga, La capital de Europa, in: ABC, 16-VII-1978.
45 Vgl. Valéry, *Die Politik des Geistes*, 16-20; Zitat Ebd., 18.
46 Bis in die physiko-mechanische Metaphorik des unumkehrbaren Niveauverlusts hinein entsprachen sich die Überzeugungen Valérys und Madariagas: Wo Valéry das Bild vom Tropfen edlen Weines verwendete, der sich unwiederbringlich in der Masse gewöhnlichen Wassers verlaufe, dachte Madariaga in der Metapher des Sandes, der zur Nivellierung neige und keinerlei Hohes oder Herausragendes zulasse. Beide griffen zudem auf die Kollektivmetaphorik des Ameisenstaates (Valéry) bzw. des Bienenvolkes (Madariaga) zurück; vgl. Ebd., 16-23. Für die Bienenmetapher bei Madariaga vgl. Madariaga, *Europa*, 30; für die Sandmetapher

Vor allem anderen aber dürfte Madariaga von Valéry den in weltgeschichtlich größtmöglichen Linien denkenden Zugriff auf das Thema Europa übernommen haben, der den Kontinent eigentlich nur als kulturell-geistige und gar nicht so sehr als geographisch-politische Einheit in den Blick bekommen wollte. Immerhin hat er nicht nur in politischen Sonntagsreden, sondern oft auch in seinen durchaus substantiell gemeinten Beiträgen das genuin Politische des Europathemas galant in die zweite Reihe verwiesen – und ist gerade damit seinerzeit auf enorm positive Resonanz gestoßen. Auch Valéry sprach explizit davon, Europa und die Europäer als quasi funktionelle statt nur geographisch-historische Begriffe verstehen zu wollen.[47] Seiner Definition zufolge konnten, jenseits von Rasse, Sprache und Nationalität, all jene Kulturkreise als „vollkommen europäisch" gelten, die sukzessive drei „Einwirkungen erlitten" haben bzw. durch sie maßgeblich geprägt wurden: das römische Reich, das Christentum und, zeitlich wie in der Bedeutung noch vor diesen beiden, das Denken der griechischen Antike.[48]

Madariaga entwickelte mit seiner teils vorsichtigen, teils ungehemmt heroisierenden Apologie des spanischen wie europäischen Kolonialismus ähnliche Argumentationsmuster wie vor ihm Valéry, der etwa davon gesprochen hatte, daß das römische Reich „zum ersten Mal besiegten Völkern die Wohltaten der Großzügigkeit und der ausgezeichneten Verwaltung aufgedrängt hat".[49] Wenn Valéry Rom analogisierend das Christentum zur Seite stellte, also darauf hinwies, daß sich die christliche Lehre vom universellen Gott mit ähnlicher Flexibilität gegen die zuvor verehrten lokal gebundenen Gottheiten durchgesetzt hat wie im politischen Raum der universelle Status des römischen Bürgers die verschiedensten über Sprache und Rasse definierten lokalen Selbstbilder verdrängen konnte,[50] dann ist auch das ein Gedanke, den Madariaga, bezugnehmend auf das jeweils über die kleineren Einheiten politisch-religiöser Organisation hinweg identitätsstiftende Moment beider, ganz ähnlich entwickelt hat. Das Christentum und das römische Reich galten ihm als der doppelte Inbegriff einer gelungenen Einigung der Welt unter einer jeweils universellen Idee.[51] Ganz analog formulierte Valéry über den christlichen Römer:

---

vgl. Madariaga, La desintegración de España, in: Ahora, 16-V-1936, sowie Madariaga, Disparatorio, in: ABC, 10-XII-1972.
47 Vgl. Valéry, *Die Politik des Geistes*, 34.
48 Vgl. Ebd., 36-44; beide Zitate Ebd., 44.
49 Ebd., 36.
50 Vgl. Ebd., 36-38.
51 So wie er in Athen und Jerusalem die Wiege Europas, sowie in Sokrates und Christus die Väter seiner beiden Traditionen sah, so hielt er auch fest, daß das Römische Reich erstmals großflächige staatliche Herrschaft in einem durchaus modernen Sinne einführte und noch in seinem Zerfall, also als es das parallel entstehende Christentum bereits aufgenommen hatte, zur Mutter der neuzeitlichen Nationen wurde; vgl. Madariaga, Puertos y puertas, in: ABC, 16-IX-1978.

Hier haben wir einen nahezu vollendeten Europäer. Ein allgemeines Recht und überall einen Gott. Das gleiche Recht und einen Gott. Ein einziges Gericht in der Zeit und eines in der Ewigkeit.[52]

Valérys Trias wurde jedoch bei Madariaga sehr bald und dauerhaft auf die zweigipfelige Tradition von Sokrates und Christus reduziert. Offenbar glaubte er, mit der Geschichte des spanischen Weltreiches im Hinterkopf und dem britischen Empire vor Augen, Rom für den Gedanken des Imperiums nicht mehr eigens bemühen zu müssen, so wie der Reichsgedanke in seinem Europadenken auch insgesamt zwar nicht gänzlich verschwand, wohl aber sublim in den Hintergrund trat. Im übrigen aber entsprach seine Grundthese von Europas christlichem Gepräge (entlang der kategorialen Begriffe Person, Anerkennung und Mitleid, und bis in Details der Ausstaffierung dieser Begriffe hinein) exakt der entsprechenden These Valérys, der seinerseits auf die subjektive und universell-einheitliche und mit der Pflicht zur Selbstprüfung verbundene Moral, sowie auf die erwachte Sensibilität für wichtige philosophische Grundfragen – etwa auf die Fragen nach der Quelle und Sicherheit von Erkenntnis, nach dem Gegensatz von Glaube und Vernunft, nach den Triaden Glaube-Tat-Werk und Freiheit-Knechtschaft-Gnade, nach dem Problem der Gleichheit sowie dem von Geist und Materie, ja sogar nach Rolle und Stellung der Frau – rekurrierte, um darin die maßgeblichen christlichen Errungenschaften zu sehen.[53]

Dieser kontinuierliche Rekurs Madariagas auf abendländische Motive in der Begründung Europas ist schon für sich ein starkes Indiz für seinen eher kulturellen denn politischen Zugang zum Thema. Daß Europa in der Rückbesinnung auf Sokrates und Christus zu einer Identität finden müsse, durch die die bloße Markt- oder Verteidigungsgemeinschaft transzendiert würde, war bei ihm ein stets wiederkehrender Gedanke, der aber gelegentlich auch eine Weiterführung erfuhr, die noch stärker als ohnehin auf den ästhetischen Aspekt seiner Europaidee verwies. Mit einem selten in dieser Form, dafür aber an sehr prominenter Stelle geäußerten Gedanken stellte sich Madariaga etwa die Realisierung seiner (ebenfalls häufig wiederholten) Forderung nach einer Erziehung der Jugend im Geist der Verantwortlichkeit dergestalt vor, Jugendliche erst mit Erreichen eines gewissen Alters und dann in einer feierlichen Zeremonie in den europäischen Bürgerstand zu erheben, bei der zur Mahnung

---

52 Valéry, *Die Politik des Geistes*, 38.
53 Vgl. Ebd., 39f. Für die Bezüge zu Madariaga vgl. Kapitel 3.2 (Erkenntnis, Glaube und Vernunft); Kapitel 5.4 (Freiheit und Knechtschaft); Kapitel 5.5 (Problem der Gleichheit), Kapitel 4.3 (Geist und Materie); sowie zur Rolle der Frau: Madariaga, *Victors, beware*, 106-108; Ders., *Von der Angst zur Freiheit*, 183-188; Ders., *World's Design*, 136-145; Ders., *Guerra desde Londres*, 153-160; Madariaga, El amor, in: ABC, 10-VI-1973 und 17-VI-1973.

an die historischen Untaten des Staates jeweils eine Ausgabe von Platons Apologie des Sokrates und der Evangelien über die Kreuzigung Christi zu überreichen wäre.[54]

EUROPA ALS POLITISCHES TELOS (RICHARD COUDENHOVE-KALERGI). – Madariaga scheint sich in seinem Europa-Denken ebenfalls nicht unwesentlich an Richard Graf Coudenhove-Kalergi angelehnt zu haben. Wie Valéry, so war ihm auch Coudenhove in Vita und Charakter erstaunlich ähnlich. Auch der Graf war ein polyglotter Kosmopolit, war als Emigrant (allerdings in den USA) darum bemüht, das Thema eines geeinten Europa in die öffentliche Diskussion zu bringen, um auf diesem Wege seine politische Realisierung zu befördern. Beiden gemeinsam war auch der Zug zum Höheren. Wenn Coudenhove als ein mit der hohen Politik verkehrender Privatmann, als ein „Staatsmann auf eigene Rechnung", als ein „König ohne Reich" charakterisiert wird, der vom narzißtischen Glauben an die Wirkung des eigenen Tuns beseelt gewesen sei,[55] dann ist damit das Bild eines Typen umrissen, der wohl auch Madariaga aus dem Spiegel entgegengelächelt hat.

Coudenhove hatte in seinem Paneuropa-Buch und in der gleichnamigen, von ihm ins Leben gerufenen Bewegung einen Gedanken entwickelt und *in extenso* variiert, den auch Madariaga in den Grundzügen, und mitunter bis erstaunlich weit ins Detail hinein, übernehmen konnte. Coudenhoves Europavision speiste sich aus der doppelten Angst des auf die Jahrhunderte alte europäische (Hoch-)Kultur stolzen Geistesaristokraten, einerseits von der wirtschaftlichen Dynamik der USA und der Massengesellschaft nach ihrem Vorbild erdrückt, andererseits durch die proletarisch-bolschewistische Revolution infiziert oder überrollt zu werden.[56] Dabei war Coudenhove trotz seiner immensen öffentlichen Präsenz nur einer unter vielen Zeitgenossen, die Europa nach dem Ersten Weltkrieg zwischen die beiden erstehenden Supermächte geraten und so die abendländische Tradition mit ihrer Vernichtung bedroht sahen.

Wie für Madariaga und für die Legion der Intellektuellen, die wie er in der Zwischenkriegszeit in einem kuriosen Kontinuum zwischen Hobby und beruflicher Professionalität die Geschicke der internationalen Politik mit in die Hand genommen hatten, so wurde auch für Coudenhove das Scheitern des Völkerbunds zum weltpolitischen Erweckungserlebnis. Wie Madariaga sah er mit der Genfer Organisation eine ganze Epoche mitsamt ihrem honorigen und eigentümlich demokratie- und/oder machtaversen Politikstil unwiederbringlich untergehen. Madariaga selbst hat ihn

---

54 Vgl. Madariaga, La unidad europea, in: ABC, 8-VII-1973, also Madariagas Dankesrede zur Verleihung des Karlspreises.
55 Vgl. Frank Niess, *Die europäische Idee. Aus dem Geist des Widerstands*, Frankfurt am Main 2001, 21f.
56 Vgl. Richard Coudenhove-Kalergi, *Paneuropa*, Wien / Leipzig 1926.

rückblickend als Apostel der Europabewegung und als den Mann bezeichnet, der die Idee vom durch den Übergang der internationalen Politik von der Nation zum Kontinent gekennzeichneten Epochenwechsel maßgeblich eingeführt und durchgesetzt hat. Er selbst hat in diesem Zusammenhang sonst immer von der Schrumpfung der Welt, im Zitat der Position Coudenhoves jedoch (mit diesem) ausnahmsweise einmal von Ausdehnung gesprochen.[57] Die Idee war dennoch in beiden Formulierungen die gleiche; und es scheint auch insgesamt, als habe Madariaga diesen neuralgischen Wendepunkt seines Denkens – die in den dreißiger Jahren beginnende und nach 1945 bald abgeschlossene Umwidmung seines kosmopolitischen Impulses, der aufgrund der weltpolitischen Verzögerung durch den Ost-West-Konflikt nun in der neuen Zielgröße Europa sein Ventil fand – ursprünglich dem Einfluß Coudenhoves zu verdanken.

Ganz unabhängig davon nämlich, wie Europa im nächsten Gedankenschritt zu unterfüttern wäre – ob kulturgeschichtlich als das Abendland, ob religiös als der Ort der Wiederherstellung der katholischen Glaubenseinheit, oder ob geopolitisch als einer der künftigen Kulturkreise bzw. Herrschaftsräume –, Coudenhove hat mit seiner Paneuropa-Idee begriffspolitisch sicher vor allem eines erreichen wollen: Die Auffassung von Europa als einem Reich sollte konzeptionell zu einem Verständnis Europas transformiert werden, das sich eher auf das Kategorienmuster der Nation stützt. Nicht nur war innerhalb Europas die Nation, anders als das Reich, faktisch greifbar, sondern im Vergleich zum Konzept des Reiches ist das der Nation prinzipiell erheblich kampagnefähiger. Zum einen ist dieses, weil in seiner Weite kaum umfassend greifbar, inhaltlich flexibler adaptierbar, zum anderen eignet es sich mit der Möglichkeit des Rekurses auf die Emotionalität von Nationalismus bzw. Patriotismus besser für Propaganda als jenes.

Auch Madariagas Europadenken hat sich lange in diesem Kriterienraster bewegt. Zunächst noch geprägt durch den Abglanz seines Wunsches nach einer zu umfassender Regulierung autorisierten Weltregierung, schwenkte er nach Ende des Zweiten Weltkrieges bald auf die Forderung nach einem (zumindest vordergründig) föderalen Bundesstaat ein, der aber doch bei genauerem Hinsehen und trotz aller gegenteiligen Beteuerungen immer im eben beschriebenen Sinne dem Konzept der geeinten Nation verhaftet blieb. In der Tat appellierte er in seiner propagandistischen Publizistik dieser Zeit explizit an einen europäischen Patriotismus. Noch Jahrzehnte später, dann bereits über achtzigjährig, rief er sich in Erinnerung, daß es seinerzeit Coudenhoves Aufruf zur Gründung der Vereinigten Staaten von Europa gewesen sei, der ihn selbst in den späten vierziger Jahren dazu bewegt habe, in den Spalten der *Times* die Gründung verschiedener industrieller Weltdachorganisationen anzuregen,

---

57 Vgl. Salvador de Madariaga, Ser o no ser, in: Revista de Occidente, 2/3 1973:119/120, 143f.

konkret die Schaffung der 'Vereinigten Staaten' des Erdöls, des Stahls, des Getreides, der Luftfahrt; zu denen später analoge Forderungen nach einer internationalen Regulierung auch des Urans, des Wassers und der Luft hinzutraten.[58] Auch sei es, so Madariaga Mitte der fünfziger Jahre, Coudenhoves Einfluß zu verdanken, daß Briand 1931, seinerseits gestützt auf die Idee der Vereinigten Staaten von Europa, die Europäische Kommission ins Leben rief.[59]

Damit wiederholte Madariaga in abgeschwächter Form nochmals ein Urteil, das er zuerst zur Zeit des Haager Kongresses, mithin zur Zeit seines eigenen Um- bzw. Einschwenkens auf Europa, geäußert hatte: Coudenhove sei mit seiner Paneuropa-Bewegung in Europafragen lange Zeit der 'einsame Rufer in der Wüste' gewesen und habe schließlich mit Briand auch die damals 'angesehenste Persönlichkeit in Europa' für seine Sache gewinnen können. Das Ergebnis dieses Zusammengehens sei das Memorandum Briands von 1930 über eine engere Zusammenarbeit der europäischen Staaten gewesen – und eben jene innerhalb des Völkerbundes autonom agierende 'europäische Kommission', der Madariaga selbst im September 1931 für Spanien angehörte, der aber wegen Briands Tod im Folgejahr zunächst nur ein kurzes Leben beschieden war.[60] In einem späteren Portrait wies Madariaga allerdings mit Recht darauf hin, daß diese Initiative Briands (und Coudenhoves) in der Nachkriegszeit erneut ihre Bedeutung für die europäische Einigung erlangen sollte: „Aber die Fakten gaben ihr schließlich Recht. Was diese beiden Männer 1931 zu erschaffen suchten, war die erste Knospe dessen, was dann andere in der nachfolgenden Generation verwirklichten." So sei nicht zuletzt Jean Monnet, den Madariaga zum Europa-Vater der Folgegeneration erklärte, vor dem Zweiten Weltkrieg noch direkt Zeuge des Europäismus Briands in Genf geworden.[61]

Briand und Coudenhove fanden auch zusammen Eingang in eine der vielen unkommentiert hingeworfenen Aufzählungen Madariagas, mit denen er seine Sicht bestimmter Großkonzepte (hier war es das werdende Europa) nicht selbst im Detail darstellte, sondern diese Leistung dem Leser und seinen Assoziationen beim Überfliegen der nur genannten Namen überantwortete. Diese Miniaturkompendien waren in ihrem Kern erwartungsgemäß über Jahrzehnte hinweg sehr stabil, unterlagen aber an den Rändern ebenso verläßlich geringfügigen Variationen; und gerade diese sind das heute eigentlich Aussagekräftige daran. Briand und Coudenhove etwa wurden von Madariaga an dieser (und nur an dieser) Stelle in jenen Kanon

---

58 Vgl. Madariaga, Gibt es einen Ausweg?, in: Finanz und Wirtschaft, 5-XII-1973.
59 Vgl. Madariaga, Europas Weg und Möglichkeiten, in: NZZ, 7-XI-1954.
60 Vgl. Madariaga, Es necesario crear un organismo europeo, in: La Prensa [Buenos Aires], 19-IX-1948; dort auch die Zitate. Zur Rolle Briands als Europäer vgl. auch Madariaga, Europas Weg und Möglichkeiten, in: NZZ, 7-XI-1954.
61 Vgl. Salvador de Madariaga, Aristides Briand, in: Cosas y gentes, Madrid 1980, 60.

großer Europäer mitaufgenommen, in dem er, wie üblich, Adenauer, Spaak, Schuman und de Gasperi versammelte (Churchill fehlte hier), um ihn zudem (auch dies eine nur gelegentlich zu findende Vervollständigung) mit Karl dem Großen, Karl V. und Isabel von Kastilien rückwärtig in die Geschichte zu verlängern.[62] Zehn Jahre später schlug er Churchill, Schuman, de Gasperi und Adenauer der ersten Generation großer Europäer zu, der mit Spaak, Monnet und (erneut) Schuman eine zweite gefolgt sei. Schließlich schicke sich inzwischen mit Charles de Gaulle, Ludwig Erhard, Gerhard Schröder und Franz Josef Strauss eine weitere Generation an, die beiden vorangegangenen in ihrer Vorreiterrolle zu beerben.[63]

Die wiederholte Anerkennung Madariagas für das Wirken Coudenhoves ist jedoch zwiespältig. Zum einen scheint sich die Hochachtung zum guten Teil der Tatsache zu verdanken, daß man in Europafragen an dem unermüdlich agitierenden Coudenhove offenbar schon wegen seines immensen – wenngleich mitunter belächelten – Aktivismus über Jahrzehnte hinweg einfach nicht vorbeikonnte. Zum anderen äußerte sich die Hochachtung Madariagas für Coudenhove nur im Rückblick über weite Zeiträume, man findet sie praktisch nie anders als mit der Patina des Nachrufes behaftet. Im aktuellen Bezug, vor allem in der Frühphase der sich entwickelnden Idee vom geeinten Europa, also in den späten zwanziger und frühen dreißiger Jahren, hat er Coudenhove nicht wirklich als gleichrangig wahr- bzw. ernstgenommen – was vermutlich auch dem Umstand geschuldet war, daß er zu jener Zeit selbst noch primär als Völkerbündler dachte und den noch wenig etablierten und im Vergleich wohl auch eher eng anmutenden Europabestrebungen – wenig ernst gemeintes Interesse entgegenbrachte.

Die Paneuropa-Bewegung war immerhin nicht die einzige Vereinigung ihrer Art geblieben. Madariaga jedenfalls war zu dieser Zeit am ehesten, wenn überhaupt, im Umfeld jener proeuropäischen Organisationen zu verorten, die sich, eher in Konkurrenz zu Coudenhoves Bemühungen, aus der Tradition eines liberalen Pazifismus heraus etabliert hatten, die das politische Vehikel ihrer Ambitionen hauptsächlich im Völkerbund ausmachten, und die vor allem, gänzlich anders als Coudenhove, Großbritannien und mitunter auch die USA in die Umsetzung ihrer Ideen ausdrücklich mit eingebunden sehen wollten.[64] Coudenhove war sich dieses Desinteresses an seiner Bewegung durchaus bewußt und traf, obgleich summarisch gesprochen, recht genau auch die Haltung Madariagas zu jener Zeit:

> Die Pazifisten waren restlos der Völkerbundidee verschrieben. Sie scharten sich um Genf und empfanden jede neue Idee, die das öffentliche Interesse am

---

62 Vgl. Madariaga, Europas Weg und Möglichkeiten, in: NZZ, 7-XI-1954.
63 Vgl. Madariaga, Europe – Unity to save Individual, in: The Statesman, 1-VIII-1964.
64 Für diesen Zweig der Bemühungen um Europa vgl. Loth, *Der Weg nach Europa*, 10f.

Völkerbund ablenken könnte, nur als störend und schädlich. Sie wollten darum auch nichts von Paneuropa wissen.[65]

Tatsächlich wurde der Erste Weltkrieg zur Ursache für eine Aufspaltung des pazifistischen Denkens in die europäische und die Völkerbundvariante, die freilich beide in ihrem jeweiligen Rahmen weiterhin eine übernationale politische Einigung zum Ziel hatten. Während der Krieg in den neutralen Ländern, vor allem in der Schweiz, anfänglich noch zum Anlaß für zahlreiche Entwürfe europäischer Föderationen wurde, hat sich in dem Maße, wie sich der zunächst europäische Krieg zum Weltkrieg auswuchs, das Einigungsstreben eher weltweiten Lösungen zugewandt – bis hin zu dem ironischen und nicht zuletzt von Coudenhove wiederholt beklagten Effekt, daß der Völkerbund für die genuin europäischen Einigungsbemühungen sogar eher hinderlich wurde, weil er eine Beschneidung der Souveränität im Interesse supranationaler Befugnisse gerade nicht vorsah.[66]

Schließlich hat Madariaga, drittens, immer peinlich genau auf die Balance zwischen dem zeitlichen Aufwand und der Außenwirkung seiner Tätigkeit geachtet; und das galt selbstredend um nichts weniger für seine Mitwirkung in den wie Pilze aus dem Boden schießenden Europa-Gremien, die sich praktisch alle im Schnittfeld von privater intellektueller Avantgarde, medialer Öffentlichkeit und praktischer Politik bewegten. Er war daher zwar sicher nicht ganz zufällig Präsident des spanischen Zweiges der Paneuropäischen Union Coudenhoves geworden. Gleichwohl scheint der persönliche Kontakt zwischen ihm und Coudenhove eher unterkühlt geblieben zu sein, was angesichts der Rezeptionsgewohnheiten Madariagas durchaus Konsequenzen haben mußte. In auffälliger Weise nämlich war – oben ist es mit umgekehrtem Vorzeichen im Falle Valérys deutlich geworden – seine persönliche Hochachtung für sein jeweiliges Gegenüber eine zentrale Voraussetzung, die erfüllt sein mußte, bevor er auch dessen Denken insgesamt ernst und zur Kenntnis nahm. Für wen dies nicht zutraf, dessen Rezeption blieb bei Madariaga meist auf die Selbstbedienung im Ideensteinbruch beschränkt – und so mußte es wohl kommen mit Coudenhove. Immerhin war der Graf nicht nur wegen seiner verstiegenen Ansichten über das künftige Europa, sondern vor allem aufgrund seiner intellektuellen Attitüde für zeitgenössische Europa-Mitstreiter einigermaßen schwierig im Umgang.[67] Madariaga war diesbezüglich zwar aus ganz ähnlichem Holz geschnitzt, doch vermochte er den Eindruck intellektuellen Dünkels durch sein geschmeidiges Auftreten offenbar

---

65 Richard Coudenhove-Kalergi, *Eine Idee erobert Europa. Meine Lebenserinnerungen*, Wien / München / Basel 1958, 114.
66 Vgl. Rolf Hellmut Foerster, *Europa. Geschichte einer politischen Idee*, mit einer Bibliographie von 182 Einigungsplänen aus den Jahren 1306 bis 1945, München 1967, 294-296.
67 Vgl. Niess, *Die europäische Idee*, 20-22.

wesentlich erfolgreicher als Coudenhove und im Laufe der Jahre bis zum Effekt nahezu universaler Goutierung seiner Person als Europäer zu kaschieren. Im direkten Umgang jedoch mußten zwei solche und einander derart ähnliche Psychogramme zwangsläufig miteinander kollidieren.

In der Tat hat Madariaga Coudenhove stets auf Distanz gehalten. Als er in seiner Funktion als Präsident der Paneuropäischen Union Spaniens Ende 1936 einen Brief von dem österreichischen Verwaltungsrechtler Carl Brockhausen erhielt, der Coudenhove für den Friedensnobelpreis 1937 vorschlagen wollte, sagte er diesem aus dem Exil zwar zu, das Ansinnen in privaten Gesprächen zu befördern, eine schriftliche Unterstützung aber lehnte er ab.[68] In den folgenden Jahren ließ er den Kontakt zu Coudenhove gänzlich abreißen; und es war dieser, der im Oktober 1942 versuchte, die alten Bande brieflich wieder aufzufrischen. Die Einladung zum fünften Paneuropa-Kongreß in New York beschied Madariaga allerdings mit einer Absage. In der Folge entspann sich ein sporadischer Briefwechsel, der durchgängig durch höflich-unterwürfige Einladungen Coudenhoves an Madariaga, und von dessen Seite durch überlegen-gönnerhafte Absagen geprägt war. Angesichts der reichlich versnobten Disposition Coudenhoves ist dies zwar einigermaßen verwunderlich, aber der Briefwechsel beider erweckt den Eindruck, als sei Coudenhove gegenüber Madariaga mit der Rolle des Juniorpartners durchaus einverstanden gewesen. Umgekehrt findet sich im Madariaga-Archiv in La Coruña neben den zwar hochachtungsvoll formulierten, zumeist aber unverbindlichen Antwortschreiben Madariagas kein einziger Brief, mit dem er gegenüber Coudenhove einmal von sich aus die Initiative ergriffen hätte.[69]

EUROPA ALS EIN PROJEKT PRAKTISCHER POLITIK (ARISTIDE BRIAND). – Ende der zwanziger Jahre erfuhr die Einigung Europas als ein genuin politisches Thema durch Aristide Briand erstmals eine Konkretisierung, die auch Madariaga zu einer direkten Stellungnahme veranlaßte. In einem Artikel von 1930 gab er sich in Reaktion auf dessen Idee betont skeptisch, räumte aber doch ein, daß Staatsmänner von einem Format wie Briand ein konkretes Nachdenken über Europa durchaus lohnenswert erscheinen lassen:

> Yet, when the tenets of Pan-Europa, preached with consummate ability from his Viennese headquarters by Count Coudenhove-Kalergi, are taken over and expanded in official speeches by the French Prime Minister, the time has

---

68 Vgl. die Briefe Brockhausens (19-XII-1936) und Madariagas (1-III-1937), beide in: MALC 158:2.
69 Der gesamte Briefwechsel zwischen Coudenhove und Madariaga ist archiviert in: MALC 158:2.

6.2 Frühe Anregungen für Madariagas Europäismus

come to meditate on them and to try to make them yield whatever gold of international coöperation they may secrete.[70]

Immerhin waren, nachdem die Europäer erkannt hatten, daß sie zwischenstaatliche Kooperation auf dem Weg über den Völkerbund nur sehr langsam, erheblich schneller jedoch durch bilaterale Verhandlungen würden organisieren können, bereits auf der Konferenz von Locarno 1925 zwischen Deutschland, Frankreich und Belgien entsprechende Schiedsabkommen getroffen worden, flankiert von zeitgleichen Verträgen zwischen Deutschland, Polen und der Tschechoslowakei. Darauf aufbauend hatte Briand einen Plan vorgelegt, der auf dem Weg einer Zoll- und Wirtschaftsunion, allerdings noch ohne jeglichen Souveränitätsverzicht der Einzelstaaten, die Erschaffung der Vereinigten Staaten von Europa zum Ziel hatte.[71] Damit habe sich, so Madariaga, erstmals eine prominente Figur der praktischen Politik – das Innuendo in Richtung Coudenhove ist in der direkten Gegenüberstellung im obigen Zitat erneut unübersehbar – ausdrücklich für die bis dahin lediglich in den privaten Initiativen europafreundlicher Intellektueller vor sich hin gärende Idee erklärt.

Briand brachte in Madariagas Augen wie kein anderer Staatsmann seiner Zeit die Fähigkeit und die Bereitschaft mit, die vielen zumeist noch verschwommen durcheinander wirbelnden Ideen zur Einigung Europas gezielt zu einem politischen Willen zu bündeln. Einmal mehr hob Madariaga unter den zahlreichen theoretisch entwickelten Positionen zu Europa auch hier den ihn noch immer eigentümlich faszinierenden Coudenhove hervor, als den „Schriftsteller, der am klarsten und eifrigsten, in der Presse wie in Buchform, die These von der europäischen Föderation entwickelte. Er war ein Mann von einer seltsamen Faszination." Briand sei 1926 mit ihm zusammengetroffen. Dabei habe Coudenhove den großen Franzosen nicht erst von der Notwendigkeit der europäischen Föderation überzeugen müssen, das habe Briand bereits früh im Krieg gelernt.[72]

Sein Briand-Portrait, entstanden zu einer Zeit, als seine stille Sympathie für die sozialistische Idee längst verflogen war, schrieb Madariaga gleichwohl vollkommen frei von Tadel über die sozialistische Wurzel in dessen Vita – ein sicheres Zeichen seiner Hochachtung. Vielmehr hob er eigens lobend hervor, daß Briand, anders als dessen Freund Jaurès, mit dem er die Zeitschrift *L'Humanité* gegründet hatte, nicht nur als Parteiloser bis an die politische Spitze der französischen Politik zu gelangen und sich bis zu seinem Tod dort zu halten vermochte; sondern Briand sei vor allem auch bereit gewesen, mit den Bürgerlichen zusammenzuarbeiten. Für Jaurès galt

---

70 Madariaga, Our muddling world, 20.
71 Vgl. Ute Frevert, *Eurovisionen. Ansichten guter Europäer im 19. und 20. Jahrhundert*, Frankfurt am Main 2003, 111f.
72 Vgl. Madariaga, Aristides Briand, 58-60.

das zunächst auch, dem gegenteiligen Druck auf dem Amsterdamer Kongreß 1904 habe aber nur Briand standgehalten.[73]

Dabei dürfte für seine Hochachtung gegenüber Briand auch dessen Politikstil eine Rolle gespielt haben, zumindest wird in Madariagas Reflexion darüber ersichtlich, daß er Briand in dessen Auftreten seinem eigenen Ideal offenbar sehr nahe kommen sah: Als ebenso scharfsinniger wie wendiger Intuitionist habe jener nie eine Rede oder Sitzung vorbereitet und doch immer den Eindruck höchster Kompetenz hinterlassen: „Briand bereitete nichts vor. Für ihn war eine Rede etwas Dynamisches, das vom Leben seinen Ausgang nahm, um wieder darein zurückzukehren."[74] Auch Madariaga hat immer viel auf die Wirkung gehalten, die er vermittels improvisierter Rede zu erzeugen vermochte – ja, er hat nachgerade die Fähigkeit zum freien Improvisieren zum Kriterium für das wirkliche Beherrschen einer fremden Sprache erhoben.[75]

Der politische Erfolg Briands in Sachen Europa, so Madariaga, verdankte sich wesentlich dem Umstand, daß er keinen Zweifel daran ließ, jenseits bloß machtpolitischer Motive vor allem versöhnend auf vormalige Antagonisten einzuwirken, in der III. Republik etwa auf die Klerikalen und Antiklerikalen, später ebenso auf Deutschland und Frankreich, die, isoliert und einander feindlich gesonnen, Europa gefährdeten.[76] Ein geeintes Europa, so Briands Position aus Madariagas Feder, brauche den Konsens zwischen Frankreich, England und dem besiegten, von den anderen aber wieder als Partner anzuerkennenden Deutschland; und in der Tat schrieb Madariaga die Zulassung Deutschlands zum Völkerbund Briand als einen nach unermüdlicher Arbeit in den letzten Jahren seines Lebens endlich auch erreichten politischen Erfolg ins Stammbuch.[77]

---

73 Vgl. Madariaga, Aristides Briand, 54. Madariagas Sicht der Dinge ist hier etwas gefärbt und bedarf daher geringfügiger Korrektur. Tatsächlich war Briand dem Rat seines Freundes Jaurès Anfang 1905 noch gefolgt, der bürgerlichen Regierung *nicht* als Kultusminister beizutreten, was ihm Ministerpräsident Maurice Rouvier angeboten hatte. Das neuerliche Angebot von dessen Nachfolger Ferdinand Sarrien, nahm er im März 1906 dann aber an – gegen den Widerstand von und auf Kosten der Freundschaft mit Jaurès. Zugleich brach damit seine bis dahin sehr wohl bestehende lose Verbindung mit dem sozialistischen Block.
74 Ebd., 56.
75 In einem Brief an Willi Brandt, der ihn als Regierender Bürgermeister von Berlin zum dortigen Kongreß für Kulturelle Freiheit im Juni 1960 eingeladen hatte, informierte ihn Madariaga: „[W]enn ich auch in der Lage bin, mein deutsches Skript gut zu lesen, so muss der Text doch vorher sorgfältig vorbereitet werden, da ich auf Deutsch nicht improvisieren kann, wie ich dies auf französisch oder englisch tue." Diesen impliziten Anspruch kehrte Madariaga auch nach außen; so galt ihm Churchill zwar als ein äußerst geistreicher Diskutant, aber entgegen der vorherrschenden Meinung nicht als ein guter Redner, denn er habe nicht improvisiert, sondern lediglich brillante Reden abgelesen; vgl. Madariaga, Winston Churchill – I. El aristócrata político, in: ABC, 6-X-1974.
76 Vgl. Ebd., 55f.
77 Vgl. Ebd., 59-61; Zitat 61.

6.2 Frühe Anregungen für Madariagas Europäismus

Und doch blieb Madariaga, was die Politisierung der Europaidee betraf, selbst angesichts des Engagements Briands weiter skeptisch. *Bevor* dieser sich 1929/30 mit seinem Vorschlag von den Vereinigten Staaten von Europa hervortat, hatte Madariaga über Europa nur entlang kultureller Parameter nachgedacht. Was es zu dieser Zeit bereits an genuin politischen Ideen für ein geeintes Europa gab, hatte er praktisch ausschließlich als auf Coudenhove gebündelt wahrgenommen. Wohl war ihm auch in den zwanziger Jahren schon klar, daß daneben noch reichlich andere Überlegungen angestellt wurden, diese aber blieben für ihn eine Art undeutliches Hintergrundrauschen: „The tendencies thus described are still obscure, and the ideas to which they lead are correspondingly vague." So hielt er es mit ironischer Spitze auch für kaum der Mühe wert, dieses Rauschen in einzelne Stimmen aufzulösen; dafür wäre neben der grundsätzlichen Bereitschaft nämlich auch eine besondere Fähigkeit erforderlich gewesen, namentlich die „capacity for seizing imponderables and for hearing the faint voices wafted by all the winds of opinion".[78]

Nachdem er sich mit dem konkreten Konzept Briands zur Herstellung der europäischen Einheit konfrontiert sah, verfiel er rasch ins Grundsätzliche. Sein erster eigener publizistischer Beitrag mit direktem Bezug auf die sich entwickelnde Europaidee, *Our Muddling World* (1930), auf den er – sich allerdings im Rückblick später selbst korrigierend – noch 1948 Bezug genommen hat, spiegelte noch immer entschiedene Skepsis gegen das als verstiegen empfundenen Projekt eines über die Grenzen der Nationalstaaten hinweg geeinten Europa wider. Zwar schwang schon hier die Entrüstung des vielgereisten Geistesaristokraten über die mit dem Ersten Weltkrieg verlorene Weite und Durchlässigkeit der Welt auch und vor allem an den innereuropäischen Grenzen mit, die sich in sporadischen Erwähnungen auch bis ins Spätwerk Madariagas erhalten hat:

> Alas, I had forgotten that the *Maid of Orleans* was not merely a bridge between two separate coasts but also the frontier between two separate nations. I had to go back to the station and present my passport to the authorities of the French State. General rule: wherever there is a state official there is a queue. In fact the queue precedes the official, and no self-respecting wielder of state authority would condescend to come to business unless he had in front of him a herd of wretched citizens formed in a line the length of which is proportionate to his sense of his own importance.[79]

So brachte er auch für die, wie er sie in gewohnt altväterlichem Duktus nannte: 'well-meaning idealists' insoweit Verständnis auf, daß er deren Wunsch nach einem

---
78 Vgl. Madariaga, Our muddling world, 19f.; dort auch die Zitate.
79 Ebd., 20.

dem amerikanischen Beispiel nachempfundenen vereinigten Europa für einen durchaus nachvollziehbaren ersten Reflex auf solche Unannehmlichkeiten zu halten bereit war. Natürlich blicke nach dem triumphalen Eintritt der USA in die Weltpolitik und angesichts auch des rapiden wirtschaftlichen Wachstums dieser Nation von kontinentalen Ausmaßen alles in Europa ehrfurchtsvoll über den Atlantik. Und natürlich verwundere es ebenso wenig, daß auch die Idee einer europäischen Föderation in beiden ihren Varianten konzeptionell nichts als das nach Europa herübergespiegelte Abbild der USA darstelle: Die Idee von Pan-Europa sei eine getreue Nachbildung des Panamerikanismus, und die Vereinigten Staaten von Europa trügen die Analogie ja bereits im Namen offen vor sich her. Gleiches gelte für die Doktrin des Freihandels, auf die sich die europäischen Bewegungen maßgeblich stützten. Hier sei der riesige Binnenmarkt der USA nicht nur das Vor- und Idealbild zur Lösung der Frage, wie ein dauerhafter binneneuropäischer Frieden zu erreichen sei, sondern auch das Rezept, vermittels dessen Europa (wieder bzw. überhaupt erst) als ökonomisches und machtpolitisches Gegengewicht zu diesen und der Sowjetunion etabliert werden könne.[80]

In jedem Falle aber irre man mit der Vorstellung von der Machbarkeit eines gleichermaßen geeinten Europa:

> How misleading, then, that expression, 'The United States of Europe!' The states of America could unite because they were not, as are those of Europe, the bodies in which nations had been incarnated. You cannot unite the states of Europe without uniting the nations of Europe. And the nations of Europe cannot be united because no one but God can unite that which God created apart. Frontiers, passports, coinages, stamps, languages are but outward signs. The inner substance is the national spirit which animates these different nations and makes them different. Now those who, led by a false analogy, would federate the nations of Europe, forget that within her little plot of land, this tiny peninsula of the Asiatic continent, which we have honored by the name of continent because of the sheer wealth of life which it has produced, is honeycombed with distinctive, separate nationhoods, most if not all of which possess an astounding power of self-expression. The European is an abstraction. [...] But Europe is inhabited by men and women so varied and so rich in spirit, each in his own way, that all synthesis is hopeless and all generalizations break down.[81]

So harsch seine Kritik an der Idee von den Vereinigten Staaten von Europa hier auch ausfiel, war doch seine Skepsis zu dieser Zeit intellektuell noch nicht ausgereift.

---

80 Vgl. Madariaga, Our muddling world.
81 Ebd., 20f.

Sein Europadenken war in den dreißiger Jahren noch nicht auf der Höhe der Zeit. Im Vorfeld des Europakongresses von 1948 in Den Haag hat er seinen fundamentalen Gesinnungswandel in Sachen Europa dann auch nur sehr oberflächlich mit dem Argument kaschieren können, die weltpolitischen Rahmenbedingungen hätten sich seither entscheidend geändert. Man könnte ihm allerdings in seinem Interesse an werkinterner Konsistenz durchaus soweit folgen, daß man ihm unterstellte, er sei auch 1930 schon an einem geeinten Europa interessiert gewesen; nur habe er es sich damals noch nicht gestattet, diesen Gedanken konsequent bis zum Ende durchzuspielen, weil er die Hindernisse auf dem Weg dorthin für faktisch unüberwindbar gehalten hat. Später hat sich seine Argumentationslinie im übrigen exakt umgekehrt. Nach 1945 war es gerade der normative Aspekt seines Europabildes, der ihn über widrige gesellschaftliche oder politische Realitäten gänzlich unbekümmert und mitunter beherzt kontrafaktisch hinweggehen ließ. Die Integration Europas erschien ihm dann mitunter als ein gleichsam selbstperformativer Prozeß, der gar nicht rasch genug vonstatten gehen konnte.

6.3 Wechselnde Folien für den Wunsch nach Einheit

DIE NATION ALS WELTGESCHICHTLICHES AUSLAUFMODELL. – Die moderne Geschichte nahm mit Madariaga ihren Ausgang im Zerfall der Einheit des Christentums, den er aus spanischer Sicht vor allem auf die Entdeckung der Neuen Welt als externe und auf die Reformation als interne Ursache zurückführte. Durch beide habe sich Spanien in jene selbstgewählte, vom übrigen Europa gedanklich weitgehend isolierte Sonderrolle gedrängt gesehen, die sich als beherrschendes Motiv noch bis weit ins 20. Jahrhundert hinein durch die gesamte spanische politische Ideengeschichte zog. Madariagas Interpretation der Weltgeschichte ist dabei immer als eine Epochengeschichte der Nation und ihrer Stellung in der Welt lesbar. Obgleich die von ihm ausgemachten Epochenbrüche nicht immer exakt auf den in der Geschichte der Internationalen Beziehungen üblichen zu liegen kommen, hat er in den großen inhaltlichen Linien doch die gemeinhin akzeptierte Gliederung erkennen lassen, die in der Strukturiertheit der Welt die Phase vor dem Westfälischen Frieden von der danach scheidet und eine vergleichbare Zäsur dann wieder im Ersten Weltkrieg ausmacht. Damit rückt unweigerlich Madariagas Begriff von der Nation in den Blick, der zu jeder Zeit und in jedem denkbaren Kontext unmittelbar an sein Verständnis von deren historischer Entstehung rückgebunden blieb. Sein Bild von der Entwicklung der organischen Nation als geschichtlich neuer, nunmehr territorial integrierender Einheit menschlicher Vergesellschaftung entstand in der Verzahnung seiner teleologischen Interpretation der Weltgeschichte mit seiner umfangreich ausgearbeiteten Völkerpsychologie, deren letztere auch insgesamt von zentraler Bedeutung für sein Gesamtwerk ist und in ihren Anfängen seinen ersten genuin politischen Werken zeitlich sogar vorauslag. Vielfach sprachbegabt, und ebenso kulturgewandt wie scharfsichtig, gelangen Madariaga hier eine ganze Reihe noch heute überzeugender Generalisierungen über die kollektiven Charakterzüge der Kulturkreise, mit denen er in engere Berührung kam. Vielfach nahm er damit Erkenntnisse vorweg, um die sich heute wieder verstärkt all jene Fachbereiche bemühen, die im Umfeld interkultureller Kommunikation angesiedelt sind. Überall dort, wo er in der spezifischen Applikation dieser Einsichten auf die internationale Politik das zumeist dominant ökonomische Erkenntnisinteresse jener Fächer transzendierte, ist er auch politikwissenschaftlich noch heute mit Gewinn lesbar.

Parallel zur Religion, so Madariaga, habe sich ab dem ausgehenden Mittelalter mit der Nation eine völlig neue einheitsstiftende Kraft herausgebildet, die allerdings vor dem Kirchen-Schisma in dieser Funktion gegenüber der Religion kaum nennenswerte Bedeutung habe erlangen können.

> Nations no doubt were there, but in the Latin rather than in our own sense of the word; peoples, tribes moving to and fro on the vast territories of Europe, unrooted and unsettled. Kingdoms came and went; peoples were bought and sold, fought for, won and lost, sometimes inherited like cattle. [...] Thus the Middle Ages lived in confusion and turmoil, with pools of order here and there in a welter of ideas, customs, authorities and jurisdictions, and this chaos revolved around two fixed poles – the Christian and Christendom.[82]

In der feudalen Ordnung sei das menschliche Leben noch wesensmäßig zweipolig gewesen. Es existierte nur das Individuum auf der einen und die Menschheit insgesamt auf der anderen Seite – letztere als vorgestellte Einheit der Christenheit, aufgrund der räumlichen Distanzen aber vorerst mit Notwendigkeit überhaupt nur als sehr abstrakte Vorstellung. Die auf den Personenverband gegründete Herrschaft des Mittelalters, so muß man Madariagas These vom 'mittelalterlichen Chaos' wohl verstehen, auch wenn er das Reich als einen sehr wohl zwischen den genannten Polen angesiedelten Herrschaftsbereich vollkommen ausblendete, war wenig geeignet, eine der Religion vergleichbare einheitsstiftende Wirkung zu entfalten. Damit machte er sich aus historischer Sicht zwar in seiner Behandlung des Mittelalters, wie an so vielen anderen Stellen auch, einer überstarken Vereinfachung schuldig.[83] Die Ausprägung des Begriffes der Nation in seiner mühsamen Emanzipation von korporativen und religiösen Denkstrukturen gestaltete sich in der Tat historisch

---

82 Madariaga, *World's Design*, 12f.
83 Differenzierter zum Denken des Mittelalters; vgl. Kurt Flasch, *Das philosophische Denken im Mittelalter. Von Augustin zu Machiavelli*, Stuttgart 2000.

etwas komplexer als es Madariagas um einiges zu kurz greifende Säkularisierungs-These suggerieren will. Unter politikwissenschaftlicher Perspektive aber hat er die zentrale Bedeutung des territorialen Faktors und damit des aufkommenden Souveränitätsprinzips als ein Novum der Politik durchaus angemessen gewürdigt. Laut seiner Eschatologie arbeitet nun eine verborgene Kraft in der Welt kontinuierlich daran, die beiden Pole Individuum und Gesellschaft organisch ineinander aufgehen zu lassen;[84] und nachdem die Religion als ein Werkzeug dieses Prozesses versagte, habe sich zunehmend die Nation als vermittelndes, gleichzeitig aber auch trennendes Glied zwischen das Individuum und die Menschheit in ihrer Gänze geschoben.[85] Sie sei in der menschlichen Vergemeinschaftung als die kollektive Zwischenstufe zwischen dem einzelnen Individuum und der Welt als ganzer entstanden.

Die Nation weist neben ihrem offenbaren Kollektivcharakter in der Beschreibung Madariagas auch unübersehbar personale Züge auf. Ganz in der Nähe zu voluntaristischen Definitionen wie sie etwa Anderson vorgelegt hat, galt Madariaga die Nation als das Produkt des Willens einer Gemeinschaft.[86] Dadurch wurde sie zu einem Konzept, das von ihm, je nach Nuancierung der Darstellung und ohne dies als Bruch empfinden zu müssen, ebenso leicht positiv wie negativ affiziert werden konnte. Als bloßes Konstrukt der Vorstellung existiere sie nicht in einem tangiblen oder sonst empirischen Sinne, und eine solche Ansiedelung jenseits erlebbarer Realität und Wahrheit ist bei Madariaga nur allzu oft eine klare Abqualifizierung gewesen.[87] Im Ausweis als *geistige* Größe allerdings schwang umgekehrt in seiner Terminologie eine Lokalisierung des Begriffs im Reich des Moralischen mit, womit er ihn klar positiv gegen die Sphäre des Physischen und der Macht abhob. In der Tat hat Madariaga leicht auch beides miteinander verknüpfen können: Die Nation sei ebenso nützlich wie schädlich; sie werde und solle daher niemals ganz abgeschafft werden.[88]

In ihrer historischen Herausbildung erscheint die Nation in Madariagas Darstellung primär als nachträgliche soziale Verfestigung bereits bestehender physischer wie politischer Grenzen; sie habe sich in dem Maße herausgebildet, wie feste Grenzen etabliert und verteidigt wurden.[89] Zwar betonte auch er die starke Einheit der biologischen Masse der Nation,[90] verfuhr aber in dezidierter Ablehnung rassischer

---

84 Vgl. Madariaga, *Von der Angst zur Freiheit*, 57-59 und 137ff.; Ders., *Anarchy or Hierarchy*, 79-81 und 87-91; sowie Ders., *Victors, beware*, 77-81.
85 Für die Darstellung Madariagas zum Ursprung der Nation vgl. Ders., *World's Design*, 11-21; sowie Ders., *Anarchy or Hierarchy*, 81-84.
86 Vgl. Benedict Anderson, *Imagined Communities. Reflections on the Origin and Spread of Nationalism*, London 1983.
87 Vgl. Madariaga, *Anarchy or Hierarchy*, 82-84.
88 Vgl. Ders., *World's Design*, 133f.
89 Vgl. Ders., *Von der Angst zur Freiheit*, 261; sowie Ders., *World's Design*, 13.
90 Vgl. Ders., *Victors, beware*, 73.

Theorien schon in frühen Schriften wesentlich kulturgeschichtlich und konstatierte statt dessen, die Nation als kollektive Person definiere sich über die Kontinuität der Gemeinschaft.[91] Nationale Einheit sei somit letztlich ein *Gefühl* und stamme ursächlich gerade nicht vom Blut, sondern von der bewußten Identifikation vor allem mit einem klar eingegrenzten Territorium her. Als ergänzende Faktoren kämen noch die faktische Solidarität zwischen den auf diesem Territorium Angesiedelten, gemeinsam erlebte externe Bedrohungen und schließlich ein wahrnehmbares Zentrum des nationalen Bewußtseins hinzu.[92] Zum Teil wiederholt, formulierte er das später in knapper Zusammenfassung so:

> This feeling of [a minimum of] solidarity – in which may be discerned animal elements of consanguinity, geographical and climatic elements, sociological elements grown out of habit, emotional elements due in part to common remembrances, intellectual elements in which a strong proportion of self-suggestion may be observed – is the root of the feeling of nationality.[93]

Die Nation konstituiert sich Madariaga zufolge also als die territoriale Inkarnation einer ephemer bereits existierenden Seele kollektiven Lebens, und im nächstfolgenden Gedankenschritt trete dann der Staat als die sich ihrer selbst bewußt gewordene nationale Persönlichkeit auf.[94] Als territorial geprägtes menschliches Kollektiv sei aber auch die Nation schon eine personale Entität, die, wie die sie konstituierenden Individuen auch, ein eigenes Bewußtsein, eine ganze Reihe typischer Charakterzüge und insbesondere auch genuin eigene Interessen entwickele.[95] Im Lauf der Zeit, so Madariaga, haben sich die Nationen schließlich zur vollkommenen Dominanz über die beiden ursprünglichen Pole menschlichen Lebens aufgeschwungen, ihre Etablierung hatte also eine doppelte Folge:

> Thus between the Christian and Christendom there arose mighty human beings, the nations, with a powerful will of their own. This national will asser-

---

91 Vgl. Madariaga, *Von der Angst zur Freiheit*, 147. In ihrer Funktion als kollektives Gedächtnis, vermittels dessen sie als Leitbild überindividuelle Identifikation sowie als Sammelbecken nationaler Werte und Traditionen soziale Integration ermögliche, behielt die Nation auch in Madariagas Vorstellung vom Weltstaat ihre Bedeutung; vgl. Ders., *World's Design*, 132-135.
92 Vgl. Ebd., 126-128.
93 Ders., *Anarchy or Hierarchy*, 81.
94 Vgl. Ders., *World's Design*, 12f.
95 Für Beispiele psychologischer Charakterisierungen verschiedener Nationen vgl. vor allem Ders., *Engländer – Franzosen – Spanier*; sowie Ders., *Porträt Europas*, Stuttgart 1952. Aber auch im übrigen Werk Madariagas finden sich immer wieder Einsprengsel dieser Art, so etwa über die Deutschen; vgl. Ders., *Victors, beware*, 143f.; über die Mexikaner; vgl. Ders., *Morgen ohne Mittag*, 174-176; über die US-Amerikaner; vgl. Ebd., 137-139; sowie über die Briten; vgl. Ebd., 360f. und Ders., *Rettet die Freiheit!* Bern 1958, 194-216.

ted itself equally in its relations with the Christian and in its relations with
Christendom. To the first it opposed absolutism, to the second sovereignty.[96]

Aus Madariagas Geschichtsverständnis heraus war diese Entwicklung zu bedauern, denn durch die immer stärkeren Nationen sei sowohl die individuelle Freiheit als auch die Einheit der Menschheit insgesamt auf lange Zeit so gut wie zerstört worden. Die äußeren Pole der Trias Mensch – Nation – Menschheit seien, bis zu dem Bruch, den der Erste Weltkrieg bedeutete, vom Zentrum her dominiert gewesen.[97] Danach aber blieben allein der Mensch und die Menschheit als Zwecke an sich, von denen her sich denn auch für die Zukunft alle Moral abzuleiten habe – der Nation gestand Madariaga für die neue Epoche nur noch instrumentellen Charakter zu. Sie solle daher auch keine Rechte für sich beanspruchen, die in der Folge die höheren Freiheiten des Individuums beschneiden würden, welches allein Finalität für sich beanspruchen könne. Von daher rührte denn auch seine Kritik der Nation und des Nationalismus, ebenso seine Hoffnung auf den Völkerbund, in dem er die weltgeschichtlich seit langem erste Chance erblickte, die Dominanz der Nation zugunsten der beiden eigentlich wichtigeren Pole wieder zurückgenommen zu sehen. Daher rührte schließlich auch seine Auffassung, das Friedensproblem könne nur durch Anerkennung dieser Doktrin gelöst werden.[98] Für ihn ist mit Gründung des Völkerbundes die Menschheit selbst als der universale Pol aller menschlichen Vergesellschaftung wiederbelebt worden.[99]

DER VÖLKERBUND ALS NEUES DACH DER EINEN WELT. – In einem seiner frühen und unter Pseudonym verfaßten Artikel versuchte Madariaga, den Völkerbund einem spanischen Publikum als etwas in der Weltpolitik fundamental Neues nahezubringen. Als einem Verbund nach wie vor souveräner Nationen komme ihm nicht selbst die Qualität einer Nation zu, das heißt ihm fehle sowohl das kollektive Bewußtsein, durch das sich jene konstituiere und auszeichne, als auch deren Verkörperung in einem (Super-)Staat, der als solcher bzw. durch seine Regierung selbst handlungsfähig wäre. Der Völkerbund sei mithin nicht ontisch existent; nicht er handle, sondern die in ihm vertretenen Nationen. Grundsätzlich neu sei er allerdings in den seine Politik prägenden Motiven, und in übertrieben optimistischer Freude darüber nahm Madariaga unbewußt bereits viele seiner später angesichts des gescheiterten Projekts angebrachten Kritikpunkte vorweg: Gegenüber dem ausschließlich nationalen Blickwinkel der alten Weltpolitik trete in Genf erstmals das

---

96 Madariaga, *World's Design*, 15.
97 Vgl. Ebd., 16.
98 Vgl. Ders., *Price of Peace*, 9-11.
99 Vgl. Ders., *World's Design*, 19.

Konzept des Zusammenlebens *(convivencia)* und statt der Macht als einziger Kategorie allen politischen Handelns erstmals die Suche nach der friedlichen Übereinkunft *(acuerdo pacífico)* in den Vordergrund. Obwohl das Prinzip der souveränen Gleichheit der in ihm vertretenen Nationen unverändert fortgeschrieben werde, sei doch sein Anspruch, als ein permanentes und neutrales Organ kontinuierlich die internationale Politik zu regulieren, etwas bis dahin nie Gekanntes. In seiner Funktion als Schiedsrichter werde er zum Gravitationszentrum der guten Intentionen und zum Koordinator der zuvor selbst bei besten Vorsätzen der Akteure chaotischen Weltpolitik; immer enger verwebe er die eigensinnigen Nationen in materieller wie moralischer Hinsicht, sodaß ein gewaltsamer Bruch zwischen ihnen im Laufe der Zeit immer unwahrscheinlicher werde.[100]

Allerdings wurde schon wenige Jahre später im Lichte des sich abzeichnenden Scheiterns der Genfer Institution deutlich, daß Madariaga als Völkerbündler noch keineswegs mit vergleichbarer Konsequenz auf der Forderung nach (föderaler) Supranationalität bestand, wie er es später als Europäer tat. Zwar blieben seine Analysen des Völkerbunds, der Völkerbundsatzung und der von ihm stets besonders intensiv bearbeiteten Abrüstungsproblematik bis in die offene Krise hinein in der Sache zutreffend und hellsichtig.[101] Normativ jedoch tendierte er in dem Maße, wie die politische Wirkungslosigkeit des Völkerbunds offenbar wurde, immer stärker dazu, von ihm als politischem Akteur im weltweiten Maßstab ungefähr das einzufordern, was üblicherweise auf der Basis ihres Gewaltmonopols Staaten in ihrem Innern leisten. Obwohl er fortgesetzt am Gedanken der wachsenden Interdependenz der Staaten festhielt und in diesem Licht den Völkerbund als *das* Forum der offiziell institutionalisierten internationalen Kooperation verstanden wissen wollte, hat er doch den Völkerbund im Lauf der Zeit begrifflich immer weniger scharf vom Staat unterschieden. Seine Politikentwürfe aus den dreißiger Jahren sahen ihn sämtlich als eine Institution, in der sich im weltweiten Maßstab die (ebenso im nationalen Rahmen geforderte) Trennung des 'ökonomischen Staates' vom, sowie seine Unterordnung unter den 'politischen Staat' abgebildet fänden. Dem Bund wollte er Regelungsbefugnisse zuweisen, die klar das Ziel einer Weltregierung erkennen lassen.[102]

---

100 Vgl. Sancho Quijano [= Madariaga], La Sociedad de Naciones – Lo que es y lo que no es, in: El Sol, 2-VIII-1923.
101 Vgl. dazu Madariaga, *Disarmament*, 67-76 und 83-89; Ders., *Theory and Practice in International Relations*, London 1937, 43-66; sowie Ders., *World's Design*, 149-279.
102 Vgl. Piñol Rull, Relaciones internacionales, 457f., sowie den Madariaga-Artikel Madariaga, Our muddling world, auf den sich Piñol Rull maßgeblich bezieht. Noch in seinen Memoiren hat Madariaga die Überzeugung festgehalten, der Generalsekretär des Völkerbundes, Eric Drummond, hätte sich öfter „sozusagen als Weltkanzler verhalten" sollen; vgl. Ders., *Morgen ohne Mittag*, 282.

Gleich in welcher Ausgestaltung, war Madariaga zeitlebens überzeugt von der auch den Gang der Weltpolitik lenkenden moralischen Wirkung, die der Völkerbund schon infolge seiner bloßen Existenz entwickele – oder hätte entwickeln sollen. Allein das institutionelle Zusammentreten der Mitgliedsstaaten, so seine These, werde zu jener Selbst- und Fremdbewußtwerdung der beteiligten Nationen führen, die er für die notwendige und hinreichende Voraussetzung einer auf friedlicher Basis funktionierenden Weltpolitik hielt.[103] Bereits 1928 stellte er fest, daß der Völkerbund schon deshalb Wirkung erziele, weil unter dem Schirm der Genfer Öffentlichkeit die sonst in ihrem Anspruch auf Souveränität unveränderten Nationen zur Kooperation gezwungen seien, und „cooperation has such virtue that cooperation in evil is already far superior to evil uncooperative". Der Völkerbund fungiere gegenüber der öffentlichen Meinung in den Mitgliedsstaaten als ein Anschauungsbeispiel für die Möglichkeit einer Politik, die sich entlang grundsätzlich anderer Maßstäbe orientiere als die mit den Begriffen Imperialismus und Souveränität umrissene Praxis. Madariaga ging sogar so weit, den Völkerbund als solchen mit der öffentlichen Meinung in seinen Mitgliedsstaaten gleichzusetzen. Vor dieser Öffentlichkeit seien selbst die mitunter fadenscheinigen Versuche mancher Mitglieder, das eigene Fehlverhalten zu kaschieren, als jeweils erste Schritte der Einsicht in die Haltlosigkeit der eigenen Position und somit hin auf ein eines Tages tatsächlich angemessenes Verhalten zu werten.[104] Vor allem aber war der Völkerbundpakt oder, wie er ihn Mitte der dreißiger Jahre gern nannte: „the everlasting title of President Wilson to the memory of men", für Madariaga der erste echte Friedensvertrag der Weltgeschichte, weil er, auf das Prinzip der weltweiten Kooperation aller Nationen gegründet, weit in die Zukunft blicke statt erneut nur eine über die Vergangenheit wachende Besiegelung eines Krieges zu versuchen.[105]

Noch in seinen Memoiren, also Jahrzehnte nach dessen Zusammenbruch stellte er den Völkerbund lobend dar als die in ihm vereinigten Staaten, zu denen aber in entscheidender Weise jenes 'Etwas mehr' an moralischer Autorität getreten sei, die sich auf den Bundesvertrag gründe[106] – wobei nicht nur an dieser Stelle die sublime Rhetorik ins Auge fällt, die im Deutschen mit der Betonung des 'Bundes' ebenso wie im Englischen mit dem Begriff 'Covenant' (für den Völkerbundpakt)

---

103 Vgl. Madariaga, *World's Design*, 22f., 27 und 32; sowie passim in Ders., *Disarmament*.
104 Vgl. Madariaga und Brailsford, *Can the League cope with Imperialism?*, 10-14; Zitat 10.
105 Vgl. Madariaga, Wilson or Machiavelli - which?, in: The New York Times Magazine, 12-VII-1936.
106 Vgl. Madariaga, *Morgen ohne Mittag*, 373. Für eine sehr frühe Stelle, an der sich eben jener Glaube Madariagas an das Atmosphärische im Völkerbund und an die beinahe mythische Einheit dieser Institution, sowie die Überzeugung widerspiegelt, dadurch werde der Völkerbund zu mehr als der bloßen Summe seiner Mitglieder; vgl. Madariaga und Brailsford, *Can the League cope with Imperialism?*, 10.

klar an das neutestamentliche Motiv vom Neuen Bund Gottes mit den Menschen anknüpft. Dabei ist die quasireligiöse Verklärung des grundsätzlich Neuen an der Institution Völkerbund nur ein Ausdruck des deterministischen Verständnisses, das sich Madariaga entgegen allen anderes kündenden Symptomen bis in die dreißiger Jahre hinein mitunter von dessen Wirken gestattete:

> Our day spells interchange, intertwining, interdependence, solidarity. [...] The days of isolation are gone forever. [...] Therefore we need a League. Then why not this League? [...] The League of Nations has not failed. What has failed is the nations of the League – and, let me add, those outside of it. [...] No. The League has not failed. It has hardly been tried.[107]

So war es in seinen Augen auch eine unnötige Kurzschlußreaktion, den Völkerbund nach der von Mussolini in Äthiopien ausgelösten Krise aufzugeben. Im Versuch eines Sanktionsregimes unbeteiligter Dritter gegen Italien hätte er bereits erste greifbare Fortschritte in jenem langwierigen Prozeß gesehen, den der Völkerbund in seinen Augen gegen die Massenträgheit auszufechten hatte, wie sie sich aus den historisch überkommenen Traditionen und aus der Psychologie hinter den Nationalcharakteren für das Funktionieren der internationalen Politik nun einmal ergebe. Er zumindest sah keinen Grund dafür, eine an sich gute Sache gleich ganz abzuschaffen, nur weil sie hin und wieder ihren Zielen nicht ganz gerecht werde – und auch dies illustrierte er mit sprechenden Beispielen: Immerhin seien auch der Staat und die zehn Gebote nicht aufgegeben worden, nur weil sie es nicht vermochten, das Verbrechen und die Sünde gänzlich von der Welt zu tilgen.[108] Überdies übersähen die Nationen der Welt mit ihrem Abrücken vom Völkerbund, daß sie gar keine Alternative zur fortgesetzten Kooperation mehr hätten. Selbst wenn sie dies wollten, könnten sie nicht einfach in die Ära der „unrestricted sovereignty" zurückkehren.[109]

EIN SCHRITT ZURÜCK: EINHEIT EUROPAS TROTZ SPALTUNG DER WELT. – Auch als Europäer blieb Madariaga bei seiner seit je vertretenen These, die Nation sei als identitätsstiftende wie als politische Institution durch die Geschichte überholt; jedoch griff er mit seiner Alternative, durch den Gang der Geschichte zurückgestutzt, nun nicht mehr ganz so weit aus wie früher. Vielleicht in Anknüpfung an sein frühes Nachdenken über Spanien und dessen Separatismusproblem, machte er sich den seit langem gehegten föderativen Gedanken von der Einheit in der Vielfalt auch für Europa zueigen und deklinierte ihn nach der nationalstaatlichen nun auf kontinentaler

---

107 Madariaga, Wilson or Machiavelli - which?, in: The New York Times Magazine, 12-VII-1936.
108 Vgl. Madariaga, Sobre el fracaso de la Sociedad de las Naciones (Manuskript, 29-V-1936), in: MALC 292.
109 Vgl. Madariaga, Wilson or Machiavelli - which?, in: The New York Times Magazine, 12-VII-1936.

Ebene nach allen Regeln der Kunst durch. Dabei war er allerdings nicht imstande, die Muster seines früheren Denkens gänzlich abzulegen. Stets findet man die Spuren des früheren Kosmopoliten, die in letzter Konsequenz allesamt darauf hinauslaufen, daß die Option Europa, bei aller Verve, mit der er sich publizistisch für sie einsetzte, für Madariaga immer nur eine Notlösung und einen Zwischenschritt auf dem Weg zur Welteinheit blieb, die weiterhin als magnetischer Norden sein gesamtes politisches Denken ausrichtete. So hat er Mitte der fünfziger Jahre in einem Artikel mit dem bezeichnenden Titel *Weltperspektiven* zwar vor der Hand sein früheres Ideal der Weltregierung abgelegt, sofort aber die diesem seinerzeit zugeschriebene Aufgabe zwiefach durch die Hintertür wieder eingeführt, wenn er statt dessen empfahl,

> große Gruppierungen von Nationen im Maßstab von Kontinenten zu schaffen, deren Bündnis dann vielleicht die Welt unter vernünftigen und realistischen Bedingungen einigen könnte. Europa wäre eine dieser Gruppierungen, die islamische Welt könnte eine andere sein.[110]

In dem Artikel findet sich denn auch die Forderung nach einer Weltinstitution zur Regelung des Suez-Problems,[111] und analoge Regulierungsinstanzen hat Madariaga später noch für viele weitere Politikbereiche gefordert. Die beinahe reflexhaft wiederkehrende Idee von der Weltregulierungsbehörde scheint im Kern dasselbe gewesen zu sein wie zuvor seine Forderung nach einer Weltregierung. Salopp gesprochen, versuchte er damit nichts anderes, als die föderative Idee in ihrer neuen Variante jenem früheren Konzept überzustülpen. Das Ergebnis war der Wunsch nach einer entlang der verschiedenen Politikbereiche föderierten, in seinem Sinne also wohl eher: einer korporativen Welt-Exekutive, an der er zumindest weniger den Aspekt der zweiten Gewalt im Staate, also den des durch Wahl legitimierten Rechtsdurchsetzers betonte als vielmehr jenen einer nach ihrer Berufung unabsetzbar auf dem Verwaltungswege administrierenden Kommission.[112]

Madariaga hatte zu diesem Zeitpunkt seine auf die Reichsidee gegründete Vorstellung von der iberoamerikanischen Völkerfamilie (mit Spanien als *mater familias*) endgültig aufgegeben und statt dessen zu Europa als seiner weltpolitischen Zielgröße gefunden, in dem Spanien als ein föderal gleichberechtigter Teil aufgehen solle. Auch dieses Denken in Weltkreisen hat er wegen seiner späten Bekehrung zu Europa also nur mit erheblicher Verzögerung übernommen. Coudenhove etwa hatte schon in den

---

110 Madariaga, Weltperspektiven, in: NZZ, 27-X-1956.
111 Vgl. ebd.
112 Vgl. Piñol Rull, Relaciones internacionales, wo in eben diesem Sinne neben dem Wandel in den Politikentwürfen Madariagas nach 1945 gegenüber denen der dreißiger Jahre auch und gerade auf deren Kontinuität im Verständnis von der Findung und Durchsetzung politischer Entscheidungen abgestellt wird.

zwanziger Jahren in seiner großen Programmschrift von „Washington, London, Moskau, Tokio und Paris" als den „Zentren der internationalen Kraftfelder", sowie davon gesprochen, die Welt werde sich künftig in „fünf Weltkomplexe" oder „Weltreiche" aufgeteilt finden, also in das amerikanische, das britische, das russische, das ostasiatische und das europäische.[113] In gleicher Weise, aber eben erst ab den sechziger Jahren, stützte auch Madariaga seine Geschichtsphilosophie auf diesen Gedanken; 1960 ging er von neun solchen Kulturkreisen aus, die gemäß seiner weltpolitischen Utopie, jeweils nach innen als Staatenbund organisiert, nach außen im Miteinander den Weltfrieden zu organisieren hätten:

> die Vereinigten Staaten, das Britische Commonwealth, Europa, der Bund, der der Nachfolger der Sowjetunion sein wird, das Gelbe Asien, das Braune Asien, die Islamitische Welt, das südlich der Sahara gelegene Afrika, das iberische Amerika.[114]

Dabei könne die exakte Grenzziehung, so Madariaga, sowohl Meinungsverschiedenheiten als auch historischen Schwankungen unterliegen. Er selbst sprach wenige Jahre später (1967) von einem geistig in Freiheit geeinten Europa, das „eine der sieben oder acht Großmächte der Zukunft wäre"; und wie im obigen Zitat blieb auch hier der Status des nördlichen Afrika noch im Dunklen. Vor dem Hintergrund seines übrigen Denkens wäre in den späten sechziger Jahren noch eine Zuordnung je zu Europa oder zum Commonwealth gleichermaßen plausibel gewesen.[115] Anfang der siebziger Jahre dann – jetzt war von neun oder zehn Kontinenten die Rede – hatte sich der Dekolonisierungsprozeß bereits soweit niedergeschlagen, daß er nun Nordafrika die Entscheidung anheimstellte, einen Zusammenschluß mit der islamischen Welt oder mit dem Rest Afrikas zu suchen.[116]

Diese Beliebigkeit sowohl in der gedanklichen Aufteilung der Welt als auch in der jeweiligen Zuordnung einzelner Regionen zeigt Madariaga als einen Europäer, der noch immer in doppeltem Sinn auf der Suche war. Zum einen flossen ihm die zivilisatorisch-kulturpolitische und die militärisch-machtpolitische Argumentationslinie unentwegt ineinander. Je nach den Erfordernissen des gegebenen Kontextes wußte er sich beider zu bedienen; Grundtenor war aber stets, die Welt zunächst analytisch entlang geopolitisch stabiler Kulturkreise zu gliedern, die allerdings im nächsten und dann normativen Schritt langfristig zueinander oder doch zumindest

---

113 Vgl. Coudenhove-Kalergi, *Paneuropa*, 22f.
114 Salvador de Madariaga, Rettet die Freiheit – aber wie? in: Kampf um die Freiheit im XX. Jahrhundert. Über die Koexistenz in einer dreigeteilten Welt, II. Jahreskongress des Komitees 'Rettet die Freiheit', Frankfurt am Main 1960, 8.
115 Vgl. Madariaga, Adenauers ungesichertes Vermächtnis, in: NZZ, 2-V-1967.
116 Vgl. Madariaga, Alte Welt und neue Kontinente, in: Welt am Sonntag, 2-I-1972.

6.3 Wechselnde Folien für den Wunsch nach Einheit

zu einem harmonischen Auskommen miteinander finden sollten. Insgesamt kann dies durchaus als eine frühe Vorwegnahme des Arguments Huntingtons gelten, allerdings aus idealistischer und kooperativer statt aus realistischer und bellizistischer Perspektive.[117] Wenn etwa Madariaga von 'Kraftlinien' zwischen den künftigen Kulturkreisen oder davon sprach, daß sich etwa die Bande zwischen den Mohammedanern „weniger als zwischen den Angehörigen einer Religion als einer Kultur und eines Lebensstils" zu verfestigen schienen, dann entspricht seine Vorstellung ziemlich genau dem, was Huntington mit seinem Konzept von den 'civilizations' und den sie trennenden 'fault lines' meinte.[118]

Zum anderen bildet sich in der Variabilität seiner normativen Prognosen über künftig sich konsolidierende Kulturkreise außerdem die Tatsache ab, daß Madariaga zwar für gründliche politische Dekolonisierung eintrat, sich zugleich aber sehr schwer damit tat, jenen kulturellen Ethnozentrismus endgültig fallen zu lassen, mit dem er in der ersten Jahrhunderthälfte offen den (nicht nur spanischen) Kolonialismus gerechtfertigt hatte. Obwohl hinter der oben zitierten Alternative für Nordafrika eher (geo-)politische Überlegungen standen, flossen doch auch in die spätesten Texte Madariagas noch immer latent rassische Motive mit ein – etwa wenn er davon sprach, der Kalte Krieg sei ein Bürgerkrieg, weil alle Menschen untereinander fruchtbar seien und es somit nur eine menschliche „Art" gebe.[119] Rassist ist Madariaga zu keiner Zeit und auch damit nicht gewesen. Aber das auf die reproduktive Kompatibilität gestützte Argument von der einen „Gattung Mensch" hatte er nur knapp ein Jahrzehnt früher noch um den (jetzt weggelassenen) Nachsatz ergänzt, dennoch seien – bedingt durch den Raum, die Zeit und vielleicht auch die Natur selbst – nicht alle Menschen gleich. Man könnte versucht sein, ihm hier die biologische Unterscheidung zwischen Genotyp und Phänotyp zu unterstellen. Er jedoch argumentierte lamarckistisch mit der Vererbung auch soziokultureller Eigenschaften, obgleich er vorgeblich die Hautfarbe lediglich als ein besonders leicht zugängliches Merkmal zur praktischen Unterscheidung verstanden wissen wollte und zur genaueren Bestimmung der Unterschiede stärker auf historische und soziologische denn auf physiologische Kriterien verwies. Durch ihre verschiedenen „Entwicklungskurven" sah er in diesem nicht primär politischen Sinne mindestens fünf menschliche „Hauptgruppen" gegeben (er sprach von Indianern, Braunen, Schwarzen, Weißen und Gelben), die sich jeweils durch ein inklusiv-exklusives Gruppenbewußtsein und einen „naturgegebene[n] Lebensraum" definierten.[120]

---

117 Vgl. Samuel P. Huntington, *The Clash of Civilizations and the remaking of world order*, New York 1996.
118 Vgl. Madariaga, Weltperspektiven, in: NZZ, 27-X-1956.
119 Vgl. Madariaga, Spielball neuer Götter, in: Finanz und Wirtschaft, 31-X-1973.
120 Vgl. Madariaga, Die Hautfarbe als Politikum, in: NZZ, 5-IX-1965.

Tatsächlich ging es Madariaga also gar nicht primär um den konkreten Zuschnitt einer geopolitischen Weltkarte, sondern darum, mit dem Kontinent eine neue Einheit des territorialen Denkens zu etablieren, die aufgrund ihres Umfangs kulturell und wirtschaftlich autark wäre. Er hielt in seiner Terminologie hierfür den Begriff der (Binnen-)Solidarität parat. In diesem Sinne sollte der Kontinent als eine neue Gliederungsebene zwischen der historisch überholten Nation und der politisch sich als handlungsunfähig erweisenden UNO erstehen.[121] Sein Modell sähe, einmal mehr in klarer Anknüpfung an sein früheres Denken, eine Föderierung der Weltkreise unter dem Dach eines Welt-Rates und die Option vor, bestimmten Nationen die Funktion der Nahtstelle zwischen den zu bildenden Kontinenten zuzuweisen: Das Commonwealth würde den Kontakt zu Europa über England, über Pakistan zum Islam und über Indien zum 'Braunen Asien' suchen; Puerto Rico könnte die USA und Lateinamerika zueinander führen.[122] Inhaltlich hatte er das Konzept eines kontinental organisierten Pendants zur UNO schon erheblich früher entwickelt, als er erklärte, entlang seiner Vorstellung würde

> jeder Bund ähnlich der gegenwärtigen UNO organisiert werden, das heißt mit einer Versammlung, mit einem politischen und einem ökonomischen und sozialen Rat; durch diese Organe würde jeder Bund über seine eigenen Angelegenheiten regieren. Jeder einzelne dieser neun Bünde würde einen Vertreter erwählen, und diese neun Männer würden die Verkörperung dessen sein, was man in unseren Tagen als eine permanente Gipfel-Konferenz bezeichnen würde, sie würden einen Welt-Rat darstellen.[123]

Wie umfassend dieser Ansatz sein spätes Denken durchherrscht hat, wird auch daran deutlich, daß er seine Empfehlung, die Vereinten Nationen in je kontinental zu- und eigenständige Organisationen aufzuteilen, nach der Wahl Johannes Pauls II. analog auch für die katholische Kirche gab. Zwar zweifelte er, ob für die Kirche nicht doch die religiöse Einheit wesentlicher sei als die politische für die UNO, auch war er weit davon entfernt, dem Papsttum Versagen zum Vorwurf zu machen. Jedoch sei die Welt für die päpstliche Durchherrschung von Italien aus inzwischen einfach zu komplex geworden, ganz wie dies politisch für die UNO gelte.[124]

Zwar überwogen zunächst Sorge und Betrübnis ob der mangelnden internen politischen Organisation der darniederliegenden Kontinente. Vor allem im Afrika südlich der Sahara sei die katastrophale koloniale Hinterlassenschaft der Europäer – die einst

---

121 Vgl. Madariaga, Alte Welt und neue Kontinente, in: Welt am Sonntag, 2-I-1972.
122 Vgl. Madariaga, Rettet die Freiheit – aber wie?, 7f.
123 Ebd., 8.
124 Vgl. Madariaga, El nuevo Papa, in: ABC, 12-XI-1978.

willkürlich gezogenen Grenzen, der weiterhin eklatante Mangel an indigenen politischen Eliten, die nur notdürftig transplantierten politischen Systeme, die rassistischen Menetekel Südafrika und Rhodesien – nicht im Sinne kontinentaler Einheit zu schultern. Ebenso kritisierte Madariaga Lateinamerika, das durch seine disziplinlosen Eliten und unter dem Druck des ausländischen Kapitals zum Pulverfaß der Welt werde. Aber auch die USA und sogar Europa blieben hinter dem jeweiligen Ideal zurück; dieses, weil es hinter dem Eisernen Vorhang und einem wieder erstarkenden Nationalismus kaum ernstzunehmende Bemühungen um Integration erkennen lasse, jene, weil sie sich durch die Kritik von innen und außen zunehmend zermürben ließen und in der einst klaren weltpolitischen Führungsrolle wankend würden.[125]

Ab den sechziger Jahren war jedoch immer klarer erkennbar, wie Madariagas Motiv für eine kontinental organisierte Politik, zunächst ausgehend von der Lage Europas, unter den Bedingungen des Kalten Krieges recht eigentlich zu einem militärischen wurde. Die bis ans Ende seines publizistischen Lebens durchgehaltene Rhetorik gegen die vor der aufscheinenden Welteinheit endgültig veraltende nationalstaatliche Souveränität kippte hier und erschien nun immer ausschließlicher als allein auf deren militärischen Aspekt reduziert.[126] Aus der Feststellung, kein europäisches Land könne sich mehr allein verteidigen, leitete er 1963 apodiktisch die normativ gemeinte These ab, militärisch gäbe es die europäischen Nationen nicht mehr, Bestand habe nur noch Europa als Ganzheit. In ihren nationalen Alleingängen verfolgten daher Macmillan und de Gaulle mit ihren Doktrinen einer unabhängigen Abschreckung bzw. der Idee einer *force de frappe* eine veraltete und auf Prestige statt auf Notwendigkeiten gegründete Politik.[127] Schon drei Jahre zuvor hatte Madariaga mit Blick auf ein Europa jenseits des Nationalstaates konstatiert:

> Wenn die Landesverteidigung das charakteristische Merkmal einer Nation als Schicksalsgemeinschaft darstellt, so geht aus dieser Tatsache eigentlich hervor, daß im Grunde die europäischen Staaten aufgehört haben, als solche zu

---

125 Vgl. Madariaga, Verpaßte Gelegenheiten, in: NZZ, 30-XII-1966.
126 Auch ein Kommentar der ihm stets wohlgesonnenen *Neuen Zürcher Zeitung* wies in Besprechung eines seiner Vorträge auf die schleichende begriffliche Verwischung Madariagas hin, der auf dem Weg über das Argument von der einzelstaatlich nicht mehr, sondern nur noch im europäischen Verbund erfolgreich möglichen Verteidigung durch die Hintertür auch den Begriff der Souveränität neu definieren wolle. Zumindest implizit schwinge dies in der These Madariagas mit, die Übertragung nationaler Souveränitätsrechte an europäische Institutionen sei unverzichtbar für die Einigung Europas; vgl. [B.I.], Madariagas 'Gedanken über Europa', in: NZZ, 6-V-1963.
127 Vgl. Madariaga, Wichtiges und Unwichtiges in der Weltpolitik, in: NZZ, 5-I-1963.

existieren. Die logische Folge daraus wäre, daß sich Europa als Bundesstaat konstituieren würde.[128]

Noch in einem seiner letzten Artikel mahnte er die Welt, sie möge sich endlich zu der Einsicht durchringen, daß das Konzept der nationalen Verteidigung inzwischen jeden Sinn verloren habe. Abgesehen von Ländern kontinentaler Größe wie die Sowjetunion, die USA, China, und eventuell Brasilien sei dazu im Atomzeitalter niemand mehr allein imstande. Die operationale geopolitische Einheit könne nicht länger die Nation, sondern müsse der Kontinent sein.[129] Auch gänzlich unabhängig von den konkret vorfindbaren Größen- und Machtverhältnissen in der internationalen Politik, sondern einzig gestützt auf die technologischen Errungenschaften seiner Zeit, glaubte er zudem, in Analogie eine bevorstehende Wiederholung der Militärgeschichte diagnostizieren zu können: So wie einst die Artillerie für den Übergang vom Feudal- zum Nationalstaat gesorgt habe, so seien nun Flugzeug und Radio die Katalysatoren für den Übergang von der Nation zum Kontinent geworden. Im Rückblick fand er hierin sogar ein zentrales Motiv von Coudenhoves Europabewegung.[130] Auch für den Völkerbund sei unter diesen Gegebenheiten seinerzeit der europäische Zusammenschluß die vordringliche Aufgabe gewesen.[131] Beides aber waren nachholende Thesen Madariagas, die sich in seinem zeitgenössischen Denken so noch nicht nachweisen lassen. Zum weiteren Beleg des Verteidigungsarguments verwies er im Spätwerk auf die beiden Weltkriege, in denen nicht nur keine der europäischen Nationen mehr selbst ihre eigene Verteidigung zu besorgen vermocht habe, sondern in deren Verlauf Europa ohne das Eingreifen der USA zweimal insgesamt verloren gewesen wäre. Auch nach 1945 lebe das geteilte Europa nur durch die Gnade der einen bzw. als Kolonie der anderen der beiden Nationen von kontinentalen Ausmaßen weiter.[132] Dabei ließ er durch die Wortwahl nicht den geringsten Zweifel über die Verteilung seiner Sympathie und Antipathie gegenüber den beiden Supermächten aufkommen. Es liegt daher nahe, sein Einschwenken auf ein im kontinentalen Maßstab geerdetes geopolitisches Denken – und infolgedessen seine Hinwendung zu Europa – auch insgesamt als Reaktion auf die Bedrohung durch die kommunistische Sowjetunion zu interpretieren. Als Europäer muß er diesen Reflex gehabt haben, etwa wenn er den Supermächten deren verdecktes Streben nach einer

---

128 Madariaga, Verwirrung um Spanien, in: NZZ, 6-III-1960, analog schon fast zehn Jahr zuvor; vgl. Madariaga, Towards a United Europe – The two Solidarities (Manuskript, 14-V-1951), in: MALC 334.
129 Vgl. Madariaga, La defensa de España, in: ABC, 7-V-1978.
130 Vgl. Madariaga, Ser o no ser, 143f.
131 Vgl. Madariaga, La defensa de España, in: ABC, 7-V-1978.
132 Vgl. Ebd., 143f.

abermaligen Neuverteilung der Welt vorhielt: „Europa für die Russen, Südasien für die Chinesen, Nordasien für die Russen und Amerika für die Vereinigten Staaten."[133]

6.4 Wandlung zum Europäer

DER NEUE EUROPA-ENTHUSIASMUS. – In der Zeit zwischen den beiden Weltkriegen begleitete Madariaga das sich entwickelnde Europadenken als ein skeptisch distanzierter Beobachter, sein Bezugssystem war damals, trotz aller Kritik ob seines Verfalls, der Völkerbund. Erst als 1948 in Den Haag der Knoten riß,[134] vollzog er nachholend die früher aus der Ferne und weitgehend ohne eigene Wertung oder Positionierung betrachteten Auseinandersetzungen nach, nun allerdings unter positivem Vorzeichen. Eine Rekonstruktion der Quellen, aus denen sich sein dann mit einem Mal fertiges Bild Europas speiste, hat es daher immer auch mit dem Problem zu tun, kaum über reflektierte Stellungnahmen seinerseits zu verfügen, die zeitlich synchron mit ihren Vorlagen entstanden wären. Vielmehr erweckt Madariagas Europadenken in seiner frühen Entstehung den Eindruck, er habe über Jahrzehnte fremdes Gedankengut zunächst wie mit einem Schwamm aufgesogen und weitergärend mehr oder weniger reflektiert in verschiedenen Schubladen zwischengespeichert, um dann nach Jahrzehnten jene Fragmente wieder hervorzuholen und in einem gedanklichen Kraftakt als geordnetes Eigenes zu veräußern, die noch immer Bestand hatten. Dabei ergibt sich eine gewisse Oberflächlichkeit der Betrachtung aus der Natur der Sache. Einmal hat Madariaga mangels Interesses die Debatten in ihrer Zeit gar nicht bis in alle Nuancen hinein wahrgenommen, zum anderen hat auch die dazwischen liegende Zeit manches Detail verwischt. Erhalten blieben so vor allem die metaphorisch besonders einprägsamen Bruchstücke, die er seinerzeit seinem Denken assimilierte, wobei er nicht notwendig auf deren Urheberschaft oder auf das Schicksal der eventuell angeführten Gegenargumente geachtet hat. Vielmehr griff er zumeist das auf, was als eine Art Basiskonsens noch gleichsam in der Luft lag. So verwundert es kaum,

---

[133] Madariaga, Eine Konferenz – und der trügende Schein der Sicherheit, in: Welt am Sonntag, 17-IX-1972.

[134] Der eher im vorpolitischen Raum anzusiedelnde Europakongreß von Den Haag (8/10-V-1948) profitierte stark von dem Umstand, daß nur wenige Wochen zuvor (17-III-1948) mit dem Brüsseler Vertrag die so genannte Westunion, also die Zusammenarbeit Belgiens, Frankreichs, Großbritanniens, Luxemburg und der Niederlande in wirtschaftlichen, sozialen und kulturellen Angelegenheiten sowie in der kollektiven Selbstverteidigung beschlossen worden war. Seinerseits kam dem Kongreß mit der Einigung aller bis dahin inhaltlich wie regional weitgehend unabhängig voneinander agierenden proeuropäischen Bewegungen unter dem Dach der einen 'Europäischen Bewegung' eine nicht zu unterschätzende Signalwirkung zu; vgl. Irmgard Remme, *Paul-Henri Spaak*, Berlin 1957, 69. Zum Ablauf und für die Sitzungsprotokolle des Kongresses vgl. *Congress of Europe / Congrès de l'Europe. The Hague, 7-11 May 1948 / La Haye, 7-11 mai 1948*, Strasbourg 1999.

daß sich seine eigenen Positionen auffallend oft mit denen der aus dem Diskurs als Sieger hervorgegangenen Denker und Strömungen decken.

Man kann sich zum Beispiel kaum des Eindrucks erwehren, daß er während der vergleichsweise kurzen Zeit ihrer europapolitischen Relevanz von den Europa-Föderalisten bruchstückhaft eine ganze Reihe von Begriffen, Konzepten oder auch nur visualisierten Metaphern übernommen und dann in je eigener Abwandlung jahrzehntelang verwendet hat. Ein konkreter Rezeptionszusammenhang ist zwar kaum nachzuweisen. Doch tauchen einige Namen aus dem Umfeld etwa der Union Europäischer Föderalisten auch am Rande von Madariagas Biographie immer wieder auf – Hendrik Brugmans etwa als Mitherausgeber des *Liber amicorum* –, und es läßt sich ebenso zeigen, daß er, in der frühen Nachkriegszeit ohnehin auf der Suche nach einem grundsätzlich neuen Rahmen für seine politische Vita, bei der UEF gedanklich zumindest vorübergehend umfassend fündig werden konnte. Vorübergehend deshalb, weil sich die UEF aus so unterschiedlichen Kreisen rekrutierte, daß etwa Vertreter des italienischen antifaschistischen Widerstands auf Franzosen trafen, die dem Denken von Charles Maurras nahestanden und der *Action Française* angehört oder aktiv mit den Nationalsozialisten kollaboriert hatten. So kann man innerhalb der UEF zum einen die Gruppe der 'internationalen Konstitutionalisten' um den Widerständler Altiero Spinelli ausmachen, die im Föderalismus vorrangig das politische Werkzeug sahen, mit dem die nationalstaatlichen Strukturen zugunsten supranationaler Systeme zu zerschlagen seien. Diesem funktionalistischen stand auf Seiten der 'integralen Kommunalisten' um André Voisin ein integrales Verständnis des Föderalismus gegenüber. Für diese in der entscheidenden Phase vor Den Haag intern immer weiter erstarkende Gruppe der UEF war der Föderalismus nicht nur politische Doktrin, sondern auch als soziales Prinzip relevant für die Gesellschaft. Wie die katholische Soziallehre begriffen sie den Schutz der Familie als eine Pflicht des föderalen Systems. Auf dem Rücken der als Wundermittel gepriesenen Subsidiarität – untersetzt mit den Schlagworten direkte Demokratie, Selbstverwaltung und lokale administrative Autonomie – erstrebten sie eine zweidimensionale Ordnung der Gesellschaft: zum einen vertikal von der Kommune aufwärts, zum anderen horizontal nach Beruf, Stand und sozialer Tätigkeit.[135] Dabei konnte die UEF, unabhängig von den Mitgliedern mit entsprechend vorbelasteter Vita, schon allein deshalb in den Ruch der Faschismusnähe geraten, weil sie an das Organologische glaubte und in der Tendenz „alle potentiellen sozialen Konflikte und Widrigkeiten mit dem Patentrezept

---

135 Vgl. Niess, *Die europäische Idee*, 89 und 120-126. Für eine in der Hauptsache gleichlautende, jedoch noch etwas stärker differenzierte und mit Namen untersetzte Darstellung dieser Untergruppierungen vgl. Alan Hick, Die Union Europäischer Föderalisten (UEF), in: Wilfried Loth (Hrsg.), Die Anfänge der europäischen Integration 1945-1950, Bonn 1990, 191f.

des Föderalismus, dem Glauben an eine prästabilierte Harmonie, eher intuitiv als analytisch aus der Welt zu schaffen" strebte. Daß ihr darob Klassengegensätze rasch als obsolet galten, weil die geographisch-soziale Gemeinschaft stärker binde als jene; daß sie von daher die politischen Parteien geringschätzig als Relikte aus dem 19. Jahrhundert abtaten und davon überzeugt waren, nur der 'Sozialkörper' könne den Staat dauerhaft lenken; all das stellte sie potentiell in eine Linie mit Maurras und dem traditionellen Korporativismus.[136]

Daher war die UEF intern gerade zu jener Zeit tief zerstritten, als im Vorfeld des Haager Kongresses von 1948 die verschiedensten Europabewegungen inhaltlich sowie in der Untersetzung durch Mitglieder und prominente Unterstützer um die Deutungshoheit der europäischen Idee rangen[137] – was für Madariaga allerdings kein Nachteil gewesen sein muß, konnten sich doch so grundverschiedene Motive fruchtbar miteinander mischen. Alexandre Marc und Hendrik Brugmans dürften sowohl inhaltlich wie auch als Charakterfolien starken Einfluß auf ihn ausgeübt haben.[138] Über allen internen Streit hinweg wirkt die Entschließung des ersten UEF-Kongresses in Montreux wie ein Kaleidoskop, in dem die Versatzstücke auch des madariagaschen Denkens munter durcheinander wirbeln:

> Die föderalistische Idee ist ein *dynamisches* Prinzip [...] In der *wahren* Demokratie müssen die *Solidaritäten* von der *Basis* bis zur Spitze *organisch* ineinandergreifen und *auf allen Ebenen harmonisch* aufgebaut sein; der *Föderalismus* aber macht die *Freiheit* zum eigentlichen Prinzip des Aufbaus, einem Prinzip, das die *Vielfalt* im geistigen Bereich, die *Toleranz* in der Politik, die Sicherheit des einzelnen, die *freie Initiative* der *Personen und Gruppen*, die *Dezentralisierung* der Zuständigkeiten und die *Selbstverwaltung* schützt und fördert.[139]

Die Forderungen nach Binnen-Freihandel und Währungsunion, nach simultaner Integration in Politik und Wirtschaft, nach Versöhnung mit und Beteiligung von Deutschland in Europa hätte Madariaga ebenfalls unterzeichnen können. Selbst die

---

136 Vgl. Niess, *Die europäische Idee*, 125f.
137 Hick beschreibt diese Phase in der Geschichte der UEF als einen fast tragischen Prozeß, in dem gerade jener 'integrale' Föderalismus intern immer stärker die Oberhand gewann, in Den Haag gerade keine Chance hatte, gehört zu werden. Auf dem Jahreskongreß der UEF in Montreux 1947 war es zuvor zur Spaltung und in der Folge zur weitgehenden Isolierung der schwächeren italienischen Gruppe gekommen. Der Kongreß in Den Haag wurde für die UEF so zum Fiasko; danach aber hatte sich das sehr stark supranationale Thema der innerhalb ihrer Marginalisierten bereits auf absehbare Zeit erledigt; Vgl. Hick, Die Union Europäischer Föderalisten, 192-195.
138 Für die Möglichkeit solcher Affinitäten vgl. die beiden kurzen Portraits in: Niess, *Die europäische Idee*, 77f.
139 So die Übersetzung von Ebd., 111; Madariaga-Parallelen von mir hervorgehoben. Für das französische Original vgl. Die Beschlüsse des Kongresses der 'Union Européenne des Federalistes', Montreux, 27.-31. August 1947, in: Die Friedenswarte, 47 1947:4/5, 320.

Tatsache, daß im Ergebnis von Montreux der Europarat auf den Weg gebracht wurde, könnte unter Umständen den Eindruck erwecken, Madariaga habe sich zu den Föderalisten zählen müssen.[140]

Schon bald nach Ende des Zweiten Weltkrieges deutete sich ein fundamentaler Wandel in Madariagas Europadenken an. Der Kontinent, den er zuvor einerseits für zu eng und andererseits für unfusionierbar gehalten hatte, spielte nunmehr sehr wohl eine, ja sogar die zentrale Rolle. Die früheren Vorbehalte schienen wie weggewischt. Schon im ersten Nachkriegsjahr deuteten zwei Beiträge den neuen Kurs an, mit dem Madariaga nicht nur an seine bereits zuvor vertretene These von der nur vorübergehenden Episode des Nationalsozialismus anknüpfte, sondern mit dem er in Reaktion auf die sich als dauerhaft abzeichnende Teilung Europas auch eine neue Mission gefunden zu haben glaubte.[141] Unter der Kapitelüberschrift 'Fiat Europa' stilisierte er schon in seinem ersten Buch nach Kriegsende den Zweiten Weltkrieg zur Geburtswehe eines geeinten Europa:

> Much of what is now happening may be explained as a process whereby Europe is endeavouring to create herself. Even nazism and Hitler can be understood as dark forces which Europe called forth out of the depths to work in darkness what the League of Nations had failed to create in the light of reason. This war is a world event and cannot be explained in merely European terms; but in so far as it is European, it is one of the birth-pangs of the European nation.[142]

In seinen optimistischen Momenten imaginierte Madariaga in der Jahrhunderthälfte nach dem großen Krieg den Prozeß der europäischen Integration als einen Automatismus, und zwar in unübersehbarer Analogie zu der Rhetorik, mit der er als Völkerbündler den Geist von Genf beschworen hatte. Um zu verdeutlichen, daß bestimmte Ideen auf der Höhe ihrer Zeit eine unwiderstehliche Eigendynamik entwickeln, mit der sie sogar noch ihre direkten Gegner in den Bann zu schlagen vermögen, bediente er sich auch jetzt wieder des Arguments von der normativen Kraft des (vermeintlich) Faktischen. Europa existiere bereits in den Köpfen der intellektuellen und politischen Elite; nun müsse man es nur noch den Menschen in geeigneter Weise vorsetzen, und sie würden gar nicht umhin können, es ebenfalls als eine gute Idee anzunehmen. Deutlicher als sonst wird hier im übrigen auch erkennbar, warum das politische Denken Madariagas durch sein mitunter extremes Changieren zwischen seiner Utopie und den doch auch von ihm anerkannten Rea-

---

140 Vgl. Die Beschlüsse des Kongresses der 'Union Européenne des Federalistes', 318-324.
141 Vgl. Madariaga, Qu'est-ce que l'Europe? [Manuskript, undatiert; vorgesehen zur Ausstrahlung bei Radiodiffusion Française im September 1945], in: MALC 332:1; sowie Madariaga, Towards European Unity [Ausriß aus *World Review*, datiert 2/1946], in: MALC 299.
142 Madariaga, *Victors, beware*, 152.

litäten der vorfindbaren Welt nicht zerrissen wurde. So hat er offenbar die bestehenden Spannungen für sich selbst erfolgreich durch eben jenes Motiv des Rätselhaften vermittelt, das als ein zu akzeptierender Rest auch schon seinem Versuch angehaftet hatte, die sich gleichsam aus dem Nichts heraus selbst gebärende moralische Autorität des Völkerbundes zu erklären. Zwar zitierte er hier vor der Hand wissenschaftliche Klassiker, meinte aber wohl doch mit Psychologie das durch Wissenschaft gerade nicht Erfaßbare:

> Denn etwas hatte sich ereignet, was die Kirchenväter der Psychologie – Freud, Jung, Adler und alle anderen – mit Begeisterung erfüllt hätte. In dem Mass, als es sich als immer schwieriger erwies, die wahre Verkörperung Europas zu verwirklichen, wurde der Name Europa nicht nur erstrebenswerter, sondern geradezu von einer gewissen Magie umgeben. Europa war auf jedermanns Lippen, Federn, Schreibmaschinen oder Ausstrahlungen; und dies nicht nur in politischem oder wirtschaftlichem Zusammenhang, sondern in vielen anderen Aspekten des Lebens.[143]

Schon Montesquieu war davon ausgegangen, daß politische Einrichtungen den Menschen zu formen imstande seien. Ganz in diesem Sinne hatte auch Saint-Simon, dessen Lehre Madariaga über seine Kontakte zu den Fabiern aufnahm, an einen Einfluß politischer Institutionen auf den Menschen geglaubt, der dem Patriotismus und dessen Wirkung auf die Nation verwandt sei. Ein europäisches Parlament würde demnach durch sein bloßes Bestehen auf die Ausbildung eines europäischen Vaterlandsgefühls hinwirken. Diese eher an der Peripherie der Lehre Saint-Simons anzusiedelnde Überzeugung deckt sich, bis hinein in die davon abgeleitete Forderung nach einem Zentralparlament und einer übernationalen Regierung als zwangsbewährtem Garant des Friedens, mit Madariagas normativer Herangehensweise an das Sujet von der Einigung der abendländischen Welt und später Europas.[144]

Selbst die erklärt antieuropäischen Kräfte arbeiten dieser Sicht der Dinge zufolge letztlich doch *für* die Integration, denn weil offener Nationalismus inzwischen nicht länger zum guten Ton gehöre, seien sie nunmehr gehalten, für ihre Ablehnung andere Begründungen zu liefern. Wenn dies bei den Briten die Sorge um ihr Commonwealth und bei den Deutschen die Angst vor französischer Dominanz sei, dann habe man zumindest erkennbare Probleme, die sich bearbeiten und in die Integrationsbemühungen mit einweben ließen.[145] Getragen von solchem Optimismus erklärte Madariaga beispielsweise 1962 den Widerstand de Gaulles gegen den Beitritt Englands zur EWG achselzuckend als doppelt paradox. So hätte ihm erstens

---
143 Madariaga, Europa zwischen Habgier und Furcht, in: Finanz und Wirtschaft, 3-V-1972.
144 Für Saint-Simon vgl. Foerster, *Europa*, 248f.
145 Vgl. Madariaga, Europa als Aufgabe, in: NZZ, 9-I-1952.

England, das zu diesem Zeitpunkt ebenfalls ein Europa der Vaterländer bevorzugen würde, zu einem wertvollen Verbündeten gegen die Öffentlichkeit im eigenen Land werden können, die dieses Konzept in großen Teilen ablehne. Zweitens werde der von ihm vorübergehend ausgesetzte Integrationsprozeß später nur an einem noch fortgeschritteneren Punkt wieder aufgegriffen werden, wodurch Europa im Ergebnis (und entgegen de Gaulles eigentlicher Intention) noch stärker supranational ausfallen werde.[146]

Doch kehren wir vom Exkurs über die UEF als einem möglichen Impulsgeber für Madariaga und die Assimilierung deren Europadenkens durch ihn zurück zu jenem Moment, als er begann, dies als etwas eigenes nach außen zu tragen. Bereitwillig hatte er nach Kriegsende sein 'inneres Exil' im publizistischen Sinne beendet und rasch auch wieder zur Mitgliedschaft in den verschiedensten politischen und vorpolitischen Organisationen und Gremien gefunden – die sich, dem Zeitgeist geschuldet, in der Mehrzahl um das Europathema rankten. So dürfte er einen kräftigen Schub hin auf Europa zum Beispiel auf dem Kongreß der liberalen Parteien Europas von 1947 in Brüssel erhalten haben, wo er zum Präsidenten der auf der gleichen Veranstaltung gerade erst gegründeten Liberalen Internationalen gewählt wurde.[147] Zum maßgeblichen Wendepunkt wurde aber der im Mai 1948 in Den Haag tagende Kongreß der europäischen Einigungsbewegung, an dem er – mit bereits gewandeltem Europaverständnis – an herausgehobener Stelle teilnahm:

> Da ich die Präsidentschaft über die Kulturabteilung der Europäischen Einigungsbewegung angetreten hatte, die im Mai ihren Kongreß in Den Haag durchführte, änderte sich meine Überzeugung. Nicht so sehr, weil die grundlegenden Begründungen oder Prämissen sich als irrig erwiesen hätten – ich bin, wie schon 1931, auch weiterhin davon überzeugt, daß sich die europäischen Nationen nicht wie die Vereinigten Staaten zusammenschließen können –, sondern weil sich die Rahmenbedingungen radikal geändert haben. 1931 gab es in Genf eine internationale Organisation, die sich den Universalismus auf die Fahnen schreiben konnte. [...] Heute gibt es einen universellen Organismus weder faktisch noch dem Anspruch nach, die Haltung der Sowjetunion macht ein solches Vorhaben undurchführbar; Europa selbst sieht sich entzwei geteilt; und der Westen liegt sowohl physisch wie politisch und ökonomisch in Ruinen. Schon gibt es keine einzige europäische Nation mehr, die aus eigener Kraft ihren Bestand sichern könnte, und die Union bietet die einzige Alternative zum

---

146 Vgl. Madariaga, Großbritannien und der europäische Zusammenschluß, in: NZZ, 2-X-1962.
147 Vgl. Fernández Santander, *Madariaga, Ciudadano del mundo*, 135. Madariaga blieb Präsident der Internationalen Liberalen bis 1952, ab dann trat er als ihr Ehrenpräsident auf; vgl. López Prado, *Síntesis biográfica*, 11.

6.4 Wandlung zum Europäer

ökonomischen Zusammenbruch einerseits und der Gefahr militärischer oder revolutionärer Aggression andererseits.[148]

Dem Kongreß gelang es unter der Leitung Churchills, die verschiedenen bis dahin in nationalen Kontexten entstandenen europäischen Bewegungen zu einigen. Madariaga saß auf dem Kongreß der Abteilung Kultur als Präsident vor, und nach eigener Aussage brachte er zudem wesentlich die Idee eines europäischen Bildungszentrums sowie die des Europakollegs ins Rollen.[149] Auch die auf dem Kongreß erhobene Forderung, ein geeintes Europa auf das Prinzip der Menschenrechte zu gründen, geht maßgeblich auf ihn zurück.[150] Er selbst war im nachhinein besonders erfreut darüber, nach Den Haag mit der weitreichenden Option auf selbst gewählte spanische Begleitung eingeladen worden zu sein. Das Privileg ließ er nicht ungenutzt, und mit José María Gil Robles, Indalecio Prieto und Josep Trueta (also auch einem Basken und einem Katalanen) hat er nicht nur einen repräsentativen Querschnitt Spaniens zur Teilnahme am Kongreß bewegen können, sondern zu viert kam man am Rand des Kongresses auch überein, einen spanischen Rat der Europabewegung ins Leben zu rufen. Indem Madariaga ausführlich seine Bemühungen zur Institutionalisierung dieses Gremiums darstellte, versäumte er es denn auch nicht, in süffisantem Ton darauf hinzuweisen, durch seine Zusammensetzung allein habe der spanische Rat politisch bereits mehr erreicht als die ebenfalls exilierte republikanische Regierung.[151]

Vor allem aber dürfte Madariaga in Den Haag den Zeit seines Lebens größten Erfolg als Redner gefeiert haben. Hatte er sich nach eigener Auskunft gedanklich gerade erst zu einem Bekenntnis für Europa durchgerungen, so ließ er in Den Haag

---

148 Madariaga, Es necesario crear un organismo europeo, in: La Prensa [Buenos Aires], 19-IX-1948.
149 Als Gegner wachsender Demokratisierung und der mit ihr verbundenen Aufwertung des unpersönlich-prozessualen Aspekts im politischen Entscheiden forderte er, die europäische Integration müsse mit der Schaffung einer Führungselite einhergehen, die den Integrationsprozeß aktiv zu gestalten und entsprechend mit ihm zu wachsen habe. Eine solche Elite zu stimulieren sei das zentrale Anliegen jenes Europakollegs, das er als Präsident der Kulturabteilung der Europabewegung immer angestrebt habe; vgl. Madariaga, Towards a United Europe – A Liberal Europe (Manuskript, 31-V-1951), in: MALC 334; sowie Madariaga, Eine Pflanzstätte europäischen Geistes, in: NZZ, 7-III-1953.
150 So ein Madariaga-Freund, der als erster spanischer Richter am Europäischen Menschenrechtstribunal wirkte und im Rückblick vor allem auf Madariagas Urheberschaft an jenem Artikel der Schlußerklärung hinwies, mit der der Münchner Kongreß von 1962 substantielle Menschenrechte forderte; vgl. García de Enterría, Madariaga y los derechos humanos, 19-21.
151 Vgl. den postum erschienenen Aufsatz Salvador de Madariaga, Cómo nació el Consejo Federal Español del Movimiento Europeo, in: La Correspondencia [Revista de la Fundación Salvador de Madariaga], 3 1999:1, 106. Gleichwohl ist der Spanische Föderale Rat der Europabewegung dem Regime Francos zu keiner Zeit wirklich gefährlich geworden, auch wenn er ihm immer ein Dorn im Auge war; Preston, *Quest for Liberty*, 25f. Zur eigentlichen Gründung dieses Spanischen Rates, in dem erstmals in der Francozeit Exil- und Heimatspanier in einem politischen Gremium zueinander fanden, kam es im April 1950. Madariaga wurde zum Präsidenten bestimmt; vgl. Fernández Santander, *Madariaga, Ciudadano del mundo*, 139.

eine ohne Abstriche kämpferische Rede in einem fulminanten „Fiat Europa!" gipfeln, mit dem er exakt den Nerv der auf dem Kongreß Versammelten traf:

> Vor allen Dingen müssen wir Europa lieben. Hier dröhnt das Gelächter eines Rabelais, hier leuchtet das Lächeln des Erasmus, hier sprüht der Witz eines Voltaire. Gleich Sternen stehn an Europas geistigem Firmament die feurigen Augen Dantes, die klaren Augen Shakespeares, die heiteren Augen Goethes und die gequälten Dostojewskis. Ewig lächelt uns das Antlitz der Gioconda, für ganz Europa ließ Michelangelo die Gestalten des Moses und des David aus dem Marmor steigen, schwingt sich die Bachsche Fuge in mathematisch bewältigter Harmonie empor. In Europa grübelt Hamlet über das Geheimnis seiner Tatenlosigkeit, will Faust durch die Tat dem quälenden Grübeln entrinnen, in Europa sucht Don Juan in jeder Frau, die ihm begegnet, die eine Frau, die er nie findet, und durch ein europäisches Land jagt Don Quijote mit eingelegter Lanze dahin, um der Wirklichkeit ein höheres Sein abzutrotzen. Aber dies Europa, wo Newton und Leibniz das Unendlich-Kleine und das Unendlich-Große maßen, wo unsere Dome, wie Alfred de Musset gesagt hat, in ihrem steinernen Gewand betend knien, wo das Silberband der Ströme Städte aneinanderreiht, die die Arbeit der Zeit in das Kristall des Raumes meißelt – dies Europa muß erst entstehen. Erst dann wird es dasein, wenn die Spanier von 'unserem Chartres', die Briten von 'unserem Krakau', die Italiener von 'unserem Kopenhagen' und die Deutschen von 'unserem Brügge' zu sprechen beginnen. Erst wenn dies erreicht ist, hat der Geist, der unser Tun lenkt, das schöpferische Wort gesprochen: Fiat Europa![152]

Mit dieser Rede hat er bei seinen Zuhörern offenbar bleibenden Eindruck hinterlassen und ist mit dem impulsiven Fiat nicht nur noch lange zitiert worden, sondern machte es – stets geringfügig neu variiert, aber doch im Kern unverändert – über die folgenden Jahrzehnte hinweg auch selbst immer wieder zum konzeptionellen Aufhänger seiner Plädoyers für ein geeintes Europa. Auch für mitunter ausführliche Selbstzitate aus seiner Haager Rede ist er sich nie zu schade gewesen.[153] Dabei scheint es hier wie dort, als habe er nach 1945 die vor dem Krieg von ihm stets angemahnten politischen Fallstricke einer Integration Europas inzwischen weitgehend ausgeblendet, zumindest aber nicht mehr in der erforderlichen differenzierenden Tiefe mit reflektiert. Wie schon in seinem Aufsatz *Our Muddling World* beschränkte er sich auch in Den Haag auf einen frei assoziierenden Gang durch die Granden der europäischen Kulturgeschichte, um dann mit gewolltem Pathos in eben jenem Fiat zu gipfeln.

---
152 Zitiert in: Georg Heimbüchner, Europa darf keine Irrenanstalt sein. Salvador de Madariaga, ein konservativer Liberaler, in: Rheinischer Merkur, 13-VII-1956.
153 Vgl. Madariaga, Ser o no ser, 146f.

6.4 Wandlung zum Europäer

Trotz allen Pathos aber gibt auch diese Rede selbst keinen Aufschluß über die Motive, die Madariaga dazu bewegten, sich nach all seinem zuvorigen Widerstand nun doch – noch dazu gleich mit solchem Nachdruck – die proeuropäische Überzeugung anzubequemen. Auch seine autobiographischen Schriften bieten dazu keinen Erkenntnisgewinn. Der einzige ausführliche Kommentar seiner Kehrtwende erschien ausschließlich in einer für Europäer eher entlegenen Zeitung und war auch nicht wirklich eine Reflexion der Gründe seines Umdenkens. Vielmehr rang Madariaga dort sichtlich darum, trotz seiner früheren ablehnenden Position nachträglich den Eindruck werkinterner Konsistenz aufrecht zu erhalten.[154] Vor allem bedeutete dies die Aufarbeitung seines Aufsatzes *Our Muddling World* von 1930, in dem er deutlicher als irgendwo sonst seiner Skepsis hinsichtlich der Machbarkeit einer europäischen Einigung Ausdruck verliehen hatte, und auf den er hier auch rückverwies, allerdings ohne Angabe des Titels.

Grund für seine ablehnende Haltung sei seinerzeit gewesen, daß es sich bei den Konzepten von Ein-Europa zum einen um nicht viel mehr als ein Plagiat entweder des panamerikanischen oder des Gedankens von den 'United States' auf dem amerikanischen Kontinent gehandelt hätte, was zum anderen – so sein vielfach auch an anderer Stelle, vor allem gegen den Export der Demokratie im postkolonialen Kontext, angebrachtes Argument – wegen der zu direkten Transplantation auf die in Europa völlig anders gelagerte politische Kultur beides nicht hätte funktionieren können.[155] Noch etwa zwanzig Jahre später, als er seinen Widerstand gegen das Kontinentale als Basiseinheit der politischen Integration gerade im Grundsatz aufgegeben hatte, beharrte er doch weiterhin darauf, daß eine auf die Integration Europas gemünzte Analogie vom politischen Hervorgehen der Vereinigten Staaten von Amerika aus den zunächst nur konföderierten Kolonien einem fundamentalen Irrtum aufsitze. Anders als die frühen USA sei nämlich Europa durch eine lange Geschichte und stark heterogene Sprachen und Kulturen in stabile Parzellen geordnet; und obgleich man dies bedauern möge, so habe man doch diese Parzellierung und die ihr zugrunde liegenden Unterschiede – ganz wie die ebenso aller menschlichen Beeinflussung entzogenen Klimazonen – zunächst einmal als ein Faktum zu akzeptieren, bevor man sie, so seine Empfehlung, im folgenden Schritt im Sinne des liberalen Gedankens von der Einheit in der Vielfalt als einen Quell kreativer Spannungen verstehen dürfe.[156]

---

154 Vgl. Madariaga, Es necesario crear un organismo europeo, in: La Prensa [Buenos Aires], 19-IX-1948.
155 Vgl. Madariaga, United States of Europe, 122f.
156 Vgl. Madariaga, Towards a United Europe – A Liberal Europe (Manuskript, 31-V-1951), in: MALC 334.

> There are some enthusiasts who make light of these differences, and would abolish them by a stroke of the pen; others would on the contrary, hold them sacrosanct to the point of considering almost as sacriligious any endeavour to bridge them over. The most likely course things will take lies midway between the two extremes.[157]

Eigenwillig an der nun doch vorgenommenen Umwertung Madariagas ist, daß er unter Berücksichtigung der drastisch veränderten Rahmenbedingungen in der Weltpolitik durchaus konsistent war. Rekonstruiert man seinen Europäismus etwa, wie es in dieser Arbeit vorgeschlagen wird, als eine Art Ausweichen seines Vereinigungsanspruches auf die territorial nächstniedrigere Ebene, dann ist mehr als einsichtig, daß er im Kalten Krieg gezwungen war, sich – naheliegenderweise mit Europa – eine neue Zielgröße für seinen kosmopolitischen Idealismus zu suchen, da doch die angestrebte Einheit der Welt dem politisch Möglichen auf unabsehbare Zeit entzogen war. Nur hat er sich diesen Weg durch übertrieben apodiktisches Argumentieren selbst versperrt. So hatte er 1930 mit dem Anspruch der Unbedingtheit postuliert, daß die Nationen Europas schlicht nicht vereinigt werden *können*, weil sie sich in ihrer ganzen Geschichtlichkeit – und beinahe klang Gottgewolltheit als Motiv mit an – als voneinander getrennte Entitäten entwickelt hätten. Auch stehe einer Vereinigung der je die Nationen erst ausmachenden Völker deren enorm stabiler Kollektivcharakter hemmend entgegen. Bereits in seinem *Engländer – Franzosen - Spanier* (1928) hatte er ja ein lebhaftes Bild von den vor allem charakterlichen Unterschieden zwischen den europäischen Völkern gezeichnet und die These herausgestellt, diese nationalen Charakteristika seien im Kern unveränderlich. Für eine jede wirkliche Integration Europas, so der skeptische Tenor in seinem Aufsatz von 1930, wäre dies enorm hinderlich, wenn nicht überhaupt prohibitiv. So argumentiert, hätten daran freilich auch die weltpolitischen Verschiebungen durch den Kalten Krieg eigentlich nichts ändern dürfen; und doch postulierte Madariaga nun im Sinne seines Fiat – in einer Geste des großen Dennoch, mit umgekehrtem Vorzeichen also, aber um nichts weniger apodiktisch als zuvor –, daß die Nationen ungeachtet aller Schwierigkeiten um jeden Preis eben doch zueinander finden *müssen*.

Eigentlich hätte Madariaga manche lieb gewonnene Prämisse nach 1945 konsequenterweise aufgeben müssen. Anstatt sich aber, beispielsweise, von seiner Völkerpsychologie zu trennen, legte er sein vielbeachtetes Werk von 1928 nach dem Krieg in überarbeiteter Fassung noch einmal vor, nun unter dem Titel *Porträt Europas* (1952, zuerst spanisch 1951). Damit hatte er einer Grundsatzentscheidung greifbaren Ausdruck verliehen. Entgegen seiner internationalistischen Rhetorik würde er

---

157 Ebd. – Die Position der 'others' hat er später de Gaulle zugewiesen.

sich offenbar doch nur höchst ungern von der Nation als der zentralen organisierenden Einheit seines politischen Denkens trennen – was insofern durchaus verständlich ist, als er mit seinen intuitiven Studien zum Nationalcharakter im Ergebnis eine zwar fragmentarische, aber doch umfangreiche Typologie entworfen hatte, die zudem eher als jeder andere Aspekt seines umfangreichen Werkes mit dem Anspruch eines ausgearbeiteten Systems hätte auftreten können. Und ganz abgesehen vom analytischen wie publizistischen Aufwand, den er im Rahmen dieser Studien betrieben hatte, waren sie ihm wohl nicht zuletzt in ihrem Changieren zwischen empathischer Intuition und geistreicher Intellektualität fast wie ein Kind ans Herz gewachsen.

Da Madariaga den Bruch mit jenen Theorieteilen, die seinem Nachkriegseuropäismus eigentlich im Wege waren, nie vollständig vollzogen hat, versuchte er statt dessen, sie je nach Bedarf *entweder* möglichst geräuschlos auszublenden – oben ist ja bereits auf seine Fähigkeit hingewiesen worden, je entweder kulturell oder machtpolitisch zu argumentieren. So können denn seine auf die Tagespolitik bezogenen Kommentare mitunter den Eindruck erwecken, als Publizist habe er sich, trotz aller unerschütterlichen Konstanz in den großen Linien, im Detail doch argumentativ wie die Fahne nach dem Wind gedreht. So veranlaßten ihn im November 1954 zwei in seinen Augen positiv für Europa verlaufene Konferenzen, einen NZZ-Artikel zu verfassen, in dem er nicht nur eine Hymne auf den Verhandlungserfolg anstimmte, die seiner sonst prinzipiellen Ablehnung aller solcher Formen der Gipfeldiplomatie eigentümlich zuwiderlief; sondern völlig umgepolt gegenüber seiner vor der drohenden Zerstörung des uneinigen Abendlandes durch den Kommunismus warnenden Rhetorik hielt er nun eine Eloge auf die Vorgeschichte Europas, dessen politische Einigung nicht erst durch die Bedrohung durch die Sowjetunion auf die Agenda geraten sei, sondern sich schon seit Jahrhunderten abgezeichnet habe.[158] Kein ganzes Jahr zuvor hatte er an gleicher Stelle eindringlich von den Hindernissen auf dem Weg der Einigung Europas gesprochen,[159] nun forderte er die Europäer explizit dazu auf, nicht immer nur die Hindernisse sehen zu wollen. Auf einmal rechnete er mit der baldigen Aufnahme eines demokratisierten Spanien in den Kreis der europäischen Nationen, gefolgt von Skandinavien, Griechenland und der Türkei – die alle zuvor in seinen Augen nahezu unlösbare Problemfälle dargestellt hatten. Auch das Gibraltarproblem erschien ihm nun nicht mehr so dramatisch wie sonst, und zu guter Letzt galt ihm Europa nunmehr als eine der Sowjetunion sogar überlegene Supermacht, gelänge es nur, seine Führer von ihrer nationalistischen Befangenheit freizumachen und auf die Linie zu bringen, auf der die Völker Europas ohnehin schon unterwegs seien.

---

158 Vgl. Madariaga, Europas Weg und Möglichkeiten, in: NZZ, 7-XI-1954.
159 Vgl. Madariaga, Hindernisse der Einigung Europas, in: NZZ, 10-II-1954.

Oder aber er versuchte, wie etwa mit seinem Dauermotiv von der drohenden Auslöschung der abendländischen Kultur, den Makel der Inkonsistenz durch permanente rhetorische Selbstüberbietung zu kaschieren. So aber blieb sein Werben für Europa nach 1945 eigentümlich ambivalent. Als unermüdlicher Europa-Kommentator wirkte er auf widersprüchliche Weise hin- und hergerissen zwischen der Position, Europa sei praktisch bereits fertig, und der, wenn alles so weitergehe, sei mit einem einigen Europa überhaupt nicht mehr zu rechnen. Sein propagandistisch-normativer Anspruch als moralischer Antreiber hin auf die kulturelle Einheit und seine doch auch analytisch-deskriptive Sicht als ein von der Faktizität der Weltpolitik Getriebener liefen hier erkennbar gegeneinander. Dabei dauerte es Jahrzehnte, bis sich nach dem Weltkrieg seine idealistische Utopie aus früheren Tagen an der neuen und bremsenden Realität endgültig wundgelaufen hatte. Bis es soweit war, läßt sich vor allem in seinem publizistischen Schrifttum beobachten, wie sein Fiat von dem über die Jahre immer weiter an Schärfe gewinnenden Begründungsersatz begleitet wurde, bei Nichtvereinigung drohe Europa entweder die physische Vernichtung oder das Absinken in die politische Bedeutungslosigkeit – und wie dennoch im Lauf der Zeit die optimistischere Sicht kontinuierlich durch die eher pessimistische an den Rand gedrängt wurde.

MADARIAGAS KONZEPT FÜR EUROPA. – Madariagas politischer Europäismus läßt sich also weitgehend als analoge Wiederholung seines Ideals von der geeinten Welt auf der nächstniederen territorialen Stufe behandeln. Wie schon als weltumspannend denkender Völkerbund-Kosmopolit, so suchte er auch als Nachkriegs-Europäer nach einer Lösung, die einen korporativ und auf verschiedenen Ebenen von unten her organisierten Föderalismus mit einer starken politischen Führung organisch zu verknüpfen imstande wäre. Nach wie vor setzte er zur Legitimierung politischer Führung vor allem auf meritokratische Motive. Er blieb bei der Forderung nach einer klaren Trennung der wirtschaftlichen von der politischen Sphäre (denen weiterhin jeweils ein eigener 'Staat' korrespondieren sollte), verbunden weiterhin mit der Forderung nach effektiver Regulierung ersterer durch letztere. Beidem war nun Europa argumentativ vorgelagert – als ein vor allem kulturell verstandenes Konzept. Ein anschauliches Beispiel für die diesbezüglichen Prioritäten Madariagas gibt seine Kritik an der Sonderausgabe einer nicht weiter benannten britischen Tageszeitung ab – man darf vermuten, daß es sich dabei um die *Times* oder um den *Observer* handelte. Darin sei Europa politisch und wirtschaftlich vorzüglich, kulturell aber gar nicht gewürdigt worden. Die Beilage sei

> ein vorzügliches Stück Arbeit, objektiv, gut unterrichtet, schön präsentiert. Auf seinen 24 Seiten waren alle politischen und wirtschaftlichen Aspekte an-

gemessen behandelt. *Ueber die Kultur*, über die intellektuellen, moralischen, historischen, psychologischen Grundlagen der Einheit Europas *kein Wort*. [...] Hat sich irgendjemand in Großbritannien oder in Frankreich je Sorgen darüber gemacht, was für eine Art von Geschichte in deutschen Schulen, ja auch in französischen oder englischen Schulen gelehrt wird? Ist dieses Problem nicht wichtiger als der Preis von Stahl?[160]

Es ist mithin kein Zufall, daß es aus Madariagas Feder zum Thema Europa kaum konkrete Politikentwürfe gibt, noch weniger solche, die nicht entweder nur einzelne Forderungen im Detail aufmachen oder aber nur wolkig die Einigung des Kontinents als solche anmahnen. Ein großer institutionell unterfütterter Plan wird kaum einmal erkennbar, und auch in den Details ihrer Ausgestaltung unterlag seine Europaidee unübersehbaren Schwankungen. Neu am und konstitutiv für das Europadenken Madariagas war freilich, daß er damit insgesamt vor allem anderen auf das Ost-West-Schisma reagierte, dessen Überwindung er nicht nur, ja, noch nicht einmal primär, in der direkten Auseinandersetzung der beiden Supermächte miteinander, sondern eher über die Themenkomplexe Osteuropa und deutsche Frage normativ behandelte – die ihrerseits stets klar in den Kontext des Kalten Krieges eingespannt, und von daher abgeleiteter Natur blieben.

Madariagas normative Argumentation über das Zusammenwachsen Europas verlief nach dem Europakongreß 1948 in Den Haag etwa entlang der gleichen Linien wie lange zuvor seine Überlegungen zur Solidarität als einer notwendigen Größe für die Entstehung der geeinten Nation. Die Nation hatte er in groben Zügen verstanden als den institutionalisierten Zusammenschluß einer territorial wie kulturell definierten Gemeinschaft von Menschen, mit dem durch Homogenisierung nach innen und Abgrenzung nach außen sehr effizient auf bestimmte historische Herausforderungen habe reagiert werden können. Europa reagiere nun seinerseits auf die Gefahr seiner Marginalisierung zwischen den Fronten des Kalten Krieges. Die für ihn wichtigste Zutat war dabei die Erlangung des Bewußtseins des eigenen kollektiven Selbst – also die Einsicht der die Nation konstituierenden Individuen in ihre bei Strafe des eigenen Untergangs unausweichliche Interdependenz – und die aus dieser Einsicht erwachsende „objektive Solidarität", die man mit Patriotismus (besser: mit der Einsicht in die Pflicht dazu) übersetzen könnte, ohne dadurch in Madariagas Verständnis einem der beiden Begriffe übermäßig Gewalt anzutun. Gleiches gelte nun für Europa. Obwohl sich der Kontinent äußerlich weiterhin in seiner historisch gewachsenen Gestalt als ein Körper mit vielen Köpfen und Herzen präsentiere, so Madariaga 1952, sei die objektive Einheit des Kontinents bereits da. Was Europa weiterhin fehle, sei die

---

160 Madariaga, Wer rief dem neuen deutschen Nationalismus?, in: NZZ, 1-XII-1966; Hervorhebungen im Original.

Einheit im Bewußtsein. Es genüge eben nicht, Europäer gleichsam nur passiv durch Geburt zu sein. Wahrhaft europäisch werde man vielmehr nur durch das entsprechende Bewußtsein und die Bereitschaft zur Übernahme der sich damit ergebenden Pflichten.[161] So heißt es denn in seinem Manuskript *European Awareness* (1951):

> Of course they [Swedes, Portuguese, Irish, TN] know that they are European [...]; but only as a geographical description [...]. But they do not feel yet that to be European is to belong to a kind of nation with a common history and a common destiny.[162]

In seiner begrifflichen Anpassung des Solidaritätskonzepts schlägt sich zugleich das Streben Madariagas nach werkinterner Konsistenz nieder. In seinem Manuskript *The Two Solidarities* entwickelte er in aller Breite den begrifflichen Unterschied zwischen einer passiv-physisch-objektiven Solidarität einerseits und einer aktiv-subjektiv-gewollten Solidarität andererseits; vor allem aber ging es ihm um das Zurückbleiben der subjektiven hinter der objektiven Solidarität der Europäer.[163] Mag man nun das strikte semantische Festhalten am Begriff der Solidarität auch für das individuell gar nicht Gewollte bestreiten, in jedem Fall ist der Begriff in seinen Augen die lang gesuchte und dann nie wieder losgelassene Lösung, vermittels derer er seinen Gesinnungswechsel begrifflich scheinbar zu begradigen vermochte, ohne sich dabei in seinen übrigen Positionen allzu stark bewegen zu müssen. Der eher wolkige Begriff fing, unterstützt durch den Verweis auf die veränderten weltpolitischen Rahmenbedingungen, die Bewegung auf und bildete in seiner Dopplung – also in der Trennung von Beschleunigung und Schrumpfung der Welt (objektiv) und dem Bewußtsein dessen (subjektiv) – zugleich das Paradox zwischen schon zuvor Gewolltem und noch immer Unmachbarem sehr schön ab.

Das Bemerkenswerte an Madariagas These von der bereits vorliegenden objektiven Einheit Europas ist, daß diese Argumentationsfigur – wie schon zuvor in Bezug auf

---

161 Speziell für den Europakontext vgl. Madariaga, *Europa*, 4-6 und 30; allgemeiner zum Begriff der Solidarität vgl. Ders., *Von der Angst zur Freiheit*, 153-159. Madariagas Solidaritätsbegriff ist zweistufig. Mit faktischer oder auch objektiver Solidarität meinte er die unabänderliche Geworfenheit verschiedener Menschen in eine Schicksalsgemeinschaft, derer sie sich als die Betroffenen noch nicht einmal bewußt sein müßten. Das Gegenkonzept der subjektiven, geistigen oder auch aktiven Solidarität beinhaltet nicht nur das klare Bewußtsein von einer solchen Einheit, sondern auch die willentliche Ausrichtung des eigenen Handelns darauf hin. Im internationalen Kontext gebrauchte er die subjektive Solidarität in Abgrenzung von ihrer objektiven Vorstufe wiederholt als ein Kriterium gesellschaftlicher Reife und begründete seine Kritik am liberalen Westen schon früh und wiederholt mit ihrem Fehlen; vgl. Ders., *Theory and Practice in International Relations*, 6-17 und Ders., *World's Design*, 35-43.
162 Madariaga, Towards a United Europe - European Awareness (Manuskript, 21-V-1951), in: MALC 334.
163 Vgl. Madariaga, Towards a United Europe - The two Solidarities (Manuskript, 14-V-1951), in: MALC 334.

die Nation und die Welteinheit – nur scheinbar deskriptiv-analytischer Natur war. Tatsächlich aber war sie nicht mehr als von ihm selbst imaginiert und gewollt; sie ermangelte vollkommen des Subjektes, dem man diesen Willen zur Gemeinsamkeit sonst überhaupt erst beiordnen könnte. Seine überaffirmative Rhetorik kann vielmehr eines nicht verdecken: Madariaga hat dieses Subjekt Europas vor dem Hintergrund der von ihm erkannten, also vermeintlich objektiven Herausforderungen der Zeit durch unermüdliche Wiederholung seiner These propagandistisch überhaupt erst aus der Taufe heben wollen. In diesem vermeintlich Normativität erzeugenden Sinne muß man ihn verstehen, wenn er behauptete, die Interessengemeinschaft Europas sei bereits gegeben und die europäische Integration unvermeidlich.[164]

Daher verwundert auch die Stoßrichtung von Begriff und Ziel der Integration Europas à la Madariaga wenig. Auf der Suche nach dem Gemeinsamen im historischpolitischen Flickenteppich der europäischen Nationen verfiel er im wesentlichen auf zwei Aspekte. Im *subsidiären Föderalismus* sah er die technische Lösung für das Problem der Einheit in der Vielfalt. Motiv und Telos der europäischen Einigung fand er in der den gesamten europäischen Kulturraum gleichermaßen verbindlich prägenden *Kultur*, die sich von der griechischen und (nicht so sehr) römischen Antike, sowie vom christlichen Glauben und dessen weltgeschichtlichen Implikationen herleitet. Selbst das heute unter institutionellem Blickwinkel geläufige Argument von der Europäischen Union als eines politischen Gebildes *sui generis* klang schon bei ihm an; obwohl er vor dem Hintergrund des Kalten Krieges nicht immer ganz ohne den parallelisierenden Rückfall in völkerrechtliche Konstrukte im Stile des Völkerbunds oder der UNO einerseits bzw. vor allem in das Raster des Nationalstaates andererseits auskam.

Gerade im Rekurs auf den kulturellen Antrieb zur europäischen Integration neigte er zu seinen grundsätzlichsten Thesen. Man muß sich immer vor Augen halten, daß der eigentliche Auslöser für seinen feurig geführten Kampf um ein geeintes Europa die historisch beispiellose Bedrohung durch die Sowjetunion Stalins und das aus seiner Sicht vollständige Ausbleiben einer angemessenen Reaktion Westeuropas darauf gewesen sind. Das heißt insbesondere, daß ihn *nicht* wie viele andere Intellektuelle der Schock über Hitlers Krieg zum Europaverfechter hat werden lassen, sondern einzig die Furcht vor einer geradezu chiliastisch verstandenen Auseinandersetzung der gesamten freien Welt mit ihrer kommunistischen Antithese. Vor diesem Hintergrund wird verständlich, daß ihm selbst die durchaus substantiellen und vergleichsweise raschen Fortschritte des europäischen Einigungsprozesses nie ausreichend erschienen. Wenn er also von Europa verlangte, ein historisches Sendungsbewußtsein für

---

164 Vgl. Madariaga, Europa als Aufgabe, in: NZZ, 9-I-1952.

seine sokratischen und christlichen Werte zu entwickeln,[165] dann tat er dies mit der unermüdlich wiederholten und sehr wahrscheinlich tatsächlich in dieser Schärfe empfundenen Überzeugung, im andern Fall sei die westliche Zivilisation mitsamt ihrer Jahrtausende alten Kultur von der physischen Auslöschung bedroht. Europa sei daher durch die gegenwärtige Weltpolitik dazu gezwungen, wieder zu dem weltgeschichtlichen Motor zu werden, der es Jahrhunderte lang gewesen sei; denn weder Asien noch die USA vermögen die westlichen Werte gegen die kommunistische Sowjetunion vor dem Verfall und die Menschheit vor der Versuchung zu retten, ihr geistiges Niveau auf das der Bienen zu erniedrigen.[166]

Madariagas Vorstellung von der politischen Zusammensetzung Europas und vom Verlauf seiner Grenzen unterlag im wesentlichen dem in sich nicht ganz widerspruchsfreien Wunsch nach seiner qualifizierten Maximierung. Topographisch solle es so stark erweitert werden, wie es für einen Kontinent noch sinnvoll sei; hier erhob er das Kriterium der Kompaktheit zum restriktiven Maßstab. Zugleich müsse peinlich genau auf die politische wie kulturelle Eignung seiner Mitgliedsstaaten geachtet werden. So schloß er sich zwar der Definition de Gaulles an, der von einem Europa sprach, das sich vom Atlantik bis zum Ural erstrecke, wollte darunter aber, indem er wie selbstverständlich von der Rückführung der Sowjetsatelliten unter die Standarte des freien Westens ausging, „the group of nations which share among themselves the territory and history and way of life of the whole continent" verstanden wissen. Gegenüber einer so weitgesteckten Definition verdienten seiner Meinung nach das Straßburg-Europa der siebzehn, die WEU der sieben oder die EWG der sechs den Namen Europa noch nicht.[167] So sei Europa zwar zunächst faktisch nicht viel mehr als „ein Grüpplein freier Nationen in Westeuropa". Projiziert in die Zukunft müsse allerdings zum Tragen kommen, daß damit „nicht bloß ein geographischer Begriff" verbunden sei, sondern „eine Tradition, eine Geisteshaltung und eine Hoffnung".[168] Eben weil er Europa eher kulturell als geographisch definierte, gehörten für ihn die Kanarischen Inseln, Island und Israel trotz ihrer Entfernung vom konti-

---

165 Vgl. Madariaga, *Europa*, 29f.
166 Vgl. Ebd., 30. Madariagas Vorwurf an die von ihm selbst immer wieder als weltpolitischer Hoffnungsträger apostrophierten USA mag zunächst überraschen, gründet sich jedoch vor allem auf die vermeintliche Gefahr der zivilisatorischen Zersetzung durch den *American way of life*; vgl. Madariaga, Der Weltkonflikt – von Osten her gesehen, in: NZZ, 1-VIII-1951; Madariaga, Die unbeliebte Führernation, in: NZZ, 14-IV-1957. Insgesamt, war er überzeugt, „erweist sich der moderne Amerikaner als der Prototyp einer Menschheit, die außerstande ist, sich gegen die geistige Leere zu behaupten, die sie um sich herum erzeugt." Ders., *Von der Angst zur Freiheit*, 32.
167 Vgl. Madariaga, Europe – Unity to save Individual, in: The Statesman, 1-VIII-1964. Die realen institutionellen Fortschritte in der Einigung Europas (EGKS, Euratom, EWG etc.) hat Madariaga nie ausreichend gewürdigt; freilich konnten diese mit seiner eher kulturell hinterlegten Europavision auch nicht Schritt halten.
168 Madariaga, Reise in der falschen Richtung, in: NZZ, 1-VII-1966.

6.4 Wandlung zum Europäer

nentalen Festland mit zu Europa (für England glaubte er dies im übrigen ebenfalls eigens erwähnen zu müssen), die mediterranen Länder Nordafrikas hingegen nicht, und ebenso wenig der asiatische Teil der Sowjetunion.[169]

Demgegenüber hat er – unter Voraussetzung veränderter politischer Gegebenheiten dort – für das europäische Rußland *(Russia proper)* eine Mitgliedschaft im Club Europa durchaus in Betracht gezogen. Wichtig war dabei seine Unterscheidung zwischen Rußland und der Sowjetunion, mit der er nicht den quasi-föderalen Charakter der Union der Sozialistischen Sowjetrepubliken in den Blick nahm, sondern erneut in der für ihn typischen Terminologie implizit zwischen Nation und Staat unterschied. Rußland, von ihm gern auch verknüpft mit dem Bild vom Mütterchen Rußland, wäre demnach das in seiner Kultur und Geschichte hochgeschätzte Volk, die Sowjetunion dem gegenüber der diesem Volk aufgepflanzte Staat rücksichtslosester Unterdrückung. Es war dies einer der vielen politischen Zusammenhänge, die er durch eine nicht länger hinterfragte Metaphorik verzerrt sah und in denen er durch die Offenlegung der impliziten politischen Semantik hoffte, auch eine grundsätzlich neue Sicht auf das Problem selbst eröffnen zu können. Hier wie auch im Zusammenhang mit den an die Sowjetunion gebundenen Staaten Osteuropas kämpfte er publizistisch gegen Churchills Metapher vom Eisernen Vorhang an, insofern sie dessen (nur) senkrechten Verlauf automatisch mit suggeriere. Dies sei in einem wesentlichen Punkt ein unvollständiges Bild, denn es lasse vergessen, daß der Vorhang auch horizontal trenne – in Osteuropa und der Sowjetunion nämlich jeweils die Regierungen auf der einen und die Völker auf der anderen Seite der Macht. Trotz ihrer Regierungen seien die Völker jenseits des Eisernen Vorhangs zumindest im Geiste Teil der freien Welt.[170]

Entscheidend war also das politische Kriterium, dem Madariaga bei Nichterfüllung lexikalischen Vorzug vor dem geographischen einräumte. Wo immer die Freiheit der Meinung und die Achtung vor der Person nicht garantiert seien, könne man nicht von Europa sprechen; daher könnten Diktaturen wie jene in Rußland, Spanien, Portugal und Jugoslawien nicht zu Europa gehören, obwohl man es deren unterdrückten Völkern von Herzen wünschen möge.[171] Ganz in diesem Sinne und in der Hoffnung auf einen durch die Mitgliedschaft zu bewirkenden Rollback-Effekt war Madariaga allerdings gern bereit, den Völkern der Warschauer-Pakt-Staaten, und ebenso Weißrußlands, der Ukraine und des Baltikums, den Weg nach Europa zu öffnen, auch wenn diese Staaten sich gar nicht offensiv als Europa begriffen.[172]

---
169 Vgl. [B.I.], Madariagas 'Gedanken über Europa', in: NZZ, 6-V-1963.
170 Vgl. Madariaga, A Senator in the Dark, in: Thought, 1-IV-1972.
171 Vgl. [B.I.], Madariagas 'Gedanken über Europa', in: NZZ, 6-V-1963; sowie: Madariaga, Adenauers ungesichertes Vermächtnis, in: NZZ, 2-V-1967.
172 Vgl. Madariaga, Sind die Zehn Europa?, in: Welt am Sonntag, 13-II-1972.

Ein tragendes Motiv institutioneller Art findet sich für Madariagas Ideal von Europa dann aber doch. Auch wenn er in den fünziger Jahren mitunter noch gern, gleichsam poetisch, als Sinnbild für die anzustrebende Vereinigung das Wort von der europäischen Nation im Munde führte, so ließ er doch schon hier erkennen, daß eine „liberale Föderation" die für ihn einzig denkbare Lösung für Europa darstelle.[173] Von dieser Überzeugung ist er im Kern bis an sein Lebensende um kein Jota abgerückt. Das zentrale Problem, dem sich die Nationen Europas gegenüber sähen, schrieb er in einem späten Manuskript, sei die Suche nach dem angemessenen Gleichgewicht zwischen gegenseitiger Abhängigkeit und Unabhängigkeit, sei mithin die Frage, wieviel Einigung sie überhaupt vertragen könnten. Dieses Problem

> ist so alt wie die Menschheit; die Menschen werden gleichzeitig unabhängig und abhängig voneinander geboren; und sie haben dieses unlösbare Dilemma auf jene kollektiven Geschöpfe übertragen, die wir Nationen nennen.[174]

Madariaga versuchte sich an dieser Stelle zunächst einmal mehr an einer metaphorischen Antwort: Europas Einheit könne weder die des Apfels, noch die der Orange sein, sondern man habe sie sich wie die Einheit eines 'Traubenbüschels' vorzustellen. Rückübersetzt sollte das wohl – im Kontrast sowohl gegen den unitarischen Zentralstaat der Franzosen als auch gegen einen Föderalismus im Stile der USA – den Charakter Europas als einer politischen Einheit *sui generis* andeuten, innerhalb derer nationalstaatliche Grenzen bereits zunehmend transzendiert wurden. Dabei kam es Madariaga vor allem auf die Klarstellung an, ein föderiertes Europa dürfe nicht die bloße Addition gleicher Teile sein, so auch schon zwanzig Jahre früher:

> For Europe is not a larger Switzerland; it is still less an older United States. Europe is an entirely original form of human life. It is not a nation that we can turn into a uniform electorate, but a constellation of definitely separate and distinct forms of the human spirit which we can associate but not melt into one. Europe must always remain a congeries of nations, and as such it must be governed.[175]

Zeitlich weit auseinander liegend, klang hier doch im Kern unverändert das zentrale Motiv seines föderalen Gedankens an. Ganz gleich, ob er allgemein postulierte, Europa könne nicht selbst Nation sein, sondern müsse „grundsätzlich eine Föderation von Nationen" werden,[176] oder ob er, schon etwas konkreter, „die wahre Einheit

---

173 Vgl. [B.I.], Analyse des Kalten Krieges. Vortrag von Salvador de Madariaga, in: NZZ, 20-VI-1955.
174 Madariaga, Europa, ein Büschel von Nationen (Manuskript, undatiert; vorgesehen zur Veröffentlichung in *Finanz und Wirtschaft* im März 1973); in: MALC 309.
175 Madariaga, Unity is more than Addition, in: The New Leader, 24-XI-1952.
176 Vgl. Madariaga, Regionen oder Nationen?, in: Finanz und Wirtschaft, 31-I-1973.

6.4 Wandlung zum Europäer

politischer Vereinigung" eines föderierten Europas in der Stadtgemeinde zu finden glaubte, wodurch sich Europa, wie er es auch für die Nationen selbst immer gefordert hatte, entlang des Subsidiaritätsgedankens aufsteigend als „eine Föderation von Föderationen von Föderationen" zu konstituieren hätte[177] – immer ging es Madariaga dabei um ein und dasselbe: um die kategorische Ablehnung eines direkten und allgemeinen Wahlrechts, das sich wegen seines jakobinischen Ursprungs und seiner latent zentralistischen Wirkung nicht mit jenem föderativen Gedanken vertrage, den er in Europa verwirklicht und auch in die europäischen Nationen selbst eindringen sehen wollte.[178] Schon in den Artikeln, mit denen er offenbar die Ergebnisse des Haager Kongresses schriftlich aufbereitete, hatte er mit der Begründung gearbeitet, selbst im Rahmen der altehrwürdigen Nationen habe sich gezeigt, daß Gemeinwohl und Patriotismus in ihrer Verpflichtung auf das Ganze keine verläßlichen Garanten gegen durchschlagende Partikularinteressen seien, ganz gleich ob diese Partikularismen nun partei-, klassen- oder regional gebunden agierten. Der noch zarte Europapatriotismus aber würde im Verfahren der Direktwahl vollends zersetzt werden.[179]

Stattdessen wartete er mit einem seiner wenigen konkreten Politikentwürfe auf, der zwar das allgemeine Wahlrecht ablehnte, im übrigen jedoch fast demokratischer scheinen konnte als die mit den Römischen Verträgen 1957 tatsächlich gegründete EWG:

> There are four conditions a European political organization should fulfil: it should not by-pass the nations, for they are limbs of European life far too strong to be ignored; it should express European union; it should provide for action and for deliberation; it should give official sanction to the hope that some day all Europe will be reunited. Bearing in mind these requirements, the following plan might be worth considering as a basis for discussion: Executive action to be entrusted to a European Council composed of one Cabinet minister for every one of the nations associated; deliberation and representation to be entrusted to a European Senate composed of one member to be elected by the parliament of every nation for every 2m. inhabitants; and of a contingent of 20 or 30 more members elected as Europeans, without regard for their nationality. These 'Europeans' would be elected by the 16 parliaments, but, if they happened to be nationals of one of the 16 nations, the parliament of the nation concerned would not vote. This Senate, of about 120 or 130 Senators,

---

177 Vgl. Madariaga, Europa, ein Büschel von Nationen (Manuskript, undatiert; vorgesehen zur Veröffentlichung in *Finanz und Wirtschaft* im März 1973); in: MALC 309. Den Begriff der Subsidiarität hat Madariaga selbst nie verwendet, auch hier nicht. Das Konzept aber ist in seinem Werk allgegenwärtig.
178 Vgl. ebd.
179 Vgl. Madariaga, Es necesario crear un organismo europeo, in: La Prensa [Buenos Aires], 19-IX-1948.

would be empowered to prepare Bills which would have force of law only on being ratified by the 16 parliaments; but its main function would be to act as the tangible symbol of European union.[180]

Daß sein Vorschlag neben dem einwohnerbezogenen Schlüssel für die Entsendung von Abgeordneten in den Europarat zusätzlich ein Kontingent von Abgeordneten vorsah, die allein in ihrer Eigenschaft 'als Europäer' bestellt würden, war teils sicher dem Wunsch des Intellektuellen geschuldet, der für sich selbst nach einer Plattform der politischen Beteiligung suchte. Ähnliche Überlegungen hat er nur wenige Jahre später auch für das Europäische Parlament angestellt. Das oft vorgeschlagene Zweikammersystem mit einer direkt gewählten Kammer hätte in seinen Augen das noch kleine Europa *(Schumanland)* unregierbar gemacht und ein größer gefaßtes Europa von vornherein verhindert.[181] Statt dessen machte er analog zu dem auf Delegation basierenden System, das auch seiner Vorstellung des binnenstaatlichen Föderalismus zugrunde lag, den Gegenvorschlag, das Europäische Parlament indirekt durch die nationalen Parlamente beschicken zu lassen. Im Europäischen Parlament müßten die Nationen als solche vertreten sein, nicht eine millionenfache Masse isolierter Individuen; alles andere würde ohne Not den Vorteil preisgeben, der Europa durch die bereits historisch gegebene Vorgruppierung seiner Einwohner ganz natürlich zukomme.[182]

Er forderte daher eine Senatslösung, denn nur so könne der Bund in einem föderierten Gebilde angemessen vertreten werden, das ohnehin nie eine Nation mit einer einheitlichen öffentlichen Meinung werde sein können. Er monierte überdies generell die vermeintliche Ineffizienz des Parlamentarismus, die sich schon in den größeren Nationalstaaten zeige, solange sie nicht föderiert seien. Dabei verwies er auch damals schon auf das Legitimationsproblem, das der EU noch heute anhaftet: In seiner Gesamtheit sei Europa zu abstrakt, zu weit weg vom und zu wenig spürbar für den Wähler, der praktisch nur einmal alle vier Jahre an die Urne gebeten werde. Daher gelte es, so sein stets für föderale Lösungen und gegen den Zentralstaat bemühtes Argument, die Institutionen und das Wahlrecht kleinteiliger zu organisieren, um in Europa nicht dem Beispiel Frankreichs zu folgen, das vor allem deshalb notorisch streikgeplagt sei, weil dort die Gewerkschaft dem Einzelnen näher stehe als der Staat.[183]

Unabhängig von der konkreten Gestalt seines Europabegriffes war Madariaga nach seiner grundsätzlichen Bekehrung zum Europäismus einer jener Intellektuellen, die

---

180 Ebd.
181 Vgl. Madariaga, Unity is more than Addition, in: The New Leader, 24-XI-1952.
182 Vgl. Madariaga, Europa, ein Büschel von Nationen (Manuskript, undatiert; vorgesehen zur Veröffentlichung in *Finanz und Wirtschaft* im März 1973); in: MALC 309.
183 Vgl. Madariaga, Auf dem falschen Wege, in: NZZ, 29-VIII-1953.

vehement und im großen visionären Schwung für einen radikalen Neubeginn Europas aufsprachen, um sich dann von der nur scheibchenweise und eher auf dem Verwaltungswege realisierten Integration mehr und mehr enttäuscht zu sehen; letzteres obwohl er sich in den frühen dreißiger Jahren selbst herablassend über die Europa-Idealisten geäußert hatte.[184]

6.5 Europa als neuer normativer Maßstab

Abschließend läßt sich Madariagas spät einsetzendes, aber doch entschiedenes Eintreten für Europa mit einem älteren Muster seines politischen Urteilens verknüpfen, wodurch sich ein für sein gesamtes Denken sehr aufschlußreiches Motiv ergibt, das auch als eine Klammer über dieses und die vorangegangenen Kapitel verstanden werden kann. Mit dem Auftritt auf dem Haager Kongreß 1948 hatte er einen entscheidenden Teil seiner Formel für Europa gefunden und ihn, in der Untersetzung mit Namen und Konzepten nur unwesentlich variiert, stets beibehalten. Komplementär ergänzt hat er diesen eher kulturellen Zugriff im Rahmen des Kalten Krieges durch ein geostrategisches Kalkül, dem zufolge Europa zunächst durch seine Einigung erstarken müsse, um dann aus der Zangenlage zwischen den beiden Supermächten heraus- und statt dessen als eine dritte Kraft gleichberechtigt neben sie treten und zur Speerspitze einer Politik werden zu können, die der Verhärtung der beiden großen Blöcke wirkungsvoll entgegenarbeitet. Auch dieser Teil seiner Europaformel blieb für den Rest seines Lebens im Kern unverändert; einzig die relative Gewichtung beider Komponenten zueinander verschob sich im Laufe der Jahre tendenziell eher zu Ungunsten des Kulturarguments.

Seine Kernthese behauptete eine grundsätzliche Asymmetrie des Konfliktes, weil er von sowjetischer Seite nicht mit dem Ziel seiner Lösung, sondern mit dem unbedingten Willen zur Ausdehnung des eigenen Machtbereiches und langfristig mit dem Ziel der Assimilierung der freien Welt unter der Standarte des Kommunismus betrieben werde.[185] Davon abgeleitet war seine kontinuierliche Kritik an Westeuropa und den USA, diese Natur des Konfliktes in der Hoffnung auf die Möglichkeit von Koexistenz nicht anzuerkennen und sich daher auch nicht zur einzig erfolgversprechenden Strategie durchringen zu können: zu einer Politik der Stärke.[186] Eine

---

184 Vgl. Madariaga, Our muddling world, 20, wo Madariaga die Verfechter des Konzepts von den Vereinigten Staaten von Europa „well-meaning idealists" nannte.
185 Vgl. Ders., *Weltpolitisches Kaleidoskop. Reden und Aufsätze*, Zürich / Stuttgart 1965, 40. Explizit warf Madariaga Eisenhower vor, er wolle nicht begreifen, daß politische Symmetrie zwischen der Sowjetunion und den USA eine Chimäre sei; vgl. Ders., Das ungleiche Tauziehen, in: Zuerst die Freiheit. Reden und Beiträge aus den Jahren 1960 bis 1973, Ludwigsburg [o.J.].
186 Als eine Auswahl von Madariagas Aufsätzen, in denen er über die Jahre das Konzept der Koexistenz immer wieder kritisierte vgl. Koexistenzialismus?, in: NZZ, 15-XII-1954; Die deut-

dauerhaft durchgehaltene Forderung Madariagas war die nach der Befreiung Osteuropas.[187] Weiter soll seine Auseinandersetzung mit den Akteuren und der Dynamik des Kalten Krieges an dieser Stelle nicht vertieft werden; das wäre eine eigene Studie wert.

Entscheidend ist vielmehr, daß sich anhand seiner Konversion zum Europäer gleich zwei Dinge demonstrieren lassen, die für sein politisches Urteil insgesamt konstitutiv waren, nämlich daß es geradezu deterministisch vorgeprägt und überformt wurde zum einen von dem Ideal, auf das er den Impuls seines Einheitsdenkens jeweils projizierte (also zunächst die Eine Welt, später dann das geeinte Europa), zum anderen vom Handeln des einen Staatsmannes, der ihm je aktuell als das Maß aller Dinge galt und nach dessen Vorbild er auch alle übrigen Politiker bewertete. Letzteres traf Zeit seines Lebens auf ihn zu – oben war es als typisch spanisch herausgestellt worden – und ersteres bietet hier die ideale Gelegenheit zur Beobachtung, denn mit dem Wandel in seiner Haltung zu Europa, also dem einzig wirklich fundamentalen Bruch in seinem politischen Denken, haben sich auch eine ganze Reihe sekundärer politischer Wertungen Madariagas praktisch in ihr Gegenteil verkehrt. Winston Churchill und Charles de Gaulle, zwei der Staatsmänner, die er erst unter die größten seiner Zeit zählte, um sie dann vollständig zu verwerfen, sollen hier genügen, um das generelle Muster darzustellen.

---

schen Wahlen in weltpolitischer Sicht, in: NZZ, 1-IX-1957; Der Zaubertrick Entspannung, in: NZZ, 11-X-1959; Laßt uns reden mit den Russen, in: NZZ, 1-VIII-1970. – Analog für seine Forderung einer Politik der Stärke vgl. Keime der Verwirrung, in: NZZ, 11-I-1954; Die Schwäche des Westens, in: NZZ, 2-VII-1954; Ein Erfolg westlicher Festigkeit, in: NZZ, 6-VI-1955; Unzeitgemäßer Verständigungseifer, in: NZZ, 7-IX-1958; Freedom before Peace, in: Thought, 10-XII-1960; Framework for a Picture, in: Thought, 3-VIII-1963; Der vergessene Eiserne Vorhang, in: NZZ, 4-III-1965. – All dies bewegte sich so nah an dem Programm des *containment*, das George Kennan in seinem bald zum politikwissenschaftlichen Klassiker gewordenen Artikel (George F. Kennan, The Sources of Soviet Conduct, in: Foreign Affairs 65 (1987) 4, 852-868 [zuerst anonym 1947]) entwickelt hatte, daß es sehr überrascht, daß Madariaga dessen Denken ausdrücklich zurückwies. So widersprach er Kennans Forderung, Außenpolitik habe sich auf das nationale Interesse statt auf ethische Überlegungen zu stützen und verteidigte mit implizitem Bezug auf die etablierten Denkschulen die Motive hinter seiner eigenen Position, die „nicht eine idealistische Betrachtungsweise, sondern im Gegenteil die einzig realistische" darstellten; vgl. Madariaga, 'Nichteinmischung' oder Gemeinschaftsgeist?, in: NZZ, 1-II-1953.

187 Osteuropa war als Thema in praktisch allen Leitartikeln Madariagas präsent; noch über die in der vorangegangenen Anmerkung aufgeführten Quellen vgl. als eine Auswahl: Der Sinn des Prager Prozesses, in: NZZ, 4-I-1953; The Bait of East-West Trade, in: Thought, 10-IV-1954; Die Bärentaktik Moskaus, in: NZZ, 12-XI-1955; Die Sackgasse, in: NZZ, 7-XII-1957; Fragwürdige Ostpolitik, in: NZZ, 2-III-1958; Chruschtschews Berliner Zeitbombe, in: NZZ, 7-II-1959; 'Accommodation' on East Germany, in: Thought, 7-XI-1959; Es geht nicht um Berlin – es geht um die Freiheit, in: NZZ, 8-X-1961; Der Kalte Krieg in gefährlicher Phase, in: NZZ, 4-V-1962; Ein neuer Neutralismus, in: NZZ, 10-IX-1964; Der Unfug der 'Einflußsphären', in: NZZ, 4-VI-1965; Das tschechoslowakische Barometer, in: NZZ, 1-XII-1968; Wo ist Europa?, in: Finanz und Wirtschaft, 6-I-1971; Sind die Zehn Europa?, in: Welt am Sonntag, 13-II-1972.

6.5 Europa als neuer normativer Maßstab

Madariaga hat schon früh politisches Handeln hier und staatsmännisches Handeln dort mit kurzfristigem Denken (Taktik) auf der einen und langfristigem Denken (Strategie) auf der anderen Seite verknüpft. In diesem Sinne galt ihm Politik klar abwertend als die 'Kunst des Möglichen' – und nicht mehr als dieses.[188] Auch staatsmännisches Können galt ihm als Kunst, aber als eine, die sich, anders als die bloße Politik, in der Macht des 'Künstlers' manifestiere, sein 'Material' einem Vorsatz folgend zu modellieren; was neben dem bloß Technischen auch visionäre Fähigkeiten erfordere.[189] Der Staatsmann unterscheide sich gerade darin vom Politiker, daß für ihn die Politik nicht nur die Führung eines Volkes, sondern eine bildende Kunst bedeute, die an diesem Volk praktiziert werde.[190] Ganz wörtlich sah er – personifiziert etwa in Churchill – den Staatsmann als einen „Bildner seines Volkes".[191] Gleiches hatte er schon mit Bezug auf Briand festgestellt: „Der Staatsmann ist seinem Wesen nach ein Künstler, ein Bildhauer an den Völkern."[192] Dabei sind es vor allem zwei Motive, die diesem schwerlich operationalisierbaren Kriterium für die Qualifizierung der in Frage stehenden Person als Staatsmann Gehalt verliehen – zum einen das, was Madariaga deren moralische Autorität nannte und womit er letztlich deren intellektuelle Statur meinte: „Briand verfügte [...] über jenen artistischen Zug, ohne den kein Politiker zum wirklichen Staatsmann werden kann. Churchill besaß dieselbe Gabe."[193] Zum anderen verlangte er vom Staatsmann die Befähigung zum Blick und zum politischen Zugriff über den eigenen nationalen Bereich hinaus; in diesem Kontext stellte er etwa Churchill und de Gaulle als Staatsmänner in die gleiche Liga, in der die Geschichte ihm zufolge zuvor die beiden Pitt, Richelieu, Friedrich II., Katharina von Rußland, sowie Ferdinand und Isabella von Spanien verortet hatte.[194]

Es ist nicht zuletzt die frappierende Wiederholung in der Formulierung, die zu der Vermutung Anlaß gibt, daß Madariaga solche Idole als jeweils superlativisch hinterlegte Vergleichsgrößen für sein eigenes politisches Urteilen geradezu zwingend gebraucht hat. Wenn er nämlich erklärte, Adenauers staatsmännischer Geist erfasse „die Dauer der Geschichte, die Weite der Welt und die Tiefe des menschlichen Geistes",[195] dann erinnert dies in mehr als nur dem Duktus an die hymnischen Elogen, die ein reichliches Jahrzehnt zuvor Churchill von ihm erfahren hatte. Anfang der

---

188 Vgl. Salvador de Madariaga, Imperialism – Pacifism – Police. The Choice before Great Britain, in: Service in Life and Work, 5 1936:20, 19f.
189 Vgl. Madariaga, Der Staatsmann und der Engländer Winston Churchill, in: NZZ, 3-II-1952.
190 Vgl. Ders., (ohne Titel), in: Hermann Rinn und Max Rychner (Hrsg.), Dauer im Wandel. Festschrift zum 70. Geburtstag von Carl J. Burckhardt, München 1961, 240.
191 Vgl. Madariaga, Wie ich ihn sehe, in: NZZ, 31-I-1965.
192 Ders., Aristides Briand, 54.
193 Ders., *Morgen ohne Mittag*, 358f.
194 Vgl. Madariaga, Wie ich ihn sehe, in: NZZ, 31-I-1965.
195 Madariaga, Adenauers Statur, in: NZZ, 10-XI-1963.

fünfziger Jahre hatte er erklärt, dieser sei „der größte Staatsmann unserer Tage", größer sogar als Briand, Lloyd George und Franklin D. Roosevelt – die er jeweils ihrerseits zuvor vergleichbaren Lobes gewürdigt hatte. „Sein Geist ist so weit wie die Welt und wie die Geschichte," fuhr er im Text über Churchill fort,[196] und die Zitate ließen sich entsprechend vermehren. Einmal gefunden, konnte er auf eine solche Figur jeweils all seine politischen Ideale projizieren, sich gedanklich an ihr abarbeiten und nicht zuletzt die Nur-Politiker im Vergleich mit dem herausgehobenen Staatsmann einer kritischen Wertung unterziehen, die zugleich mit einer höheren Autorität als der eigenen hinterlegt war, auch wenn er die von ihm Zitierten derart instrumentalisierte, daß sie seiner Publizistik mit der Nennung ihres Namens oft nur als eine rein assoziative Kontrastfolie dienten.

Schaut man sich in Madariagas Werk ein wenig um, dann fällt auf, daß er sich, ganz im Sinne eines solchen vom Superlativ her strukturierten Denkens, praktisch zu jedem Zeitpunkt seines Schaffens genau ein solches Idol erkoren hatte. So erfuhren etwa Woodrow Wilson, Aristide Briand, später Winston Churchill, danach zum Teil zeitgleich Konrad Adenauer und Charles de Gaulle, und schließlich John F. Kennedy jeweils eine im Grundsatz vergleichbare Wertung[197] – inklusive des praktisch allen Genannten gemeinsamem Grundmusters, daß der andauernde Vergleich der realen Person mit einem unerreichbaren Ideal schließlich in Madariagas Urteil zur fortschreitenden Beschädigung auch des solcherart Idolisierten führte. Am Wandel seines Urteils über diese zu politischen Singularitäten erklärten läßt sich klarer als an vielen anderen Indikatoren ablesen, wie grundsätzlich Europa als *telos* ab den fünfziger Jahren in seinem politischen Denken nicht nur verankert war, sondern dieses auch normativ kräftig vorstrukturierte; denn zumindest Churchill und de Gaulle sind in seinem Urteil an ihrer Haltung gegenüber Europa gescheitert.

WINSTON CHURCHILL UND BRITISCHER ISOLATIONISMUS. – Ein zentrales Ergebnis des Haager Kongresses 1948 war in Madariagas Augen „die Konvertierung des angesehensten Staatsmannes unserer Zeit zum Europäismus" gewesen, also die Winston Churchills, der sich in Sachen Europa in den späten vierziger Jahren zum

---

196 Madariaga, Der Staatsmann und der Engländer Winston Churchill, in: NZZ, 3-II-1952.
197 Für Wilson vgl. Sancho Quijano [= Madariaga], La Sociedad de Naciones. Lo que es y lo que no es, in: El Sol, 2-VIII-1923; rückblickend: Madariaga, Wilson or Machiavelli - which?, in: The New York Times Magazine, 12-VII-1936; offen glorifizierend: Salvador de Madariaga, Wilson and the Dream of Reason, in: The Virginia Quarterly Review, 32 1956; sowie, transformiert in das Sonett XV seines Zyklus *The Home of Man*, in: Ders., *Obra poética*, 242-259, hier 256. – Für Briand vgl. Kapitel 6.2. – Für Adenauer vgl. Madariagas Artikel: Deutschland und der Westen, in: NZZ, 12-IX-1952; Die deutschen Wahlen in weltpolitischer Sicht, in: NZZ, 1-IX-1957; Baumeister Europas, in: NZZ, 31-III-1962; Adenauers Statur, in: NZZ, 10-XI-1963; Adenauers ungesichertes Vermächtnis, in: NZZ, 2-V-1967; Adenauer und Erhard waren wieder einmal aktuell, in: Welt am Sonntag, 18-III-1973. – Für Kennedy vgl. Ders., *Weltpolitisches Kaleidoskop*, 74-85 und 136-140.

Briand seiner Zeit gemausert, mit dem Europa also in die politische Realität oder zumindest in den Raum der politischen Möglichkeit gefunden habe, anstatt „eine Utopie für Idealisten" zu bleiben.[198] Diese im Europakontext fast konzessiv gemeinte zusätzliche Würdigung eines zunächst aus ganz anderen Gründen verehrten Idols rührte zum Teil noch aus Madariagas Londoner Zeit her und knüpfte ausdrücklich an dessen Qualitäten als Marineminister im Ersten (und als Kriegspremier im Zweiten) Weltkrieg an. Zeitlich unscharf sprach er in einer biographischen Synopse Churchills davon, er (Madariaga) habe als junger Mann unter dem Titel *El impulso anglosajón* ein Buch über den großen Briten geschrieben, in dem er sein widersprüchliches Verhältnis gegenüber dessen strategischem Genie skizzieren und zum Ausdruck bringen wollte, wie sich für ihn als Spanier die offene Verehrung an der Überzeugung brach, daß es die Geschichte mit den Spaniern diesbezüglich nicht so gut gemeint habe wie mit den Angelsachsen. Der katalanische Verleger, dem er das Buch seinerzeit anvertraute, habe es jedoch – Madariaga sagte im Rückblick selbst: zu Recht – zerrissen statt es zu veröffentlichen.[199]

Zur Einordnung Churchills als Europäer sind auch aus Madariagas Sicht noch einige Worte vorab erforderlich. In den ersten Nachkriegsjahren hatten sich am Heraufziehen der weltpolitischen Bipolarität bereits jene föderalistischen Geister geschieden, über die sich Madariaga zunächst dem proeuropäischen Denken genähert hatte. Ab 1946 tat sich zwischen dem Flügel der Europa- und dem der Weltföderalisten ein Graben auf, in dem die Position letzterer (also ursprünglich die seine) bald der Bedeutungslosigkeit entgegenging.[200] Madariaga hatte jedoch vergleichsweise geringe Probleme, sich mit der zu Ungunsten letzterer ausschlagenden Fusion beider Positionen zu arrangieren, wie sie auf der von der Schweizerischen Europa-Union veranstalteten Hertensteiner Konferenz vollzogen wurde, also mit der Forderung eines geeinten Europa als Teil einer geeinten Welt.[201] Überdies wurde im Ergebnis Hertensteins der Sowjetkommunismus mit der Theorie eines freiheitlichen Sozialismus konfrontiert, auf dessen moralische Anziehungskraft in Umkehrung der Blickrichtung aber auch gesetzt wurde, um sich gegen das machtpolitisch motivierte Bollwerkdenken Churchills abzugrenzen.[202]

---

198 Vgl. Madariaga, Es necesario crear un organismo europeo, in: La Prensa [Buenos Aires], 19-IX-1948.
199 Vgl. Madariaga, Winston Churchill – I. El aristócrata político, in: ABC, 6-X-1974. Auch als Manuskript läßt sich dieses Projekt heute nicht mehr nachweisen. Wohl aber hat Madariaga die ein oder andere These daraus in seine völkerpsychologischen Studien über die Briten hinübergerettet.
200 Vgl. Niess, *Die europäische Idee*, 72f.
201 Vgl. Ebd., 55-57.
202 Die Föderalisten der UEF wollten nach Errichtung eines europäischen Bundesstaates einen demokratischen Sozialismus erreichen; vgl. Ebd., 88.

Der jedoch war fast zeitgleich, ebenfalls im September 1946, mit seiner Zürcher Rede, in der er die 'Vereinigten Staaten von Europa' vorschlug, deren notwendige Voraussetzung ein enges Bündnis zwischen Deutschland und Frankreich sei, endgültig zu einem der tonangebenden Vordenker Europas avanciert, nachdem es zuvor um ihn und seine bereits im März 1943 per Radioansprache und als Grußadresse an den von Coudenhove organisierten Fünften Paneuropa-Kongreß geäußerte Forderung nach einem Europarat wieder recht ruhig geworden war. Auf dem Rücken seiner immensen und 1946 auch nicht durch die Verantwortung eines politischen Amtes belasteten Popularität, wurde er nun jedoch durch eine im richtigen Moment gehaltene fulminante Rede im Namen einer im Prinzip von allen gewollten Sache zum entscheidenden Zündfunken der europäischen Integration. In deren erstem Taumel wurde kaum bemerkt, daß seine Rede wegen ihrer programmatischen Vagheit bereits den Keim zur neuerlichen Spaltung der Europäer in sich trug.[203]

Gerade die ebenso radikal denkenden wie politisch unerfahrenen und materiell wenig potenten Föderalisten sind von den eher bremsenden, pragmatisch-konservativen Briten institutionell nach und nach verdrängt worden.[204] Churchill und sein Schwiegersohn Duncan Sandys wirkten im *United Europe Movement* (UEM), einem Honoratiorenverband mit Sitz in London,[205] bald darauf hin, die europäische Idee nicht für die Massen zu öffnen, sondern sie gezielt in die einflußreichen Kreise in Politik und Wirtschaft zu kanalisieren. Diese Europabewegung stützte sich gedanklich auf die einstige Größe Englands und hatte hinter einer Fassade aus abendländisch-christlicher Rhetorik vor allem Antikommunismus im Programm. Diese Motive teilte Madariaga zunächst ohne Wenn und Aber. Churchills nach außen aufgetragene Überzeugung von der für ein geeintes Europa zuallererst notwendigen deutsch-französischen Aussöhnung, seine Metapher von der europäischen Familie, sein Bezug zu Europa als dem schönsten und kultiviertesten Kontinent – all das sind Motive, die ebenso auch aus Madariagas Feder hätten fließen können. Hinzu kam die nach dessen Bekehrung zu Europa und im Lichte des fulminanten Echos auf dessen Europarede übermäßig gesteigerte Verehrung Madariagas gegenüber Churchill, und so wird sein vergleichsweise langes Zögern, bevor er sich von Churchill, zumindest in Europafragen, enttäuscht wieder abwandte, mehr als verständlich.

---

203 Vgl. Niess, *Die europäische Idee*, 59-64 und 64-71. Auch Madariaga reflektierte in der Rückschau die Doppelrolle Churchills, der in seiner Brust den Konflikt als gleichermaßen politischer Vor- und Bekämpfer Europas auszutragen hatte; vgl. Madariaga, Wie ich ihn sehe, in: NZZ, 31-I-1965. Immerhin hatte Churchill schon 1943 erkennen müssen, daß ihm durch die jeweils interessengeleitete Skepsis Stalins und Roosevelts hinsichtlich seiner Forderung nach einem Europarat die Hände gebunden waren; vgl. Loth, *Der Weg nach Europa*, 22f.
204 Vgl. Niess, *Die europäische Idee*, 159-173, 210 und 234.
205 Vgl. Ebd., 135.

6.5 Europa als neuer normativer Maßstab

Gleichwohl hatte der Kreis um Churchill und Sandys das an Stalin gefallene Osteuropa früh abgeschrieben und arbeitete – mit einer für Madariaga bedenklich bellizistischen Attitüde in Richtung des faktisch etablierten Ostblockes – nur noch auf ein konföderiertes funktionelles Commonwealth statt auf eine genuin supranationale Föderation Europa hin.[206] Über kurz oder lang mußte sich Madariaga wegen dieser Haltung wieder von Churchill abwenden. Der Umschlag in seiner Wertung fiel drastisch aus, so drastisch, daß es im Lichte der tief enttäuschten Rhetorik, mit der Madariaga ihn zum Prototypen eines noch immer vor allem insularen britischen Nationalcharakters stilisierte,[207] einige Mühe macht, sich zu erinnern, daß es eine Zeit gab, in der er Churchill mit unter die Väter Europas zählte, als er ihn namentlich den Vertretern der von ihm so genannten ersten Generation von Europäern, also Schuman, de Gasperi und Adenauer, an die Seite stellte.[208]

Man kann sich angesichts des Umschlags gegenüber Churchill als Europäer des Eindrucks nicht erwehren, Madariaga sei nach 1945 mit seinem eigenen Kategorienraster nicht wieder ganz ins Reine gekommen. Zum einen hat er nämlich, wie Churchill, unter den Bedingungen des Kalten Krieges in einem geeinten Europa immer auch das Bollwerk gegen den Sowjetkommunismus gesehen, und zwar mit der gleichen impliziten Prämisse, Europa müsse wieder zu einem neben den beiden Supermächten ebenbürtigen Akteur erstarken. Noch über Churchill hinaus, ja späterhin überaus kritisch gegenüber dessen Zugeständnis an Stalin, in Europa eine Politik der Einflußzonen zuzulassen,[209] war für Madariaga von Beginn an die Einheit Europas nicht zu Ende gedacht ohne die Rückeroberung Osteuropas.

Hier aber lag auch die Crux, an deren Auflösung sich der Politiker und der Intellektuelle in ihm bis an sein Lebensende immer wieder gegenseitig aufrieben. Als Intellektueller war er es, wie zuvor im Völkerbund, auch weiterhin gewohnt, öffentlich die kulturhistorisch-moralische Karte zu spielen; all seine Europareden zeigen dies eindrücklich, einschließlich jener, die er 1973 anläßlich der Verleihung des Karlspreises hielt. Seit je war er ein erklärter Feind 'realistischer' Machtpolitik gewesen, und

---

206 Vgl. Niess, *Die europäische Idee*, 139-144.
207 Vgl. Madariaga, *Bildnis*, 55; Madariaga, Die Insulaner, in: NZZ, 2-XI-1957; Madariaga, Baumeister Europas, in: NZZ, 31-III-1962.
208 Als eine dies mit einiger Verzögerung nochmals rekapitulierende Quelle; vgl. Madariaga, Europe – Unity to save Individual, in: The Statesman, 1-VII-1964. Etwas zeitnäheres Lob Churchills findet sich in: Madariaga, Keime der Verwirrung, in: NZZ, 11-I-1954. Im Spätwerk schon wieder milder in der Kritik, stellte Madariaga fest, das Europäische habe einfach nicht in Churchills Natur gelegen; nach seiner großen Zürcher Rede im September 1946 sei er vor der Idee Europas nur noch geflohen. Schon auf dem Kongreß in Den Haag habe er nichts seiner Größe Angemessenes mehr gesagt *[sic]*; vgl. Madariaga, Winston Churchill [II], in: ABC, 13-X-1974.
209 Für den spezifisch an Churchill gerichteten Vorwurf vgl. Madariaga, Moskaus 'neue Linie' und Großbritannien, in: NZZ, 7-VII-1953; allgemeiner vgl. Madariaga, Der Unfug der 'Einflußsphären', in: NZZ, 4-VI-1965.

diese Attitüde wollte er zunächst wohl auch über die Zäsur von 1945 hinüberretten. Zugleich aber sah er sich, obgleich widerstrebend, durch die neuen Umstände zunehmend selbst zu machtpolitischem Denken genötigt. Dies geschah vor allem auf dem Feld der Publizistik, wo er im Laufe der Jahre nicht nur ein ungeheures Pensum an Text produzierte, sondern das zunächst abgelehnte Denken schließlich akzeptierte und auch immer aggressiver ausfüllte. Wohl in Anlehnung an den von ihm oft, wenn auch nicht mit dem Begriff selbst zitierten US-Außenminister John Foster Dulles (1953-1959),[210] vertrat er ab Mitte der fünfziger Jahre energisch seine eigene Theorie des *rollback* für die sowjetischen Satelliten in Osteuropa. Etwa zeitgleich setzte auch sein mit fortschreitendem Alter immer unerbittlicher geführter Kampf gegen jene westlichen Kräfte ein, die sich auf die von Chruschtschow geprägte Rhetorik der friedlichen Koexistenz einließen anstatt eine aktiv auf den kommunistischen Zusammenbruch hinarbeitende Politik der Stärke zu betreiben. In kaum einer Angelegenheit hat Madariaga mit einem so klaren Freund-Feind-Schema gearbeitet wie in der geostrategischen Europa-Frage, im Falle Churchills: wie mit den Russen in der Osteuropafrage umzugehen sei.

CHARLES DE GAULLE UND FRANZÖSISCHE *GRANDEUR*. – Der Fall Charles de Gaulles vollzog sich ungefähr eine Dekade später als der Churchills; er war in sich widersprüchlicher, läßt sich aber genau wie jener hinsichtlich der über die Jahre hinweg gewandelten politischen Einschätzung durch Madariaga in letzter Konsequenz auf eine einzige Variable zurückführen: seine Einstellung zu Europa. Nachdem Madariaga de Gaulle wegen seiner Verdienste um die Rettung Frankreichs, und damit Europas, vielfach auf den Sockel gehoben hatte, überraschte er sich zunächst wohl beinahe selbst, als er den französischen Staatschef schließlich immer schärfer für seine Europapolitik tadeln zu müssen glaubte.

Zunächst erschien ihm de Gaulle als ein Politiker, der mit seiner persönlichen Mission zum Staatsmann aufgestiegen und als solcher schließlich sogar bereit gewesen sei, „seinen hochherzigen Nationalismus in den Dienst des weltweiten Liberalismus zu stellen". Die Bekehrung des Generals zum Staatsmann galt ihm für das Geschick Europas als fast ebenso wichtig wie die immer gepriesene Standhaftigkeit Adenauers, der ungeachtet der Anfeindungen auch aus den Reihen seiner Alliierten streng Kurs auf Europa gehalten habe. Schon hier ist zwar das bald Oberhand gewinnende Unbehagen Madariagas gegenüber der Figur de Gaulle zu erahnen, doch neigte er

---

210 Für explizite Dulles-Nennungen vgl. Madariaga, Nichteinmischung?, in: NZZ, 15-VI-1954; Madariaga, Machtpolitik und Neutralität, in: NZZ, 29-I-1955; Madariaga, Der uneinige Westen, in: NZZ, 4-II-1956; Madariaga, Verwirrung der Geister, in: NZZ, 5-I-1958; Madariaga, Dulles und Adenauer, in: NZZ, 7-V-1959; Madariaga, Dulles' Vermächtnis und die Genfer Konferenz, in: NZZ, 6-VI-1959.

6.5 Europa als neuer normativer Maßstab

nach dessen Rückkehr in die Politik Ende der fünfziger Jahre zunächst noch dazu, die eigentliche Kritik gegen jene französischen „Scharfmacher" zu lancieren, die die Parolen de Gaulles erst zu einem harten Nationalismus pervertierten, obgleich er diese Parolen auch in ihrem eigenen Recht schon hier für zweifelhaft hielt.[211] Als qualitative Einschränkung gestand er de Gaulle vorsichtig zu – und dies ist eine der ganz wenigen Stellen im Werk Madariagas, die überhaupt Zustimmung für eine Politik erkennen lassen, der in seinen Augen der Ruch des Machiavellismus anhaftete –, er habe sich „schlangenklug" genau gegen jene nationalistischen Strömungen und deren Hauptanliegen eines französischen Algerien durchzusetzen vermocht, die ihm, bestärkt durch seine Parolen, in Frankreich erst an die politische Spitze geholfen hatten. De Gaulle habe mithin Frankreich bereits zum zweiten Mal gerettet, erst vor Hitler im Zweiten Weltkrieg und nun vor dem Versinken in einem Bürgerkrieg, wie ihn Spanien bereits erlebt hatte. Trotz der sich bereits abzeichnenden Kritik an den gelegentlich durch dessen Sinn für die eigene Größe induzierten Abwegen in Verfahrens- und Detailfragen, kam Madariaga mit Blick auf de Gaulle hier noch zu dem Schluß: „Als Baumeister Frankreichs ist er einer der Hauptarchitekten Europas."[212]

Kein ganzes Jahr nach Erscheinen dieses Artikels schlug de Gaulle England die Tür zur EWG ins Gesicht – und Madariagas Urteil über ihn verkehrte sich praktisch von einem Tag auf den anderen ins Gegenteil. War er zuvor bereit gewesen, über Differenzen zwischen seiner eigenen Idealvorstellung und de Gaulles realer Politik bezüglich Europa mit dem Verweis auf seinen Respekt vor dessen staatsmännischer Größe rechtfertigend hinwegzusehen – große Männer seien nun einmal groß bis hinein in ihre Irrtümer –, so vermochte ihm nun der zuvor gefeierte Staatsmann bestenfalls noch einen konzessiven Relativsatz vor der eigentlichen Kritik abzunötigen. Bei allem Lob ob der zweimaligen Rettung und der Rückkehr Frankreichs zu alter Größe unter seiner Führung, so argumentierte er nun; wenn er die Entwicklung Europas auf dem Altar des französischen Nationalismus opfere, dann schade de Gaulle dem eigenen Ansehen ebenso wie dem Frankreichs: „France has rendered but a poor service to the world by allowing a single man, no matter how eminent, to speak his mind unchecked."[213] Zwar changierte Madariaga in seinem Urteil noch für eine Weile – so war er Ende 1964 noch immer von dessen grundsätzlichem Europäismus überzeugt[214] und hielt ihn noch Anfang 1966 für den geeignetsten Mann für das Ziel der europäischen Föderation, wenn er nur seine Größe im richtigen Maßstab such-

---

211 Vgl. Madariaga, Im Zeichen der Besuchsdiplomatie, in: NZZ, 5-IX-1959.
212 Madariaga, Baumeister Europas, in: NZZ, 31-III-1962.
213 Madariaga, Where is de Gaulle leading Europe?, in: The Statesman, 9-II-1963.
214 Vgl. Madariaga, Der schmale Pfad, in: NZZ, 5-XII-1964.

te[215] – aber schon Anfang 1968 stellt er ihn im Duktus des endgültig Enttäuschten Churchill an die Seite, indem er sein Bedauern darüber kundtat, daß sowohl de Gaulle als auch Churchill sich jeweils bereits an der Spitze ihres Landes im politischen Zenit gewähnt hätten, weil eben beide im Grunde keine Europäer waren.[216] Schlimmer noch, de Gaulle wirke aufgrund des überstarken Gewichts Frankreichs in Europa inzwischen gefährlich zersetzend dessen objektiver Kontinentwerdung entgegen. So habe er sich mit seiner Außenpolitik, unter den in Madariagas Augen noch gangbaren Alternativen, sowohl gegen eine engere Anlehnung an die USA als auch gegen die Verwirklichung einer autarken Föderation, sondern implizit – einen schwereren Vorwurf gab es nach 1945 aus Madariagas Feder nicht – für eine Annäherung Europas an die Sowjetunion entschieden.[217]

Madariagas von innerer Zerrissenheit gezeichnete Kritik an de Gaulles 'Europa der Vaterländer' ist ein Paradebeispiel für das Muster, nach dem er auf Vorbilder reagierte, die er als positive Größe bereits fest in sein Weltbild eingearbeitet hatte, bevor sie ihn vor dem Hintergrund seines eigenen Kategorienrasters in ihrem späteren Handeln enttäuschten. Das Europakonzept de Gaulles erschien Madariaga zum einen richtig und lobenswert, denn er glaubte, ein solches Europa der Vaterländer so verstehen zu dürfen, daß darin die ihm so wichtige, dem jeweiligen Genius bzw. Nationalcharakter der einzelnen föderierten Nationen entsprechende, individuelle Handlungsfreiheit gewährleistet bleiben sollte. Auch später versuchte er, das Bild mit Europa-Gloriole zu retten, das er sich von Charles de Gaulle in den Jahren zuvor aufgebaut hatte. Grundfalsch aber sei der von de Gaulle zuletzt offen mitgedachte Anspruch Frankreichs auf eine hegemoniale Führungsrolle innerhalb Europas, den Madariaga in keiner Form gelten lassen konnte, egal ob rein französisch oder französisch-deutsch.[218]

Mit dessen Perspektivenwechsel gegenüber Europa wandelte sich dann auch Madariagas Einschätzung von Person und Politik de Gaulles insgesamt – er ließ ihn fallen, und nirgends wurde dies deutlicher als im nunmehr generell veränderten Tonfall, wenn es, gleich in welchem Zusammenhang, um das eine oder das andere ging. Der Fall de Gaulle ist insofern (wie auch der Churchills) ein höchst illustratives Beispiel für die Art und Weise, in der Madariaga mitunter eigene Urteile in ihr krasses Gegenteil verkehrte. Als Verteidiger Europas war er mitunter schmerzhaft kompromißlos, selbst die zum Ideal stilisierten Staatsmänner waren in dieser Frage als Projektionsfläche von nur sekundärer Bedeutung gegenüber Europa als dem eigentlichen Ideal.

---

215 Vgl. Madariaga, Paradoxe Aspekte der französischen Präsidentenwahl, in: NZZ, 8-I-1966.
216 Vgl. Madariaga, De Gaulle zwischen Frankreich und Europa, in: NZZ, 7-I-1968.
217 Vgl. Madariaga, The World in Disarray, in: Thought, 11-I-1969.
218 Vgl. Madariaga, Europe – Unity to save Individual, in: The Statesman, 1-VII-1964.

So wie er zu Völkerbundzeiten den Sinn und die Bedeutung des geschichtlichen Fortschritts im Weg zur bewußten und gelebten Einheit der Menschheit ausmachte[219] und von der fast chiliastischen Überzeugung getragen war, entlang dieses vorgezeichneten Weges hätten auch die größten Reiche und Führer der Weltgeschichte letztlich nicht als Zweck an sich, sondern lediglich als Mittel, gleichsam als verfrühte Inkarnationen des Weltgeistes existiert,[220] so galt ihm als spät Überzeugtem nun um so unbedingter Europa als die Zielgröße, mit der er seine politische Existenz verband und der er auch nach außen alle weiteren politischen Urteile nachordnete. Die oben erwähnte Rückdatierung seines Europäismus auf die dreißiger Jahre bleibt zwar eine – wenngleich ebenso nachvollziehbare wie unzulässige – Umwertung der eigenen intellektuellen Biographie. Spätestens ab den fünfziger Jahren aber war Europa in der Tat zu seiner *raison d'être* geworden, über deren Infragestellung er jederzeit bereit war, über Freund wie Feind gleichermaßen den Stab zu brechen.

---

219 "[U]ltimately, the inner meaning of progress lies in the realization of the organic character of mankind as the conscious inhabitant of the planet." Madariaga, *World's Design*, 98.
220 „[A]ll were instruments of the Great Design. Over their heads, beyond their eyes, the world community migrates slowly towards itself." Ebd., 117f.

Kapitel 7: Was bleibt von Madariaga?

Bei einem derart langen, facettenreichen und bis zum Schluß aktiven Leben kann die Frage nach Madariagas professioneller Identität nicht abschließend beantwortet werden. War er nun vor allem Ingenieur, Dichter, Kritiker, Schriftsteller oder Politiker? Diese Arbeit hat den Fokus auf letzteres und den genuin politischen Aspekt seiner Publizistik gerichtet und damit einen Schwerpunkt gesetzt, der in der deutschen Forschung bislang vollkommen fehlte. Auch über den deutschen Kontext hinaus tritt sie als umfassende Darstellung eines der zentralen Teilaspekte in Madariagas Werk neben die bereits geleisteten Untersuchungen seines literarischen und völkerpsychologischen Schaffens.[1]

An welcher politischen Einheit will man, zweitens, seine Identität vor allem festmachen? Inwiefern war Madariaga Spanier, wann Europäer, wann Weltbürger? Hier ist die Antwort gegeben worden, daß er zunächst, vor allem und zu allen Zeiten im Selbstverständnis Spanier gewesen und geblieben ist, daß in der Außenwirkung allerdings die Färbung seiner Vita und seines Denkens durchaus auch zur Kontrastfolie hat werden können. Er hat im Exil nicht die Staatsbürgerschaft gewechselt und immer den Kontakt mit der verlassenen Heimat aufrecht erhalten. Anderseits ist er gerade in seinen völkerpsychologischen Betrachtungen mit dem eigenen Volk, neben aller Glorifizierung dessen ästhetischer Qualitäten, im Politischen stets besonders hart ins Gericht gegangen.

Hineingeboren in ein Land im Umbruch, in dem es liberale Kräfte zwar nominell früher als irgendwo sonst gegeben hatte, diese aber lange nicht aus einem patriarchalischen System ausbrechen konnten (und wollten), in dem die Spitzen der konservativen *und* liberalen Kräfte auf dem Weg turnusgemäß alternierender Regierungsverantwortung manipulativ der Monarchie zu ihrer Perpetuierung verhelfen wollten, gehörte er zu einer der ersten Generationen, in denen die ab den späten 1870er Jahren eingeleitete pädagogische Reform und die zu Beginn des 20. Jahrhunderts wiederbelebte geistesgeschichtliche Tradition wirklich Raum griffen. Insofern kann Madariaga in der Tat *als Spanier* untersucht werden. Vor diesem Hintergrund, der aus deutscher Sicht schon für sich genommen ein lohnenswerter Gegenstand weiterer ideengeschichtlicher Analyse wäre, wurde er zu einem der vielen politisierten und publizistisch hochaktiven Intellektuellen im Spanien der Vorbürgerkriegszeit, unter

---

1   Vgl. McInerney, *Novels of Madariaga* und Caminals Gost, *Madariaga*. Meine Arbeit versteht sich als den bislang zweiten substantiellen Beitrag zum politischen Denken Madariagas, für den ersten vgl. Alonso-Alegre, *Pensamiento político*.

denen er allerdings in mehrfacher Hinsicht herausstach. So war er einer von vergleichsweise wenigen Nichtjuristen innerhalb dieser Kaste, einer der wenigen auch, die schon lange vor dem in den späten dreißiger Jahren erzwungenen Exil freiwillig belastbare Wurzeln im Ausland geschlagen hatten.

Schließlich hat er sich immer, und zwar in beide Richtungen, vor allem als ein *Mittler* zwischen Spanien und der höchstmöglichen es umgreifenden territorialen Entität verstanden – was im ersten Teil seines politischen Lebens auf den Völkerbund und im (längeren) zweiten auf Europa hinauslief. Dabei folgte er jeweils einer Vision von Einheit in Freiheit. Solange es demokratisch war, wußte er daher Spanien für sein eigenes Interesse an einer verbesserten Welt einzusetzen, als es jedoch der Diktatur anheimfiel, hat er umgekehrt mit gleicher Entschiedenheit seinen eigenen internationalen Rang zu dessen Re-Demokratisierung eingebracht. So ist er im Rahmen seiner Völkerbundtätigkeit stets bestrebt gewesen, Spanien in Genf nicht nur als eigenständige Kraft zu positionieren, sondern Spanien *in seiner Person* als Kopf jener 'moralischen Acht' zu etablieren, zu der er auch Norwegen, Schweden, Dänemark, die Tschechoslowakei, Holland, Belgien und die Schweiz zählte, und hinter deren Position er zudem die Gruppe der lateinamerikanischen Mitglieder zu versammeln trachtete.

Kompromißlos und ohne Rücksicht auf die eigene Person trat er am Vorabend des Bürgerkrieges als ein Vertreter der in Spanien verschwindenden politischen Mitte mit scharfer Kritik an beiden Extrempositionen in Erscheinung und ging folgerichtig 1936 nicht nur ins Exil, sondern wurde dort rasch zum anerkannten (bzw. gefürchteten) Sprachrohr des 'dritten' Spanien. Es spricht für seine Konsequenz im Grundsätzlichen, daß er, trotz der in der Ferne unverändert emotionalen Beziehung zum Vaterland, ein Spanien unter Franco für ebenso wenig gemeinschaftstauglich hielt wie die Sowjetunion oder ihre Satelliten. Wie weit er diese Konsequenz auch in umgekehrter Richtung zu tragen bereit war, zeigt sich daran, daß er wegen dieser Überzeugung seine Zusammenarbeit mit der UNESCO beendete, als sich dort die Aufnahme Spaniens abzeichnete,[2] oder daß er im Zusammenhang mit dem von ihm befürchteten NATO-Beitritt Spaniens keinerlei Hemmungen hatte, Adenauer brieflich zu agitieren, es sei „mit dem grössten Bedauern, verehrter, lieber Herr Bundeskanzler, dass ich Ihnen versichern muss, dass Sie über diesen Aspekt der Dinge nicht richtig unterrichtet sind",[3] nachdem dieser ihn in der Frage hatte beruhigen wollen.

Inwiefern ist nun Madariaga in all dem heute noch von Interesse? Auf den vorangegangenen Seiten ist er vor allem als ein politischer Denker in den Blick genommen worden. Freilich ist dabei sein Wirken als ein politisch Handelnder nie ganz aus-

---

2   Vgl. Preston, *Quest for Liberty*, 25; ebenso in Madariaga, *Mi respuesta*, 8.
3   Brief vom 28-XII-1959; in: MALC 2:2.

geblendet gewesen, primär als eine Figur der Zeitgeschichte war er hier dennoch nicht Gegenstand der Untersuchung. Historische Arbeiten könnten überall dort anknüpfen, wo es hier bei der Andeutung von Zusammenhängen bleiben mußte, in denen er gleichsam *en passant* seine Spuren hinterlassen hat. Daß die heutige Europaflagge zumindest in ihrer farblichen Gestaltung auf ihn zurückgeht,[4] weiß heute kaum noch jemand; ebenso wohl auch nicht, daß er in Genf mit Außenminister Litwinow über die gegenseitige Anerkennung der Sowjetunion und der Spanischen Republik verhandelte und das entsprechende Abkommen unterzeichnete.[5] Die Begnadigung von General Sanjurjo 1934 hat (als Justizminister der Republik) ebenfalls er veranlaßt. Das wird heute auch in Spanien selten erwähnt, obwohl der Name Sanjurjo dort durchaus noch ein Begriff ist; immerhin hat nur dessen Flugzeugabsturz im Juli 1936 verhindert, daß er – und nicht Franco – die putschenden Generäle angeführt hätte. Vermutlich würden wir Madariaga sonst heute als Antisanjurjonisten und nicht als Antifranquisten kennen.

Das spezifisch politikwissenschaftliche Interesse an Madariaga leitet sich allerdings anders her. Allein in den beiden hier für zentral erklärten Aspekten seines politischen Denkens, also seinem Liberalismus und seinem Europäismus, hat er derart als Impulsgeber gewirkt, daß die geringe Beachtung, die er bis heute erfährt, auch aus außerspanischer Sicht eigentlich nicht nachvollziehbar ist. Zwar sind in der Arbeit mögliche Gründe stilistischer, editorischer und inhaltlicher Natur mit behandelt worden; all dies erklärt aber auch in der Summe nicht, warum eine systematische Auseinandersetzung mit seinem politischen Denken bislang fast vollständig unterblieben ist, zumal ein Großteil seiner Werke auch in englischer, französischer und deutscher Sprache geschrieben wurde oder doch zumindest in Übersetzung vorliegt.

Gerade weil die spanische Geistesgeschichte insgesamt von deutscher Seite bislang kaum befriedigend ausgeleuchtet wurde, ist Madariaga in vielem ein Glücksfall, kann er doch genau als jene Projektionsfläche dienen, als die er sich etwa in England selber sah. Dort hatte er es sich – nicht zuletzt auf seinem Lehrstuhl in Oxford – zur Aufgabe gemacht, der spanischen Kultur zu einem vertieften Verständnis jenseits der Pyrenäen zu verhelfen. Zwar war er in seiner frühen rezeptiven Prägung und in den Grundmustern seines Denkens zutiefst spanisch, doch konnte er sich wegen seiner Mehrsprachigkeit und im Ergebnis des sehr frühen Ganges ins Ausland von der rein spanischen Sicht auch lösen und hat immer versucht, sein Denken für beide Seiten nachvollziehbar darzulegen. Seine Weigerung, sich einer der für das spanische Denken prägenden Generationen zurechnen zu lassen, ist typisch, machte es aber für

---

4 Vgl. Markus Göldner, *Politische Symbole der europäischen Integration. Fahne, Hymne, Hauptstadt, Paß, Briefmarke, Auszeichnungen*, Frankfurt am Main 1988, 55-58.
5 Vgl. Madariaga, *Victors, beware*, 9.

ihn erforderlich, sich mit ihnen anders ins Verhältnis zu setzen. So gibt es zahlreiche Kritiken etwa der sogenannten 98er aus seiner Feder. Auf den zweiten Blick ist er allerdings – sei es wegen seiner Schulbildung, sei es wegen seiner Kontakte zur *Liga de Educación Política* Ortega y Gassets – sehr wohl ein Kind seiner Zeit und des Denkens um ihn herum gewesen. Beides hat diese Arbeit mit reflektiert, daher ist Madariaga, über die eigene Vita und das eigene Werk hinaus, stets auch als ein Vertreter des spanischen Denkens im frühen 20. Jahrhundert behandelt worden.

Der hier gewählte Zugang hat sich auch spezifisch für das *liberale* Denken Madariagas jenseits seiner Person auf das Spanien seiner Zeit ausweiten lassen. Sowohl die unmittelbaren als auch die weiter zurückliegenden historischen und gruppensoziologischen Rahmenbedingungen – also das Wirken des Krausismus und die nationale Katastrophe von 1898 einerseits; das Fehlen von Reformation und Verbürgerlichung, der Subjektivismus und Monarchismus der Spanier, sowie die traditionelle Rolle des Militärs in der spanischen Politik – ließen dort in der ersten Hälfte des 20. Jahrhunderts eine Variante liberalen Denkens entstehen, die so im europäischen Vergleich keine Entsprechung findet. Madariaga ist hier als einer ihrer vermutlich prototypischen Vertreter vorgestellt worden, dies in größerem Rahmen zu untersuchen, verspräche einigen Gewinn für die Liberalismusforschung.

Ähnlich gilt dies für den normativen Europäismus Madariagas. Zwar ist oben festgestellt worden, daß er selbst nicht für die großen konzeptionellen Schübe in der Entwicklung des Europadenkens gesorgt hat. Wohl aber stand er nach seiner Bekehrung zum Gesinnungs-Europäer als Intellektueller von Rang in engstem Kontakt mit jenen staatspolitischen Spitzen, die den Prozeß der europäischen Einigung maßgeblich vorantrieben, und er ist auch als vor allem passiv Aufnehmender punktuell durchaus zu bemerkenswerten Erkenntnissen gelangt. Sehr früh hat er, trotz seiner Skepsis hinsichtlich ihrer Realisierung, mit der Forderung nach echter Suprastaatlichkeit gedanklich ernst gemacht. Er war überzeugt, Europa werde erfolgreich nur als ein politisches Gebilde *sui generis* entstehen können, in dem das Ganze nicht nur mehr als die Summe seiner (politischen) Teile sein, sondern sich auch auf ein gelungenes Amalgam aller abendländischen Kulturbestanteile seiner Mitgliedsländer und auf deren unbedingten Willen zur Einheit stützen können müsse. Zwar hat er im Verlauf des Integrationsprozesses oft überzogen kritisch auf dessen vermeintlichen Mangel an Geschwindigkeit reagiert. Indem sich die Europäische Union allerdings heute, am vorübergehenden Ende eines zuerst und vor allem ökonomisch getriebenen Prozesses der Erweiterung angelangt, nunmehr vor die Aufgabe ihrer politischen (und durchaus auch identitären) Vertiefung gestellt sieht, wirkt das schon 1948 auf ein *Kultur*europa zielende Fiat Madariagas heute hellsichtiger denn je. Man darf spekulieren, daß er den gegenwärtig fortschreitenden Prozeß der europäischen Einigung, die Bemühungen um eine gemeinsame Verfassung, die Ausdehnung 'Europas' auf den Osten des Kontinents, aber auch die sich entwickelnde (multi-)kulturelle Identität der Europäer mit großem Wohlgefallen gesehen hätte.

Für sein (politisches) Europa-Engagement ist Madariaga mit dem Karlspreis eine Ehrung zuteil geworden, die ihn in diesem Feld jenseits allen Zweifels als eine anerkannte Autorität etabliert. Mit seinem politik*theoretischen* Gesamtwerk allerdings wird er es auch nach dieser Studie wohl nicht in den Kanon der Klassiker schaffen, weder in den des Liberalismus noch in den der Politikwissenschaft. Dazu ist er insgesamt zu unmethodisch und unsystematisch geblieben. Gesteht man ihm jedoch gemäß seinem eigenen Anspruch das Recht zu, die verschiedensten Dinge nur im Grundsätzlichen anzudenken und die konkrete Ausgestaltung dieser Denkanstöße dann seinem Leser zu überlassen, dann wird man ihm als einem Intellektuellen von äußerst wacher Intuition und hoher Originalität zumindest die eben schon angesprochene Hellsichtigkeit attestieren. Sowohl in seinen politischen, aber auch in seinen völkerpsychologischen und linguistischen Schriften ist er, gerade wegen seiner Theorieferne, mitunter zu höchst unorthodoxen Auffassungen gelangt, die oft als agitatorischer Stein des Anstoßes Wirkung entfaltet haben und die als Ergänzung oder Korrektiv zu Rate zu ziehen sich auch heute noch lohnt.

Jenseits genuin wissenschaftlicher Kriterien wird die Bewertung seines Schaffens sehr schnell zu einer Frage des Geschmacks. Von Beginn an spielen dabei spezifisch kulturelle Wahrnehmungsgewohnheiten eine Rolle. Im deutschen Kontext, und keineswegs nur im akademischen, würde das ihm zu Recht und auch von sich selbst zugewiesene Attribut des Vielschreibers sicher nicht die gleiche Anerkennung erfahren, wie dies oben im spanischen Kontext gezeigt wurde. Es ist bezeichnend für Madariaga (aber auch für nahezu alle spanische Literatur über ihn), daß er bei all seinem Philosophieren über das Gegen- bzw. Neben- oder Miteinander von Genie und Talent eine ebenso denkbare Dichotomie nie in den Blick bekam: die von Genie und Dilettantismus.

Will man diesbezüglich zu einer abschließenden Wertung gelangen, dann wird man mit einem in jedem Fall zu beginnen haben: ein Dilettant ist er in vielem in der Tat gewesen; für einen Autodidakten wäre alles andere auch mehr als überraschend. Man sollte sich in diesem Zusammenhang allerdings auch daran erinnern, daß der Begriff des Dilettantischen – ähnlich wie der des Naiven – auch im deutschen Sprachraum keineswegs immer so negativ besetzt war wie heute. Anstatt also die Frage zwischen Genie und Dilettant auch in ihrer heutigen Zuspitzung wertend zu beantworten, zieht sich diese Arbeit ohne jede Apodiktik darauf zurück, mit dem Bild von Madariaga als einem Universalintellektuellen zu schließen. Vielleicht sollte man sich gerade in diesem ersten und letzten Punkt von Madariagas eigenem Anspruch leiten lassen.

Die ideengeschichtliche Auseinandersetzung mit ihm als Gegenstand lohnt in jedem Fall; nur sollte man umgekehrt von seinem Denken keinen allzu großen Vortrieb für die Ideengeschichte erwarten. In diesem Sinne ist er zwar als ein Liberaler völlig richtig eingeordnet; noch besser verstanden wäre er aber als ein Freiheitskämpfer der ebenso brillanten wie scharfen und ausdauernden Feder.

Literaturverzeichnis

Primärquellen

Madariaga, Salvador de, Aims & Methods of a Chair of Spanish Studies. An inaugural lecture, delivered before the University of Oxford on 15 May 1928 by Salvador de Madariaga, King Alfonso XIII Professor of Spanish Studies, Oxford 1928.

Ders., Albert Camus, in: Cosas y gentes, Madrid 1980, 63–71.

Ders., Alejandro Lerroux, in: Españoles de mi tiempo, Barcelona 1974, 47–59.

Ders., Alfonso XIII, in: Españoles de mi tiempo, Barcelona 1974, 373–386.

Ders., El alzamiento de Budapest, in: General, ¡márchese usted! New York 1959, 222–224.

Ders., Americans, Freeport (N.Y.) 1968.

Ders., Anarchy or Hierarchy, London 1935.

Ders., De la angustia a la libertad / Memorias de un federalista, Madrid 1982.

Ders., Arceval y los ingleses, Madrid 1973.

Ders., Aristides Briand, in: Cosas y gentes, Madrid 1980, 51–61.

Ders., The Author as Citizen, in: Essays with a Purpose, London 1954, 33–42.

Ders., Das Banner des Westens ist die Freiheit. Vortrag vor dem Verband der Pfälzischen Industrie und der Vereinigung der Pfälzischen Arbeitgeberverbände am 11. April 1962 in Bad Dürkheim, Bad Dürkheim 1962.

Ders., Baroja, Unamuno y Maeztu, in: Obras escogidas. Ensayos, Buenos Aires 1972, 983–990.

Ders., De la belleza en la ciencia. Discurso leído el día 2 de mayo de 1976, en su recepción pública, por el Excmo. Sr. Don Salvador de Madariaga, y contestación del Excmo. Sr. Don Julián Marías, Madrid 1976.

Ders., Bildnis eines aufrecht stehenden Menschen, Berlin / München / Wien 1966.

Ders., Blindheit des Westens gegenüber der Sowjetunion, in: Rettet die Freiheit! Bern 1958, 76–79.

Ders., The Blowing up of the Parthenon, or How to Lose the Cold War, London 1960.

Ders., Bolívar, London 1952.

Ders. und Brailsford, Henry Noel, Can the League cope with Imperialism? A stenographic report of the 104th New York Luncheon Discussion, February 4, 1928 of the Foreign Policy Association, New York 1928.

Madariaga, Salvador de, Carlos V, Barcelona 1988.

Ders., El ciclo hispánico, Buenos Aires 1958.

Ders., Comentario amistoso, in: Mi respuesta. Artículos publicados en la revista 'Ibérica' (1954-1974), Selección y prólogo por Victoria Kent, Madrid 1982, 323–334.

Ders., Cómo nació el Consejo Federal Español del Movimiento Europeo, in: La Correspondencia [Revista de la Fundación Salvador de Madariaga], 3 1999:1, 106–107.

Ders., El comunismo y los intelectuales, in: A la orilla del río de los sucesos, Barcelona 1975, 126–133.

Ders., Confusión de confusiones, in: A la orilla del río de los sucesos, Barcelona 1975, 84–92.

Ders., Cortés. Eroberer Mexikos, Stuttgart 1956.

Ders., (ohne Titel), in: *Rinn, Hermann und Rychner, Max (Hrsg.)*, Dauer im Wandel. Festschrift zum 70. Geburtstag von Carl J. Burckhardt, München 1961, 240–241.

Ders., Democracy versus Liberty? The Faith of a Liberal Heretic, London 1958.

Ders., Dichtung und Wahrheit / Poetry and Truth / Poésie et Vérité, in: Europäische Hefte / Cahiers Européens / Notes from Europe, 1974:2, 4–15.

Ders., Dictaduras y eficacia política, in: Mi respuesta. Artículos publicados en la revista 'Ibérica' (1954-1974), Selección y prólogo por Victoria Kent, Madrid 1982, 83–88.

Madariaga, Salvador de, Disarmament, Port Washington (N.Y.) 1929.
Ders., Don Quijote, europeo, in: Cosas y gentes, Madrid 1980, 257–271.
Ders., Elegía en la muerte de Federico García Lorca, in: Españoles de mi tiempo, Barcelona 1974, 451–456.
Ders., Die elysischen Gefilde, Zürich / Stuttgart 1969.
Ders., Engländer – Franzosen – Spanier. Ein Vergleich, Stuttgart 1966.
Ders., Entrevista, in: Mi respuesta. Artículos publicados en la revista 'Ibérica' (1954-1974), Selección y prólogo por Victoria Kent, Madrid 1982, 209–216.
Ders., Die Erben der Conquistadoren. Das spanische Erbe in Amerika, Stuttgart 1964.
Ders., El escritor trilingüe, in: Cuadernos [del Congreso por la Libertad de la Cultura], 1956:21, 45–47.
Ders., Les Espagnols à Munich, in: Preuves, 1962:139, 77–81.
Ders., España. Ensayo de historia contemporánea, Madrid 1979.
Ders., Prólogo, in: Españoles de mi tiempo, Barcelona 1974.
Ders., Essays with a Purpose, London 1954.
Ders., Europa. Eine kulturelle Einheit, Brüssel 1952.
Ders., Europa entre el oso y el toro, in: Cosas y gentes, Madrid 1980, 415–422.
Ders., Europa und die liberalen Grundsätze, in: Rettet die Freiheit! Bern 1958, 232–236.
Ders., Francisco Largo Caballero, in: Españoles de mi tiempo, Barcelona 1974, 89–103.
Ders., Fünfzig Jahre Oktober-Revolution, in: Zuerst die Freiheit. Reden und Beiträge aus den Jahren 1960 bis 1973, Ludwigsburg [o.J.], 174–188.
Ders., Gedanken zum Kolonialismus, in: Weltpolitisches Kaleidoskop. Reden und Aufsätze, Zürich / Stuttgart 1965, 161–175.
Ders., La guerra desde Londres. Selección de artículos publicados en España, El Imparcial y La Publicidad, Prólogo de Luis Araquistain, Madrid 1918.
Ders., Guía del lector del 'Quijote'. Ensayo psicológico sobre el 'Quijote', Madrid 1987.
Ders., Half-a-century Survey, in: Essays with a Purpose, London 1954, 3–16.
Ders., Das Heer und die Nation. Ein Vortrag vor der Akademie 'Kontakte der Kontinente', St. Augustin 1966.
Ders., Das Herz von Jade, Bern / Stuttgart / Wien 1958.
Ders., Hindernisse der Integration, in: Rettet die Freiheit! Bern 1958, 165–168.
Ders., La que huele a tomillo y romero, Buenos Aires 1958.
Ders., 'Ibérica' a los veintiún años, in: Mi respuesta. Artículos publicados en la revista 'Ibérica' (1954-1974), Selección y prólogo por Victoria Kent, Madrid 1982, 343–347.
Ders., Ignacio Zuloaga, in: Españoles de mi tiempo, Barcelona 1974, 119–125.
Ders., The Impact of Shakespeare, in: Shakespeare-Jahrbuch, Heidelberg 1964, 83–91.
Ders., Imperialism – Pacifism – Police. The Choice before Great Britain, in: Service in Life and Work, 5 1936:20, 19–25.
Ders., Kolumbus. Leben, Taten und Zeit des Mannes, der mit seiner Entdeckung die Welt veränderte, Bern / München / Wien 1992.
Ders., (ohne Titel), in: Die Kraft zu leben. Bekenntnisse unserer Zeit, Gütersloh 1963, 115–124.
Ders., Die Krise des Liberalismus, in: Weltpolitisches Kaleidoskop. Reden und Aufsätze, Zürich / Stuttgart 1965, 197–208.
Ders., Die Krise des Liberalismus, in: Zuerst die Freiheit. Reden und Beiträge aus den Jahren 1960 bis 1973, Ludwigsburg [o.J.], 254–265.
Ders., El liberalismo de hoy, in: Cosas y gentes, Madrid 1980, 331–335.
Ders., La libertad de prensa, in: A la orilla del río de los sucesos, Barcelona 1975, 134–142.
Ders., Lost: An Ambassador, in: The North American Review (New Series), 1 1964:1, 53–55.
Ders., El mandador, in: Mi respuesta. Artículos publicados en la revista 'Ibérica' (1954-1974), Selección y prólogo por Victoria Kent, Madrid 1982, 335–342.

Ders., Mando personal, in: Mi respuesta. Artículos publicados en la revista 'Ibérica' (1954-1974), Selección y prólogo por Victoria Kent, Madrid 1982, 137–141.
Ders., El marqués de Merry del Val, in: Españoles de mi tiempo, Barcelona 1974, 37–45.
Ders., La Medicina, in: A la orilla del río de los sucesos, Barcelona 1975, 160–179.
Ders., Memorias (1921-1936). Amanecer sin mediodía, Madrid 1981.
Ders., Menéndez Pidal, in: Españoles de mi tiempo, Barcelona 1974, 81–87.
Ders., Mi respuesta. Artículos publicados en la revista 'Ibérica' (1954-1974), Selección y prólogo por Victoria Kent, Madrid 1982.
Ders., Monarchen kommen und gehen, in: Aktueller denn je. 30 Aufsätze zu weltpolitischen Fragen der Jahre 1971 bis 1974, Zürich 1980, 28–29.
Ders., Morgen ohne Mittag. Erinnerungen 1921-1936, Frankfurt am Main / Berlin 1972.
Ders., Morning without Noon. Memoirs, Farnborough (Hampshire) 1973.
Ders., Le mystère de la Mappemonde et du Papemonde, London 1966.
Ders., National Sovereignty, in: *Samuel, Viscount (Hrsg.)*, Spires of Liberty, London 1948, 46–54.
Ders., Nations and the Moral Law, in: The North American Review (New Series), 1 1964:1, 55–59 und 70.
Ders., The Nordic Myth, in: Americans, Freeport (N.Y.) 1968, 95–105.
Ders., Nota sobre Ortega, in: Sur. Revista bimestral, 7-8 1956:241, 13–15.
Ders., Obra poética, Barcelona 1976.
Ders., A la orilla del río de los sucesos, in: A la orilla del río de los sucesos, Barcelona 1975, 5–7.
Ders., Our muddling world. The United States of Europe, in: The Forum [New York], 82 1930:1, 19–23.
Ders., Die Parteien des Kalten Krieges, in: Die freie Welt im Kalten Krieg, Geleitwort von Albert Hunold, Erlenbach-Zürich / Stuttgart 1955, 111–140.
Ders., Paul Valéry (El pensamiento desnudo / Entre orgullo y vanidad), in: Cosas y gentes, Madrid 1980, 355–370.
Ders., Porträt Europas, Stuttgart 1952.
Ders., Prämissen der Abrüstung, in: Weltpolitisches Kaleidoskop. Reden und Aufsätze, Zürich / Stuttgart 1965, 191–195.
Ders., Premio Carlomagno 1973, in: La Correspondencia [Revista de la Fundación Salvador de Madariaga], 2 1998:2, 95–102.
Ders., The Price of Peace. Given under the auspices of the Dunford House (Cobden Memorial) Association in London, on 8th May, 1935, London 1935.
Ders., Primer capítulo de un libro no escrito, in: *Albarracín Teulún, Agustín (Hrsg.)*, Homenaje a Xavier Zubiri, Madrid 1970, 267–274.
Ders., Psychological Factors in International Relations, in: Theory and Practice in International Relations, London 1937, 21–42.
Ders., Quien al cielo escupe..., in: Mi respuesta. Artículos publicados en la revista 'Ibérica' (1954-1974), Selección y prólogo por Victoria Kent, Madrid 1982, 131–135.
Ders., Ramón Menéndez Pidal, in: Españoles de mi tiempo, Barcelona 1974, 81–87.
Ders., Raymond Poincaré (1860-1934), in: Cosas y gentes, Madrid 1980, 247–255.
Ders., Rechte des Menschen oder menschliche Beziehungen? in: Um die Erklärung der Menschenrechte. Ein Symposion. Mit einer Einführung von Jacques Maritain, Zürich / Wien / Konstanz 1951, 62–70.
Ders., Reflexiones políticas, o.O. [o.J.].
Ders., Las relaciones culturales entre Europa y América, in: Cuadernos [del Congreso por la Libertad de la Cultura], 1 1953, 14–17.
Ders., Relato. Niñez Coruñesa, in: Revista del Instituto 'José Cornide' de Estudios Coruñeses, 11 1966:2, 9–17.
Ders., Rettet die Freiheit! Bern 1958.

Madariaga, Salvador de, Rettet die Freiheit – aber wie? in: Kampf um die Freiheit im XX. Jahrhundert. Über die Koexistenz in einer dreigeteilten Welt, II. Jahreskongress des Komitees 'Rettet die Freiheit', Frankfurt am Main 1960, 3–9.

Ders., Schlacht um England, in: Aktueller denn je. 30 Aufsätze zu weltpolitischen Ereignissen der Jahre 1971 bis 1974, Zürich 1980, 37–38.

Ders., Schwächezeichen im Westen, in: Rettet die Freiheit! Bern 1958, 117–120.

Ders., El sentido de la diversidad, o.O. 1970-78.

Ders., Ser o no ser, in: Revista de Occidente, 2/3 1973:119/120, 143–147.

Ders., Simon Bolivar. Der Befreier Spanisch-Amerikas. Mit einem einleitenden Essay von Golo Mann, Zürich 1986.

Ders., Sobre Hamlet, in: A la orilla del río de los sucesos, Barcelona 1975, 58–65.

Ders., Sobre la realidad de los caracteres nacionales, in: Revista de Occidente, 2 1964:16, 1–13.

Ders., Spain and the Jews [= The Lucien Wolf Memorial Lecture, 1946], London 1946.

Ders., Spain: The Politics, in: The Atlantic Monthly, 159 1937:3, 364–367.

Ders., Spanien. Land, Volk und Geschichte, München 1979.

Ders., Ein Strauß von Irrtümern. Roman, Frankfurt am Main / Hamburg 1960.

Ders., Streit im Rettungsboot, in: Rettet die Freiheit! Bern 1958, 88–91.

Ders., Studenten von vorgestern, in: Zuerst die Freiheit. Reden und Beiträge aus den Jahren 1960 bis 1973, Ludwigsburg [o.J.], 287–292.

Ders., Theory and Practice in International Relations, London 1937.

Ders., ¿Toca Europa a su fin? in: Cuadernos [del Congreso por la Libertad de la Cultura], 9 1954, 3–6.

Ders., Toward the United States of Europe, in: Orbis, 6 1962:3, 422–434.

Ders., Über die Freiheit, Bern 1970.

Ders., Über die Freiheit, in: Zuerst die Freiheit. Reden und Beiträge aus den Jahren 1960 bis 1973, Ludwigsburg [o.J.], 18–35.

Ders., Über die Heilkunde, in: Zeitschrift für Klassische Homöopathie, 10 1966:3, 97–105.

Ders., Das ungleiche Tauziehen, in: Zuerst die Freiheit. Reden und Beiträge aus den Jahren 1960 bis 1973, Ludwigsburg [o.J.], 55–59.

Ders., The United States of Europe, in: Americans, Freeport (N.Y.) 1968, 115–126.

Ders., Victors, beware, London 1946.

Ders., Von der Angst zur Freiheit. Bekenntnisse eines revolutionären Liberalen, Bern / Stuttgart / Wien 1959.

Ders., Was ist Europa? in: Weltpolitisches Kaleidoskop. Reden und Aufsätze, Zürich / Stuttgart 1965, 125–129.

Ders., Weltpolitisches Kaleidoskop. Reden und Aufsätze, Zürich / Stuttgart 1965.

Ders., Wer rettet die Freie Welt? in: Weltpolitisches Kaleidoskop. Reden und Aufsätze, Zürich / Stuttgart 1965, 67–71.

Ders., Wilson and the Dream of Reason, in: The Virginia Quarterly Review, 32 1956, 594–597.

Ders., Winston Churchill als Staatsmann und als Engländer, in: Rettet die Freiheit! Bern 1958, 197–200.

Ders., The World's Design, London 1938.

Ders., Yo-yo y yo-él, Buenos Aires 1967.

Ders., Zuerst die Freiheit. Ein Selbstinterview, in: Zuerst die Freiheit. Reden und Beiträge aus den Jahren 1960 bis 1973, Ludwigsburg [o.J.], 13–17.

Sekundärliteratur

Die Beschlüsse des Kongresses der 'Union Européenne des Federalistes', Montreux, 27.-31. August 1947, in: Die Friedenswarte, 47 1947:4/5, 318–324.

Art. 'Krausismus', in: *Klaus, Georg und Buhr, Manfred (Hrsg.)*, Philosophisches Wörterbuch. Band 1, Leipzig 1976, 667–675.

Revista del Instituto 'José Cornide' de Estudios Coruñeses 13-16 1977-1980.

Curriculums, in: *Molina, César Antonio (Hrsg.)*, Salvador de Madariaga (1886-1986). Libro homenaje, La Coruña 1986, 669–674.

Revista del Instituto 'José Cornide' de Estudios Coruñeses 25 1989-1990.

Congress of Europe / Congrès de l'Europe. The Hague, 7-11 May 1948 / La Haye, 7-11 mai 1948, Strasbourg 1999.

Aita, Antonio, Un espíritu europeo. Salvador de Madariaga, in: Nosotros [Buenos Aires], 27 1933:80, 62–69.

Alonso, Dámaso, Salvador de Madariaga, poeta, in: *Molina, César Antonio (Hrsg.)*, Salvador de Madariaga (1886-1986). Libro homenaje, La Coruña 1986, 221–231.

Alonso-Alegre, Sara, El pensamiento político de Salvador de Madariaga, Univ. Diss., Universidad Complutense, Madrid 2002.

Anderson, Benedict, Imagined Communities. Reflections on the Origin and Spread of Nationalism, London 1983.

Anes, Gonzalo, Madariaga, historiador, in: La Correspondencia [Revista de la Fundación Salvador de Madariaga], 2 1998:2, 9–16.

Araquistáin, Luis, Prólogo, in: *Madariaga, Salvador de (Hrsg.)*, La guerra desde Londres, Madrid 1918.

Aschheim, Steven E., Nietzsche und die Deutschen. Karriere eines Kults, Stuttgart / Weimar 2000.

Assmann, Jan, Kollektives Gedächtnis und kulturelle Identität, in: *Ders. und Hölscher, Tonio (Hrsg.)*, Kultur und Gedächtnis, Frankfurt am Main 1988, 9–19.

Barga, Corpus, Los tes de Madariaga, in: *Molina, César Antonio (Hrsg.)*, Salvador de Madariaga (1886-1986). Libro homenaje, La Coruña 1986, 459–471.

Beckerath, Herbert von, [Besprechung von] Salvador de Madariaga: Spanien, Stuttgart 1930, in: Schmollers Jahrbuch, 55 1931:1, 364–368.

Belaunde, Victor Andrés et al., Estudios sobre el 'Bolívar' de Madariaga, Caracas 1967.

Benítez, Rubén, Madariaga e hispanoamérica, in: *Johnson, Roberta und Smith, Paul C. (Hrsg.)*, Studies in Honor of José Rubia Barcia, [o.O.] 1982, 27–38.

Bergsträsser, Arnold, Staat und Wirtschaft Frankreichs, Stuttgart / Berlin 1930.

Berlin, Isaiah, Two Concepts of Liberty, in: *Ders. (Hrsg.)*, Four Essays on Liberty, Oxford / New York 1997, 118–172.

Bernecker, Walther L., Spaniens Geschichte seit dem Bürgerkrieg, München 1988.

Ders. und Pietschmann, Horst, Geschichte Spaniens. Von der frühen Neuzeit bis zur Gegenwart, Stuttgart / Berlin / Köln 1993.

Bertram, Georg F., Hermeneutik und Dekonstruktion. Konturen einer Auseinandersetzung der Gegenwartsphilosophie, München 2002.

Borrás, Angel A., The Synthetic Vision of Salvador de Madariaga, in: Revista del Instituto 'José Cornide' de Estudios Coruñeses, 12 1976, 87–95.

Bracher, Karl Dietrich, Wendezeiten der Geschichte. Historisch-politische Essays 1987-1992, Stuttgart 1992.

Braudel, Fernand, La Méditerranée et le monde méditerranéen à l'époque de Philippe II, Paris 1982.

Bretscher, Willi, Geleitwort, in: Madariaga, Salvador de: Rettet die Freiheit! Bern 1958, 9–12.

Ders., Salvador de Madariaga as a Political Journalist, in: *Brugmans, Henri und Martínez Nadal, Rafael (Hrsg.)*, Liber Amicorum. Salvador de Madariaga, Recueil d'études et de témoignages édité à l'occasion de son quatre-vingtième anniversaire, Brügge 1966, 85–88.

Briesemeister, Dietrich, Die Iberische Halbinsel und Europa. Ein kulturhistorischer Rückblick, in: APuZ, B 8 1986, 13–27.

Brugmans, Henri und Martínez Nadal, Rafael (Hrsg.), Liber amicorum. Salvador de Madariaga, Recueil d'études et de témoignages édité à l'occasion de son quatre-vingtième anniversaire, Bruges 1966.

Bullock, Alan und Shock, Maurice, Englands liberale Tradition, in: *Gall, Lothar (Hrsg.)*, Liberalismus, Königstein (Ts.) 1980, 254–282.

Caminals Gost, Roser, Salvador de Madariaga and National Character, Univ. Diss., Barcelona 1988.

Campioni, Guiliano, Art. 'Aristokratie', in: Nietzsche-Handbuch. Leben – Werk – Wirkung, Stuttgart / Weimar 2000, 193.

Camus, Albert, Homenaje a Salvador de Madariaga, in: Cuadernos [del Congreso por la Libertad de la Cultura], 1961:52, 2.

Ders., Le parti de la Liberté. Hommage à Salvador de Madariaga, in: *Brugmans, Henri und Martínez Nadal, Rafael (Hrsg.)*, Liber Amicorum. Salvador de Madariaga, Recueil d'études et de témoignages édité à l'occasion de son quatre-vingtième anniversaire, Brügge 1966, 21–27.

Ders., El partido de la libertad, in: *Molina, César Antonio (Hrsg.)*, Salvador de Madariaga (1886-1986). Libro homenaje, La Coruña 1986, 489–492.

Cangiotti, Gualtiero, Un testimone della 'Libertá rivoluzionaria': Salvador de Madariaga (Tra cronaca e critica), Bologna 1980.

Cervantes Saavedra, Miguel de, Don Quijote, Hamburg / Berlin 1957.

Ders., Don Quijote de la Mancha. Prólogo y notas de Salvador de Madariaga, Buenos Aires 1962.

Charle, Christophe, Vordenker der Moderne. Die Intellektuellen im 19. Jahrhundert, Frankfurt am Main 1997.

Chueca Goitia, Fernando, Madariaga y el sentido de la diversidad, in: *Fundación Salvador de Madariaga (Hrsg.)*, Madariaga: el sentido de la diversidad, o.O. [o.J.], 17–21.

Cierva, Ricardo de la, Historia total de España. Del hombre de Altamira al rey Juan Carlos. Lecciones amenas de historia profunda, Toledo 1999.

Coudenhove-Kalergi, Richard, Paneuropa, Wien / Leipzig 1926.

Ders., Eine Idee erobert Europa. Meine Lebenserinnerungen, Wien / München / Basel 1958.

Cranston, Maurice, Art. 'Liberalism', in: *Edwards, Paul (Hrsg.)*, The Encyclopedia of Philosophy. Vol. 3, New York 1996, 458–461.

Curtius, Ernst Robert, Die französische Kultur. Eine Einführung, Stuttgart / Berlin 1930.

Díaz, Elías, La filosofía social del krausismo español, Madrid 1973.

Ders., Intellektuelle unter Franco. Eine Geschichte des spanischen Denkens von 1939-1975, Frankfurt am Main 1991.

Dibelius, Wilhelm, England, Stuttgart u.a. 1923.

Dierksmeier, Claus, Der absolute Grund des Rechts, Stuttgart-Bad Cannstatt 2003.

Duclert, Vincent, Die Dreyfus-Affäre. Militärwahn, Republikfeindschaft, Judenhaß, Berlin 1994.

Durán, José Antonio, Historia gallega de un universalista trotamundos, in: *Molina, César Antonio (Hrsg.)*, Salvador de Madariaga (1886-1986). Libro homenaje, La Coruña 1986, 83–85.

Earle, Peter G., Unamuno and the Theme of History, in: Hispanic Review, 32 1964, 319–339.

Enterría, Eduardo García de, Madariaga y los derechos humanos, in: La Correspondencia [Revista de la Fundación Salvador de Madariaga], 2 1998:2, 17–21.

Euchner, Walter, John Locke, in: *Maier, Hans Rausch Heinz Denzer Horst (Hrsg.)*, Klassiker des politischen Denkens, Bd. 2: Von Locke bis Max Weber, München 1987, 9–26.

Fernández Santander, Carlos, Madariaga. Ciudadano del mundo, Prólogo por Augusto Assía, Madrid 1991.

Ferreiro Alemparte, Jaime, Aufnahme der deutschen Kultur in Spanien. Der Krausismo als Höhepunkt und sein Weiterwirken durch die Institución Libre de Enseñanza, in: *Kodalle, Klaus-M. (Hrsg.)*, Karl Christian Friedrich Krause (1781-1832). Studien zu seiner Philosophie und zum Krausismo, Hamburg 1985, 135–151.

Flasch, Kurt, Das philosophische Denken im Mittelalter. Von Augustin zu Machiavelli, Stuttgart 2000.

Flasche, Hans, Studie zu K. Chr. F. Krauses Philosophie in Spanien, in: Deutsche Vierteljahresschrift für Literaturwissenschaft und Geistesgeschichte, 14 1936, 382–397.

Foerster, Rolf Hellmut, Europa. Geschichte einer politischen Idee, mit einer Bibliographie von 182 Einigungsplänen aus den Jahren 1306 bis 1945, München 1967.

Franzbach, Martin, Geschichte der spanischen Literatur, Stuttgart 1993.

Frevert, Ute, Eurovisionen. Ansichten guter Europäer im 19. und 20. Jahrhundert, Frankfurt am Main 2003.

Frommelt, Reinhard, Paneuropa oder Mitteleuropa. Einigungsbestrebungen im Kalkül deutscher Wirtschaft und Politik 1925-1933, Stuttgart 1977.

Frosini, Vittorio, Portrait of Salvador de Madariaga, in: *Brugmans, Henri und Martínez Nadal, Rafael (Hrsg.)*, Liber Amicorum. Salvador de Madariaga, Recueil d'études et de témoignages édité à l'occasion de son quatre-vingtième anniversaire, Brügge 1966, 97–106.

Gall, Lothar, Art. 'Liberalismus', in: Staatslexikon. Recht – Wirtschaft – Gesellschaft, hrsg. von der Görres-Gesellschaft, Bd. 3, Freiburg / Basel / Wien 1995, 916–921.

Galtung, Johan, Struktur, Kultur und intellektueller Stil. Ein vergleichender Essay über sachsonische, teutonische, gallische und nipponische Wissenschaft, in: *Wierlacher, Alois (Hrsg.)*, Das Fremde und das Eigene. Prolegomena zu einer interkulturellen Germanistik, München 1985, 151–193.

Ganivet, Ángel und Unamuno, Miguel de, El porvenir de España, in: *Inman Fox, E. (Hrsg.)*, Ángel Ganivet. Idearium Español, con El porvenir de España, Madrid 1990, 179–237.

García Valdecasas, Alfonso, El carácter español en la obra de Salvador de Madariaga, in: Revista del Instituto 'José Cornide' de Estudios Coruñeses, 12 1976, 123–136.

Garian, Pat, Europas zorniger alter Mann. Gespräch mit Salvador de Madariaga, Braunschweig [o.J.].

Gasset, José Ortega y, Der Aufstand der Massen, Stuttgart 1949.

Ders., Vieja y nueva política, in: Vieja y nueva política, Madrid 1963, 13–63.

Ders., Prospecto de la 'Liga de educación política española' [1914], in: Vieja y nueva política, Madrid 1963, 65–76.

Gide, Charles, Political Economy, authorized translation from the third edition of the 'cours d'economie politique'. Under the dir. of William Smart by Constance H. M. Archibald, London 1920.

Göhler, Gerhard, Konservatismus im 19. Jahrhundert – eine Einführung, in: *Heidenreich, Bernd (Hrsg.)*, Politische Theorien des 19. Jahrhunderts. Konservatismus, Liberalismus, Sozialismus, Berlin 2002, 19–23.

Göldner, Markus, Politische Symbole der europäischen Integration. Fahne, Hymne, Hauptstadt, Paß, Briefmarke, Auszeichnungen, Frankfurt am Main 1988.

González Cuevas, Pedro Carlos, Salvador de Madariaga. Pensador político, in: Revista de Estudios Políticos (Nueva Epoca), 1989:66, 145–181.

Gorkin, Julián, Salvador de Madariaga y la integración democrática española, in: Cuadernos [del Congreso por la Libertad de la Cultura], 1961:52, 3–7.

Ders., Nuestro más auténtico Español universal, in: *Brugmans, Henri und Martínez Nadal, Rafael (Hrsg.)*, Liber Amicorum. Salvador de Madariaga, Recueil d'études et de témoignages édité à l'occasion de son quatre-vingtième anniversaire, Brügge 1966, 89–95.

Grondona, Adela, '¿Por qué escribe usted?'. Contesta Salvador de Madariaga, in: Ficción. Revistalibro bimestral [Buenos Aires], 40 1962:8, 56–59.

Gumbrecht, H. U., Art. 'Krausismo', in: *Klaus, Georg et al. (Hrsg.)*, Historisches Wörterbuch der Philosophie. Band 4, Basel / Stuttgart 1976, 1190–1193.

Halbwachs, Maurice, Das Gedächtnis und seine sozialen Beziehungen, Berlin / Neuwied 1966.

Ders., Das kollektive Gedächtnis, Frankfurt am Main 1985.

Hamilton, Alexander, Madison, James und Jay, John, Die Federalist-Artikel. Politische Theorie und Verfassungskommentar der amerikanischen Gründerväter, Paderborn u.a. 1994.

Heine, Hartmut, Geschichte Spaniens in der frühen Neuzeit 1400-1800, München 1984.

Hick, Alan, Die Union Europäischer Föderalisten (UEF), in: *Loth, Wilfried (Hrsg.)*, Die Anfänge der europäischen Integration 1945-1950, Bonn 1990, 189-196.

Hobbes, Thomas, Vom Menschen. Vom Bürger, Elemente der Philosophie II / III, eingel. und hrsg. von Günter Gawlick, Hamburg 1994.

Ders., Leviathan oder Stoff, Form und Gewalt eines kirchlichen und bürgerlichen Staates, hrsg. und eingel. von Iring Fetscher, Frankfurt am Main 1996.

Hobhouse, Leonard T., Liberalism and Other Writings, ed. by James Meadowcroft, Cambridge 1994.

Höffe, Otfried, Ethik und Politik. Grundmodelle und -probleme der praktischen Philosophie, Frankfurt am Main 1992.

Horsfall Carter, W., Don Salvador: A European with a Difference, in: *Brugmans, Henri und Martínez Nadal, Rafael (Hrsg.)*, Liber Amicorum. Salvador de Madariaga, Recueil d'études et de témoignages édité à l'occasion de son quatre-vingtième anniversaire, Brügge 1966, 51-55.

Hübinger, Gangolf, Hochindustrialisierung und die Kulturwerte des deutschen Liberalismus, in: *Langewiesche, Dieter (Hrsg.)*, Liberalismus im 19. Jahrhundert. Deutschland im europäischen Vergleich, Göttingen 1988, 193-208.

Huntington, Samuel P., The Clash of Civilizations and the remaking of world order, New York 1996.

Hurtwood, Allen of et al., The World Foundation, New York / London 1937.

Jackson, Gabriel, Annäherung an Spanien (1898-1975), Frankfurt am Main 1982.

Joll, James, The Anarchists, New York 1966.

Kahan, Alan S., Aristocratic Liberalism. The Social and Political Thought of Jacob Burckhardt, John Stuart Mill, and Alexis de Tocqueville, New York / Oxford 1992.

Kant, Immanuel, Zum ewigen Frieden. Ein philosophischer Entwurf, Stuttgart 1995.

Keller, Thomas, Deutsch-französische Dritte-Weg-Diskurse. Personalistische Intellektuellendebatten der Zwischenkriegszeit, München 2001.

Kern, Walter und Hofmann, Hasso, Art. 'Person', in: Staatslexikon. Recht – Wirtschaft – Gesellschaft, hrsg. von der Görres-Gesellschaft, Bd. 4, Freiburg / Basel / Wien 1995, 330-331.

Kodalle, Klaus-M. (Hrsg.), Karl Christian Friedrich Krause (1781-1832). Studien zu seiner Philosophie und zum Krausismo, Hamburg 1985.

Kozljanič, Robert Josef, Lebensphilosophie. Eine Einführung, Stuttgart 2004.

Krauss, Werner, Spanien 1900-1965. Beitrag zu einer modernen Ideologiegeschichte, Berlin 1972.

Krings, Hermann, Art. 'Freiheit', in: Staatslexikon. Recht – Wirtschaft – Gesellschaft, hrsg. von der Görres-Gesellschaft, Bd. 2, Freiburg / Basel / Wien 1995, 697-701.

Kuhn, Thomas S., The Structure of Scientific Revolutions, Chicago 1962.

Ders., The Essential Tension. Selected Studies in Scientific Tradition and Change, Chicago 1977.

Lara, Manuel Tuñon de, Medio siglo de cultura española (1885-1936), Madrid 1973.

Leonhard, Jörn, '1789 fait la ligne de démarcation' – Von den napoleonischen *idées libérales* zum ideologischen Richtungsbegriff *libéralisme* in Frankreich bis 1850, in: *Bublies-Godau, Birgit (Hrsg.)*, Jahrbuch zur Liberalismusforschung 11/1999, Baden-Baden 1999, 67-105.

Lincoln, Abraham, Gettysburg Address (1863), in: *Urofsky, Melvin I. (Hrsg.)*, Basic Readings in U.S. Democracy, Washington D.C. 1994, 163.

Lipgens, Walter, Europa-Föderationspläne der Widerstandsbewegungen 1940-1945. Eine Dokumentation, München 1968.

Ders., Die europäische Integration, Stuttgart 1972.

Ders., Die Anfänge der europäischen Einigungspolitik 1945-1950. Erster Teil: 1945-1947, Stuttgart 1977.

Ders., 45 Jahre Ringen um die Europäische Verfassung: Dokumente 1939-1984. Von den Schriften der Widerstandsbewegung bis zum Vertragsentwurf des Europäischen Parlaments, Bonn 1986.

Llano, Genoveva García Queipo de, Madariaga y Primo de Rivera: Los temas de un intelectual durante la dictadura, in: *Molina, César Antonio (Hrsg.)*, Salvador de Madariaga (1886-1986). Libro homenaje, La Coruña 1986, 75–82.

Ders., Los intelectuales y la dictadura de Primo de Rivera, Madrid 1988.

Löbig, Michael, Persönlichkeit, Gesellschaft und Staat. Idealistische Voraussetzungen der Theorie Lorenz von Steins, Würzburg 2004.

López-Morillas, José, El krausismo español: pérfil de una aventura intelectual, México 1956.

López Prado, Antonio, Salvador de Madariaga y su ascendencia militar, in: *Molina, César Antonio (Hrsg.)*, Salvador de Madariaga (1886-1986). Libro homenaje, La Coruña 1986, 545–554.

Ders., Síntesis biográfica de Salvador de Madariaga, La Coruña 1993.

Loth, Wilfried (Hrsg.), Die Anfänge der europäischen Integration 1939-1957, Göttingen 1991.

Ders., Der Weg nach Europa: Geschichte der europäischen Integration 1939-1957, Göttingen 1991.

Madariaga, Isabel de, Salvador de Madariaga et le Foreign Office. Un episode d'histoire diplomatique, in: Revista de Estudios Internacionales, 4 1983:2, 229–257.

Madariaga, Nieves de, Sobre Salvador de Madariaga: Paseos con mi padre, in: Cuenta y Razón, 1987:26, 5–17.

Maeztu, Ramiro de, Authority, Liberty and Function in the Light of the War. A critique of authority and liberty as the foundations of the modern state and an attempt to base societies on the principle of function, London / New York 1916.

Malagodi, Giovanni, Madariaga le Libéral, in: *Brugmans, Henri und Martínez Nadal, Rafael (Hrsg.)*, Liber Amicorum. Salvador de Madariaga, Recueil d'études et de témoignages édité à l'occasion de son quatre-vingtième anniversaire, Brügge 1966, 73–83.

Mann, Thomas, Tagebücher 1933-1934, Frankfurt am Main 1977.

Ders., Tagebücher 1935-1936, Frankfurt am Main 1978.

Ders., Deutsche Hörer! Radiosendungen nach Deutschland aus den Jahren 1940 bis 1945, Frankfurt am Main 1987.

Mannheim, Karl, Konservatismus. Ein Beitrag zur Soziologie des Wissens, Frankfurt am Main 1984.

Marías, Julián, Contestación, in: *Madariaga, Salvador de (Hrsg.)*, Madariaga, Salvador de: De la belleza en la ciencia. Discurso leido el día 2 de mayo de 1976, Madrid 1976, 23–32.

Ders., Salvador de Madariaga (1886-1978), in: Revista del Instituto 'José Cornide' de Estudios Coruñeses, 13-16 1977-1980, 37–42.

Martínez Barbeito, Carlos, El Archivo Madariaga en La Coruña, in: Revista del Instituto 'José Cornide' de Estudios Coruñeses, 22 1986, 177–193.

McInerney, Francis W., The Novels of Salvador de Madariaga, Univ. Diss., University of Nebraska, Lincoln 1970.

Mendizábal, Alfredo, Una actuación mal conocida, in: *Molina, César Antonio (Hrsg.)*, Salvador de Madariaga (1886-1986). Libro homenaje, La Coruña 1986, 495–499.

Menéndez Pidal, Ramón, El padre Las Casas. Su doble personalidad, Madrid 1963.

Mijares, Augusto, El contubernio y el manantial. El odio de Madariaga a Bolívar, in: Revista de la Sociedad Bolivariana de Venezuela, 16 1956:51, 179–182.

Molina, César Antonio (Hrsg.), Salvador de Madariaga (1886-1986). Libro homenaje, La Coruña 1986.

Montalbán, Manuel Vázquez, Autobiografía del general Franco, Barcelona 1993.

Mora, G. Fernández de la, El organicismo krausista, in: Revista de Estudios Políticos (Nueva época), 22 1981, 99–184.

Morales Lezcano, Victor, Salvador de Madariaga y „The New Europe" (Le journaliste comme historien du présent), in: *Molina, César Antonio (Hrsg.)*, Salvador de Madariaga (1886-1986). Libro homenaje, La Coruña 1986, 379–386.

Neuschäfer, Hans-Jörg, Vom Krausismus zur Generation von 98. Die Auseinandersetzung um die Erneuerung Spaniens, in: *Baum, Richard u. a. (Hrsg.)*, Lingua et Traditio. Geschichte der Sprachwissenschaft und der neueren Philologien. Festschrift für Hans Helmut Christmann zum 65. Geburtstag, Tübingen 1994, 279–286.

Niess, Frank, Die europäische Idee. Aus dem Geist des Widerstands, Frankfurt am Main 2001.

Nitzsche, Thomas, Nietzsche-Stadt Weimar? in: *Dicke, Klaus und Dreyer, Michael (Hrsg.)*, Weimar als politische Kulturstadt. Ein historisch-politischer Stadtführer, Jena 2006, 121–131.

Nora, Eugenio García de, La novela española contemporánea, Band II: 1927-1939, Madrid 1968.

Olivié, Fernando, La herencia de un imperio roto. Dos siglos de política exterior española, Madrid 1999.

Onís, Federico de, Antología de la poesía española e hispanoamericana (1882-1932), Madrid 1934.

Palacios, Julio, La axiomática relativista, in: *Brugmans, Henri und Martínez Nadal, Rafael (Hrsg.)*, Liber Amicorum. Salvador de Madariaga, Recueil d'études et de témoignages édité à l'occasion de son quatre-vingtième anniversaire, Brügge 1966, 225–238.

Pike, Fredrick B., Hispanismo, 1898-1936. Spanish Conservatives and Liberals and their Relations with Spanish America, Notre Dame (Indiana) / London 1971.

Poincaré, Jules Henri, Wissenschaft und Hypothese, autorisierte deutsche Ausgabe mit erläuternden Anmerkungen von F. und L. Lindemann, Leipzig 1906.

Preston, Paul, Salvador de Madariaga and the Quest for Liberty in Spain, Oxford 1987.

Ders., Salvador de Madariaga. Un Quijote en la política, in: Las tres Españas del 36, Barcelona 1998, 177–207.

Puhle, Hans-Jürgen et al., Art. 'Konservatismus', in: *Fetscher, Iring und Münkler, Herfried (Hrsg.)*, Pipers Handbuch der politischen Ideen, Bd. 4, München / Zürich 1986, 277–286.

Ramoneda, Arturo, El teatro de Salvador de Madariaga, in: *Molina, César Antonio (Hrsg.)*, Salvador de Madariaga (1886-1986). Libro homenaje, La Coruña 1986, 251–286.

Rehrmann, Norbert, Spanien, Europa und Lateinamerika. Zur Geschichte legendärer Kulturbeziehungen, in: Prokla, 75 1989, 109–131.

Ders., Geschichte als nationale Erbauung? Entdeckung & Eroberung Lateinamerikas im Werk von Salvador de Madariaga, Kassel 1990.

Reiss, Hans, Politisches Denken in der deutschen Romantik, Bern / München 1966.

Remme, Irmgard, Paul-Henri Spaak, Berlin 1957.

Río, Angel del, Estudios sobre literatura contemporánea española, Madrid 1972.

Rof Carballo, Juan, Fisiognomía de La Coruña en las ideas de Don Salvador de Madariaga, in: Revista del Instituto 'José Cornide' de Estudios Coruñeses, 12 1976, 11–38.

Rousseau, Jean-Jacques, Vom Gesellschaftsvertrag oder Grundsätze des Staatsrechts, Stuttgart 1994.

Rull, Juan Piñol, La teoría de las relaciones internacionales de Salvador de Mariaga [sic] (1886-1978), in: Revista de Estudios Internacionales, 3 1982:2, 435–465.

Ryan, Alan, Art. 'Liberalism', in: *Goodin, Robert E. und Pettit, Philip (Hrsg.)*, A Companion to Contemporary Political Philosophy, Oxford / Cambridge (Mass.) 1993, 291–311.

Ryckmans, Jean-Pierre, Salvador de Madariaga: El historiador del Imperio, in: *Molina, César Antonio (Hrsg.)*, Salvador de Madariaga (1886-1986). Libro homenaje, La Coruña 1986, 177–182.

Sáiz, María Dolores, Salvador de Madariaga en la Revista España (1916-1923). Reflexiones sobre la primera guerra mundial, in: *Molina, César Antonio (Hrsg.)*, Salvador de Madariaga (1886-1986). Libro homenaje, La Coruña 1986, 371–378.

Salter, Lord Arthur, Madariaga in Geneva, in: *Brugmans, Henri und Martínez Nadal, Rafael (Hrsg.)*, Liber Amicorum. Salvador de Madariaga, Recueil d'études et de témoignages édité à l'occasion de son quatre-vingtième anniversaire, Brügge 1966, 69–72.

Sánchez Albornoz, Claudio, El hispanismo de Madariaga, in: *Brugmans, Henri an Martínez Nadal, Rafael (Hrsg.)*, Liber Amicorum. Salvador de Madariaga, Recueil d'études et de témoignages édité à l'occasion de son quatre-vingtième anniversaire, Brügge 1966, 107–109.

Sanz Villanueva, Santos, Madariaga, novelista, in: *Molina, César Antonio (Hrsg.)*, Salvador de Madariaga (1886-1986). Libro homenaje, La Coruña 1986, 297–314.

Saz, Ismael, La política exterior de la segunda república en el primer bienio (1931-1933). Una valoración, in: Revista de Estudios Internacionales, 6 1985:4, 843–858.

Schmidt, Bernhard, Spanien im Urteil spanischer Autoren. Kritische Untersuchungen zum sogenannten Spanienproblem (1609-1936), Berlin 1975.

Schmitt, Carl, Der Begriff des Politischen, Text von 1932 mit einem Vorwort und drei Corollarien, Berlin 1987.

Ders., Die geistesgeschichtliche Lage des heutigen Parlamentarismus, unveränd. Nachdruck der 2. Aufl. von 1926, Berlin 1991.

Sender, Ramón, Salvador de Madariaga hallado en los debates del mundo, in: Cuadernos [del Congreso por la Libertad de la Cultura], 1956:21, 33–44.

Shaw, Donald L., The Generation of 1898 in Spain, London / Tonbridge 1975.

Sieburg, Friedrich, Gott in Frankreich? Ein Versuch, Frankfurt am Main 1929.

Siegfried, André, Die Vereinigten Staaten von Amerika: Volk, Wirtschaft, Politik, New York: Zürich / Leipzig 1928.

Sieyès, Emmanuel Joseph, Was ist der Dritte Stand? hrsg. von Rolf Hellmut Foerster, Frankfurt am Main 1968.

Silverman, Hugh J., Textualitäten. Zwischen Hermeneutik und Dekonstruktion, Wien 1997.

Stiftung F.V.S. zu Hamburg, Verleihung des Hansischen Goethe-Preises 1967 durch die Universität Hamburg an Salvador de Madariaga am 13. Juni 1968, Hamburg 1968.

Tena, Guillermo Luca de, Salvador de Madariaga en ABC: Un escritor liberal en un diario liberal, in: *Fundación Salvador de Madariaga (Hrsg.)*, Madariaga: el sentido de la diversidad, o.O. [o.J.], 23–28.

Theunissen, M., Art. 'Personalismus', in: *Ritter, Joachim und Gründer, Karlfried (Hrsg.)*, Historisches Wörterbuch der Philosophie. Band 7, Basel 1989, 338–341.

Thomas, Hugh, The Spanish Civil War, New York u.a. 1977.

Torre, Guillermo de, Rumbo literario de Salvador de Madariaga, in: *Molina, César Antonio (Hrsg.)*, Salvador de Madariaga (1886-1986). Libro homenaje, La Coruña 1986, 213–218.

Trueta, Josep, Coloquios de domingo. Notas extraídas de un diario inexistente, in: *Brugmans, Henri und Martínez Nadal, Rafael (Hrsg.)*, Liber Amicorum. Salvador de Madariaga, Recueil d'études et de témoignages édité à l'occasion de son quatre-vingtième anniversaire, Brügge 1966, 121–128.

Tusell, Javier, Madariaga. Político centrista al final de la República, in: *Molina, César Antonio (Hrsg.)*, Salvador de Madariaga (1886-1986). Libro homenaje, La Coruña 1986, 67–73.

Unamuno, Miguel de, Niebla, edición de Mario J. Valdés, Madrid 1998.

Ders., Vida de Don Quijote y Sancho, Madrid 2000.

Valdés, Mario J., Esquema de una filosofía, in: *Unamuno, Miguel de (Hrsg.)*, San Manuel Bueno, mártir. Edición de Mario J. Valdés, Madrid 1984, 34–51.

Valéry, Paul, Die Politik des Geistes, Vortrag gehalten am 16. November 1932, Wien 1937.

Valls Plana, Ramón, Der Krausismo als sittliche Lebensform, in: *Kodalle, Klaus-M. (Hrsg.)*, Karl Christian Friedrich Krause (1781-1832). Studien zu seiner Philosophie und zum Krausismo, Hamburg 1985, 215–219.

Velo Pensado, Ismael, Fondo de Salvador de Madariaga. Clasificación y catalogación, in: Revista del Instituto 'José Cornide' de Estudios Coruñeses, 23 1987, 253–279.

Vences, Sergio, Español del éxodo y del llanto. Conversación con Salvador de Madariaga, in: Papeles de Son Armadans, 14 1969:52, N° 155, pág. XIX–XXIII.

Viator, Madariaga, 'der Botschafter ohne Auftrag', achtzig Jahre alt, in: Nemzetör, 1966:7, 4–4.

Victoria Gil, Octavio, Vida y obra trilingüe de Salvador de Madariaga, Madrid 1990.

Victoria Gil, Octavio, Madariaga y Unamuno. Textos seleccionados de la tesis de Octavio Victoria Gil, in: La Correspondencia [Revista de la Fundación Salvador de Madariaga], 3 1999:1, 108–111.

Vierhaus, Rudolf, Art. 'Liberalismus', in: *Brunner, Otto, Conze, Werner und Koselleck, Reinhart (Hrsg.)*, Geschichtliche Grundbegriffe. Bd. 3, Stuttgart 1982, 741–785.

Vorländer, Hans, Hat sich der Liberalismus totgesiegt? Deutungen seines historischen Niedergangs, in: *Ders. (Hrsg.)*, Verfall oder Renaissance des Liberalismus? Beiträge zum deutschen und internationalen Liberalismus, München 1987, 9–34.

Walters, Frank P., A History of the League of Nations, London / New York / Toronto 1952.

Weber, Max, Die protestantische Ethik und der Geist des Kapitalismus, in: Gesammelte Aufsätze zur Religionssoziologie I, Tübingen 1988, 17–206.

Wolseley, R. E., Salvador de Madariaga. Apostle of World Unity, in: World Unity Magazine, 10 1932:6, 375–380.

Zimmermann, Franz, Einführung in die Existenzphilosophie, Darmstadt 1992.

Zvesper, John, Art. 'Liberalism', in: *Miller, David (Hrsg.)*, The Blackwell Encyclopaedia of Political Thought, Oxford 1987, 286.

Jenaer Beiträge zur Politikwissenschaft

Die Europäische Union als außenpolitischer Akteur
Eine Fallstudie der EU-Politik gegenüber den baltischen Staaten und Russland
Von Dr. Stefan Gänzle
2007, Band 12, 320 S., brosch., 54,– €, ISBN 978-3-8329-2285-6

Die Untersuchung widmet sich dem außenpolitischen Handeln der EU gegenüber den baltischen Staaten und der Russischen Föderation. Im Mittelpunkt steht dabei die Frage, inwieweit die EU mittels politischer und wirtschaftlicher Maßnahmen dazu beitragen konnte, die außenpolitische Stellung der baltischen Staaten gegenüber Russland abzusichern und einen friedlichen Wandel im Ostseeraum zu unterstützen.

Macht, Moral und Mehrheiten
Der politische Katholizismus in der Bundesrepublik Deutschland und den USA seit 1960
Von PD Dr. Antonius Liedhegener
2006, Band 11, 509 S., brosch., 69,– €, ISBN 978-3-8329-1915-3

Nach dem Zweiten Vatikanischen Konzil hat sich der politische Katholizismus beachtlich gewandelt. Erstmals beschreibt und analysiert diese vergleichende Längsschnittstudie die politische Rolle des deutschen und amerikanischen Katholizismus und seiner zahlreichen Organisationen zusammenhängend im Kontext der beiden Demokratien. Die Arbeit wurde mit dem Förderpreis 2007 der DVPW für die beste Post-doc-Arbeit ausgezeichnet.

Bitte bestellen Sie im Buchhandel oder versandkostenfrei unter ▶ www.nomos-shop.de

Jenaer Beiträge zur Politikwissenschaft

Wege multilateraler Diplomatie
Politik, Handlungsmöglichkeiten und Entscheidungsstrukturen im UN-System
Herausgegeben von Prof. Dr. Klaus Dicke und
Prof. Dr. Manuel Fröhlich
2005, Band 10, 160 S., brosch., 22,– €, ISBN 978-3-8329-1569-8

Wie wird Politik in multilateralen Gremien „gemacht"? Welche Rolle spielen Mitgliedstaaten, regionale Gruppierungen oder Sekretariate in internationalen Organisationen? Vor dem Hintergrund der Reformbestrebungen in der UNO diskutieren die Autoren die Entwicklungen im UN-Sicherheitsrat, der Generalversammlung, dem Sekretariat und in den internationalen Wirtschaftsorganisationen.

Ein europäisches Rußland oder Rußland in Europa? – 300 Jahre St. Petersburg
Herausgegeben von Prof. Dr. Helmut Hubel, Prof. Dr. Joachim von Puttkamer und Prof. Dr. Ulrich Steltner
2004, Band 9, 248 S., brosch., 36,– €, ISBN 978-3-8329-0974-1

Der Band dokumentiert eine interdisziplinär angelegte Tagung anlässlich der 300 Jahrfeier von St. Petersburg. Experten aus Politikwissenschaft, Geschichte, Geographie und Kulturwissenschaft fragen nach der Bedeutung St. Petersburgs für die europäisch-russischen Beziehungen und nach den Potenzialen und Perspektiven.

Bitte bestellen Sie im Buchhandel oder versandkostenfrei unter ▶ www.nomos-shop.de